金陵全書

丙編·檔案類

南京市政府公報

［第一五四—一五七期］

（民國）南京市政府 編

南京出版社

圖書在版編目（CIP）數據

南京市政府公報．第154～157期／南京市政府編
.—南京：南京出版社，
（金陵全書）
ISBN 978-7-80718-901-5

Ⅰ．①南…　Ⅱ．①南…　Ⅲ．①地方政府—公報—匯編
—南京市—民國　Ⅳ．①D693.62

中國版本圖書館CIP數據核字（2012）第029257號

書　　名　【金陵全書】（丙編·檔案類）
　　　　　南京市政府公報（第一五四——一五七期）
編 著 者　（民國）南京市政府
出版發行　南京出版社
　　　　　社址：南京市成賢街43號3號樓　郵編：210018
　　　　　網址：http://www.njcbs.com
　　　　　聯系電話：025-83283871（營銷）　025-83283883（編務）
　　　　　電子信箱：njcbs1988@163.com
統　　籌　杞　勇　樊立文
責任編輯　朱天樂
裝幀設計　楊曉崗
責任印製　孫偉實
制　　版　南京新華豐制版有限公司
印　　刷　南京凱德印刷有限公司
經　　銷　全國新華書店
開　　本　889×1194毫米　1/16
印　　張　54　插頁13
版　　次　2012年3月第1版
印　　次　2012年3月第1次印刷
書　　號　ISBN 978-7-80718-901-5
定　　價　1000.00元

中華郵政特准掛號立券之報紙
民國二十四年六月

第一五四期

南京市政府公報

馬超俊

南京市政府祕書處印行

總理遺像

總理遺囑

余致力國民革命，凡四十年，其目的在求中國之自由平等，積四十年之經驗，深知欲達到此目的，必須喚起民衆，及聯合世界上以平等待我之民族，共同奮鬬！

現在革命尚未成功，凡我同志，務須依照余所著：建國方略，建國大綱，三民主義，及第一次全國代表大會宣言，繼續努力，以求貫澈！最近主張開國民會議，及廢除不平等條約，尤須於最短期間，促其實現！是所至囑！

南京市政府公報第一五四期目錄

二十四年六月

計劃

會議

法規

附中央通行法規

委令

公牘

社會

財政

工務

衛生

其他

特載

附錄

南京市政府公報　目錄

八

計劃

南京市政府二十四年度中心工作

(一)增設小學四十三校二百零六班又中等學校四所

京市小學，年來雖漸次增設，然以學齡兒童，隨人口數而激增，仍感供不應求，依照最近統計，市立小學一百十五校，學生數約三萬二千餘人，私立小學已立案者三十一校，學生數約五千人，未立案者十三校，學生數約一千五百人，公立小學六校，學生數約二千人，連同國立省立小學，總計一六八校，學生數約四萬三千人，私塾五六七所，學生數約一萬五千人，全市總計就學兒童，約六萬人，以最近全市人口數九十萬人，十分之一學齡兒童計算，失學兒童，當在三萬人以上，爲數殊屬可驚，茲擬分成三期，每期一年，年增設市區小學六校，校十二班，簡易小學十五校，校六班，鄉區小學及簡易小學二十二校，校二班，合計年增四十三校，二百零六班，班以五十人計，約可救濟失學兒童一萬餘人，三年之後，可望普及。

本市市立中等學校；現僅有第一中學校一所，男女共校，內設高初級中學，並附設師範科，學額無多，而求學者衆，不敷容納，且各科級合爲一校，於教學管理，均感困難，復以偏于城南，致住居城北者，頗感不便，茲擬於二十四年度起，籌設市立師範學校，以培養師資，在城北設立市立第二中學，以便利城北之人民，在政治區內設立女子中學，以符教育部中等學校男女分校原則，並設立職業學校，培養技術人才，以應社會需要。

(二)救濟難民乞丐

查本市時有附近各省難民，紛紛過境，或逗留城中，擬在下關或浦口，籌建遣送難民臨時收容所，俾過境難民，有所棲息，至逗留市內之難民乞丐，擬在笆斗山游民習藝所左側，搭蓋難民乞丐收容所，以資收容，並擬會同軍警機關及慈善團體等通力合作，標本兼治，務將市內難民乞丐分別收遣，其係客籍難民，則詢明原籍，送往下關，遣送回籍，其係四鄉災農，無家可歸者，擇其年壯力強者，分別送往泥灘洲，鄧府山或八卦洲，從事農耕工作，或其他之勞作，婦孺及殘老不能農作者，擬分別送往笆斗山收容所，孤兒所，婦女教養所，予以相當之訓練，使之從事簡便縫紉或搓繩等工作，一方面不致有坐食之虞，一方面市容亦得以資整飭。

（三）復興農村事業

本市區各鄉鎮，經濟凋敝，民生困難，農村事業，亟須改進，擬即設立農村改進委員會，延攬技術人員，從事復興農村之工作，玆將要點分述於次：

1.實施造林墾殖荒山荒地

據確實調查，本市荒山荒地，有一萬三千七百三十五畝之多、亟宜分別土殖，或從事墾殖，或實施造林，俾使地盡其利，關於造林計劃，業經詳為擬定，劃太平鄉為森林區建造保安，經濟，風景，各種森林，其他各區，則以推廣苗木方法，提倡造林。

2.試辦模範農村

改善農民生活，以建設模範農村為首要，擬選擇燕子磯，孝陵衛，上新河等處適當地點，組織村政會，試辦模範農村，及其他各種建設。

3.設置農場

本市農民，對于農業各種技術方法，殊少研究，大都墨守陳規，以致荒歉頻聞，現擬於八卦洲泥灘洲等處籌設農場數所、從事各種農作物之試驗。

4.改良農具

擬委託本市農具製造所，製造改良農具，推行農間，使農人以精良之器械，獲較厚之利益。

5.改良種子

本市農民，對于種子不善選擇，以致產量減少，擬參照和萬實驗鄉改良猪種，蠶種，瓜種等辦法，由農場協同農民從事選種，以期改良。

6.提倡並改進農村副業

本市各鄉區，各有其主要副業，如南北圩一帶之魚產，太平鄉之水菓，穀秀海新鄉之大頭菜，百合，水產，孝陵鎮之蔬菜，西瓜，百合，山藥等，均甚著名，人民之賴以生活者，爲數極衆，該項副業，急需設法改良，以增進農家收入。

7.建築農倉

本市農民經濟力，甚爲薄弱，收穫農產後，因迫於需用，不惜忍痛廉價出售，農民損失，良非淺鮮，擬於鄉區適當地點，設置農業倉庫，辦理農產品儲押，庶農產收穫後，可儲之庫中，以庫單擔保；向銀行押款，俾得待價而沽，以增進農民利益。

（四）籌設米市

查本市曾於十七年及十九年間，先後籌議設立米市，調劑民食，乃均因故未能成立，現擬即日成立米市籌備處，籌劃進行，其步驟（一）確定米市區域，（二）建設大規模米業碼頭及堆棧，（三）籌設打包廠，幷擬隨時派員調查米價，如遇有米價高漲，及過分低落時，當調查高漲及過分低落原因，設法抑平，如發現米糧有過賸或缺乏情事，當設法向外運銷或採用，以資調劑。

（五）推廣小本借貸

本市小本工商金融枯竭，本府深慮有倒閉及歇業之虞。爰商同南京金城銀行等，成立南京市小本借貸處，基金十五萬元，首都警察廳擔任二千元，金城銀行擔任十萬元，本府擔任四萬八千元，此種貸款暫以小本工商爲限，最高貸額爲二百元，最長期間爲一年，同時成立代辦所十一處，六閱月來，共貸出二千九百餘戶，計洋拾萬餘元，現擬增加基金，擴充借貸，俾可調劑小本工商，並擬普及鄉區，將鄉區已辦之耕牛貸款，種子貸款，灌溉機及改良肥田料等，努力推廣。

（六）整理市產及各種稅收

查本市關於市產部份：一、洲產，擬將原有圩埂，分別興修，預防水患，其與民業合執各洲產，則劃分洲地，各執各業，以清界限。二、田產，擬派員挨莊核對田地畝數，按戶換立租約，俾昭覈實。三、房產，擬估計產價，再定租值，換立租約，清理積欠租金，四、公典，擬令認眞估計常值，幷抽查其資產負債之是否覈實，開支是否正常，至關於稅捐部份，一爲整理房捐，限期繳清舊欠，二爲整理田賦，按照上年度徵收實在情形，改訂南京市財政局征收田賦暫行章程，切實徵收，三爲整理營業稅，擬採取逐漸取消公會協收辦法製新開及歇業登記證，以免漏稅，四重訂菸酒牌照稅稅額，五增加屠宰稅其他如車船各捐，亦均擬分別切實整理，以裕市收。

（七）寬籌建設經費

本市建設事業整理擴充，在在需款，最急要者，如舉辦下水道工程，完成土地登記，增設市立師範職業學校及男女中學小學，至增闢公園，及城內鄉區道路並建築公墓等咸需鉅額經費，現擬于二十四年度一面積極整頓稅收，一面集中人材成立財政研究會，改善各種稅捐，以裕市庫，倘仍不敷，擬於必要時，發行建設公債，俾前項建設得以充分進行。

（八）積極辦理土地總登記

本市土地總登記，於廿三年七月一日，開始舉辦，分全市爲八登記區，（鄉地在外）地主約三萬六千戶，本擬二十五年年底登記完畢，惟截至二十四年三月底，收件一萬八千戶，已審査公告者，僅七百餘戶，已登記完竣者，僅七十餘戶，以過去時間比例，恐非二十餘年不能完畢，現奉　蔣委員長電令，登記時間，務期縮短，自應加緊工作，提前準於二十四年度完成，故土地處組織，本年度擬加擴大，以期新案舊案，依期辦理完竣，以樹本市地政之基礎。

（九）完成土地測量

本市第三四兩區分段地圖、已查勘完畢，至一二五六四區分段地圖正在查勘，擬于二十四年度完成，關於征收土地整理土地之各種測量，亦視需要情形，加工辦理。

（十）發展市民銀行業務

市民銀行之設立乃輔助市政建設，發展市民經濟，及鼓勵市民儲蓄爲宗旨，茲爲鞏固該行基礎發展業務擬積極進行下列諸端。

1.充實資本，查市民銀行原定資本一百萬元，但實際上僅有四十餘萬元，且全係官股，現擬着手募集民股，以謀資本之充實。

2.增設分行辦事處，本京幅員廣大，僅設總行一所，殊難發展營業，現擬在下關及城北商務繁盛之區，設立分行或辦事處。

3.辦理平民貸款，爲擴大小本貸款範圍計，現擬舉辦平民貸款。

（十一）建築下水道

全市整個下水道系統，城南部份計劃，已趕擬完成，約需經費五百六十餘萬，決定採用合流制，另加節制方法，使雨水流入河內，將污水引至處置地點，惟工程浩大擬分三年進行，本年度內，除將已闢中山珠江上海廣州等路，依照計劃，提前埋管外，並當依增闢道路，同時興築，至城北部份，測量及計劃，現在積極從事，即可通盤確定。

（十二）整理秦淮河

秦淮河之整理，關係南京市容衛生交通，與下水道之興築、更有相互密切之功用，茲擬先修築鐵齒檔，及東西水關，並在東水關設置抽水機站，在冬季外河水位，低於秦淮河時、可抽水入城、以流動河水，保持水位，爲調節冲洗之臨時辦法，夏季江水位高，則啓閘使河水自由流通，設遇洪水時期，併能藉機力抽水出城，兼爲防水工程之一，至治本方案，應與下水道問題，同時確定，在本年度內，擬先由竺橋至東水關一段，從事整理，逐步推進，近有人以爲疏濬秦淮河爲一簡單之事，殊不盡然。

（十三）擴充自來水

自來水自局部出水以來，經逐日化驗，並無病菌，實出京市一般飲料之上，關於質的方面，決再積極改進，擬於本年度內建築快濾池重要設備，幷完成清涼山蓄水池，以期達原定容積，至量的方面，亦擬設法推廣，本年內當盡量埋設未敷水管各處，並增設水站，對用戶利益方面，復擬擴充十三公厘優待戶，增設十公厘優待戶減低十分之三貼管費接水費，三分之一押表費，採行分期付款辦法，及酌減水費與水表底度，以期自來水成本與民衆利益得以雙方兼顧。

（十四）建築公墓

本市坟墓纍纍，既損美觀，且礙衛生，尤以人口漸增，葬地堪虞，故決定建築公墓，現大營盤公墓，已舉辦第二期工程，和平門外白骨山，青龍山等處公墓，亦可於年內完成之，並擬在附郭一帶，如雨花台附近，及各鄉區間，選擇交通便利，廣袤高亢之地，計劃興造。至內部建築，除闢築墓道，規劃墓穴外，決附建禮堂等設備，以供喪家祭奠休息之用。

（十五）推廣貧民住宅區

全市棚戶，計三萬五千戶，依中央政治會議決定，應於七年內由市政府選定地點，飭遷完竣，本年內以金川門外四所村，光華門外石門檻等處，爲指定地點，訂定每戶建築圖案，規劃段落，建築道路溝渠，學校會堂，及其他衛生給水等公共設備，幷先就機關營房學校，暨幹路鄰近亟宜遷移之棚戶，分別飭遷，以五千戶爲最低限度，至由本府建築，以低額租金出租之平民住宅，俟止馬營完工後，即擬先建共和門外七里街二百戶，並擇金川門及杏花村等處，逐步推廣之。

（十六）完成第四住宅區

新住宅區第四區全部面積約五百四十畝，除公用地外，分劃三百十九戶，已由市民繳納地價建設等費、正式放領，所有區內全部土方，並已發包興工，其他道路，自來水，下水道，及公共建築，如學校，菜場，市場等項，凡屬住宅區內應有之設備，統擬於本年內，分別規劃，幷積極完成，至甲種住宅區之第二第三兩區及政治區域住宅區，亦擬分別繼續放領，幷籌備其建築。

（十七）增闢城內及鄉區道路

城內道路，如昇洲建康等幹路，成賢街，北門橋，及秦淮河南等次要路，正在陸續拓建，由城內至市區範圍內各鄉鎮，及聯絡各鄉區間之道路，如北河口，倉波門花神廟等處，均當次第興闢，又乾河沿至鼓樓，下關江邊，逸仙橋至中山門等段擬照中山路原有規定拓寬至四十公尺，並將中山路全路建築永久路面，以利交通至珠江莫愁上海廣州等路、亦擬於本年度內積極完成。

（十八）完成市立醫院

市立免費診療機關，在城區者，有六個衛生分所，在新市區內者，有七個衛生分所，每月門診人數，平均達三萬人以上，設遇有須住院治療者，尙無法收容，爰於二十三年冬於下江考棚開始建築市立醫院一所，可容床位一百十張，現工程已將完成，預計七月間卽可開幕，院內設備，當盡力添置，以臻完善。

（十九）推廣防疫工作

本市歷年來，對於防疫工作，素極提倡，每年春秋兩季，種痘人數，平均達八萬以上夏季防疫霍亂傷寒預防注射，亦達十一萬針以上，滅蠅抗瘧均已次第施行，現擬將種痘人數，推廣至十萬人、霍亂傷寒預防注射推廣至十五萬針，抗瘧之安全區，擴大至城牆爲界。

（二十）改進環境衛生

本市地面遼闊，人口日增，環境衛生，亟宜改進，現擬添清道夫人數除康莊大道外，對僻街小巷之淸潔，尤特別注意，並酌量添備洒水車及洗道車所有市內舊有廁所切實整理或取締。並於適當地點設立公廁小便池多處，同時對於酒樓茶室飯館旅社等公共場所，分別強制設置男女廁所，至全市糞便，擬照清道辦法，挨戶收集運輸至儲糞地點存放，俾售為農作物之肥料，及全市飲食商店及有關衛生各業店舖，當按時派衛生稽查監督管理，務使其設備合於衛生原則。

（廿一）籌設殯儀館火葬場及驗屍所

本市每年死亡人數，達萬人左右，多以所居房屋狹小，遇有死亡殯殮，極感困難，擬即設立殯儀館，以簡單手續取費代為辦理棺殯或埋葬，並設立火葬場，以防公墓之不敷而免土地之消耗，及意外發生路斃之人，例須法院檢驗，方得入殮，但曝露街中，于衛生人道觀瞻均不相宜，擬設立驗屍所為之停放。

（廿二）推進地方自治

本市地方自治，過去因人事及環境之困難，未能推進，茲參照事實，擬就下列各項切實舉辦：

1.整理區政

本市各區公所，辦理區政，卓著成績者固多，而奉行不力名不符實者，亦在所難免現擬定整理之原則（一）培養區政人才（二）以「保」「養」「教」三者為推進區政工作之中心，依照原則，努力推行。

2.調查戶口

調查戶口為辦理自治之首要工作，除鄉區業經舉辦保甲，將戶口調查清楚外，市區人口繁多，變動無常，前已參照警察局戶籍底冊，初步調查，現擬令各區公所按期挨戶嚴查，以昭翔實，同時舉辦人事登記，以補戶口調查之不足。

3.公民登記

查本市市鄉區總人口約九十萬，公民登記，曾經由各區公所舉行一次，尚無良好結果，今擬重新舉行總登記，並擬嚴加訓練，提高其政治常識與興趣，使之能奉行主義執行其公民之權利與義務。

4.編組保甲

本市鄉區，爲充實民衆自衞力量起見，已編組保甲，現擬嚴密執行戶口異動查報，幷訓練保長，使之厲行保甲規約，及連坐切結，至市區保甲，因憲警森嚴治安鞏固，可緩一步進行。

5.編練保安隊

本府爲增進鄉區人民自衞能力，及推行政令起見，業已設立鄉區保衞團，茲遵照　蔣委員長南昌行營頒布之各省保安制度改進大綱，擬將鄉區保衞團，改爲南京隊政府鄉區保安獨立中隊，以後一方駐防，一方訓練，以期達到代行憲警職務。

6.訓練市民行使四權

自治之成績如何，以人民能否運用四權爲斷，欲人民能充分運用四權，必先之以訓練，擬卽遵照　總理遺敎，及縣市自治法，編制通俗小冊，利用公共集會，積極加以訓練，至已有組織之民衆，擬設法演講及實習，俟立法院四權行使法通過時，更擬依據隨時加以練習。

（廿三）整理現有公園

本市現有公園或規模簡陋，或年久失修，擬卽就左列各點，加以整理：

1.增闢苗圃充實造園材料

本市過去所用庭園樹苗，多係向各地購買，價值既昂，且成活率甚少，亟宜增闢苗圃自行培養，查本府前接管江蘇省幕府山林場，面積遼闊，各項建築及苗圃設備，均具規模，現爲中大農學院借用，擬卽收回自辦，至花卉及菓樹用苗，擬就玄武公園及莫愁湖公園隙地廣爲培育。

2.整理玄武公園

玄武公園西南有城垣環繞爲之襯托，而東北沿河一帶，似嫌空疏，擬卽營造一帶狀風林，爲東北之屏障，使全湖風景，有所蘊蓄，至疏浚湖中淤淺，以利遊船，培植芰荷，增益景緻，繼續開闢各洲，添置溫室，設立動物園，整理水陸遊覽路綫，酌設亭臺水榭，以及公用保衞事業，並增進湖產諸端，皆爲目前必要之工作，所有該園內房屋，擬整齊清潔，使市民有深刻之印像。

3.佈置第一公園

第一公園，因民國二十年大水，各種植物，淹死甚多，茲擬儘量補種花木，添設各種動物，藉以增進市民博物常識，並擬恢復噴水池，引起遊人興趣，修理房屋，以壯觀瞻，復於園左小溪上架設橋梁，俾與公共體育場聯成一氣。

4.修造莫愁湖公園

本園門面湫隘，擬改建高敞門樓，所有曾公閣勝棋樓兩紀念建築物，亦須修理完整，以免傾圮，又該園右旁粵軍烈士墓，僅　總理親題「建國成仁」之石碣，尚屬完整，其餘墻垣房屋，均倒塌無存，現烈士坟墓已經中央常會決議，遷葬於靈谷寺，其所遺地址，正可加以整理，與公園合併爲一，以增進游人興趣。

5.其他

除上述各公園外，他如白鷺洲公園，秦淮小公園之裁撤，或更改名稱，以及各處道路公園（包括鼓樓公園新街口廣場中山路花圃生籬及各區行道樹等）之整理，擬即斟酌實地情形，增植花卉樹木，勤加撫育保護以求市容之整潔，惟公園設備，需款浩繁，即以動物園而論，絕非少許經費所能辦，倘承各界或各國人士熱烈捐贈，無任欣感。

（廿四）開闢清涼山繡球山雨花台公園

清涼山爲城內最高之邱陵，山脈綿亘，別具形勢，前經計畫闢爲公園，迄未實現擬即着手進行，至繡球山公園係奉　蔣委員長命開闢，所有房屋道路等項，已在招標承建中，擬即從事花木佈置，俾速完成，至雨花台既爲名勝區域，且爲軍事上險要地帶，現在京蕪車站，又將設立。擬將該處闢爲森林公園，藉資掩護，而利市民遊息。

第三五六次市政會議紀錄

時　　間　二十四年六月七日上午九時

出席人　馬超俊　陳劍如　周　湘　陸榮強　宋希尙

列席人　王漱芳　陳祖平　段麟郊　葛曉東　孟廣照　黃比瀛
　　　　王祖祥　孫茂柏　吳衍慈　潘歌雅　沈時濟

主　　席　馬市長

紀　　錄　邵鴻猷

開會如儀。

甲、報告事項：

一、紀錄邵鴻猷報告第三五五次會議決議案。

二、王祕書長報告祕書處處理重要件：

1.本市第五屆國醫試驗，業經如期舉行，計應試人內科一百名，婦科十七名，兒科十三名，外科十八名，花柳科四名，眼科三名，牙科喉科各一名，按摩科六名，針灸科十八名，所有分數均照核定方式計算完竣，並按原定標準以滿六十分爲及格，核算結果，計錄取內科金眞如，康昭謙，許潤賓，李克惠，駱星階，酈紹徐，高季浦，劉俊齊八名，外科許渭賓，駱星階二名，婦科黃績熙，李克惠，陳匏僧三名，兒科康昭謹，黃績熙，殷靜生三名眼科蔡重熙一名，針灸科羅哲初，曹韻午二名，按摩科姚笠丹一名，當經分別通知各錄取人來府領取試驗及格證書，及國醫開業執照。

2.本市市民對於繳納房捐，疲玩成習，以致歷年積欠甚多，關於二十三年以前舊欠，前經本府三五三次市政會議決定令飭財政局核擬分期帶徵辦法，關於二十三年以後新欠，則未經制定　茲據財政局簽呈、擬布告市民如將本年一二三四五各月新欠房捐在六月內一次繳清者，概予從寬免征滯納罰金，分期繳納者，不得援以為例，至六月以後房舖捐，並應按月清繳，如有逾期，仍照規定科罰。請予備案等情前來，當以所擬尚屬妥洽，指令准予備案。

3.本府二十四年度概算及行政計劃，業已送出，中心工作擬定於本年六月十五日同時在各地報紙公布。

三、陳社會局長報告：

1.民國二十四年全國運動會，本市預選會，田徑賽已於本月四五兩日舉行竣事，選手尚待選擇委員會決定，至於其餘各種比賽，亦經分別另行訂期舉行關於選手訓練問題，擬利用暑期集合訓練。

2.昨奉教育部令發實施義務教育暫行辦法大綱，及民國二十四年度中央義務教育經費支配辦法大綱，並飭迅即增籌義教經費確數，限六月十四日前電部等因，茲查本局二十四年度教育經費，除中等教育及社會教育外，關於小學教育經常費，完全小學擬增一百四十級，約需費十三萬四千四百元，簡易小學擬增三百三十五級，約需費一萬九千八百元鄉區小學擬增五十一級，約需費二萬七千八百四十元，合共一十八萬二千元，臨時費完全小學校舍建築費約需五十六萬元簡易小學校舍建築費約需九萬九千元，鄉區小學校舍建築費約需十一萬六千元，合共七十七萬五千元，經常臨時兩共九十五萬七千餘元，但在此數月中，財政局方面究能籌集若干，急應大體決定，以便依限呈復教部又附帶報告，本年第一期擴充小學經費，臨時門計有七十七萬五千元中等學校第一期擴充經費，計有十七萬三千元均須在九月以前，由財政局籌撥始能實現本年度全部計劃。

四、陸財政局長報告：

1.屠宰稅前經決定由彭釗承辦，但於簽訂合同時彼忽要求加入滬口區屠宰稅，未能同意，遂作罷論，嗣經本局呈准市政府將屠宰稅交由屠宰場辦理。

2.本年五月份稅收，計共二十四萬七千二百八十五元，去年同時期爲二十二萬七千二百餘元，計增加約二萬元。

3.會計方面，已切實改良，擬自二十四年度起實行，並重訂會計科目，分送各局處，查照辦理。

五、宋工務局長報告：

1.防空展覽會託本局建造之第一公園與公共體育場間木橋，及第一公園內防毒室暨炸彈模型六個，均經依限完成。

2.擴充清涼山蓄水池，現正在計劃中，埋設自來水第二進城總管已開工。

3.埋設秦淮河兩岸截水管收用土地，正在繪圖中。

4.上新河通行公共汽車，本局正在與江南汽車公司磋商中，該公司要求修築通達上新河一帶之道路。

六、王衛生事務所長報告，近日烟犯驟增，朝天宮戒烟醫院不敷容納，現已恢復下江考棚戒烟醫院舊址，約可容納一百五十餘人，計本市先後共戒絕烟民九千餘人，但離完全肅清仍遠，軍事委員會前撥之戒烟經費五萬元，行將用完，又江寧地方法院以前曾按月將烟犯罰金劃撥二成，以充本市戒煙經費，自當請其繼續照撥。

乙、討論事項：

一、市長交議，孫專員等審議本府播音室設施計劃草案，應如何辦理，請公決案。

決議　原則通過，預算修正，至播音機設置地點，交社會局審查。

二、市長交議，周參事等簽議，南京市二十三年度第二學期小學學生畢業測驗辦法案。

決議　小學學生畢業測驗廢止，由社會局另訂考查成績辦法。

三、宋工務局長提議，擬請組織南京市校舍建築委員會，以利進行案。

決議　通過，並推定陳局長，陸局長，宋局長、張參事，沈科長、孟科長，余科長，陳專員，及孫專員爲委員，陳局長爲召集委員。

第三五七次市政會議紀錄

時　間　二十四年六月十四日上午九時

出席人　馬超俊　陸肇強　宋希尙　陳劍如　周　湘

列席人　王漱芳　沈時濟　潘歌雅　吳衍慈　朱之安　黃比瀛

　　　　陳祖平　段麟郊　葛曉東　王祖祥　孫茂柏　孟廣照

主　席　馬市長

紀　錄　任治沅代

開會如儀。

（甲）報告事項：

一、紀錄任治沅報告第三五六次會議決議案。

二、王秘書長報告秘書處處理案件：

1.查本府發給職員證章，在二十年二月魏前市長任內，曾訂有南京市政府發給證章辦法一種，對於遺失證章者，有「應即登報聲明，並繳價洋一元，備文呈請補發」之規定，迄二十二年七月石前市長換發證章時，又令飭各局處，凡遺失證章者，應罰薪三天，實行以來，因薪額多寡之不同，殊有不甚平允之處，當經將該項辦法，酌加修正及補充，並將該辦法名稱，改爲南京市政府頒發證章規則，以示鄭重。

2.本市公園管理處前以中央黨政及軍事等機關，時有在玄武湖，莫愁湖等公園內，任意設置墳墓，紀念塔等建築物，妨礙公園建設，呈請本府轉呈　行政院分行各機關，嗣後凡在本市各公園設置建築物者，須先經市政府核准，並將圖案送處審查後，方准動工等情，當即據情轉呈在案。茲奉　行政院指令略開，所請應准照辦，惟其設置建築物，如已經　中央執行委員會或　國民政府特許者，僅得由該處審查圖案，毋庸經市府核准，俾於保持公園設計完整之中，仍寓維持黨政系統之意，等因，經即轉飭該管理處知照。

3.查鐵路用地徵免賦稅章程第二條之規定，凡國營鐵路徵收土地，得核免一切賦稅，茲據財政局呈報，津浦鐵路管理委員會函請照章免徵下關寶塔橋附近金陵鄉地畝（計九塊共合九十三畝餘）賦稅，請核示等情，查與定章相符，當經核准照辦。

4.本市財政局營業稅處以首都建築工程異常發達，惟該項廠商，臨時營業者頗多，其營業時間甚暫，以前本市因整理各稅，對於營造工程，無暇兼顧，漏稅在所不免，現擬派員至工務局查抄本市各營造廠營業狀況，以憑征稅，除外埠來京臨時營業廠商，業已完工離京，俟其繼續來京營業時，再行追補外，其在京有固定營業地址之廠商，擬請准予自二十三年起追補，所有應處漏稅罰金，擬從寬准免等情，呈請核示前來，查核尚屬可行，當經批准備案。

三、陳社會局長報告：

1.上次市政會議第四案組織南京市校舍建築委員會，已於本月十三日組織成立，並議定凡建築校舍工程，已經核准興工，及招標訂定合同者，均不再審查，及確定此後建築各級校舍，關於經濟之支配，以平均分配爲原則，鄉區校舍務求儉樸各項。

2.教育部補助本市義務教育經費一案，昨經赴部討論，大致補助經常費一小部份，其餘費用，由本市自籌。

3.中等學校畢業會考，定於本月二十一二四三日舉行，已聘定各教育專家，及派定本局人員，準備考試事宜。

4.中小學教育研究結果，報告教育部。

5.九龍橋游泳場假定本月二十三日開放，在二十日以前請工務局幫助設備整理就緒。

6.通濟典失慎事，業經組織善後委員會辦理。

7.處理難民案，擬於七月一日開始收容，請工務局幫助從速設置臨時收容難民所。

8.美國園藝會代表分批抵京，本局業已約請婦女團體代表分任招待。

四、陸財政局長報告：

1.屠宰稅自交屠宰場辦理以來，收入較商包時稍旺，照本月初旬收入數目推算，每年約可收八萬餘元。

2.本月十一日在第一公園舉行平民住宅抽籤，計該處原建平民住宅二百二十三間，除管理員一間，社會局辦學校十一間，實餘二百十一間放租，原登記請租具有商保者二百四十一人是日到場抽籤者二百十四人，抽得及遞補者二百十一人，到場抽籤未得者三人。

3.土地登記，本週核准公告者一百件，公告滿期者六十件，每月核准公告可五百件。

4.繡球山公園徵收地上無主坟塚，經由本局會同社會工務兩局及衛生事務所勘得和平門外孫家凹地方，有宋姓荒地，以為遷葬，現已呈府核定。

5.本市平民住宅區九處，已經呈府咨請內政部核准公告徵收，即將開始辦理徵收手續。

五、宋工務局長報告：

1.開闢中央路與松花江路間之一段玄武路，及放寬乾河沿至鼓樓之一段中山路工程，均已開標。

2.計劃自來水廠通清涼山「信號線」桿路已妥。

3.武定門外雙橋門棚戶區平土填土工程已開工。

4.擬將市區圖於各碼頭車站繪製木牌註明交通路線，以利行旅，已呈請撥款辦理。

5.本人代表出席揚子江防汛會議，其關於本市重要議決之點，揚子江水位至五・五公尺時，為防汛工作開始之時，如水位漲至七・二五公尺為危險之期，得請　中央協助辦理。

6.全市標準鐘原以電力為發動，所有線路，係借掛於電話桿或電燈桿上，而軍用電話亦間有混雜附掛，故時有擾線之事，以致影響標準鐘電流發生遲快之弊。詳情已另文呈府。

7.市府內外已設計整理。

六、王衛生事務長報告：

1.上週本所會同警廳檢查各藥房藥品，並檢一部份送中央化驗。

2. 關於市立醫院設備等計劃，已請專家二人設計辦理。

3. 夏季臨時貧病收容所，已指定在鼓樓陶姓屋內，計設有病牀二十架。

4. 救濟院發生痲疹，當經前往注射，悉已痊癒。

（乙）討論事項：

一、市長交議，爲本市各機關徵收土地，每多超越其實際需要數量，本府受理與否，均感困難，可否建議行政院，組織一公用土地徵收審核委員會，以處理此項案件之處，請討論案。

決議　交財政局擬具詳細提案，由市長提出　行政院會議。

二、市長交議，陳專員等審議，南京市工務局取締汽車擋泥板簡則案。

決議　標題改爲南京市汽車設置擋泥板簡則，全文修正通過。

三、市長交議，周參事等審議，南京市政府公園管理處小販營業規則案。

決議　交衞生事務所公園管理處會同審查。

四、市長交議，社會局呈報，遴派金嘉斐、鄭燊畲、余超，爲該局第一二三科科長，是否可行，請公決案。

決議　通過

第三五八次市政會議紀錄

時間　二十四年六月二十一日上午十一時

出席人　馬超俊　宋希尙　陸縈強　陳劍如　周湘　張劍鳴

列席人　王漱芳　孟廣照　葛曉東　段麟郊　王祖祥　黃比瀛　朱之安　吳衍慈　潘歌雅　沈時濟　孫茂柏　陳祖平

主席　馬市長

紀錄　邵鴻猷

開會如儀

甲、報告事項：

一、紀錄邵鴻猷報告第三五七次市政會議決議案。

二、王祕書長報告祕書處處理重要案件：

1.查本市鄉區保甲，業經編查完竣，保長訓練事在必行，惟鄉區保甲長，俱係農民，值此農忙之際，如施行訓練，不得聚集不易，亦且有礙農時，爰經飭據燕子磯區長徐作人孝陵區長陸詠黃及本府專員段麟郊擬具暫行訓練辦法六條由各區公所利用各種集會時間施以公民常識，保甲法規暨辦理戶口異動等方法，使各保甲長瞭解保甲制度，及辦理常識。

三、陳社會局長報告：

1.本屆中學師範畢業會考，參加人數，據各校報到名冊，計初中九一七人，高中四九三人，合共一四一〇人，今日為考試之第一日，市長特偕同本人前往各試場視察，秩序甚佳，缺席者僅有一二十人。

2.關於通濟典失火善後問題，現已成立善後委員會，主持一切，該會係由市商會改組委員會，典業同業公會，各推代表二人 及通濟典代表一人，組織而成，黨政軍警各機關，不過處於監督之地位，現該會已自本月二十日起，開始當戶登記，並定自本月二十五日起，開始債權人登記，擬俟該典當戶及債權人登記完畢後，再會同各關係方面，依據該典資產負債實況妥定分配辦法。

3.邇來天氣久晴不雨，各鄉苦旱，尤以孝陵衛一帶為最，現擬在蒼波門設置抽水機一架，以利灌溉、業經派員與首都電廠商妥，於本月二十日派工前往裝置，約於本月二十五日以前可以應用。

4.關於收容難民及乞丐事宜，業經會同工務局勘定在笆斗山建築收容所，並在大夫第救濟院殘老所舊址，辦一簡易工廠。

5.九龍橋游泳池，現已建築完成，僅有一部份小工程尚未完工，計共用去建築設備等費一萬餘元，定於本月二十三日起開放，並訂定收費辦法如下：（一）每人每次收費銅元二十枚，（二）每月一元，（三）每季三元，以資撙注，而示限制。

四、陸財政局長報告，本局經管各項洲地莊田本年春季麥租，業經派員分別勘定，洲產五處，計八卦洲勘定麥租一萬八千八百另八元，大小黃洲麥租一千二百七十九石，約折價洋三千八百三十七元，救濟洲租洋二千八百元，永安洲租洋五百六十元，永定洲租洋三百三十九元，又莊田三十四處，共勘定小麥一百八十一石九斗七升，大麥八十三石八斗八升四合，約折價洋一千一百元，共計本年春季麥租，約有二萬七千四百餘元。

五、宋工務局長報告：

1.計劃建築難民及乞丐收容所，分蓆棚及平房兩種。

2.擬在玄武湖公園建築游泳池一處，仿照中央體育場游泳池方式，約需費四萬餘元，地點擬在非洲一帶勘定，現已函請公園管理處發表意見。

3.第一公園門前道路狹窄，擬將附近水塘填沒，築為停車場，以利交通。

4.修築下關鐵路橋，及玄武公園非洲部份道路，均已開工。

5.上新河通行公共汽車事宜，已與江南汽車公司商定，自七月一日起實行，路綫自新街口經漢中路，鳳凰街，出江東門，至上新河河北大街止，票價定為每站大洋六分，全綫共計大洋一角八分。

6.興華汽車公司併入江南汽車公司一案，現已定於七月一日起實行，最近江南汽車公司並擬增加行車路綫兩條，本局擬以增加其養路費為條件，過去該公司除一次繳納三萬元，俟合同期滿，無利發還外，每月並按營業收入繳納百分之二養路費，今後究應增加若干，已呈請市府核示。

7.人力車夫號衣已請救濟院趕製，擬自七月一日起分發穿着。

六、王衛生事務所長報告江東門診所現已大致籌備就緒，不久當可開始工作。

乙、討論事項：

一、市長交議，張參事審議，工務局呈報，修正關於建築工程合同，並擬定於七月一日起實行換用，是否可行，請公決案

決議　修正通過。

二、市長交議，周參事等審議，南京市財政局獎勵員警協助檢查車輛漏捐規則案。

決議　修正通過。

三、市長交議，工務局呈報，遴派林鴻賚、梅成章，宋麟生，金超，為該局科長及技正，是否可行，請公決案。

決議　通過

四、校舍建築委員會召集委員陳劍如提議，擬具南京市校舍建築委員會簡單，是否有當，請公決案。

決議　修正通過

第三五九次市政會議紀錄

時　　間　二十四年六月二十八日下午三時

出 席 人　馬超俊　陳劍如　宋希尙　陸肇強　周　湘　張劍鳴

列 席 人　王漱芳　孟廣照　葛曉東　陳祖平　黃比瀛　王祖祥　孫茂柏　吳衍慈　歐潘雅　沈時濟

主　　席　馬市長

紀　　錄　邵鴻猷

開會如儀。

(甲)報告事項：

一、紀錄邵鴻猷報告第三五八次市政會議決議案。

二、王秘書長報告秘書處處理重要案件：

1.清理本市舊欠房舖捐一案，前經飭由財政局擬辦法呈核在案。茲據該局呈擬，（一）所有十九年至二十三年十二月底止，積欠房捐，一律劃作舊欠專案清理，其本年房捐，仍照現案辦理，逾期不繳者，科以滯納罰金，仍嚴厲督促主管經徵人員，勿容稍有帝欠，以免舊欠未清，新欠又積、（二）擬將舊欠房捐，倣照各省清理舊欠田賦，及廣州市清理舊欠房捐先例，布告並按戶通知，限期清理，在清理期間，准折成收繳銷冊，以示體恤，但經三次通知，而仍未依限清繳者，除函警廳傳案勒追外，並不得享受折成待遇。（三）清理期間，擬定爲四個月，自本年七月一日起，在開始一個月內繳納者，七折實收，第二個月內繳納者，八折實收，第三個月繳納者，九折實收，其在第四個月繳納者十足征收，倘不能一次遵繳清者，仍准分次繳交，並在某個月期限內繳交仍得享受某個月期限內之折成利益，惟逾期仍未遵繳者，則處以百分之十，至三十之罰金，仍須嚴傳清繳等語請予核示前來，經查核尚無不合，指令如呈辦理

三、陳社會局長報告：

1.小學教職員暑期講習會正在積極籌備中。

2.本屆民衆學校畢業生，定於七月四日舉行測驗。

3.二十四年度初中一年級清寒學生，奬學金發給辦法，本年因小學測驗業已廢止，擬令各小學將本屆成績最優之畢業生二人報局聽候試驗後，再審查決定四人。

4.市立學校定於七月下旬分別招生

5.師資檢定，中等學校擬於八月一日以前舉行，小學擬於七月二十二日舉行

6.關於建築校舍事宜，正在建築中之校舍有九校、合同已訂尚未開工之校舍有九校、正擬招標建築之校舍有二校，計劃圖算已呈府尚未批准建築之校舍有二校，正在計劃建築中者尚有八校。

四、陸財政局長報告，本月二十一日第三五八次市政會議，關於本局請示二十二年底以前開闢馬路徵收土地，應發領價證，業已展限至本年六月底期滿，應否再行展限一案，決議交參事室及財政局先擬清理辦法，等因，遵經會同討論，結果僉以清理此項領價證，必先將應發而尚未到領之各戶，逐戶查明應領之數若干，同時並應查明該戶欠繳築路攤費之數若干，兩相比對抵銷後，方能辦理，但此項戶數約在數千，清算手續非短時間所能完竣，除由本局飭土地處趕辦外，理合先將討論此案情形，先行報告，至應否再予展限一節，容俟七月一日後，再行核定，尙無妨礙，合併陳明。

五、宋工務局長報告：

1. 塡築自來水進城第二總管管基土方，及埋設京麒路上海路雲南路廣州路珠江路幹管，暨漢中路經建鄴路至白下路臨時水管，均在繼續進行中。

2. 第一工商業區堤埂，金川門外沿江圩堤，及十里長溝水閘，均在積極建築中。

3. 關於汽車設置擋泥板事宜，警察廳甚表贊同，惟名稱方面，該廳方面主張改稱擋泥器，又本府原定於七月一日起實行，該廳主張改自八月一日起實行，予各汽車行以充分籌備之時間。

4. 關於東水關放水一事，報載出自市民自動，實係本局所爲，蓋本局每至護城河水位達到五一•八英尺時，卽開閘放水，此次西水關自本月十八日開閘放水後至二十一日卽行停止，城內河水流出甚多，爰於二十四日開放東水關，以期城外河水得流入城內，以資調劑，當時因東水關久未開放，閘門不易拉動，特雇用附近勞工三四十人幫同工作，一時觀者不察，遂有此次開放係出自市民自動云云之誤會。

六、王衛生事務所長報告，前奉市政府訓令，以本市醫院臨時開業執照有效期間至本年三月底截止，飭轉飭請領此項臨時執照之醫院，依限改善，換領正式執照，違則勒令改爲診所，以符功令等因，當經派員查察，旋據報告，鳴宇醫院已添設病牀五張，增用醫師一人，逕呈市府換領正式執照，三山，板橋，夏民三醫院，均經遵令改稱診所，仲良醫院亦已製就診所牌額，因該處拆屋築路當於改建後懸掛。

乙、討論事項：

一、市長交議，衛生事務所等報告，審查南京市政府公園管理處小販營業規則案。

決議　修正通過。

二、市長交議，周參事等審議，財政局呈報，處理旗地辦法內第一三兩項原展限期行將屆滿，應否再行展期，請公決案。

決議　再展期六個月。

三、市長交議，財政局簽呈，請將修正茶點營業稅稅率提前公布，是否可行，請公決案。

決議　照准。

四、市長交議，前派吳衍慈，黃比瀛，朱之安，代理本府祕書處祕書，沈時濟代理第一科科長，並委于愈衆，徐文澄，馬鏡清，熊紹儒，代理文書，會計，庶務，編譯等股主任，請追認案。

決議　追認。

更正

本報第一五三期會議欄第三五三次市政會議紀錄報告事項第五項「市立醫院冷氣設備」之「冷」字係「暖」字之誤特此更正

南京市中學師範學生畢業會考規則 廿四年六月三日核准備案

第一條 本規則依據教育部頒修正中學學生畢業會考規程及師範學校學生畢業會考規程之規定訂定之。

第二條 凡本市公立（省立者除外）及已立案私立中學，並各類師範學校或師範科應屆畢業學生，經原校考查畢業成績及格者，均須參加畢業會考，會考之學科如左：

初中爲公民（未實行新頒中學課程標準之年級，仍考黨義下倣此），國文，算學（包括算術代數平面幾何三角大意），理化（包括物理化學），生物（包括動物植物），史地（包括歷史地理），外國語（未實行新頒中學課程標準之年級在三年級選習職業科目者應改考職業科目）七科。

高中爲公民，國文，算學（包括代數平面幾何立體幾何平面三角解析幾何），物理，化學，生物學，歷史，地理，外國語九科。

師範學校或師範科爲公民，國文、算學（包括代數幾何三角解析幾何大意、簡單數性之研究基本運算之練習實際問題之解決小學數學之研究在實行暫行課程標準之年級，則包括算術代數幾何三角），物理，化學，生物學，歷史，地理，教育概論，教育心理，小學教材及教學法十一科。鄉村師範加試農村經濟及合作，與鄉村教育二科。

簡易師範學校爲公民，國文，算學（包括算術代數平面幾何三角大意），理化（包括物理化學），生物（包括動物植物），史地（包括歷史地理），教育概論，教育心理，小學教材及教學法九科。簡易鄉村師範加試農村經濟及合作與鄉村教育二科。

三年制及二年制幼稚師範科爲公民，國文，算學（三年制同師範學校二年制程度略低），歷史，地理，生物學，物理，化學，教育概論，兒童心理，幼稚園教材及教學法，保育法十二科。

第三條　會考各科之內容，依據部頒課程標準，未實行新頒課程標準者，依據暫行標準，包括各該階段應已教學之全部教材。

第四條　參加會考人數過多時，得分爲數區於同一時間內舉行，其日期地點及試驗日程並試場規則等均另定之。

第五條　參加會考各校，其應屆畢業學生之最後學期考試，應于會考日期前二星期內舉行。

第六條　會考各校，應于會考開始二十日前，將應屆畢業學生之名冊，各科歷年教材表，及最近二寸半身照片三張（須去底板），註明姓名年齡籍貫肄業學校，由校蓋章，呈報社會局，其各科畢業成績表，亦應於會考開始三日前，呈送到局，畢業學生名冊，各科教材表，及畢業成績表式如左：

南京市　立　學校　年度　學期　畢業會考學生名冊

姓名	年齡	籍貫	性別	入學年月	備註

南京市　立　學校　年度　學期　畢業學級　學科歷年教材表

教材名稱	著作或編輯人姓名	出版或發行所	己否審定	備註

前項教材表，應每班每學科填一張，以便彙訂成冊，紙幅及格式，並應照社會局頒發式樣，各校所用教科書或自編講義，應檢齊全份，送局參考，會考完畢後發還。

南京市　立　學校　年度　學期　學生會考各科畢業成績表

成績別／學科成績別／姓名	第一學年成績	第二學年成績	第三學年成績	畢業成績	備註

將各學年成績相加平均，作爲畢業成績、其學科應分別學校性質，各依照應考科目填報。

南京市　立　學校　年度　學期○○學生未會考各科及平時操行體育與教學實習成績表

成績別／學科成績別／姓名	第一學年成績	第二學年成績	第三學年成績	畢業成績	操行成績			體育成績			教學實習成績	備註
					學年			學年				
					一	二	三	一	二	三		

畢業成績，將未會考各科各學年成績之平均數填入，操行體育成績，填報三學年評定等第，並應將考查方法，一併送局，教學實習成績，祇須師範生填報。

第七條　上屆會考一科或二科不及格學生，均得參加本屆各該科會考（如係初中自然科不及格，應考理化生物二科，歷史或地理不及格，應考史地科內各該部分），但亦須由原校依照上條之規定，呈報社會局，並以二次爲限，如二次仍不及格，應考試會考全部科目。

第八條　各校畢業成績及會考成績，均以百分法計算至小數第一位止，第二位四捨五入，其成績在八十分以上者爲甲等，七十分以上不滿八十分者爲乙等，六十分以上不滿七十分者爲丙等，不滿六十分者爲丁等，丁等不及格。

第九條 各校參加會考各生之平時成績，學期學年成績，得由社會局派員抽查，或令飭呈送來局，以憑審核，如發現違法徇私情事，應否認其成績之全部或一部，並懲戒其負責人員。

第十條 考生席次，以各學校會考學生混合分配，相互隔離爲原則。

第十一條 各科試題，由會考委員會命題委員擬就後，彙送委員長選定密印，加蓋私章，分別交各試場主試委員，帶往試場，當場開拆，分發應用。

第十二條 各科試卷，由會考委員會製定，編號彌封包好後，交由各試場主試委員，帶往分發，考畢由主試委員點數封好，加蓋私章，送交會考委員會評閱記分，開拆彌封，核算成績，並核對姓名。

第十三條 畢業會考各科成績，須均及格方得畢業，其有三科以上不及格者，應令留級，或由原校給予修業證明書，載明畢業會考各科成績，並加蓋「畢業會考不及格」圖記，聽其離校，修業證明書格式，由社會局另定之。

第十四條 會考時凡對於應考科目之全部或一部，因故不克與考者，其缺考科目，以不及格論

參加會考各生，中學有一科或二科不及格而願升學者，經原校查明呈報，得由社會局核發投考升學證明書，載明畢業會考各科成績，准予先行投考升學，經錄取後，作爲試讀生，師範有一科或二科不及格者，得先行給予臨時服務證，載明畢業會考各科成績，准其暫行服務，作爲小學代用教員，担任會攷及格各科教科。

第十五條 會攷一科或二科不及格學生，如赴他省市升學或服務者，得由該生請原校呈請社會局，轉請該生升學或服務所在地主管教育行政機關，准其參加當地畢業會攷，補行各該科考試。

第十六條 會考及格學生，由社會局就各該校塡送之畢業證書，加蓋「畢業會考及格」關記，驗印發還。

第十七條 會考結束時，應以學生個人爲單位，將其所得畢業會考各科成績之平均數，分別等第，按照左列表式揭示之。

姓名	肄業學校	畢業會考各科成績	平均等第	備註

各校學生在校各科畢業成績，佔畢業會考各科成績十分之四，會考成績，佔十分之六，其平均成績按照畢業會考各科成績計算。

第十八條 會考結束時，應以學校爲單位，分別爲甲、乙、丙、丁四等揭示之，其應留級各生，則分別通知各原校遵辦，評定學校成績等第之標準及表式如左：

（一）各校應屆畢業人數與參加會考人之比例，照前第八條方法計算

學校名稱	參加會考人數所佔應屆畢業人數之百分比	等第	備註
	%		

（二）各校會考及格學生成績之平均數，將各生畢業會攷成績平均後，照前第八條方法計算

學校名稱	會攷及格學生平均成績	等第	備註

第十九條　畢業會攷結束後，得由社會局視其成績之優劣，分別予以奬懲，其辦法如左：

（甲）學生成績，凡名列甲等之中學生，得依照本市清寒學生奬學金規則之規定，呈請給予奬學金，或頒給奬狀，師範生得儘先指派服務，或頒給奬狀。

（乙）學校成績，凡應屆畢業人數與參加會攷人數之比例，參加會攷人數與會攷及格人數之比例，及參加會攷學生之平均成績，均列甲等者，得題給奬額，有二項列入甲等，其他一項列入乙等者，得給予奬狀，參加會攷人數與及格人數之比例，及參加會攷學生之平均成績，有一項列入甲等者，一項列入乙等，而應屆畢業人數與參加會攷人數之比例，亦列乙等者，得傳令嘉奬，私立學校，除平時成績不良者外，並得按照上列成績之等差，分別酌予一次之奬勵金。

又應屆畢業人數與參加會攷人數之比例、參加會攷人數與會攷及格人數之比例，及參加會攷學生之平均成績，有任何一項列入丁等者，應予警告，有任何二項列入丁等者申斥，參加會攷人數與會攷及格人數之比例，及參加會攷學生之平均成績均列丁等，而應屆畢業人數與參加會攷人數之比例，亦在乙等以下者，市校校長撤職，私立學校撤銷立案，或勒令停辦。

第二十條　本規則由社會局呈請　市政府轉咨　教育部備案後，公布施行。

南京市中學師範學生畢業會考委員會辦事細則

廿四年六月三日核准備案

第一條　本細則依部頒中學學生畢業會攷委員會規程第十四條，師範學校學生畢業會攷規程第三條之規定訂定之。

第二條　本委員會由委員長指定委員三人爲常務委員，秉承委員長處理日常事務。

第三條　本委員會會議以委員過半數之出席爲法定數，開會時由委員長指派一人司紀錄，如委員長缺席，得指定常務委員一人爲臨時主席。

第四條　命題委員及監試委員均由本委員會聘請，開會時並得邀請列席。

第五條　凡左列各事項，須經本委員會議決後，由委員長督同各委員執行之：

一、支配試驗時間；

二、擬訂各項試驗規則；

三、商定監試方法；

四、審查參加會考各生學校畢業成績；

五、決定參加會考各生之畢業與否；

六、計算及揭示會考成績；

七、其他關於會考之重要事項。

第六條　凡左列各事項，由本會職員秉承委員長及常務委員辦理之：

一、試場及坐次之編配；

二、試卷之製備及保管；

三、會考證之填發；

四、試驗成績之登記及核算；

五、文件之收發保管及擬繕；

六、關於本委員會之會議事項；

七、其他關於會考一切日常事項。

第七條　各科會考成績，由各命題委員就担任學科試卷評閱記分加蓋名章，交常務委員發給職員登記核算後，送請委員長提交會議核定之。

第八條　監試委員除協助本委員會担任試場監察事宜外，並任收發試卷核對照片之責，每一科考畢，應將監試員記載表，連同試卷，彙交各該場主試委員，再彙交常務委員整理，經委員長核定後，分發各命題委員評閱，監試員記載表式另定之。

第九條　本委員會討論及經辦各事具有機密性質者，參與各員均應負嚴守祕密之責。

第十條　本委員會直屬於社會局，所有對外行文，均以社會局名義行之。

第十一條　本細則由南京市社會局呈請　市政府轉咨　教育部備案施行。

南京市工務局汽車駕駛人練習執照發給辦法

廿四年六月四日公布

(一)凡在本市內學習駕駛汽車，須向本局請領練習執照，於練習六個月後，得憑照向本局考領五省市統一駕駛執照，如不及格時，准於指定日期復試，其考驗手續依照五省市汽車駕駛人考驗規則辦理之。

(二)領用練習執照時，須帶本人半身二寸相片三張，取具舖保，隨同領有五省統一駕駛執照之教練人來局登記，經由衛生事務所檢驗身體合格後，方能發給，并繳納執照費一元。

(三)練習駕駛時所駕駛之汽車，不得載物乘人，並須有教練人在旁指示。

(四)練習地帶，祇准在本局指定範圍內。

(五)練習駕駛人不得受傭為駕駛汽車之職業，或離開教練人獨自駕駛。

(六)練習執照有效期為一年，如在練習期內改營他業時，應將執照繳還本局。

(七)練習駕駛人接得本局傳詢通知時，應於三日內來局，不得遲延，如遇崗警稽查人員檢查時，不得違抗。

(八)練習駕駛人在練習時期違犯交通規則至三次以上者，得扣留其執照，停止練習三個月，并處教練人五元以上二十元以下之罰金。

(九)練習執照如有損壞或遺失，應即呈報本局補領，繳納補照費一元。

(十)凡違犯本辦法各項，依照本市陸上交通管理規則辦理之。

（十一）本辦法自呈請　市政府核准公布施行。

修正南京市公園管理處釣魚規則

廿四年六月四日核准備案

一、本處爲提倡高尙娛樂，特准遊客釣魚起見，訂定本規則，以資遵守。

二、本處設立租用釣竿室，備有釣魚票及酌竿，以便遊客隨時購用與租用。

三、遊客欲釣魚時，須先繳納釣魚票保證金，及釣竿租價，取得釣魚票及釣竿後，方准入湖垂釣，其釣魚票保證金及釣竿租價規定如左：

甲、釣魚票保證金每張乙元；

乙、釣竿租價每枝每次大洋一角。

前項釣魚票於遊客釣魚時，本處員警得隨時查驗其釣竿，須於能釣時繳還之。

四、遊客釣魚，每人每次獲魚以十斤爲限，並按每斤大洋一角繳價，由前條規定之釣魚票保證金內扣算，有餘則找還之，其超過十斤以外之魚量，得由本處斟酌當時行情，另定價格。

五、未經購票私帶釣竿入湖釣魚者，罰洋一元，私帶魚網入湖網魚者，罰洋十元並沒收其魚竿魚網及所獲之魚類。

六、本規則如有未盡事宜，得隨時呈請修訂之。

七、本規則自呈奉　南京市政府核准後施行。

修正南京市玄武公園遊覽規則

廿四年六月四日核准備案

一、入本園遊覽者須遵守本規則。

二、遊客不得乘騾馬等牲畜入園。

三、遊客所乘車輛，須停放指定地點，不得越橋駛入園內。

四、凡瘋癲，或酒醉，裸體，跣足，衣冠不整，及有傳染病等者，均不得入園。

五、遊客不得攜帶犬畜，及其他有妨害公安之物品入園，並不得在園內狩獵。

六、非經本園許可之報販小販一概不准入園。

七、遊客須循遊覽路線行走，不得踐踏草地，並不得就椅上睡臥。

八、園內一切陳設，遊客不得擅自移動。

九、園內花木果實，遊客不得任意攀摘。

十、痰涎鼻涕不得任意吐抹。

十一、食物渣滓，須放入路旁垃圾籃內，不得任意拋擲。

十二、遊客不得有擲石角鬥喧嘩及不正當之演說，或其他妨害公安之舉動。

十三、凡遊客違犯本規則者，本處園警得隨時制止之，其情節重大，致本園受損害者，得報由本處主任酌令賠償或移送警廳懲辦。

十四、本規則如有未盡事宜，得隨時呈請修改之。

十五、本規則自呈奉　南京市政府核准後施行。

修正南京市工務局工程投標規則 二十四年六月五日公布

第一條　凡志願投本局工程標賬者，依本規則之規定辦理之。

第二條　凡曾在本局登記領有營造業執照者，依其等級，視工程之大小，取得投標資格。

第三條　凡願投標者應遵照本局招標公告各款，來局將工程記載表及與登記相符之戳記呈驗核定，繳納保證金及圖則費，方得領取標單圖則及施工細則。

第四條　投標人領取標單圖則及施工細則後，應於規定期內將標賬親自投入標匭，過期概作無效，圖則費無論中標與否概不發還，投標保證金應俟開標五日後發還，但中標人與次標人之保證金應俟簽訂合同後發還，如中標人，或次標人藉故不允簽訂合同時，幷即沒收其保證金，

第五條　投標人須注意左列各點：

(甲)投標人應領用本局製備之標單標封，否則無效。

(乙)標單上所列項目及數量，係供投標人參攷之用，仍須自行親赴工地勘查明白，認眞核算，妥愼塡寫。

(丙)塡寫標單之單位價數目字，須一律大寫，如有塗改，須加蓋圖章，否則全部標賬無效。

(丁)所有數量概以公尺制計算，預算單價時，應特別注意之。

(戊)本局審核標賬，以單價為準，概以單價核算總價。

(己)標單應由投標人簽名蓋章(須與登記印鑑相符)，嚴封於本局製備之標封內，幷加烙火漆印。

第六條　當衆開標之後，經本局審定合格者，公布為中標人，其審定辦法，視其資本經歷信用，幷是否辦過相類之工程而定，幷不以報最低價者為限。

第七條　投標人所投標賬，如經本局認為均不合格時，得另行公告招標。

第八條　未中標者得於本局公布中標人及候補中標人後，憑臨時收據，將投標保證金領回。

第九條　凡中標人於公布後三日內，應覓同殷實舖保，至本局簽訂合同，其延期不來者，除照第四條之規定，沒收其投標保證金外，幷得按次遞補他人承包。

第十條　投標人如有借用他人牌號頂替，越級朦混領取標單情事，經本局查明屬實者，除將保證金全部沒收外，得酌量情形，吊銷其登記執照(參閱營造業登記章程第九條之規定)。

第十一條　本規則如有未盡事宜，得呈准　市政府修正之。

第十二條　本規則自二十四年六月　日呈奉市政府核准公布施行。

南京市工務局自來水工程處工程組機務股機務人員值班暫行辦法

二十四年六月十日核准備案

(一)本處爲適應環境需要，增進工作效率及責任起見，特訂定輪值辦法，以資遵守。

(二)凡機務方面人員，除主管技士，化驗員，材料員，練習生外，均須依照本辦法輪值。

(三)值班人員無星期無例假，除本辦法規定之休息日期外，均須依次上值，不得遲到早退，擅自缺席，必要時並須加班，概無津貼。

(四)每日夜二十四小時分爲早日晚夜四班，時間如左：

早　班　自四點至十點(六小時)

日　班　自九點至十八點(九小時)

晚　班　自十七點至二十四點(七小時)

夜　班　自二十三點至五點(六小時)

(五)早晚四班值班人員，每星期更動二次，每二星期爲一循環，更動方法如左：

	星期	早班	日班	晚班	夜班	休息人
第一星期	一二三	甲	乙	丙	丁	無
	四	丁	乙	丙	甲	甲
	五六	乙	丙	丁	甲	無
	日	甲	丙	丁	甲	乙
第二星期	一二三	丙	丁	甲	乙	無
	四	乙	丁	甲	乙	丙

五六	丁	甲	乙	丙	無
日	丙	甲	乙	丙	丁

(六)值班人員必須住宿廠中。

(七)值班人員必須切實遵守本處工程組各項規定，並執行主管人員之命令。

(八)值班人員任值時間，不論職位高低，責任相同。除負開駛較驗修養及管理全責外，並須辦理主管人員另行指定之工作。

(九)值班人員下班時，如遇機件損壞，尚未修理者，或修理工作不及完畢者，均應書面交代接班人員繼續辦理，如值班人未曾交代清楚，則一應損失，由交班人賠償，如接班人未繼續辦理者，由接班人賠償。

(十)值班人員如有要事請假，須妥請另一班人員代值(無津貼)塡具請假單，請假人及代值人均須蓋章，送經主管人員核准後，始得離職，代值人在代值時間所負之責任，與其他值班人同。

(十一)值班人員如遲到早退，擅自缺席，或指揮不當而生之一切損失，概須賠償。

(十二)值班人員工作情形，應記明於工作日報表，送請主管人員核轉，如遇情形重大者，應立即用書面報告主管人員。

(十三)本辦法如有未盡事宜，得呈請修正之。

(十四)本辦法經工務局核准施行，並由局呈報市府備案。

南京市公園管理處管理遊人車輛規則

二十四年六月十日核准備案

一、遊客自備車輛，到公園遊覽時，須遵守本規則。

二、遊客車輛應停放指定地點，不得駛入園內，擾亂秩序。

三、遊客車輛除有車夫看守者外，得交本園園警代爲保管，其交領辦法如下：

1.交管車輛時，應領取號牌，取回車輛時，憑號牌交領。
2.每領號牌一面，應繳保管費大洋二角，概不發還。
3.車主遺失號牌，應隨時向園警說明車輛式樣，覓取保證，并繳號牌賠償費洋五角，方可交領，否則概不發還，倘於車主說明之先，車輛被人憑號牌領去，本處概不負責。
4.交領時間上午七時至十一時，下午一時至七時。

四、遊客車輛如不遵守本規則，本處園警得隨時制止之。
五、本規則得隨時修正之。
六、本規則自市政府核准之日起施行，

首都民衆體育委員會簡章

二十四年六月十四日核准備案

第一條　本會定名為首都民衆體育委員會。
第二條　本會以提倡首都民衆體育為宗旨。
第三條　本會辦理之事業如左：
一、民衆體育方法之調查，研究、及改善等事項。
二、民衆體育比賽章則之擬訂事項。
三、民衆體育比賽事項列左：
一、踢毽比賽；
二、游泳比賽；
三、脚踏車比賽；
四、划船比賽；

五、騎馬比賽；
六、射箭比賽；
七、國術比賽，
八、球類比賽；
九、田徑比賽；
十、其他。

第四條　本會設委員七人至十三人，由教育部及南京市政府會同聘任之。
第五條　本會設主任委員一人，由教育部及南京市政府于委員中指定之。
第六條　本會委員任期一年，期滿由教育部及南京市政府會同改聘之。
第七條　本會開會無定期，于必要時由主任委員召集之。
第八條　本會設總幹事一人，由委員兼任之，承主任委員之命，辦理本會一切事務。
第九條　本會設左列三股，各設股長一人，由委員兼任之，幹事若干人，由本會商請教育部及南京市政府就原有職員指派之，不另支薪津。
一、文書股辦理本會紀錄，收發，繕擬文件，保管簿籍印信，及公布消息各事宜。
二、事務股辦理本會庶務，會計，招待，佈置，保管各事宜。
三、競賽股辦理報名，編配場地，評判獎品等事宜。
第十條　各種比賽評判事宜，由本會另聘評判員擔任之。
第十一條　本會舉行各項比賽時，所用經費，由本會設法籌集之。
第十二條　本會用款賬目單據，應于每項比賽結束時，依法報銷。
第十三條　本會舉行各種比賽時，所有獎品，得向本京各機關及熱心體育人士捐募之。

第十四條　本會舉行各種比賽項目及規則，由本會另行訂定公布之。

第十五條　本簡章由教育部及南京市政府備案施行。

南京市政府鄉區保甲長暫行訓練辦法 二十四年六月十四日公布

一、本市鄉區保甲，業已編組完竣，保甲長因農忙不能集合訓練時，依本辦法辦理之。

二、各鄉鎮公所利用各種集會，如舉行鄉務會議及紀念週時，應召集所屬保長講習公民常識及保甲法規，并指示辦理戶口異動查報手續，由區長督率辦理。

三、各保長聽訓後返保，應隨時召集所屬各甲長指示一切，使能瞭解保甲制度之重要及辦理手續，由各鄉鎮長督率辦理。

四、由本府令社會局轉飭鄉區各小學，每星期於課後抽出四小時，召集保甲長講習第二條所規定之課程，而其編制由區長斟酌當地情形另訂之，倘遇保甲長辦理戶口異動知識欠缺時，各小學校校長須負隨時解答之責。

五、以公民常識及保甲法規爲訓練之中心教材，由本府頒發之。

六、本辦法自核准公布之日施行。

修正南京市政府頒發證章規則 二十四年六月十七日公布

一、本府證章，分本府及所屬局所共五種。秘書處職員，由本府發給。各局所職員，由各局所備價請領轉發。其所屬各機關職員，有出入本府之必要者，可向該管機關請領。職員領取證章時，應留印鑑備查。

二、各職員出入本府及各局所，應一律佩帶證章。

三、本府證章，遇有更換時，須將舊證章繳銷。

四、職員離職時，須將證章繳回各該主管機關。

五、證章遇有遺失時，除須自行登中央日報聲明作廢外，並應罰款二元。如因公出差，遇有不得已之事故，致遭遺失者，得報請主管機關酌量減免。

六、遺失證章者，應於三日內將遺失原因，並黏附報紙及罰款二元，報請主管機關核准補發。

七、本府職員證章，不得借給他人佩帶，如發現轉借暨遺失而不登報聲明者，倘發生事故，得依情節之輕重，予以相當處分。

八、本規則自公布之日施行。

南京市小學教員暑期講習會辦法

二十四年六月十九日核准備案

（一）南京市社會局為謀本市小學教員進修便利起見，舉辦暑期講習會，凡本市市立及已立案私立小學教員均應一律參加講習。

（二）講習會之時間，定為兩週，分成兩組，教員講習以參加一組聽講一科為限。

第一週為第一組，講習期間自七月十一日至十七日（計六天）。

第二週為第二組，講習期間自七月廿二日至廿七日（計六天）。

（三）講習會各組講習科目規定於下：

甲、第一組科目：

小學國語教學法，

學校衛生問題，

小學體育教學法，

小學音樂教學法，

黨義教育問題。

乙、第二組科目：

小學行政及訓育問題，

小學算術教學法，

小學自然教學法，

小學勞作教學法。

(1)凡本市小學教員，除參加上屆講習會及健康教育講習會聽講科目外，均應分別選定其他一科注意聽講。

(2)各校教員對於上列各科聽講人員，應平均分配，以免偏枯。

(四)各科講習時數，規定每科十八小時，每天三小時，均在上午講習，其時間支配爲七時至七時五十分，八時至八時五十分，九時廿分至十時廿分。

(五)講習會除上項講習科目外，臨時並由社會局局長敦請專家於晚間八時後舉行公開講演。

(六)講習地點暫定市立第一中學。

(七)各組各科由社會局局長指派聽講教師二人爲正副幹事，負責辦理常務。

(八)小學教員如因服務小學距離講習會地點在二公里以上者，得准予住宿，宿舍商借第一中學，膳食自備。

(九)各校教員如因病故不能參加講習會者，須由該校校長加以證明，於六月廿五日以前呈經社會局核准。

(十)各小學校長應於六月廿五日以前，將聽講教員及其科目造冊呈報社會局，由社會局審核後，發給聽講證，憑證聽講，其住宿者發給住宿證，憑證住宿。

(十一)本辦法呈奉　教育部市政府公布後施行。

南京市公園管理處工人管理規則 二十四年六月二十日核准備案

第一條　本處農場苗圃及花園之工人，均依本規則管理之。

第二條　本處工人工作時間，由本處按照季節及工作情形，隨時酌定之。

第三條　各工人應遵守工作時間，不得有遲到早退及怠工情事。

第四條　各工人對於本處所植樹苗花草禾稻及一切用具器物，須負責保護，不得任意損壞。

第五條　工人對於本處所有花卉蔬果粟麥及一切湖產，不得有竊取或盜賣行為。

第六條　各工人須受領工監工指揮監督，如有不能解決之事件，得向管理員訴明理由，聽候裁決。

第七條　工人每日須於開工以前，向監工報到，並領用農具，於散工後仍交由監工保管。

第八條　凡工人請假，應由領工轉陳監工，俟呈報技士核准後，方得離職，每月病假不得逾二日，事假不得逾四小時，但有特殊事故經主任核准者，不在此例。

第九條　各領工對於工人有指導訓練之責，並按月考察其工作勤惰情形，報告監工，轉報技士。

第十條　凡工人有合於左列各項情事之一者得記功一次：

一、勤於工作，經查明屬實者；

二、凡性好研究、而有特別技能者；

三、六個月內從未有告假曠工遲到早退及犯規等情事者。

第十一條　凡記功一次，得抵記過一次，記功三次而無過失者，得酌予加餉。

第十二條　凡工人有左列情事之一者，應予記過處分：

一、無故曠工者；

二、私自招人頂替者；

三、工作懈怠，故意遲緩者；
四、遇雨雪時未得監工許可，擅自離開工作場所者；
五、遺失符號者；
六、故意損壞工作用具及花木者。

第十三條　凡工人有左列情事之一者，應予扣除工資處分；
一、無故曠工在一小時以上，應扣工資半日；
二、逾假不到應按日扣除工資；
三、擅離工場，經查明後不論時間久暫，均扣資一日；
四、工作時間不佩帶符號，每次扣資半日。

第十四條　凡工人有左列情事之一者，應予開除處分；
一、記過三次，無功抵銷者；
二、不守規則，或與人鬥毆者；
三、損害本處名譽者；
四、工作異常懈怠者；
五、妨礙他人工作者。

第十五條　本規則如有未盡事宜，由本處呈准修正之。

第十六條　本規則自呈准之日施行。

南京市汽車設置擋泥板簡則　二十四年六月二十日核准備案

一、凡在本市區內行駛各種汽車，於車輪外面均須設置擋泥板，以防汚泥飛濺。

二、凡至工務局登記之汽車，須設置擋泥板，否則不予登記檢驗。
三、擋泥板須照工務局規定式樣設置，不得用他項物件代替遮攔。
四、擋泥板於陰雨道路泥濘時掛用。
五、擋泥板平時須洗刷潔淨，隨帶車內備用。
六、擋泥板如有損壞時，應即重製，不得破爛延用。
七、凡遇陰雨道路泥濘時，各種汽車不掛用擋泥板者，處以五元以下十元以上之罰鍰。

凡違犯前項規定三次以上者，應即撤銷其汽車行駛執照。

八、本簡則如有未盡事宜，得隨時呈請修正之。
九、本簡則由工務局呈奉市政府核准施行。

南京市政府校舍建築委員會簡章

二十四年六月二十一日第三五八次市政會議通過

第一條　本委員會依據第三五六次市政會議決議組織之，審核及監督關於建築市立學校校舍事宜。
第二條　本委員會設主任委員一人，委員七人至九人，均由　市長指定之。
第三條　本會議決案得由主任委員移送有關機關辦理，並呈府備案，其重要者應呈府核定之。
第四條　本委員會每週開會一次，由主任委員召集，必要時得召開臨時會議。
第五條　本簡章由市政會議議決施行。

南京市暑期塾師訓練班辦法

二十四年六月二十一日公布

（一）本市社會局為改善私塾，推進義務教育起見，舉辦暑期塾師訓練班，凡經社會局許可，領有設塾許可證之塾師，均應參加訓練。

(二)塾師訓練班日期定爲一個月，自七月十五日始，至八月十五日止，每天上午十時以前授課三小時。

(三)訓練班科目規定於下：

1.國語　每週四小時

講授注音符號，標點符號，教授法(書用初級小學四年級國語教授書兩本)。

2.算術　每週八小時

講授初級小學應用算術教材及教授法(書用初級小學算術教科書三四年級四本)

3.常識　每週六小時

講授小學應用常識教材及教學法(書用高級小學社會自然教科書一年級用共四本)。

(四)訓練班分十一區，每區設一班，計十一班，其地點如下：

第一區	夫子廟小學	第二區	昇平橋小學
第三區	蓮花橋小學	第四區	船板巷小學
第五區	登隆巷小學	第六區	漢口路小學
第七區	興中門小學	第八區	下關小學
第九區	浦口小學	第十區	米行街小學
第十一區	上新河鄉區小學		

(五)塾師應參加訓練班地點，由社會局就塾址遠近，分區編定之。

(六)訓練班主任爲義務職，由社會局指派所在地之小學校長担任之，講師由主任就有經驗之小學教師，呈准社會局後聘任之，此項人員，本屆小學教員暑期講習會均免予參加。

(七)訓練班人數如不足五十人，訓練班主任應指定較大之私塾，派遣成績最優良之學生一人參加聽講。

(八)訓練班結束時，由社會局舉行考試(日期定八月十五日)，以爲獎懲之依據。

(九)凡塾師聽講缺席在三分之一以上者，不得參加考試。

(十)凡塾師未參加訓練，或參加訓練而未參加攷試或考試成績過劣者，得取消其許可證，所設私塾一律限九月十五日以前自行結束。

（十一）訓練班結束後，由主持小學負責將受訓練之塾師組織改進會，每月開會一次，由社會局派員指導，其辦法另訂之。

（十二）本辦法呈奉教育部市政府核准備案後公布施行。

修正南京市工務局工程合同格式

二十四年六月二十六日核准備案

南京市工務局　以下簡稱甲方與

承包人　以下簡稱乙方

茲為建築　工程經雙方同意訂立合同如左：

一、工程範圍

二、乙方於簽訂合同時，須向甲方繳納工程保證金　元，領取收據，俟本合同所規定之工程全部完竣，毫無貽誤，並經市政府驗收合格後　月，乙方得憑收據向甲方將該項工程保證金領回。

三、本工程之設計圖樣及施工細則，係屬本合同之一部份，乙方均已了解清楚，並無疑問不明之處，均願切實遵照辦理，絕不藉端推諉，請求加賬。

四、本工程進行期中所需一切人工材料機器工具及一切設備等，除另有規定者外，均由乙方供給之。

五、本工程進行期中所有詳細施工圖樣，均由甲方隨時補充，乙方均應遵照辦理，如乙方對於補充詳圖上所規定之工料有認為不應包括於本合同之內者，應在該項工程未進行之先，以書面向甲方磋商允可後，方為有效。

六、本工程詳細價目，另表開列，為本合同之一部份。

七、本工程進行期中，如經甲方認為在設計上或工作上必須變更工程設計圖樣或施工細則時，得於事前通知乙方遵照辦理，凡因變更設計圖樣或施工細則以致工料數量有增減時，其增減工料價格，應按照詳細價目表內所開之單位價格計算，於工程總包價內分別增加或減除之。

八、本工程所有細微之處，未能盡載明于圖樣及施工細則中，而爲工程上所必要者，乙方均應照甲方監工人員指示做全，不得推諉，並另索造價。

九、乙方非得甲方之書面允許，不得以本工程之任何部份轉包他人。

十、本工程自簽訂合同之日起，乙方卽須將人工材料工具運往工次，自通知開工之日起，限　　晴天內完工，不得逾限，如逾限期，乙方願按日罰洋　　元，甲方得由應付工款或工程保證金內扣除之，但遇風雨冰雪天災地變實在不能工作之日，經甲方之監工人員書面證明，呈由甲方批准展期者，不在此限。

十一、本市有關工程之章程及建築規則乙方均應遵照辦理。

十二、本工程造價之付款標準規定如左：

十三、每次領款時，乙方須先報請驗收，經甲方派員查驗合格後，發給領款收據三聯單，由乙方持向本局總務股領取之。

十四、乙方須派遣富有本工程經驗之監工人員常川在工督察，並須服從甲方監工人員之指揮，如乙方監工人員有不稱職時，甲方得通知乙方卽時撤換之。

十五、本工程所用各種材料，應先由乙方將樣品送呈甲方查驗，認爲合格後，方得採用，所有乙方運到工次之材料，經甲方查覺與呈驗合格樣品之材料不符時，乙方卽須全數運出工場，另辦合格新料，呈驗應用。

十六、本工程在進行期間，如經甲方查出工料與設計圖樣或施工細則不相符合時，乙方應立卽拆卸，並依照設計圖樣或施工細則重行建造，所有時間及金錢之損失，概歸乙方負担。

十七、本工程施工期內，如需斷絕交通，或需借用公地堆積材料時，乙方應先期以書面請求甲方核准。

十八、乙方工作地點，日間應設置紅旗，夜間應懸掛紅燈，以保行人安全，倘因疏忽，以致發生任何意外之事，均由乙方自行負責處理之。

十九、本工程進行中倘損及人畜或公私建築物，由乙方負責賠償。

二十、凡遇不適宜工作之天時，乙方應遵照甲方監工人員之指示，將工程全部或一部暫停工作，並須設法保護已成之工程，以免損壞。

二十一、本工程在開工以後，市政府驗收以前，所有一切已成工程，均由乙方負責保護，倘因天災人事等不測事故，工程一部或全部發生損壞時，乙方應負責修理或重行建築。

二十二、所有乙方之工匠人等之食宿等事，皆由乙方自行處理，乙方並應約束工人不得有軌外行動，倘有滋生事故，應由乙方自行負責處理之。

二十三、全部工程經市政府派員驗收無誤後，乙方應立具保固切結保固年月，倘於保固期內本工程發現裂縫或傾陷等情事，經甲方查明係由材料不佳或工作不善所致者，乙方應負責出資修理，不得藉詞推諉。

二十四、本工程進行期間，乙方因故停止工作，或不履行合同時，經甲方書面通知後三日內仍不遵照工作者，得由甲方一面通知保證人，一面另雇他人工作，所有場內之材料器具及一切設備等，概歸甲方使用，所有甲方因雇工續造工程之費用及延期損失等，仍歸乙方負担，由甲方于工程造價及保證金內扣除之，不足之數應由保證人賠償。

二十五、乙方遇有意外事故，不能負責完工時，本合同之責任應由保證人負担，所有甲方另雇他人續造之工價及一切損失，亦均由保證人賠償。

二十六、本合同及附件共繕成同樣四份，二份呈送南京市政府備案，其餘二份由甲乙兩方各執一份爲憑。

二十七、本合同之附件計開：

設計圖樣　份計　張

施工細則　份計　張

詳細價目表　份計　張

中華民國　年　月　日

南京市工務局局長
科長
主辦人
承包人　店號
負責人
住址
保證人　店號
負責人
住址

南京市財政局獎勵員警協助檢查車輛漏捐規則（廿四年六月廿八日核准備案）

第一條　本規則依市組織法第十二條之規定制定之。

第二條　凡在本市行駛之車輛，未經照章領照者，以漏捐論。

第三條　依前條之規定，漏捐車輛經發覺時，除照章補領捐照外，並依徵收車捐章程第五條處罰。

第四條　依第二第三條之規定，本市各警局隊員警，或本局稽查員，檢查漏捐車輛，得扣留該項漏捐車輛，送局核辦。

第五條　依第三條之規定所處罰之罰鍰，應提成充獎，其獎金之支配如左：

（一）由各警局隊員警查出扣留處罰者，以該案罰鍰全數之七成給獎，餘三成歸市庫。

（二）由本局稽查員查出會警辦理處罰者，以該案罰鍰之六成為本局經辦人員獎勵金，以四成為經辦員警獎勵金。

第六條 本規則如有未盡事宜，得隨時呈請修正之。

第七條 本規則自奉 市政府核准施行。

附中央通行法規

修正實業部農工鑛技副登記條例第一條第二款條文

廿四年五月卅日國民政府公布

第一條 凡有左列資格之一者，得依本條例向實業部聲請登記爲技副：

一、在國內外中等職業學校及其同等學校，修習農工鑛專科三年畢業，幷有五年以上之實習經驗，得有證明者；

二、曾經普通考試建設人員考試及格者。

實施義務教育暫行辦法大綱

二十四年五月二十八日行政院第二一四次會議修正通過

第一條 茲遵照第四屆中央執行委員會第五次全體會議議決實施義務教育標本兼治等案，製定本暫行辦法大綱，其目的在使全國學齡兒童（指六歲至十二歲之兒童而言），于十年期限內，逐漸由受一年制二年制達於四年制之義務教育。

第二條 義務教育之實施，應注重實際生活之教育，分三期進行。

（一）自民國二十四年八月起至二十九年七月止爲第一期，在此期內，一切年長失學兒童及未入學之學齡兒童至少應受一年義務教育，各省市應注重辦理一年制之短期小學。

（二）自民國二十九年八月起至三十三年七月止爲第二期，在此期內，一切學齡兒童至少應受兩年義務教育，各省市應注重辦理二年制之短期小學。

(三)自民國三十三年八月起爲第三期，義務教育之期間定爲四年。

第三條　前條規定期限，遇經費充裕時，得減縮之。

第四條　全國各縣市應劃分爲若干小學區，準備實施義務教育。

第五條　義務教育之施行，除辦理短期小學外，並應施行左列各事項：

(一)推廣初級小學，

(二)充實原有學級之學額，

(三)厲行二部制，

(四)改良私塾，

(五)試行巡迴教育。

第六條　義務教育經費，以地方負担爲原則，但對於邊遠貧瘠省分，及其他有特殊情形之省市，得由中央酌量補助之。

第七條　關於義務教育之實施，中央及地方主管教育行政機關，均應特設義務教育委員會協助推行。

第八條　在學校數量已足容收當地學齡兒童之地方，凡身體健全之學齡兒童，均應入學，違者政府得採取必要之行政處分，強迫入學，在第一期內對于年長失學之兒童亦同。

第九條　教育部於本暫行辦法大綱施行屆一年後，應根據各地實施情況，擬定義務教育法草案，呈由行政院核轉立法院審議公布。

第十條　本暫行辦法大綱施行細則，由教育部根據本大綱訂定施行。

第十一條　本暫行辦法大綱由行政院核准施行並呈報國民政府備案。

民國二十四年度中央義務教育經費支配辦法大綱

（二十四年五月二十八日行政院第二一四次會議修正通過）

一、中央之義務教育經費，以國庫支出義務教育經費，邊疆教育經費及庚款機關撥充義務教育之經費充之。

二、中央義務教育經費之支配，對於邊遠貧瘠省份，及其他有特殊情形之省市，應予以特別考慮。

三、中央支配於各省市之義務教育經費，及各省市應自行負担之經費，由教育部詳審各省市實際情形，分別確定額數，呈請行政院備案。

四、各省市有不能依照教育部規定之額數，自行籌足，或設詞虛報者，中央經費得暫不撥付，並得將是項經費，移作下年度各該省市辦理義務教育之用。

五、本辦法施行細則，由教育部定之。

六、本辦法由行政院核准施行，並呈報國民政府備案。

修正工廠登記規則

（二十四年五月一日實業部公布）

第一條　凡中華民國境內之工廠，平時僱用三十名以上之工人，或用機械動力製造出品者，均依本規則呈請登記。

第二條　工廠登記於設立時向所在地縣市政府行之，其在直隸行政院各市者向市社會局行之。

第三條　工廠登記由工廠主體或經理人照甲乙兩種登記表各填三份，備文呈請登記，但在直隸行政院各市者各填二份。

第四條　縣市政府或市社會局接收工廠登記呈請書表後，應即按表逐項查明，核准登記，並呈報省主管廳轉呈，或逕呈實業部備案。

第五條　公司組織之工廠，不論是否用工廠之名稱，於公司登記外，並爲工廠之登記。

第六條　核准登記之工廠，在各縣市者由縣市政府發給憑單，在直隸行政院各市者由市社會局發給憑單。

前項憑單由實業部製定式樣，須由登記官署照式印刷，發給時得征收憑單費國幣一元印花稅二角。

第七條　工廠登記後，其廠名，廠址，廠長及技師姓名、製品種類，及登記號數，均於實業公報公布之。

第八條　工廠登記後，其登記表所載事項遇有變更時，應聲敘原因，呈請備案。

第九條　工廠遷移時，除呈報原登記官署外，並應向遷移地之登記官署，依本規則第三條之規定，呈請登記，設立分廠者亦同。

第十條　工廠休業時，應呈報原登記官署，依次核轉實業部備案。

第十一條　核准登記之工廠，於每營業年度終結後兩個月內，編製上年度廠務報告書，依照實業部所定格式，填具三份，呈送所在地縣市政府依次核轉實業部備查，其在直隸行政院各市者，填具二份，呈送市社會局核轉。

第十二條　在本規則修正公布後，凡未經登記各工廠，應於六個月內呈請登記，其逾期不登記者，得依行政執行法第五條處罰並令補行登記，新設立之工廠逾兩個月未呈請登記者亦同。

第十三條　軍用及國營工廠之登記另定之。

第十四條　本規則自公布之日施行。

南京市政府令

廿四年四月廿三日

令熊紹儒

茲派該員暫代本府祕書處第二科編譯股主任科員，着先行到差，並依公務員任用法第七條之規定，塡具資格審查表，連同證件呈府，以憑咨轉銓敍部審查爲要。此令。

市長馬超俊

南京市政府令

廿四年四月廿七日

令徐文澄

茲委該員代理本府祕書處會計股主任科員，着先行到差，並依照公務員任用法第七條之規定，塡具資格審查表，連同證件呈府，以憑咨轉。此令。

市長馬超俊

南京市政府令

廿四年四月廿七日

令馬鏡清

茲委該員代理本府祕書處庶務股主任科員，着先行到差，並依照公務員任用法第七條之規定，塡具資格審查表、連同證件呈府，以憑咨轉。此令。

市長馬超俊

南京市政府令

廿四年四月廿七日

令張崇德

茲委該員代理本府祕書處科員，辦理會計事宜，着先行到差，並依照公務員任用法第七條之規定，塡具資格審查表，連同證件呈府，以憑咨轉。此令。

市長馬超俊

南京市政府令

廿四年四月廿七日

令李仁生

茲委該員代理本府祕書處科員，辦理庶務事宜，着先行到差，並依照公務員任用法第七條之規定，塡具資格審查表，連同證件呈府，以憑咨轉。此令。

市長馬超俊

南京市政府令

廿四年四月廿七日

令陳守言

茲委該員代理本府祕書處科員，辦理庶務事宜，着先行到差，並依照公務員任用法第七條之規定，塡具資格審查表、連同證件呈府，以憑咨轉。此令。

南京市政府令

廿四年四月廿七日

市長馬超俊

令黃遠賓

茲委該員代理本府祕書處科員，辦理收發事宜，着先行到差，並依照公務員任用法第七條之現定，塡具資格審查表，連同證件呈府，以憑咨轉。此令。

南京市政府令

廿四年四月廿七日

市長馬超俊

令司徒鑑

茲委該員代理本府祕書處科員，辦理監印事宜，着先行到差。並依公務員任用法第七條之規定，塡具資格審查表，連同證件呈府，以憑咨轉。此令。

南京市政府令

廿四年四月廿七日

市長馬超俊

令端木光熾

茲委該員爲本府清潔總隊督察員。此令。

南京市政府令

廿四年四月廿七日

令林志剛

茲委該員爲本府淸潔總隊事務員。此令。

市長馬超俊

南京市政府令　廿四年四月廿九日

令陳無涯

查本市公園管理處主任李鴻緒，業經辭職照准，所遺職務，茲委該員繼任，除分令外，合行令仰該員即便遵照，尅日前往接收辦理，並將到差日期，及接辦情形，具報備查。此令。

市長馬超俊

南京市政府令　廿四年四月廿九日

令葛曉東

茲委該員爲園藝技術專員。此令。

市長馬超俊

南京市政府令　廿四年五月二日

令鄭家榮

茲委該員代理本府稽查主任，着先行到差，塡具公務員資格審查表，連同證件呈府，以憑咨轉。此令。

市長馬超俊

南京市政府令　廿四年五月二日

令蔡孝強

茲委該員代理本府祕書處科員，在庶務股服務，着先行到差，塡具公務員資格審查表，連同附件呈府，以憑咨轉。此令。

市長馬超俊

南京市政府令

廿四年五月五日

令周欣爲

茲委該員爲本市鐵路管理處主任。此令。

市長馬超俊

南京市政府公報　委令

公牘

社會

制定中學師範學生畢業會考規則及會考委員會辦事細則案

▲訓令社會局：准教育部咨復關於南京市中學師範學生畢業會考規則，及會考委員會辦事細則，業已備案，令仰知照由。

訓令第二一四六號　廿四年六月三日

前據該局呈送改正南京市中學師範學生畢業會考規則，及委員會辦事細則請鑒核轉咨一案，當經咨轉；幷指令在案。玆准

教育部本年五月二十八日第六八四九號咨開：

「案准貴府咨送改正南京市中學師範學生畢業會考規則及會考委員會辦事細則到部。除備案外，相應咨復查照，即希轉飭知照。」

等由。准此。合行令仰該局，即便知照。

此令。

市長馬超俊

□創辦新民村及和平村民衆學校案

▲指令社會局：爲據呈，擬於新民村和平村各設民衆學校一所，并請轉飭財政局於各該村各撥戊種市民住宅十二間，以便改建校舍等情：令准照辦由。

指令第二四一一號　廿四年六月十日

呈一件：爲擬於新民村和平村創設民衆學校各一所，并請轉飭財政局於各該村各撥戊種市民住宅十二間，俾便改建校舍，祈鑒核令遵由。

呈悉。案經飭據本府參事周湘會同財政局核復稱：

「查社會局請撥新民村及和平村，平民住宅，改建校舍一節，事關市民教育，自可照撥，惟所請在六月六日以前接收應用，時間過迫，原租戶遷讓不及，似應予以相當時間，以使覓屋搬遷。除由本局通知各原租戶解約退租從速搬遷，一俟遷讓完竣，再行函請社會局派員接收外，理合會銜簽請鑒核，轉飭知照。」

等情；到府，除指令外，仰即知照！

此令。

市長馬超俊

附原呈

查本局新民門外新民村暨和平門外和平村居民密集，十九係不識字民衆，亟應予以相當教育灌輸，增進其智能，改善其生活，以符建設新村之本旨，本局有鑒於此，擬於各該村利用原有市房，各創民衆學校一所，以爲施教之中心，經已由本局派員分赴各該村實地察勘環境，並擬定增設學校計劃綱要，預定按實施健康教育，生計教育，休閒教育三方面着手籌備一切，茲關於各該校校舍之選擇，經考慮以利用各該村現有戊種市民住宅似較經濟，除將另案請撥各

該校校舍修築費暨開辦費外，理合呈請
鑒核仰祈賜予轉飭財政局儘六月六日前，於各該村各撥互相聯接之戊種市民住宅十二間，點交本局派員接收，以便改建教室圖書室民衆娛樂室，及辦公等室，俾得刻即成立學校，所有擬在各該村增設民校，以及請轉撥市產，俾供興學各緣由；是否可行；仍仰祈
鑒核指令祇遵，實爲公便。謹呈
市長馬

社會局局長陳劍如　五月廿五日

▲指令財政局參事周湘：爲據會復社會局請於和平、新民村各撥市民住宅十二間，以便改建民衆學校校舍一案，自可照撥等情；指令已悉由。

指令第二四一一號　廿四年六月十日

會呈一件：爲社會局請撥新民村和平村戊種市民住宅各十二間改建民衆學校校舍一節，事關市民教育，自可照撥，呈復鑒核飭知由。

會呈悉。已指令社會局知照矣。仰卽知照！此令。

市長馬超俊

（原呈見指令第二四一一號）

■組織校舍建築委員會案

▲訓令財政局社會工務：爲組織南京市校舍建築委員會案，已議決通過，並推定陳局長等爲委員。令仰知照由。

訓令第二四八七號　廿四年六月十一日

案查本年六月七日，本府第三五六次市政會議，宋工務該局長提議，擬請組織南京市校舍建築委員會，以利進行案，當經決議「通過，並推定陳局長，陸局長，宋局長，張參事，沈科長，孟科長，余科長，陳專員，孫專員爲委員，由陳局長召集。」等語紀錄在案。除分令外，合行抄發原提案，令仰該局即便知照。此令。

計發原提案一件。

▲訓令陳局長等：爲組織南京市校舍建築委員會案，已議決通過，並推定該員等爲委員。令仰遵照由。

市長馬超俊

訓令第二四八七號　廿四年六月十一日

案查本年六月七日，本府第三五六次市政會議，宋工務該局長提議，擬請組織南京市校舍建築委員會，以利進行案，當經決議「通過。並推定陳局長，陸局長，宋局長，張參事，沈科長，孟科長余科長、陳專員，孫專員爲委員。由陳局長召集。」等語紀錄在案。除分令外，合行檢發原議案，令仰遵照。此令。

計發原議案一件。

市長馬超俊

▲訓令工務局、社會局、財政局、校舍建築委員會：爲令發校舍建築委員會簡章，仰遵照由。

訓令第三〇二〇號　廿四年六月廿八日

案查本年六月二十一日，本府第三五八次市政會議、校舍建築委員會召集委員陳劍如提議：擬具南京市政府校舍建築委員會簡章，是否有當，請公決案，當經決議：「修正通過」在案。除分令外，合行檢發簡章，令仰該局會即便遵照。此令。

計發南京市政府校舍建築委員會簡章一份。

□轉發修正工廠登記規則案

▲訓令社會局：為准實業部咨送修正工廠登記規則等件，抄發原件，令仰遵照辦理由。

市長馬超俊

訓令第二四九二號　廿四年六月十二日

案准

實業部本年六月五日工字第一二五六五號咨開：

「查工廠登記規則自二十年十二月由本部呈准公布施行以來，迄今已逾三載，各地工廠依照規則聲請登記者，固屬不少，而遲延未請登記者，實居多數，其原因在於該項規則無強迫登記及給發憑證之規定致多數廠家相率觀望，主管官署不易據以強制執行，且所規定應登記之工廠，僅限於平時僱用工人在三十人以上者，其於使用機械動力製造，僱用工人雖不及三十人，而製造能力有過之者，並未訂明，亟應予以修正，以利推行。業經本部擬具修正工廠登記規則草案，呈奉行政院提出第二〇九次會議決議修正通過，並於二十四年五月一日以部令公布施行在案。除分行外，相應檢同修正工廠登記規則，及工廠登記憑單式樣各一份，咨請　貴市政府轉發主管局，飭令遵照切實進行。至登記表兩種，則仍準用原訂式樣，并希查照轉知。」

等由，附送工廠登記規則及憑單式樣各一份；准此，合行抄發原件，令仰遵照辦理。

此令。

計抄發工廠登記規則及憑單式樣各一份。

市長馬超俊

□廢止小學學生畢業測驗案

▲訓令社會局：為市政會議議決小學學生畢業測驗廢止，由社會局另訂考查成績辦法。令仰遵辦由。

訓令第二五一〇號　二十四年六月十二日

案查本年六月七日，本府第三五六次市政會議，本市長交議，周參事等審議，南京市二十三年度第二學期小學學生畢業測驗辦法案，當經決議，小學學生畢業測驗廢止，由社會局另訂攷查成績辦法等語紀錄在案。合行檢發原議案，令仰該局即便遵照辦理。此令。

計發原議案一件。

市長馬超俊

□推行義務教育案

▲訓令社會局：爲奉　行政院令知推行義務教育一案，令仰遵照辦理由。

訓令第二五六四號　二十四年六月十四日

案奉

行政院本年六月五日第三一五二號訓令開：

「查本院第二一四次會議，教育部王部長提議，我國義務教育問題，自民元以來，各方已迭有討論，惟以種種牽掣，實際上迄未能爲相當之設施，茲幸中央因鈞院之建議，在二十四年度概算內，已列入義務教育及邊疆教育費，而庚款聯席會議，亦有各庚款機關撥款協助義務教育之決定，因特遵照中央決議實施義務教育標本兼治等案，擬具實施義務教育暫行辦法大綱，及民國二十四年度中央義務教育經費支配辦法大綱，請核定轉呈國民政府備案」一案，經決議，「修正通過」。除呈請　國民政府備案，並令知教育財政兩部暨分行外，合行抄發原件，令仰該市政府知照。」

等因，計抄發原提案一件，又實施義務教育暫行辦法大綱及民國二十四年度中央義務教育經費支配辦法大綱各一件；奉此，正擬令知間，又奉行政院歌電開：

「推行義務教育，爲復興民族之基本工作：二十四年度中央對於義教經費，已正式列入預算；實施辦法大綱，並經行政院通過。惟茲事體大，中央與地方能協同進行，方可推行無阻。關於中央義教經費支配標準，須視地方自籌經費成數而定；該省市應即設法寬籌經費，迅與教育部商訂下年度義敎推行計劃；並督促所屬仰體中央意旨，全力從事，鼓勵人民，一致協助，務使全國上下咸集註於此項運動；民族前途，實利賴之！」等因；奉此，除呈復外，合行抄發原件，令仰遵照辦理。

此令。

計抄發原提案一件，又辦法大綱各一件。

市長馬超俊

▲呈行政院：爲奉令知推行義務教育一案，自應遵照辦理，呈復鑒核由。

呈第二五六四號　二十四年六月十四日

案奉

鈞院本年六月五日第三一五二號訓令，以第二一四次會議，教育部提議，擬具實施義務教育辦法大綱及二十四年度中央義務教育經費支配辦法大綱，請核定一案，經決議：「修正通過」，抄發原提案等件，分令知照，等因；奉此，正擬行知間，又奉

鈞院歌電，以中央對於二十四年度義務教育經費，業經列入預算，其實施辦法大綱，幷經院議通過。至關於中央義教經費支配標準，須視地方自籌經費而定，飭即設法寬籌經費，幷迅與教育部商訂推行計劃；仍應督促所屬鼓勵人民一致協助進行，等因；奉此，自應遵照辦理。除令本市社會局遵照辦理外，理合具文呈復，仰祈

鑒核。謹呈

行政院院長汪

南京市市長馬超俊

■制定首都民衆體育委員會簡章案

▲訓令社會局：爲首都民衆體育委員會簡章，業經轉奉行政院備案，令仰知照由。

訓令第二五九四號　二十四年六月十四日

案查前據該局呈擬首都民衆體育委員會簡章到府，當經會同教育部會核修正，函請行政院秘書處查照轉陳備案，幷令知該局在案，茲准行政院秘書處本年六月十日第二六一一號函，以案經陳奉院長諭：「准予備案」函復查照等由：合行令仰知照。此令。

市長馬超俊

■制定小學教員暑期講習會辦法案

▲訓令社會局：爲准教育部咨復，據該局呈送南京市小學教員暑期講習會辦法，應予備案等由，令仰知照由。

訓令第二七二六號　廿四年六月十九日

案查前據該局呈送南京市小學教員暑期講習會辦法，請鑒核備案，並咨部備案等情，當經令准備案，並咨部備案在案。茲准教育部本年六月十四日第七九八三號咨復：「應予備案。」合行令仰該局即便知照。此令。

市長馬超俊

■制定暑期師塾訓練班辦法案

▲訓令社會局：爲令知南京市暑期塾師訓練班辦法，業經教育部備案由。

訓令第二七九四號　廿四年六月廿一日

案查前據該局呈送南京市暑期塾師訓練班辦法，請鑒核備案，幷咨部備案等情，經將辦法酌加修正，咨部備案，幷指令遵照修正在案。茲准教育部本年六月十三日第七九二八號咨復開：

「查該辦法尚無不合，應予備案。相應咨復查照，並轉飭知照。」等由；准此，除將辦法以府令公布外，合行令仰遵照施行。

此令。

市長馬超俊

▲南京市政府令　廿四年六月廿一日

茲制定南京市暑期塾師訓練班辦法，公布之。此令。

市長馬超俊

□創辦止馬營平民住宅區民衆學校案

▲指令社會局：爲據呈請飭撥止馬營平民住宅十一間，籌辦民衆學校一案，准照數撥用，仰逕往財政局接洽接收，着手開辦由。

指令第二九〇一號　廿四年六月廿四日

呈一件：爲擬於止馬營平民住宅區內，籌辦民衆學校一所，祈鑒准轉飭財政局保留房屋十一間，撥歸本局應用由。

呈悉。案經飭據財政局核復稱：「遵查止馬營平民住宅，此次放租之時，准社會局派員來局面請預留住宅十一間，以作辦理學校之用，當經照數預留在案，奉交前因，理合呈請鑒核。」等情，應准照數撥用。除指令財政局遵照外，仰即逕往接洽接收，着手開辦可也。此令。

市長馬超俊

附原呈

查本市新建築完成之止馬營平民住宅，現已公告招租，本局鑒於該處平民住宅，規模頗大，環境優美，值玆新屋落成伊始，對於該地社教設施，亟宜同時籌劃，庶幾對該區多數平民得能予以相當教育逐漸改進其生活，樹立新村良好模楷，無負於興建該處平民住宅之本旨，經本局從事審慎計劃，擬自七月份起在該區創辦耑設民衆學校一所，以爲該區施教中心，辦理各項社會教育設施，關於創設民校各項籌辦手續，除將另案請賜撥發開辦費外，理合呈請鑒核，仰祈准於轉飭財政局將該新築平民住宅大門入口處之最前列第一二條房屋共計十一間，完全撥給本局保管應用，俾使接收後略加改建，充作學校校舍，以及民衆公共會堂，以利設施，實爲公便。謹呈

市長馬

社會局局長陳劍如　廿四年六月

▲指令財政局：爲據呈復社會局請保留止馬營平民住宅十一間，以作籌辦民校之用一案，准一併撥用。仰遵辦具報由。

指令第二九〇一號　廿四年六月廿四日

呈一件：爲社會局請保留止馬營平民住宅十一間，以作籌辦民校之用，已照數預留，請鑒核由。

呈悉。查該處住宅十一間，既已照數預留。應准一併撥用。除指令社會局逕向該局接洽接收、着手開辦外，仰即遵照撥給具報。此令。

市長馬超俊

（原呈見指令第二九〇一號）

財政

口核准本年一二三四五各月欠繳房捐在六月內一次繳清者概予免納罰金案

▲指令財政局：爲據呈本年一二三四五各月欠繳房捐，在六月內一次繳清者，概予免納罰金，分期繳納者，不得援例，請備案等情，令准備案由。

指令第二一七七號　廿四年六月四日

呈一件：爲佈告將一二三四五各月欠繳房捐，在六月內一次繳清者，概予免納罰金，分期繳納者，不得援例，以清界限，祈鑒核備案由。

呈悉。查核所擬辦法，尚屬妥洽，准予備案，仰即知照。此令。

市長馬超俊

附原呈

案查本局前以本市房捐積欠甚鉅，經通告各欠戶限本年三月底以前，將欠繳房捐補繳清楚，並自本年一月份起，所有各月應繳房捐，務應按期清繳，逾則均予照章加收滯納罰金，嗣以三月底適值農事伊始，欠繳房捐各戶，不無籌措困難情形，復經布告將廿三年十二月以前，舊欠清理期限，再予寬展三個月，至本年一月份起各月房捐，仍應依照前次通告規定限期繳納，逾期即予科罰各在案。惟現查前任對於本年一二三四各月房捐，並未催收清楚，四月份又以新舊交替，捐收不無停滯，房捐更呈積壓情形，且事實上本市市民對於房捐疲玩成習，積欠經年之戶，所在多有，此次驟行整頓，加征滯納罰金，致征收上不免發生許多困難。玆爲養成市民自動納稅習慣及圖征收便利起見，除二十三年以前舊欠仍另案辦理外，擬將本年一二三四五各月欠繳房捐，在六月內一次繳清者，概予從寬免征滯納罰金，分期繳納者，不得援以爲例，以清界限，至六月以後房舖捐，並應按月清繳，如有逾期仍照規定科罰以免影響捐收。除布告週知外，理合簽呈

鈞府鑒核備案。實爲公便。謹呈

財政局局長陸肇強　五月廿九日

市長馬

□征收建築貧民住宅基地案

▲訓令財政工務局：為征收貧民住宅區基地九處一案已咨准內政部核准公告，令發公告等件，仰分別飭貼征收地點，並依法辦理由。

訓令第二四六八號　廿四六月十一日

案准

內政部十十五｜廿四年六月六日發九〇四一號咨開：

「案准貴市政府二十四年五月二十七日第一八九五號咨；以奉令建設首都貧民住宅區一案，遵經派員分赴城外勘得四所村郭家溝等九處共約三千七百餘畝，均堪作為貧民住宅區，適敷支配全數棚戶之用，其中除四所村一處全部，及石門檻七里街之各一部，前經核准徵收一千三百畝外，尚須徵用土地二千四百餘畝，檢同計劃書圖，請予一次核准公告，並希見復等由，附計劃書總圖各一份，分圖九張；准此，正核辦間復准貴市政府六月一日第二一〇一號及二〇七七號咨；為前咨所列七里街一處已徵畝數有未經敍明之處，石門檻一處前徵地畝畝數原咨亦有錯誤，特為補正，並請迅賜辦理各等由，附圖一紙到部，核與土地徵收法第二條第五款之規定相符。除依法核准公布外，相應檢同公告八張，咨復查照，分別飭貼各該徵收地點，俾衆咸知仍希依法辦理。」

等由：並附公告八張，准此，查此案前據該局及工務財政局會呈計劃書圖等件到府，當經轉送建築南京市貧民住宅區委員會提出第二次委員會議通過。並轉咨內政部依法核辦。旋以七里街一處已徵畝數，該局等原呈敍述欠明，及石門檻一處前徵畝數繕寫錯誤，又經再咨內政部請予更正各在案。茲准前由除分令工務局外，合行檢發公告及抄同本府請更正原咨，令仰該局即便遵照分別飭貼徵收地點，並依法辦理。（除分將公告八張一併令發財政局分別飭貼徵收地點，並依法辦理局外，合行抄同本府請更正原咨，令仰該局即便知照。）

此令。

計發公告八張。又抄咨一件。
抄咨一件。

市長馬超俊

□徵收土地展寬中山路與中央路交叉處路面案

▲訓令財政工務局：爲准內政部咨復，展寬中山路與中央路交叉處路面徵收土地一案，已依法核准公告等由，令仰依法辦理知照由。

訓令第二五二六號 廿四年六月十二日

案准

內政部土十五—二十四年六月八日發九一九一號咨開：

「案准貴市政府廿四年六月五日第二二三五號咨，以展寬本市中山路與中央路交叉處路面，需徵用該處土地共約十市畝，檢同計劃書圖，請核准公告見復等由，准此，核與土地徵收法第二條第二款之規定相符。除依法核准公告外，相應檢同公告一張，咨復查照飭貼徵收地點，俾衆咸知，仍希依法辦理。」

等由，幷附公告一張，准此，查此案前據該工務局呈擬計劃書圖算等件到府，當經指令照准，幷轉咨核辦在案。茲准前由，除令知工務局外，將公告令發財政局飭貼徵收地點，幷依法辦理外，合行檢發公告，令仰該局即便遵照飭貼徵收地點，並依法辦理。知照。此令。

計發公告一張。

市長馬超俊

□撥發埋設自來水進城第二總管及建鄴路幹管工款案

▲訓令財政局：爲據工務局呈請飭撥埋設自來水進城第二總管及建鄴路水管全部工程費，以應支付等情，仰即籌撥

具報由。

訓令第二六三三號　廿四年二月十五日

案據工務局呈請飭撥埋設進城第二總管及建鄴路水管全部工程費銀五萬二千五百十二元八角八分，以應支付等情，附呈支付預算等件到府，據此。查此項工程工款，均經核准，應予照撥。除指令外，合行檢發原預算二份，並抄發合同第二十六條條文一紙，令仰該局籌撥具報，幷將預算存轉。此令。

計檢發支付須算二份，抄發合同第二十六條條文一紙。

市長馬超俊

▲指令工務局：為據呈請飭撥埋設自來水進城第二總管及建鄴路水管全部工程費，以應支付等情，已令財局籌撥由。

指令第二六三三號　二十四年六月十五日

呈一件：為呈送自來水進城第二總管及建鄴路水管工程合同等件，祈核示撥款由。

呈件均悉。據呈合同等件，察核尚無不合，准予照辦，所需工款，已飭財政局分期籌撥，仰即前往洽領應用，遵章造報。件存發。此令。

市長馬超俊

（原呈略）

■撥發七里街平民住宅建築費案

▲訓令財政局：為據工務局呈請飭撥建築七里街平民住宅工款等情，仰即分期籌撥具報由。

訓令第二六六四號　廿四年六月十七日

案據工務局。呈請飭撥建築共和門七里街平民住宅工款銀叁萬八千七百四十二元四角五分應用等情，附支付預算等件到府，據此，查此項住宅及工款，均經本府核定，應准照撥。除指令外，合行檢發原預算二份，抄發原合同第二十條條文一紙，令仰該局分期籌撥具報，幷將預算存轉。此令。

檢發預算二份、抄發合同第二十條條文一紙。

市長馬超俊

▲指令工務局：爲據呈請撥建築七里街平民住宅工款等情，已飭財局分期籌撥由。

指令第二六六四號　二十四年六月十七日

呈一件：爲呈送建築共和門七里街平民住宅工程合同等件，祈鑒核撥款由。

呈件均悉。據呈合同等件，察核尚屬可行，准予照辦。所需工款，已飭財政局分期籌撥，仰即前往接洽具領，以備支付，事竣，呈請驗收，并遵章造報，件存發。此令。

市長馬超俊

（原呈略）

□議定科巷被征收土地補償金案

▲訓令財政局：爲令發征收科巷菜場土地一案地價議定書，仰遵辦由。

訓令第二七一七號　廿四年六月十八日

案據本市土地征收審查委員會廿四年六月十五日呈稱：

「案奉　鈞府交下建築科巷菜場，征收土地，地價協議無結果一案，飭即依法審議等因，奉此，遵即提交本會第五十次常會議定在案，理合依照土地征收法第廿二條之規定，擬就議定書，備文呈請鑒核，俯賜轉發。」

等情，並附議定書五份，據此，查此案前據該局呈請，當經轉發審議在案。茲據前情，除將議定書抽存一份備查外，合行檢發餘件，令仰遵照辦理。

此令。

計發議定書四份。

市長馬超俊

附議定書

興辦事業人　南京市政府

土地所有人　李潔安　丁永偉

右列當事人因所徵收及被徵收土地，地價協議無結果一案，於中華民國廿四年六月二日，由財政局根據土地徵收法第十五條第二項規定，呈經市政府令飭本會依法議定，玆經本會第五十次會議議定如左：

議定主文：南京市政府建築科巷菜場，徵收土地，每方償償金三十元，塘折半給價，每方十五元。

事實及理由

緣南京市政府建築科巷菜場，徵收李潔安丁永偉兩戶土地，曾經財政局兩次召集業戶協議補償金，第一次協議時，李潔安未經提出地價，即潛然退席，丁永偉一戶，以水塘被徵，索價每方二十四元，該局當允給地價每方二十元，水塘每方十五元，迨第二次協議時，李潔安未到，丁永偉仍堅持水塘每方二十四元，不願減讓，致協議無結果，遂送請本會照章審議，經本會第五十次常會討論，並依法通知土地所有人列席，陳述意見，其時僅丁永偉一戶到會，據該業戶聲稱，該戶被徵收水塘，約計八十餘方，前因產權爭執用費頗鉅，仍請每方給價二十四元，本會當以此案，曾經財政局派員前往該處調查，地價每方三十元，水塘每方十五元，況本案徵收土地建築菜場，其利益爲人民所共享，非私人購買土地營利者可比，故其徵收地價，僅能補償該業主等原有之損失，財政局於協議時允給地價每方三十元，水塘每方十五元，已屬公允，玆依照土地征收法第二十三條之規定，議定補償金如主文。

南京市土地征收審查委員會委員長馬超俊

■核准凡已經確定征收短期內不能發給地價或已經指定保留短期內不能征收之土地概由業戶申請所有權登記案

▲指令財政局：爲據呈徵收土地，短期內不能發價，或指定保留之土地，一時尚不徵用者，擬准照章登記，請核示

等情，令准備案由。

指令第二八八四號　廿四年六月廿四日

呈一件：為徵收土地，短期內不能發價，或指定保留之土地，一時尚不徵用者，擬准照章登記，呈請核示由。

呈悉。准如所擬辦理。此令。

市長馬超俊

附原呈

案查本市區內土地，有已經公告決定徵收，因一時財力不濟，暫難發價，或目前指定保留，以備將來徵收之用者，如平民住宅區，公園住宅區，新住宅區第二三兩區，挹江門保留區，藍家莊保留區等，此種土地一經決定征收或保留，業戶既不能建築買賣，又不能呈請發價，感痛殊深，擬分別查明，凡已經確定徵收，短期內尚不能發價，或已經指定保留，最近尚不徵收之土地，一律准由業戶照章聲請所有權登記，俾先確定產權，以免妨礙土地登記之進行，是否有當，理合具文呈請

鑒核示遵。謹呈

市長馬

財政局局長陸聲強　廿四年六月

□舉行特種建設公債第十二次還本抽籤案

▲指令財政局：為據呈報本市特種建設公債還本中籤號碼，仰祈鑒核備案等情，准予備案由。

指令第二九一六號　廿四年六月廿五日

呈一件：為呈報本市特種建設公債第十二次還本中籤號碼，仰祈鑒核備案由。

呈悉。准予備案。仰即知照。此令。

市長馬超俊

附原呈

案查本市特種建設公債，第十二次還本抽籤，業於本年六月廿二日下午二時，在鈞府大禮堂舉行，計抽籤五支，中籤號碼爲第五七號，第七二號，第二九號，第八四號，第零二號，第五號，共中籤債票一萬二千四百二十張，合還本銀十五萬元，依照條例規定，自六月三十日起開始付款，以三年爲期。除函請市公債基金保管委員會，轉知各經理還本付息銀行查照辦理外，理合具文呈報。仰祈鑒核備案，實爲公便。謹呈

市長馬

財政局局長陸鑒強　廿四年六月

■征收土地放寬磨盤街道路案

▲訓令財政工務局：爲准內政部咨復，放寬磨盤街馬路，徵用土地一案，已依法核准公告。令仰遵辦知照由。

訓令第二九八四號　廿四年六月廿七日

案准

內政部土十五丨廿四年六月廿二日發九九六五號咨開：

「案准貴市政府廿四年六月十九日第二七三四號咨，以放寬太平路至三十四標一段磨盤街爲十二公尺馬路，須徵用土地約三畝，檢同計劃書圖，請核准公告見復等由；准此，核與土地徵收法第二條第二款之規定相符，除依法核准公告外，相應檢同公告一張，咨復查照，飭貼徵收地點，俾衆咸知，仍希依法辦理。」

等由，並附公告一張，准此。查此案前據該工務局呈送放寬磨盤街計劃書圖算等件到府，當經轉飭並指令在案。茲准前

由，除令知工務局，將公告令發財政局飭貼徵收地點，並依法辦理外，合行檢發公告，令仰該局知照、遵照飭貼征收地點，並依法辦理。此令。

計發公告一張。

市長馬超俊

□制定獎勵員警協助檢查車輛漏捐規則案

▲訓令財政局、工務局：爲令發南京市財政局獎勵員警協助檢查車輛漏捐規則，仰知照、遵照施行由。

訓令第三〇〇八號　廿四年六月廿八日

案查本年六月廿一日，本府第三五八次市政會議，本市長交議，周參事等審議，南京市財政局獎勵員警協助檢查車輛漏捐規則案，當經決議：「通過」在案。除照案核准，並分別函令首都警察廳查照飭屬遵辦，及工務局知照、財政局遵照施行外，合行抄發規則，令仰該局即便知照、遵照施行。此令。

計發南京市財政局獎勵員警協助檢查車輛漏捐規則一份。

市長馬超俊

▲公函首都警察廳：爲函送南京市財政局獎勵員警協助檢查車輛漏捐規則，請查照飭屬遵辦由。

公函第三〇〇八號　廿四年六月廿八日

案查本府前據財政局呈送南京市財政局獎勵員警協助檢查車輛漏捐規則草案，請核准施行一案，當經檢同原件函准

貴廳廿四年六月十四日安字第八〇一號函復贊同在案。茲於本年六月廿一日，經將該規則提出本府第三五八次市政會議決議通過。除核准施行，並令飭財政局遵照辦理外，相應檢同規則，並附征收車捐章程各一份，函請

貴廳查照，飭屬遵辦爲荷。此致

南京市政府

計附送南京市財政局獎勵員警協助檢查車輛漏捐規則十五份。又附徵收車捐章程十五份。

市長馬超俊

首都警察廳

▣撤銷征收通濟門西等三處民地案

▲訓令財政局工務局屠宰場，為建築屠宰場徵收通濟門西等三處民地一案，已咨准內政部布告撤銷，令發布告仰遵照知，並飭貼征收地點照由。

訓令第三〇一二號　廿四年六月廿八日

案准

內政部廿四年六月二十四日發一〇〇三八號咨開：

「案准貴市政府二十四年六月二十日第二七六三號咨，以建築屠宰場前經咨請核准徵收通濟門西等三處民地一案，茲以三處地址，或與南京城防地帶範圍及其限制辦法有所抵觸，或與將來建築設備及公共衛生有礙，均不適用，請將原案撤銷，并希公告見復等由；准此，除布告撤銷外，相應檢同布告一張，咨復查照，分別飭貼徵收地點，俾衆咸知。」

等由；并附布告三張，准此，查此案前據工務局及屠宰場該局（場）等會呈，請予放棄等情到府，當經轉咨并指令在案。茲准前由

・除分令工務局及屠宰場知照外，合行檢發布告令仰該局遵照，并將布告分別飭貼征收
轉令財政局遵照，並將布告分別飭貼征收地點暨分行知照外合行檢發布告令仰該局遵照，并將布告分別飭貼征收

地點，俾衆咸知。

此令。

計發布告三張。

市長馬超俊

▣征收士地建築市立醫院接送病人汽車及救護車停車房案

▲訓令財政局、工務局、衛生事務所：爲市立醫院爲建築接送病人汽車停車房，征收長生祠士地一案，已准內政部咨復核准公告，令發公告，仰依法辦理、知照由。

訓令第三〇一三號　廿四六月廿八日

案准

內政部士十五｜廿四年六月廿五日發一〇二一一號咨開：

「案准貴市政府二十四年六月十九日第二七二五號咨，及二十二日府秘字第二八四八號函，爲市立醫院建築接送病人汽車及救護車停車房擬徵用該院東邊長生祠地產約二百平方公尺，檢同計劃書圖，請核准公告見復等由；准此，核與士地征收法第二條第四款之規定相符。除依法核准公告外，相應檢同公告一張，咨復查照，飭貼徵收地點，俾衆咸知，仍希依法辦理。」

等由；幷附公告一張，准此。查此案前據該工務局呈擬徵地計劃書圖到府，當經轉咨核辦，旋以該項汽車房用途，原計劃書未經詳敍，又經去函聲明在案，玆准前由。除令知「財政局及衛生事務所」、將公告令發財政局飭貼徵收地點幷依法辦理，一面分令衛生事務所工務局外，合行檢發公告，令仰該局即便遵照飭貼徵收地點，並依法辦理、知照。此令。

計檢發公告一張。

市長馬超俊

▣清理舊欠房捐案

▲指令財政局：爲據擬具清理舊欠房捐辦法，祈核示等情，准如所擬辦法辦理由。

指令第三〇六四號　廿四年六月廿九日

呈一件：為擬具清理舊欠房捐辦法，祈核示由。

呈暨辦法均悉。准如所擬辦法辦理，仰即知照。此令。辦法存。

市長馬超俊

附原呈

案查清理本市舊欠房捐一案，當於本月廿一日第三五八次市政會議由局長臨時動議補充意見，奉鈞長面諭交由本局妥擬清理辦法等因，奉此。遵經另行擬具清理本市舊欠房舖捐辦法，理合繕呈鑒核，是否有當，伏候指令祗遵，實為公便。謹呈

市長馬

計附呈清理本市舊欠房舖捐辦法一份。

財政局局長陸肇強　廿四年六月

附清理本市舊欠房舖捐辦法

一、所有十九年至廿三年十二月底止，積欠房捐，一律劃作舊欠，專案清理，其本年房捐，仍照現案辦理，逾期不繳者科以滯納罰金，仍嚴厲督促，主管經徵人員，勿容稍有蒂欠，以免舊欠未清，新欠又積。

二、擬將舊欠房捐，倣照各省清理舊欠田賦，及廣州市清理舊欠房捐先例，布告並按戶通知，限期清理、在清理期間，准折成收繳銷冊，以示體恤，但經二次通知，而仍未依限清繳者，除函警廳傳案勒追外，並不得享受折成待遇。

三、清理期間，擬定為四個月，自本年七月一日起，在開始一個月內繳納者，七折實收，第二個月內繳納者，八折實

收，第三個月繳納者，九折實收，其在第四個月繳納者，十足徵收，倘不能一次遵限繳清者，仍准分次繳交，並在某個月期限內繳交仍得享受某個月期限內之折成利益，惟逾期仍未遵繳者，則處以百分之十，至三十之罰金，仍須嚴傳清繳。

工務

■制定汽車駕駛人練習執照發給辦法案

▲訓令工務局、衛生事務所：為令發南京市工務局汽車駕駛人練習執照發給辦法，仰遵照施行、知照由。

案查本年五月卅一日，本府第三五九次市政會議，本市長交議，張參事等簽復，審議南京市工務局汽車駕駛人練習執照發給辦法案，當經決議：「修正通過」在案。除核准公布，並令衛生事務所知照、工務局遵照施行外，合行檢發辦法，令仰該局、所即便遵照施行、知照。此令。

計發南京市工務局汽車駕駛人練習執照發給辦法一份。

市長馬超俊

▲南京市政府令　廿四年六月四日

茲制定南京市工務局汽車駕駛人練習執照發給辦法公布之。此令。

市長馬超俊

■修正工程投標規則案

▲訓令工務局：為令發修正南京市工程投標規則，仰遵照施行由。

訓令第二二一四號　廿四年六月五日

案查本年五月卅一日，本府第三五五次市政會議，本市長交議，張參事等簽復，審議修正南京市工務局工程投標規則案，當經決議：「修正通過」在案。除照案核准公布外，合行抄發修正規則，令仰該局卽便遵照施行。此令。

計發修正南京市工務局工程投標規則一份。

市長馬超俊

▲南京市政府令　廿四年六月五日

茲修正南京市工務局工程投標規則公布之。此令。

市長馬超俊

□訂定自來水工程處工程組機務股機務人員値班暫行辦法案

▲指令工務局：爲據呈送自來水工程處工程組機務股機務人員値班暫行辦法，指令准予備案由。

指令第二四四〇號　廿四年六月十日

呈一件：爲呈送自來水工程處工程組機務股機務人員値班暫行辦法，祈鑒核備案由。

呈件均悉。准予備案。此令。件存。

市長馬超俊

附原呈

案據本局自來水工程處呈，以自來水業務日見發達，盛夏卽將屆臨，爲適應需要起見，水廠開車時間，恐須延長至廿小時以上，經擬具機務股機務人員日夜値班辦法，呈祈核辦，等情，前來。查核所擬，尙屬可行，除將該辦法修正發交該處遵照辦理外，理合檢同一份，備文呈送，仰祈鑒核備案。謹呈

市長馬

計呈送自來水工程處工程組機務股機務人員値班暫行辦法一份。

工務局局長宋希尚　六月四日

□擴充昇平橋小學校舍案

▲指令工務局：爲據呈送擴充昇平橋小學校舍工程合同等件，祈鑒核一案，應准照辦，仰知照由。

指令第二四八三號　廿四年六月十一日

呈一件：爲呈送擴充昇平橋小學校舍工程合同等件，仰祈鑒核，并飭請領工款，轉撥過局由。

呈件均悉。嘗核所呈合同等件，尚屬可行，准予照辦。仰即轉函社會局請款轉給應用。賬單發還，餘件存。此令。

計發還賬單四份。

市長馬超俊

附原呈

查擴充昇平橋小學校舍工程，已於四月卅日上午十時在本局會議室開標，奉派職劍鳴出席監視。是日計到趙順記，朱炳記，美華，志康等四家，以趙順記核實後總價二萬三千零四十三元三角九分爲最低，朱炳記核實後總價二萬三千零八十元二角五分爲次低，兩商核實後總價相差僅三十六元八角六分，均未超過預算，惟完工日期，趙順記一百二十晴天，朱炳記一百晴天，茲趙順記願以一百晴天完工，其標價又較小，自應以該商爲得標人，交其承包，並與簽訂合同，分別存執。是否有當，理合檢同賬單四份，合同及比較表各一份，會銜呈祈鑒核，俯賜令飭社會局請領工款，轉撥過局，以備支付，並乞指令祇遵。謹呈

市長馬

附呈賬單四份（仍乞發還）合同及比較表合一份。

監視委員張劍鳴
工務局局長宋希尙　五、卅、

□預防水患案

▲指令工務局：爲據呈送城內外防水工事預算及圖樣計劃，祈核示進行一案，指令照辦由。

指令第二六二五號　廿四年六月十五日

呈一件：爲呈送城內外防水工事預算及圖樣中英文計劃書，請鑒核指令祗遵由。

呈件均悉。據呈計劃圖算，察核尙屬可行，准予如呈辦理，仰即遵照。件存。此令。

市長馬超俊

附原呈

查本市城內及城外重要部份之防水事宜，業經本局計劃完竣，城外之計劃，爲建築防水堤，一在中山路北惠民河兩岸，一由惠民河老江口沿江至和記廠，各有數段或用土堤，或用洋灰護墻，一由水管橋沿運糧河與金川溝至金川門，及近迴龍橋之十里長溝，此段係概用土堤，城內之計劃，爲修築前湖銅心管橋東水關，西水關，及鐵窗欞之各水閘並擬在東水關建築一抽水站，裝置抽水機，各該項工程之中，尤以東水關之抽水站及閘門暨西水關之水閘工程爲最重要，因其與冲洗秦淮河工事有密切關係，且其建築亦爲市民所期望，擬請鈞府准予提前辦理，至於各項工程之預算，共計一十三萬二千一百七十四元四角一分，概由中荷庚款內開支，業於最近庚款董事會議通過在案。除抽水機業已電德購辦外，理合檢同抽水站工事預算書，修建西水關水閘工事預算書，修築前湖銅心管橋及鐵窗欞水閘工事預算書，防汛堤工事預算書，及東水關抽水機站圖，廿年洪水氾濫區域圖，南京防水計劃草圖，修築西水關水閘詳圖，老江口至寶塔橋江堤圖，惠民河平面圖，水管橋至金川門一帶平面圖，中山門光華門中城內水閘圖，中山門光華門中城外水閘圖，漢西門水西門中水閘及中山門太平門中水閘圖，及南京城內外防水計劃書中英文各一份，具文呈送，仰祈

鑒核指令祇遵。謹呈

市長馬

附呈防水工事預算書四份，圖樣十份，中英文計劃書各一份

工務局局長宋希尙

五月廿九日

建築第一中學學生宿舍案

▲指令工務局：爲據呈送建築第一中學學生宿舍合同等件：祈核示一案，指令照辦由。

指令第二六六一號　廿四年六月十七日

會呈一件：爲呈送建築第一中學學生宿舍工程合同等件，祈鑒核轉飭請款應用由。

呈件均悉。據呈合同等件，察核尙無不合，應准照辦。所需工款，仰逕函社會局編造支付預算，呈候核撥。賬單及減價單均發還，餘件存。此令。

檢發賬單及減價單各三份。

市長馬超俊

附原呈

查建築第一中學學生宿舍工程、已于四月廿二日在本局會議室開標，奉派職湘涖局監視。計到標商宋福鑫，志康、趙順記三家，以宋福鑫標價三萬三千五百九十八元五角爲最低，然超出原預算之數，經飭科召該三商到局商減，結果宋福鑫願在原總標價內減去一千八百元，計爲三萬一千七百九十八元五角較該兩商所開仍爲最低，且在原預算之內，復爲便於將來工程增減時有所依據起見，將該宋福鑫細賬單價，逐項折算，共應減去一千八百零二元八角五分，計核減折算後之總價應爲三萬一千七百九十五元六角五分，當卽照此數交該商承包，幷與簽訂合同，分別存執，理合檢具合同，賬單，減價單，比較表一併呈請鑒核，俯賜轉飭社會局請撥工款以備支付並乞

附呈賬單及減價單各三份（仍乞發還）・合同及比較表各一份・

監視委員周湘
工務局局長宋希尙 五、卅、

指令祇遵。謹呈

市長馬

□建築高井小學校舍案

▲指令工務局：爲據呈送高井小學校舍工程合同等件，祈核示一案，准予照辦由。

指令第二六六二號 二十四年六月十七日

會呈一件：爲呈送高井小學校舍工程合同等件，祈驗核飭領工款轉撥過局由。

呈件均悉。據呈合同等件，察核尙無不合，應准照辦。所需工款，仰逕函社會局編造支付預算，呈候核撥。賬單發還，餘件存。此令。

發還賬單五份。

市長馬超俊

附原呈

查建築高井小學校舍工程，已於四月三十日上午十時，在本局會議室開標，奉派職劍鳴出席監視。是日計到趙順記，新利源，宇順記，裕康，志康等五家，以趙順記核實後總價三萬零零四十四元零三分爲最低，幷未超過預算，已交趙順記營造廠承包，並與簽訂合同，分別存執。是否有當，理合檢同賬單五份，合同及比較表各一份，會銜呈所

鑒核，俯賜令飭社會局請領工款轉撥過局，以備支付，並乞

指令祇遵。謹呈

市長馬

附呈賬單五份，合同及比較表各一份，

監視委員張劍鳴
工務局局長宋希尙　五、卅、

□建築四所村棚戶區小學校舍案

▲指令工務局：爲據呈送四所村棚戶區小學校舍工程合同等件，祈核示一案，准予照辦由。

指令第二六七〇號　廿四年六月十七日

會呈一件，爲呈送四所村棚戶區小學校舍工程合同等件，仰祈鑒核，并飭請領工款轉撥過局由。

呈件均悉。據呈合同等件，察核尙無不合，准予照辦。所需工款，仰逕函社會局編造支付預算，呈候核撥。賬留發還，餘件存。此令。

發還賬單一份。

市長馬超俊

附原呈

査建築四所村棚戶區小學校舍工程，已於四月二十七日上午十時，在本局會議室重行開標，職茂柏奉派出席監視，是日投標者祇有朱興記一家，標價爲一萬六千九百九十三元四角一分，較諸更改計劃後預算額仍超過二千五百二十八元九角一分，按本工程從簡計劃後，屋面結構，已將屋面板改用蘆蓆，而椽子瓦片亦減至每平公方一百五十片，細核各項單價內，屋面屋架兩項，反較上次標價爲高，經飭科一再商減，該商允照預算額一萬四千四百六十四元五角辦理。當以前次開標結果，該廠原爲得標人，旋因奉令改擬圖樣，重行招標，而此次開標結果，祇有該商一家，現該廠既允照本局預算額辦理，似可令其承包，以便早日興工，故已與該商簽訂合同，分別存執，是否有當，理合檢同賬單及合同比較表各一份，會銜呈祈

鑒核俯賜令飭社會局請領工款，轉撥過局，以備支付。並乞

指令祇遵。謹呈。

市長馬

附呈賬單一份（仍乞發還）合同及比較表各一份。

監視委員孫茂柏
工務局局長宋希尚　五、廿八、

■制定汽車設置擋泥板簡則案

▲訓令工務局：為令發南京市汽車設置擋泥板簡則，仰遵照施行由。

訓令第二七四七號　廿四年六月廿日

案查本年六月十四日，本府第三五七次市政會議，本市長交議，陳專員等審議南京市工務局取締汽車擋泥板簡則草案案，當經決議：「標題改為南京市汽車設置擋泥板簡則，全文修正通過。」等語紀錄在案。除照案核准外，合行檢發簡則，令仰該局即便遵照施行。此令。

計發南京市汽車設置擋泥板簡則一份。

市長馬超俊

■添建剪子巷小學校舍案

▲指令工務局：為據呈送添建剪子巷小學校舍工程合同等件，祈鑒核令飭領款轉給一案，指令遵照由。

指令第二七五九號　廿四年六月廿日

呈一件：為呈送添建剪子巷小學校舍工程合同等件，仰祈鑒核令飭請款轉給并示遵由。

呈件均悉。據呈合同等件，察核尚無不合，准予照辦，所需工款，仰逕函社會局編造支付預算，呈候核撥，賬單發還，餘件存。此令。

檢發賬單二份。

市長馬超俊

附原呈

查剪子巷小學添建校舍工程經於四月三十日上午十時，在本局會議室開標，職劍鳴奉派出席監視，是日計到標商宋福鑫，袁錦記兩家，所開賬單以袁錦記核實總價六千六百十一元七角九分爲最低，並未超過預算，已交由袁錦記承包，並與簽訂合同，是否有當，理合檢同賬單二份。合同及比較表各一份，一併會呈，仰祈鑒核令飭社會局請領工款，轉撥過局，以備支付，并乞指令祇遵。謹呈

市長馬

附呈合同及比較表各一份，賬單二份。

監視委員張劍鳴
工務局局長宋希尚　　廿四年六月

□修正工程合同格式案

▲訓令工務局：爲據呈報修正工程合同，並擬定於七月一日起實行換用一案，經交會議決修正通過。除備案外，仰遵照修正、依期換用由。

訓令第二九四四號　廿四年六月廿六日

案查本年六月廿一日，本府第三五八次市政會議，本市長交議，張參事審議，該局呈報修正關於建築工程合同，並擬定於七月一日起實行換用，是否可行，請公決案，當經決議：「修正通過」在案。除備案外，合行抄發合同修正條文，令仰該局卽便遵照修正，並依擬定日期實行換用。此令。

計抄發合同修正條文一紙。

市長馬超俊

□上新河鎭通行公共汽車案

▲指令工務局：爲據呈報上新河鎮公共汽車定於七月一日起實行通車，令准備案由。

指令第三〇五一號　廿四年六月廿九日

呈一件：爲上新河鎮公共汽車，擬定於七月一日起實行通車，呈請鑒核備案由。

呈表均悉。准予備案。此令。表存。

市長馬超俊

附原呈

案查前奉

鈞府交辦上新河鎮通行公共汽車一案，業經本局令飭江南汽車公司遵照籌備，並呈奉

鈞府指令各在案。旋據江南汽車公司呈復遵令籌備情形，擬具票價表，請派員會同勘定沿路各站站址等情，經本局派員會同首都警察廳實地踏勘，所有該綫路路面以及對於通車障礙，正由本局分別趕速辦理，定於七月一日起實行通車。其行駛路綫爲新街口，出漢中門，經鳳凰街，江東門，至上新河爲止。至所擬呈票價表，審核尚無不合，應予照准。除飭該公司遵照如期通車，並函請首都警察廳飭屬知照外，理合抄同原呈票價表一份，具文呈請

鑒核備案。謹呈

市長馬

附抄呈價目表一份。

工務局局長宋希尚

廿四年六月

附票價表

說明：一(一)本表票價概以大洋計算。

(二)本表票價起碼爲一角二分。

(三)凡軍警服裝整齊及孩童四歲以上十歲以下乘車者，無論遠近，票價一律大洋一角二分。

站名	新街口	鳳凰街	江東門	上新河
新街口				
鳳凰街	一角二分			
江東門	一角二分	一角二分		
上新河	一角八分	一角二分	一角二分	

衛生

■通告第五屆國醫試驗各科錄取姓名案

▲通告市民：爲通告第五屆國醫試驗各科錄取姓名由。

通告第二一五六號　二十四年六月四日

查本府舉行第五屆國醫試驗，所有試卷方案，均經詳閱完畢，合將各科錄取姓名，通告周知。特此通告。

計開

內科

金眞如　康昭謹　許渭賓　李克蕙　駱星階　嚴紹徐　高季浦　劉俊齋

外科

許渭賓　駱星階

婦科

黃績熙　李克蕙　陳匏偕

兒科

康昭謹　黃績熙　殷靜生

眼科

蔡重熙

花柳科

尹壽芝

針灸科

羅哲初　曹嗣午

按摩科

姚笠舟

市長馬超俊

□設立七里鄉及江東門內處診所案

▲指令衛生事務所：爲據呈七里鄉及江東門應行設立診療機關情形，應准照辦由。

指令第二六三四號　二十四年六月十五日

呈二件：爲呈復核議七里鄉及江東門應設診療機關情形，幷擬具計劃草案，仰祈鑒核由。

二呈暨附件均悉。旣據查明七里鄉及江東門兩處地方均有設立診療機關，辦理衛生事宜之必要，應卽准如所擬分別辦理。惟鄉間辦事，諸費均應從儉，茲將七里鄉開辦費預算內修繕房屋減去三十元，木器減去七十元，總數改爲一百六十元，經常費預算內辦公費減去二十元，總數改爲一百八十元，江東門開辦費預算內木器減去五十元，總數改爲一百元，經常費預算內辦公費減去十元，總數改爲一百一十元。除函復外，仰卽遵照從速籌辦具報。附件存查。此令。

市長馬超俊

▲公函市黨部：爲函復七里鄉及江東門已飭設立診療機關情形，卽希查照由。

公函第二六三四號　二十四年六月十五日

（原呈見公函第二六三四號）

案據本市衛生事務所呈稱：

「案奉鈞府第二〇九八號訓令，以准　南京市黨部函，請在七里鄉設立衛生分所一案，飭核議具復核轉，等因。遵查七里鄉居民甚多，前由本所燕子磯分所巡迴治療，到達一次，但因距離太遠，且屬隔江，往返至爲不便，未能常往，似有設立醫療機關診治病人，辦理衛生事宜之必要，茲擬設立分所，醫師由本所調派，常設護士助產士各一人，辦理一切，預計開辦費二百六十元，經常費二百元，是否有當，理合檢同計劃草案、呈祈鑒核示遵。」

又據該所呈稱：

「案奉鈞府第二〇九九號訓令，以准　南京市黨部函，請在江東門設立巡迴診療所一案，飭核議具復核轉等因。遵查江東門人口稠密，並當要道，需設診療機關，洵屬必要。惟查江東門距上新河尚不甚遠，擬在小學校內闢室一二間，設置衛生室，關於醫務人員，祇設幹練護士一人，辦理一切，餘由上新河分所兼理，所有藥品器械，以及應需各款，以最經濟方式辦理之，約需開費辦一百五十元，經常費一百二十元，業經草擬計劃一份，是否有當，理合繕正、呈祈鑒核施行。」

各節情，並附計劃草案前來，據此。查此兩案，前准

貴會先後函囑過府，當經分別轉飭核議具復各在案。茲據前情，除將預算經費分別核定，并飭從速籌辦外，相應函復

貴會，即希

查照為荷。

此致

中國國民黨

南京特別市執行委員會

市長馬超俊

其他

□免費發給各區農民改良棉種案

▲指令農林技術專員葛蔭培：為據呈擬將購辦棉種分發各區，免收代價，抑俟秋收後繳價，祈核示等情，指令准予免收代價，仰遵照由。

指令第二一六七號　二十四年六月四日

呈一件：為擬將購辦棉種分發各區，免收代價，抑或俟秋收後繳價，祈鑒核示遵由。

呈悉。棉種代價准予免收，以示體恤，而資提倡，仰即遵照。此令。

市長馬超俊

附原呈

竊查去年十二月職赴本市各區鄉鎮視察農村，當時各鄉鎮長委託代辦改良棉種，職乃向南通購辦改良棉種一千餘

斤，計洋三十餘元（運費在外），函知各區鄉鎮公所來處照原價具領，而各區鄉鎮以凶年之後，農民經濟窘迫，無力購買，迄未前來領取。現查棉作播種已屆，亟應分配，以便栽種，乃按各區面積之大小，土壤之適宜，酌予分發。惟此項代價，可否體念農民准予免收，抑或俟秋收後，再行追繳原價，如何之處，未敢擅專，理合備文賫呈仰祈鑒核俯予指令祗遵，實爲公便。謹呈

市長馬

農林技術專員葛陰培　五月十八日

◻修正公園管理處釣魚規則及玄武公園遊覽規則案

▲訓令公園管理處：爲據呈請修正釣魚規則，及玄武公園遊覽規則，已提會議決修正通過，令仰遵辦，並分令施行由。

訓令第二二〇四號　二十四年六月四日

案查本年五月卅一日，本府第三五五次市政會議，本市長交議，周參事等簽復、審議修正南京市公園管理處釣魚規則，及南京市玄武公園遊覽規則」案，當經決議：「修正通過。並由公園管理處將遊覽規則，譯成英文，與中文規則同時張貼園內。」等語紀錄在案。除將兩規則一併核准備案外，合行抄發規則修正本，令仰該處即便遵照辦理，並分別施行。此令。

計發南京市公園管理處釣魚規則，及南京市玄武公園遊覽規則修正本各一份。

市長馬超俊

◻訂定公園管理處管理遊人車輛規則案

▲指令公園管理處：爲據呈送管理遊人車輛規則，准予修正備案由。

指令第二四〇五號　二十四年六月十日

呈一件：爲擬訂管理遊人車輛規則，呈請鑒核備案由。

呈暨規則均悉。查核規則第三條第三項「問」字，應改爲「向」字；又第六條應改爲「本規則自市政府核准之日起施行」，餘無不合。除分別修正准予備案外，仰卽遵照施行。此令。

市長馬超俊

附原呈

案查屬處玄武公園，每因遊客衆多，其有自備車輛者，往往隨意停放，既損觀瞻，且礙交通，茲特製訂管理遊人車輛規則六條，藉利園政，是否有當，理合備文呈請

鑒核備案，實爲公便。謹呈

市長馬

附呈管理遊人車輛規則一份。

公園管理處主任陳無涯　五月十九日

□轉發修正實業部農工鑛技副登記條例第一條第二款條文案

▲訓令各局處：爲奉行政院令發修正實業部農工鑛技副登記條例第一條第二款條文，令仰知照由。

訓令第二四〇九號　二十四年六月十一日

案奉

行政院本年六月五日第三一四九號訓令開：

「案奉

國民政府本年五月三十日第四四二號訓令內開：『爲令知事，查實業部農工鑛技副登記條例，前經制定，明令公布，通飭施行在案。茲將該條例第一條第二款酌加修正，應再通飭施行，除明令公布幷分行外，合行抄發該修正條文，令仰知照，并轉飭所屬一體知照。此令。』等因。奉此。除分令外，合行抄發修正條文，令仰知照

，并轉飭所屬一體知照。」

等因，并附修正條文，奉此。查實業部農工鑛技副登記條例前奉行政院令發到府，經於二十年八月十日轉飭知照在案。茲奉前因，除分令外，合行抄發原件，令仰知照。

此令。

計抄發修正實業部農工鑛技副登記條例第一條第二款條文一份。

市長馬超俊

▣制定鄉區保甲長暫行訓練辦法案

▲訓令各區區公所：為令發鄉區保甲長暫行訓練辦法仰知遵照施行照由。

訓令第二五五二號 廿四年六月十四日

案據本市燕子磯區區長徐作人（對燕子磯區稱該區）及孝陵區區長陸詠黃（對孝陵區稱該區）等簽呈，擬具訓練保甲長暫行辦法，請核奪施行，等情，到府，查核尚屬可行，除酌加修改，核准公布，并分令外，合行抄發該辦法，令仰知遵照施行照。此令。

附抄發南京市政府鄉區保甲長暫行訓練辦法一份。

市長馬超俊

▲南京市政府令 第二五五二號 廿四年六月十四日

茲制定南京市政府鄉區保甲長暫行訓練辦法，公布之。此令。

市長馬超俊

▣訂定二十四年度中心工作案

▲呈行政院：為呈送二十四年度中心工作清冊，仰祈鑒核備案由。

呈第二五六二號 廿四年六月十四日

竊查行政設施，端賴預爲籌策，

鈞院迭令按期造報行政計劃，以爲考成獎勵繩準，良法美意，無逾於斯，本府歷經遵辦，所有二十四年度行政計劃，亦經依限造報在案。惟念本市建設事業端緒繁多，尤應權衡輕重，先其所急，爰經督飭所屬，就原擬二十四年度行政計劃，擇要提出或酌加增益，以爲本年度中心工作。關於原擬各項計劃，固宜仍按原定步驟進行，而於確定中心工作則應懸爲鵠的，必其有成，俾得集中力量，努力從事。除分別令飭遵照外，理合將所擬中心工作各項，造冊呈送，仰祈

鈞院鑒核備案，實爲公便。謹呈

行政院院長汪

計呈送南京市政府二十四年度中心工作一份。

南京市市長馬超俊

▲公函市執行委員會：爲函送本府二十四年度行政計劃及中心工作，請查照轉送指正由。

公函第二五五九號二十四年六月十四日

查本府二十四年度行政計劃，業經循案核編就緒，並爲集中力量，努力建設起見，特於上項行政計劃中，提出特別重要之事項，訂爲本府廿四年度中心工作，相應檢同上項行政計劃及中心工作各二份，函請

貴會查照，轉送市監察委員會指正爲荷。此致

中國國民黨

南京特別市執行委員會

計附送本府廿四年度行政計劃及中心工作各二份。

市長馬超俊

▲訓令所屬各機關：爲令發本府廿四年度中心工作，仰遵照迅就主管部份，切實分別辦理由。

訓令第二五五三號　廿四年六月十四日

案查本年四月十九日，本市政會議，本市長交議，本府各局處所，應就其主管範圍，于下月十五日前，擬具施政綱要，及廿四年度內之中心工作，俾得集中力量，努力建設案，當經決議：「由各局處所分別擬就于下星期五以前送府，提會討論。」旋據各局處所呈送前來，又經本府第三五〇次市政會議決議：「交王祕書長，陳局長，陸局長，宋局長，周參事，張參事，王所長，潘處長，段專員會同審查。由王祕書長召集」等語，照案交付去後，茲據王祕書長等報告審查意見稱：

「奉交審查第三五〇次市政會議各局處施政綱要，及二十四年度中心工作一案，遵於本月一日下午開會審查，審查結果，以社會財政工務三局均未另具施政綱要，且按照行政院規定，各機關應於每年度開始前，擬具行政計劃，連同年度預算，一併呈核，爰擬將施政綱要改爲行政計劃，另案辦理，至各局處廿四年度中心工作，擬以整個市政府爲主體，分爲社會敎育財政土地工務衞生自治公園及其他九方面，並經逐項審查，擬具南京市政府廿四年度中心工作修正草案，是否有當，理合抄附此項修正草案，簽請

鈞長鑒核提會公決。」

等情，並附南京市政府廿四年度中心工作修正草案一份，據此。又經提交本府第三五一次市政會議決議：「修正通過」在案。除分令外，合行抄發南京市政府廿四年度中心工作一份，令仰遵照，迅就主管部份，切實分別辦理。

此令。

計發南京市政府廿四年度中心工作一份。

市長馬超俊

◻修正頒發證章規則案

▲訓令所屬各機關：爲令發修正南京市政府頒發證章規則，仰遵照由。

訓令第二六五一號　廿四年六月十七日

查南京市政府頒發證章辦法，前經本府於二十年二月間通令遵行在案。茲將該辦法酌加修正，幷改稱規則，除分

令外，合行抄發該規則，令仰遵照，並轉飭所屬一體遵照。此令。

計抄發修正南京市政府頒發證章規則一份。

市長馬超俊

▲南京市政府令　廿四年六月十七日

茲修正南京市政府頒發證章規則，公布之。此令。

市長馬超俊

□免費發給各區農民改良豆種案

▲指令農林技術專員葛蔭培：為據呈擬將改良豆種，分發各區，可否免收代價，祈核示等情，准予免收代價由。

指令第二七一三號　廿四年六月十八日

呈一件：為擬將改良豆種分發各區，免收代價、抑或俟秋收後追繳原價祈核示由。

呈悉。准予免收代價，以示提倡，仰即遵照，迅行分發各區。此令。

市長馬超俊

附原呈

案奉

鈞府第二一一六七號指令，為將購辦棉種分發各區擬免收代價，抑或俟秋收後繳價，祈鑒核示遵由。內開：「呈悉。棉種代價准予免收，以示體恤，而資提倡，仰即遵照。此令。」等因，奉此，自應遵辦。並分別轉知各區公所，去後；常據各區長面述，對於

鈞府體恤農民意旨，無任感激。惟查職於上月赴各鄉鎮分發棉種時，各該鄉鎮長以本市豆種甚劣，要求代辦改良豆種，以資改進，職已購辦南通常陰沙改良豆種六石，除玄武湖北岸農場需種二石餘外，尚餘三石有奇，價約三十餘元，

擬酌量分發各區種植。至代價一項，可否仍照棉種辦法辦理，或俟秋收後追繳原價，如何之處，出自

鈞裁。理合備文賫呈

鑒核示遵。實為公便。謹呈

市長馬

農林技術專員葛陰培　廿四年六月

■訂定公園管理處工人管理規則案

▲指令公園管理處：為據呈送南京市公園管理處工人管理規則，經酌加修正，仰遵照施行由。

指令第二七八五號　廿四年六月廿日

呈一件：為呈送南京市公園管理處工人管理規則，請鑒核示遵由。

呈暨規則均悉。查核所呈規則，大致尚無不合，惟各條文中字句尚有欠妥之處，茲經酌加修正，隨令抄發，仰即遵照施行。此令。

計抄發南京市公園管理處工人管理規則一份。

市長馬超俊

附原呈

案查屬處各公園，遍及城市內外，工人之數，幾達百人，而分散各園，管理殊感不便，茲為增進工作效能，便於管理起見，特製訂工人管理規則，以利推行，是否有當，理合檢同南京市公園管理處工人管理規則一份，備文呈請

鑒核示遵。謹呈

市長馬

附呈南京市公園管理處工人管理規則一份。

公園管理處主任陳無涯　廿四年六月

特載

南京市下水道計劃及秦淮河根本之整理

——二十四年六月三日宋工務局長在本府紀念週報告——

主席，諸位同志，本日希尙奉命報告南京市下水道計劃及秦淮河根本之整理實深榮幸。查下水道工程關係防洪清潔，及公用衛生，其重要自不待言。對於全市詬病之污濁秦淮河，可由下水道之設施，而得根本整治，尤爲京市重大之革新，但是項計劃詳細報告，時間所限，實不可能，所以本人僅就下水道計劃大綱，施工順序，經費籌劃，及整理秦淮等種種重要問題，概括的報告一下。

計劃一切工程，必先明瞭當地之形勢，以作設計之根據，而下水道工程之於地勢，尤有莫大之關係，故請先述

一、形勢　南京城內因有鼓樓一帶高原，可作天然之界限，故可分作二區：

(1)城南區　地勢平坦，秦淮河橫貫西南隅，人煙稠密，而尤以許事街絨莊街一帶爲最，據本局調查結果，該處人口之密度每英畝約爲一三八人，其餘部分每英畝二七．四人，較之柏林最大密度每英畝三三二人倫敦二五一人．相去尙遠，就目下事實言，城南下水實全恃秦淮河爲唯一之歸宿。

(2)城北區(連下關在內)該區北部濱江，西面多山，西南隅爲住宅區，除下關人口較密外，其餘各部大都稀少。

(3)此外城外則有玄武湖及莫愁湖，但內大部淤塞，容量有限，對於本市下水，已無多大關係。

二、計劃根據　下水道爲排洩雨水污水兩種，下水道管之大小，全視兩種水量之大小爲標準，雨水量之多寡，視氣候爲轉移，污水則與人口成正比例，故水文學與人口對於設計關係重大，約略分述如次：

(1)污水量　污水又分人用及工廠用兩種，本局經精密之調查，并參酌歐美之成例，秦淮河一帶人口，每英畝一四〇人，最多污水量每人每日以十加侖計，城南其餘部分人口較稀，將來有隨時發展之可能，故假定每英畝

五十八最多污水量每人每日暫定二十加侖，至工廠污水，以本市現非工業區，故爲量甚少。

(2)雨水量　雨量多少，及下雨時間之久暫，暴雨次數，實爲下水道計劃首宜注意者，本局係照徐家匯觀象台十五年之雨量紀錄爲依據。

(3)雨水集中時間　此問題有關雨水量之擁擠，使一時不及宣洩，本計劃假定時間爲二十分鐘。

(4)徑流係數　本市不滲水之路面甚少，加以院內地面俱不戾密，故參照歐美成例，此項係數在人煙稠密處爲百分之三十五，住宅區爲百分之二十，較爲空曠之地則爲百分之十。

三、分流制與合流制之研究　下水道設計，本有分流制與合流制兩種，所謂分流制者，即將雨水污水各別設管，而合流制則雨水污水合流一管名曰合流管，此外另設截水管，合流管在平時宣洩住戶之污水，經由截水管而至處理管污水之地點，當雨水之初，始則街道地面沖入溝管之污物，亦由截水管而至處理污水之處所，及至雨水增加溢水充滿時則合流管中之水，即由其特別設備之溢口，直流入指定之河道，因其所含污水不過百分之一，受其餘五分之四淨水之稀釋，已變清潔，不致污染河水也。

玆更將合流制與分流制之優劣分述如次：

(1)如用分流制，每一用戶必按置二管，一爲雨水管，一爲污水管，裝置費用增加甚鉅，而況居戶未必盡明設管之本意，往往私將污水傾入雨水管內，取締甚難，故在事實上雖用分流制，亦未能清濁分明也。

(2)在幹路大道上，分流制每邊須按置兩道，一共計四道，較合流制增加一倍。

(3)兩制之雨水管，大小相等，分流制多污水管，而合流制多截水管，但污水管之容量，大於截水管，故其費較鉅。

(4)分流制之疏通及保養費大約倍於合流制。

(5)分流制污水管之管徑較小，欲得相當速率，需要較大坡度，城南地勢平坦故須多設抽水站，其設備費及經常費用均須增多。

四、處理汚水之方法　處理汚水之方法約略述之：

(1)江水稀釋法，

(2)養魚池法，

(3)養化泥法。

現在城南區擬採用江水稀釋法，將汚水引至水西門與漢西門之間，用抽水機抽至三汊河，而達揚子江，查城南最多汚水量爲每秒鍾〇・三二三立方公尺，而在南京揚子江之最大及最小流量爲每秒鐘七萬立方公尺及七千立方公尺，故其最低稀釋度爲一比二一〇〇〇，可見汚水入江必受稀釋而消滅，至本市自來水進水口，則遠在江之上游，絕對不受任何影響。

五、城南下水道之擬定　城南下水道根據上述研究之結果、有下列二點根本之決定，即

(1)採用合流制，

(2)汚水採用江水稀釋法。

汚水經由截水管而至水西門與漢西門之總管，在該處設抽水站，抽入三汊河，以達於江，積水則經由合流管而入秦淮河。

六、施工之程序　本市下水道就急切需要而言，城南先於城北，然城南雖爲全市之一部份，而工程浩大，決非短期間所能蕆事，現規定下列三項原則，以爲城南區施工之依據：

(1)需要最切者提前進行，

(2)幹路已築成者須即埋設，

(3)此後新闢道路時，必須依照現今下水道計劃，埋置各項下水設備。

但下水排洩之整個系統，既爲合流制，凡各街道之下水管，均以截水管爲出口，故爲下水暢流計，爲整理秦淮河計，此項沿秦淮河截水管全部之建設，必須提前完成，顧截水管最後之處置，有賴於抽水機及入三汊河之鐵管，

故二者之建築與埋設，實爲急不容緩者也。

茲擬定三年實施計劃如左：

第一年（民國二十四年）埋置笪橋至東水關秦淮河兩岸之截水管，及本年內新築各路之下水道。

第二年　埋置其餘之截水管，及入江之鐵管，并建築近漢西門之抽水站，及埋設本年內新建築各路之下水道。

第三年　埋置其餘之下水道（假定所有之幹路均於本年內造竣）。

七、經費之估計與籌劃　城南區全部下水道及抽水站等預算共需洋五百六十六萬三千零五十五元（地價約一百三十萬元在外），其中一百五十三萬元爲埋管截水管及抽水站與入江鐵管之用，業經中荷庚款董事會通過，并決定全部工程費百分之七十五，由該會付給，至該款付完爲止。餘數由市府設法，此外四百餘萬，專爲新築道路埋設下水管之用，須視市府財力，按年推進，仍由受益住戶攤還，今後或發行公債，或商議借款，正在縝密考慮中。

八、秦淮河之整理　秦淮河整理問題，極爲各界所重視，有議開拓疏浚者，有議塡塞築路者，騰載報章，不一而足。夫秦淮爲歷來名勝之區，且爲城南下水之總匯，祇以設備整理，未臻完善，以致河水汚濁，爲世詬病，若一旦塡塞，非特毀壞名勝，抑且虛靡鉅款，蓋秦淮兩岸，房屋櫛比，塡出之地，爲數有限以之建屋，既不適用，而中間築路，更屬無需，故塡塞之議，似覺得不償失。至於開拓疏浚，雖不無小補，然堆土需地工費既鉅且秦淮河底高於江床，冬季既不能放水流通，夏季江水位漲，防洪且不暇，更何能宣洩城內之水。爲今之計，分治標治本兩策，治標則擬在東關頭建一兩面可抽之抽水站，以調劑及通流江與秦淮之水，不使成爲死水。治本之策，即採用下水道合流制，沿河兩岸修築道路，下埋截水管，使管中之淨水隨時流入秦淮河汚水則抽入江中，如此則河水長流，可保永清，而河之兩岸，闢爲幹路，凡有機物之汚物，皆無由得以再入秦淮，今日腥穢混濁之水，即可澈底澄清，將來廣植花木、佈置河濱公園，不難與泰晤士河濱，及威納司媲美，實不勝企予望之也。

京市土地處兩個月來辦理情形及未來計劃

——二十四年六月十日潘土地處長在本府紀念週報告——

本人自奉馬市長及陸局長之命，承辦本市土地處事，迄今經已兩月，在兩月之中、所有土地處一切事項經辦情形，實甚繁劇，茲藉紀念週爲各位作簡單報告。記本人受事之先，頗聞市民對於本市過去辦理土地登記行政事務，多有辦事遲緩，藉端留難之不良批評。本人受事後，詳加考核，覺土地處過去辦事遲滯，致令市民感生不良印象，亦實有其原因不能全歸咎於從前辦理人員之不力。查本市土地行政事宜，自併歸財局後，原由第三科與土地登記處及測量隊三部份承辦組織既欠完善，辦理自難迅速，加以土地登記，關係人民產權，更須愼密審查，未可貿然從事、本市業戶所執業之契據，多屬支離破碎，且多欠缺，甚至有絕無契據者，似此非切實調查審核不可，關於調查審核當中，又往往發生疑點，因情形愈複雜，致手續愈紛繁，於是行政效率，遂有未能如市民之所期望。本年三月間，始經石前任改變原有組織，併設土地處，以期增進土地辦事效率，其時正値石前任辭職之際，實際上亦尙未實力進行。計自去年七月一日起，開始辦理土地登記以來，申請登記案件，計有一萬五千左右，其中前任經辦，截至本年三月底止，九個月中因前述種種困難，故已核准公告者，僅有七百餘件，平均每月爲八十一件強，本人受事後，秉承長官促進行政效率之意旨，督飭所屬，振起多幹苦幹之精神，在近兩個月中所經核准公告，達一千件以上，平均每月約爲五百件以上，其他辦理建築買賣征收測丈及調解產權糾紛等案件，尙未計入，進行效率，較以前增加約六七倍，不過工作較前緊張，土地處一般全人，異常勞苦耳。本人過去曾於廣州及上海市對於辦理土地行政事宜，亦曾稍加觀察，深覺土地登記，關係於人民產權與政府收益，至重且鉅，承辦其事者，實非易易，本市土地登記期限，在前任原定於二十五年底完成，嗣奉　蔣委員長電令，將期限酌爲縮短，是以馬市長擬改定限於廿四年度內辦理完成，然此非酌將土地處組織略加擴大，不能勝此迅速繁劇之責任，然因受二十三年度預算所限制，辦事人員，尙未能按事實上之需要，立時補充，應俟二十四年度新預算確定後，對於土地處組織略爲擴大，將「促進辦事效能」「縮短登記限期」兩點，更加致力。

務期於此繁鉅而重要之土地登記事項，得以依限提前完成，仍望土地處全體仝人，待本今日苦幹之精神，到底不懈，共在馬市長及陸局長指導之下，盡其使命。

都市防空的意義

——二十四年六月十二日馬市長在中央廣播無線電台講——

都市防空的意義，我們大家都知道立國的要素有三，第一是領土，第二是人民，第三是主權，三者之中以第一項為最重要，因為領土喪失了，人民就無所寄托，縱有主權，也無處行使、猶太人因為沒有了領土，所以在世界地圖上就找不出猶太人的國家。因此我們說，領土是立國的第一個要素。

一個國家的領土，不僅指陸地而言、領海和領空，也一樣包括在內。換句話說，即是在全國固有的陸地以外、在由海岸線達到公海一定範圍以內的水面，即六海浬以內，也是屬於本國的領土、這是國際公法所規定的，可是領空直至現在還沒有正確的規定，那麼，在本國領土和領海以內的上空，不問距離陸地高至若何程度，也是本國領土的一部，這是我們大家應當知道的。

領空既然是領土的一部，那末領空也當然和海陸同樣設防守衛，以資保護而策安全，這是天經地義，不容任何人加以否認的。

在現代物質文明進步的時代中、科學昌明，眞是一日千里，因而殺人的戰爭利器，也就日新而月異了，從前只有大砲戰艦是最利害的，現在却是除了大砲戰艦以外，還有一種最犀利而又最兇猛的空中怪物了，這個怪物就是飛機至於他的威力之大，和大砲戰艦比較，還要強得多，詳情在下面說到，現在且不管他，所以在現今而言國防，非把空防充實不為功。

我們首先要問，為什麼在今日而言國防，非充實空防不可呢，要解答這個問題，我們要先知道現代的戰爭是個什麼戰爭，各位同胞們，各位市民們，現代的戰爭，已不是十七八世紀的體力平面戰爭了，而是二十世紀的科學立體爭了，在前一個時代的戰爭，是體力的，平面的，陸戰上，只要有多量勇敢的軍隊，彈藥充實的槍砲，或是堅固的砲台陣地，海戰上，但求戰艦犀利堅固，潛艇魚雷充足、糧食貯藏豐富，那就可以穩如泰山，高枕無憂，可是在後一個時代的戰爭，那就根本不同了，不管他的軍隊如何勇敢衆多，彈藥槍砲如何充實，砲台陣地建築如何鞏固，戰艦潛艇如何精利，糧食貯藏如何豐富，只要用數十架轟炸機，在他的領空上稍稍活動，在很短期間以內，就把他一切的一切設備掃蕩無餘了！這是十七八世紀時代的人夢想不到的，然而在這二十世紀的今日，尤其在歐美物質文明進步的國家裏，竟然司空見慣了，因爲科學的發明，物質的進步，所以戰爭的方式，也就隨之而改變．由平面的戰爭變爲立體的戰爭，由前綫襲擊變爲後方轟炸，戰場的範圍，亦從而擴張到交戰國的全體，沒有前線非前綫的區別，因此這個戰爭稱爲立體的戰爭、或者叫做全國土的戰爭。

空中戰爭唯一的武器，是飛機，飛機在戰爭上，大別爲三種，卽一是偵察機，二是驅逐機，三是轟炸機，就中以轟炸機的威力爲最厲害，轟炸機，又名爆擊機．他的職務，是載上多量的炸彈，燃燒彈，毒氣彈等等，專爲轟炸敵人的軍營，要塞，軍艦，都市，它的炸力很兇猛，不問軍營要塞怎麼堅固，軍艦噸數怎麼偉大，都市建築怎麼結實，轟炸機擲下的炸彈要是命中的話，立刻就會化爲烏有，如擲下的是毒氣彈，雖沒有像炸彈那麼利害，可是毒氣所到的地方，也就是人畜俱斃了，眞是令人聞而害怕，由此我們可想見空戰威力之大了，所以美國農黨領袖勞塞米爾說「歐洲若有大戰發生，則大部份將限於空中戰爭，參加作戰之飛機，不下數十萬架，大戰最長時期，不過十二小時」德國威廉二世亦曾這樣說過「開戰後不出二十四小時，歐洲都市成爲廢墟，歐洲文明同歸於盡」這些話豈不是駭人聽聞的嗎？由此說來，空戰便成爲將來戰爭重心，這可以說是必然的趨勢。

意大利首相墨索里尼說：「將來作戰之主力在空軍，國家無空防，便是無國防。」英國軍事家史柏特亦說：「將來的戰爭，不決於戰壕及海上，而決於領空之防空戰。」可見所謂「無空防，卽無國防，無國防卽無民族。」這並非危言聳聽之詞，故此說，在今日的國防中非充實空防不爲功，就是這個理由。

飛機轟炸之目標：在都市及軍事地帶，因爲一國的重要都市，不是全國的政治經濟或交通中心，便是工商業文化或軍事的集中地，我們都市，也不能例外，至若首都所在之本市，南京市，那就更重要了，舉凡中央政治軍事一切重要機關，莫不林立其間，平時已爲政府發號施令的總樞紐，戰時就更不待說了，一旦與外國宣戰，難免不受敵國飛機之威迫啊。

飛機炸燬都市之利器，普通有爆炸彈燃燒彈及毒氣彈三種，而其目的，也各不相同，說到爆炸彈破壞的目標，最要者則爲政治，軍事等機關及一切防禦工事，它的目的在大量破壞，使該都市陷入極度悲慘和無秩序的狀態中，其次則將各種通訊設備自來水及電廠等毀滅，使消息斷絕，人心騷動，水源及電氣，無從供給，以增加都市的恐慌及困難，燃燒彈的目的，是專使都市內部發生火災，以焚燬一切建築物，延長都市的混亂，使人心浮動，動員受擾，毒氣彈的目的，那就更厲害了，它的效力，是使一切動物，無論軍隊也罷，百姓也罷，甚而飛禽走獸也罷，只要是吸着它的毒氣，就九死一生了，這是多麼危險啊！

由上面所說的話看起來，都市防空的目的，很明顯地係以鞏固國中的政治，經濟，軍事，交通，工商業，文化等中心上空的安全，而維持國家民族的命脈。

現在我們既然明白國家空防的意義，和都市防空的重要，那麼我們就要討論都市防空的方法。

都市防空的方法，大別之可分爲二種，即是積極的防空和消極的防空，什麼叫做積極的防空呢？簡單說，就是利用本國的空軍力量，防止敵人飛機襲擊，並進而把敵人的空軍根據地摧毀，使敵人的飛機沒有活動的餘地，或者是趁敵機尚未侵入自己的防護區以前，給牠一個迎頭痛擊要是被它侵入的話，則利用高射砲，照空燈，聽音機等編成的防空網，立即動員，以迎擊，或阻止他自由活動，使他不能不離開我們都市的上空，免除空襲的危險、像這樣的防衛，便是積極的防空，也叫做軍事的防空。

什麼是消極的防空呢，這就是兄弟希望全體市民注意的幾點，其方法是利用民衆政府合作的力量，使夜襲的敵機迷誤了向我們都市飛行的方向，不能達到空襲的目的，這時市民須在政府指導之下，傳達警報，組織消防，防避毒氣，救護病傷，管制燈火，維持秩序等。更進一步的辦法，便是設置大規模的偽裝，迷惑敵機的偵察，或構築掩蔽工事，上述的種種設施，無非在減少敵人的破壞能力，同時卽是減少我們的損失。

什麼叫做警報，就是遇有敵人飛機來襲擊時一種報告，分爲空襲警報，緊急警報，解除警報三種，空襲警報，是防空監視隊發現了敵機來襲時一種警報，緊急警報，是敵機快要到我們所在的都市的一種警報，解除警報是敵機已經被我們擊落或擊退的一種警報。以上各種警報，在本京均以汽笛及警鐘爲信號，市民一聞警報，就要依信號之指示，迅速作種種設備所必須的動作，不要延緩，免予防空發生困難。

什麼叫做消防是爲防止及消弭火患一種普通的官民合作組織的工作，專從事於撲滅火警，勿使燃燒房屋，以及救護因敵機爆炸受傷或中毒的人，這是安定人心，維持社會秩序的方法。

所謂燈火管制，就是遇着敵機夜間來襲擊時，在適當情况下，卽將燈火熄滅，不得已時則以黑布蓋上，使敵機於黑暗中，失去轟炸的目標，燈火管制，分爲警戒管制和非常管制二種，什麼叫做警戒管制呢，卽當敵机將到我們警戒線時，爲預防敵机來襲起見，這時就要施行警戒管制，卽當空襲警報發出時，所有市內外的路燈，廣告燈，門燈等，須一律熄滅，如敵機已迫近都市上空，有襲擊的危險時，則施行非常管制，卽一聞緊急警報時，全市人民，務須立將室內燈火全部熄滅，至交通車輛及火車船舶的燈光，或熄滅或遮蔽，務使燈光不致外洩爲止，總之，燈火管制目的，不外使夜襲的敵機失其襲擊目標，故燈火管制，實爲消極防空中一重要的策略，希望市民特別注意。此外如防避毒氣，救護病傷，及維持秩序等都很容易了解無須詳細說明了。

消極防空，亦稱民間防空，因爲消極防空，實非政府或軍隊獨立所能担負，必須人民和政府切實合作，才能收穫良好的效果，在我們現在國家狀況，消極防空，實爲最切要之圖。

總括我們上面所講的話看來，大家都已知道都市防空，實爲現在我國防空中最要緊的一件事，然而，防空事業，乃是整個民族自衞的事業、不只是政府的責任，而是全體市民，全國同胞的責任，亦不是政府單方面的力量所能完成的，必須賴有全體的市民，廣大的民衆努力，一致起來，共同協助政府，切實合作才行，至於消極防空，須要民衆合作更切，各盡所能共同謀防空的充實，一齊熱烈地來參加防空的準備和練習，那麼我們都市防空，才有辦法。

防空與國防

——二十四年六月十五日馬市長在軍需學校演講——

主席，各位同志，日前防空展覽委員會託本人前來演講，以時間衝突，未果，今日適有機會與諸位先生研究防空問題，實爲榮幸。何謂防空與國防？我們須知立國之三要素爲土地人民主權，其最要者則爲主權，而主權之維持，則除國防外，其道莫由。往昔戰爭爲平面式，有海軍陸軍，武器犀利，兵精糧足，即可以自衞。自歐戰後，由平面一變而爲立體戰爭，蓋自一九一四年歐戰發生，德國首用飛機徘徊於巴黎倫敦上空，聯軍受其莫大威脅，於是英法各國步其後塵，對飛機大事發展。本人言念及此，不得不崇敬我 先總理眼光之偉大，當一九一二年時 先總理即派華僑赴美洲學習飛行技術，蓋 總理以爲將來戰爭不發生則已，若發生則非以飛機決勝負不可也。當歐戰時，聯軍以人數言，較之德國，其多何止數倍，而其所以不能即戰敗德國者，其最大原因即以德國飛機之厲害，於此吾等可知空軍重要之一斑，而世界各國，有見於此，因而對空軍無不竭力發展焉。當歐戰時，吾國正好利用此機會從事於國防之整理，空軍之訓練，不幸當時正野心家袁世凱當國，其皇帝夢方酣，欲以國家力量，變爲自己力量，竟將民國改爲朕的國家，公天下變爲私天下，置國家民族於不顧，雖袁氏亡不旋踵，而繼之者亦皆自私自利之徒，以有用之財，浪費於無用之地，大好良機，失之交臂，一念及此，能不痛心。當時吾黨一般同志，甚欲幇助政府造成強有力之空軍，惜以當局者唯爭權奪利之是圖，無暇及此，事與願違，延至民國六年吾 總理在廣州時，組織護法政府，始有航空隊之設立，直至民十三年，始有較完善之空軍．然與各國相較，實若天淵，其實力如此，欲鞏固空防，則談何容易。歐美各國，雖販夫走卒，無不明瞭防空之重要，而吾國一般國民，對此大半不甚明瞭，蓋以年來內亂頻仍，教育未能普及，有以致之。防空係一種普通常識，諸位先生係受過高等教育，智識宏富，對於消極的防空，不必詳述茲略分爲積極與消極兩方面，略言之。

（1）積極方面應備有強力之空軍，或消滅敵人飛機於敵境，或於敵機來時消滅或驅逐之，惜吾國空軍尚在幼稚時期，無此力量，處此危機四伏，生死存亡之中，吾國上下，應下必死之決心，與敵一拚，始可集全國力量，為一個大的力量，嘗於清季末葉，吾黨同志，人數甚少，而其意志堅決，終能推倒滿清，而建立民國，蓋自中日日俄諸戰役後，吾國弱點盡露，因而瓜分中國之聲浪，高唱入雲， 總理見此危機，乃糾合同志，發奮圖強，推倒腐敗之滿清政府，而建立強有力國家，各國見 總理之奮發，吾黨之努力，因而瓜分中國，有所顧忌，當時吾國海外留學生，尚為數不衆，而 總理以精誠感化，因而革命高潮，滋漲起來，終能成功。所以必有決心，有自信力，則敵人有如何強大之空軍，亦可無懼。吾國有數千來歷史，悠久之文化，不會亡國，唯希吾國全體一心一德，協力同心，協助政府，積極建設國防，是即積極的防空工作。

(2)消極方面，即於敵機來時，不要悲懼慌張，如燈火管制，消防警報，交通，防毒，救災等。而此種知識，吾國人民皆甚缺乏，若問平民於飛機來時當如何，彼輩必瞠目不知如何對付，故此等普通常識全在諸位知識階級之宣傳，與領導。

回念吾國提倡新教育，已數十年，而其結果如此，能不痛心。本人在訓練部時，統計吾國赴外國之留學生，下卜四十幾萬，而所學非所用，不知在科學上圖發展，而只知在政治舞台上爭權奪利，時至今日，門戶洞開，國將不國，談何容易於防空，直至九一八，一二八事變之發生，遭日人飛機大砲之摧殘，皆我國國民平日對於國事不關痛癢，不事展作所致，夫復何言。吾國今日農村破產、經濟落後，欲發展空軍，實非易事，第一技術人材須經長期之訓練，第二缺乏鋼鐵等原料，雖意大利首相莫索里尼氏以為無空防即無國防，但吾人亦不能以此而灰心，全國上下如能痛下決心，有自信力，努力奮鬥，亦能渡此難關，此種事實，歷史上不乏其例，如土耳其於歐戰時，其困難情形，甚於吾國今日者多多。俄國於歐戰敗績，國內紛亂，然皆能於十數年間，又擠於列強之林。再如德國戰後每人每年之負担為八百馬克，然時至今日，陸軍空軍為數之多，令人聞之駭心，不久以前，提出廢除凡爾賽條約，竟無人稍敢置喙，以上數例，何一非全國上下之一心一德，奮鬥努力之結果，故任何民族，必確定其民族之中心思想，而後始能集中全國力量，以同一之步伐，登於富強之域。是以英法美各國，無不以民族主義相號召，即實行共產主義國家之蘇聯，亦不能例外，如德國普法戰爭以後，國勢凌夷，俾士麥提倡軍國民主義，鐵血精神，未幾全國富強，又日本於明治維新之初，其受列強之武力文化經濟各方面之壓迫，正與中國今日相同，然彼以武士道精神，以天皇之萬世一系，爲其民族中心思想，常時曾有「履冰論」一書問世，於此更可知其民族之戰戰兢兢，如臨深淵，如履薄冰之爲國精神之一斑矣。反觀吾國　既無民族中心思想，因而人民對國家，對民族觀念，非常薄弱，歐美人士稱吾爲「自私之民族，」吾人亦無勇氣否認。吾人細察過去之政治，無不抱五日京兆之心理，一旦上台後，即以剝削民脂民膏爲能事。吾　先總理目覩時艱，對症下藥，非提倡民族主義，及樹立民族中心思想不可，更以王道方法，以求各國各弱小民族之同時脫離帝國主義者之壓迫。所謂王道與霸道之分野，則在前者以仁義立國，而後者則以武力而侵略，故歐美與中國之民族性不同，管子云：「禮義廉恥，國之四維，四維不張國乃滅亡。」而今若能四維大張，國家當然可以復興，我們要有此決心，有此自信力，一心一德，努力於國防防空之建設，則任其海枯石爛，天翻地覆，吾民族亦不會滅亡，否則各自爲政，唯己利之是圖，則必致被敵人各個擊破，直至國亡而後已。最後我們要確切認識國家興亡，匹夫有責，不能專靠領袖之努力，必全國一致奮鬥，樹立民族中心思想，團結堅固，則敵人之飛機大砲不足懼，雖至最後僅剩一兵一卒，亦能奠國家復興之基礎也。尚望各位先生於此三致意焉！

二十四年度京市教育行政計劃

——二十四年六月十七日陳社會局長在本府紀念週報告——

教育問題，爲復興民族救亡圖存之百年大計，較任何工作都爲重要，且值此國難嚴重之時，吾人更應加緊工作，努力發展教育，灌輸民族思想，培養國家觀念。以言京市教育，歷年已有發展，惟以年來人口激增，供求仍不能相應。二十四年度教育經費預算，較二十三年度則更有鉅額之增加，計二十四年度教育經常費爲一百二十八萬餘元，較二十三年度增加二十七萬餘元，臨時費爲九十八萬餘元，較二十三年度增加五十一萬餘元，占全部預算之極大部份。按京市人口，現有九十餘萬人，估計學齡兒童，現有九萬餘人，入學兒童，全市公私立小學及私塾約共有五萬餘人。央學兒童，則約有三萬餘人，為數殊足驚人。市府原定計劃擬分三年或四年，普及全市小學教育，但最近教育部方面，因欲推廣義務教育，希望本市能于二年內便完成此項工作。關于中等教育方面，現全市僅有私立中學二十三校，市立中學一校，故二十四年度內本市擬籌設師範學校，職業學校，第二中學，及女子中學各一校，以應需要。關于小學方面，現全市共有市立完全小學四十一校，二十四年度內擬增加五校，連全各校增班，共一百四十級，簡易小學三十四校，二十四年度內擬增加十校，共卅三級，鄉區完全小學及簡易小學四十校，廿四年度內擬增加二十五校，五十八級，此項計劃如全部實現，約可容納失學兒童一萬人，三四年後，全市小學教育，可與普及。本人接事未久，對于本市教育，觀察或尚未深切，但有數點，感覺較其他各省市為優，如(一)各市立小學教職員之檢定任用權，操之于政府。(二)各市立中小學不能自由征收各種用費。(三)各完全小學校設備均較前完備。(四)各公私立學校所用之表冊，均非常完備，可算進步。目前本市最重要問題，即小學教育問題，教育部方面希望本市採用二部制或半日制，于一二年內普及全市義務教育，但在環境上經費上及時間上均感覺十分困難，按照本府原定計劃，三年普及，若照現制縮短普及年限，則學校數及學級數勢必倍增，而經費方面將愈感不敷。故果欲縮短普及年限，勢須請求教育部方面能多賜補助，而市府方面欲實現廿四年度教育計劃，亦須趕速于七八九三個月內將校舍及設備等臨時費，籌措就緒，方易如期進行。總之經費上雖屬困難，惟在吾人抱定決心，努力做去，埋頭苦幹，期于最短期間，普及教育，則吾國前途，庶幾有豸，願與諸君及全市人士共勉之。

努力完成中心工作

——二十四年六月二十四日馬市長在本府紀念週報告——

市府二十四年度中心工作，自正式公布後，輿論界方面不乏善意的批評，市民方面亦頗多函陳意見者，吾人除表示感謝外，對於外界所貢獻之意見，自當詳加研究，採擇施行。吾國政治，向不公開，政府與人民，漠不相關，治國平天下之責任，全由士大夫階級負之，一般人民均置之不聞不問，自國民政府建都南京以來，國家政治，始完全公開，市府本此意旨，特將二十四年度中心工作，公告市民，徵求意見，以期打破政府與人民間之隔閡，而符政治公開之原則。以言市府二十四年度中心工作，無一非與人民衣食住行，息息相關。關於教育方面，本市失學兒童有三四萬人之多，原擬於三年內普及全市小學教育，但教育部方面，希望吾人能於二年內完成此項計劃．惟市府財力有限，能否辦到，當就能力所及，勉力做去。按二十四年度預算，收支不敷達二百四十餘萬元，其中校舍購地建築及經常各費約九十餘萬元，如欲實現二十四年度擴充學校之全部計劃，本年七八兩月份，即須籌足校舍建築費七十餘萬元。關於社會救濟方面，吾人決定於半年內將全市難民及乞丐完全肅清，同時予以救濟。過去本市救濟院每月所費達一萬餘元，結果徒養成一般貧吃懶做之消耗份子，在歐美各國，雖殘廢之人，亦有相當工作，非僅養之而已，故本市今後濟救難民及乞丐之方法，應徹底改革。現全市難民及乞丐估計尚有數千人之多，將來收容之後，一方面養，一方面教，務使少壯殘老，均有所用，無用之人盡成有用之人，消費份子皆爲生產份子。其次救濟農村，亦爲當務之急。據最近調查，一百兩絲僅值十一元一百兩紗增值至十三元，農村經濟之衰落，於此可見一斑，按吾國今日農村經濟之所以衰落，其原因一方面固由於外貨之肆意傾銷，一方面實由於國人之不知改進，好以不正當之手段，希圖厚利。一九二五年，本人前在美國紐約時，華絲售價九百餘兩，日絲售價一千二百餘兩，華絲粗細不一，長短不定，而日絲則非常整齊，質地遠勝於華絲，無怪華絲之失敗也。故今日而言救濟農村，一方面固應由政府嚴密監督與指導，一方面人民自己亟應力圖上進，革除以前得過且過之劣根性。前數日天旱不雨，實業部方面希望農民每畝出資一元，辦理電氣灌溉，而農民大多不願，反求諸謊誕無稽之菩薩，夫復何言。此外改良種子，改良農具，發展信用合作事業等等，均爲救濟農村之積極方法。例如八卦洲採用金陵大學農場所種改良麥子，本年收成特佳，而一般農民所種之麥子，均不能望其項背，又如陵園所種之改良桃子，味特甘美，每担售價高至廿元，而未經改良之桃子，則其味帶苦，每担售價僅值二三元，相差幾達十倍。又如陵園所種之改良西瓜，味甘而皮薄，普通西瓜則味淡而皮厚。至于信用合作，玆舉華洋義賑會所辦之農村信用合作事業爲例，每戶貸款最多至二百元，放款達數十萬元之鉅，自民國十二年起，至民國廿二年止，各貸戶信用甚佳，從無不能收回之款項，故本市本年度擬擴大小本借貸，及于鄉區，以資調劑農村金融。關於工務方面，肄築下水道爲本市廿四年度最重要之工作，或謂下水道係消極之設施，大可從緩舉辦，而先行解決人民之吃飯問題，殊不知下水道關係公共衛生及安全至鉅，其重要與自來水相等，尤以本市地勢低窪，下水道之建築，與防水有密切關係，故為求本市之安全計，不得不積極與築下水道也。現決定先建築城南部份下水道，估計約需費五百餘萬元，分三年完成，第一年約需費一百餘萬元。其次城區各重要道路，及城區與各鄉區間聯絡道路，均擬積極開闢，以利城鄉交通，而便農村運輸。關于財政方面，每月稅捐收入，為數甚少，將來擬俟土地登記完竣後，舉辦地稅，對于苛細雜捐，擬盡量減少，以期調劑市民負担。如人力車夫，大多窮苦萬分，而對于所負之稅捐特多，每日車租達六角之鉅，擬設法減輕，并擬使拉者有其車，以改善彼輩生活。其次整理現有各項稅捐，如營業稅及屠宰稅自收回自辦後，收入均較前增加。要之整理財政，不出開源與節流兩大原則，以言節流，雖一紙一筆，亦必盡量節用，不可浪費，其他如工程材料，以及一切應用之器具什物，更不待論。例如京滬滬杭甬兩路局長黃柏樵先生，蒞任後，即嚴厲禁止職員將公家紙張筆墨攜回家裏私用，每月竟可節省紙張筆墨費甚鉅，本府自當仿照辦理，自七月一日起，所有公家紙張筆墨，一概不准攜出私用，一方面節省公家之費用，一方面養成廉潔之風氣，蓋浪費公物，即為貪污之起端也。希望各位自本身做起，自南京市政府做起，以為全國之模範。此外開源方面，擬設法借款，以應急需。總之廿四年度中心工作，均係吾人認為急需舉辦之工作，事實上能否完全達到目的，須視財力人力及時間三方面之條件是否完備，如有一方面稍見欠缺，即難全部成功。但吾人應有革命之精神，不問目前是否已有的款，前途是否有種種困難，惟問事之當為不當為，急要不急要，如確屬當為而急要者，即應抱定決心，按步就班，盡力做去。回憶　蔣委員長督率革命軍于廣東出發之時，兵力不過二三萬人，而終能統一全國，建立革命之政府者，即因人人有決心之故也。現在各界對于市府所訂之中心工作，頗多以為過于張大其詞者，殊不知此非吾人過于鋪張，實因市民急迫需要，所期望于市府者至殷且切，故不得不下一決心，硬幹苦幹。財力人力及時間能允許吾人做到幾成，即做幾成，廿四年度不能完成，則留待下年度繼續辦理，吾人不能完成，則留待後來者繼續辦理，吾人惟有盡吾人之心力，不浪費一錢，不偷安一刻，努力做去。蔣委員長有言，「巧婦要為無米炊，」希各位以此為座右銘。

一三〇

附錄

財政局土地登記核准公告案件一覽表 二十四年六月份

聲請人姓名籍貫及住址	土地坐落及四至面積	定着物情形	他項權利關係及關係人姓名	聲請登記年月日	公告年月日	公告期滿年月日
中央組織委員會調查科工作同志聯益會管理人徐恩曾 浙江人住瞻園路一三二號	許家橋東至林姓地南至許家橋及趙楊兩姓地西至王姓地北至蔣姓塘面積三畝七分九厘一毫八絲	無	無	廿四年三月廿二日	廿四年六月一日	廿四年八月卅日止
江說甫 住竹扦里十一號	竹扦里九號東至沙李二姓屋以己牆鄰牆為界南至王姓屋以鄰牆為界西至本姓屋以本姓屋牆為界北至竹扦里以己墻為界面積六分六厘九毫三絲	半房五間	無	廿四年三月廿三日	仝前	仝前
程光海榮 南京人住建康路二三三號轉	建康路東至顏姓屋以鄰墻為界南至周姓屋以己牆為界西至周姓私巷以己墻為界北至建康路面積一分八厘七毫二絲	破屋	無	廿四年三月十八日	仝前	仝前
耿錫九 江蘇人本市太平路建福里十七號	體育里東至徐姓地南至信德堂自讓走道西至張姓地北至體育里面積一畝四分九厘六毫一絲	無	無	廿四年二月廿一日	仝前	仝前
湖南會館管理人葉開鑫 湖南人住太平橋廿四號	膺福街三二號東至丁姓地及屋以己牆為界南至膺福街西至高姓屋以己牆為界北至秦淮河面積一分九厘〇七絲	房屋	無	廿三年十二月廿八日	仝前	仝前

業主	坐落四至面積	類別				
鄧氏 李德熙勳 南京人住船板巷八四號	船板巷八四號東至秦淮河南至王姓屋以己牆爲界西至船板巷北至余姓屋以己墻爲界面積五分五厘六毫九絲	房屋	無	廿三年十二月廿六日	廿四年六月一日	廿四年八月卅日止
蔣靜姝 代理人周柏虬 江寧人住高岡里十九號	釣魚台一七八號東至秦淮河南至鄺姓屋以己牆爲界西至釣魚台北至端木姓屋以公墻爲界面積一分六厘九毫四絲	房屋	無	廿三年十二月廿九日	仝前	仝前
陳俊華 陳復鑾 陳佩芳 陳岐 陳劭 南京人住五福街廿號	五福街二十，二十二，號東至五福街神路及都天廟地南至五福街西至五福街北至五福街面積二畝五分一厘七毫二絲	房屋	無	廿三年十二月五日	仝前	仝前
張和 代理人張麟 張譚 季馨 安徽人住烏衣巷泰安里九號吳宅轉	太平路三七九號二八一號東至章姓地及塘以己墻爲界南至古獅子巷西至太平路北至張姓地面積四畝〇八厘三毫八絲	房屋	無	廿四年三月廿六日	仝前	仝前
黃竹然 江蘇人住船板巷五十六號	船板巷五十六號東至秦淮河南至黃姓屋以隣牆爲界西至船板巷北至徐姓屋以己牆爲界面積三分一厘六毫	房屋	無	廿三年十二月十七日	仝前	仝前
管兆林 江寧人住捕帶巷一〇六號	船板巷四二號東至秦淮河南至戴侯兩姓屋以己牆及其直綫爲界西至船板巷北至宦巷面積一分一厘三毫三絲	房屋	無	廿四年一月廿六日	廿四年六月四日	廿四年九月三日止
陳棟臣 本京人住鳴羊街卅號	鳴羊街卅號東至葉姓屋以己牆及隣墻爲界南至井姓屋以公牆爲界西至鳴羊街北至小王府巷面積三分八厘二毫	房屋	無	廿三年十二月廿九日	仝前	仝前

京市財政局主管長官陸肇強	三步兩橋東至黃姓南至孫姓西至三步兩橋北至田姓面積四厘六毫三絲	無	無	廿四年四月廿二日	仝前	仝前
朱寬謙 本京人住柳葉街五十六號	踹布坊八號東至王姓以己墻及王朱二姓走巷爲界南至朱朱二姓走巷西至林姓以己牆爲界北至石姓以公牆爲界面積三分一厘四毫	平房三間兩廈一披	無	廿四年四月四日	仝前	仝前
周仲衡 進安 江寧人住磨盤街二七號	磨盤街二十七號東至磨盤街南至孫姓屋以公牆及鄰牆爲界西至水齋菴北至王姓屋以己牆及隣牆暨公牆爲界面積六分七厘〇二絲	房屋	無	二三年十二月十三日	仝前	仝前
王光炳 興 代理人馬金福江寧人住門東庫上第七號	大油坊巷四二號東至孫姓屋以鄰牆爲界南至王姓屋以己牆及鄰牆爲界西至秦淮河北至周姓屋以己牆及鄰墻爲界面積一分六厘八毫五絲	房屋	地役權人周壽臣安徽定遠人住大油坊巷四十號	二三年十二月二五日	二四年六月四日	二四年九月三日止
夏延之 南京人住大油坊巷七二號	大油坊巷七二號東至大油坊巷南至徐姓屋以己牆爲界西至秦淮河北至蔣姓屋以公牆及己牆爲界面積四分八厘〇二絲	房屋	抵押權人張章氏淑明南京人住長樂路二〇三號	二四年一月九日	仝前	仝前
朱振予 江甯人住下關祥泰里四十三號	長樂路二三二號東至朱姓屋以鄰牆爲界南至呂姓屋以鄰牆爲界西至余姓屋以鄰牆爲界北至長樂路面積三厘六毫七絲	房屋	無	廿四年一月廿八日	仝前	仝前
楊相如 南京人住膺福街卅一號	大膺福街八六號東至羅姓屋以己牆爲界南至膺福街西至金姓屋以己墻及鄰牆爲界北至秦淮河面積二分二厘四毫二絲	房屋	無	二三年十一月十四日	仝前	仝前
端木張啓貞 本京住弓箭坊十四號	集慶路一九三號東至陶姓屋以鄰牆及己牆爲界南至李姓地以己牆爲界西至公巷又官產租戶王姓屋以己牆及隣墻爲界北至集慶路面積四分九厘九毫九絲	房屋	無	二四年一月十日	仝前	仝前

鄭師均敦仁敦保 江寧人住狀元境四七號	狀元境四十七號東至徐姓北段公墻南段己牆江西旅京僉東書紙公寓董事會殷姓己牆南至官巷西至馬姓己墻北至官巷宅地八分三釐八毫八絲	房屋十八間	無	二三年十二月二九日	二四年六月四日	二四年九月三日
何孝雲 本京人住中山路四六〇號	中華路四〇九號東至基督堂以己牆爲界南至艾姓以各有各牆爲界西至中華路人行道以板門爲界北至林姓屋又基督堂以各有各牆爲界宅地四釐〇八絲	樓房一幢	仝	二四年一月五日	仝	仝
石埭會館管理人蘇秉之 住昇州路四二八號	東牌樓一八一號東至秦淮河以己墻爲界南至謝姓以各有各牆爲界西至東牌樓北至李姓以己墻爲界基地二分一厘八毫三絲	樓平房八間	仝	二四年一月二九日	仝	仝
李道隣 安徽人住牛市街六十號	市府路十一—十三新姚家巷卅一—卅七號東至平江府街南至余姓走道以己牆爲界西至市府路北至新家姚巷宅地八分八厘五毫七絲	樓房上下十間平房七間	仝	二三年十二月二四日	仝	仝
許繼坤 江寧人住溧陽代理人陳錫卿 住黑廊巷十六號	銅芳苑一七號東至銅坊苑南至許李二姓公走巷西至李姓屋以公牆爲界北至銅坊苑宅地四分一厘七毫三絲	房屋	仝	二三年十二月二九日	仝	同
劉賓秋 蘇寧人住沙灣卅九號	貴人坊三號東至程姓屋以鄰牆爲界南至貴人坊西至江姓屋以己牆及鄰牆爲界北至郭姓天井以己牆爲界宅地八分一厘四毫八絲	房屋	無	二四年二月卅日	二四年六月四日	二四年九月三日止
黃福清 本京人住新門口十三號	柏果樹街七五號東至陸許兩姓地南至官路西至官路北至陸姓地農地十三畝一分一厘〇六絲	無	仝	二四年五月一一日	仝	仝
周撰平 上海人住上海 代理人程永源 住鈔庫街六十八號	綉花巷東至常姓地南至李姓地西至李姓地北至綉花巷基地一畝整	無	仝	二四年三月二三日	仝	仝

童寶佺 本京人住長生祠廿號	長生祠廿號東至官地租戶童姓屋以己牆爲界南至長生祠西至官地租戶童姓屋以己墻爲界北至官巷地宅三分四釐三毫九絲	房屋	同	二三年十二月二五日	同	同
邵左氏 南京人住大石壩街七十八號	大石壩街七一八號東至鄧姓屋以己墻及公牆爲界南至大石壩街西至莫姓屋以己牆及公牆爲界北至許姓屋以天井中綫爲界宅地二分二厘三毫三絲	仝	地役權人許左氏住大石壩街七八號	二三年十月廿六日	同	同
許左氏 南京人大石壩街七十八號	大石壩街七十八號東至鄧姓屋以己牆爲界南至邵姓屋以天井中線爲界西至莫姓屋以己牆爲界北至秦淮河宅地一分一釐九毫九絲	房屋	無	二三年十月廿六日	二四年六月五日	二四年九月四日止
吳炳文 江寧人住太平路四一九號	馬道街八號東至曹王兩姓屋以己牆及隣牆爲界南至馬道街西至趙姓屋以己墻鄰墻及公墻爲界北至韓姓地宅地一畝二分五厘五毫四絲	仝	仝	二三年十二月十八日	仝	仝
嚴伯文 江蘇人住建康路三九一號	鍋底塘東至陳姓屋市地官巷及公走巷南至孫姓屋以己牆爲界西至孔姓屋以己牆及鄰牆爲界北至公走巷宅地五分五厘八毫二絲	仝	仝	二三年十一月卅日	仝	仝
趙貞琛 輯五 安徽人住馬道街十號	馬道街十號東至吳姓屋以己牆鄰牆及公牆爲界南至馬道街西至絲業公會屋以己牆爲界北至韓姓地宅地六分一厘九毫五絲	仝	仝	二三年十一月十五日	仝	仝
谷遠鳳 南京人住沙塘園卅號	五條巷東至李楊二姓地南至趙姓地西至谷姓地北至谷姓地基地一畝三分六厘不毫三絲	無	仝	二四年三月廿三日	仝	仝
光汝榮 南京人住紅廟卅四號	二 紅廟三四號東至陳姓屋以公墻爲界南至紅廟以己 六 墻爲界西至曹姓鄰墻爲界北至官巷以己墻爲界宅地六分〇五毫	平房九間	無	二四年一月十四日	二四年六月五日	二四年九月四日止
南京郵政儲金匯業局主管人 何縱炎	迴龍橋東至官地及官姓地南至石姓山張姓地西及迴龍橋北至官地基地十九畝四分二厘三毫七絲	無	同	二四年三月廿五日	同	同

章叔淳 叔琳 維之 章俊如 郝良嫿 濮 安徽人住太平路三八三號	廣藝街一四號東至貧兒院屋以隣牆及己墻爲界南至舒姓屋及國華銀行以鄰牆及己牆爲界西至廣藝街北至王姓屋以隣牆及己牆爲界宅地九分一厘三毫五絲	房屋	同	二四年三月廿六日	同	同
哈成慶 南京人住東牌樓一二七號	緯巷一號東至緯巷南至王姓以己牆爲界西至王姓北以己墻南以鄰牆爲界北至官巷以己墻爲界宅地一分一厘五毫一絲	兩間兩披	仝	二二年十二月廿七日	同	同
趙瑞庭 南京人住長生祠十八號	長生祠四四號東至長生祠以己墻爲界南至長生祠以己牆爲界西至程姓屋以己牆爲界北至丁姓屋以己牆爲界宅地一分五厘七毫八絲	九架梁平房三間兩廂	仝	二四年一月廿一日	仝	仝
郗鏡心 南京人住朱雀路一〇四號	龍門西街二號東至俞姓屋前進以隣牆爲界後二進各有各牆爲界南至龍門西街西至虎姓屋各有各牆爲界北至市府路面積八分〇五毫八絲	平房四間氣樓兩披	無	二三年二月二九日	二四年六月五日	二四年九月四日止
王季達 江寧人住倉門口六十二號	倉門口六二號東至哈姓屋以隣牆章姓屋前以己牆後以鄰牆中以公牆爲界南至倉門口西至衛姓屋以己牆沈姓屋前以己牆後以公牆爲界北至新路口面積二畝一分八厘四毫一絲	樓房上下九間平房大小二五間七披	無	二三年十一月二三日	仝	仝上
賀壯予 中央日報社經理人 湖南人住黃泥岡十六號	中山北路東至中山北路南至孔姓地西至鴨子塘北至俞童二姓屋以隣牆爲界面積二畝二分九厘六毫六絲	平房	無	二四年四月十九日	同	仝上

聚仁建築公司代理人周述之 江蘇人住中山門外陶園新村	太平路四〇三五號東至王姓屋以鄰牆爲界南至何姓屋以隣牆爲界西至太平路北至匡姓屋以己牆及隣牆爲界面積五分〇二毫二絲	房屋	無	二四年四月十八日	同上	同上
王潤生 南京人住大九兒巷二四號	九兒巷二四號東至繆余二姓屋以己牆及鄰牆爲界南至余章二姓屋及方王陳章四姓公走巷以己牆及隣牆爲界西至九兒巷北至繆姓屋以己牆及鄰墻爲界面積一畝七分三厘八毫六絲	房屋	無	二三年十二月廿三日	同上	同上
周承基炎 周夏緯氏 張氏 江寧人住太平閭七號	太平閭七號東至邱姓地救火會屋金陳二姓屋南至宦巷大悲禪院屋史姓屋以隣牆及己牆爲界西至史姓屋以己牆及鄰牆爲界北至太平閭面積六分五厘四毫三絲	房屋	無	二四年十二月二四日	二四年六月五日	二四年九月四日止
王正綾綸 江甯人住軍師巷十四號	軍師巷十四號東至張姓屋以公牆爲界南至軍師巷西至朱姓屋以己牆及鄰牆爲界北至張陳二姓屋以鄰牆爲界面積二分七厘	房屋	無	二三年十二月二九日	同	同上
臧博安 本京住九兒巷十一號	中華路二四二號東至中華路以板門爲界又卞姓屋以各有各牆爲界南至望鶴崗以己牆爲界又卞姓屋以己牆爲界西至計姓屋以己牆爲界北至臧馬姓屋以鄰牆爲界面積三分六厘〇九絲	樓平房十五間六廈	無	二三年十二月二九日	同上	同上
竇慶蕃 溧水人住門西營門口二三號	軍師巷二一號東至陶姓屋以己牆爲界南至軍師巷西至尹姓屋以公墻爲界北至軍師巷面積四分二厘一毫四絲	房屋	無	二三年十二月二二日	同上	同上
高之愷 江寧人住九兒巷十號	九兒巷十號東至周姓屋以鄰墻及公牆爲界南至黃姓屋以己牆爲界西至汪姓屋及九兒巷以己墻及公牆爲界北至牽牛巷面積五分五厘六毫六絲	房屋	無	二三年十二月十九日	同上	同上

張伯嚴 硯青 識齋	南京人住昇州路九號	中華路五九三號東至謝姓屋以隣墻爲界南至孫姓屋以鄰牆爲界西至中華路北至徐姓屋以公牆爲界宅地二厘七毫四絲	房屋	無	廿三年十二月十九日	廿四年六月六日	廿四年九月五日止
陳景星	江寧人住璇子路二十三號	中華路五八一三號東至趙姓屋以己墻爲界南至余姓屋以己墻及隣牆爲界西至中華路北至蔣姓屋以鄰牆爲界宅地一分七厘四毫八絲	房屋	無	廿三年十二月二十六日	廿四年六月六日	廿四年九月五日止
程瀚如 筱竹 一龍	蘇州人住信府河六十四號	信府河六十四號東至信府河南至楊姓屋以己牆及隣牆爲界西至廚子營北至洪姓屋以己牆及鄰牆爲界宅地四分五厘〇四絲	房屋	抵押權人濮筱松住釣魚台九十七號	廿三年十二月卅日	廿四年六月六日	廿四年九月五日止
吳德才	江寧人住健康路五四六號	長樂路（原名大夫弟第三）八號東至何姓屋以鄰牆爲界南至興善堂地以己牆爲界西至刁丁馬三姓屋以鄰板壁己牆隣牆及己牆外隙地爲界北至長樂路宅地二分五厘六毫九絲	平房	無	廿三年十二月廿九日	廿四年六月六日	廿四年九月五日止
鮑宗源	江寧人住李府巷三號	建康路教敷營四五號東至教敷營南至苑姓以己牆爲界西至徐姓以己牆爲界北至建康路人行道宅地一厘七毫六絲	店樓房上下兩間	無	廿三年十一月卅日	廿四年六月六日	廿四年九月五日止
王吉陽	住荷花塘四號	孝順里十三號東至孝順里南至王姓屋以己牆外隙地爲界西至胡袁二姓屋以己牆爲界北至孝子坊宅地三分八厘一毫六絲	房屋	無	廿三年十二月廿四日	廿四年六月六日	廿四年九月五日止
高建章	江蘇人住洪武路一六六號	李家巷東至高王王三姓地南至李家巷西至高姓地北至夏姓地基地八分五厘一毫三絲	基地	無	廿四年四月廿四日	廿四年六月六日	廿四年九月五日止
曹淳之	住小船板巷八號	仙鶴街十一號東至王周兩姓屋及大仙鶴街以己墻及鄰墻爲界南至張劉兩姓屋以己牆爲界西至顧姓屋以隣墻爲界北至顧姓屋以鄰墻爲界宅地三分三厘七毫八絲	房屋	無	廿三年十二月三十日	廿四年六月六日	廿四年九月五日止

彭星燦 湖南人住建福里十號	甲種住宅第一區第二段第五十三號東至鄧姓即第五十四號南至湖南路西至寧海路北至霍姓即第十二號基地一畝四分八厘五毫五絲	基地	東鄰鄧姓北隣霍姓	廿四年四月十七日	廿四年六月六日	廿四年九月五日止
吳孝勉 廣東人住蓮子營五十二號	蓮子營五十二號東至蓮子營以己牆爲界南至蓮子營以己墻爲界西至官路以現竹籬縮進留足四公尺爲界北至吳姓地以己牆爲界宅地五分三釐七毫	半房三進九間披房二間正房二間	無	廿三年十一月十四日	二四年六月七日	二四年九月六日止
王有亮祿 江蘇住糖坊廊二十號	糖坊廊二十號東至汪姓以公墻爲界南至糖坊廊西至徐張二姓屋以己墻隣墻及沿己牆直綫爲界北至汪徐二姓屋以公墻爲界面積一分四厘七毫二絲	房屋	無	二三年十二月十八日	二四年六月七日	廿四年九月六日止
丁永炘 南京住中華路四五五號	牛市街八十六號東至馬姓己牆南至馬姓己墻西至官巷北至鞠姓己牆面積四厘三毫	樓房上下四間	無	二三年十二月十三日	仝前	仝前
陳洪寬 南京住中正路天青街二六九號	中正路二六三號至二七三號東至市立第一中學屋以鄰牆爲界南至胡楊姓屋以己牆及鄰墻爲界以己墻西至中正路北至周姓屋以鄰牆爲界面積六分六厘二毫三絲	十五間廈一披二	無	二四年元月廿六日	仝前	仝前
李安亮 江蘇住舊王府五十六號	中華路六八號東至中華路人行道南至寶姓屋以公墻爲界西至憲兵訓練所屋以鄰牆爲界北至黄姓屋以隣牆爲界面積二釐一毫四絲	樓房半間	無	廿四年二月廿二日	仝前	仝前
宗子楊 江蘇住本宅	貫院街二六號東至邊姓（北以鄰牆南端以己牆爲界）南至子街西至高姓以己牆爲界北至牛江府南街子街面積四分〇三毫六絲	房屋兩間十二披	抵押權人趙筱安本京人住中正路四七九號	二三年十二月二十二日	仝前	仝前

李祝三 南京住門東箍桶巷十三號	箍桶巷十三五號東至箍桶巷南至韓姓地馬姓屋以己墻及隣牆爲界西至韓姓塘及其屋以己牆及鄰牆爲界北至箍桶巷面積九分三厘二毫九絲	房屋	無	二三年十二月二七日	二四年六月七日	二四年九月六日止
蔡學文 禮 信 南京人住璇子巷五號	璇子巷九號東至王姓屋以公牆及鄰板壁爲界南至袁姓屋以己廂壁爲界西至袁姓屋以鄰牆鄰板壁爲界及己板壁爲界北至璇子巷面積七厘六毫八絲	房屋	無	二三年十二月二十日	仝前	仝前
凌嘉謨 凌宋氏 江寧住九兒巷十九號	九兒巷一九號東至公走巷南至羅姓屋以公牆及己牆爲界西至王姓屋及官巷以己牆爲界北至石姓公地石姓屋以己牆及隣牆爲界面積三分七厘五毫四絲	房屋	抵押權人馬成智江甯人住上海	二三年十二月二九日	仝前	仝前
張錦元 江寧人住膺府街五六號	膺福街四八號東至齊姓地及屋以鄰牆及其直線爲界南至膺福街西至王姓地及屋以公墻己牆及其直綫爲界北至秦淮河面積一分四厘四毫二絲	房屋	無	廿三年十二月二五日	仝前	仝前
周承偉 裘 箕 周夏 張氏 江寧住太平里七號	金粟菴二號東至金粟菴南至楊姓屋以己牆及鄰墻爲界西至隨姓屋以鄰牆爲界北至五福街面積二分九厘四毫六絲	房屋	無	二三年十二月二四日	仝前	仝前
陶其福 江寧人住糖坊廊六十三號	糖坊廊六十三號面積四分九厘五毫東至糖坊廊南至陶姓屋以己牆及隣牆爲界西至秦淮河北至秦姓屋以己牆爲界	房屋	無	二三年十二月二一日	二四年六月八日	二四年九月七日
朱春海 皖人住虎踞關五號	虎踞關五號面積三畝九分八厘二毫七絲東至孫劉兩姓地南至孫姓地西至虎踞關北至漢口路	房屋	無	二四年二月一八日	二四年六月八日	二四年九月七日
汪鑑鏞 南京人住石板橋楊將軍巷七號	中華路八二〇號 面積四厘一毫七絲東至中華路人行道以板門爲界南至崇仁善堂以己牆爲界西至憲兵訓練所以隣墻爲界北至馬姓屋以鄰牆爲界	樓房上下四小間	無	二三年十二月六日	二四年六月八日	二四年九月七日

王楊世金 南京人住籌市口二六號	籌市口面積一畝一分三厘四毫三絲東至官溝南至楊姓地西至楊姓水塘北至楊姓地	無	無	二四年三月二三日	二四年六月八日	二四年九月七日
王楊世金 南京人住籌市口二六號	籌市口二六號面積七三分七三厘四一毫東至楊本姓及楊姓地南至彭楊兩姓地西至本姓及彭姓地北至籌市口	草房	無	二四年三月廿三日	二四年六月八日	二四年九月七日
王家成 江蘇人住浮橋如意里二十二號	太平橋北面積一畝二分八厘九毫三絲東至王姓以滴水爲界南至太平橋以己牆爲界西至高姓以鄰牆爲界北至高姓以己牆爲界	平房十二間	無	二四年四月六日	二四年六月八日	二四年九月七日
臧德明 江寧人住沙塘園十一號	沙塘園十一號面積七分〇五毫九絲東至臧姓屋公墻南至教育部地西至祝姓墻外滴水北至沙塘園	平房八間披廈五	無	二四年三月二三日	仝	仝
孫鴻賓 南京人住門樓上八號	門樓上八號面積二分七厘二毫六絲東至孫姓地南至張姓塘西至張姓地北至丁姓地	大部份爲宅地內有平房一間	無	二四年三月二三日	仝	仝
陳中勁 浙江人住下關姜家園一八〇號	迴龍橋面積六分一厘六毫四絲東至龐姓　南至宜姓西至市地　北至李姓	無	東鄰龐振聲北鄰李姓	二四年三月廿三日	仝	仝
劉世成 長沙人住科巷廿六號	成賢街面積五分七厘四毫九絲東至王姓南至項姓牆外隙地西至吳姓牆外隙地北至官路	無	無	二四年三月廿六日	仝	仝
王作楫松霖梅楨作材梓模槐 南京住漢口路六十一號	張家菜園一號東至官溝南至徐姓牆西至中山路北至陳姓地面積四分二厘八毫四絲	平房八間	無	廿四年四月二三日	仝前	仝前

沈文泉 商昌住娃娃橋十六號	娃娃橋十六號東至第二區黨部屋以己牆為界南至娃娃橋西至干姓屋以己牆為界北至陳姓屋及沈陳二姓公地以己墻及隣墻為界面積一畝三分五厘五毫八絲	房屋	無	二四年三月十三日	二四年六月八日	二四年九月七日止
周國杜 安徽住棉鞋營二九號	頭條巷四一—四三號東至頭條巷南至官巷西至宋姓屋以己牆直綫為界北至劉姓屋以隣牆為界面積二分六厘六毫六絲	房屋	無	二四年二月八日	仝	仝
趙金貴 南京住高樓門二十三號	高樓門二一至二七號東至高樓門南至趙丁陳姓及市鉄路地西至應劉梁鄒四姓北至黃凌二姓及傅厚崗面積五七畝七分〇六毫七絲	無	無	二四年二月十一日	仝	仝
徐春生 江寧住大油坊巷七四號	大油坊七四，七六號東至大油坊巷南至王姓屋以己墻為界西至秦淮河北至夏姓屋以鄰牆為界面積六分〇五毫三絲	房屋	無	二三年十二月二十七日	仝	仝
章耀堂 江蘇儀徵住門西殷高巷四十五號	膺福街九四號東至劉姓屋以隣墻為界南至膺福街西至李沈二姓屋以己牆及公板壁為界北至秦淮河面積二分三厘〇一絲	房屋	無	二三年十二月二十日	二四年六月八日	二四年九月七日止
羅穀蓀 湖南住城北鄧府巷二十號	五條巷東至魯姓地南至周姓韓姓西至五條巷北至大佛寺面積一畝四分一厘五毫五絲	無	無	二四年二月十日	仝	仝
李如論 如祥 之綬 南京住荷花塘六號	荷花塘六，八號東至王姓屋以鄰墻及己墻暨己牆直綫為界南至水齋菴及王姓屋以己墻為界西至王姓屋以公牆及己牆為界北至荷花塘面積一畝五分五厘二毫六絲	房屋	無	二三年十二月卅日	仝	仝
蘭繼彬 南京住釣魚台七三號	下浮橋菱角市二三，二五號東至菱角市南至王姓屋西至公走巷北至仁育醫院屋面積一分三厘六毫二絲	無	地上權人朱祥盛淮安人住菱角市二三號	二三年十一月十三日	同	同
劉春發 稱科 南京住金粟菴終所巷二六號	終所巷二六號東至官巷南至馬姓屋以己牆為界西至終所巷北至劉姓屋以公木板公牆公板壁為界面積二分五厘六毫三絲	房屋	典權人鄢景福丹陽人住昇州路三四三號	二三年十二月二十九日	仝	仝

徐旭初 江甯住許家巷卅九號	狀元境三九、四一、四三、四五、號東至江西旅京金東書紙公寓董事會以己牆爲界南至鄭姓江西旅京金東書紙公寓董事會屋以隣牆爲界西至鄭姓北南屋段以公牆爲界北至狀元境面積四分二厘八毫八絲	八間四披廈	無	二三年十二月二五日	二四年六月十日	二四年九月九日止
隨李連珍 南京住信府河二八號	五福街六號東至五福街南至五福街西至陳姓屋以己牆爲界北至五福街面積一分五厘六毫八絲	房屋	無	二三年十二月六日	仝	仝
謝櫻營市民 住中華路六〇七號	中華路五三五號東至顧姓屋以鄰墻爲界南至劉姓屋以公牆爲界西至中華路北至李楊二姓屋以公牆及隣牆爲界面積一分〇七毫二絲	房屋	無	二三年十二月二二日	仝	仝
許鄭氏 慶芬 慶裕 本京住磨盤街三十號	磨盤街三三號東至磨盤街南至周侯二姓屋以己墻及公牆爲界西至陳姓屋以己牆爲界北至陳姓屋以公牆及鄰牆爲界面積五分六厘九毫二絲	房屋	抵押權人裕豐號住上海法租界南陽橋新樂里五號	二四年三月三十日	仝	仝
王作賓 南京住瞻園路六九號	大油坊巷五〇號東至大油坊巷南至許姓屋以己牆及鄰牆爲界西至秦淮河北至陳姓屋以公牆及鄰牆爲界面積二分九厘〇三絲	房屋	無	二四年元月十七日	仝	仝
洪慕章 思伯 和武 安徽涇縣住長樂街六六號	長樂街六十六號東至石何二姓屋以己墻爲界南至石姓屋以己牆爲界西至長樂路北至何于金三姓屋以隣墻及己牆爲界面積二畝五分〇七毫六絲	房屋	無	二三年十二月二五日	二四年六月十日	二四年九月九日止
張勤齋 江寧人住船板巷六十四號	船板巷六十四號東至秦淮河南至喇姓屋以己牆爲界西至船板巷北至宋姓屋以己牆爲界面積六分四厘五毫二絲	房屋	無	二三年十二月三十日	同	同

陳嘉典譽 江寧住門東轉龍車 一三號中營五三號	建康路一二二號東至天福綢布莊(以己牆爲界)南至天福綢布莊(以己牆爲界)西至閻姓(以己墻爲界)北至建康路面積五厘四毫四絲	三小間樓房	無	同		同
徐旭初 江寧人住許家巷三十玖號	建康路一二七號東至張姓鄰牆爲界南至建康路西至楊姓屋北至官地己牆爲界面積一厘七毫	樓房上下兩小間	無	二三年十二月二五日	同	同
谷世祿 本京住洞神宮巷九號	建康路洞神宮巷九號東至洞神宮以己墻爲界南至洞神宮及孫姓以己墻爲界西至官產以鄰牆爲界北至谷姓屋面積一分八厘二毫七絲	平房四間一披	無	二三年十一月二一日	同	同
谷世榮 本京人住洞神宮巷九號	(一)建康路洞神宮九號面積一分九釐二毫九絲東至洞神宮以己牆爲界南至谷姓屋西至官產各有各牆爲界北至洞神宮以己墻爲界	平房四間一披	無	二三年十一月二一日	二四年六月十日	二四年九月九日
王家驊 本京人住東牌樓一〇七號	東牌樓西段一〇七號內面積一分四厘四毫三絲東至王姓屋以隣牆爲界南至李姓屋以鄰牆爲界西至馬李二姓公走巷以本墻爲界北至馬姓屋以公牆爲界	無	無	二四年一月四日	同	同
孫胡氏 南京人住槐樹灣四十號	軍師巷四十號面積一分三厘二毫八絲東至軍師巷南至徐姓屋以隣牆爲界西至徐姓屋以公牆爲界北至孫梁二姓公天井及梁姓屋爲界	房屋	抵押權謝立志住積善里三一號	二三年十二月二六日	同	同
隨李連珍 南京人住信府河二十八號	金粟菴八號面積三分七厘三毫一絲東至周楊二姓屋以己牆爲界南至金粟菴西至李姓屋以己牆爲界北至五福街	房屋	無	二三年十二月十六日	同	同
侯世生 本京人住磨盤街三十一號	磨盤街三十一號面積二分四厘四毫一絲東至磨盤街南至官巷及王姓屋以己牆及鄰牆爲界西至周姓屋以天井及周姓建披各半爲界北至許姓屋以公牆及隣牆爲界	房屋	無	二十三年十二月二十四日	同	同
馬儉餘與姪馬仲南 馬文林儁南京人陶李 王巷二十號	貢院街六六號平江府街二〇號面積九分五厘〇 八 南街一三 六絲東至徐姓屋以己墻爲界南至貢院街西至平江府街北至平江府南街	樓上下二十幢	無	二三年十二月十四日	二四年六月十日	二四年九月九日

錢良明 南京人沙灣二七號	軍師巷五號面積二分七厘八毫一絲東至地藏菴屋以己牆爲界南至信府苑西至汪姓屋信府苑以己墻及隣墻爲界北至軍師巷	房屋	抵押權李景齋住軍師巷五號	二三年十一月十九日	同	同
西區第二救火會	太平閭一，三，五號面積二分三厘九毫八絲東至周姓走巷南至周姓走巷西至周姓屋以己牆爲界北至太平閭	房屋	無	二四年一月九日	同	同
啓新洋灰公司 住所天津海大道	中山北路面積二畝二分三厘四毫一絲東至市地南至市地及路警隊西至中山路及市地北至市地	無	無	二四年四月二三日	同	同
徐陳氏 本京人住五間廳九號	陶家巷七號面積四分〇十毫四絲東至陶家巷南至姚姓屋以天井公牆鄰墻及己墻爲界西至康柴二姓屋以己墻爲界北至陶姓屋以己墻及鄰牆爲界	房屋	無	二三年十二月二七日	同	同
王桐軒 南京人住侍其巷一號	侍其巷一號東至莫黃二姓屋以己牆及鄰牆爲界南至侍其巷西至王錢劉徐四姓屋及磨盤街以己墻鄰墻及公牆爲界北至于王二姓屋以己墻爲界面積一畝四分〇五毫三絲	房屋	無	二三年十二月二八日	二四年六月十一日	二四年九月十日止
袁樹欒變 江寧住孝順里四號	孝順里四號東至周萬二姓屋以己墻外天井中線爲界南至萬江二姓屋以己牆爲界西至孝順里北至陳姓屋以鄰墻爲界面積二分二厘〇四絲	房屋	無	二三年十二月二三日	同	同
張興德 江寧人朱家苑二十三號	朱家苑二十三號東至旗地租戶張姓屋以己牆及己竹籬爲界南至朱家苑西至旗地租戶甘趙二姓屋以己墻爲界北至朱家苑面積六分八厘一毫七絲	房屋	無	二三年十二月二九日	同	同
俞長勳喜 江寧住綠竹園十二號	綠竹園十九，二十號東至俞姓屋以鄰墻爲界南至官巷西至官巷北至綠竹園面積五分三厘三毫四絲	宅地	無	二三年十二月三十日	同	同
朱炳臣 江甯住中正路門牌三四三號	釣魚台一四六號東至秦淮河南至于姓屋以鄰牆爲界西至釣魚台北至陳姓屋以公牆爲界面積一分三厘八毫七絲	房屋	無	二四年元月二三日	同	同
穆潤泉 南京住磨盤街二四號	花露崗七七至八一號東至花露崗南至張姓屋以鄰牆爲界西至花露崗北至王李二姓屋以己墻隣墻公牆及己墻直線爲界面積一畝六分一釐八毫一絲	房屋	無	二三年十二月二一日	二四年六月十一日	二四年九月十日止

張大經 溧水住謝公祠一七號	謝公祠一七號東至謝公祠南至干姓屋以公墻爲界西至鳴羊街北至石周氏屋以公墻爲界面積六分一厘八毫	房屋	無	二三年十二月二二日	同	同
陶照 其熙 南京住水齋菴十八號	高崗里十號東至趙姓屋以隣牆及己墻爲界南至毛姓屋以己墻爲界西至毛姓屋以鄰墻及公牆爲界北至高崗里面積二分四厘三毫二絲	房屋	無	二三年十二月二四日	同	同
汪章氏 江甯住桃源巷十二號	磨盤街五號東至磨盤街及王姓屋以己牆爲界南至楊王二姓屋以己墻及鄰墻爲界又東南角爲楊王及本姓公出路地西至魏楊二姓屋以己墻及隣牆爲界北至魏姓屋以己牆及隣牆爲界面積四分九厘三毫三絲	房屋	無	二三年十二月二八日	同前	同前
鄭開發 必高 江蘇住清涼古道八號	清涼古道八號東至中山路南至烏家巷西至清涼古道馬姓屋鄭慈德堂屋北至蔣冬愛堂地面積二畝一分九厘四毫二絲	房屋	無	二四年三月二五日	同	同
許京義 南京人住迴龍橋十三號	迴龍橋十三號面積七畝六分八厘八毫五絲東至鄰姓地南至晚市西至謝姓陳姓士地廟葛姓地北至迴龍橋謝姓地	房屋	無	二四年二月二五日	二四年六月十二日	二四年九月十一日
劉安智 南京人住南祖師菴十五號	中山北路(原名花家橋)面積一畝八分二厘一毫二絲東至馬姓地中山北路南至劉姓地西至柳姓屋圍牆爲界北以陳姓屋鄰牆柳姓園墻爲界	無	無	二四年二月十三日	同	同
藍金和 南京人住丹鳳街一四九號	丹鳳街一四九號面積九分一厘七毫三絲東至丹鳳街南至公走巷及蔣李二姓屋以己牆及鄰墻爲界西至公走巷北至方姓屋以己牆及鄰牆爲界	房屋	地役權人李心田雙龍巷八號蔣伯良雙龍巷八號抵押權汪德溶丹鳳街一四九號	二四年四月十五日	同	同
萬國棠 安徽人住大紗帽巷二十號	雙井巷四號面積八分一厘四毫五絲東至教育部屋以鄰墻爲界南至教育部屋西至雙井巷北至王姓屋及王潘萬三姓公走巷以己牆爲界	平房六大間	無	二四年四月二三日	同	同

馬存元　江蘇人住姚家巷八號	姚家巷八號面積三分一厘〇一絲東至朱姓屋以鄰牆爲界南至楊胡二姓屋各有各牆爲界西至姚家巷北至張馬二姓公巷又首都警察廳屋各有各牆爲界	房屋	無	二三年十二月十三日	同	同
畢輔良　浙江人外交部國際司第二科周祥棻轉	甯海路鼓樓新村面積九分九厘二毫三絲東至鄭姓南至信業堂西至信業堂北至信業堂	無	無	二四年三月三十日	二四年六月十二日	二四年九月十一日
趙恩鏻　安徽人住棉鞋營二十七號	中華門二十七號面積六厘九毫玖絲東至馬姓屋以公牆爲界南至環城路西至李姓屋以公牆爲界北至秦淮河	房屋	無	二三年十二月七日	同	同
路步洲　南京人住中華路五八四號	中華路（原名南門大街）五四三號面積四厘七毫八絲東至陳姓屋以己牆爲界南至陳姓屋以己牆及鄰牆爲界西至中華路北至胡姓屋以公墻爲界	房屋	無	二三年十二月二十日	同	同
路步洲　南京人住中華路五八四號	中華路五七〇號面積四厘九毫七絲東至中華路南至章姓屋以公牆爲界西至同姓屋以己墻爲界北至王姓屋以己墻爲界	房屋	無	二三年十二月二〇日	同	同
陶爲寶　爲儒　爲實德福　爲善德全　爲政　南京人住實輝巷二十五號	實輝巷二十五號面積八分六厘七毫八絲東至實輝巷南至吳姓及陽新旅京同鄉會以己墻公牆鄰牆爲界西至璇子巷北至楊陳二姓屋以己墻鄰牆爲界	房屋	典權人葉寄陶實輝巷二五號	二三年十二月二四日	同	同
饒勤致　南京住信府河廿八號	信府河二八號東至信府河南至李姓屋以己牆及鄰牆爲界西至市立醫院屋以鄰牆爲界北至陳倪二姓屋面積九分六厘七毫五絲	房屋	無	廿三年十二月六日	廿四年六月十二日	廿四年九月十一日止
張永鑫　南京住殷高巷四十九號	殷高巷四十九號東至戴姓屋以己墻爲界南至殷高巷西至章蔡二姓屋以鄰墻己墻及公墻爲界北至曹姓屋以己牆爲界面積六分二厘一毫二絲	房屋	無	廿二年十二月廿九日	仝前	仝前
黃培誠　江寧住安品街牙檀巷十號	中正路（九兒巷口）五百七十一號東至魏姓屋以鄰牆爲界南至湖社屋以公牆爲界西至中正路北至陳姓屋以己牆爲界面積四厘九毫五絲	房屋	無	廿二年十二月廿九日	仝前	仝前

陶其照熙 南京住水齋菴一八號	水齋菴一八號磨盤街三七號東至磨盤街南至陳姓屋以己牆及公墻爲界西至水齋菴北至侯姓禹王菴屋以己牆及鄰牆爲界面積三分五厘五毫二絲	房屋	無	廿三年十二月廿四日	仝	仝前
汪浩 江蘇住軍師巷七號	軍師巷七號東至錢姓屋以己墻及隣墻爲界南至信府苑西至任姓屋以己墻及鄰墻爲界北至軍師巷面積二分三厘九毫	房屋	抵押權人南京中南銀行白下路一七三號	廿三年十二月十九日	仝前	仝前
張金懷山有 江寧住船板巷五十號	船板巷五十號東至秦淮河南至張姓屋以鄰牆爲界西至船板巷北至常黃二姓屋以公墻爲界面積一分〇七毫六絲	房屋	無	廿三年十二月卅日	仝前	仝前
劉燮堂 南京住貢院西街六十三號	貢院西街六三號東至公巷南至沈姓屋以己牆爲界西至陳姓屋（北以鄰墻南以已墻爲界）北至阮姓屋陳姓屋以鄰牆爲界面積一分三厘四毫二絲	房屋	無	廿四年一月廿八日	仝前	仝前
臧傳溥 南京住九兒巷十一號	中華路二四〇號東至中華路以板門爲界南至臧姓屋以公墻爲界西至馬姓屋以己墻爲界北至黃姓屋以各有各牆爲界馬姓屋以已墻爲界面積一分六厘六毫三絲	樓平房八間二廈	無	廿三年十二月十九日	仝前	仝前
黃文振傑 江寧住廚子營廿號	廚子營二十號東至廚子營南至張姓屋以公牆爲界西至黃姓屋北至游輝嶺面積一分六厘六毫五絲	房屋	無	廿三年十二月卅日	仝前	仝前
劉澤其 江甯住大板巷六一號	糖坊廊五十一號東至糖坊廊南至馬姓屋以公板壁及公牆爲界西至官灘北至楊姓屋以已墻及鄰墻爲界面積二分〇二毫九絲	房屋	無	廿三年十二月廿六日	仝前	仝前
俞長勳善 江蘇人住綠竹園十二號	綠竹園十二號面積一分八厘八毫五絲東至綠竹園南至俞姓屋西至俞姓屋以己牆及隣牆爲界北至綠竹園	房屋	仝	二三年十二月卅日	二四年六月十二日	二四年九月十一日
印安榮耀 南京人住信府河六三號	信府河六三號面積三分四厘五毫二絲東至秦淮河南至朱姓屋以公牆爲界西至信府河北至姚姓屋以己牆爲界	房屋	仝	二三年十二月卅日	仝	仝

吉友文 南京人住仙鶴街三八號	大仙鶴街三八號面積七分五厘四毫七絲東至市立仙鶴街小學校及武姓屋以己牆為界南至仙鶴街西至井姓屋以己墻及公牆為界北至振巷	房屋	仝	二三年十二月廿六日	仝	仝
戴厚堂 福增 江蘇人住明瓦廊二六號	正洪街（原名破布營）老王府後街 面積十二畝八分五厘九毫五絲東至唐姓房及老王府後街又民衆房產合作社以本產界綫為界南至吳姓地及正洪街又民衆房產合作社以本產界綫為界西至水溝華中營業公司走道吳姓地及老王府後街以本產界綫為界北至合祥記塘及正洪街以本產界綫為界	剩餘部份有草房平房	仝	二四年四月十六日	仝	仝
胡士林 士清 瑞祠 江蘇人住水西門外牌坊街八二號	中華路四五三號面積二分四厘二毫九絲東至丁姓屋以鄰牆為界南至丁姓屋以公牆為界西至中華路北至市產屋以公牆為界	房屋	仝	二四年三月卅日	仝	仝
石厚森 江蘇人住小心橋四八號	小膺府（與藏金橋毗鄰）二八三十號面積九厘二毫九絲東至官巷南至小膺府西至葉姓屋以己牆為界北至葉姓屋以己牆為界	房屋	無	二四年一月二四日	二四年六月十二日	二四年九月十一日
擇拔士會 管理人呂光亮住倉門口二七號	蔡板橋（原名新路口）一六號面積二分零一毫六絲東至市立新路口簡易小學地南至蔡板橋及李姓屋西至李姓屋以鄰牆及其直綫為界北至半邊營	無	地上權人衞發銀住新路口十一號	二四年一月三一日	仝	仝
段孝穎 代理人張錫川獅子橋六十號	瓜圃橋原名樓子巷面積一畝二分九厘〇三絲東至鐘姓地南至鐘姓地及水塘西至兩鐘姓屋北至瓜圃橋	無	無	二四年三月二三日	仝	仝
錢儒珍 南京人住雨花路七七號	璇子巷六十號面積二分五厘〇五絲東至璇子巷南至王汪胡三姓公走巷西至王姓屋及王汪胡三姓公走巷以己牆為界北至史姓屋以隣牆為界	房屋	抵押權人張孝光雨花路七七號	二四年一月十二日	仝	仝
蕭恭 粵人鼓樓五條巷十二號之三	大樹根面積二畝正東至官路南至華記地西至大樹根北至新記華記地	無	無	二十四年四月十八日	仝	仝
楊光祺 南京人住糖坊廊五三號	糖坊廊五十三號東至糖坊廊南至劉姓屋及空地以己墻及隣墻為界西至秦淮河北至協濟堂公所屋以己牆及隣牆為界面積二分七厘七毫三絲	房屋	無	二三年十一月三十日	二四年六月十三日	二四年九月十二日止

時維材 南京住花露崗一一七號	花露崗一一|號東至花露崗南至時尙二姓屋以公牆爲界西至時姓走巷北至馬姓屋以公牆鄰牆及己牆爲界面積六分五厘二毫二絲	又	又	二三年十二月十二日	仝前	仝前
張蘭亭 南京住船板巷七二號	船板巷七二號東至秦淮河南至周姓屋以鄰牆及公牆爲界西至船板巷北至碼頭及市立育嬰學校屋以己牆爲界面積一分八厘五毫六絲	又	又	廿四年元月十六日	仝前	仝前
顧董氏 南京住明瓦廊三七號	集慶路一五六號東至周姓屋以公牆爲界南至集慶路西至劉姓屋以己牆爲界北至劉姓屋以公牆爲界面積一厘五毫四絲	又	又	廿四年二月廿五日	仝前	仝前
王春榮 江寧住上浮橋銅坊苑六號徐修齡轉	中山北路保泰街口東至中山北路南至保泰街西至李姓屋北至中山北路面積二厘〇三絲		又	廿四年三月廿五日	仝前	仝前
陳覺 廣東住廳後街寧中里廿一號	破布營東至蔡姓地及顧姓地與塘南至戴姓地西至李姓地北至凹地面積八分五厘二毫一絲	無	無	廿三年十二月廿五日	廿四年六月十三日	廿四年九月十二日止
徐梓卿 南京住昇州路二三一號	中華路二〇二號東至中華路人行道南至韓姓屋以本牆爲界西至鄭姓屋以鄰牆爲界北至于姓屋以本牆爲界面積一厘一毫四絲	樓房	無	廿四年元月廿六日	仝前	仝前
石厚吉森 江蘇住小心橋四八號	中華路四九〇號東至中華路南至馬姓屋以己牆爲界西至舒姓屋以已牆爲界北至速姓屋以己牆爲界面積二釐七毫一絲	房屋	無	廿四年一月廿四日	仝前	仝前
甘符階 京市住南捕廳十五號	東牌樓一八七號東至石姓屋以己牆爲界南至官河西至宰姓屋以己牆爲界北至東牌樓面積二分〇九毫六絲	房屋	又	廿四年元日十七日	仝前	仝前
陶金春 安徽住下關永寧街廿二號	光華路一號東至柏姓屋以鄰牆爲界南至光華路以己牆外界綫爲界西至警察局分駐所以鄰牆爲界北至秦淮河岸面積四分三厘五毫	又	又	廿四年三月廿一日	同上	同上
了凡安徽 全椒住上乘庵卅七號	上乘庵三七、三九、四一號東至上乘庵南至韋姓屋陳姓屋潘姓地（以己牆爲界）西至官巷及潘姓地（以己牆爲界）北至官巷面積七分〇四絲	房屋	無	廿四年三月廿五日	廿四年六月十四日	廿四年九月十三日止

鄭蘭生 代理人徐少愚江寧人住太平路一一三號	糖坊橋六二四號東至許姓地南至官巷西至糖坊橋北至周姓屋以隣牆爲界面積六分[illegible]厘七毫九絲	浮蓬竹園	無	廿四年四月十八日	仝上	仝上
許紹青 代理人徐秋粹浙江住漢口路二七號	蠶隱路一七號東至陳姓地南至許姓地西至蠶隱路北至范姓屋面積一畝三分五厘	無	無	二四年二月二日	仝上	仝上
王南銀 江甯住金粟菴一四號	金粟菴一四號東至徐姓屋以己牆及公牆爲界南至金粟菴西至陳姓屋以己牆爲界北至陳姓屋及五福街以己墻爲界面積三分五厘五毫九絲	房屋	無	二三年十二月廿四日	仝上	仝上
朱連江 江蘇住蔡家苑十九號	長樂路二六一號東至許姓屋公牆爲界南至長樂路西至馬姓屋以隣牆爲界北至許姓屋以己墻爲界面積壹分一厘〇一絲	房屋	抵押權人丁錫陽安徽人住小黨家巷十二號楊宅	二三年十一月十六日	仝上	仝上
萬福堂 胡敬之 湖南住高樓門四號	中央路東至高樓門本姓及江吳汝震塘南至孫姓地隙地劉陶二姓地西至中央路黃姓孫姓地北至裴家橋裴家橋湖南路面積基地四畝九分七厘二毫一絲宅地四畝六分四厘〇二毫八絲	無	無	二四年四月十三日	二四年六月十四日	二四年九月十三日止
馬春財 南京住門東庫上七號	庫上四號東至庫上南至庫上西至汪姓屋以鄰牆爲界北至王姓屋以隣牆爲界面積二分四厘二毫七絲	房屋	無	二三年十二月二五日	仝上	仝上
鼓樓幼稚園 主管人吳太初上海人住新街口興業里十七號	鼓樓頭條巷一三號東至頭條巷南至陳姓地西至王嚴二姓地北至二條巷面積二畝七分八厘〇八絲	房屋	無	二四年三月二二日	仝上	仝上
常興元 陳鑫旺江寧住大方巷十四號	大方巷十四號東至徐姓地及本姓地南至大方巷西至傅佐路北至本姓地面積五畝〇七厘八毫八絲	房屋	無	二四年三月卅日	同上	同上
施嘉幹 本京住華僑路二六號轉	珞珈路東至張姓地南至珞珈路西至笪姓屋北至張姓地面積一畝五分八厘七毫	無	無	二四年四月二七日	仝上	仝上

張鶴 住國府路梅園新村四十三號	牯嶺路珞珈路轉角東至牯嶺路南至珞珈路西至施姓地北至張姓地面積一畝五分八厘〇三絲	無	無	二四年四月二七日	二四年六月十五日	二四年九月十四日止
張炳森 南京住謝公祠七號	集慶路一六二號東至劉鍾二姓屋以隣牆及己牆爲界南至集慶路西至顧姓屋以隣牆及己墻爲界北至曹姓屋以鄰牆爲界面積四分〇五毫六絲	房屋	無	二三年十二月三十日	同上	同上
喇良玉 南京住船板巷六十號	船板巷六號東至秦淮河南至徐姓屋以鄰牆及己牆爲界西至船板巷北至張姓屋以鄰牆爲界面積一分九厘九毫九絲	房屋	無	二四年五月七日	同上	同上
穆敬孝 江甯住大膠巷五號	大膠巷五號東至金姓屋以己牆及鄰墻爲界南至大膠巷西至馬姓屋以己牆爲界北至金姓屋以己墻爲界面積一分二厘六毫三絲	房屋	無	二三年十二月二八日	同上	同上
馬樹堂 江蘇住殷高巷八一號	船板巷十六，十八號東至秦淮河南至劉姓屋以公牆爲界西至船板巷北至劉李二姓屋以己墻爲界面積一分八厘六毫九絲	房屋	無	二三年十二月二九日	同上	同上
金遠伯 南京住柳葉街大膠巷十四號	雙樂園四號東至金姓屋以己牆鄰墻及己墻直線爲界南至公走巷西至雙樂園北至雙樂園面積五分九厘三毫四絲	房屋	無	二四年元月八日	二四年六月十五日	二四年九月十四日止
徐鼎銘 江寗住剪子巷二一號	信府河六號東至信府河南至王姓屋以己墻爲界西至朱姓屋以己墻爲界北至端木姓屋以公有板壁爲界面積三厘三毫四絲	房屋	無	二四年元月廿一日	同上	同上
常繼忠 慎發 玉生 立勛 江甯住船板巷五四號	船板巷五二號東至黃姓屋南至張姓屋以公牆爲界西至船板巷北至黃姓屋以己牆及其直線爲界面積五厘九毫七絲	房屋	無	二三年十二月三十日	同上	同上
夏爲賢 成鈞 南京住馬芳苑十六號	小膺府街三十七號東至洪姓屋以隣墻爲界南至張姓屋以鄰牆爲界西至陳張二姓屋以己墻及隣牆爲界北至小膺府街面積二分九厘四毫二絲	房屋	無	二三年十二月二六日	同上	同上

朱森和 南京住信府河一五三號	信府河一五三號東至鄭姓屋以鄰牆爲界南至秦淮河西至湯姓屋以公板壁及公墻爲界北至信府河面積壹分七厘七毫貳絲	房屋	無	二三年十二月二十日	同上	同上
尤鑑棠 江寧人住信府苑十八號	信府苑十八號面積二分八厘五毫東至信府苑南至楊史兩姓屋以己牆及鄰牆爲界西至謝楊兩姓屋以己墻及己牆外隙地爲界北至羅姓屋以己牆及鄰墻爲界	房屋	無	二三年十二月二十六日	二四年六月十七日	二四年九月十六日
臧傳勳衡 南京人住殷高巷七五號	殷高巷七五號面積四分五厘三毫八絲東至賈姓屋以己牆及公牆爲界南至殷高巷西至水龍局及王姓屋以己牆及公牆爲界北至王姓屋以鄰牆及己牆爲界	房屋	同	二四年一月三十一日	同	同
李幼生 少延 江蘇人瞻園路五一號	瞻園路（原名東牌樓）五五一號面積二畝三分五厘四毫三絲東至李姓屋以隣牆虎馬二姓屋以己墻爲界南至秦淮河西至大水巷北至瞻園路及周王葉成虎五姓屋以己牆爲界	房屋	同	二三年十二月廿五日	同	同
湯正高 江蘇人住信府河一三一號	信府河一三一號面積三分三厘二毫六絲東至官巷南至秦淮河西至陳姓屋以鄰牆爲界北至信府河街	房屋	同	二三年十二月廿五日	同	同
范鑑源 南京人住膺福街二九號	中營二七號面積一分叁厘東至馬姓屋以公墻爲界南至馬姓屋以天井中線爲界西至殷姓屋以己牆及鄰牆爲界北至中營	房屋	同	二三年十二月十二日	同	同
陳少亭 懋林 南京人住中山東路一九四號	中山東路面積五分七厘〇五絲東至江甯縣教育局屋以己牆爲界南至中山東路人行道西至學堂巷北至市立大行宮小學屋以公墻爲界	房屋	無	二四年二月三日	二四年六月十七日	二四年九月十六日
謝芷香 廣西人住東關頭二五號	東關頭二五號面積一畝三分八厘〇壹絲東至李姓屋各有各墻又高王庵屋以己墻爲界南至丁官營西至趙姓屋各有各牆爲界北至東關頭	房屋	仝	二三年十二月十七日	仝	同
馬寶昌 江蘇人住大黨家巷十號	東牌樓一〇九—一一三號東至王姓屋以己墻爲界南至王姓屋以公牆爲界西至李馬二姓公走巷以己牆爲界北至東牌樓以板門爲界面積一分四厘九毫四絲	房屋	同	二三年十二月二十六日	同	同

譚慎修 南京人住小彩霞街三九號	小彩霞街三九號面積四分〇七毫陸絲東至小彩霞街南至陳姓屋東西兩頭鄰牆中己牆西至徐何二姓屋以何姓牆己牆爲界北至張姓屋鄰牆旌德會館屋天井爲界	房屋	同	二三年十一月二三日	同	同
艾本裕馬祥 江蘇人住止馬營一六七號	建康路一六六號面積一厘七毫二絲東至孫姓屋以己牆爲界南至官廊西至敎敷營北至建康路	房屋	同	二四年一月二五日	同	同
劉徐鑑之 南京住秣陵路一九六號	中華路七四六號東至中華路以板門爲界南至馬姓屋以公牆爲界西至憲兵訓練所屋以隣牆爲界北至竇姓各有各牆爲界面積六厘四毫四絲	房屋	無	二四年一月十七日	二四年六月十七日	二四年九月十六日止
李光積遠寬 南京住殷高巷六七號	謝公祠五七號高崗里十三號東至張姓屋以己牆及隣牆爲界南至高崗里西至謝公祠及吳施二姓屋以己牆及隣牆爲界北至謝公祠面積三畝九分三厘八毫五絲	房屋	無	二三年十二月二七日	同上	同上
于耀 游滙望才 江都住長樂街八二號	軍師巷二五號東至尹姓屋以鄰牆爲界南至尹姓屋及軍師巷以己牆爲界西至傅姓屋以及軍師巷以己牆爲界北至軍師巷面積二分九厘二毫七絲	房屋	無	二三年十二月二五日	同前	同上
鄭江實君 南京住許家巷十號	信府河一五一號東至馬姓屋以己牆及公牆爲界南至秦淮河西至朱姓屋以己牆爲界北至信府河面積一分四厘九毫	房屋	無	二三年十二月二四日	同上	同上
彭榮光 南京住釣魚台二九號	信府苑一號東至信府苑南至信府苑西至地藏菴屋鄰牆爲界北至軍師巷及地藏菴面積一分〇三毫五絲	房屋	無	二三年十二月二六日	同上	同上
孫正義鈞 南京住糖坊廊三五號	糖坊廊三三、三五號東至糖坊廊南至洪姓屋以己牆及鄰牆爲界西至秦淮河北至王姓屋以己牆爲界面積五分九厘七毫	房屋	無	二三年十一月卅日	二四年六月十七日	二四年九月十六日止

黃金聲 江甯住糖坊廊六九號	糖坊廊六九號東至糖坊廊南至秦姓屋以隣墻爲界西至秦淮河北至陳姓屋以己牆及隣牆爲界面積三分三厘四毫弍絲	房屋	無	二三年十二月二九日	同上	同上
陶辛源 陶本慶 庸康 江蘇住糖坊廊六一號	糖坊廊六一號東至惠濟水道南至秦淮河西至陶姓屋以公墻爲界北至糖坊廊面積四分五厘四毫四絲	房屋	無	二三年十二月二八日	同上	同上
俞劉氏 江甯住金粟菴二八號	半邊營十五號東至周姓屋以鄰牆爲界南至蔡板橋西至毛姓屋以公牆及己牆爲界北至半邊營面積一分弍厘四毫一絲	房屋	無	二三年十二月二九日	同上	同上
沈廷和 江蘇住慶集路一四二號	鳴羊街十二號東至蔡姓屋以己牆爲界南至五福橫首西至鳴羊街北至劉姓屋以己牆及鄰牆爲界面積二分九厘〇五絲	房屋	無	二四年三月二五日	同上	同上
陳漢臯 南京住顏料坊七十五號	殷高巷廿八號東至水齋庵南至龍姓屋以隣牆爲界西至龍姓屋以鄰牆爲界北至殷高巷面積一分六厘玖毫四絲	房屋	無	廿三年十二月廿七日	廿四年六月十八日	廿四年九月十七日止
楊文仕 樹生 湖南住上浮橋二號	銅坊苑十一號東至宋姓屋以隣牆爲界南至楊姓屋以己牆爲界西至銅坊苑北至銅坊苑面積九分三厘三毫一絲	房屋	無	廿四年二月十四日	仝上	仝上
張天壽 志達 江寧住高岡里七號	高岡里七號東至張姓屋以隣牆及己牆爲界南至高岡里西至方姓地及郭姓屋以己牆及隣墻爲界北至陶姓屋以鄰墻爲界面積四分七厘〇一絲	房屋	無	廿三年十二月廿九日	仝上	仝上
俞昌福 福之 可達 南京住五福街廿四號	五福街廿四號東至善司廟以己板壁及隣牆爲界南至五福街西至楊姓屋及公走巷以隣墻及己牆爲界北至善司廟及蔣姓屋以己墻及鄰牆爲界面積六分七釐六毫六絲	房屋	無	廿三年十二月廿三日	仝上	仝上
俞鑫源 江甯住鳳遊寺二十號	鳳遊寺廿號東至鳳遊寺地南至火神殿屋及陳愉二姓屋以己墻鄰牆及己牆直線爲界西至鳳遊寺街北至鳳遊寺地面積壹畝六分九釐四毫八絲	房屋	無	廿三年十二月廿七日	仝上	仝上

陳錫智 德俊 意 南京住糖坊廊十五號	糖坊廊十五號東至陳姓屋以己牆爲界南至秦淮河西至鄭姓屋以隣墻爲界北至糖坊廊面積一分六厘八毫一絲	房屋	無	廿三年十二月廿七日	廿四年六月十八日	廿四年九月十七日止
宋郁 南京住船板巷一二六號	船板巷一二六號東至秦淮河南至柏姓屋以隣牆及己牆爲界西至徐王二姓屋以鄰牆及己墻爲界北至船板巷面積一分七釐一毫六絲	房屋	無	二三年十二月十二日	仝上	仝上
陳睡支 江寧住南門璇子巷六號	中華路一四〇二號過街樓一四號東至中華路南以汪姓謝姓曾姓己牆公牆爲界西至過街樓北以旌德會館及周姓哈姓公牆己牆爲界面積一畝七分六厘一毫六絲	前新造樓房六號兩進後房二十七間	無	廿四年一月廿二日	仝上	仝上
王華民 南京住國府西街四十二號	望鶴崗東至計姓屋以鄰牆爲界南至望鶴崗西至李姓屋以鄰牆爲界北至馬姓屋以隣牆爲界面積五厘五毫三絲	白鐵房係租戶徐姓自行搭蓋	無	廿三年十二月卅日	仝上	仝上
吳兆龍 本京住童家巷四號	童家巷一，二，三號東至本姓及熊姓地南至張家塘西至塘灣北至童家巷面積七分〇八毫四絲	無	無	廿四年三月廿三日	仝上	仝上
丁如發 丁正意財 江蘇人住豆腐坊十八號	豆腐坊十八號面積一畝九分六厘三毫八絲東至(一)慈祐閣屋及地(二)慈祐閣南至(一)豆腐坊(二)官溝西至(一)寬子街及丁姓屋(二)佘姓地北至(一)官巷及陳蔡兩姓地(二)豆腐坊	房屋	抵押權人趙鳳山住豆腐坊十七號	二三年十二月廿五日	二四年六月十八日	二四年九月十七日
吳光傑 安徽人住沈舉人巷四號	江蘇路中種什宅區第壹區第二段十四號面積一畝五分七厘六毫七絲東至張姓屋以本墻爲界南至彭姓地西至李姓地北至江蘇路	無	無	廿四年四月廿五日	仝	仝

梁眞才 江寧人住禮拜寺巷廿三號	禮拜寺巷二一號面積一畝九分九厘七毫八絲東至禮拜寺巷南至馬梁二姓地西至梁姓地北至熊姓屋及清眞寺屋以隣墻爲界	房屋	無	二四年二月十二日	仝	仝
唐無我 安徽人住七家灣二六號	甯海路甲種住宅區第一區第二段面積一畝九分式釐八毫式絲東至文翁二姓屋以鄰牆爲界南至唐姓地西至甯海路北至張姓地以竹籬笆爲界	無	無	二四年四月二七日	仝	仝
王紉蓀 家緒 家繩 家維 家繹 江寧人木匠營一號	木匠營一號面積一畝零一厘三毫四絲東至木匠營南至葛李二姓屋以己牆爲界西至走巷北至蔡家苑	房屋	抵押權人陸素珩住木匠營一號	二三年十二月三十日	仝	仝
王光祖 江寧人住水西門外一五二號	大仙鶴街十叁號面積五厘五毫七絲東至大仙鶴街南至曹姓地以己牆爲界西至曹姓屋以隣牆爲界北至姓[illegible]地以隣牆爲界	無	無	二三年十二月十九日	二四年六月十八日	二四年九月十七日
柳德榮 成 江蘇人住大膠巷八號	大膠巷六，八號面積三分八厘八毫五絲東至湯姓屋以己墻公牆鄰牆及己板壁鄰板壁爲界南至王姓屋以己牆及鄰牆爲界西至大膠巷北至官巷空地以己牆爲界	房屋	無	二三年十二月二四日	仝	仝
孫祖義 江寧人住柳葉街十九號	金粟庵十七號面積一分零一毫九絲東至李姓屋以隣牆爲界南至韋姓屋以鄰牆爲界西至終所巷北至金粟庵	房屋	無	二三年十二月三十日	仝	仝
鄧鍾翔 南京人住中正路五二七號	仙鶴街二三 磨乃巷十 號面積六分九厘五毫八絲東至仙鶴街南至官巷及顧姓屋以己墻爲界西至磨乃巷北至仙鶴街及宗李兩姓屋以己牆爲界	房屋	無		仝	仝
陳延壽 南京人住衞巷十三號	大石橋面積八分式厘四毫五絲東至市地南至公路西至程姓地北至胡姓地	無	無	二四年三月三十日	仝	仝
崇孫堂管理人甘仲琴 周一漁 南京住金沙井三二號	船板巷九八號東至秦淮河南至胡姓屋以公墻爲界西至船板巷北至魏姓屋以己墻及公牆爲界面積三分一厘二毫四絲	房屋	無	二四年五月七日	二四年六月十九日	二四年九月十八日止

李澤民　南京住船板巷卅二號	船板巷卅二四號東至秦淮河南至李姓屋以隣牆及己牆爲界西至船板巷北至田姓屋以鄰牆及公牆爲界面積二分六厘八毫八絲	房屋	無	二四年五月七日	仝	仝
顧養田　江寧住大石壩街六八號	大石壩街六二號東至市產屋北段公牆中段各牆及隣墻南段各墻南至大石壩街西至劉姓屋北段己牆南段公墻北至秦淮河面積四分九厘二毫二絲	樓上六間半六披廈房下房間四間	無	廿三年十二月廿六日	仝	仝
張道源　南京住殷高巷廿一號	殷高巷廿一號東至張姓屋以隣牆爲界南至張袁二姓屋西至殷高巷及蘇姓屋以己牆爲界北至朱姓屋以己牆爲界面積二分零九毫三絲	房屋	無	廿四年三月卅日	仝	仝
郝懋鑄龍　南京住相府營四號	棋盤城東至張姓地（因買賣尙未成交地產仍由郝姓執業）南至郝姓屋西至郝姓地北至官路面積一畝六分六厘六毫七絲	無	無	廿四年四月廿六日	仝	仝
丁福成　浙江鄞縣住本京雙石鼓雙石里二號	中山路東至中山路南至童俞二姓屋以隣牆爲界西至官巷北至姚姓屋以鄰牆爲界面積四分〇七絲	無	無	廿四年三月廿日	廿四年六月十九日	廿四年九月十八日止
胡松山　浙江住建設委員會彭志忠轉	中山北路東至寧波同鄉會地南至市地西至楊姓屋北至馮姓地面積一畝九分九厘五毫八絲	無	無	廿四年五月三日	仝	仝
普照菴　主持人世航湖北住四根杆子覺照堂	莫愁路東至本菴南至本菴西至莫愁路北至本菴地及馬姓屋以己牆爲界面積六分六厘二毫七絲	房屋	無	廿四年一月十一日	仝	仝
石樹之　江蘇住建康路三二六號	建康路一八〇號東至竇姓屋以公有板壁爲界南至官廊以板壁爲界西至稈姓地以己牆爲界北至建康路以板門爲界面積七毫八絲	平房	無	二三年十二月二九日	仝	仝
張謁生　江寧住實輝巷二九號	信府河一二三號東至夏姓屋以鄰牆爲界南至秦淮河西至馮姓屋以鄰墻爲界北至信府河面積九厘八毫三絲	房屋	無	二三年十二月二二日	仝	仝

馬源有 江寧人中營二五號	中營二五號面積五分三厘七毫六絲東至邊營南至徐王二姓以鄰牆及己牆暨己牆外隙地為界西至范殷二姓屋以公牆鄰牆及己牆暨天井中線為界北至中營	房屋	無	二三年十二月二六日	二四年六月十九日	二四年九月十八日
孫道直 湖南人代理人顏振黻 大紗帽巷十八號	磨盤街二十五號面積三分七厘三毫三絲東至磨盤街南至公益巷及王姓屋以己牆及公牆為界西至水齋菴北至周姓屋以公牆及己牆為界	房屋	無	廿三年十二月十四日	仝	仝
何龐氏 何憲曾 郁 志曾 華 賢 立 均住九兒巷二五號	九兒巷二五號面積一畝二分一釐一毫八絲東至九兒巷南至李王石三姓屋以己牆及鄰牆暨公牆為界西至洪于二姓屋以己牆及隣牆為界北至汪姓屋以己牆為界	房屋	無	二三年十二月二四日	仝	仝
姚子西 南京人庫司坊八號	庫司坊十號面積二分零二毫一絲東至庫司坊南至寶霖救火會及姚姓屋以己牆及己牆外隙地為界西至姚姓屋以隣牆為界北至庫司坊	房屋	無	二三年十二月二五日	仝	仝
林瑞英 上海人代理人韓萬松住利涉橋十號	新路口十七號面積三分二厘零六絲東至心腹橋南至無主地西至趙姓屋及市立新路口簡易小學地北至新路口	房屋	同	二三年十二月二九日	同	同
李龔夫 爾安 民孚 南京人住九兒巷二八號	中華路六一七號面積二分五厘一毫一絲東至謝姓屋以己牆為界南至市產屋以己牆為界西至中華路北至王謝兩姓屋以己墻為界	房屋	無	二三年十二月二九日	二四年六月十九日	二四年九月十八日
貝月波 子澄 江寧人住門西庫司坊二號	庫司坊二號面積七分八厘六毫東至黃姓屋以己牆公墻及公牆直綫為界南至桃源巷西至桃源巷北至庫司坊	房屋	同	二三年十二月十日	仝	仝
伍石氏 江甯人代理人哈守仁住內樹灣二八號	建康路八七號面積二分五毫東至中華路南至建康路西至鄒姓屋以本墻為界北至韓姓屋以本牆為界	房屋	仝	二三年十二月二九日	同	仝

濮良籌 聶漢波 溧水 安徽人 住鈔庫街卅 許家巷卅六號	小心橋東面積六分七厘六毫七絲東至小心橋東街南至呂姓屋以隣牆爲界西至官溝北至官溝	無	同	二四年三月二八日	同	同
馬學興 南京人住大膠巷一號	雙樂園一號面積一分一厘一毫四絲東至馬姓屋以大膠巷一己牆及公板壁爲界南至大膠巷西至雙樂園北至金姓屋以天井爲界	房屋	同	二三年十二月二七日	同	同
史煥文 六合住磊功巷十五號	磊功巷一五號東至曹姓屋以己牆爲界南至蔡家苑西至楊姓屋以鄰牆及公墻爲界北至磊功巷面積一畝一分四厘二毫五絲	房屋	無	二三年十二月二七日	二四年六月二十日	二四年九月十九日止
史潤芝 江甯住信府河一四一號	信府河一四三號東至史姓屋以公牆及其直綫爲界南至秦淮河西至謝姓屋以公墻及己牆爲界北至信府河面積一分四厘〇八絲	房屋	無	二四年一月七日	同	同
李子良 曉清 江甯住信府河一二九號	信府河一二九號東至市產以公牆爲界南至秦淮河西至官巷北至信府河面積六分四厘一毫	房屋	無	二四年一月七日	同	同
劉子華 江蘇住玉帶巷二五號	玉帶巷二五號東至玉帶巷南至方姓屋北首各牆中段隣牆南首己牆西至秦淮河北至史姓屋北首各牆中段隣墻南首己牆面積六分三厘〇五絲	房屋	無	二四年三月十一日	同	同
汪期發 江甯住九兒巷八號	九兒巷八號東至高姓屋以公墻爲界南至黃姓屋以己牆爲界西至九兒巷北至高姓屋以己牆爲界面積一分七厘二毫四絲	房屋	無	廿四年十二月十二日	同	同
盧希農 南京住膺福街一〇九號	箍桶巷一號馬道街二，四號東至箍桶巷南至馬道街西至王姓屋以鄰牆爲界北至王姓屋以己牆爲界面積一畝三分二厘三毫八絲	房屋	無	二四年一月廿三日	二四年六月二十日	二四年九月十九日止

汪鑑 住糖坊橋十七號	糖坊橋十七號東至糖坊橋南至楊姓屋以公墻及己牆爲界西至中山路北至汪姓屋以己牆爲界面積一畝一分三厘九毫三絲	房屋在建築中	抵押權（中國銀行南京分行住大行宮）	二四年四月九日	同	同
郝少卿 郝懋鳳鸞 鵬麟 南京住棋盤城四號	棋盤城二，三，四號東至郝姓地（曾劈賣一部與張姓現尚未成交）南至棋盤城官街以己牆爲界西至浙江烈士祠及郝姓屋以己牆隣牆爲界北至郝姓地及官路面積二畝九分七厘七毫九絲	房屋	無	二四年四月二十日	同	同
包德財 南京住五福街八號	五福街八號東至官巷南至五福街西至市地北至都天廟卅面積二分二厘五毫五絲	房屋	無	二三年十二月十九日	同	同
秦家福 江寧住糖坊廊六七號	糖坊廊六七五號東至糖坊廊南至陶姓屋以己牆及鄰牆爲界西至秦淮河北至費姓屋以己牆爲界面積七分三厘三毫八絲	房屋	無	二三年十二月二二日	同	同
朱淑珍 江寧人住評事街四八號	白酒坊三號面積九厘五毫二絲東至程姓屋以鄰墻爲界南至公巷西至夏姓屋以己板壁及鄰墻爲界北至白酒坊	房屋	無	廿三年十二月二八日	二四年六月二〇日	二四年九月十九日
榮子玉 無錫人下關上海分行內	中山北路面積二畝六分六厘六毫二絲東至劉金二姓地胡姓屋隣牆及地爲界南至官巷西至仁壽堂（佃胡姓）地爲界北至胡姓地	無	無	二四年四月十六日	同	同
劉寶興 江蘇人住南祖師菴街二三號	中山北路面積一畝一分二厘九毫四絲（三分九厘〇九毫九絲）東至21中山北路 21中山北路南至21關賣衛內生地 21祖師菴鄰墻爲界西至21祖師菴街北至21以姚姓地爲界以本姓地爲界	無	無	二四年三月二七日	同	同
劉涓保 浙江人住鼓樓北坡忠實里四號	傅厚崗面積九分二厘零六絲東至劉姓地南至劉周二姓地西至李姓地北至梁姓私路	無	無	二四年四月二五日	同	仝
楊康衡 南京人住花紅園卅一號	花紅園卅一號面積一畝六分〇一毫東至張楊二姓公走道南至王姓地西至朱姓地北至楊姓地	草房	無	二四年三月五日	同	同

徐炳生 南京人住漢口路卅號	平倉巷面積四畝七分二厘二毫五絲東至易姓屋以鄰墻爲界南至何杜二姓地西至鄭姓及何杜二姓地北姓平倉巷及朱姓塘	無	無	二四年四月一日	二四年六月二〇日	二四年九月十九日
熊樹蘇 湖北人住國府路四〇七號	四條巷文昌宮面積一畝四分七厘六毫四絲東至李曹沈張王五姓屋以鄰牆爲界南至文昌宮市地西至沈王兩姓地及市地北至錫姓地及塘	無	無	二四年三月二八日	同	同
史鎬實 廣東人住三山里十三號	八寶前街面積五分六厘四毫東至呂嚴二姓地南至黃姓屋西至丁姓屋北至史姓地	無	無	二四年四月廿三日	同	同
史崇實 廣東人住三山里十三號	八寶前街面積五分八厘一毫七絲東至呂姓地南至史姓地西至丁徐二姓地北至郭姓地	無	無	二四年四月二三日	同	同
度中正 中保 湖北人住文昌橋十二號	文昌橋一一二號面積二畝六分二厘一毫二絲東至官路南至文昌橋西至官河北至秉姓地及屋墻外滴水	房屋	無	二四年四月十七日	同	同
孫式市 無錫住傅佐路四號	西橋東至信業堂地南至信業堂地西至信業堂石片路北至李姓地面積七分三厘二毫四絲	無	無	二四年四月二九日	二四年六月二一日	二四年九月二〇日止
林慶 馬寶成寶 森福 江蘇住殷高巷七七號	船板巷六八號東至秦淮河南至宋姓屋以公墻爲界西至船板巷北至王姓屋以公牆爲界面積一分一厘二毫二絲	房屋	無	二四年五月七日	同	同
李子賢 江甯住船板巷廿號	船板巷二十號東至劉姓屋南至馬姓屋以公墻爲界西至船板巷北至劉姓屋以公有板壁爲界面積三厘〇七絲	房屋	無	二四年四月卅日	同	同
蘇永和 江寧住糟坊巷六號	糟坊巷六號東至徐姓屋以各有各牆及已牆爲界南至糟坊巷以已牆爲界西至朱姓屋以鄰牆公墻爲界北至官巷市產以已墻又徐姓屋各有各牆爲界面積五分一厘〇七絲	房屋	無	二三年十一月二日	同	同

孫鏡秋 南京住大全福巷十七號	建康路九四號東至戴姓屋前以隣牆後以己墻爲界南至官廊及戴姓屋以己牆爲界西至譚姓屋以鄰墻爲界北至建康路面積七厘九毫二絲	房屋	無	二四年一月十七日	同	同
李知白 江西住大豐富巷淳德里七號	長樂路東至李姓地南至李姓地西至鄧姓趙姓李姓地北至長樂路面積一畝〇三厘八毫七絲	無	無	二三年七月二六日	二四年六月廿一日	二四年九月二十日止
首都警察廳主管長官陳焯 住址保泰街	姚家巷十號東至馬張二姓公巷及張姓屋以己牆及隣墻爲界南至馬姓屋以公牆爲界西至姚家巷以己牆及本產界線爲界北至張喻兩姓屋以鄰牆爲界面積二分九厘七毫	房屋	無	二四年一月四日	同	同
段耀庭 本京住中營三九號	中營三九號東至市地及謝姓屋以己墻爲界南至謝繆二姓屋以隣墻爲界西至張謝二姓屋以鄰牆及己墻爲界北至中營面積三分〇九毫	房屋	無	二三年十二月二四日	同	同
顧德厚炳 江寧住鴨池塘三號	鴨池塘三號東至陳姓地及紀姓屋以己牆爲界南至鴨池塘西至井姓屋以公墻爲界北至陳姓屋以天井中線爲界面積一分五厘四毫	房屋	典權人俞德海住鴨池塘三號	二三年十二月二五日	同	同
朱傳綱綏 皖桐住本宅	興隆巷一五三號東至韓姓屋以鄰牆爲界南至興隆巷西至陳姓屋以公墻爲界北至興隆巷面積七分四厘七毫	房屋	無	二三年十二月十五日	同	同
方紹祿 江蘇人住門東中營四十七號	中營四七號面積二分四厘六毫四絲東至徐姓屋以公牆爲界南至方姓屋西至諶姓屋以公牆爲界北至中營	房屋	無	二三年十二月二四日	二四年六月二一日	二四年九月二十日
嚴長壽 南京人住洪武路一二五號	小沙井面積五分二厘五毫六絲東至柏姓地南至江姓地西至小沙井北至柏姓地	無	無	二四年三月十五日	同	同
曹春根 華富春 貴茂 南京人 住大石壩街四九號	金陵閘三三號面積三分三厘零二絲東至本姓屋南至本姓屋牆西至胡姓牆屋以鄰墻爲界北至張姓屋以己牆爲界	房屋	抵押權人錢公正住上海	二四年二月二三日	同	同

呂興德 義祥隆榮 江寧人住水齋菴二二號	磨盤街五七號面積二分三釐五毫二絲東至磨盤街南至江姓屋以公牆及鄰墻爲界西至本姓地及丁姓屋以己牆爲界北至丁姓屋以公牆爲界	房屋	無	二三年十二月卅日	同	同
劉伯衡 宿遷人住教敷營十九號	公園路面積一畝零零零二絲東至張姓地南至史姓屋以鄰牆爲界西至楊姓地北至體育里	無	無	二四年四月十七日	同	同
信業堂 建康路二三三號 蔣級秋 無錫人鼓樓新村一號 管理人呂蒼巖	寧海路鼓樓新村面積一畝四分五厘五毫三絲東至西橋南至信業堂己地西至寧海路北至湖南路	房屋	無	二四年三月二五日	二四年六月二一日	二四年九月二十日
龔長青 江甯人住太平路三八號	中山東路三一八六號面積一畝零二厘一毫八絲東至郵政局屋以己牆爲界南至徐姓屋以己牆爲界西至張汪二姓屋以己墻爲界北至中山東路	房屋	無	二四年三月十八日	同	同
張步雲 山東人住豐富路一七七號	大豐富巷十六號面積五分六釐四毫八絲東至裕記以己牆外空地爲界南至馬姓屋以各有各牆及已墻爲界西至大豐富巷北至梁姓屋以各有各牆鄰墻己牆爲界	房屋	無	二四年四月二十日	同	同
李丹蓀 北平人 代理人方輔卿 江蘇住朱雀路卅六號	成賢街面積劈賣二畝二分二厘〇毫四絲 管業二畝三分〇厘五毫九絲 東至劈賣官河 管業官河 南至劈賣本姓以公墻爲界 管業中央研究院以鄰墻爲界 西至劈賣成賢街 管業成賢街 北至劈賣崇德堂以己墻爲界 管業本姓以公牆爲界	房屋	無	二四年三月二五日	同	同

程彥新承 旌德人昇卅路四六〇號	莫愁路昇州路四六〇號面積四分七厘七毫東至1公坊巷2莫愁路南至1胡姓屋以己墻爲界2程姓地以各有各牆爲界西至1莫愁路2昇州路北至1朱姓屋以各有各牆爲界2石姓屋以己牆爲界	房屋	無	二四年三月十八日	同	同
連鏡湖 江寧住新姚家巷餘慶里三號	桃葉渡四號東至甘姓以鄰牆爲界南至河岸隙地西至滌姓（北以鄰牆南以己墻爲界）公善南堂（以己牆及板門爲界）北至桃葉渡面積二分四厘七毫一絲	兩進四間一披	無	二三年十二月二四日	二四年六月二二日	二四年九月二一日止
孫桂棠 南京住四牌樓二十號	四牌樓東至徐過徐錢高五姓屋鄰牆爲界南至倉馬何三姓地爲界西至官巷爲界北至魏姓屋鄰牆爲界面積三畝三分八厘五毫二絲內有水塘二分三厘二毫五絲	無	無	二四年四月四日	同	同
劉雲卿 湖北武昌住許事街七一號	孝子坊十一～十八號東至市地及焦姓地南至孝子坊西至張姓屋及地北至市地及金姓地面積一畝一分四厘八毫	房屋	無	二三年十二月二七日	同	同
馬學興 南京住大膠巷二號	大膠巷三號東至大膠巷南至馬姓屋西至金姓屋以己牆爲界北至穆姓屋以鄰牆爲界面積一分二厘三毫八絲	房屋	無	二三年十二月二七日	同	同
劉仁卿 仲涵 本京長樂路二六〇號	長樂路二六〇號東至毛姓屋以公走巷爲界南至毛馮二姓屋以己牆爲界西至馮姓屋以己墻爲界北至長樂路面積三分〇四毫	房屋	無	二四年一月二三日	同	同
王潤生 江寧住九兒巷六二三號	中華路六二三號東至韓姓屋以鄰牆爲界南至韓姓屋以己牆爲界西至中華路北至謝李兩姓屋以己牆及公墻爲界面積一分〇七毫八絲	房屋	無	二三年十二月二九日	二四年六月二二日	二四年九月二一日止
余慶堂 代理人陳叔桂馨源 南京人住鎮江五條街更樓巷十五號	箍桶巷五〇號東至李姓屋以鄰牆爲界南至李姓屋以己牆及鄰墻爲界西至箍桶巷北至夏徐李劉楊五姓屋及死巷以己墻及鄰墻爲界面積七分四厘二毫	房屋	無	二四年三月十二日	同	同

戴鳳禎 代理人戴潤甫 江寧人住建康路四五五號	顏料坊一四號東至戴姓屋以鄰墻爲界南至吳姓屋以鄰牆及公墻爲界西至顏料坊北至戴姓屋以公墻爲界面積五厘八毫四絲	屋	無	二三年十二月二九日	同	同
吳胡鍾林 南京住烏衣巷四十四號	烏衣巷五三號東至普安會館屋以已牆爲界南至錢姓屋以鄰墻爲界西至烏衣巷北至烏衣巷面積五厘三毫六絲	平房	無	二三年十二月	同	同
邱培鑫 代理人丁仁鑑 江蘇人住中華路五二三號	信府河一〇〇號東至信府河南至王姓屋以己墻及隣墻爲界西至信府苑北至熊姓屋及市地以鄰牆爲界面積一分三厘五毫九絲	房屋	無	二四年一月十六日	同	同
王炳南 住信府河一〇二號	信府河一〇二號面積二分零五毫東至信府河南至朱姓屋以公墻爲界西至信府苑北至邱姓屋以己墻及隣牆爲界	房屋	無	二三年十二月二九日	二四年六月二二日	二四年九月二一日
王馬氏 王光銓 光鈺 鐙 光鎮 鉉 鈞 王光銳 相宇 震 王相謙 尹翠氏 均 江甯人住鳴羊街二九號	鳴羊街二九號面積一畝五分三厘一毫三絲東至鳴羊街南至高姓屋以公牆及鄰墻爲界西至曹王二姓屋以鄰墻爲界北至王羅吉王四姓屋以己墻及鄰牆爲界	房屋	無	廿四年三月三十日	二四年六月二二日	二四年九月二一日
郭泉 四川人石板橋籠子巷三號	八寶前街面積一畝一分三厘〇三絲東至呂姓地南至史姓地西至徐姓地北至體育里	無	無	二四年四月五日	同	同
馬培容 江寧人住估衣廊一〇六號	中華路七八號面積二厘八毫四絲東至中華路以屋門爲界南至汪姓屋以己墻爲界西至憲兵訓練所板以鄰牆爲界北至劉姓屋以公墻爲界	房屋	無	二四年三月五日	同	同

陶玄 浙江人住公園路七三號	公園路七三號面積三畝二分三厘二毫四絲（內劈賣面積四分六厘一毫三絲）東至1公園路2本姓屋南至1許姓地2許姓地西至1本姓及許姓地2許姓地北至1公園路2公園路	房屋	無	二四年二月二二日	同	同
王墨卿 江寧人住義興巷三七號	將軍巷五號面積1〇畝〇分九厘六毫〇絲賣與李翼廷部份2一畝四分九厘八毫一絲賣與王品超部份東至1李姓以鄰牆為界2畢姓以公墻為界李姓以鄰墻外隙地為界又本姓地（現賣與李姓）南至1本姓地現賣與王姓2將軍巷西至王姓屋以隣墻為界北至1李姓以鄰墻為界2公走巷	租客搭草房九間	無	二四年三月卅日	廿四年六月廿二日	廿四年九月廿一日
沈濂波 浙江人住遊府西街三八號	遊府西街面積三分八厘〇四絲東至黃姓公街南至黃姓地西至黃姓地北至謝姓地	無	無	二四年四月二三日	同	同
陳安財 江蘇人住下關鮮魚巷八五號	傅厚崗面積七分五厘二毫五絲東至李姓地南至李姓及市地西至市地北至市地	無	無	二四年四月一日	同	同
孫昌裕 南京人住北灣子三六號	水西門街二號面積一分七厘一毫一絲東至北灣子南至官街西至孫姓屋以己牆及護國菴屋以各有己牆為界北至孫姓屋以己牆為界	房屋	無	二四年二月廿八日	同	同
吳碩記 湖南人住洋珠巷十六號	石婆婆巷二二號面積四分五厘三毫六絲東至王姓屋以鄰牆為界南至石婆婆巷西至吳姓屋以己墻為界北至青年會屋以己牆為界	房屋	無	二四年五月一日	同	同
汪啓元 代理人畢樹明安徽 住成賢街一一一號	龍倉巷東至官溝南至龍倉巷西至發心會地及劉姓屋及地北至王姓地面積二畝八分八厘四毫八絲	無	無	廿四年三月廿八日	廿四年六月廿四日	廿四年九月廿三日止

張學鍾 安徽住糖坊廊五七號	糖坊廊五七號東至糖坊廊南至協濟堂公所屋以己墻爲界西至秦淮河北至惠濟水道面積四分〇八毫三絲	房屋	抵押權人繆長富住東關頭七十五號	廿三年十二月廿八日	仝前	仝前
張王氏 南京住花露崗七十五號	糖坊廊二〇號東至王姓屋南至糖坊廊西至徐姓屋以己墻爲界北至徐姓屋以鄰牆爲界面積四厘八毫六絲	房屋	無	二三年十二月二六日	仝前	仝前
周懋第 安徽住菱角市十二號	糖坊廊四一號東至糖坊廊南至曹姓屋以己牆及隣墻爲界西至秦淮河北至何姓屋以己墻爲界面積二分八厘七毫五絲	房屋	無	二三年十二月二六日	仝前	仝前
張幼漢卿 筱衡 少聚五 江寧住高崗里	高崗里九號東至施姓屋以己墻隣牆及公牆爲界南至高崗里西至陶張兩姓屋以己墻爲界北至謝公祠及陶姓屋以已墻及鄰墻爲界面積五分一厘二毫二絲	房屋	無	二三年十二月二九日	仝前	仝前
謝樑廷棟 柯謝廷梓 祖輝 京市住中華路五九七號	東牌樓一八三號東至秦淮河南至市府市房以本牆爲界西至官街北至石埭會館屋以本牆爲界面積二分三厘五毫七絲	無	無	二四年元月卅一日	二四年六月二四日	二四年九月二三日止
原敏興 住富厚崗五號之四	陰陽營三八號東至中央通信社及金陵大學地官街南至魏姓地及金陵大學地西至顧姓坟山北至小路及金陵大學地面積三畝二分七厘五毫九絲	白鐵房	無	廿四年四月十六日	仝前	仝前
楊子猷 無錫住棉鞋營一一八號	公園路東至史姓屋劉姓地南至走道西至公園路北至體育里面積二畝一分九厘七毫六絲	無	無	廿四年四月廿三日	仝前	仝前
朱棟才 南京住中山東路一八八號	中山東路一八四 一八六 一八八 一九〇號東至楊姓屋以本姓磚墻及公墻又抵官巷以己墻爲界南至官巷以己墻爲界西至程姓屋以己牆及鄰牆爲界北至中山東路邊綫爲界面積一畝〇八厘五毫五絲	房屋	抵押權人徐慶松住昇州路二三一號	廿四年三月廿一日	仝前	仝前

張有興清 南京住四衞頭十四號	四衞頭東至蔣張兩姓地以小路爲界南至陳姓地西至張姓地北至張姓地面積三分六厘五毫六絲	無	無	廿四年四月十三日	仝上	仝上
李士達 江甯人住糖坊橋七七號	韓家巷陸家里面積六畝二分六厘〇七絲東至蕭蔣兩姓地及黃姓屋又走巷以本產界綫及鄰牆爲界南至本姓及江黃兩姓屋墻及韓家巷以本產預留滴水及界綫爲界西至廣善堂地及公共走巷以本產界綫爲界北至陸家里以本產界綫爲界	房屋	無	廿四年四月二九日	廿四年六月廿四日	廿四年九月廿三日
葉華甫 江寧人住大行宮黃泥巷三號	安徽路(原名板井)面積一畝八分二釐六毫一絲東至三友堂地南至蔣冬愛堂水塘西至胡姓地北至安徽路	無	仝	廿四年四月廿七日	仝	仝
白雲梯 蒙古人住淮海路三益里一一四號	西康路水佐崗面積八畝正東至水佐崗南至克姓地西至古林寺地北至古林寺地	仝	仝	廿四年一月一六日	仝	仝
克興額 蒙古人住淮海路三益里八號	西康路水佐崗面積三畝正東至水佐崗人行道南至許姓地西至古林寺地北至白姓地	仝	仝	廿四年一月一六日	仝	仝
嚴幹臣 江都人住如意里十七號	如意里十七號面積九分六厘五毫四絲東至馬姓屋以鄰牆塘以己牆爲界南至馬姓塘西至王姓屋以隣牆爲界北至如意里	房屋	抵押權市民銀行	廿四年四月十二日	仝	仝
王玉林 南京人住璇子巷十七號	敎敷營四六號面積五厘八毫六絲東至王姓屋以鄰牆爲界南至吳姓屋以公墻爲界西至敎敷營北至吳姓屋以己墻爲界	房屋	無	廿三年十二月廿四日	廿四年六月廿四日	廿四年九月廿三日
馮兆富 儀徵人住東牌樓口	瞻園路七號面積三厘七毫三絲東至張姓屋以己墻爲界南至張姓屋以公墻爲界西至虎姓屋以己墻爲界北至瞻園路	房屋	無	廿四年一月二二日	仝	仝
張寶生 南京人住弓箭坊四十八號	建康路五八號面積八厘六毫九絲東至崇仁善堂屋以本牆爲界南至崇仁善堂屋以本牆爲界西至馬姓屋以鄰墻爲界北至建康路	房屋	無	廿二年十二月三十日	仝	仝

張硯青 伯嚴 識齋 南京人住昇州路九號	建康路一〇四號面積一分二厘八毫四絲東至舒姓屋前進以鄰牆爲界後進以己牆爲界南至蔣姓屋以鄰牆爲界西至許姓屋前進以己牆爲界後進以鄰牆爲界北至建康路	房屋	仝	廿三年十二月十五日	仝	仝
戴潤甫 江寧人住建康路四五號	顏料坊一六－一八號面積二分七厘一毫四絲東至王吳二姓以鄰墻爲界南至戴姓屋以己牆爲界西至顏料坊以板門爲界北至翁姓屋以己牆爲界	房屋	仝	廿三年十二月廿九日	仝	仝
徐醴泉 芷鄉 江甯住貢院街二三號	貢院街七〇七四號東至平江府街板門爲界南至貢院前街板門爲界西至傅姓屋己牆爲界北至平江府己墻爲界面積七分七厘七毫六絲	屋上下共十三間外小天井六方	無	廿四年元月廿六日	廿四年六月廿五日	廿四年九月廿四日止
張養吾 江寧住北門橋鷄鵝巷五十八號	嚴家橋東至沈姓屋以鄰牆爲界南至嚴家橋西至虹板橋北至官巷面積四分七厘〇九絲	無	無	廿四年四月四日	仝上	仝上
喻兆奎 江寧住昇州路一三號	建康路二四〇二號東至金東會館屋己牆南至官廊西至金東會館屋各牆北至建康路人行道面積一分一厘四毫二絲	樓房上下兩間一披	無	廿四年三月二五日	仝上	仝上
石荷生 南京住小心橋四十八號	府西街四十二號東至施姓屋以鄰牆爲界南至府西街以板門爲界西至鍾姓屋以己牆爲界北至府西街小學以鄰牆爲界面積一分二厘二毫	平房並排兩間二進天井一方披廈兩間	無	二三年十二月	同上	同上

徐子清 江蘇住中正路六三六號	倉門口二三號東至李姓屋以己牆及鄰牆爲界南至公走巷西至彭姓屋以己牆爲界北至倉門口面積一畝五分八厘七毫九絲	房屋	無	二三年十一月二八日	同上	同上
陳鵬 江寧住胡家巷四號	狀元境一八二號東至劉姓屋以己牆爲界又張姓屋各牆橫牆屬張姓南至狀元境西至孫姓屋以己牆爲界北至官廊面積四分六厘一毫七絲	平房三間樓房上下八間	無	二三年十二月二十日	二四年六月二五日	二四年九月二四日止
趙威叔 河北住東關頭二七號	東關頭二七號東至謝姓屋各牆中段謝姓隙地南至丁官營西至周姓屋北一進己牆餘公牆趙周姓三分之二一北至東關頭面積一畝八分五厘八毫五絲	平房廿二間五披樓房上下六間	無	二三年十二月二九日	同上	同上
周明海 江甯住錦綉坊二九號	李家苑十八號東至周姓屋以鄰牆爲界南至李家苑以己牆爲界西至賞姓屋以各有各牆爲界北至吳姓屋以鄰牆爲界又東有小段以己牆爲界界外亦名李家苑面積二分四毫三絲	房屋六間一廈	無	二三年十二月二五日	同上	同上
王得元 丹徒住千章巷七號	中正路三〇九號東至公走巷以己牆爲界南至公善堂及常姓屋以隣牆又至周姓屋以公牆及鄰牆爲界西至中正路以板門又至公善堂及戴姓屋以隣牆爲界北至戴蔣兩姓屋以鄰牆及己牆爲界面積四分七厘八毫三絲	房屋	無	二三年十二月二四日	同上	同上
洪志深 南京住內橋灣三號	內橋灣三號東至官巷以己牆爲界南至官巷以己牆爲界西至內橋灣以己牆爲界北至內橋灣以己墻爲界面積五分八厘九毫八絲	房屋	無	二四年元月四日	同上	同上
張國鈞 江甯人住珍珠橋二十號	珠江路八至二十八號東至楊姓地南至珠江路西至左姓牆北至李姓地宅地二畝三分八厘七毫八絲	平房八間披四間	抵押權人梁德隆住倉門口五一號	二四年三月二十日	同	同

咼文鑫　薛氏　文龍　南京人住中華路一八五號	中華路一八三號面積九釐三毫二絲東至承恩寺墻南至宰姓屋以己牆爲界西至中華路北至易姓屋東段鄰牆西段己牆	房屋	無	二四年三月卅日	二四年六月二五日	二四年九月二四日
史潤芝　江甯人住信府河一四一號	信府河一四一號面積一分一厘〇八絲東至王姓屋以隣墻及鄰墻直綫爲界南至秦淮河西至史姓屋以公牆及公牆直綫爲界北至信府河	房屋	同	二四年一月七日	同	同
汪紫翼　汪民之　南京人住太平路一五五號	五福街二號面積五分七厘七毫五絲東至陳姓屋吳姓地以己牆及鄰牆爲界南至金粟庵西至五福街北至官地以己牆爲界	房屋	同	二四年一月十日	同	同
武宗氏　江甯人住大仙鶴街一一號	小仙鶴街七號面積一分八厘〇八絲東至小仙鶴街南至鄧姓屋以隣牆及己牆爲界西至大仙鶴街北至市立仙鶴街小學校屋蕭姓屋以己牆及公牆爲界	房屋	同	二四年一月十六日	同	同
黃慶瑾芳　慶瑜翠英　江甯人住長樂路二九二號	信府河一分六厘四毫四絲東至秦淮河南至馬姓屋西至信府河北至警察派出所屋	房屋	同	二四年二月十三日	同	同
慈祐閣　住持福懸南京人住豆腐坊十五號	豆腐坊十五號面積一畝三分七厘七毫東至丁劉二姓地南至豆腐坊西至陳姓地丁姓地及其屋北至市地及杭姓地	房屋	無	二三年十二月十七日	二四年六月二五日	二四年九月二四日
張福生　南京人住信府河五二號	信府河五二號面積五分一厘一毫東至信府河南至朱姓屋以己墻爲界西至廚子營北至楊姓屋以己牆及隣牆爲界	房屋	抵押權人秦少泉住信府河五七號	二三年十二月二八日	同	同
張龍炎　安徽人住邀貴井一四號	邀貴井十七五號面積二畝一分三厘八毫五絲東至張姓屋以己牆及沿己牆直綫爲界南至秦淮河西至俞姓屋以己牆及鄰墻爲界北至邀貴井	房屋	抵押權人新華銀行	二四年二月十四日	同	同
張龍文　安徽人住邀貴井一四號	邀貴井十五號面積七分三厘一毫五絲東至陳姓屋以己牆及公牆爲界南至秦淮河西至張姓屋以鄰墻及沿鄰墻直綫爲界北至邀貴井	房屋	抵押權人新華銀行	二四年二月十四日	同	同
項星槎　江甯住門西小門口卅號	廚子營八號東至廚子營南至周姓屋以公墻爲界西至周姓屋以隣牆爲界北至白酒坊面積二分〇三絲	房屋	無	二三年十二月二九日	二四年六月二六日	二四年九月二五日止

王潤生 江寧住九兒巷一六號	游輝嶺七號東至官巷及二陳姓屋以己墻及鄰牆爲界南至游輝嶺西至濮姓屋以鄰牆爲界北至朱高二姓屋以己牆爲界面積六分七厘二毫	房屋	無	二四年四月二五日	同上	同上
濮筱松 江蘇住侍其巷九十七號	孝順里十七號東至孝順里南至俞姓地以己墻爲界西至金姓屋以己墻及隣牆爲界北至金姓屋以公墻己墻及鄰墻爲界面積六分〇七毫九絲	房屋	抵押權人呂家駿住戶部街六六號	二三年十二月卅日	同上	同上
宋望芝 首都住銅坊苑二七號	銅坊苑二九號東至宋姓屋以己牆及己牆外隙地爲界南至徐姓地以己牆爲界西至銅坊苑北至宋姓屋以己牆爲界面積二分九厘六毫八絲	房屋	無	二三年十二月二八日	同上	同上
金子濱 金文錦 鼎 辛 南京住門西營門口二五號	大膺福街八八號東至楊姓屋以己牆爲界南至膺福街西至劉姓屋以己墻爲界北至秦淮河面積二分五厘一毫	房屋	無	二三年十二月四日	同上	同上
周文達 本京住游輝嶺一號	游輝嶺一號軍師巷二〇，二二號東至游輝嶺南至軍師巷西至張徐二姓屋以已牆公牆及鄰墻爲界北至劉姓屋以己墻爲界面積一畝一分八厘八毫四絲	房屋	無	二四年一月二八日	二四年六月二六日	二四年九月二五日止
俞家旺 勛 南京住信府河一五二號	信府河一五二號東至陳楊二姓屋以己墻及公牆爲界南至信府河西至劉姓屋以己墻爲界北至楊姓屋以隣牆爲界面積一分四厘七毫七絲	房屋	無	二三年十二月二七日	仝前	仝前
周良璧 瑎 本京住小心橋一號	九兒巷三三號東至九兒巷南至鄭姓屋以己牆及隣牆爲界西至鄭姓屋以鄰牆爲界北至江寧縣教育局屋以鄰牆爲界面積一分一厘九毫九絲	房屋	抵押權人席瑞慶住璇子巷八六號	二四年三月二二日	同上	同上
禹子謙 本京住湖南路二十號	馬台街東至炎帝菴地南至炎帝菴地及馬路西至姬姓及公井地北至姬姓地面積二分九厘二毫二絲	房屋	無	二四年四月三日	同上	同上
劉啓松 南京住傅厚崗十三號	傅厚崗一二•一三•一四•一四(一)•一六(四)•號東至羅姓塘地南至何姓地屋西至傅厚崗及劉姓地屋北至陳姓地孫姓屋面積二畝五分七厘九毫二絲	房屋	無	二四年四月五日	同上	同上
湯文炳 南京人住蘆蓆營一七三號	蘆蓆營面積一畝〇三厘七毫東至徐姓地南至湯姓地西至湯姓塘北至蘆蓆營	無	無	二四年三月三十日	二四年六月二六日	二四年九月二五日

王漢鼎　浙江人住鄧府巷五號	中山東路面積一分二厘八毫六絲東至王姓屋以鄰墻爲界南至中山東路以本產界綫爲界北至李姓屋以本產界綫爲界西至李姓屋以己牆爲界	無	仝	二四年四月十八日	仝	仝
逸伯琴炎　江甯人住營門口二廿十號	營門口二十號面積四分八厘五毫四絲東至大悲禪林及朱家苑以己墻及隣墻爲界南至營門口西至劉張二姓屋以己牆及公牆爲界北至朱家苑	房屋	仝	二三年十二月十九日	仝	仝
章兆直　南京人住邊營二一號	陶家巷十五號面積一分〇二毫六絲東至陶家巷南至市地以己牆爲界西至龔姓屋以鄰牆爲界北至龔姓屋以鄰墻爲界	仝	仝	二三年十二月二八日	仝	仝
王更朱　江寧人住朱家苑一號	朱家苑一號面積一分三厘八毫東至印姓屋以公牆爲界南至印姓屋以隣牆爲界西至朱家苑北至朱家苑	仝	仝	廿三年十二月十五日	仝	仝
王吉陽　南京人住荷花塘四號	水齋菴七之一號面積二分八厘四毫一絲東至王姓及本姓屋以鄰牆及己牆爲界南至水齋菴及羅姓屋以己牆爲界西至李姓屋以鄰墻爲界北至王李兩姓屋以隣牆及己牆爲界	房屋	無	廿三年十二月廿四日	二四年六月二六日	二四年九月二十五日
李堯堦　江寧人住磊功巷二十五號	磊功巷二十五號面積四分九厘五毫一絲東至季姓屋以公牆己牆及隣牆爲界南至李姓屋以第三進天井各半爲界西至王姓屋以鄰牆己牆及公牆爲界北至磊功巷	仝	仝	二三年十二月二八日	仝	仝
王宜志　江蘇人住磨盤街二十九號	磨盤街二十九號面積七分二厘四毫三絲東至磨盤街南至周姓屋以己牆鄰牆爲界西至水齋菴北至官巷及周侯兩姓屋以己墻爲界	仝	仝	二三年十二月二一日	仝	仝
酈衡三　南京人住磨盤街四九號	中華路五五三號面積八厘二毫四絲東至趙姓屋以隣牆爲界南至高李二姓以鄰牆及公牆爲界西至中華路北至趙姓屋以公牆爲界	仝	仝	廿四年四月廿五日	仝	仝
曹金峯　南京人住鷄鵝巷一一二號	鷄鵝巷面積三分八厘二毫一絲東至楊姓半以己牆半以隣牆爲界南至鷄鵝巷西至曹姓西北角一小段以公牆其餘均以鄰牆爲界北至官河	仝	仝	廿五年四月一日	仝	仝
蕭少棠　南京住張家衖十八號	張家衖十八號東至性善堂屋以鄰牆爲界西至張家衖北至公巷面積五厘九毫二絲屋以隣牆爲界南至性善堂	房屋	無	廿四年三月二日	廿四年六月廿七日	二四年九月二六日止

蔣氏宗祠蔣濟民等 北平人住箍桶巷五號	建康路二四九號東至毛陳姓屋以各有各牆爲界（中有蔣陳二姓公共太平門）南至建康路以已牆又孫姓以鄰牆爲界西至張儲氏屋以鄰墻與各有各墻爲界北至張儲氏屋以已墻及隣牆爲界面積一畝三分四厘五毫八絲	空地	無	二四年三月十九日	仝前	仝前
黃焯培 江蘇鹽城住鼓樓輿皋旅社	中山北路東至鄰姓地及小路南至中山北路及黃姓地西至市地北至市鐵路地面積三畝七分〇五毫八絲	房屋	無	二四年四月十六日	仝前	仝前
章增瑛 河北住洪武街八十四號	甯海路東至甯海路南至公路西至公路北至賈姓地面積一畝四分七厘一毫五絲	無	無	二四年五月十六日	仝前	仝前
吳森弼 賢銓吳良洪 江蘇住謝公祠廿號	謝公祠二十八號東至孝順里南至謝公祠西至陳姓屋以已墻及鄰牆爲界北至陳姓走巷以已牆爲界面積一畝七分二厘三毫九絲	房屋	典權人陳仲猷住信府河八號	廿三年十二月卅日	仝前	仝前
陳有禮 江蘇住本京童家山街十號	童家山街東至本姓地南至杜姓地西至陳姓地北至瑞明堂地面積二分二厘二毫一絲	無	無	二四年五月八日 二四年六月二十七日	仝前	二四年九月二十六日止
朱石仙 安徽住南京顏料坊六十二號胡宅轉	江蘇路二十號東至公路南至徐姓地西至陳姓地北至張姓地面積一畝一分九厘三毫八絲	無	無	二四年三月二十日	仝前	仝前
魯士濤 湖北住保泰街	中山北路六號東至黃姓屋以己墻直線及市地本姓屋以己墻爲界南至郵政局地以鉄絲網爲界西至中山北路北至蕭姓地以己牆爲界面積九分只毫四絲	房屋	無	廿四年五月十三日	仝前	仝前
劉桂芳 江寧住張府園二十一號	張府園二十一號東至馬姓屋以己墻爲界顧姓屋南至市地西至錢姓屋以己牆及直線爲界北至張府園以己墻爲界面積九分三釐五毫九絲	房屋	無	二四年三月二十三日	仝前	仝前
劉次卿 湖南住建福里十號	洪武路曾公祠二四六至二六二號東至洪武路南至曾公祠西至明德慈善堂屋以已墻爲界北至內向公司屋面積六畝二分二厘八毫八絲	房屋	無	二四年四月二日	仝前	仝前

何春雲 江甯住清涼門一號	清涼門內東至李姓地南至李史二姓地西至史姓地北至高姓地面積一畝二分二厘二毫一絲	無	無	二四年三月十八日	二四年六月廿八日	二四年九月二十七日止
周耀山 本京住小二條巷四九號	郭府園三號東至郭府園南至楊姓屋以隣牆爲界西至米姓屋以鄰墻爲界北至郭府園面積二分二厘八毫七絲	房屋（係傅黎氏張立平二人所蓋）	地上權人張立平傅黎氏住郭府園三號	二四年三月十八日	仝前	仝前
陶林順 南京住文昌橋八十六號	大樹根東至陶姓屋南至興業公司地西至童姓地北至袁姓水塘面積六分二厘四毫八絲	房屋	無	二四年四月二五日	仝前	仝
陳仲常 代理人巴鄭丞江都人住豐富路三〇五號	普陀路五二號東至普陀路南至華姓竹籬陳姓竹籬西至許姓地北至陳姓地面積一畝三分五厘	無	無	二四年五月二日	仝前	仝前
常福榮 江寧住祁家橋三號	祁家橋三號東至梁姓地及市地南至陳梁二姓地西至東門後街北至梁姓地面積二畝〇二厘五毫	無	無	二四年五月十一日	仝前	仝
夏承富 江蘇住秤它巷九號	張府園二十四號東至汪姓屋以己墻爲界南至張府園西至秤姓屋北首以隣墻爲界南首以共有牆爲界北至秤姓屋以鄰牆爲界面積一分六厘六毫七絲	房屋	無	廿四年三月二八日	二四年六月二八日	二四年九月二七日止
劉春生 南京住錦繡坊十二號	中華路一〇六四號東至中華路板門爲界南至徐姓公墻爲界西至徐姓以己牆爲界北至黎姓以公牆爲界面積一厘七毫	兩間三廈	無	二三年十二月二八日	同前	同前
葉繩繼祖 南京住止馬營五八附盧妃巷曾公祠六號	東關頭六五號東至裔姓屋以己墻爲界王郭兩姓屋以公牆爲界南至郭姓屋以己牆爲界西至錢姓屋以公牆爲界角以王姓隣牆爲界中段以公牆爲界前段以公板壁爲界北至東關頭以板門爲界面積一分六厘三毫八絲	二間三小廈	無	二三年十二月三十日	同前	同前

唐家禎 代理人姜德洲六合人住大黨家巷五號	大石壩街七二•七四•號東至劉姓屋以隣墻己牆爲界南至大石壩街西至鄧姓屋以隣牆公牆爲界北至秦淮河面積四分四厘八毫二絲	房屋	無	二三年十二月二九日	同前	同前
袁大同 江寧住張府園二十九號	小府巷二一號後東至陳姓屋以隣墻爲界南至朱姓屋以公牆爲界西至宋姓屋以己墻爲界北至官巷面積一分六厘八毫三絲	房屋	無	二四年四月二二日	同前	同前
謝樓瑩 市民住中華路六〇七號	中華路六二一號後東至尤姓地南至王韓楊三姓屋及史楊尤盧劉五姓公走巷以己墻及鄰墻爲界西至李姓屋以鄰牆爲界北至市產及謝羅兩姓屋以己牆及隣牆爲界面積二分九厘九毫八絲	房屋	無	二三年十二月十五日	二四年六月二九日	二四年九月二八日止
陳慶餘 宜徵住毛家苑九號	鳳游路四號東至陳姓屋以隣墻爲界南至官巷西至鳳游路北至官巷面積一分四厘九毫一絲	房屋	無	二三年十二月二九日	同上	同上
吳陳氏 南京住小仙鶴街二十二號	小仙鶴街二十二號東至小仙鶴街南至傅姓屋西至小仙鶴街北至何姓屋面積一分八厘〇六絲	房屋	無	二三年十二月五日	同前	同前
朱浩如 江甯住箍桶巷十五號	軍師巷十七號東至洪姓屋以己牆爲界南至洪姓屋以鄰牆爲界西至陳姓屋以己牆爲界北至軍師巷面積八厘八毫	房屋	無	二四年一月三十日	仝前	仝前
朱浩如 仝前	軍師巷十一號東至任姓屋以己牆爲界南至杜任氏屋以鄰牆爲界西至杜汪氏屋以隣墻爲界北至軍師巷面積七厘六毫二絲	房屋	無	二四年一月卅日	同前	仝前
王國鳴 南京住小石壩街六二號	東驢頭五九，六一號東至曾姓屋以己墻爲界南至郭姓屋以隣牆爲界西至薛葉兩姓屋以己牆公墻爲界北至東驢頭街面積三分〇五毫	房屋	無	二三年十二月十五日	二四年六月二九日	二四年九月二八日止
翟宗岱 皖住科巷洪鑫里八號	英威街破瓦巷東至官巷南至劉姓地西至邱姓地北至劉姓地面積九分八厘四毫六絲		無	二四年四月五日	同前	同前
李廖氏 江寧住望鶴崗一號	信府河一〇七一一一號東至秦淮河南至許姓屋以己牆爲界西至信府河及劉姓屋北至周姓屋以己墻及鄰墻爲界面積三分三釐七毫四絲	房屋	無	二三年十二月三十日	同前	同前

胡廣福	江寧城北如意橋十號	中華路四九九號東至朱姓屋以己墻爲界南至葉朱兩姓屋以己墻及隣墻爲界西至中華路北至朱姓屋以己墻及隣墻爲界面積二分六厘三毫三絲	房屋	無	二四年三月二日	同前	同前
彭壽臣	南京住小仙鶴街十七號	玉振街東至玉振街南至印姓地西至印姓屋北至滄淇救火會空地面積一分四厘九毫五絲		無	二四年一月二四日	同前	同前

南京市政府財政局

收支對照明細表

民國二十四年五月份

收入金額（項）	收入金額（目）	科目	科目	支出金額（目）	支出金額（項）
百十萬千百十元角分釐	百十萬千百十元角分釐			百十萬千百十元角分釐	百十萬千百十元角分釐
119083140		上月庫存	本月支出		639320620
	119088140	市金庫現存	市政府經費		124132240
653768210		本月新收	本身	66650000	
11663540		契稅	公園管理處	8210580	
	11616040	契稅	清潔隊	17974920	
	47500	契紙	音樂隊	1166000	
446550		地稅	屠宰場	5194180	
24827420		營業稅	鄉區保衛團	3368580	
	18271230	營業稅	衛生事務所	21567980	
	8805000	菸酒牌照稅	財政局經費		44181820
	573500	營業捐	本身	21720420	
	1382000	牙稅	八卦洲管理處	1817400	
	1495690	屠宰稅	大小黃洲管理處	597000	
79597050		房捐	土地登記處	11948000	
102098170		車捐	測量	8099000	
2830000		船捐	工務局經費		60316000
32945840		地方財產收入	本身	48316000	
	4697940	房租	道路修理費	17000000	
	1238430	地租	社會局經費		111859980
	9957680	徵收地價	本身	11085500	
	1982000	什租	救濟院	16558070	
	9466050	洲產息	旗民口糧及管理	3232000	
	5603740	標賣產價	各學校	77963410	
61633480		地方事業收入	其他附屬機關	3071000	
	54112620	水費	市鐵路管理處經費		6322010
	7520860	自來水管費	本身	6822010	
4457720		地方行政收入	協助費		10258670
	916000	勘丈費	什項工程費		151562590
	957170	登記費	拆遷費	16529680	
	2096900	執照費	徵用地土費	41250900	
	420400	測繪費	工程費	93782010	
	67250	手續費	雜項支出		101620
5000000		地方營業純益	築路工程費		8960340
	5000000	典當純益	自來水工程費		83002820
28619310		其他收入	市公債基金		34000000
	14894710	什捐	償務費		4622530
	4176400	什項收入	暫記款項支出		52046670
	9548200	築路攤費	歸還存款		1822630
280135900		補助款收入	存款	18226300	
	68000000	鐵道附捐	歸還借款		1000000
	132000000	中央補助費	借款	1000000	
	80135900	其他補助費	暫記支出		32500370
8122010		市鐵路收入	貸款	32500370	
	3306800	客運收入	退付保證金		320000
	4716210	貨運收入	押租	200000	
	99000	什項收入	其他保證金	120000	
5725940		定額收回	本月庫存		204574320
5665280		補收款項	市金庫現存	204574320	
	2585090	營業稅			
	3080190	定額收回			
123090260		暫記款項收入			
105000620		暫記存款			
	105000620	存款			
17975920		暫記收回			
	17975920	貸款			
113720		交存保證金			
	63720	押租			
	50000	其他保證金			

南京市政府祕書處出版刊物一覽

一、南京市政府公報 定期刊每月出版一期每期定價大洋一角

一、一年來之首都市政 十七年十二月出版定價大洋六角

一、首都市政要覽 本市成立二週紀念特刊十八年五月出版定價大洋三角

一、首都市政 十八年雙十節出版定價大洋四角

一、劉市長之言論 十九年一月出版定價大洋三角

一、劉市長市政報告紀要 十九年一月出版定價大洋四角

一、南京特別市市政府工作總報告 十九年二月出版定價大洋八角

一、NANKING: *The Capital of China—Outline of It's Activities* 九年二月出版非賣品

一、南京特別市市政法規彙編二集 十九年三月出版定價大洋二元

一、南京市政府民國十九年工作總報告 二十年一月出版定價大洋八角

一、京市建設概況 二十年一月出版非賣品

一、首都勝蹟 二十年五月出版定價大洋一元實售大洋六角各公園內均有出售

一、新南京 二十二年十月出版定價大洋四角代售處太平路共和書局

一、南京市政府二十二年一月至二十三年十月工作概況 二十三年十一月出版非賣品

中華民國二十四年六月

南京市政府公報

第一五四期

編輯者 南京市政府祕書處編譯股

發行者 南京市政府祕書處

印刷者 南京市救濟院印刷廠 南京剪子巷 電話二三三九五號

代售處 南京 開明圖書教育用品社 正中書局

公報定閱價目

每月一期每冊大洋一角

外加郵費本市一分外埠二分

江蘇省立教育學院出版物一覽

教育與民衆	每卷十期	全年實價二元
農事指導	一册	實價四角
農村金融流通之設施	一册	實價四角
鄉村平民教育的理論與實際	一册	實價五角
鄉村民衆教育概論	一册	實價二角
民國廿一年的民衆教育	一册	實價六角
民衆教育新論	一册	實價四角
民衆職業指導	一册	實價四角
成人教育通論	一册	實價四角
鄉村民衆教育問題研究	一册	實價四角
江蘇歌謠集	五輯	實價一元二角
日本研究小叢書	合訂一册	實價三角
民衆衛生小叢書	一套	實價三角
注音農民小叢書	一套	實價三角
民衆科學小叢書	一套	實價三角
愛國故事連環圖畫	十册	每册實價三分
民衆學校唱歌教本	一册	實價四分
活動事業明片	一打	實價二角

中華郵政特准掛號立券之報紙
民國二十四年七月

第一五五期

南京市政府公報

馬超俊

南京市政府祕書處印行

總理遺像

總理遺囑

余致力國民革命，凡四十年，其目的在求中國之自由平等，積四十年之經驗，深知欲達到此目的，必須喚起民衆，及聯合世界上以平等待我之民族，共同奮鬪！

現在革命尚未成功，凡我同志，務須依照余所著：建國方略，建國大綱，三民主義，及第一次全國代表大會宣言，繼續努力，以求貫澈！最近主張開國民會議，及廢除不平等條約，尤須於最短期間，促其實現！是所至囑！

南京市政府公報第一五五期目錄

廿四年七月

會議

法規

南京市政府公報　目錄　二

附中央通行法規

委令

公牘

社會

財政

工務

土地

南京市政府公報　目錄　六

衛生

其他

統計

特載

附錄

南京市政府公報　目錄　八

第三六零次市政會議紀錄

時間　二十四年七月五日上午九時

出席人　馬超俊　陳劍如　陸鑒強　宋希尚　周湘　張劍鳴

列席人　王漱芳　黃比瀛　朱之安　吳衍慈　陳祖平　孫茂柏

沈時濟　孟廣照　葛曉東　王祖祥　段麟郊

主席　馬市長

紀錄　邵鴻猷

開會如儀。

（甲）報告事項：

一、紀錄邵鴻猷報告第三五九次會議決議案。

二、王祕書長報告祕書處處理重要案件：

1.揚子江水利委員會及木市上新河，燕子磯等區公所先後電報，江水猛漲，圩堤浮鬆，請速加工補修一案，事關防汛要務，經發交工務局趕速籌辦搶險。

2.近日長江水位日高，據工務局勘報：（最近每日約增六七寸）已至緊急時期，關於防汛搶險工作，亟宜籌備進行。查本月十七十八等日，爲漲潮時期，江湖泛溢，危險堪虞，尤須積極防患，以免發生意外，本府據該局呈送防汛計劃預算等件，請先撥工款五萬四千零七十二元八角六分等情前來，當經令飭財政局立即照數籌撥。

3.公園管理處呈送南京市公園管理處工人管理規則，請核示一案，經查核大致尚合，當即酌予修正，指令遵照施行。

4.第八區公所呈報籌辦該區施材掩埋所情形，並擬具該所組織大綱，組織細則，及辦事細則等件，請鑒核備案令遵一案，經查核所呈各件，大致尚合，當即酌予修正，指令准予備案，並轉令社會局知照。

三、陳社會局長報告：

1.中學師範畢業會考成績，定於本月八日以前完全核定，十日通知各校。

2.二十四年度初中一年級清寒學生獎學金考試，定於本月十日，在市立夫子廟小學舉行。

3.小學教員暑期講習會，定於本月十一日在市立第一中學開始。

4.暑期塾師訓練班，定於本月十五日起，分十一區舉行。

四、陸財政局長報告：

1.本年六月份各項稅捐收入計共十三萬二千餘元，較之上年同月，約增加一萬餘元。

2.六月二十四日至二十九日一週間土地登記，經核准公告者有一九〇件，已公告者有九〇件。

3.大小黃洲堤共被江浪衝塌多處，經該洲負責人員督同佃民搶救，惟以近日長江水位，有繼續增高之勢，本局特請工務局剋日派員前往該洲查勘，籌劃根本防護辦法，一面完成未竟堤工，以策安全。

4.本市屠宰稅，自去年六月一日起，至本年五月三十一日止，共收七萬三千二百六十四元。

五、宋工務局長報告：

1.最近一週間，防水工作，十分緊重，現長江水位，有繼續增高之勢，今日水位，爲六·七公尺，據全國經濟委員會揚子江防汛會議規定，如揚子江水位達五·五公尺時，沿江各省市即應開始防水工作，達七·二五公尺時，卽爲危險時期，應由中央協助沿江各省市辦理防水工作，今日長江水位距危險時期甚近，且天氣陰涼，長江水勢有漲無退，又洞庭鄱陽兩湖，正在漲水，計洞庭之水，僅須三天，卽可抵京，鄱陽之水，僅須一天，卽可抵京，故本京水勢，日內有繼漲之趨勢，且月半爲大潮汎，對於下游，更有極大影響，在此一週間，本局已辦防水工作，有下列數項，(一)東西水關，均經關閉，(二)下關楊家圩於二號晚發生危險，當晚卽派工搶修，現仍在繼續工作中，(三)本局查照成案於三號特成立防水工程委員會，由各關係科長技正技士及股主任組織之，(四)現本局將防水工作分爲城內，城外及鄉區三部分，城內防水工作由營造股負責，城外防水工作，由下水道工程處負責，鄉區防水工作則由各該區公所督同人民辦理並由本局派員指導，(五)本局與社會局商定，將該局前此設在蒼波門之抽水機，移置於西水關，以便將城內之水抽至城外，但該抽水機之馬力，僅有四十匹，預計須有一百二十匹馬力，始足應付，(六)防水經費，已由財局撥到二萬元。

2.上新河通行公共汽車事宜，已於本月一日起開始通車。

3.放寬乾河沿一帶中山路工程，合同已呈府核奪，正候批示開工。

4.土地處辦公室，已有二十七間建築完成，庫房於本月底定可完成。

六、段專員報告，鄉區保甲現已編查竣事，各種統計表冊，均經辦理完成，計二十三鄉鎮，共有二九一保，二八六九甲，三一二八一戶，一四七一四二人。其中男七九六四二人，女六七五〇〇人，識字者二〇一八一人，壯丁二七〇二一人，茲定於七月五日起，舉辦戶口異動查報。

(乙)討論事項

一、市長交議，擬將土地處恢復爲土地局，俾專責成，而利財地兩政案。

決議：原則通過，由參事室擬訂土地局規章，並將本府組織規則有關條文，一併修正，呈請　市長核定後，再呈請　行政院轉呈　國民政府鑒核備案。

二、市長交議，周參事等簽呈，會勘第二區與孝陵區界綫，擬變更原定區界，石門坎劃歸第二區，象坊村扇骨營劃歸孝陵區，其自九龍橋七里街至火藥局後面，擬以路綫爲界，路東劃歸孝陵區，路西劃歸第二區，是否可行，請公決案。

決　議：　通過。

三、市長交議，周參事等報告，審查工務財政兩局會擬清涼山公園住宅區原有民房及寺廟整理辦法，暨工務局簽擬住宅區建設費公園區受益費案。

決　議：　清涼山公園住宅區，照工務局所擬第三種工事計算書辦理。原有民房及寺廟整理辦法通過。住宅區建設費定爲每方二十四元，公園區受益費定爲每方八元。

四、市長交議，周參事，吳祕書等報告，審核市民所呈更改玄武湖中五洲名稱意見，及各該員等建議案。

決　議：　交王祕書長，會同原審查人，再行審查後，呈請　市長核定。

五、校舍建築委員會陳主任委員提議，爲擬具修正南京市政府校舍建築委員會簡章草案，是否適當，請公決案。

決　議：　修正通過。

第三六一次市政會議紀錄

時　間　二十四年七月十九日上午八時

出席人　馬超俊　陳劍如　陸肇強　宋希尙　張劍鳴　周　湘

列席人　王漱芳　孟廣照　陳祖平　段麟郊　黃比瀛　朱之安　孫茂柏　王祖祥　吳衍慈　潘歌雅　沈時濟

主　席　馬市長

紀　錄　邵鴻猷

開會如儀

甲、報告事項：

一、紀錄邵鴻猷報告第三六〇次市政會議決議案。

二、王祕書長報告祕書處處理重要案件：

1.公園管理處以玄武公園遊船價目表，沿用已久，不合現實情形，擬具修正玄武湖遊船規則，呈請核示一案，業經將規則及價目表分別修正，明令公布施行。

2.工務社會兩局呈報會訂採取土石案件程序、及聲請書等式樣，請鑒核備查一案，查核尚無不合，已指令准予備查。

3.清潔總隊呈復下關清潔所收回自辦與招商承包之利弊，以及商人胡清泉承認月繳清潔設備金二百五十元，應否准其承包，請核示一案，已指令准由該胡清泉承包，惟保證金至少應一次繳足一千元，并另具二千元舖保，以昭鄭重。

4.社會局呈請核示魚網登記辦法第二條條文應否修正，抑另加補充規定一案，已指令應即修正，並經核定修正第二條及第四條條文，飭行遵照。

5.本市汽車行業同業公會呈請提高汽車價目，修訂汽車運費標準一案，已飭工務社會兩局與該公會負責人會商提高，並呈經本府核定將前訂本市水陸交通舟車價格標準內汽車價目一項，修正備案，惟此項舟車價格標準，前於訂立時，曾由該兩局在市內交通要道，豎牌明示，此次改訂汽車價目，應如何定期修正揭布，自應有一定時間，當經指令該兩局會同商酌辦理，一面批示知照。

三、陳社會局長報告：

1.暑期塾師訓練班業已開始。

2.小學教員暑期講習會，現已開始第二期講習。

3.關於小學教員須經考試錄取後由局直接選任一案，已由本局呈請教育部鑒核，並經本局與教育部主管司，往返磋商數次，據部方意見，對于此案大體贊同，惟有兩點希望本局加以注意（一）小學法規定小學教員祇須合於法定資格即可任用今南京市擬舉行小學教員考試，固未嘗不可，但對於過去服務成績優良，曾受獎勵，而能提出證明文件者，可無試驗登記檢定，以示通融。（二）小學教員經考試錄取後之分發任用問題，如由局直接委任，恐校長不易駕馭，現擬由校長於考試及格人中，呈請本局核准，再行聘任。

4.集團結婚登記手續大致已辦理竣事，現定於本月二十日開始公告。

5.關於處置難民事宜第一步計劃早已着手進行，現擬繼續進行第二步計劃。

四、陸財政局長報告：

1.本局土地處奉令恢復爲土地局，所有應行移交清冊，均已製就，會計方面本日亦可結束。

2.營業稅本年春季前任計實徵獲洋五萬九千四百零八元六角二分，夏季計實徵獲洋六萬五千六百八十一元五角三分，兩比計夏季較春季多收洋六千二百七十二元九角一分。

3.蘇浙皖京滬五省市交通委員會爲統一五省市廣告業務，特派該會廣告幹事謝慶齋來局商議承辦本市公路廣告業務，對於廣告捐一項，要求暫行豁免，或酌量減輕，現本局正在考慮中，俟商有結果，再提出報告。

五、宋工務局長報告，最近兩星期來，本局幾致全力於防水工作，詳細情形，迭誌報端，茲不贅述，茲將最近兩日內防水情形，作一簡單報告，昨日教導總隊特派一千士兵前往北河口至上新河一帶築堤，今晨即可開工，警備司令部担任江東門一帶築堤工作約七百餘人昨午後已開工，此外危險地帶則由本局招工辦理，前晚楊家圩出險，堤忽陷坍一部份，本局得訊後，即派工前往搶救，經一夜之工作，現已完全平復，可以安心，昨據上海方面報告，潮水頗大尤以晚間爲更甚，故本市今明日尚須受潮汛影響。

六、王衛生事務所長報告：

1.昨日上海報載發現眞性霍亂，恐係訛傳，如果屬實，本市亟應準備預防。

2.本年夏季注射預防霍亂疫苗，已達七萬人。

3.兒童健康營，已於本月十四日開始。

（乙）討論事項：

一、市長交議，張參事等核議，關于開闢玄武公園內歐亞澳三洲土地整理使用章程圖案，及湖民村計劃案。

決議 交工務局，參事室，及公園管理處，根據討論意見，再行會同審議，由工務局召集。

二、市長交議，社會局呈擬派馮鎬吳照軒代理該局督學案。

決議 通過。

三、市長交議，南京市政府工作人員儲蓄金管理委員會組織章程草案。

決議 交陸局長，參事室，王所長，及孫專員，會同審查，提出下次市政會議討論，由陸局長召集。

四、市長臨時提議，此次教導總隊士兵及憲警等熱心築堤，協助防水，本府應如何酬謝案。

決議 每人製贈汗衣一襲，以資紀念。

第三六二次市政會議紀錄

時間 二十四年七月二十六日上午八時

出席人 馬超俊 陸肇強 周湘 宋希尚 王人麟 陳劍如

列席人 王漱芳 沈時濟 潘歌雅 吳衍慈 孫茂柏 陳祖平 王祖祥 孟廣照 黃比瀛

主席 馬市長

紀錄 邵鴻猷

開會如儀。

（甲）報告事項：

一、紀錄邵鴻猷報告第三六一次市政會議決議案。

二、王祕書長報告祕書處處理重要案件：

1.小本借貸處呈擬推廣小本貸款及推廣貧民貸款辦法一案，當以所擬推廣小本貸款辦法三項，大都已由社會局列入二十四年度中心工作，自應無庸置議，至推廣貧民貸款辦法三項，俱屬有利貧民，自無不合，經即分別核定，令飭該小本借貸處及社會局遵照辦理。

2.大勝關第一保保長徐永高，及民衆代表汪虞宜等聯名呈報，本保南河河堤薄弱，近日江潮湧進，勢將崩潰，甲長江文龍率領村民努力救護卒以人少工巨，未能脫險，旋經大勝關簡易小學校長王春榮率同全體學生集隊搶救，勞作歷六小時之久，方將河堤塡築穩固，惟學生護堤，事屬僅見，可否准予嘉奬之處，請鑒核等情，當以該校全體學生見義勇爲，殊堪嘉尚除由本府令飭社會局傳令嘉奬，用昭激勸外，並經市長製就銀盾一座，令發上新河區公所轉給該校以示奬勵。

三、陳社會局長報告：

1.揚子麵粉公司，前因市面不佳，週轉不靈，宣告停工，經本局召集各關係機關會商善後辦法，決定由資方發給勞方每人二個半月工資遣散。

2.關於通濟典火災善後問題，現銀行方面已向法院聲請將該典保險費假扣押，如此當戶方面勢必蒙受極大影響，故本局正在會同各關係機關設法調解，以期當戶方面，不致過於偏苦。

3.本月二十七二十八兩日舉行小學教員考試，報名者共有九百餘人。

4.本屆民衆學校，擬在鄉區方面盡量擴充。

5.市立師範學校擬於下月着手招生，現江寧縣方面允於九月底以前，將縣立中學遷讓，以便本市於該校原址，設立市立師範學校。

6.市立第二中學，亦擬着手籌備。

7.本年度擴充小學，擬暫時租用民房，以應急需。

四、陸財政局長報告：

1.八卦洲上橫河附近，於本月十八日下午六時半，突被江水冲破，寬約二丈餘，又大沙灘堤埂，於十九日下午三時，因江湖冲刷，外岸突崩丈餘，前後兩次出險均幸發覺後，由該洲列管理員督率員工佃民等，馳赴盡力搶救打下木樁數百，堆填蔴包千餘，得告脫險。

2.本局土地處恢復爲土地局，業經將土地處經管一切文卷物品、造冊移交土地局接收，回溯本任兼管土地事務過程中，爲時約三個月零數日，承 市長之督率指導，不僅辦事效率較前增加七倍以上而市民對於本局，因處理土地而致涉訟者，亦未發生，計三個月來，土地登記經核准公告者有一九四四件，平均每月六四八件，每星期一六二件。

五、宋工務局長報告：

1.大營盤公梟第二期工程已招標。

2.第四住宅區埋設水管正在計劃中。

3.放寬乾河沿至鼓樓一段中山路，及建築鼓樓廣場，埋設下水管等，均已開工。

4.關於防水工作，上星期五，上新河一帶堤工發生危險，下午七八時任數分鐘內堤防倒坍甚多，適逢敎導總隊開到士兵一千餘人會同本局雇工經星期五六日三晝夜之搶救，未遭潰決，現兵工築堤已告一段落，除敎導團外江東門一帶由憲兵担任，二板橋一帶由警廳保安隊担任市府已向上海定製背心一千四百件，擬分贈參加防水各士兵，以資紀念，照揚子江歷來漲水情形，須至九月半，防水工作始可結束，二十年大水，即發生於八月十日，故本市目前仍須繼續防範，以免不測，城內秦淮河水，連日抽出甚多，水位與城外相差三尺，惟以天氣炎熱，河水不無臭味，現擬在東水關設置虹吸管，吸入江水，一方面仍在西水關繼續抽出，以資調劑。

六、周土地局長報告：

1.本人於本月二十日正式接事，現已將第二科一部份遷入新屋。第三科一部份遷入原第二科，新屋約於月底可全部完成。

2.審查工作爲辦理土地登記最重要之一部份工作，現已擬就審查注意事項一百二十餘條，俾資整齊劃一，而期增加行政效率。

3.自本局成立日起（本月二十日）至二十五日止，收業戶聲請土地所有權登記案二二零件，他項權利登記案二五件，核准公告者五四件。

4.收支方面，本月二十二日至二十四日共收契稅登記書狀清丈測繪等費一四六九，七二元，共發第四住宅區上海路四所村珠江路江南鐵路公司及綉球山公園等處地價拆遷費一〇五七二，六四元。

（乙）討論事項：

一、市長交議，周土地局長提請修改南京市土地登記暫行規則第二十八第二十九第三十七各條條文案。

決議　修正通過。

二、市長交議，宋工務局長擬具暑期供給貧民飲水辦法案。

決議　一二兩項通過，自八月一日起實行，九月十四日截止，第三項緩議。

三、市長交議，陸財政局長等報告，審查南京市政府工作人員儲蓄金管理委員會組織章程案。

決議　修正通過。

四、市長交議，周土地局長提請自本年八月一日起增辦七八兩區土地所有權登記，以竟全功案。

決議　自本年九月一日起舉辦。

五、陳社會局長提請委任羅孟平，俞浩，臧德偉，盛建才，謝照寰，張浣英，周華，孫毓桂，徐子長，郭法周，楊慶騮等，爲本市市立小學校長案。

決議　通過。

六、王祕書長報告，會同原審查人審查更改玄武公園五洲名稱案。

決議　美洲改稱梁洲餘照審查意見通過。

南京市公園管理處小販營業規則

廿四年七月三日公布

第一條　凡在本處所屬各公園內營業之小販，除應遵照南京市取締食品小販規則外，均須依照本規則之規定辦理。

第二條　凡小販欲到本處所轄各公園營業者，須領取許可證，如無許可證者，一律不准營業。營業地點由本處指定之。

第三條　凡小販請領許可證時應開具販賣物品種類，本人姓名住址，在何處公園營業，隨繳證費一元，印花稅二分。

第四條　凡小販所攜之物品，經本處認爲適合衞生者，方得售賣。

第五條　生菓及其他物品，不得用生水洒浸以重衞生。

第六條　各種食物，須加以玻璃蓋或鉄絲罩，以免病菌傳染。

第七條　凡未領有本處許可證，擅在本處所轄區內營業者，得處以一元以上，三元以下之罰鍰。

第八條　凡在本處各公園販賣物品如有用秤者，須一律採用市秤，不得任意減少欺朦顧客。

第九條　許可營業小販之衣履，務須整潔，並佩帶本處所給之許可證。

第十條　許可證遺失時，得抄錄號數，呈請補領，惟須依照本規則第三條之規定，另繳證費五角，及印花二分。

第十一條　凡在本處所屬各公園內營業之小販，均須聽從衛生稽查之監督指導。

第十二條　許可營業小販如違反第四條第五條第六條第八條第九條規定者，處以一元以上，三元以下之罰鍰。情節重大者，得停止其營業。

第十三條　本處所發之許可證，由發出之日起，以一年為限期，逾限應呈請更換另納證費。

第十四條　本規則如有未盡事宜，得隨時呈准市府修正之。

第十五條　本規則自呈准市府公布之日施行。

南京市第八區普濟施材掩埋所組織大綱

廿四年七月三日核准備案

第一條　本所定名為南京市第八區普濟施材掩埋所。

第二條　本所辦理施材掩埋事項，以在本區區域內有下列情形之一者為限：

一、無主路斃；

二、津浦鐵路行車撞斃之無主行人，及鐵路旁凍餒而死者；

三、確實赤貧，無力購材或掩埋者。

第三條　本所基金原定二千元，經請准南京市政府及津浦鐵路管理委員會各捐助七百元，共計一千四百元，不足之數，由董事會募補之。

第四條　常年經費由董事會募集之。

第五條　本所設董事會，由第八區區公所，津浦鐵路管理委員會，南京市社會局，第八警察局，第七區黨部，各指定一人，并推舉地方慈善人士十六人組織之。

第六條　董事會之職權如左：

一、推定本所正副所長；
二、籌募經費；
三、議決本所預算，及審核決算；
四、保管經費；
五、議決本所所長擬議事項。

第七條　本所設所長一人，總理本所事務，副所長一人，輔助所長掌理所務。

第八條　本所正副所長由董事會推定之。

第九條　本所分文書，調查，施材，掩埋，義地五組，每組設幹事一人。

第十條　本所正副所長及各組幹事概不支薪，但因公出外工作時，得酌給夫馬費或伙食費。

第十一條　本所組織細則及辦事細則另定之。

第十二條　本組織大綱經籌備會通過後，由南京市第八區區公所轉呈南京市政府核准後施行之。

南京市第八區普濟施材掩埋所組織細則

廿四年七月三日核准備案

第一條　本細則根據本所組織大綱第十一條訂定之。

第二條　董事會以董事五人爲常務董事，組織常務董事會，辦理日常事務，除第八區區公所，津浦鐵路管理委員會，南京市社會局所指定之董事爲當然常務董事外，餘由各董事公推担任之，再由常務董事中互推一人爲主席，主辦一切會務。

第三條　董事會設左列三股，每股設正副主任各一人，由董事中推任之。

一、總務股；
二、募捐股；

三、保管股。

以上各股，遇必要時得酌設幹事一人，協助各股主任，辦理各該股事務。

第四條　本所正副所長直接受董事會之指揮，代表本所對外發生關係，並辦理施材掩埋義地等事項。

第五條　本所設左列各組，各設幹事一人；

一、文書組；

二、調查組；

三、施材組；

四、掩埋組；

五、義地組。

第六條　本所之組織系統如左：

董事會議—常務董事會—｛總務股／募捐股／保管股｝—正副所長—｛文書組／調查組／施材組／掩埋組／義地組｝

第七條　本細則經籌備會通過後，由南京市第八區區公所轉呈南京市政府核准施行。

第八條　本細則如有未盡事宜，由董事會議決修正，呈請核准備案。

南京市第八區普濟施材掩埋所辦事細則

廿四年七月三日核准備案

第一條　本細則根據本所組織大綱第十一條訂定之。

第二條　常務董事會及各股掌理事項如左：

一、常務董事會　掌理執行命令，決議案，公交際，公文等屬於整個性質之工作。

二、總務股　掌理購材，文書，庶務，會計及不屬於他股等事項。

三、募捐股　掌理製發捐冊，保管捐款等事宜。

四、保管股　掌理保管基金事宜，及保管不屬於他股之各件。

第三條　董事會之各股，由各該股正副主任負責辦理各該股一切事務。

第四條　董事會之日常事務，由常務董事主席，根據命令，及董事會或常務董事會決議案，按其性質，分配各股辦理之。

第五條　董事會各股遇有不能解決之事務，由常務董事主席，召開常務董事會議，或董事會議討論之。

第六條　董事會每三個月開會一次，常務董事會每月開會一次，遇必要時得召集臨時會議。

第七條　本所正副所長，承受董事會之指揮，辦理所務。

第八條　本所各組幹事，由所長指導辦理各該組之應辦事宜。

第九條　本所各組之職掌如左：

1.文書組　辦理報告，收發文件，撰擬文稿等事宜。

2.調查組　辦理調查請求施材，或掩埋者之情形。

3.施材組　辦理施材事宜。

4.掩埋組　辦理掩埋事宜。

5.義地組　辦理管理義地事宜。

第十條　正副所長每月應召集各組幹事開所務會議一次，討論所內一切事宜。

第十一條　正副所長遇有不能解決或情節重大之事務，呈請董事會處理之。

第十二條　本細則經籌備會通過後，由南京市第八區區公所轉呈南京市政府核准施行。

第十三條　本細則如有未盡事宜，由董事會議決修改，呈請核准備案。

修正南京市政府校舍建築委員會簡章（二十四年七月五日第三六〇次市政會議通過）

第一條　本委員會依據第三五六次市政會議決議組織之，審核及監督關於建築市立學校校舍事宜。

第二條　本委員會設委員七人至九人，內設常務委員三人，均由市長分別指定。

第三條　本會議決案件，得由常務委員移送有關機關辦理，並呈市政府備案，其重要者應呈　府核定之。

第四條　本會議決之校舍經費，應呈　市政府轉飭財政局照撥。

第五條　校舍工程完竣後，由工務局通知本會查核，呈報

市政府派員會同校長驗收。

第六條　本委員會每週開會一次，由常務委員召集，必要時得召開臨時會議。

第七條　本簡章由　市政會議議決施行。

南京市清涼山公園住宅區原有民房及寺廟整理辦法

二十四年七月十日公布

一、公園區及住宅區內之寺廟，較為完整者，得予保留，其破壞不堪無保留之價值者，概予拆除，由工務局派員勘定之。

二、公園區及住宅區內之原有民房，破壞不堪者，概予拆除，其較為完整者，在公園區內得予保留，在住宅區內各業主願優先承領該屋基地者，亦得予保留。

三、呈請保留原有民房，及優先承領該屋基地者，應於本辦法公布後一月內，向財政局呈明其保留房屋，及承領土地

之範圍，經工務局查勘規劃後，認爲可予保留或承領者，其保留面積每方應繳受益費八元，承領面積每方應繳建設費二十四元。

四、公園區內之名勝古蹟寺廟，如有不整齊之房屋經核准保留者，限於一年內翻建或修整之。

五、公園區及住宅區內經核准保留之寺廟民房，如有與衛生或觀瞻有礙之設備，工務局得隨時取締之。

南京市公園管理處管理荷葉運銷規程（二十四年七月十日核准備案）

第一條　採取新葉時期，自七月一日起，至九月二十日止，每日由漁戶頭分別擔任採售事宜。

第二條　採取老葉時期，自秋分日起，十五日內，天晴之時爲適合，如遇風雨，停止採取，每日工作時間，均須規定，幷分段採取，以便派員監視。

第三條　每日荷葉上岸時，除由本處派員監視點數或過秤登記外，幷由市政府隨時派員監視，以昭核實。

第四條　新葉出賣時，以二十張爲一舖，每舖售銅元七枚，採者售者各取銅元二枚，其餘銅元三枚交由本處轉解。

第五條　老葉出賣時，先期由本處函知南京醬業公所及雜貨業商民協會分會，定期開會，共議價格，幷通知各經紀稽查及湖民頭屆時蒞會本處亦派員參加。

第六條　老葉售價議定後，計擔扣洋，仍照舊章，公家得純利四成，湖民六成，經紀佣金六分，由湖民六成內攤出。

第七條　向例在官葉出賣期間，不准銷售他處私葉，須援案呈請市政府佈告禁止，幷函知首都警察廳協助辦理。

第八條　由湖民出據担保熟悉官葉銷售情形若干人，呈由本處分別委充臨時經紀及稽查，官葉售完後，即予取銷名義。

第九條　上項經紀，應負責指定店舖承銷官葉，所有公家四成價款卽責令繳納，但非經指定者，不在此限，在官葉銷售期間，各城門各街市如有未經給發通行證之私葉發現，由稽查負責報告，或送交各當地警察，視其情節輕重，分別法辦。

第十條　凡採葉湖民，必須給與通行證，方准挑葉進城，否則以私葉論。臨時之經紀及稽查，亦各發給符號，以資識別。

第十一條　除經紀佣金六分，已有津貼外，稽查一職，應在沒收私葉或罰金項下，撥給半數，以充獎金，藉資鼓勵。

第十二條　如有湖民不領通行證，擅自盜賣及串同其他人員，發生舞弊情事，一經查明確實，定即分別嚴懲。

南京市公園管理處玄武湖遊船雇用規則　二十四年七月十五日公布

第一條　凡雇用本處核准在湖內行駛之遊船者，應依照本規則之規定。

第二條　雇用遊船者，除在星期一至星期五各日，得與船戶自由議價外，在星期六日及假日，應照後列價目表付價。

第三條　雇船時間不及一小時者，應以一小時算，若過原定時間者，則每一刻鐘應添加原價四分之一，不及一刻者以一刻算。

第四條　雇用遊船者，如有損壞遊船或划槳情事，應負賠償之責。

第五條　划船者須依照湖內航綫方向行駛，不得擅自駛入荷區。

第六條　划船者須依航綫左上右下之規定行駛，以免互撞。

第七條　船戶如違反第二條及第三條之規定者，雇客得將船號報告本處，由本處處以停止行駛半日至一日之懲罰，划船者如違反第四條之規定，一經本處查獲，處一元以上五元以下之罰鍰，其情節較重者，並須拘警嚴辦。

第八條　本規則如有未盡事宜，得隨時呈請修改之。

第九條　本規則自呈准市政府核准公布之日施行。

南京市公園管理處玄武湖遊船價目表

二十四年七月十五日公布

遊船例別	特號船	頭號船	二號船	三號船	小船
座位數	十五人	十人	八人	六人	四人
每小時價	一元	七角	五角	四角	二角
半日六小時價目	三元五角	二元五角	一元八角	一元五角	一元
全日十二時價目	五元	四元	三元	二元	一元五角

說明上列各價，適用於星期日，及假期，平日可按該價給付半數，此註。

修正南京市水陸交通舟車價格標準汽車價目

二十四年七月十七日核准備案

甲、汽車價目

汽車分客車與卡車兩種，其價目標準分以時間計算，或以路程計算，僱客與車主應事先言明，免起糾紛。

(一)客車價目以時間計算之標準

(1)全日以十二小時計，不得超過大洋十八元（每過一小時照加一元五角）。

(2)半日以六小時計，不得超過大洋十元（每過一小時照加一元五角）

路遠者以全日或半日計算。

路遠者以鐘點計算。

(1)第一小時不得超過大洋二元。

(2)僱用一小時以後，每小時大洋一元五角，半小時大洋一元，不足半小時者，仍以半小時計算。

(二)客車價目以路程計算之標準

(1)在城內單行一次者，不得超過大洋一元二角。

(2)在城內來回一次者，不得超過大洋二元(時間以一小時為限)。

(3)出城外單行一次者，不得超過大洋二元。

(4)出城外來回一次者，不得超過大洋三元半(時間以一小時半爲限)。

出城外之界限以下列地點爲止：

興中門挹江門外至下關爲止。

中山門外至靈谷寺爲止。

中華門外至雨花台爲止。

水西門外至莫愁湖爲止。

其他下列各地點之價目標準以時間計算。

和平門外、漢西門外、水西門外、上新河、牛首山、燕子磯、棲霞山、湯山、江寧鎮、秣陵關、但江寧鎮秣陵關棲霞山以三小時半爲最低限度，湯山以四小時爲最低限度。

(一)卡車運輸以時間計算之標準。

(1)載重二噸車，每小時運費不得超過大洋四元(第二小時起每小時三元)。

(2)載重三噸車，每小時運費不得超過大洋五元(第二小時每小時四元)。

(3)市區內運送全日(十二小時)，二噸車運費不得超過大洋三十二元。

（4）市區內運送全日（十二小時），三噸車運費不得超過大洋四十元。

（5）運送半日（六小時）照上開標準價目對折計算，過時照時計算。

（二）卡車運送貨物，如以路程計算，其價目應比照以時間計算之標準，由僱客與車主協定之。

修正南京市私立中等學校招生暫行規則

二十四年七月二十日公布

第一條　南京市私立中等學校招生依照本規則辦理之。

第二條　初級中學及初級職業學校新生，除招收小學畢業生，高級中學新生，除招收初中畢業生外，初中及高中得招收具有同等學力（即與小學初中畢業有同等學力），初級職業得招收具有相當程度（即未經正式小學畢業而對於與所習職業有關係之學科具有相當程度）之學生，但其所佔錄取總額之比，高中不得超過百分之十，初中及初級職業不得超過百分之二十，並均以一年級第一學期學生爲限。

第三條　未立案學校之學生攷取時，得以同等學力或相當程度論，原校所發證書不生效力。

第四條　各校招生每班學額以初中五十八，高中及初級職業四十八人爲限。

第五條　各校招考插班生，以插入程度相當之學級爲限，不得躐等，凡初中及高中招考插班生，須有原校發給學期啣接之轉學證書及成績表，初級職業須有科別相同學期啣接之轉學證書及成績表，經審查確實，編級試驗及格後，方能錄取，如證明文件不齊，或轉學證書無校鈐及校長私章者，概不得報名應考。

第六條　初中高中及初級職業各校招考插班生，以一年級第二學期，二年級第一二兩學期缺額名數爲限，三年級第一二兩學期均不得招考插班生，並不得發給轉學證書。

第七條　各校招考新生，應擬訂招生簡章，詳載錄取名額，入學資格，考試日期地點等項，呈由本局核准，不得於呈准名額外濫予錄取，如第一次招未足額，須舉行續招時，仍須按照上述手續，呈報核准，不得隨到隨考。

第八條　各校招考完畢後，應于一月內，將錄取學生之畢業證書，轉學證書，入學試題，及具有同等學力或相當程度學生之試卷，一併呈送社會局，經審查合格後，方准該生取得學籍，在未經核准學籍前，不得發給轉學或修業證書，又各校於呈報錄取新生時，應將在校學生簽名冊，及轉學退學休學曠學學生名冊，同時呈送備查。

第九條　本規則呈經　教育部　市政府核准後公布施行。

南京市師範學校畢業生服務暫行辦法

廿四年七月廿七日核准備案

一、本辦法根據修正師範學校規程第九十三條之規定訂定之。

二、凡南京市師範畢業生（以下簡稱師範生）在本市區內服務、除依照南京市立小學教職員任用待遇服務及獎懲規則辦理外，應遵照本辦法之規定。

三、會考及格之師範生，得按其會考成績之等第，分配於南京市立市區小學或鄉區小學服務。

四、會考有一科或二科不及格之師範生，依照師範學校畢業會考規程第十二條之規定，於鄉區小學有缺額時，酌予分配於南京市立鄉區小學暫行服務。

五、師範生服務包含試用及正式任用兩時期。

試用期間服務成績，須經南京市社會局審查列在乙等以上，方得正式任用。

試用期間為半年，遇必要時得延長之。

六、師範生之會考成績列甲等者，在試用期間支第八級薪，列乙等者支第六級薪，列丙等者支第三級薪，其會考有一科或二科不及格者，支第一級薪。

各級薪額，照南京市立小學教職員任用待遇服務及獎懲規則第三十七條之規定。

七、師範生試用期間，其原校校長及教育教員，仍負輔導之責。

八、師範生服務地點，除經呈准社會局或由社會局遷調免職外，不得自由變動。
九、本辦法由南京市社會局呈請市政府轉咨教育部備案施行。

南京市新生活集團結婚辦法

廿四年七月廿七日核准備案

一、本市為推行新運，提倡儉約起見，舉辦集團結婚。
二、本市市民舉行結婚，得申請參加集團結婚典禮。
三、本市集團結婚典禮，每年於春夏秋冬四季各舉行一次，由市長及社會局長證婚。
四、參加者每對應繳洋二十元。
五、參加者應照社會局所規定之登記日期及格式，用墨筆正楷填具申請書二份，每份粘貼男女申請人最近四寸全身照片各一張，另附二寸半身照片各三張，由男女申請人及雙方家長或監護人與主婚人介紹人簽名蓋章，並須本人（主婚人介紹人不必同來但男女結婚人未滿二十歲者必須主婚人偕同來局）親來社會局申請登記（一方無效）。
前項申請書向社會局領取概不收費。
六、社會局調查核准登記之結婚人，于婚前三星期公布之，如利害關係人對于結婚人之婚姻有異議者，應于結婚前七日呈報社會局核辦。
七、核准登記之結婚人，於結婚前一星期，應依照通知書所規定之時日，由男女主婚人及介紹人帶同前來社會局在結婚證書上簽名蓋印，并領取登記證，屆期憑證參加婚禮。
前項證書由市政府印備發給。
八、結婚地點假勵志社大禮堂，舉行婚禮儀式另定之。
九、結婚人禮服，新郎新娘應依照服制條例第一條第二條之規定辦理，該項禮服及兜紗花球鞋襪等一律採用國貨，暫定由南京國貨公司承辦，結婚人可逕向該公司接洽。

十，男女結婚人應于婚禮開始前三十分鐘到達結婚地點，逾時不到不得參加。

十一，結婚時不用嬪相及提紗兒童，禮堂內不准拋撒花紙等物。

十二，結婚時除結婚人及雙方主婚人介紹人共六人外，其餘親友來賓，均須憑觀禮劵入禮堂觀禮。

前項觀禮劵在領取登記證時連同發給。

南京市工廠衛生實施指導委員會章程

實業部中央工廠檢查處核准備案

第一條　本委員會定名為南京市工廠衛生實施指導委員會。

第二條　本委員會以指導援助南京市各工廠改進工廠衛生狀况，期逐漸達到工廠法及工廠法施行條例關於衛生及醫藥設備各條款之規定為宗旨。

第三條　本委員會受實業部中央工廠檢查處之指導監督。

第四條　本委員會設委員九人至十一人，除實業部中央工廠檢查處，南京市衛生事務所，各指派代表二人，及南京市政府工廠檢查員，為當然委員外，餘由南京各工廠所派代表互選四人至六人組織之。

第五條　工廠代表由其所代表之工廠指派之，凡工廠工人數目在三百人以上者，派代表二人，三百人以下者派代表一人。

前項工廠係指合於工廠法第一條規定之工廠。

第六條　本委員會設正副主席委員各一人，呈由實業部中央工廠檢查處就委員中遴定之，負責處理日常事務，及召集開會等事宜。

第七條　本委員會之職掌如左：

一、擬定與工廠衛生有關之各項實施計劃，及經費標準；

二、督促并指導各項工廠衛生實施工作；

三、辦理實業部中央工廠檢查處委託有關工廠衛生事項；

四、考核工作人員成績；

五、其他有關工廠衛生事項。

第八條　本委員會設祕書幹事各一人，祕書由主席委員指派委員一人兼任，幹事由中央工廠檢查處指派處員一人兼任之，祕書幹事承主席委員之命，辦理會內日常事務。

第九條　本委員會依南京市工廠集中情形，將全市劃分爲若干區，分派醫士及辦理工廠衛生人員協助各工廠實施衛生計劃，其辦法另定之。

前項醫士得聘請南京衛生事務所附屬之各區診療所醫士兼任之。

第十條　本委員會委員及各職員均爲義務職。

第十一條　本委員會得指揮所屬辦理工廠衛生人員，隨時攷察各工廠一般衛生狀況，並設法加以改善。

第十二條　本委員會應按月將工作情形，報告實業部中央工廠檢查處查核但如係委託事項，應將辦理情形，隨時具報。

第十三條　本委員會全體會議每月舉行一次，於必要時得舉行臨時會議。

第十四條　本委員會辦事細則，及南京市工廠衛生實施方案另定之。

第十五條　本章程如有未盡事宜，得由本委員會隨時修改，呈請實業部中央工廠檢查處核准備案。

第十六條　本章程自呈奉實業部中央工廠檢查處核准備案後施行。

附中央通行法規

振務委員會助振給獎章程補充辦法

賑務委員會公布

一、凡捐助振款振品者，除辦振團體及在事人員奬勵條例別有規定外，其依本會助振給奬章程分別奬勵者，得參照本辦法辦理。

二、團體捐助振款振品，依章程第三條之規定，由本會題給匾額，不給褒狀及褒章。

三、凡捐振款振品，不願宣示姓名者，尊重原捐助人意旨，免予奬勵。

四、公司商號等捐助振款振品，除依照章程第三條之規定，題給匾額外，其褒章褒狀，應由原捐助公司商號，推由固定代表人受奬。

五、本辦法自　行政院核准備案之日施行。

南京市政府令

廿四年五月六日

令黃 煥

茲委該員爲本市清潔總隊事務員。此令。

市長馬超俊

南京市政府令

廿四年五月六日

令葉集奎

茲委該員爲本市清潔總隊事務員。此令。

市長馬超俊

南京市政府令

廿四年五月六日

令張容直

茲委該員爲本市清潔總隊事務員。此令。

市長馬超俊

南京市政府令　廿四年五月六日

令袁鵬飛

茲委該員代理本府祕書處辦事員，着先行到差，並依公務員任用法第七條之規定，塡具資格審查表，連同證件呈府，以憑咨轉。此令。

市長馬超俊

南京市政府令　廿四年五月七日

令于愈衆

茲委任該員爲本府祕書處主任科員。此令。

市長馬超俊

南京市政府令　廿四年五月七日

令周曰庠

茲委任該員爲本府祕書處科員。此令。

市長馬超俊

南京市政府令　廿四年五月九日

令牛海濤

茲委任牛海濤爲本市清潔總隊督察員。此令。

市長馬超俊

南京市政府令 廿四年五月九日

令袁吉

茲委任袁吉爲本市清潔總隊督察員。此令。

市長馬超俊

南京市政府令 廿四年五月十一日

令邱少芳

茲委該員爲本市清潔總隊分隊長。此令。

市長馬超俊

南京市政府令 廿四年五月十六日

令潘名振

茲派該員代理本府祕書處科員，仰卽先行到差，並檢同證件，塡具資格審查表，呈候轉咨審核。此令。

市長馬超俊

南京市政府令 廿四年五月十八日

令馬恢策

茲委該員爲本市清潔總隊事務員。此令。

市長馬超俊

南京市政府令 廿四年五月三十一日

南京市政府公報　委令

令牛振勳

茲委任牛振勳為本市屠宰場獸醫。此令。

市長馬超俊

南京市政府令

廿四年六月一日

令容裔

茲委該員為本府稽查員。此令。

市長馬超俊

南京市政府令

廿四年六月六日

令鄂其山

茲調委該分隊長為本市清潔總隊隊副。此令。

市長馬超俊

南京市政府令

廿四年六月六日

令端木光熾

茲調委該督察員為本市清潔總隊東路分隊隊長。此令。

市長馬超俊

南京市政府令

廿四年六月六日

令羅夢球

四〇

茲委該員爲本市清潔總隊督察員。此令。

市長馬超俊

南京市政府令　廿四年六月十一日

令鄧其德

茲委該員爲南京市上新河區善德鎮鎮長。此令。

市長馬超俊

南京市政府令　廿四年六月十一日

令李吉同

茲委該員爲南京市上新河區善德鎮副鎮長。此令。

市長馬超俊

南京市政府令　廿四年六月十九日

令張曾蔭

茲委該員爲本市清潔總隊督察員。此令。

市長馬超俊

南京市政府令　廿四年六月廿二日

令李振強

茲委該員爲本府稽查。此令。

南京市政府令

廿四年六月廿二日

令孫　安

茲委該員爲本府特務員。此令。

市長馬超俊

南京市政府令

廿四年七月十日

令周　湘

案查本市財政局土地處，前經本府第三〇六次市政會議通過，改組爲土地局，業經擬具組織規則，呈請行政院鑒核在案。茲爲適應事實需要起見，應即將財政局土地處，先行改組爲土地局，俟奉行政院核准後，再行正式成立。茲委該員代理土地局局長，除令知財政局外，合亟令仰該員遵照，迅往財政局土地處接收，即日着手組織，並將接收組織情形，隨時具報。此令。

市長馬超俊

南京市政府令

廿四年七月十六日

令呂載峯

茲委該員爲南京市燕子磯區八卦鄉副鄉長。此令。

市長馬超俊

南京市政府令

廿四年七月廿日

令王人驛

茲派該員代理本府參事，先行到差，並即依法塡具資格審查表，檢同證件。送候轉呈請簡。此令。

市長馬超俊

南京市政府令

廿四年七月廿七日

令劉鴻來

茲派該員爲南京市孝陵區海新鄉副鄉長。此令。

市長馬超俊

公牘

社會

□擴充督糧廳小學案

▲指令社會局：為據呈督糧廳小學征收土地，請撥房地價一千六百五十二元七角七分一案，應予照准，仰知照由。

指令第三二六八號　廿四年七月五日

呈一件：為准財政局函，以督糧廳小學征地一案，已召集協議，房地價共一千六百五十二元七角七分，祈鑒核飭撥由。

呈表均悉。應予照准，仰即編造支付預算書，呈候飭撥。表存。此令。

市長馬超俊

附原呈

案查督糧廳小學征收土地一案，前已備具計劃書地形圖，呈經鈞府轉咨　內政部依法公告，茲由財政局定期召集業戶協議補償金各在案。茲准財政局來函，略以本案經召集協議，費姓一戶議定每方三十元，披屋十間，全部收買，價銀二百九十元，伍姓一戶空地議定每方二十六元，均已協議成立紀錄在卷，造具房地價計算表一紙，計需銀一千六百五十二元七角七分，函囑查照撥款，以便轉發等由，並附表一紙，准此，查督糧廳小學需要擴充至爲迫切，准函前由，理合抄錄原房地價計算表，備文呈請鈞府鑒核，准將該房地價共銀一千六百五十二元七角七分，轉飭財政局在征地借款項下如數照撥，俾便轉發，實爲公便。謹呈

市長馬

附呈房地價計算表一紙。

社會局局長陳劍如

廿四年六月

◻修正校舍建築委員會簡章案

▲訓令社財工三局校舍建築委員會：爲令發修正校舍建築委員會簡章，仰遵照由。

訓令第三三六五號　廿四年七月九日

案查本年七月五日，本府第三六〇次市政會議，校舍建築委員會陳主任委員提議，爲擬具修正南京市政府校舍建築委員會簡章草案，是否適當，請公决案，當經决議，「修正通過」在案。除分令外，合行抄發修正簡章，令仰該局會即便遵照。此令。

計發修正南京市政府校舍建築委員會簡章一份。

市長馬超俊

◻轉知凡下半旗之日除機關門首向有旗桿每日必升旗者應照下半旗外其餘一律不得懸旗案

▲訓令所屬各機關社會局：爲奉行政院令，凡下半旗之日，除機關門首，向有旗桿，每日必升旗者，應照下半旗外，其餘一律不得懸旗一案，令仰遵照並轉飭遵照由。

訓令第三四六五號　廿四年七月十二日

案奉

行政院本年七月六日第三七三〇號訓令開：「案奉中央執行委員會本年六月廿四日敬字第四一七號公函開：「按國旗使用，有關觀瞻，過去每遇遵令下半旗之紀念日，民間商店住宅、一律懸旗，方式參差，有似慶賀。亟應加以整飭，以崇體制。爰經本會第一七四次常會決議：凡下半旗之日，除機關門首向有旗桿每日必升旗者，應照下半旗外，其餘一律不得懸旗等語在案。除分令各級黨部外，相應錄案函達，即希查照轉飭所屬一體遵照。」等因：奉此，自應照辦。除函復外，合行令仰遵照。幷轉飭所屬一體遵照。此令。」等因：奉此，除分令外，合行令仰遵照，幷轉飭所屬，一體遵照。」等因：奉此，除分令外，合行令仰遵照。暨通飭本市各團體學校商店等一體遵照。

此令。

市長馬超俊

◻修正魚網登記辦法第二條及第四條條文案

▲指令社會局：爲據呈魚網登記辦法第二條，應否修正等情，應予修正由。

指令第三五一二號　廿四年七月十五日

呈一件：爲魚網登記辦法第二條，應否修正，抑另加以補充規定，呈請鑒核示遵由。

呈件均悉。該魚網登記辦法第二條，應即修正爲：「凡市民所有魚網，無論舊有新置，均須向所在地區公所，或鄉鎮公所，領塡聲請書，辦理登記，前項登記，不收費用。」又第四條：「鄉鎭公所辦理魚網登記：……」幷應改爲「區鄉鎭公所辦理魚網登記：……。」以期周密。仰卽遵照分別修正。此令。件存。

市長馬超俊

附原呈

卷查南京市魚網登記辦法，前經呈奉
鈞府核准施行，卽由本局印製聲請書等，分送各鄉區公所查照辦理，並布告週知在案。依照該辦法第二條「凡市民所有魚網，無論舊有新置，均須向所在地或附近之鄉鎭公所，（如雨花路雖屬城區但仍須向附近鄉鎭公所登記）領塡聲請書，辦理登記」之規定，是凡市民所有魚網，均須向鄉鎭公所登記，但如新街口北門橋鼓樓等處，位在城中，究以何處爲其最附近之鄉鎭公所，頗難確定，且城區及下關浦口距離鄉鎭甚遠，如由鄉鎭公所辦理登記，恐調查取締亦諸感不便，應否將該辦法第二條修正，城區及下關浦口兩區之魚網，應向所在地之區公所辦理登記，抑仍照原辦法而另加以補充規定（劃定登記區域）？理合擬具魚網登記區域分劃圖及說明，具文呈請，仰祈
鑒核示遵，實爲公便。謹呈
市長馬

附呈南京市城區及下關浦口辦理魚網登記區域分劃圖，及說明各一份。

社會局局長陳劍如

廿四年六月

□推廣貧民貸款案

▲訓令小本借貸處、社會局：爲據張家鼎條呈推廣貧民貸款辦法，仰遵令辦理由。

訓令第三六四九號　廿四年七月廿日

案據該小本借貸處副經理張家鼎，條呈推廣小本貸款辦法三項，及推廣貧民貸款辦法三項，本府查核所擬推廣小本

貸款辦法三項，多由社會該局列入廿四年度中心工作，無庸置議，至推廣貧民貸款辦法第一項，「延長還款期限」，按原定章程，分五期償還，每期兩週還款一次，該副經理以還期過促，貧民難獲利益，擬請改爲每期以一個月爲限，仍分五期還清，此爲救濟貧民充分利用借款，得以稍賺利潤，尚屬可行，其第二項「請准以人保貸款」，此點按章程規定，須有舖保，始能借款，爲保持基金穩固起見，仍以憑舖保借款，較爲妥當，至第三項「增加貸款代辦處所」，亦尚可行。除分令社會局小本借貸處外，合行抄發原呈辦法，令仰該處局遵照令飭各節辦理。此令。

計抄發張家鼎原呈推廣貧民貸款辦法一份。

市長馬超俊

□嘉獎大勝關簡易小學全體學生協助護堤案

▲訓令上新河區區公所社會局：爲據大勝關第一保保長徐永高等呈，爲大勝關簡易小學全體學生協助護堤，請予嘉獎等情，令仰查收轉給由。製就銀盾一座，令仰傳令嘉獎由。

訓令第三六五〇號　廿四年七月廿日

案據大勝關第一保保長徐永高，及該地民衆代表汪廣宣等呈稱：

「竊本月一日正値月朔，潮汛高漲，本保旗杆洲南邊，與南圩鄉毗連，因築路時土工將南河堤內之土，取以填路，以致河堤薄弱，故四日江潮湧進斯處，勢將崩潰，第二甲甲長江文龍，雖先事預防，於三日已傳呼本村居民趕修，奈本村居民素喜推諉，多以地多地少，有地無地爲比例，不肯勇往，斯日雖甚危急，僅江文龍率領數人努力救護，何能濟事，旋經大勝關簡易小學學生某，將河堤事急情報告校長，校長王春榮立卽集合學生數十人，列隊前往救護，學生等非特秩序整齊，皆見義勇爲，且舉動一切，極爲靈敏輕快，依次排列取土，滾成泥牛，挨次傳送，江甲長身先衆人，將泥牛壅于堤內，以厚堤障，計勞作六小時之久，方將河堤救護穩固，幸未崩潰，中央農場職員張君，及保長徐永高君，親見學生義勇激勵，此次本洲二百餘畝地產及居民住屋，未遭淹沒者，皆王校長與學生急公好義，江甲長努力從公之功也。公民等爲鼓勵民衆起見，爰將學生救護河堤，創年來僅見之事實，公呈鈞長，可否准予嘉獎，以勵將來。」

等情：據此。查該大勝關簡易小學全體學生，見義勇爲，殊堪嘉尚，除令社會局傳令嘉獎，用昭激勸外，茲幷製就銀盾一座，合行令發，仰卽查收轉給，以示獎勵。製銀盾一座，令發上新河區區公所查收轉給，用示獎勵外，合行令仰知照，並由該局傳令嘉獎，以昭激勸。

此令。

附發銀盾一座。

市長馬超俊

□修正私立中等學校招生暫行規則案

▲訓令社會局：爲准教育部咨復，修正南京市私立中學招生暫行規則，應予備案，請查照等由，除照原咨修正幷公布外，令仰遵照修正施行由。

訓令第三六六七號　廿四年七月廿日

案准

教育部本年七月十二日普私壹一第九六零二號咨開：

「案准貴市政府第三一〇一號咨，據社會局呈，爲修改私立中學招生暫行規則第二條條文等情，轉咨備案等由，准此，查核尚合，應予備案，惟該暫行規則名稱之上，應冠以「修正」二字，相應咨復查照。」

等由，准此。查此案前據呈請，卽經轉咨，幷指令准予備案在案。茲准前由，除照原咨修正，幷公布外，合行令仰該局卽便遵照修正施行。

此令。

市長馬超俊

▲南京市政府令　廿四年七月廿日

茲修正南京市私立中等學校招生暫行規則，公布之。此令。

市長馬超俊

□轉發修正軍需品製造販賣取締規則案

▲訓令社會局：為准軍政部函，以前次修正軍需品製造販賣取締規則，繕寫錯誤，再抄原規則，請查照飭知等由，令仰知照由。

訓令第三八五八號　廿四年七月廿七日

案准

軍政部本年七月十九日法乙字第三二五七號公函開：

「案查修正軍需品製造販賣取締規則，前經本部明令公布，並法（乙）字第六八八號函請查照轉飭遵辦在案。茲經發覺該規則原稿第三條，尚有「在京外者得由當地官署轉請軍政部核發」一項，因繕正時，誤將該項列在第四條第二項勒令歇業句下，又該規則名稱標題，多列「草案」二字，均屬繕寫錯誤所致，除分行外，相應再抄同原修正軍政部軍需品製造販賣取締規則一份，函請查照，並轉飭所屬一體知照。」

等由；准此。查前項規則，業經本年四月廿三日本府第四一九號令發該局遵照辦理在案。茲准前由，合行抄發原件，令仰知照。

此令。

計抄發修正軍政部軍需品製造販賣取締規則一份。

市長馬超俊

□訂定師範學校畢業生服務暫行辦法案

▲訓令社會局：爲准教育部咨復，以南京市師範學校畢業生服務暫行辦法，仍有應行修正之處，令仍遵照修正施行由。

訓令第三八五九號　廿四年七月廿七日

案查前據該局呈送南京市師範畢業生服務暫行辦法草案，請鑒核轉咨備案等情，當經修正咨轉，并指令遵照在案。茲准

教育部本年七月廿日普總參一第九九二六號咨復開：

「查該辦法大致尚合，應予備案，惟標題「南京市師範」之下應加「學校」二字，第一款「師範學校規程第九十一條」應改爲「修正師範學校規程第九十三條」第二款「本規則」應改爲「本辦法」第四款內「第十四條」應改爲「第十二條，」相應咨復，並轉飭遵照。」

等由；准此，合行令仰遵照修正施行。

此令。

市長馬超俊

□舉行第一屆新生活集團結婚案

▲指令社會局：爲據呈報籌辦第一屆集團結婚情形，並檢附辦法及聲請書，祈鑒核備案等情，准予備案由。

指令第三八六三號　廿四年七月廿七日

呈一件：爲呈報籌辦第一屆集團結婚情形，並檢附辦法及聲請書，祈鑒核備案由。

呈件均悉。准予備案，仰即知照。此令。件存。

市長馬超俊

附原呈

查本市新生活集團結婚辦法前經擬定，簽奉鈞長批准施行，本局遵即公告，定於本年八月十日舉行第一屆集團結婚典禮，六月廿日開始辦理結婚人登記，七月十日截止，十一日開始調查，二十日登報公告，並經登報徵集集團結婚證書式樣，于七月三日會議決定楊煜文爲第一名，獎金四十元，孫靑羊爲第二名，獎洋二十元，虞家騋爲第三名，獎洋十元，採用楊煜文之圖案爲結婚證書式樣，除結婚人姓名俟調查公告後另行冊報外，理合將籌備第一屆集團結婚典禮情形，並檢附集團結婚辦法及聲請書一併呈請鈞長鑒核備案。謹呈

市長馬

附呈南京市集團結婚辦法，暨聲請書各一份。

社會局局長陳劍如

廿四年七月

▲指令社會局：爲據呈送核准參加本市第一屆集團結婚名單，請鑒核備查等情，准予備查由。

指令第三八九三號　廿四年七月廿九日

呈一件：爲呈報核准參加本市第一屆集團結婚典禮，繕具結婚人名單，請鑒核備查由。

呈單均悉。准予備查。此令。單存。

市長馬超俊

附原呈

查本市第一屆新生活集團結婚典禮，定於八月十日舉行一案，前經簽請

鈞長批准施行在案，茲查核准參加第一屆結婚典禮者有三十三對，除呈報公告外，理合抄同結婚人姓名，呈請

鈞府鑒核備查。謹呈

市長馬

附呈第一屆新生活集團結婚核准參加結婚人名單一份。

社會局局長陳劍如　廿四年七月

附核准參加第一屆新生活集團結婚人姓名

（一）	男	李學餘	江蘇江寧	二十五歲
	女	郭麗文	湖南岳陽	二十六歲
（二）	男	杜中光	福建建甌	二十八歲
	女	葉含芳	仝右	二十歲
（三）	男	左明	南京	廿歲又八個月
	女	王雲仙	仝右	廿歲六個月
（四）	男	許正華	江蘇宜興	廿六歲
	女	馮瑤琴	江蘇無錫	廿二歲
（五）	男	陳詩航	雲南宣威	廿歲四個月
	女	萬象珏	安徽合肥	十七歲十一個月
（六）	男	朱子西	南京	廿一歲
	女	劉文媗	仝右	十七歲

（七）男　關德輝　安徽六安　廿三歲
　　　女　黎保英　江蘇江浦　廿三歲
（八）男　秦　璋　四川蓬溪　卅歲
　　　女　喻平權　四川榮昌　廿四歲
（九）男　井重威　江蘇江甯　廿二歲
　　　女　戴文琳　江蘇鎮江　廿二歲
（十）男　梁志堅　廣東梅縣　廿六歲
　　　女　李靜玲　廣東南海　廿歲
（十一）男　聶熹光　湖南衡山　廿二歲八個月
　　　女　蕭學英　湖南湘潭　十九歲九個月
（十二）男　張法騫　河北南皮　廿四歲十個月
　　　女　劉正英　河北江陵　十九歲八個月
（十三）男　蔡文輝　廣東瓊山　卅一歲
　　　女　吳懿椿　仝　右　廿五歲
（十四）男　凌應嵩　浙江富陽　廿五歲
　　　女　胡翠君　安徽懷寧　廿一歲
（十五）男　郭心涵　湖南石門　卅八歲六個月
　　　女　羅維淑　湖南桃源　廿四歲六個月

(十六)	男	周垣雲	四川長壽	廿四歲九個月
	女	魏增葭	江蘇六合	十六歲四個月
(十七)	男	羅大熠	江西九江	廿八歲十個月
	女	孫於琴	江蘇江甯	十六歲七個月
(十八)	男	吳濬哲	湖北黃安	廿五歲
	女	楊淑芹	江蘇江寧	十六歲
(十九)	男	王天一	江蘇灌雲	廿八歲
	女	楊慶蘭	仝右	廿歲
(二十)	男	冒維熊	江蘇如皋	三十歲
	女	張竹廬	雲南昆明	二十四歲
(廿一)	男	黃虎門	江蘇東海	廿一歲一個月
	女	管葵	江蘇灌雲	廿三歲
(廿二)	男	茅長生	浙江鄞縣	廿一歲
	女	鄭淑賢	河北保定	廿一歲
(廿三)	男	何炳麟	江蘇如皋	廿七歲
	女	蘇淑媛	南京	十八歲
(廿四)	男	歐陽維亞	湖南甯遠	廿七歲
	女	李光輝	仝右	十八歲

（廿五）男　郝森　察哈爾赤城　廿三歲
　　　　女　閻秀英　仝右　十七歲

（廿六）男　藍思忠　湖北廣濟　廿八歲
　　　　女　沈淑娟　浙江杭洲　廿一歲

（廿七）男　劉任濤　湖北黃梅　廿四歲
　　　　女　李萍觀　江西南昌　二十歲

（廿八）男　錢振武　浙江象山　廿三歲
　　　　女　楊桂英　江蘇鎮江　十八歲

（廿九）男　李志道　安徽合肥　廿七歲
　　　　女　李華　安徽壽縣　廿五歲

（卅）男　韓昌明　江蘇江陰　廿六歲八個月
　　　女　汪琇珍　安徽歙縣　廿二歲二個月

（卅一）男　段啓文　四川德陽　廿四歲
　　　　女　吳淑蘭　四川樂山　廿二歲

（卅二）男　胡英才　廣東開平　廿七歲
　　　　女　葉少裳　廣東南海　廿二歲

（卅三）男　馬鎮西　江蘇淮安　廿三歲
　　　　女　林景昭　仝右　十九歲

財政

□徵收通濟門外扇骨營等三處土地建築猪隻屠宰場案

▲訓令財政局
工務局屠宰場：為徵收通濟門外扇骨營等三處土地，建築猪隻屠宰場一案，已准內政部咨復核准公告，仰依法辦理
知照由。

訓令第三一四四號　廿四年七月二日

案准

內政部土字十五—廿四年六月廿七日發一〇一七二號咨開：

「案准貴市政府二十四年六月二十日第二七六三號咨，以建築猪隻屠宰場，擬徵用通濟門外扇骨營漢中門外二道埂子，及挹江門外第二工商業區內等三處民地各十餘畝，附同計劃書一份，地圖三張，請核准公告見復等由，准此，核與土地徵收法第二條第四款之規定相符。除依法核准公告外，相應檢同公告三張，咨復查照分別飭貼各該徵收地點，俾衆咸知，仍請依法辦理。」

等由；並附公告三張，准此。查此案前據工務局及屠宰場該局(場)及屠宰場(工務局)會呈計劃書圖到府，當經轉咨並指令在案。茲准前由，除令知工務局及屠宰場外，除將公告令發財政局，分別飭貼徵收地點，並依法辦理，一面令知屠宰場(工務局)外，合行檢發公告，令仰該局遵照分別飭貼徵收地點，并依法辦理照。
場即便知

此令。

計發公告三張。

市長馬超俊

□核准茶點業先照修正營業稅稅率表按千分之十課稅案

▲訓令財政局：為茶點業按千分之十課稅一案，已經市政會議議決照准，仰遵辦由。

訓令第三一七一號 廿四年七月三日

案查本年六月廿八日，本府第三五九次市政會議，本市長交議，該局簽呈，以茶館一業，大都兼營點麵，且為其主要部份，照章應按主要營業課稅，惟修正稅率表，尚未公布，可否先照修正稅率表茶點業按千分之十課稅，請公決案，當經決議：「照准」在案。合行令仰該局即便遵照辦理。此令。

市長馬超俊

□處理旗地辦法第一三兩項再展期六個月案

▲訓令財政局：為市政會議議決處理旂地辦法一三兩項原展限期，再展六個月，令仰遵辦由。

訓令第三一七二號 廿四年七月三日

案查本年六月廿八日，本府第三五九次市政會議，本市長交議，周參事等審議，該局呈報處理旂地辦法內第一三兩項原展限期，行將屆滿，應否再行展期，請公決案，當經決議：「再展期六個月」在案。合行令仰該局即便遵照辦理。此令。

市長馬超俊

□撥發臨時防汛經費案

▲訓令財政局：為據工務局呈送臨時防汛計劃等件，祈核示撥款一案，仰即先行籌撥應用由。

訓令第三一九三號 廿四年七月三日

案據工務局呈稱：

「案查日來江水暴漲，水位日高，（最近每日約增高六七寸）所有防汛搶險計劃，亟應趕速籌備，經職遵日派員前往各緊要地點，詳細視察，並準備嚴密防堵，現在已至緊急時期，且本月十七八日江潮泛漲，危險堪虞，尤須積極防患，以免發生意外。但各種材料，需用萬急，亦應趕日備齊，俾便使用，謹按月前情形，擬就臨時防汛計劃，並編造預算，總額為五萬四千零七十二元八角六分，惟此項數目，係臨時概算，設日後水位繼續增高，則搶險費用勢必隨之加鉅，臨時再行呈請增加，如水勢漸平，需費自可節省，自當審察情勢，撙節從事，一切統俟防汛結束之日，核實支銷。理合檢同水位圖，及臨時防汛計劃，暨預算書，備文呈報鈞長鑒核，俯賜迅予撥款，以資應付，實為公便。再二日晚七時楊家圩形勢危急，當即率工搶堵，漸已平復，附此報聞。」等情，附計劃等件到府，據此。除指令照辦，並飭補送支付預算，呈候轉發外，合行令仰該局先將所需工款，立即籌撥，俟預算補到後，再行令發存轉，毋延。

此令。

市長馬超俊

▲指令工務局：為據呈送臨時防汛計劃等件，祈核示撥款一案，已飭財局先行籌撥由。

指令第三一九三號廿四年七月三日

呈一件：為江水日漲，呈送水位圖，臨時防汛計劃，暨工事預算書各一份，請鑒核准予撥款由。

呈件均悉。准予如呈辦理。工款已飭財政局先行籌撥，仰即前往具領應用，並補造支付預算，呈送本府轉發，以清手續。仍將辦理情形，隨時報查。件存。此令。

市長馬超俊

（原呈見訓令第三一九三號）

□撥發上海路地價拆遷費案

▲指令財政局：為據造具上海路地價拆費計算表，呈請撥款等情，應予照准由。

指令第三三八二號廿四年七月十日

呈一件：爲造送上海路地價拆遷費計算表，呈請撥款，並計算攤費由。

呈件均悉。所請上海路地價拆遷費計共銀四萬四千一百四十三元一角七分、應予照撥。除檢發原表一份，令飭築路攤費委員會計算攤費外，仰卽依照歷屆手續辦理。餘件存。此令。

市長馬超俊

▲訓令築路攤費委員會：爲據財政局造具上海路地價拆費計算表，呈請轉飭該會計算攤費等情，仰卽遵照由。

訓令第三三八二號　廿四年七月十日

（原案見訓令第三三八二號）

案據財政局呈稱：

「案查上海路征收土地一案，前經本局召集業戶協議補償金無結果，當經呈請鈞府提交土地徵收審查委員會議定補償金額，第一段每方十五元，第二段每方八元，製定議定書分發各戶知照在案。現在時逾多日，未據各戶聲請訴願，自應作爲確定，理合造具地價拆費計算表兩份、備文呈請鑒賜核准撥款發放，並轉飭築路攤費委員會計算攤費。」

等情，並附表二份，據此。除指令並抽存一份備查外。合行檢發原表一份，令仰該會遵照辦理。

此令。

計檢發計算表一份。

市長馬超俊

□撥發征收糖坊橋殘地地價拆遷費案

▲指令財政局：爲據呈整理糖坊橋殘地，開闢小路徵收民地，應發地價拆費大洋三千五百四十二元三角五分，准予照撥由。

指令第三六五八號廿四年七月廿日

呈一件：爲整理糖坊橋殘地，開闢小路，征收民地，應發補償地價及拆費，造具計算表，請鑒核撥發由

呈件均悉。所請征收糖坊橋殘地地價拆遷費，計洋三千五百四十二元三角五分，准予照撥。仰即依照歷屆辦理手續辦理。件存。此令。

市長馬超俊

附原呈

竊查糖坊橋殘地整理計劃，關於闢路征收部份，業經呈奉
鈞府交下築路攤費審查委員會，於廿三年四月十四日，召集業戶議決新闢小路佔用土地，由市府照章征收、幷檢交原簽及紀錄，飭遵照辦理等因。奉經測繪分戶面積圖，並召集業戶協議補償地價，除農工銀行一戶，應照原領該處闢路地價每方二百五十元補償外，其餘兩戶亦議定每方補償二百五十元，紀錄在案。玆查收用面積共十三方丈九九方尺八七方寸，應發補償地價三千四百九十九元六角九分，又拆遷費四十二元六角六分，總共洋三千五百四十二元三角五分，理合造具計算表，具文呈請
鈞府鑒核撥發，實爲公便。謹呈
市長馬

計呈送計算表一份。

財政局局長陸榮強　廿四年七月

□撥發擴充丁家橋菜場工款案

▲訓令財政局：爲據工務局呈請飭撥擴充丁家橋菜場工款應用一案，仰即籌撥具報由。

訓令第三八〇〇號廿四年七月廿五日

案據工務局呈請飭撥擴充丁家橋菜場工款銀三千四百三十三元八角應用等情，附呈合同及本年六月份支付預算等件到府，據此。查所呈合同等件，大致尚無不合，應需工款，經飭據該局簽復，尚可勉力籌措；自應准予照撥，以利進行。除指令外，合行檢發原預算二份，令仰該局分別存轉，幷籌撥具報。此令，

檢發預算二份。

市長馬超俊

▲指令工務局：爲據呈請飭撥擴充丁家橋菜場工款應用一案，已飭財局籌撥由。

指令第三八〇〇號廿四年七月廿五日

呈一件：爲呈送擴充丁家橋菜場工程合同等件，祈飭撥工款由。

呈件均悉、據呈合同等件，察核尚無不合，准予照辦。所需工款，已飭財政局如數籌撥，仰卽前往具領應用，事竣，呈請驗收，幷遵章造報。賬單發還，餘件存轉。此令。

計發還賬單六份。

市長馬超俊

（原呈略）

□撥發淮清橋小學征收土地地價案

▲訓令財政局：爲據社會局呈送淮清橋小學征收土地地價表等件，祈核撥一案，令仰遵照撥發具報由。

訓令第三八〇六號廿四年七月廿五日

案據社會局呈稱：

「案准財政局公函開：『案查淮清橋小學征收土地一案，前經本局造具地價拆費計算表，函請撥款，旋准復開，以此案市地部份，已另案呈請劃撥，請予免算地價過局，又查此案徵收地上拆遷費，均由貴局逕行徵給，自可無須核算，玆特補送徵收葛華兩姓地價表一紙，計銀九百四十五元〇八分，函送查照，希卽將該款撥送

過局，以憑轉發，爲荷。』等由，幷附表一份，准此。除市地及拆費部份，業由本局另案辦理外，理合抄同地價計算表，幷編造支付預算書，一幷備文呈送，仰祈鈞府鑒核，准在征地借款內撥付，俾資轉送核發。」等情，幷附件到府，據此。除指令：

「呈附均悉。應予照准，已令財政局如數撥發，幷查照前與上海銀行訂立本市中小學徵地借款計劃，接洽辦理，仰即前往具領轉給，幷遵章造報。附件分別存發。此令。」

印發外，合行檢同支付預算書二份，令仰該局，即便遵照辦理，幷專案具報。

此令。

計發支付預算書二份。

市長馬超俊

▲指令社會局：爲據呈送淮清橋小學徵收土地地價表等件，祈核撥一案，已令財政局撥發，仰知照由。

指令第三八〇六號　廿四年七月廿五日

呈一件：爲呈送淮清橋小學徵收土地地價計算表，幷支付預算書，祈核撥由。

呈件均悉。應予照准，已令財政局如數撥發，幷查照前與上海銀行訂立本市中小學徵地借款計劃，接洽辦理，仰即前往具領轉給，幷遵章造報。附件分別存發。此令。

市長馬超俊

（原呈見訓令第三八〇六號）

□撥發銅坊苑簡易小學收買雙塘土地地價案

▲訓令財政局：爲據社會局呈送銅坊苑簡校收買雙塘土地地價拆費預算書，祈飭撥一案，令仰遵照撥發具報由。

訓令第三八五二號廿四年七月廿七日

案據社會局呈稱：

「案查前因市立銅坊苑簡易小學，租賃校舍，既不適用，又不經濟，曾經呈奉鈞府指令，准予撥給門西雙塘第十三號至第十五號市房，作爲該校校址，另行建築校舍，並函由工務局繪製建築圖算，會同呈奉鈞府核准照辦，嗣因該地面積，祇合一畝一分餘，尚不敷用，經查得該地東首，有楊炳南菜地一方，內有池塘一口，面積約合二畝八分餘，如一併收用，頗爲合宜，業經繪具略圖，函請財政局代爲接洽收買各在案。茲准函開：『案查銅坊苑簡易小學收買雙塘土地一案，業經本局會同貴局派員三次召集業戶協議收買價格，據邱必貴、王直華兩戶，係屬未繳價之旂產，已以每方十二元協議成立，楊炳南一戶，雖屬旂產，業已繳價承領，且收買面積較大，當以每方十四元協議成立，水塘一律減半，紀錄各在案。除通知業戶繳驗契據外，相應造具三戶地價拆費計算表一份，計銀二千六百〇三元七角七分，函請查照，希將該款撥送過局、以憑轉發。』等由，並附地價拆費表一份，准此。查該項土地地價及拆費，共計銀二千六百〇三元七角七分，既准前由，理合編造支付預算書三份，並照抄原地價拆費計算表，備文呈送，仰祈鑒核，轉飭財局在徵地借款內撥發，俾資進行。」

等情，並附件到府，據此。除指令：

「呈件均悉。應予照准，已飭財政局如數撥發，并查照前與上海銀行訂立本市中小學徵地借款計劃，接洽辦理，仰卽前往具領轉給，并遵章造報，附件分別存發。此令。」

印發外，合行檢同支付預算書二份，令仰該局，卽便遵照辦理，并專案具報。

此令。

計發支付預算書二份。

市長馬超俊

▲指令社會局：爲據呈送銅坊苑簡校收買雙塘土地地價拆費預算書，祈飭撥一案，已令財政局撥發，仰知照由。

指令第三八五二號廿四年七月廿七日

呈一件：爲收買雙塘土地、充銅坊苑簡校校址一案，共需地價拆費二千六百〇三元七角七分，祈飭撥由。

呈件均悉。應予照准，已令財政局如數撥發，幷查照前與上海銀行訂立本市中小學徵地借款計劃，接洽辦理，仰即前往具領轉給，幷遵章造報。附件分別存發。此令。

市長馬超俊

（原呈見訓令第三八五二號）

工務

□汽車擋泥板改稱擋泥器並改自八月一日起實行裝置案

▲指令工務局：為據呈為汽車擋泥板，擬改稱為擋泥器，裝置期限，幷擬改八月一日起實行等情，准予備案由。

指令第三一一七號　廿四年七月一日

呈一件：為汽車擋泥板，擬改稱為擋泥器，裝置期限，擬改自八月一日起實行，呈請鑒核備案由。

呈圖均悉。准予備案。此令。圖存。

市長馬超俊

附原呈

案查前奉

鈞府令飭會同首都警察廳轉飭市內各汽車車主限於七月一日起，裝置擋泥板一案，遵經擬定擋泥板一種，裝於汽車護輪外面，並擬具「南京市汽車設置擋泥板簡則」呈奉

鈞府提交第三五七次

市政會議修正通過在案。茲查該項擋泥板，經迭次試驗結果，採用鉄條棕毛紮成另以鉄管固定于車軸承軸上，再將此

鋼鈑于兩端並非板狀，似應改稱爲擋泥器較爲洽當。又限期一項，查本市汽車數量甚多，且此項裝置，復係首創，卻時間過促誠恐各車主裝置不及，擬改自八月一日起實行，除會同首都警察廳布告週知外，理合檢呈圖樣一份，具文呈請鑒核備案。謹呈

市長馬

附呈擋泥器圖樣一份。

工務局局長宋希尙

廿四年六月

□姚平巷寬度縮減爲八公尺案

▲訓令工務財政局：爲議決姚平巷寬度縮減爲八公尺，令仰遵知照由。

訓令第三一八二號　廿四年七月三日

案查本年六月廿八日，本府第三五九次市政會議，本市長交議，該工務局簽復，晉樞丞呈請縮減姚平巷寬度，可否照准，請公決案，當經決議：「准予將姚平巷寬度，縮減爲八公尺」等語紀錄在案。除批示並分令財政工務局外，合行檢發原議案令仰該局即便遵照知照。此令。

計發原議案一件。

市長馬超俊

▲批晉樞丞：爲據呈請免予退縮，並縮減姚平巷寬度一案，經市政會議決議，准予縮減爲八公尺，仰知照由。

批第三一八二號　廿四年七月三日

呈二件：爲陳明建築情形，懇請免予退縮，並縮減姚平巷寬度由。

兩呈均悉。案經提交本府第三五九次市政會議決議：「准予將姚平巷寬度，縮減爲八公尺」。除分飭工務局遵照外

，仰即知照。此批。

市長馬超俊

（原呈略）

□組織防水工程委員會案

▲指令工務局：為據呈報組織防水工程委員會，及開始辦理防汛情形，准予備查，並派葛專員曉東為驗收專員由。

指令第三二三一號　廿四年七月四日

呈一件：為組織防水工程委員會，及開始辦理防汛情形，請鑒核備查，並乞指派專員驗收材料由。

呈悉　據陳組織防水工程委員會，開始辦理防汛情形，准予備查，並派本府專員葛曉東，為購料驗收專員，除令知外　仰即知照。再防汛事件，極關重要，以後應將辦理情形，隨時具報，以憑察核，為要。此令。

市長馬超俊

▲訓令葛專員：為據本市工務局呈報組織防水工程委員會及開始辦理防汛情形，除指令外，派該員為購料驗收專員由。

訓令第三二三一號　廿四年七月四日

（原呈見訓令第三二三一號）

案據本市工務局呈稱：

「案查揚子江水利委員會議決，揚子江防汛辦法，在本市範圍以內，如揚子江水位高至五·五公尺時，為防汛開始時期，由當地政府主持辦理，如水位高至七·二五公尺時，為危險時期，隨時呈請中央協助辦理，業經檢同該項會議紀錄，呈報鈞府鑒核在案。茲查日來江水盛漲，已達規定開始防汛時期，本局為預防水患起見，特於本月三日下午二時，在局召集各科長技正主任等舉行防汛會議，討論預防辦法，並查照成案組織防水工程委員會即日成立，一面將全體職員，分為日夜兩班，輪流值班，以便隨時調遣，而利工作，所有準備材料，運輸汽車，及設置抽水機等項，現正分別積極籌劃，以應急需。除臨時防汛工程計劃及預算，已另案呈送外，理合將組織防水工程委員會，暨開始辦理防汛事宜各情形，具文呈報，仰祈鑒核備案。再查購料防水搶險材料辦法第二條之規定，對於驗收材料應請迅予指派專員，隨時由本局逕行通知，會同驗收防汛材料。」等情，據此。除指令：「呈悉。據陳組織防水工程委員會，及開始辦理防汛情形，准予備查，並派本府專員葛曉東，爲購料驗收專員，除令知外，仰即知照。再防汛事件，極關重要，以後應將辦理情形，隨時具報，以憑察核，爲要，此令。」印發外，合亟令仰該員遵照，會同驗收。爲要。

此令。

市長馬超俊

□埋設湖北路新菜市獅子橋一帶溝管及修理下關鐵路橋案

▲指令工務局：爲據呈送湖北路新菜市獅子橋一帶埋設溝管，及修理下關鐵路橋工程合同等件，祈核示一案，指令遵照由。

指令第三二八一號 廿四年七月六日

呈一件：爲呈送湖北路新菜市獅子橋一帶，埋設溝管工程，及修理下關鐵路橋工程合同等件，仰祈鑒核分別飭撥工款由。

呈件均悉。據呈合同等件，察核尚無不合，應准照辦。惟所需用款，曾經飭據財政局簽復，該局二十三年度臨時概算，已無餘額可撥，似應准在廿四年度概算內動支，等情，應准照辦。茲檢還支付預算三份，仰即改編廿四年度七月份預算，呈候核撥。合同存。此令。

發還支付預算各三份。

市長馬超俊

附原呈

案奉

鈞府第二二四八號指令，本局會呈一件，爲湖北路新菜市獅子橋一帶埋設溝管工程，及修理下關鉄路橋工程，均各只到標商一家，應如何辦理之處，連同標單比較表，祈鑒核示遵由，內開：「呈件均悉。據呈所開標價，既均較預算爲低，應准由黃生記，吳萬順承包，仰即遵照。」等因奉此，經與黃生記，吳萬順兩家分別簽訂合同，並均已通知開工，除督促依限完成外，理合檢同合同各一份，連同支付預算書各三份，呈祈

鑒核，俯賜令飭財政局分別簽撥工款，以備支付，並乞

指令祇遵。謹呈

市長馬

附呈合同各一份，支付預算書各三份。

工務局局長宋希尙　廿四年六月

□放寬乾河沿至鼓樓一段中山北路並埋設該段下水管案

▲指令工務局：爲據會呈放寬中山北路自乾河沿至鼓樓一段路面及下水道合同等件，祈核示一案，准照辦由。

指令第三二九二號　二十四年七月六日

會呈一件：爲呈送放寬中山北路自乾河沿至鼓樓一段路面及建築下水道工程合同等件，仰祈鑒核示遵由。

呈件均悉。據呈合同等件，察核尙無不合，應准照辦。所有用款，着在該局二十四年度概算案內，請款開支，仰即遵照。賬單發還，餘件存。此令。

發還賬單六份。

市長馬超俊

附原呈

查放寬中山北路自乾河沿至鼓樓一段路面及建築下水道工程，已於六月十日上午十時，在
鈞府大禮堂開標，奉
派職茂柏出席監視。是日計到大中益記，新利源，談海等三家，所開標賬，經職希尙指交僉技正超，梅科長成章並由
職茂柏監視會同審查去後，旋據簽稱；

「遵查奉交各商標賬，路面部份，以大中益記核實後總價二萬七千三百九十一元二角五分爲最低，下水道部份，亦以大中益記核實後總價四萬三千九百二十六元四角爲最低，均在預算範圍以內，但大中益記原登記人已經身故，核與營造業登記章程第九條第二項不合，除以正式通知將該商原領登記執照繳銷另行來局照章換領執照外，自應取銷其得標人資格。經照章召次標之新利源到局，飭其在大中益記總價範圍內酌減辦理，已得該商同意。查路面部份，新利源原開總價三萬七千九百十五元整，經將混凝土人行道單位價減爲二元一角二分六厘，計核減後總價爲三萬七千三百九十一元四角五分，較大中益記核實後總價增多二角，並限一百二十晴天完工，似應以新利源爲中標人，談海爲候補人，至下水道部份，新利源原開總價四萬三千九百三十元七角，惟所列三十公分水泥混凝土管單價前後相差半元，自應以小價三元爲準，經核減後總價爲四萬三千五百十八元二角，較大中益記爲低，完工日期，亦限一百二十晴天，似應以新利源爲中標人，談海爲候補人。是否有當，理合將審查情形，簽請核奪。」

等情前來，經職茂柏希尙覆核無異，核定新利源爲中標人，談海爲候補人，當於本月十三日下午公佈在案。茲查上項工程，已與新利源簽訂正式合同，分別存執。是否有當，理合檢同賬單六份，合同一份會銜呈祈
鑒核，該項工款共計洋八萬零九百零九元六角五分，俟奉

指令後、再編造支付預算書請撥。再本局下水道工程規定三十公分及四十五公分管用釉面陶管，經將水泥混凝土管照同樣大小分別列入估開價格，以資比較，茲新利源開價，以水泥混凝土管爲限，幷呈驗該廠所製水泥管經衞生署頒給合格證明書前來，爲便利工作起見准用水泥管，合併陳明。

謹呈

市長馬

附呈合同一份，賬單六份。

監視委員孫茂柏
工務局局長宋希尚

廿四年六月

■添建三條巷三牌樓五台山及遊府西街等小學校舍案

△指令工務局：爲據呈送三條巷等四小學添建校舍工程合同等件，祈核示飭領工款轉給一案，准予照辦由。

指令第三二九三號　廿四年七月六日

呈一件：爲呈送三條巷，三牌樓，五台山，及遊府西街四小學添建校舍工程合同等件，祈鑒核幷飭領工款轉給由。

會呈暨附件均悉。據呈合同等件，察核尚無不合，准予照辦。關於工程費用款並經飭據財政局簽復，應在廿四年度概算案內動支，併應照准，仰卽遵照，暨循案轉函社會局編造預算，請款轉給，以濟需用。賬單發還，餘件存。此令。

發還賬單十六份。

市長馬超俊

附原呈

查三條巷，三牌樓，五台山，及遊府西街四小學添建校舍工程，已於本月七日上午十時，在本局會議室同時開標，奉

派職鏡清出席監視。三條巷小學工程，計到黃棟記，趙順記、萬順，尹祥記，志康等五家，三牌樓小學工程，計到趙順記，裕康、朱炳記等三家，五台山小學工程，計到趙順記，益泰，志康，黃秀記等四家，遊府西街小學工程，計到傅承記，尹祥記，宋福鑫，復華等四家。所開標賬：經職希尙指派朱技正紳康，唐主任瀚章，會同職鏡清詳加審查結果，三條巷小學工程，以黃棟記核實後總價一萬三千七百七十六元二角五分爲最低，志康總價一萬四千七百三十八元八角爲次低。三牌樓小學工程，以裕康總價一萬六千四百七十九元六角三分爲最低，以趙順記總價一萬六千七百五十元六角六分爲次低。完工日期改爲一百晴天。五台山小學工程，以志康核實後總價二萬二千五百十九元一角爲最低，黃秀記核實後總價二萬二千七百九十元六角二分爲次低。完工日期改爲一百三十晴天。遊府西街小學工程，以復華總價四千一百七十四元七角三分爲最低，傅承記核實後總價四千一百九十元九角四分爲次低。均在預算範圍以內，當經分別核定黃棟記，裕康，志康，復華爲各該工程中標人，志康，趙順記，黃秀記，傅承記，爲各該工程候補人，并於本月十一日下午公布在案；玆查該四項工程，己與各中標人簽定合同，分別存執。是否有當，理合檢同賬單十六份，合同各一份，彙案會銜呈祈

鑒核備案示遵，並乞俯賜令飭社會局按各合同包價，編造支付預算，請領工款，轉撥過局，以濟支付。再五台山小學工程總價，係由各項單價核實計算後，減去洋一千一百元，因該商在原賬單上於開標之前，自行減去，爲將來工程完工後，造具決算時各項加減工程單價有所根據起見，已飭該商將各項單價分別更正，并開具該項更正單價表，黏附原開單內，加蓋騎縫章，以資信守，合併陳明。謹呈

市長馬

附呈賬單十六份，合仝四份。

監視委員馬鏡清

工務局局長宋希尙　廿四年六月

□建築銅坊苑簡易小學校舍案

▲指令工務局：爲據呈送建築銅坊苑簡校校舍工程合同等件，祈鑒核一案，應予照准，已令社會局編造預算，請款轉給由。

指令第三三三二號　廿四年七月八日

呈一件：爲呈送建築銅坊苑簡易小學校舍工程合同等件，仰祈鑒核，幷飭請領工款，轉撥過局由。

呈件均悉。督核所呈合同等件，尙無不合，應准照辦。除令社會局在廿四年度概算臨時門建築費項下編造支付預算書，請款轉給外，仰卽遵照。賬單發還。餘件存。此令。

計發還賬單六份。

市長馬超俊

▲訓令社會局：爲據工務局呈送建築銅坊苑簡校校舍工程合同等件，祈鑒核一案，應予照准，令仰遵照編造預算，請款轉給由。

訓令第三三三二號　廿四年七月八日

（原呈見訓令第三三三二號）

案據工務局呈稱：

「查建築銅坊苑簡易小學校舍工程，已於本月十日上午十時，在鈞府大禮堂開標，奉派職茂柏出席監視。是日計到鄧興隆，黃秀記，傅承記，裕康，大中華，大廈等六家，所開標賬，經職希尙指派林科長鴻賓朱技正神康會同職茂柏審查結果，以裕康核實標價六千四百七十二元四角爲最低，大中華核實標價六千五百二十八元零八分爲次低，均在預算範圍以內，當卽核定裕康爲得標人，大中華爲候補人，於本月十三日下午公布在案。茲查該項工程已與裕康營造廠簽訂合同，分別存執，是否有當，理合檢同賬單六份，合同一份，會銜呈祈鑒准備案，俯賜令飭社會局請領工款，轉撥過局，以便支付。」

等情，幷附件，據此。當經發交財政局查復該局廿三年度建築費項下已無餘款可撥，應在廿四年度概算內動支。除指令：

「呈件均悉。察核所呈合同等件，尚無不合，應准照辦。除令社會局在廿四年度概算臨時門建築費項下編造支付預算書，請款轉給外，仰卽遵照。賬單發還，餘件存。此令。」

印發外，合行令仰該局，卽便遵照辦理。

此令。

市長馬超俊

◻制定清涼山公園住宅區原有民房及寺廟整理辦法案

△訓令社會局 工務 財政：為清涼山公園住宅區原有民房及寺廟整理辦法等，已經市政會議議決，令仰遵照知照由。

訓令第三三六八號 廿四年七月十日

案查本年七月五日，本府第三六零次市政會議，本市長交議：周參事等報告審查工務財政兩局會擬清涼山公園住宅區原有民房及寺廟整理辦法，暨工務局簽擬住宅區建設費，公園區受益費案，當經決議：「清涼山公園住宅區，照工務局所擬第三種工事計算書辦理，原有民房及寺廟整理辦法通過，住宅區建設費，定為每方二十四元，公園區受益費定為每方八元」等語紀錄在案。除將辦法公布，並分令外，合行檢發原議案，令仰該局卽便遵照知照。此令。

計發原議案一件。

市長馬超俊

▲南京市政府令 廿四年七月十日

茲制定南京市清涼山公園住宅區原有民房及寺廟整理辦法，公布之。此令。

市長馬超俊

訂定辦理採取土石案件程序案

▲指令工務局、社會局：為據會呈採取土石案件程序，及聲請書等式樣，准予備查由。

指令第三五一〇號　廿四年七月十五日

會呈一件；為呈報會訂採取土石案件程序及聲請書等式樣，祈鑒核備查由。

會呈及附件均悉。准予備查。此令。

市長馬超俊

附原呈

案查本社會局呈為關於土石採取之核准給證等事項，似應由兩局會同辦理，較為適當，祈核示一案。前奉

鈞令准予照辦。飭即商洽會同辦理之程序與手續，具報查核。遵即飭由本兩局主管人員會商洽訂會辦採取土石案件程序，及聲請書式樣，會勘通知式樣，查勘報告式樣，許可證式樣計四種，由本工務局印製備用，除將會辦情形隨時會呈備案外，理合抄附會辦程序，及聲請書等式樣四種，會銜呈報，仰祈鑒核備查。再此稿係由本工務局主辦，合併呈明。

謹呈

市長馬

附呈會辦程序一份，聲請書會勘通知查勘報告許可證等式樣計四種。

社會局局長陳劍如

工務局局長宋希尚

廿四年五月

附南京市社會、工務局會辦採取土石案件程序

（一）凡欲採取土石者，按照土石採取規則，備齊書圖等件，填明規定之聲請書，先向工務局聲請，工務局接受上項

聲請書件後，檢同據呈之書圖一份，通知社會局派員會勘，由會勘人員會具查勘報告二份，分呈候核。

（二）工務局接據會勘報告，核議准駁，送由社會局復核決定。

（三）採取土石者應繳納之呈文費，由工務局經收解庫。

（四）許可證由工務局繕製，送由社會局會印，其存根二聯，一存工務局，一送社會局備查。

■修正水陸交通舟車價格標準汽車價目案

▲指令工務局社會局：爲據會呈汽車行業同業公會呈請修訂汽車價目一案，抄發修正價目，仰遵照施行，並具報查核由。

指令第三五六一號　廿四年七月十七日

會呈一件：爲奉交汽車行業同業公會呈懇修訂汽車運費標準，經會商修正，抄同修正價目請鑒核施行，指令祗遵由。

會呈及附件均悉。查核所擬修正汽車價目大致尚無不合，惟第（二）項「客車價目以路程計算之標準」後（1）（2）兩款，增價稍高，應將第（1）款，「一元五角」，減爲「一元二角」。第（2）款「三元」，減爲「二元」。其第（2）款下括弧，（時間以一小時半爲限）句，改爲（時間以一小時爲限）。餘准如擬訂立。除修正備案，並批示外，茲抄發修正汽車價目，仰即遵照施行，再查本市水陸交通舟車價格標準，前于訂立時，曾指令該局等在市內各交通要道，豎牌明示，並經本府轉函京滬滬杭甬鐵路管理局查照在案。此次改訂汽車價目應如何定期修正揭布，並仰該局等會同商酌辦理。仍將辦理情形，具報查核。此令。

計抄發修正汽車價目二份。

市長馬超俊

▲批汽車行業公會：爲據呈請修訂汽車價目一案，已飭局與該業代表會商修正，惟（1）（2）兩款，應予酌減，除指令修正後定期揭布外，仰知照由。

（原呈見批第三五六一號）

批第三五六一號　廿四年七月十七日

呈一件：為呈陳同業痛苦情形，懇飭工務局會同吾業代表，重行修訂汽車運費標準，以資救濟由。

呈悉。案經飭據工務社會兩局會核復稱：

「遵即召集該汽車行業公會負責人來局談話，茲經參酌該公會意見，及社會局經濟狀況，將南京市水陸交通舟車價格標準甲款汽車價目酌加修正，至其餘馬車人力車等價目，核尚可行，擬仍其舊，是否有當，理合抄仝修正汽車價目，會銜具文呈復，仰祈鑒核施行。指令祇遵。」

等情，並附修正汽車價目一份，據此。查所擬修正價目，大致尚無不合。惟第（二）項「客車價目以路程計算之標準後（1）（2）兩款，增價稍高，應予分別酌減，除指令該兩局將第（1）款「一元五角」減為「一元二角」。第（2）款「三元」減為「二元」。其第（2）款下括弧內時間「以一小時半為限」，亦減為「以一小時為限」。並飭於修正後定期揭布外，仰即知照聽候施行可也。

此批。

市長馬超俊

（原呈略）

□建築平民住宅應同時計劃教育文化等設施案

▲訓令工務局：為據社會局呈擬於七里街平民住宅區內籌設民校，略變建設計劃，并對以後設計其他平民住宅區之初，兼顧教育文化等設施之籌畫，祈核准令遵等情，令仰遵照辦理由。

訓令第三六八三號　廿四年七月廿日

案據社會局呈稱：

「查共和門七里街地段經已劃為棚戶區，並由工務局設計於該地建戊種平民住宅二百間，業已開標確定包工事項，着手開工興築，竊維該地地面遼闊，現時既經劃為棚戶區，復經工務局興建平民住宅，將來棚戶密集，人口必在數千以上，其中成年不識字民衆爲數定多，顧平民雜居，文盲集中，期有以增進其知能改善其生活，是端賴積極推行民衆教育，本局有鑒於此，擬於該處平民住宅落成開放後，即於該地利用公屋籌設民衆學校一所，以爲該區施教之中心，惟關於在該處興辦學校，經查該住宅設計圖樣，大致全仝於止馬營平民住宅，倘以之撥用十數小間興辦學校，勢必又如現時撥用新民村和平村止馬營平民住宅改造民校，仍須耗費相當改造費用，且須將原築牆壁加以拆除，得失所在，至不經濟，爲此現對於七里街平民住宅擬請轉飭工務局按本局附呈圖樣將原計劃中之一小部份略予變更，並對於以後計劃新村或平民住宅區設施時，對教育文化設施計劃能兼籌並顧，酌與本局接洽辦理，俾利教育設施，所有擬請略變七里街平民住宅建築計劃，暨統籌新村教育設施各緣由，理合檢同擬略改七里街平民住宅建築計劃圖樣一式兩張，仰祈鑒核准如所請，以利教育設施，實爲公便。」

等情，並附圖樣兩份，據此。除指令准如所請辦理外，合行檢發原圖，令仰遵照辦理。

此令。

附檢發原呈擬略改七里街平民住宅建築圖樣一二兩份。

市長馬超俊

▲指令社會局：爲據呈擬於七里街平民住宅區內籌設民校，略變建築計劃，并對以後設計其他平民住宅區之初，兼顧教育文化等設施之籌畫，祈核准令遵等情，准如所請辦理由。

指令第三六八三號　廿四年七月廿日

呈一件：爲擬於七里街平民住宅區內籌設民校，祈迅飭工務局略變該住宅區建築計劃，并對以後設計其他平民住宅區之初，兼顧教育文化等設施之籌畫，仰祈鑒核准如所請，并指令祇遵由。

呈圖均悉。准如所請辦理，除轉令工務局遵照辦理外，仰即遵照。此令。圖轉發。

市長馬超俊

南京市政府公報　公牘　七〇

（原呈見訓令第三六八三號）

土地

□成立土地局案

▲指令土地局：爲據呈報就職啓用印信日期，指令已悉由。

指令第三八九一號　廿四年七月廿九日

呈一件：爲呈報就職啓用印信日期由。

呈悉。仰候分別呈咨

行政院鑒核，及內政部查照。仍應將接收情形具報察核。此令。

市長馬超俊

▲呈行政院／咨內政部：爲呈報／咨本市土地局成立日期仰祈鑒核／咨請查照由。

呈咨第三八九一號　廿四年七月廿九日

（原呈略）

竊市長前因本市土地登記，事務日繁，擬將財政局土地處，恢復爲土地局，以利進行，當經擬具組織規則，呈請

鈞行政院鑒核，並爲適應事實需要起見，先派暫代本府參事周淅，代理土地局局長，着手組織，旋於本年七月十九日奉

鈞行政院第二二四一號指令內開：

「呈件均悉。案經提出本院第二二一次會議，決議，通過，已呈請　國民政府鑒核備案，並令行內政部知照矣，仰即知照。此令。」

等因，奉此。卽經轉行該局長知照，並以該局成立在卽，當將前土地局，原有大印官章，發給暫行應用，一面呈請

鈞
行政院核示各在案。茲據該局長呈稱，遵於七月二十日成立土地局。啓用印章。開始辦公，並於二十二日補行宣誓就職典禮理合報請鑒核備案，等情，據此。除指令暨分行外，理合具文呈請
鑒核備查。
並呈報外，相應咨請
查照，爲荷。

謹呈

此咨

行政院

內政部

南京市市長馬超俊

衛生

□注意夏令環境衛生案

▲訓令清潔總隊：爲時屆夏令，關於環境衛生，應行注意事項，仰遵照，幷飭屬一體遵照由。

訓令第三三〇七號　廿四年七月六日

查時屆夏令，疫癘最易流行，對於環境衛生，殊屬不容忽視，舉凡市內一應街道溝渠廁所便池，均應隨時派員，嚴密查察，以保清潔，如遇市民書面或口頭報告，尤應迅速處理，不得有推諉稽延情事，至於清潔夫役，與市民接觸機會尤多，幷須態度和平，力戒囂張，以重衛生，而免指謫。合亟令仰該隊，卽便遵照，幷轉飭所屬一體遵照。切切！此令。

市長馬超俊

□限令鄉區各中西醫師遵章領照案

▲指令衛生事務所：爲令卽轉飭鄉區各中西醫來府領照，幷取締資格不符各西醫由。

指令第三六一五號。廿四年七月十九日

呈一件：爲呈送鄉區中西醫調查表，請鑒核由。

呈暨調查表均悉。仰即限令各中西醫遵章來府請領執照。至各中醫如有資格與國醫規則不符者，飭其請領臨時執照（有效期間至下屆國醫試驗日止），其各西醫如有資格與醫師條例不符者，應即予以取締，併仰遵照。此令。

市長馬超俊

附原呈

案奉

鈞府第二九二九號指令，本所呈一件，呈爲鄉區無照醫師國醫，應如何管理取締，祈核鑒示遵由，內開：

「呈悉。着先由該所查明各該姓名住址，限期飭知來府登記，再視其多數資格如何，酌訂管理辦法，期於遷就事實之中，不背重視醫政本旨，仰即遵照辦理，並將辦理情形，詳細具報，以憑查核。」

等因奉此。遵即派本所衛生稽查再行查明上新河燕子磯孝陵衛各鄉區中西醫姓名住址資格，理合列表隨文附上，仰祈鑒核示遵，實爲公便。謹呈

市長馬

附中西醫調查表一份。

衛生事務所所長王祖祥　廿四年七月

□成立工廠衛生實施指導委員會案

▲指令衛生事務所：爲據呈報成立南京市工廠衛生實施指導委員會情形，已分別咨令由。

指令第三八四二號　廿四年七月廿七日

呈一件：爲呈報成立南京市工廠衛生實施指導委員會情形，祈鑒核施行由。

呈暨章程清單均悉。業經轉咨實業部查照，并令社會局知照矣。此令。章程及清單存轉。

市長馬超俊

（原呈見訓令第三八四二號）

▲咨實業部；訓令社會局；為咨達/令知成立南京市工廠衛生實施指導委員會情形由。

咨/訓令 第三八四二號 廿四年七月廿七日

案據衛生事務所呈稱：

「查關於本市工廠衛生，本所早經遵令督飭籌辦，本以各該工廠規模不大，經濟未充，一時難告成立，現因宣傳日久，指導多方，各工廠廠主遂漸感覺有辦理衛生之必要，早經中央工廠檢查處合作組織工廠衛生實施指導委員會，共策進行，業於本月五日正式成立，本所被推為常委之一，凡本市各工廠合於工廠法第一條規定者，一律舉辦，所有經費，由各工廠自行集資，自備藥品，及各聘用公共衛生護士一人，籌設衛生所，本所僅立於協助指導地位，已議定指導事項，由中央工廠檢查所派醫師一人，及本所各分所盡力協助，其西善橋一區，僅有專廠一家，暫由本所分所兼辦外，其餘和平門外，下關，及城內各設工廠衛生所一處或二處，每處設護士一人，常川駐所，並巡迴視察各工廠，每星期由醫師到所二次至三次，主持一切，並診療較重病人，必要時得送本所各分所或中央醫院醫治，現經籌設成立者，計有和平門磚瓦業，城內印刷業二處，其餘麵粉業及報館業，均尚在商洽辦理中，理合檢同本市工廠衛生實施指導委員會章程，具文呈報，仰祈鑒核備查。」

等情，並附呈南京市工廠衛生實施指導委員會章程一份，各工廠清單一份，據此。查此案前准/除咨實業部查

貴部咨請過府，即經轉飭遵照在案。茲據前情，相應咨請/照外，合行抄附章程及清單各一份，令仰該局即便知照。此令。

查照，為荷。此咨

實業部

附抄送（發）南京市工廠衞生實施指導委員會章程一份，各工廠清單一份。

市長馬超俊

其他

□第八區公所組織施材掩埋所案

▲指令第八區公所；爲據呈送該區普濟施材掩埋所組織大綱，組織細則，辦事細則請鑒核備案等情，令准備案由。

指令第三一六九號　廿四年七月三日

呈一件：爲呈報籌辦本區施材掩埋所情形，並擬具該所組織大綱，組織細則，辦事細則，呈送鑒核備案，指令祗遵由。

呈暨附件均悉。業經略加修改。除核准備案，幷抄同原件，令飭社會局知照外，合行抄發修正條文，令仰遵照。此令。

計抄發修正南京市第八區普濟施材掩埋所組織大綱，組織細則，辦事細則各一份。

市長馬超俊

▲訓令社會局；爲據第八區公所呈送普濟施材掩埋所組織大綱，組織細則，辦事細則一案，除核准備案外，令仰知照由。

（原呈見訓令第三一六九號）

訓令第三一六九號　廿四年七月三日

案據本市第八區區長劉香午呈稱：

「案查本所奉令舉辦施材掩埋所，業於去歲成立籌備處，籌備一切，各種情形，迭經呈報在案。查該所籌金，已蒙鈞府暨津浦鐵路管理委員會各捐助七百元，均經本所領存上海銀行浦口辦事處，關於籌備事宜，均已辦理就緒，亟應正式成立，着手辦理施材掩埋等事，以應急需。茲擬定該所組織大綱，組織細則，及辦事細則各一份，經提交本月八日第二次籌備員會議修正通過，是否有當，理合具文呈送，仰祈鑒核備案，指令祇遵。」

等情據此。除指令准予備案外，合行抄發原件，令仰該局即便知照。

此令。

市長馬超俊

計抄發南京市第八區普濟施材掩埋所組織大綱，組織細則，及辦事細則各一份。

◻制定公園管理處小販營業規則案

▲訓令公園管理處衛生事務所：為令發南京市政府公園管理處小販營業規則仰遵照施行知照由。

訓令第三二〇一號　廿四年七月三日

案查本年六月廿八日，本府第三五九次市政會議，本市長交議：該處所等報告，審查南京市政府公園管理處小販營業規則案，當經決議「修正通過」在案。除公布並令知衛生事務所公園管理處遵照施行外，合行抄發規則，令仰該處所遵照知照施行。此令。

市長馬超俊

計發南京市公園管理處小販營業規則六一份。

▲南京市政府令

茲制定南京市政府公園管理處小販營業規則，公布之。此令。

市長馬超俊

□變更第二區與孝陵區界線案

▲訓令各區公所財政局：為議決變更第二區與孝陵區原定界線仰遵知照由。

訓令第三三六六號　廿四年七月九日

案查本年七月五日，本府第三六零次市政會議，本市長交議，周參事等簽呈，會勘第二區與孝陵區界綫，擬變更原定區界，將石門坎劃歸第二區，象坊村，扇骨營劃歸孝陵區，其自九龍橋七里街至火藥局後面，擬以路綫為界，路東劃歸孝陵區，路西劃歸第二區，是否可行，請公決案，當經決議：「通過」在案。除分令外，合行令仰遵知照。此令。

市長馬超俊

□修正管理荷葉運銷規程案

▲指令公園管理處：為據呈玄武湖採取荷葉辦法，業經修正公布，並轉函警廳，仰遵照由。

指令第三四〇七號　廿四年七月十日

呈一件：為玄武湖採取荷葉，呈擬辦法，請賜布告禁止，并轉函警察廳予以協助，呈請鑒核示遵由。

呈暨辦法均悉。查核所擬辦法，大致尚無不合　惟該辦法名稱，應改為「南京市公園管理處管理荷葉運銷規程」，所有條文中欠妥之處，亦經酌加修正，除布告並函警廳協助外，合行抄發修正規程，仰即遵照施行。此令。

計抄發修正規程一份。

市長馬超俊

▲公函首都警察廳：為據公園管理處呈，定七月一日至九月二十日為禁止私售荷葉期間，請查照飭屬協助查禁由。

公函第三四〇七號　廿四年七月十日

案據本市公園管理處呈稱：

「案查向例每年七月至十二月，為玄武湖荷葉銷售期間，不准他處私葉在市混售，歷經辦理在案。現值本年該湖荷葉銷賣時期，自應禁止私葉出售，以符原案，而裕收入。茲經參照舊例，擬訂本處管理荷葉運銷規程以利施行，擬請俯賜佈告禁止，幷懇轉函首都警察廳通令所屬予以協助，俾維官葉之暢銷。」等情；並附呈規程一份，據此。查核該處所請，尙與歷辦成案相符，所定禁售私葉期間，自七月一日至九月二十日止，亦屬可行。除指令並佈告外，相應抄同規程函達，即希查照通飭所屬，在禁售私葉期間內，予以協助查禁。為荷！

此致

首都警察廳

計抄送規程一份。

市長馬超俊

□修正玄武湖遊船雇用規則案

▲指令公園管理處：為令發修正南京市公園管理處玄武湖遊船雇用規則，及價目表，仰遵照由。

指令第三五一八號　廿四年七月十五日

呈一件：為呈送玄武湖遊船規則，乞核示由。

呈件均悉。所呈玄武湖遊船規則，應改為南京市公園管理處玄武湖遊船雇用規則，其價目表所列各種遊船雇價，亦應酌予減低，業經本府分別修正。除公布外，特抄發修正規則及價目表各一份，仰即遵照施行。並布告一體週知。此令。

計發修正南京市公園管理處玄武湖遊船雇用規則，及玄武湖遊船價目表各一份。

市長馬超俊

附原呈

「案查屬處玄武公園遊船價目表，沿用已久，不合現實情形，亟應加以修正，以利實施，茲經詳細調查，按照湖民生活狀況，製定遊船規則，幷將前訂之遊船價目，從新釐訂，附入該規則內，俾便實用。是否有當，理合檢同玄武湖

遊船規則一份，備文呈請

鑒核示遵。謹呈

市長馬

附呈玄武湖遊船規則一份。

公園管理處主任陳無涯　廿四年六月

▲南京市政府令　廿四年七月十五日

茲修正南京市公園管理處玄武湖遊船雇用規則，及玄武湖遊船價目表，公布之。此令。

市長馬超俊

■轉發助賑給獎章程補充辦法案

▲訓令所屬各機關：爲准振務委員會咨送助振給獎章程補充辦法一案，令仰知照由。

訓令第三八七七號　廿四年七月廿九日

案准

振務委員會本年七月二十三日第七一二號咨開：

「案查本會助振給獎章程，前於二十一年六月間，呈奉　行政院令准備案，公佈施行在案。自奉行以來，凡捐募振款振品者，除辦振團體及在事人員獎勵條例別有規定外，餘均依照給獎章程分別核獎。惟本會以歷年辦理之經驗，咸覺前項給獎章程，似尚有另訂補充條文之需要。業經擬具本會助振給獎章程補充辦法草案一件計五條，呈奉　行政院本年七月八日第二一一七號指令：「應准備案。」幷呈奉　國民政府鑒核，暨令行內政部知照。」等因，除分行外，相應抄同本會助振給獎章程補充辦法一份計五條，咨請貴市政府查照，幷轉飭所屬知照。」

等由；准此。除分令外，合行抄發原件，令仰知照。

此令。

計抄發助振給獎章程補充辦法一份。

市長馬超俊

南京市(城區)二十四年四月份死亡人數按性別年齡及死因分類統計表

年齡＼死亡原因＼性別	(1)傷寒及類傷寒		(2)斑疹傷寒		(3)赤痢		(4)天花		(5)鼠疫		(6)霍亂		(7)白喉		(8)流行性脊髓膜炎		(9)猩紅熱		(10)痲疹		(11)瘍毒		(12)其他發疹及發熱病		(13)狂犬病		(14)抽風症		(15)產褥病		(16)肺癆		(17)其他癆病		(18)呼吸系病		(19)腹瀉及腸炎		(20)其他胃腸病		(21)心腎病		(22)中風及老衰		(23)初生弱及早產		(24)自殺及中毒		(25)外傷		(26)其他原因		(27)死因不明		總計	備考
	男	女	男	女	男	女	男	女	男	女	男	女	男	女	男	女	男	女	男	女	男	女	男	女	男	女	男	女	男	女	男	女	男	女	男	女	男	女	男	女	男	女	男	女	男	女	男	女	男	女	男	女	男	女		
未滿1週歲	1																		6	12	12	7	15	14			25	18			1				32	29	10	8							19	8			1				2	3	223	
1週歲至五歲		1					1						1	1					66	47	2	4	10	15			1	2			1				34	18	13	9		2						1									229	
6——10															2				4	3	2	3	2	2			2					2			4	2		1	4	2															35	
11——15	1																						3	2									1			6			1		1							1				1			17	
16——20	1																						2	1						1	1				1	2			1	2	1						1	4							18	
21——25		1																			4		2	1						1	3	3	1		3	2			2	1		1	1				2								28	
26——30	2					1															4	1	3	2						2	8	10	1		3	1	1	1	2	3	3						1	1							50	
31——35	1					1																	6	2						4	5	4		2	3	3			1	1															33	
36——40																						2		1	1					1	7	2			3				3	3	1								1	1	1				27	
41——45	1																						2	1							11	4		2	7	2			1	3	2		2	2				1							41	
46——50																					2										4	2			11	5			2		2	2									1				31	
51——55																					1			1							3	1		2	9	4			3	3		1													28	
56——60		1																			1		2	1							5	4		1	15	8			1	2		1	2	1			1								46	
61——65	1																					1										1	1	1	21	8			3	2			2	3											44	
66——70																							1	2							1				9	6			1				3	4			3								30	
71——75																					1	1	1	1							1	1			5	7			1				3	3											25	
76——80																																			1	3							2	6											12	
81——85																																				1							3	5											9	
86——90																																																								
91——95																																																								
96 以上																																																								
年齡不明																																																								
合計	8	3				2	1						1	1	2				76	62	30	18	49	46	1		28	20		9	51	34	4	8	161	107	24	19	26	24	11	5	18	24	19	9	8	7	2	1	2	1	2	3	927	

統計

南京市(鄉區)二十四年四月份死亡人數按性別職業及死因分類統計表

職業 \ 死亡原因 \ 性別	(1) 傷類寒傷或寒		(2) 斑疹傷寒		(3) 赤痢		(4) 天花		(5) 鼠疫		(6) 霍亂		(7) 白喉		(8) 流行性腦脊髓膜炎		(9) 猩紅熱		(10) 痳疹		(11) 瘍毒		(12) 其他發疹及發熱病		(13) 狂犬病		(14) 抽風症		(15) 產褥病		(16) 肺癆		(17) 其他癆病		(18) 呼吸系病		(19) 腹瀉及腸炎		(20) 其他胃腸病		(21) 心腎病		(22) 老衰及中風		(23) 初生虛弱及早產		(24) 中毒及自殺		(25) 外傷		(26) 其他原因		(27) 死因不明		總計	備考
	男	女	男	女	男	女	男	女	男	女	男	女	男	女	男	女	男	女	男	女	男	女	男	女	男	女	男	女	男	女	男	女	男	女	男	女	男	女	男	女	男	女	男	女	男	女	男	女	男	女	男	女	男	女	計	
有業 農業																							3								7				3				4				4										1		22	
有業 礦業																																																								
有業 工業																																																								
有業 商業																																																								
有業 交通運輸業																																																								
有業 公務																																																								
有業 自由職業																																																						1		
有業 人事服務																								2						4		5				4							8												24	
有業 其他																																																								
失業																																																								
無業																			5	6			6	5			7	4																											38	
未詳																																																								
合計																			5	6			9	7			7	4		4	7	5			3	4			4			4	8										1	1	79	

南京市(城區)二十四年四月份死亡人數按性別職業及死因分類統計表

職業＼性別＼死亡原因		(1) 傷寒或類傷寒		(2) 斑疹傷寒		(3) 赤痢		(4) 天花		(5) 鼠疫		(6) 霍亂		(7) 白喉		(8) 流行性腦脊髓膜炎		(9) 猩紅熱		(10) 痲疹		(11) 梅毒		(12) 其他發熱及發疹病		(13) 狂犬病		(14) 抽風症		(15) 產褥病		(16) 肺癆		(17) 其他癆病		(18) 呼吸系病		(19) 腹瀉及腸炎		(20) 其他胃腸病		(21) 心腎病		(22) 老衰及中風		(23) 初生虛弱及早產		(24) 中毒及自殺		(25) 外傷		(26) 其他原因		(27) 死因不明		總計	備考
		男	女	男	女	男	女	男	女	男	女	男	女	男	女	男	女	男	女	男	女	男	女	男	女	男	女	男	女	男	女	男	女	男	女	男	女	男	女	男	女	男	女	男	女	男	女	男	女	男	女	男	女	男	女		
有業	農業																																					1		1																2	
	鑛業																																																								
	工業	2																				7		3		1						10		3		13				5		2		2				1		1						50	
	商業	2																				3		2								7		1		11				4																30	
	交通運輸業																					3		6								11				7				4		2		1				3				1				38	
	公務																															7				3						2														12	
	自由職業																															2																								2	
	人事服務		3			2																	5	2	9						9	3	31		8	3	32		1		10		5		14			2	6		1					146	
	其他																																																								
失業																																2				3		1		2		1		2				2				1				14	
無業		4					1							1	1	2				76	62	17	13	36	37			24	20			9	3			121	75	23	18	10	14	3		17	10	19	9		1	1			1	2	3	633	
未詳																																																									
合計		8	3			2	1							1	1	2				76	62	30	18	49	45	1		24	20		9	51	34	4	8	161	107	24	19	26	24	11	5	22	24	19	9	8	7	2	1	2	1	2	3	927	

南京市(鄉區)二十四年四月份死亡人數按性別年齡及死因分類統計表

年齡 \ 性別 \ 死亡原因	(1)傷寒或類傷寒		(2)斑疹傷寒		(3)赤痢		(4)天花		(5)鼠疫		(6)霍亂		(7)白喉		(8)流行性腦脊髓膜炎		(9)猩紅熱		(10)痲疹		(11)梅毒		(12)其他發熱及發疹病		(13)狂犬病		(14)抽風症		(15)產褥病		(16)肺癆		(17)其他癆瘵		(18)呼吸系病		(19)腹瀉及腸炎		(20)其他胃腸病		(21)心腎病		(22)老衰及中風		(23)初生虛弱及早產		(24)自殺及中毒		(25)外傷		(26)其他原因		(27)死因不明		總計	備考
	男	女	男	女	男	女	男	女	男	女	男	女	男	女	男	女	男	女	男	女	男	女	男	女	男	女	男	女	男	女	男	女	男	女	男	女	男	女	男	女	男	女	男	女	男	女	男	女	男	女	男	女	男	女	計	
未滿1週歲																																																								
1週歲至5歲																			5	4			3	3			7	4							2																				28	
6——10																				2			2	1																															5	
11——15																							1	1																															2	
16——20																							1																2																3	
21——25																													1						1																				2	
26——30																															2	1				1																		1	5	
31——35																							1						1			1				1																			4	
36——40																								1					1		2	1											1												6	
41——45																							1						1										1				1										1		5	
46——50																																											1	1											2	
51——55																																				1			1																2	
56——60																															1													2											3	
61——65																																												1											1	
66——70																								1							2	1												1											5	
71——75																																1				1							1	1											4	
76——80																																												1											1	
81——85																																												1											1	
86——90																																																								
91——95																																																								
96 以上																																																								
年齡不明																																																								
合計																			5	6			9	7			7	4	4		7	5			3	4			4				4	8									1	1	79	

南京市(城區)二十四年四月份死亡人數按性別年齡及婚姻狀況分類統計表

性別 / 婚姻狀況 / 年齡	男				女				總數	備考
	未婚	有配偶	鰥夫	離婚	未婚	有配偶	寡婦	離婚		
6——10	278				203				481	
11——15	8				10				18	
16——20	13				10				23	
21——25		18				12			30	
26——30		23				20			43	
31——35		17				20			37	
36——40		16				8			24	
41——45		29				15			44	
46——50		23				12			35	
51——55		16				20			36	
56——60		24	2			10	5		41	
61——65		21	8			10	10		49	
66——70		9	4			3	10		26	
71——75		3	7			2	8		20	
76——80			3				9		12	
81——85			2				6		8	
86——90										
91——95										
96以上										
年齡不明										
總計	299	199	26		228	132	48		927	

南京市鄉區二十四年四月份死亡人數按性別年齡及婚姻狀況分類統計表

性別 / 婚姻狀況 / 年齡	男				女				總數	備考
	未婚	有配偶	鰥夫	離婚	未婚	有配偶	寡婦	離婚		
6——10	19				14				33	
11——15	1				1				2	
16——20	3					1			4	
21——25		1				1			2	
26——30		2				3			5	
31——35		2				3			5	
36——40		2				3			5	
41——45		4				1			5	
46——50		1				1			2	
51——55		1				2			3	
56——60						1			1	
61——65		1				3			4	
66——70		2				1			3	
71——75			1				2		3	
76——80							1		1	
81——85							1		1	
86——90										
91——95										
96以上										
年齡未詳										
總計	23	16	1		15	20	4		79	

南京市(城區)二十四年四月份出生嬰孩數按父之職業分類統計表

父之職業／產別／嬰孩性別		有業 農業 (1)	有業 鑛業 (2)	有業 工業 (3)	有業 商業 (4)	有業 交通運輸業 (5)	有業 公務 (6)	有業 自由職業 (7)	有業 人事服務 (8)	有業 其他 (9)	失業 (10)	無業 (11)	未詳 (12)	總數 (13)	備攷
男孩	出生	27	0	106	237	91	94	42	43	0	8	19	10	677	
	死產	1	0	0	1	0	4	1	5	0	0	0	0	12	
女孩	出生	24	0	119	211	105	102	34	39	0	5	11	24	674	
	死產	0	0	0	2	1	0	1	1	0	0	0	0	5	
總計	出生	51	0	225	448	196	196	76	82	0	13	30	34	1351	
	死產	1	0	0	8	1	4	2	6	0	0	0	0	17	

南京市(城區)二十四年四月份出生嬰孩數按母之年齡分類統計表

嬰孩性別	產別＼母之年齡	11-15 (1)	16-20 (2)	21-25 (3)	26-30 (4)	31-35 (5)	36-40 (6)	41-45 (7)	46-50 (8)	51以上 (9)	不明 (10)	總計 (11)	備攷
男孩	出生	0	62	194	174	143	76	24	3	0	1	677	
	死產	0	2	4	4	0	2	0	0	0	0	12	
嬰孩	出生	0	84	168	165	141	67	23	0	0	23	674	
	死產	0	0	2	0	2	0	1	0	0	0	5	
總計	出生	0	146	362	339	284	143	47	3	0	27	1351	
	死產	0	2	6	4	2	2	1	0	0	0	17	

南京市鄉區二十四年四月份出生嬰孩數按父之職業分類統計表

嬰孩性別 \ 產別 \ 父之職業		有業									失業	無業	未詳	總數	備考
		農業	鑛業	工業	商業	交通運輸業	公務	自由職業	人事服務	其他					
		(1)	(2)	(3)	(4)	(5)	(6)	(7)	(8)	(9)	(10)	(11)	(12)	(13)	
男孩	出生	67	0	5	9	2	1	2	1	0	0	1	0	88	
	死產	0	0	0	0	0	0	0	0	0	0	0	0	0	
女孩	出生	35	0	4	12	3	1	0	3	0	0	1	2	61	
	死產	0	0	0	0	0	0	0	0	0	0	0	0	0	
總計	出生	102	0	9	21	5	2	2	4	0	0	2	2	149	
	死產	0	0	0	0	0	0	0	0	0	0	0	0	0	

南京市(鄉區)二十四年四月份出生嬰孩數按母之年齡分類統計表

嬰孩性別	產別＼母之年齡	11-15	16-20	21-25	26-30	31-35	36-40	41-45	46-50	51以上	不明	總計	備考
		(1)	(2)	(3)	(4)	(5)	(6)	(7)	(8)	(9)	(10)	(11)	
男孩	出生	0	3	18	19	20	17	8	3	0	0	88	
	死產	0	0	0	0	0	0	0	0	0	0	0	
女孩	出生	0	7	20	9	13	8	4	0	0	0	61	
	死產	0	0	0	0	0	0	0	0	0	0	0	
總計	出生	0	10	38	28	33	25	12	3	0	0	149	
	死產	0	0	0	0	0	0	0	0	0	0	0	

南京市(城區)二十四年四月份戶口及生死人數統計表

項目	數目
全市戶數	163864
全市人口數	849861
全市出生數	1351
全市死亡數	927
全市死產數	17

南京市鄉區二十四年四月份戶口及生死人數統計表

項目	數目
全市戶數	21960
全市人口數	119081
全市出生數	149
全市死亡數	79
全市死產數	?

南京市二十四年四月份城區與鄉區人口數及出生死亡率比較表

項別 / 區別	人口數	出生數	出生率	死亡數	死亡率
城區	849861	1351	1.6‰	927	1.1‰
鄉區	119081	149	1.3‰	79	0.7‰
總計	968942	1500	1.5‰	1006	1.0‰
備考					

南京市政府公報　統計

特載

最近本府辦理土地各種問題

——二十四年七月一日王祕書長在本府紀念週報告——

最近一般市民對於市府辦理土地行政頗多過慮，如謂已收土地登記案件將近二萬，但市府房屋陳舊不堪，市民所繳之契據等件，是否能安全保管？又謂市府辦理土地登記，手續過於繁瑣，不知何日辦理完竣？又如謂山西路及第四住宅區乃係市府放領土地，聞亦須申請登記，殊覺多此一舉。此外如第四住宅區承領宅地各業戶，對於市府所收存在市民銀行之保證金，以爲將受該行此次舞弊案之影響，并有以該區未能積極動工，深抱懷疑者。茲特乘舉行紀念週之機會，將上舉各項，分別解答如下，并望全體同人，於便中對市民解釋，以免誤會。

（一）關於土地登記契據保管問題　馬市長蒞任以來，即特別重視，曾經與財政局主管人員商定統一保管辦法，初擬利用二十一年所造之地窖，後因該地添建財政局辦公房屋，將來除以大部份存儲該處外，并於新屋之旁另建特別堅固不易引火之庫房一所，以便辦理及調閱。至於卷宗之存儲，最初係用木櫥，復於櫥外加裝冰鐵，最近爲力求安全起見，經呈准市府交由購料委員會招商比價，以泰豐開價最低，大華次低，但泰豐所製之卷櫥製作欠佳，如以漬漆而論，泰豐只能外面漬漆，裏面則否，而大華則裏外均能漬漆，且質料較優。吾人爲求市民所繳契據之安全計，不惜採用大華之卷櫥。此外如庫房之加用鐵門及彈簧鎖，入庫房者絕對禁止吸烟，及攜帶一切足以引火之物，均足以表示本府謹愼之意。

（二）關於提高土地行政效率問題　現財政局方面正在力求手續之簡單，處理之敏捷，據陸局長在上次市政會議席上報告、馬市長就職以來辦結土地登記案件已由二百件增加至五百件，較之以前每月僅辦八十餘件者，其行政效率確已增進不少。又土地買賣在未經財政局核准以前，本不准買主聲請建築，茲爲便利市民起見，特改訂變通辦法，凡買主能具切實保證，以後不致發生糾紛者，即可准其聲請建築。又市府爲積極完成土地登記起見，經擬具概算及施政計劃，呈送行政院轉呈國府，一俟批准，即可實現一年至一年半內辦完土地登記之計劃。目前除督促辦事人員加倍努力外，並擬酌量增加土地處人員，至於新進人員之任用標準，市長表示在任用以前，須經主管長官一度考核，幷以富有土地行政經驗及學識者爲合格。

（三）關於新住宅區土地登記問題　一般人以爲新住宅區土地，既由市府放領，產權早經確定，何必再由各業戶申請所有權登記。殊不知市府放領，猶之民間買賣，土地買賣須由買主申請所有權登記，故市府爲求週密及合法起見。該區土地自有重新登記之必要。惟該區土地與普通土地情形，略有不同，故登記手續力求簡便，由財政局以市府爲一總戶，公告期滿後，即每戶發給一登記證，此舉初看去似覺多事，實則恐防住宅區四至，有與人民界限不清者，不能不愼重將事也。

（四）關於新住宅區第四區種種問題　各業戶所繳之保證金，係由市府專款存儲市民銀行，決不受該行此次舞弊案之影響。該區現已開始動工，全區道路路基，已由義興記承辦，業已動工有日，現正在積極塡築中，本年九月間，即可完工。至於建築路面及下水道及自來水管，亦可於本年年底辦理完成。或謂新住宅區第一區池塘山地，均經分別塡平，緣何第四區不將池塘山地塡平。殊不知市府即因第一區過於平坦，欠缺風景，故對於第四區，擬變更方針，就原有地勢建築，以期增美風景，節省工款也。

最後吾人尙有一點感想，即市民對於市府，時有求全之責備，吾人除於可能範圍內儘量接受外，尙望全體同人，加緊工作，以免有負市民之期望！

京市防水工作

——二十四年七月八日宋工務局長在本府紀念週報告——

揚子江流域，照上月觀察，本有旱災之可能，乃自六月下旬後，大雨時行，江水陡漲，上游各處，多超過同日最大之紀錄，即以本京而言，已漸入危險時期，本局防水工作，近日至爲緊張，消息雖逐日散見各報，但均係片段的，尙乏有系統之報告。回憶二十年揚子江大水時，本人適在揚子江水委會主辦江蘇境內之工賑，廿二年黃河水災，又調往參加堵口工程，數年中水災疊見，本人亦無役不偕，可謂與水有緣，本日奉命報告，爰將本京水位之依據，廿年本京水患情形，揚子江漲水與本市之關係，本局防水計劃及實施情形，暨今後水勢之預測與願望等，作一概括的報告。

（一）水位計算之根據　本市水位，因依據不同，故有兩種記載，一則以京滬路水準標零點起算（京滬鐵路以吳淞海面中水位爲零點），一則以本京海關水則零點爲準，二者高度相差實爲四七、一〇公尺，故依京滬鐵路水準標而得之水位高，減去四七、一〇公尺，即爲海關水則所示之水位數，二者均以公尺爲單位，數字雖異，其實則一也。例如昨日本京江水位爲六，九公尺，照京滬鐵路水準標起算即爲五四、〇〇公尺是也，餘類推。此後爲統一水位，以免混淆起見，概以揚子江水利委員會公告者爲準，亦即海關水則所示之水位也。

（二）二十年本市水患情形　查二十年八月間，本京揚子江最高水位，高至七、六〇公尺，是爲有紀錄以來之最高洪水位。城區一因江水之倒灌，二因城內雨水之停蓄，以致城區東南部，小營、勵志社、飛機場、東花園、武定門內一帶，及秦淮河兩岸，悉被水淹，一片汪洋。而下關區熱河路與中門至車站一帶低處，亦均爲水所浸，又因江水之擁擠，退水速度亦極緩。

（三）揚子江漲水與本市之關係　本市位居揚子江下游，其水位之漲落，與上游息息相關，其間水文關係密切，恐非短時間內所可討論，但僅就對於本京而言，則宜昌以上，因坡度峻急之故，而致水位常有特殊之變遷，而洞庭鄱陽兩湖，向日視作天然之巨大蓄水庫者，近乃淤積日甚，失其蓄瀦之效，以致湘贛發水，擁擠入江，加以漢口有澳水注入，尤足牽動江水位之暴漲，故知上游岳州、漢口、安慶三處之水位，卽可推測本市一二日後水位漲落之變化，上月揚子江水利委員會召集防汛會議，決議本京江水位達到五、五公尺時，爲防汛開始時期，由本府主持辦理，如漲至七、二五公尺時，爲危險時期，應請中央政府協助辦理，現在水位已至六、九公尺，距規定危險時期僅〇、三五公尺、較之二十年最高洪水位亦僅〇、七公尺。

（四）東西水關之啓閉　秦淮河河床，高出揚子江江床，在三汊河口，爲十一、四八〇公尺，故東西水關之啓閉，應視江水位漲落爲轉移，上月下旬，本局以江水位漸漲，秦淮河污水停滯，穢氣薰蒸，故卽於二十日至二十四日間，先後將西水關及東水關內外閘開放，以期利用外河清水，冲洗內河污穢。嗣因江水增漲甚速，爲預防計，卽於三十日將東水關內外閘關閉，至西水關照例通告各船戶，限期出閘外，亦於本月三日完全堵閉。將來一俟水退，仍可隨時啓閘，調換清水。

（五）本市防水計劃　查本市水患原因，可分爲兩種，一爲江水之倒灌浸入，一爲雨水之無從排洩，二者均爲本市水患之主因，而後者尤與城區有關。本市自與蘇省劃界後，市區範圍更大，較之廿年大水時之情形迥不相同。查廿年大水時祇須顧及城區及下關區，而現時除城區及下關外，沿江堤岸綫之長計三十餘公里，均須派員指導。防水區域旣大，人力財力均感不敷，但水患當前，亦惟有盡其全力應付。故自上月下旬，江水漸漲，卽由本局飭由下水道工程處派員查勘搶護，迨至本月三日，因水位激增，遂查照成案，迅卽召開防汛會議，成立防水工程委員會，以專責成，幷議決城內外防堵搶險辦法，暨人員支配等問題，立卽分別執行，就市區形勢分爲三區：

甲、城內區　（1）由營造股派員負責堵塞沿城各處溝洞，以免外水浸入。（2）在西水關內及武定門內分別裝設抽水機，排除城內積水。

乙、下關區（附浦口）　由下水道工程處會同下關辦事處負責防護（浦口方面亦由下關辦事處就近派員查勘指導）。

丙、各鄉區　就所有鄉區分作三區，均派定技術人員分段負責指導，幷經市府通令各區公所協助進行。（1）燕子磯區（附八卦洲）自寶塔橋至燕子磯鎭一段堤埂。（2）上新河區　自三汊河以南，至上新河頭關大勝關濱江各堤圩（孝陵衛地勢較高目前尙屬無虞)。(3)大小黃洲　沿江各圩堤。

(六)防水工作實施情形　最近一星期來，防水工作，異常緊張，昨係星期日，本局仍照常工作，計截至現時止，所有

(甲)城內區　東西水關，鐵窗欞，銅心管，半山寺，台城閘，各涵洞缺口，以及通達城區之各溝洞，均經分別堵塞。並已向電廠借到四十四馬力電力抽水機一架，昨已運抵西水關，又向震旦租用十八匹馬力六具，昨亦到京，即以四具裝在西水關，一具裝在武定門內，一具裝在下關，星夜分別趕裝，本日當可抽水，此外另囑震旦準備十二匹馬力抽水機三具，必要時可在四所村裝置一具，至於西水關裝機處，搭蓋草棚及臨時工房等，亦已星夜趕辦完成。

(乙)下關區　沿江中山碼頭至海軍碼頭，本有水泥防水堤，已備辦閘板蔴袋等材料，江水如續漲，即可將缺口處，一律堵塞。惠民河兩岸，地勢特低，臨河居戶門窗及溝管等，必要時均須堵塞，以免水浸，昨已由府函請警廳通飭臨河各居戶，早日準備，自行堵塞。餘如惠民河各巷口，已由局備辦材料，從事堵築，並即在該河附近適當處所，設立十八匹馬力抽水機，以利排泄。自津浦輪渡至寶塔橋，築有礬石坦坡，惟有數處支流汊口，必須堵塞，已由局派工辦理。三汊河濱江各處，堤身特低，決增高一尺，現正星夜趕築。下關楊家圩坍塌處、堤內打樁，堤外加土，及堵塞漏水處，已於前日辦竣。浦口方面，亦經下關辦事處派員查明，該處原無堤埂，低處已被水淹。

(丙)各鄉區　(1)燕子磯區自上元門至達摩洞一段，長約一公里，原無堤埂，故已淹沒，無法搶救，餘如漕州圩一段，近甚危險，經由局派員攜帶搶險材料，指導搶築。又八卦洲現亦由派定之燕子磯技術人員中，分派一人，前往勘視指導。(2)上新河區，該區江勝鄉同義圩，日前勢甚危急，已由局派員攜帶蔴袋等材料，前往搶救。又該區江東門中央廣播無綫電台附近一帶，已查明水面離堤尙有一二尺，現決酌爲加高，又該處有二小河通達長江，故即趕爲堵塞，以免倒灌。(3)大小黃洲派有技術人員，常駐該洲，就近指導搶救。

(七)今後之預測及願望　依照上述各項，城內凡外水足以浸入之處，均已查明堵塞，抽水機裝置後，即使續降大

雨，亦可隨時排洩入江，當不致有氾濫之虞，城外則下關方面，沿江築有水泥防水堤，更將惠民河兩岸及各巷口堵塞後，江水當可不致浸入，至於雨水，亦可利用抽水機，排洩入江，最可慮者，厥爲各鄉區，圩埂既甚單薄堤綫又甚展長，爲財力時間所限，一星期來，外勤各員，查勘指導，辦料轉運等事，奔波跋涉，眞有疲於奔命之概。希望各區公所，本愛護桑梓之義，徵集民夫，從速搶築，以圖挽救。照目前預測，本月十五及下月初朔望潮汛將至，均爲一大難關。照歷年江水而論，須至九月間防汛工作，方告一段落，惟一切全視上游水量及本京雨量多少爲斷。吾人在此時間，惟有羣策羣力，努力做去，以盡人力之挽救。至揚子江水患問題，其癥結在洞庭鄱陽兩湖之整治，然工程浩大，需費甚鉅，未可一蹴而成，如就本市城區而論，則將下水道工程，及秦淮河整治完成後，關於防水洩水均得根本之解決，實不勝企予望之也。

最近教育工作概況

——二十四年七月十五日陳社會局長在本府紀念週報告——

最近一個月來，社會局方面之工作，多係屬於教育方面，茲擇要作一簡單報告。

(一)關于中學師範畢業生會考方面，參加者高初中及師範科共有一千三百餘人，其中有一小部份係去年會考一二科不及格者，及各省市委託代考之學生。考試結果，全部及格者約占百分之八十二，一科或二科不及格者僅一小部份。此次計算分數，係按照去年會考成例，稍示寬大。此次會考成績殊不見佳，有數點亟應設法改善：(1)卽平時不用功之學生，至臨試時，往往閱讀坊間會考指南一類書籍，以圖僥倖，而此類書籍大多錯誤百出，此次會考受此類書籍之害者，爲數甚多。(2)卽同校之學生，對于某字或某名詞往往錯誤相同，蓋皆教師平時教授錯誤所致。此外猶有其他各點，今以時間關係從略。

(二)關于民衆學校畢業測驗方面，此次測驗結果尚有相當成績，業于本月六日在國民大戲院舉行畢業典禮，詳細情形，已誌各報，茲不贅述。

(三)關于小學教育方面，第一關于小學教員檢定考試問題，以前市立簡易小學及鄉區小學，無論校長教員，均經檢定考試錄取後，由局直接委任，惟有完全小學教員，係由校長聘任，因此遇有校長更迭，教員卽隨之進退，優良教員，無所保障。復按本市市立小學教職員任用待遇服務及懲奬規則第六章年功加俸各條之規定，學校教職員受年功加俸，應以連續在市立學校服務支同級薪者爲限，故欲收年功加俸之實效，尤應採用考試制，由局考選任用。現決定自廿四年度起，所有完全小學教員，亦須經考試檢定，業已登報招考。第二關于增加學級及增設小學問題，本年度擬增加完全小學一四〇級，簡易小學三三級，鄉區小學五八級，合共增加二三一級。至于增級學校之地點，擬根據學齡兒童密度，及實際需要情形，斟酌擇定。新校校舍，如因一時財力不足，不能建築，擬設法租賃民房，暫時應用。

最後本人對于教育尚有一點意見，擬乘此機會，附帶報告。自本黨實行以黨治國以來，卽以三民主義爲教育之根本，故小學教科書，開宗明義，卽爲黨國旗及　總理遺像，吾人爲實現　總理之主張，達到革命之目的起見，務必將民族主義，民權主義，民生主義，建國大綱，建國方略，及本黨第一次全國代表大會宣言內之對內政策，對外政策，編入各項課程，完全宣達于人民，使其澈底了解，戮力奉行。最近四聖奉祀官來京，本人感覺孔子之道，緣何歷數千年，而吾人之思想，至今仍不能出其範圍，蓋皆前此教育之效果。故吾人欲實行三民主義，亦非從教育入手不可，務使本黨主義，深入一般兒童，而後可傳之久遠，將來縱有人違背主義，或希圖推翻三民主義，國民當起而擁護，貫澈始終。故吾人一方面希望中央積極推動黨務，一方面希望以後能積極發展黨義教育，以圖國家民族之復興。

最近防水情形

——二十四年七月二十二日馬市長在本府紀念週報告——

在最近兩星期中，江水高漲，一日數驚，迄于昨日，潮汛始過，暫時可告無虞，回憶二十年大水慘狀，市民至今猶有談虎色變之概，故本府爲防患未然，免蹈二十年覆轍起見，于上月卽命工務局着手防水。本月七八兩日，水勢頗大，市府撥款購備材料，以爲搶險之用，自本月八日至十五日，情形非常危險，下關惠民河兩岸，地勢低窪，居戶稠密，三汊河及海軍碼頭一帶，亦復如此，經購置麻包數萬只，分別堵護，始告安全。并于下關武定門及西水關等處，設置抽水機多架，日夜抽水，城區决無危險。又下關寶塔橋一帶，平時遇天雨數日，即有被淹之虞，如遇洪水，更無論矣，此次防範得法，搶護有方，幸未淹沒。自本月十五日以後，本人鑒於潮汛期屆，危險更甚，而市府財力人力，俱屬有限，爰經聯合憲兵司令部，教導總隊，警察廳，市黨部及市商會等各關係機關，組織首都各界防水委員會，合力辦理，以策安全。數日來警備司令部抽調數百人，教導總隊抽調一千餘人，警察廳抽調數百人，分在新河口，北河口及下關等處，担任工作。本月十九日至廿一日三日，整夜搶救，辛苦異常，至昨日水勢稍退，已過危險時期。但在長江上游漲水未退以前，吾人仍不能高枕無憂，猶須繼續嚴密防範，非過八月，洪水有隨時侵襲之可能。此次各關係機關與市府合力防水，尤以各軍警機關熱心築堤，為全體市民謀利益，其急公好義之精神，殊足令人感佩。南京在軍閥時代，駐兵常有一二十萬之多，非特不能為人民謀一絲一毫之幸福，且擅作威福，魚肉人民，種種罪惡，不一而足，以視今日革命軍人為民服務之精神，相去何啻天壤。又國人缺乏公益之觀念，於此次防水益為明顯，前數日軍隊在上新河築土取堤，最初人民多方阻撓，不願供給泥土，誠所謂拔一毛而利天下不為也，古人云，守望相助，疾病相扶，此種精神現已完全失去，實為民族衰落之根本原因。大勝關一帶堤防，猶係築於明宋時代，以後即無人過問，以此而例全國之堤防，無怪近年水患之頻仍，人民之顛沛流離也。數百年來之疏忽，不幸為禍於本黨掌握政權之今日，於是論者不察，將近年之水患，歸咎於本黨，實非探本窮源之論，蓋近年來政府對於水利事業，進行不遺餘力，徒以病根過深，一時不能盡去，為今之計，吾人應急起直追，標本兼治，以期消弭水患於無形，否則十年二十年後，江浙安徽及兩湖數省，人民損失將不可以數字計也。此次市府為防水而所費者雖甚多，但仍係治標方面，至於治本方面，需費尤鉅，非人民與政府羣策羣力不為功。此次工務局局長及全體職員，對於防水工作，異常努力，早晨五時即起，每至夜間一二點鐘始返家就寢，同時更賴各軍警機關之熱心協助，故本市始得轉危為安，吾人於享受安全幸福之餘，不能不表示十分感激之意。此次最高水位達七·二五公尺，較二十年最高水位七·六公尺，相差甚微，而未成巨災，此則吾人差堪告慰於市民者也。

美國都市任用職員政策

——二十四年七月二十九日馬市長在本府紀念週講——

用人行政，影響政治之清明至重且大。我國自有史以來，對于用人行政，大約可以分為兩派：一為儒家，一為法家。儒家主張「人治」以「人」為行政之中心。法家主張「法治」，以制度為行政之中心。兩者立論不同，觀點互異。儒家譏法家之主張為「徒法不足以為政，徒政不足以自行。」法家譏儒家之主張為「人存政舉，人亡政息。」余以為此兩種主張，均有其偏狹之見，以「人」為行政之中心不可。專賴「制度」為行政之中心亦不可，故欲求行政效率之增高，對「用人」及「制度」必須雙方兼顧，如單獨側重於「用人」，而忽略於「制度」，結果縱能羅致賢材異能，因責任與權限之不分明，，遇事亦每每發生妨礙，且一人之壽命有限，苟無良好制度為之規範，終亦不免「人存政舉，人亡政息」之譏。反之如專側重於「制度」上之講求，而忽略於優秀人員之選拔，結果因任事者之多未能稱職，縱有良好制度，亦難獲最高之行政效率。職是之故，歐美先進國家，對于「用人行政」，此所以採用科學管理方法也。「市」為地方自治區域，晚近產業發達，人口集中於都市，「市」在國家政治中，佔極重要之地位，故「市政府」行政之良善與否，影響於整個國家之政治機構至為重大。是以歐美都市，對于用人行政，無不力事講求，其方法之周密，至堪取法，今天因時間關係，可將美國都市之用人政策談談。

美國自確立文官制度以後，即將行政人員劃分為政務官與事務官，政務官以黨之進退而進退，事務官則經文官攷試，受文官法保障，不受政潮影響。據特遜博士調查，美國都市職員係由各該市之最高長官（即市長），依下列三種方法任命，(一)不經文官攷試，(二)依文官委員會所提出之名單任命，此名單內之人員，均經競爭攷試及格者，(三)依已在文官委員會註冊，但未經攷試之普通工人名單任命。經文官攷試及格而任用者，為已經分級之官吏，受文官保障法保障，未經文官攷試而任用者，為未經分級之官吏，不受文官保障法保障。據新新尼達市之報告，一九二三年，吏，均爲「已經分級」之官吏，亦卽均經文官競爭攷試出身者。

各市均有「文官委員會」之設置，該委員會負主持文官攷試之責任，依新新尼達市市憲之規定，該市「文官委員會」之委員共三人，均爲市長所任命，但此三人中不能有兩人隸屬於一個政黨。此外市憲及該州之法律復規定市府各局「分級」職官之中，一有空缺，卽須於文官委員會攷選成績最優，而又適合於此項工作的三人中，擇尤充任，設文官委員會一時無合適於此項工作的候補人員或候補者不足三人，市府當局可委任一人暫時充之，但須將被任者之經驗，徵求文官委員會同意，暫時充任此項職務之人，其任期爲三月，期滿以後，仍須應此項職務的競爭攷試，倘成績優異，卽正式充任此職。

「已分級」之文官。類經文官攷試及格之人員。文官攷試例由文官委員會主持，文官委員會之組織，設委員一人，副委員二人，此外並置有攷試局。設局長一人，負執行文官考試及將各項事務報告於文官委員會的責任。市府當局如需用依文官法分級之人員，可逕函文官委員會陳述該職位之名稱及等級，出缺原因，候補者之資格及性別與報酬等，文官委員會對于考試及格人員，均分類登記，以備各機關採用，是以接到市府當局聘請人員之函請後，卽將該類職務考試及格前三名人員，提交需人機關任用，市府當局接文官委員會所提出之及格人員名單以後，可擇其認爲信任者任用之，倘市府當局對此三人無一信任，或文官委員會並無適合此職務之候補人員。文官委員會卽舉行一特別考試，考試結果，選擇成績最優之前三名。提交市府當局任用，需人機關對于文官委員會所推荐之人員如仍認爲不滿意，可由機關內部或其他機關現任職員中，擇成績優異而又適合于此項工作者調充，無須另自舉行競爭考試，但須將調充者之資格經驗及職位之性質，函請文官委員會備案，文官委員會對于此項請求，大都予以照准，蓋彼等深信被陞調者之經驗，足以充任斯職也。如機關內部無適當人員供陞調時，仍舉行考試，考試成績之計算法如下。總成績定十分內應考者之學歷及經驗佔四分。關於該項職務智識之問答佔二分（此爲筆試），人格之觀察，與觀察應考者對此項職務之適合程度佔四分（此爲口試），考試者在考試以前，必須塡寫考試機關所製備之表格，如以前所肄業或畢業之學校，肄業或畢業之年月，所習課目，能讀能寫何種外國語，曾任何種職務，及何故離職等，必須一一塡明，此外應試者並須塡寫以前任事機關之長官姓名，職位名稱，報酬多少，任期之長久，工作之性質及其所管理之人數等，逐條詳細填畢後，並須由以前之服務機關，或有關係之保證人等簽字證明，同時文官委員會派人調查其眞相。

市府官吏大部份均依文官法分類，前已言之，至于分類之方法，係以職務之性質爲標準、每類之中，又分爲若干級，單就工程師一類職務而言，已有五級之分。薪給依職務之性質及等級而定，分最低額及最高額。普通職員初任之六月，其薪給並無變更，初任之第一年，其職務亦無變更。任同一職務，須受同一待遇，已成爲各都市職務分類之趨勢。依波斯頓文官分類法，城市中之官吏分爲八大類，（一）警察與消防，（二）檢查員，（三）調查員，（四）書記（五）工人（六）專門人員、（七）機械人員，（八）辦公室工人。每一類職務又分爲七級，其法如下，第一級爲最低級、此級人員無須曾受訓練，及具有經驗，或曾經服務者，而只以一部份時間在此辦事者，亦屬于第一級。第二級爲初級，此級人員在指導及監督之下處理日常一切公務。第三級爲中級，此級人員須具有由學歷及經驗得來之一般學識，而負居間之責任者。第四級爲高級，此級人員須有專門學問，訓練及經驗，負一定之責任，及具有一定之權力。第五級爲執行職務之一級，此級人員須負獨立工作，及管理下級人員之責任，故須有準確之判斷力。第六級爲重要之一級，此級人員其工作較爲困難，故需專門學識，以資應付。第七級爲最高之一級，此級人員需用高深或專門技術，負指導及幫助各局長及科長執行職務的責任。

在實行分級之前，爲便利計，通常發出各項問答，交市府所屬各機關之公務員填寫，其所問之題目，如公務員在文官考試中之等級，工作地點職責報酬，工作時間，年齡與服務年限等，公務員將此問答逐條詳細填畢後，即交回主持分級機關，主持分級機關根據此種資料，將各職員之姓名，編成卡片，每一卡片均填明其現在的分類，服務年限，現在報酬等，然後依照此項卡片，開始分級，並定每級之最高及最低薪給，再交市長作最後決定。

總理鑒于國家之用人，關係政治之清明，故將考試定爲五種治權之一。至于考試之方法，在清代惟求書法之優良，及八股制藝文字精通，以致有特別才能者，多湮沒無聞。蓋作文與作事截然兩事，有精于作文，而辦事昏庸者，有不精于作文，而辦事則精明過人者。吾國自成立考試院以來，年有考試及格人員，分發至各機關以荐任職或委任職任用，但因主持考試機關與任用機關無切實聯絡，故考取分發之人員，與各機關需用之人員，實際上每每相左，以致在推行方面，輒感困難，此實極堪注意者也。本人鑒于美國考試制度之切合實際，以爲吾國大可仿效，而現行考試制度，似應加以改革，使其得以推行無阻，以期人盡其才。

附錄

土地登記核准公告案件一覽表

二十四年七月份

聲請人姓名及籍貫住址	土地坐落及四至面積	定着物情形	他項權利關係及關係人姓名	聲請登記年月日	公告年月日	公告期滿年月日
蔣長林 江寧人住貓魚市十九號	毛家苑五號東至劉沈二姓以己墻爲界南至官巷西至李姓屋以己牆爲界北至毛家苑面積五分三厘二毫壹絲	房屋	無	廿三年十二月廿四日	廿四年七月一日	廿四年九月卅日止
湯昌賢 江寧人代理人袁權住柳葉街四三號	集慶路原名牌樓口三七號東至張姓屋以己墻爲界南至曹姓屋以己牆爲界西至李姓屋以己墻爲界北至集慶路面積九厘九毫	房屋	無	廿四年一月十八日	仝上	仝上
何性志 江寧人住殷高巷二四號代理人龍如桂	來鳳街三六號東至柏姓地及吳姓屋南至吳姓地及吳姓屋西至來鳳街北至駱姓地面積三分五厘七毫二絲	房屋	無	廿三年八月三日	仝上	仝上
劉邦森 江寧人住撮箕巷一號	毛家茆三號東至沈姓屋以己牆爲界南至沈姓屋以各牆間空地各半爲界西至蔣姓屋以己牆爲界北至毛家苑面積一分四厘六毫八絲	房屋	無	二三年十二月十七日	仝上	仝上
劉榮炘 南京人住撮箕巷一號	金粟菴二四號東至撮箕巷南至金粟菴西至俞姓屋以己牆爲界北至市地以己牆爲界面積五分四厘六毫五絲	房屋	無	二三年十二月十三日	仝上	仝上
王炳坤 揚州人住大石壩街一一〇號	烏衣里二號東至官街南至吳姓屋以己牆爲界西至吳姓屋以己牆爲界北至關姓屋以己牆爲界面積一分二厘三毫六絲	房屋	無	廿三年十一月廿三日	廿四年七月一日	廿四年九月卅日

李傚孫 南京人住門東倉門口廿一號	倉門口十九廿一號東至王姓屋陳姓屋葉姓屋以己牆爲界南至公走巷西至徐姓屋以隣墻及己牆爲界北至倉門口面積二畝〇二釐二毫九絲	房屋	無	廿三年十二月廿八日	仝上	仝上
王幹臣 山東人住甘露營一號	黑廊巷十八號東至馮姓以鄰牆爲界南至陳姓屋以鄰墻爲界西至黑廊巷以板門爲界北至邵姓屋以己牆夏姓屋以各有各牆爲界面積一分九釐五毫八絲	平房四間一廈	無	廿三年十一月廿九日	仝上	仝上
馬家福 南京人住小板巷五號	建康路二八九號東至李姓屋以各有各墻爲界南至建康路人行道邊綫爲界西至黃姓屋以公牆爲界北至李姓屋以隣牆爲界面積四釐一毫	樓房上下兩間	無	廿三年十一月廿二日	仝上	仝上
尹伯揚 江蘇儀徵人住利濟巷六十一號	大油坊巷一六號東至大油坊巷南至趙姓屋以己牆爲界西至秦淮河北至周姓屋以公牆爲界面積四分〇二毫四絲	房屋	抵押權人張振華住小彩霞街六號	二十三年十二月廿八日	仝上	仝上
熊擇隣 住估衣廊廿六號孫永興收轉	張府園東至公走巷及陳姓屋南至市地旗地租戶程姓西至張府園北至公走道面積九分一釐	房屋	無	廿四年四月廿六日	廿四年七月二日公告	廿四年十月一日止
裴鴻臬 本京人住蘆蓆營一七三號	蘆蓆營東至裴王二姓地南至蘆蓆營西至徐姓地北至王姓塘面積八分一釐八毫五絲	房屋	無	廿四年四月十七日	仝上	仝上
伍瑾祥 湖南人住焦狀元巷三三號	鐵管巷十五號東王姓地鄭姓屋鐵管巷南李姓屋以隣牆爲界西鄭姓地吳姓地北武姓塘面積二畝〇四釐〇二絲	房屋	抵押權人南京郵政儲金匯業局大行宮	廿四年二月十四日	仝上	仝上
張四喜 江甯人門西五間廳十號	百子亭東 1.至百子亭小溝 2.百子亭小溝 3.韓姓地 南 1.至本姓(現賣與倪姓) 2.倪姓地 3.魯姓地 西 1.至袁姓地 2.袁姓地 3.閣姓地 北 1.至葉王二姓地 2.本姓(現曾與葉姓) 3.沈姓地及小溝 面積 1.壹畝三分三釐三毫三絲 2.五分九釐六毫三絲 3.七分五釐六毫九絲 共計面積二畝六分八釐六毫五絲	無	無	廿四年三月廿一日	仝上	仝上

劉青雲	湖南人住針巷九號	朱雀路七三號東至朱雀路人行道南至杜姓以鄰己牆為界西至李姓以鄰己牆為界北至慧圓街面積三分七厘〇二絲	平房六間三披已破舊現擬改建	無	廿三年八月八日	仝上	仝上
信業堂	經理人呂蒼岩無錫人住建康路二三三號	寧海路鼓樓新村原名西橋一三一四號一七一八號東至官溝及西橋南至信業堂地西至孫李兩姓地及本業地北至信業堂地面積八畝一分一厘一毫四絲	房屋	無	廿四年三月廿五日	廿四年七月二日	廿四年十月一日
何定中	南京人住小王府園一七十四號	小王府園二三號東至小王府園以己牆為界南至市地以己牆為界又至陳姓屋以隣牆為界西至旗地租戶王姓屋以已牆為界北至孫姓屋以己牆為界面積七分五厘四毫九絲	房屋	無	廿三年十二月廿七日	仝上	仝上
石仲銘	南京人住長樂街六十四號	建康路七八號東至簪子巷南至楊姓屋以己牆為界西至王姓屋以公牆為界北至建康路面積八釐八毫四絲	房屋	無	廿四年一月廿三日	仝上	仝上
馬稚小幼秋	江寧人住中華路五六四號	來鳳街東至市地南至嚴姓屋以鄰牆為界西至來鳳街北至方姓地面積五分六厘九毫八絲	無	無	廿三年十二月廿九日	仝上	仝上
嚴壽長	南京人住洪武路一二五號	來鳳街二〇號東至王姓屋以己牆為界南至楊車兩姓屋以鄰牆為界西至來鳳街北至馬姓地及市地以己牆為界面積四分一厘六毫	房屋	無	廿四年三月十五日	仝上	仝上
程家幹修傑慶	南京人住三坊巷八五號	東釣魚巷三九號東至秦淮河南至張姓屋以己牆為界西至東釣魚巷北至俞姓屋以己牆為界面積九分七厘一毫八絲	房屋	無	廿三年十二月十二日	廿四年七月三日公告	二四年十月二日止

俞金龍　江寧人住建鄴路二二號	東釣魚巷三七號東至秦淮河南至程姓屋以己牆為界西至東釣魚巷北至黃姓屋以己牆及鄰墻為界面積四分三厘六毫四絲	房屋	無	二四年三月六日	仝上	仝上
錢世貴　南京人住磨盤街三八號	磨盤街三八號東至王姓屋以鄰牆為界南至王姓屋以己牆為界西至磨盤街北至王姓屋以己墻為界面積三分一釐四毫六絲	房屋	無	二四年元月五日	仝上	仝上
首都警察廳主管官陳焯　住保泰街	高崗里二號東至市地南至市地西至官巷北至高崗里面積一分四厘二毫八絲	房屋	無	二三年十二月二八日	仝上	仝上
濮永康　南京人住釣魚台一〇七號	中華路二八二二八四號東至中華路及本姓屋南至攸餘堂方記屋以己墻及鄰墻為界西至浙潮水倉屋以己牆為界北至李姓屋以己牆及鄰牆為界面積二分四厘六毫六絲	房屋	無	二四年四月四日	仝上	仝上
潘張氏　南京人住蘆蓆營二九號	蘆蓆營原名觀音菴東至本姓地本姓塘南至本姓地潘姓地西至蘆蓆營陳姓及本姓地北至陳姓地農民學會及陳董楊三姓地面積六畝七分三厘八毫三絲一畝〇分五厘六毫一絲	房屋	無	二四年四月十五日	二四年七月三日公告	二四年十月二日止
李虎臣　壽州人住白果樹二五號	朝天宮西街五十號東至官巷及王馬苑三姓屋以己牆及鄰牆為界南至朝天宮西街西至朱姓屋以己牆為界北至北衛巷面積一畝一分〇八毫九絲	房屋	無	二四年三月二七日	仝上	仝上
盛蘭貞　江蘇人住龍江橋三三號	中山北路原名花家橋東至官路南至黃姓地西至中山北路北至萬姓地面積四分四厘〇七絲	無	無	二四年三月二八日	仝上	仝上
常沂　六合人住中正路馬巷三一三號	中正路三一三號東至周姓屋以己墻為界南至張姓屋以公墻為界西至中正路以板門為界北至公善南堂屋王姓屋以己墻為界面積一分九厘四毫三絲	四間一廈	保存典權人李廖氏即李隆興江甯人住望鶴岡一號	二四年元月五日	仝上	仝上

楊鳳吾 湖南人住西華門三條巷三號	大石橋二五號東至魏姓屋各牆又謝姓地塘南至魏姓塘西至熊姓小路北至謝姓地面積八分二厘八毫	樓房上下十二間約估面積十六方平房六間	抵押權人南京鹽業銀行代理人方振民住白下路二三四號	二四年三月十三日	仝上	仝上
商關甲 江寧人住中正路六八六號	中華路二一七號東至市產以鄰牆為界南至黃姓屋以公墻為界西至中華路北至朱姓屋市產以己牆為界面積二分二厘八毫二絲	房屋	無	二四年一月十一日	二四年七月四日	二四年十月三日止
韓長清 南京人住丁官營十二號	丁官營十二號東至公走路南至丁官營西至徐中山堂屋及地以己牆及己牆直線為界北至東關頭面積九分五厘四毫七絲	房屋	無	二三年十二月二六日	仝前	仝前
陳亦秋 江甯人住大九兒巷十五號	九兒巷十七九號東至李姓屋以己牆為界南至李陳凌羅四姓公地以己牆及陳姓屋以隣牆為界西至凌羅李陳四姓公地以己牆為界北至九兒巷面積三分〇七毫正	房屋	無	二四年元月二八日	仝前	仝前
杜長祿 南京人住小彩霞街二九號	小彩霞街二九號東至小彩霞街以己墻為界南至王姓牆以鄰牆及己牆為界西至王陳兩姓屋以己牆為界北至陳姓牆以己墻為界面積二分九釐九毫四絲	房屋	無	二四年二月二三日	仝前	仝前
宋應杓 江蘇人住船板巷六六號	船板巷六六號東至秦淮河南至張姓屋以己牆為界西至船板巷北至馬姓屋以公牆為界面積三分二釐四毫一絲	房屋	無	二四年五月七日	仝前	仝前
張松泉福壽 南京人住牽牛巷八號	牽牛巷八號東至鄭姓屋以鄰墻為界南至牽牛巷西至牽牛巷北至鄭姓屋以己牆及隣墻為界面積四分二厘七毫六絲	房屋	無	二三年十二月二九日	二四年七月四日	二四年十月三日止
顧壽頤 江寧人住小府巷七號	小府巷七號東至朱何二姓以己屋牆及己板為界南至小府巷西至王姓屋以己牆及隣墻為界北至銅坊苑面積二分一厘五毫七絲	房屋	無	二三年十二月十八日	仝前	仝前

殷義盛南京人住五間廳四號劉家莛轉交	桃棋巷一號東至傅姓屋楊姓地及官巷南至官巷西至官巷北至桃棋巷面積九分〇五毫九絲	土堆	地上權人董秀銀南京人住桃棋巷一號	二四年十二月卅日	仝前	仝前
王兆鴻合肥人住倉門口十三號	倉門口十三號東至李姓屋兩頭己墻中間板壁爲界南至孫姓屋以己墻爲界西至楊姓屋以己墻爲界北至倉門口以己牆爲界面積一分三厘七毫六絲	房屋一間一廈	無	二三年十二月二四日	仝前	仝前
新華公司代理人劉震林江蘇人住大石壩街五號	大陽村東至南至市地西至梁張二姓地北至官路面積二分八厘〇五絲	空地房保租人搭蓋	無	二四年四月十七日	仝前	仝前
秦景陽南京人住新街口興業里十七號	東瓜市東至郗姓地南至張姓塘西至徐戚二姓地北至合羣公司走道面積一畝一分九厘二毫九絲	無	無	二三年十一月十三日	二四年七月五日	二四年十月四日止
鄭江實君南京人住許家巷十號	建康路四一四號東至王姓屋以己墻爲界南至孫姓屋以己墻爲界西至玉帶坊北至建康路面積八厘七毫四絲	房屋	無	二四年三月二五日	同前	同前
王良弼南京人住長樂路一五五號	中華路原名南門大街五六〇號東至中華路南至何姓屋以己墻爲界西至何姓屋以鄰墻爲界北至何姓地以公牆及鄰牆爲界面積五厘七毫六絲	房屋	無	二四年一月二三日	同前	同前
芮成林 成椿 蒙榮 江寧人住湯營四五號	倉門口十二號東至孫姓屋以鄰牆公墻己牆爲界南至倉門口西至公走路北至市地以己牆爲界面積二分九厘四毫九絲	房屋	保存典權人梁本茂南京人住倉門口十二號	二四年四月二七日	同前	同前
符崇官江寧人住信府河一三二號	小仙鶴街二十號東至小仙鶴街南至何姓屋以公牆爲界西至小仙鶴街北至旗地租戶宛姓屋以鄰隣爲界面積二分二厘六毫五絲	房屋	無	二四年一月十九日	仝前	仝前
于培德江寧人住柳葉街三三號	鳴羊街四十號東至張姓屋以鄰牆爲界南至殷高巷西至鳴羊街北至汪張二姓屋以公墻及鄰牆又己板壁爲界面積七厘二毫八絲	房屋	無	二四年三月二一日	二四年七月五日	二四年十月四日止
柴品三南京人住張家衙十四號	張家衙一四號東至公走巷南至康徐二姓屋以公牆己墻及鄰墻爲界西至張家衙北至性善堂屋以己牆爲界面積六分七釐二毫九絲	房屋	無	二三年十一月二七日	同前	同前

張少芝 江甯人住花露崗六號	花露崗六號東至雍姓地以已牆爲界南至花露崗西至張姓屋以已牆爲界北至雍張二姓屋以已牆爲界面積四分九厘九毫八絲	房屋	無	二三年十二月二四日	同前	同前
仇來之 江甯人住漢府街一八號	龍門街一・三・五・七・二二・二四・二六・二八・號東至龍門街人行道爲界南至貢院前街人行道爲界西至南洋兄弟煙草公司空地以己牆爲界北至龍門西街以板門爲界面積八分四厘七毫四絲	三面舖房八號	無	二三年十二月十日	同前	同前
李午亭 福建人住吉兆營十號	三茅宮南台巷東至夏姓地南至南台巷西至何鄭姓地北至周姓地面積六分四厘八毫一絲	空地	無	二四年三月二八日	同前	同前
韓友蘭 鹽城人住鹽城北門大街三四號代理人周鍒揚阜寧人住鄧府巷三號	五條巷東至周姓地南至張姓地西至五條巷北至羅姓地面積七分五厘	無	無	二四年四月二十日	二四年七月六日	二四年十月五日止
黃用之 廣東人住三牌樓四三號	傅佐路東至傅佐路南至陳姓屋羅姓地西至蔣姓地信立堂地北至蔣姓地面積二畝五分三厘八毫八絲	空地	無	二四年二月廿一日	同前	同前
朱民生 南京人住白下路一二八號	網巾市東至汪姓地大半部份以十埂心爲界南至傅姓地西半部以土埂外隙地爲界西至網巾市北至臧姓屋以鄰牆爲界面積九分三厘〇八絲	無	無	二四年四月十二日	同上	同上
陳揭青 上海人代理人陳兆昌上海人住市府路三六號	莫干路轉角東至莫干路南至陳姓屋西至溫姓地北至粘嶺路面積二畝三分九厘二毫一絲	無	無	二四年五月七日	同上	同上
陳有炳 南京人住湖南路四十四號	中山北路東至陳姓地及塘南至陳姓地西至陳姓地北至信業堂地面積一畝六分一厘〇三絲	無	無	二四年三月二五日	同上	同上
張永鑫 長沙人住曾公祠二號	太平橋大悲巷東至徐張兩姓地南至李姓屋牆外爲界西至印鑄局屋圍牆外爲界又徐姓屋外行人路爲界北至梅姓地面積一畝九分六厘六毫六絲（內水塘三厘七毫五絲）	無	無	二四年四月十九日	二四年七月六日	二四年十月五日止
聚興誠銀行經理人袁尹村四川人住新街口卅號	中山北路東至中山北路南至趙吳兩姓屋及蔣姓地塘西至傅佐園北至陳姓地面積七畝二分六厘二毫一絲	空地	無	二四年二月十四日	同上	同上

姓名住址	坐落四至面積	種類	抵押	日期	日期	日期
鄭陳欽 南京人住程閣老巷二號	秣稜路東至宜恭徐劉陳三姓屋南至錢姓屋以隣牆及陳姓地爲界西至倪姓屋以鄰牆爲界北至秣稜路面積三畝四分〇七毫	房屋	無	二四年四月十八日	同上	同上
蔣季範 南京人住門東小荷花巷十五號	內橋灣二八號東至戈姓屋以己牆爲界南至內橋灣西至蔣姓屋以己牆爲界北至秦淮河面積九分六厘〇六絲	平房十五間三廈	無	二四年元月九日	同上	同上
陳錫麟 江寧人住黑廊巷十六號	銅坊苑街三號東至朱姓屋以鄰牆及己牆爲界南至王李二姓屋以鄰牆己牆及公牆爲界西至銅坊苑北至李姓屋以隣牆己牆爲界面積三分二厘三毫二絲	房屋	無	二四年五月七日	同上	同上
馬錦如 本京人住錦繡坊三十六號	錦繡坊三十六號東至錦繡坊南至錦繡坊西至馬金李三姓均以己牆爲界北至馬姓屋以己牆爲界馬恩景錫如二姓公巷面積一分九厘〇七絲	平房三間二披	無	廿三年十二月廿九日	廿四年七月八日	廿四年十月七日
馬盈清 南京人糖坊廊四十九號	糖坊廊四十九號東至糖坊廊南至高姓屋以己牆及鄰牆爲界西至秦淮河北至劉姓屋以公板壁及公牆爲界面積二分四厘七毫五絲	房屋	無	廿四年一月廿四日	廿四年七月八日	廿四年十月七日
丁際雲 江寧人磨盤街五十九號	磨盤街五十九號東至磨盤街南至呂姓屋以己牆鄰牆及公牆爲界西至水齋菴北至陳姓屋及水神局屋以己牆及鄰牆爲界面積一畝〇八厘五毫五絲	房屋	無	廿三年十二月三日	廿四年七月八日	廿四年十月七月
許雁臣 安徽 代理人宇培軒 南京人崇恩街二號	木匠營十七號東至胡姓地以鄰牆及沿鄰牆南綫爲界南至林姓地西至林姓地以己牆及沿己牆南綫爲界北至林姓地以己牆爲界面積九厘六毫四絲	房屋	無	廿三年十二月十四日	廿四年七月八日	廿四年十月七日
馮石卿 南京人住柏果樹街十四號	珠江路（焦狀元巷）東至常舖巷以界綫爲界南至珠江路以界綫爲界西至吳姓屋以隣牆爲界北至吳姓屋以隣牆爲界面積一分七厘二毫	市房	抵押權人張迪光住曾公祠十二號	廿四年四月廿四日	廿四年七月八日	廿四年十月七日
黎錦堂 江西人中華路三〇三號	中華路一〇二號東至中華路以板門爲界南至劉姓，徐姓屋以各牆爲界梁姓屋以己牆爲界西至憲兵訓練所以鄰牆爲界北至呂姓屋以己牆爲界面積八厘七毫七絲	店房上下四間	無	廿三年十二月九日	廿四年七月八日	廿四年十月七日
大悲菴 住持僧人融寬 住倉頂十三號	四營門口十六號東至營門口南至營門口西至甘姓屋入以己牆及鄰牆爲界北至營門口面積四分七厘〇四絲	房屋	無	廿三年十二月廿日	廿四年七月八日	廿四年十月七日

陳業榮 南京人住建康路一五三號	糖坊廊七一三號東至糖坊廊南至黃姓屋以已墻及隣牆爲界西至秦淮河北至普霖公所屋以鄰牆及公牆爲界面積五分〇七毫壹絲	房屋	無	廿三年十二月十三日	廿四年七月八日	廿四年十月七日
史學瀛 江寧人住信府苑十號	信府河一九六號內東至陳姓屋以已墻爲界南至陳姓屋以已牆爲界西至楊姓屋以已牆爲界北至信府苑面積七厘九毫一絲	房屋	無	廿三年十二月廿五日	廿四年七月八日	廿四年十月七日
田家驊 江寧人船板巷三十一號	船板巷二十四號東至秦淮河南至劉姓屋以隣牆爲界西至船板巷北至王姓屋以已牆及公牆爲界面積一分三厘七毫一絲	房屋	無	廿三年十二月三日	廿四年七月八日	廿四年十月七日
田興財 洪祿 江寧人住船板巷卅一號	船板巷三十六號東至秦淮河南至李姓屋以已墻及公牆爲界西至船板巷北至戴姓屋以已牆及公墻爲界面積一分四厘六毫九絲	房屋	無	廿三年十一月十四日	廿四年七月八日	廿四年十月七日
李鐘衔 湖南人住二廊廟街十五號	延齡巷東至須藤永租地以已牆爲界南至湯李張三姓公巷以已牆爲界西至延齡巷北至黨公巷面積二畝三分七厘八毫一絲	樓房兩座計二十二間平房八間	抵押權人徐達清住昇州路二三一號南京人	廿四年二月廿二日	仝右	仝右
新華公司 代理人劉震林住大石壩街五號江蘇人	大陽村三二號東至(一)市鐵路局(二)現劈賣與李友梅地(三)市鐵路局南至(一)黃姓(二)現賣與李友梅地(三)現賣與李友梅雅貞地西至(一)現賣與李雅貞地(二)大陽村(三)仝上北至(一)本姓(二)仝上(三)四條巷面積(一)九分四厘九毫八絲(二)五分八厘二毫二絲(三)三畝五分〇三毫正	無	無	廿四年三月廿七日	仝右	仝右
陳少平 南京人住湖南路一三〇號	湖南路東至走巷南至湖南路西至陳姓地北至陳家巷面積七分六厘〇一絲	無	無	廿四年三月卅日	仝右	仝右
周揚奮 阜甯人住南京鄧府巷廿一號	五條巷東至魯鄭二姓地南至張姓地西至韓姓地北至羅姓地面積五分八厘三毫三絲	無	無	廿四年四月廿日	仝右	仝右

張萬才 江寧人住三條巷十一號	三條巷東至三條巷南至吳姓屋以隣牆爲界西至吳姓地北至市地面積二分〇五毫三絲	房屋	無	廿三年十一月卅日	仝右	仝右
任竹樓 江都人住高家酒館七十七號	華僑路五十九號東至公走巷南至陳姓屋以竹笆爲界西至慈悲社北至華僑路面積七分六厘八毫三絲	草房	無	廿九年四月廿四日	仝右	仝右
華亞任 浙江人住百子亭一號	廠家巷東至華亭記斯卓然地南至廠家巷西至永慶寺官路北至周姓地面積三畝〇六厘正	無	無	廿四年五月三日	仝右	仝右
洪林 江蘇人 張炎 住東牌樓九十九號	東牌樓九十九號東至崇善堂屋地公牆南段己牆南至秦淮河西至吳李二姓屋均公牆惟南段己牆北至東牌樓面積五分四厘二毫九絲	平房十一間	抵押權人楊少蘭住小營家巷一二號	廿三年十二月卅日	仝右	仝右
尚敬先 六合人住糖坊廊四十七號	糖坊廊四十七號東至糖坊廊南至何姓屋以公牆及己牆爲界西至秦淮河北至馬姓屋以隣牆及己牆爲界面積三分六厘四毫七絲	房屋	保存抵押權人周炳臣江寧人住倉巷六五號	廿三年十二月十二日	仝右	仝右
蘇變章 蘇兆康 王氏 蘇兆鑫 江蘇人住水齋菴元號	水齋菴元號東至水齋菴南至蘇陶二姓屋以公墻及己牆爲界西至陶龍二姓屋以己牆及鄰牆爲界北至陶龍二姓屋以己牆及鄰牆爲界面積八分二厘四毫一絲	房屋	無	廿三年十二月廿八日	廿四年七月八日	廿四年十月七日止
史學瀛 南京人住信府苑十號	信府河一三七號東至楊姓屋以己牆爲界南至秦淮河西至王姓屋以己墻爲界北至信府河面積二分〇三毫	房屋	無	廿三年十二月廿五日	仝前	仝前
夏萬年 南京人住信府河一一二號	信府河一一〇八一一〇一一二號東至信府河南至紀姓屋以己牆及其直線爲界西至陳姓屋及官巷以己牆爲界北至朱時二姓屋以鄰牆己牆及其直線爲界面積三分二厘一毫八絲	房屋	無	廿三年十二月廿九日	仝前	仝前
顧燮棠 南京人住信府河一四二號	信府河一四二號東至走巷及鄧姓屋以己墻及鄰牆爲界南至信府河西至陳姓屋以己墻及鄰牆爲界北至連姓屋以隣牆及己墻爲界面積三分六厘三毫六絲	房屋	無	廿三年十二月卅日	仝前	仝前
劉世駿 安徽人住沙灣街卅九號	長樂路二號「原名絲市口與三坊巷相連」東至陳朱二姓屋南至王姓屋西至中正路及陳姓屋北至長樂路面積七厘二毫一絲	房屋	無	廿四年一月八日	仝前	仝前

楊祖號　安徽人住來鳳街十八號	來鳳街十八號東至車姓屋以鄰牆為界南至王姓屋以公墻為界西至來鳳街北至嚴姓屋以己牆為界面積一分三厘九毫五絲	房屋	無	廿四年三月廿八日	廿四年七月八日	廿四年十月七日
穆潤泉　南京人住磨盤街二二、二四號	磨盤街二二、二四號東至湖南會館屋以鄰牆為界南至焦姓屋以己牆及隣牆為界西至磨盤街北至李姓屋以己牆公墻及隣牆為界面積一畝七分四厘四毫六絲	房屋	無	二三年十二月二十日	仝前	仝前
陳大勳　南京人住玉振街三號	玉振街三號東至玉振街南至印李二姓屋以己牆及隣墻為界西至葉姓地以己墻為界北至葉姓屋面積四分三厘	房屋	無	二三年十二月二四日	仝前	仝前
羅萬福　江寧人住大彩霞街四四號	信府苑(原名信府河)一一七號東至信府苑南至謝尤兩姓屋以己牆及鄰墻為界西至謝姓屋以己墻為界北至謝姓屋以己牆及隣墻為界面積三分四厘五毫六絲	房屋	無	二三年十二月二八日	仝前	仝前
周善鏜　南京住謝公祠十二號	避駕營九號東至避駕營南至柳王兩姓屋以鄰牆為界西至徐姓屋以己牆為界北至徐姓屋以鄰牆為界面積一分六厘一毫七絲	房屋	無	二三年十二月二六日	仝前	仝前
柳葆時楮　江寧人住避駕營七號	避駕營七號東至避駕營南至王姓屋以己牆為界西至王姓屋以己墻及鄰牆為界北至周姓屋以己牆為界面積一分四厘六毫五絲	房屋	無	二三年十月二五日	二四年七月九日	二四年十月八日止
張咸之　本京人住城西磨盤街一三號	庫司坊二六號東至張姓屋以鄰牆為界南至寶霖救火會地及張姓屋以己牆及隣牆為界西至庫司坊北至庫司坊面積壹分四厘正	房屋	無	二三年十二月二六日	仝右	仝右
丁正富　江甯住豆腐坊十九號	豆腐坊原名柏家苑十九號東至丁姓屋及地以鄰牆及其餘綫為界南至豆腐坊西至覓子街北至丁姓地以己墻為界面積二分四釐八毫三絲	房屋	無	二三年十二月二五日	仝右	仝右
管理之　江寧人住牛市十四號	小門口三號東至兩魏姓及崇善堂屋以隣牆及公牆為界南至小門口西至水齋菴北至孫魏兩姓屋以己墻及隣墻為界面積五分六厘八毫八絲	房屋	無	二四年一月八日	仝右	仝右
李膝　南京人住花露崗八十三號	花露崗八十三號東至花露崗南至穆姓屋以公墻己牆及隣牆為界西至社會局徵收之王姓地以己墻為界北至社會局徵收之王姓地以己牆及隣牆為界面積七分七厘七毫一絲	房屋	無	二三年十二月二一日	仝右	仝右

孫恩廖 高郵人住石婆婆巷二三號	石婆婆巷二十二號東至劉姓屋以鄰墻己墻爲界南至黃竇李姓屋己牆又李姓地爲界西至張姓地以己墻爲界北至石婆婆巷面積二畝七分七厘九毫二絲	房屋	無	二四年四月十三日	仝右	仝右
李首瑜 湖南人住三牌樓三步兩橋七號	馬台街東火巷東至官巷王姓地南至蔣姓塘西至王姓地北至火巷面積九分一厘〇壹絲	無	無	二四年五月十六日	仝右	仝右
袁伯秋 湖南人住洪鑫里九號	太平路東至張姓以鄰牆爲界南至章姓屋以己墻爲界西至太平路北至戴姓屋以公牆爲界面積一分九厘三毫六絲	房屋	無	二四年四月二二日	仝右	仝右
錢建明 南京人住釣魚台四十二號	釣魚台四二〇號東至秦淮河南至周姓屋以己牆及公墻爲界西至釣魚台北至官姓屋以公墻爲界面積二分三厘八毫二絲	房屋	無	二三年十二月七日	仝右	同右
賈少卿 南京人住集慶路二十一號	長樂街九十八號東至張杜朱三姓屋以鄰牆爲界南至呂姓屋以己墻及公牆爲界西至長樂街北至湯張李三姓屋以己牆及鄰牆爲界面積八厘四毫止	房屋	無	二四年一月二五日	同右	同右
彭慶榮福光 南京人住釣魚台二九號	釣魚台十號東至秦淮河南至王姓屋以鄰牆及公有竹籬公有板壁爲界西至釣魚台北至王姓屋以鄰牆爲界面積一分二厘三毫	房屋	無	二三年十二月二六日	二四年七月九日	二四年十月八日止
張簡齋 南京人住鞍轡坊九號	中華路（原名南門大街）四八五｜四八九、下江考棚二九號東至陳姓屋以己墻爲界南至余姓屋以公牆爲界西至中華路北至下江考棚面積一分九厘二毫三絲	房屋	無	二四年一月二八日	同前	同前
李逢春 仲祥 南京人住倉門口五十六號	倉門口五二六號東至官巷以己牆外隙地石姓屋以己墻爲界南至倉門口以板門爲界又石姓鄰牆爲界西至李姓前進隣墻後進公墻爲界北至於姓屋以己牆鄰牆各半爲界面積三分一釐八毫五絲	前後三進共四間六廈兩天井	無	二三年十二月十四日	同前	同前
黃杏村 南京人住倉巷一百十五號	建康路（原名奇望街）一一五號東至施姓屋以各有各墻爲界南至官廨東段以隣墻爲界西至孫姓屋以公墻爲界北至建康路人行道以己墻及板門爲界面積四厘五毫九絲	平房樓房四小號	無	二四年十二月二五日	同前	同前

張旭初 高郵人住狀元境卅二號	狀元境一八號東至李姓屋以公牆鄰墻及己牆爲界南至狀元境西至趙姓屋以己牆隣牆及公牆爲界北至官鄉趙姓屋以己牆爲界面積五分七厘三毫九絲	房屋	無	二四年一月卅日	同前	同前
陳在銘 南京人住倉門口五號	倉門口五號東至許姓屋以己墻爲界南至公走巷以己牆爲界西至蔡姓屋以己墻及鄰墻爲界又陳姓屋以鄰牆爲界北面出路左方朱姓屋以隣墻外隙地爲界右方張姓屋以己墻外隙地爲界面積七分〇四毫六絲	房屋及基地	無	二三年十二月二一日	二四年七月九日	二四年十月八日止
佘錫沅 南京人住鈔庫街二三號	鈔庫街二三號東至烏衣巷南至楊姓屋己牆板壁公有西至鈔庫街北至烏衣巷面積二分八厘九毫	平房三間二厦樓上下六間	無	二三年十二月二六日	同前	同前
吳彬文 江寧人住利濟巷六十一號	中山東路二九七號東至衞巷以己牆爲界南至中山東路以己牆爲界西至胡姓屋以各牆爲界北至胡姓屋以己墻爲界面積一分三厘六毫五絲	市房	無	二四年二月十三日	同上	同上
何春華 南京人住太平路北段十三號	英威街五七號東至賈姓屋以隣牆爲界南至官巷西至頭條巷北至英威街面積九厘〇五絲	房屋	無	二四年二月二八日	同上	同上
佘淑記 南京人住白下路二三六號	中山北路東至官路南至中山路人行道西至中山路人行道北至官路面積六分六厘四毫	空地	無	二四年四月十三日	同上	同上
羅涵叔 江西人住網巾市十號	秣稜路桃園東至公走道及湯姓屋以鄰牆爲界南至空隙及金姓塘西至楊姓地北至楊姓地面積四分五厘〇四絲	無	無	二四年十二月十五日	二四年七月十一	二四年十月九日
儲茂柏 南京人住二條巷四十五號	二條巷四十三（一至六）號東至二條巷及本姓屋吳姓屋以鄰墻爲界南至一條巷西至三條巷北至陳姓朱姓及本姓地面積一畝六分八厘四毫七絲	房屋	無	二四年三月二五日	二四年七月十日	同上
李積寬 南京人住殷高巷六十七號	釣魚台七十八號東至秦淮河南至張姓屋以己牆及鄰牆爲界西至釣魚台北至黃姓屋以己牆及鄰墻爲界面積二分二厘二毫九絲	房屋	無	二三年十二月二七日	二四年七月十日	同上

謝樞 南京人住中華路五九七號	中華路(原名南門大街)五四八號東至中華路南至李姓屋以公墻爲界西至汪姓屋以鄰墻外隙地爲界北至汪姓屋以己墻爲界面積二厘六毫七絲	房屋	無	二三年十二月二四日	二四年七月十日	二四年十月九日止
萬煜堂 江寧人住玉帶巷二號	玉帶巷二號東至小彩霞街以己墻滴水爲界南至崇善堂以各有墻爲界西至玉帶巷以已墻爲界北至陳姓屋以鄰墻公墻各有各牆爲界面積一畝一分三厘八毫貳絲	房屋十間	無	二三年十二月十八日	二四年七月十日	二四年十月九日止
張宜錦 南京人住白下路一五九號	白下路(原名中正街)一五九號東至西城大旅社屋以己牆及鄰牆爲界南至白下路西至李家實巷及王姓屋以己墻爲界北至西城大旅社屋以隣牆爲界面積四分六厘〇三絲	房屋	抵押權人湯成吉嘉定人住太平路二二九號	廿四年三月二三日	二四年七月十日	二四年十月九日止
朱家孫和元 江蘇人住東牌樓	附東牌樓一三一號東至秦淮河以板壁爲界南至朱姓屋鄰牆爲界面首旁門本姓自地役權西至顧姓屋以己墻爲界北至管姓屋以己牆爲界面積一分五厘六毫四絲	平房三間一廈	無	二三年十二月卅日	二四年七月十日	二四年十月九日止
張金福 江寧人住小荷花巷一號	小荷花巷一號東至小荷花巷南至小荷花巷西至小荷花巷北至小荷花巷面積貳分九厘五毫二絲	房屋	無	二三年十二月卅日	二四年七月十日	二四年十月九日止
黃瑩卿 四川人住大陽村二八號	常府街東至謝白二姓屋以隣墻爲界南至李姓地西至市地北至常府街面積四分五厘二毫二絲	無	無	二四年一月十七日	二四年七月十日	二四年十月九日止
謝祖輝 南京人住中華路五九七號	信府河一三〇號東至邱姓屋以己牆爲界南至信府河西至程姓屋以鄰牆爲界北至市產屋以鄰墻爲界面積四厘七毫六絲	房屋	無	二四年元月二八日	二四年七月十日	二四年十月九日止
熊金海 江寧人住信府河九十八號	信府河九八號東至信府河南至邱姓屋及市地西至信府苑北至徐姓屋以己墻爲界面積二分四厘四毫二絲	房屋	無	廿四年三月十四日	二四年七月十日	二四年十月九日止
游迺璋 本京人住信府河九十四號	信府河九十四號東至信府河南至徐姓屋以己墻及隣牆爲界西至信府苑北至林姓屋以公牆及己墻爲界面積二分三厘八毫	房屋	無	廿三年十二月十五日	二四年七月十日	二四年十月九日止
楊書孫 江蘇人住小板巷一號	洪武路二六六號東至洪武路南至馬姓屋以己牆及隣墻爲界西至路旁空地北至曾公祠面積一分一厘三毫四絲	房屋	無	廿四年二月廿八日	二四年七月十日	二四年十月九日止

甘嘯波潤之 南京人住大板巷五十號	高家苑欄漏街十六一二號東至欄漏街南至馬姓屋及空地以己墻及隣牆爲界西至高家苑北至二施姓屋以己牆及鄰墻爲界面積四分二厘八毫八絲	房屋	地上權人劉漢興江甯人住門西高家苑	廿三年十二月廿五日	二四年七月十日	二四年十月九日止
蔣榮貴 江寧人住信府河一一七號	信府河一一七號東至鈕姓屋以隣墻及其前綫爲界南至秦淮河西至夏姓屋以己牆爲界北至信府河面積二分一厘七毫七絲	房屋	無	二四年四月二日	二四年七月十日	二四年十月九日止
趙用塑 南京人住伏魔菴十三號	伏魔菴十三號東至伏魔菴南至侯姓屋以鄰牆爲界西至侯姓屋以隣牆爲界北至史姓屋以己牆爲界面積一分三厘九毫八絲	房屋	無	二四年元月十日	二四年七月十日	二四年十月九日止
周仕桂 江甯人住三坊巷九十五號	長樂路原名三坊巷九十五號東至端木姓屋西至潘姓屋均以鄰牆爲界南至長樂路北至端木姓屋以隣墻爲界面積七厘六毫壹絲	平房一間一披	無	二三年十二月二十六日	二四年七月十日	二四年十月九日止
朱鳳儀 江寧人住小府巷二一號	小府巷二一號東至馬姓屋以隣牆爲界南至小府巷西至宋嚴二姓屋以己牆及隣墻爲界北至袁陳二姓屋以己墻及公墻爲界面積一分七厘九毫六絲	房屋	地役權人袁大同本京人住張府園二十九號	二三年十二月十四日	二四年七月十日	二四年十月九日止
呂華彬棟 南京人住大香爐四十三號	長樂街九六號東至杜姓屋以鄰牆爲界南至吳姓屋以己牆爲界西至長樂街北至賀姓屋以公牆爲界面積八厘八毫六絲	房屋	無	二三年十一月七日	同上	同上
張和敷 江寧人住門西小王府巷第十一號	王府里一一號東至張陶二姓屋及地以己牆鄰牆及張陶二姓公巷爲界南至孝子坊西至業井二姓屋及井張二姓公巷以己牆爲界北至王府里面積一畝七分六厘六毫八絲	房屋	無	二四年一月十一日	二四年七月十日	二四年十月九日止
王熙伯 江寧人住桃源巷六號	桃源巷一四號庫司坊六號東至姚范汪三姓屋以隣牆及公牆爲界南至桃源巷西至黃姓屋以己墻及鄰牆爲界北至庫司坊面積六分四厘七毫二絲	房屋	無	廿三年十二月廿二日	廿四年七月十日	廿四年十月九日止
周錦培 江寧人住牽牛巷十七號	牽牛巷十九七號東至黃姓屋以己牆及隣牆爲界南至黃姓屋以己牆爲界西至高姓屋以己牆及公墻爲界北至牽牛巷面積四分三厘〇九絲	房屋	無	廿三年十二月廿八日	同右	仝右

李國鑫 子清 南京人住磨盤街十七號	磨盤街十七號東至磨盤街南至陳姓屋以鄰墻及公墻爲界西至李姓屋北至李姓屋以己牆爲界面積叁分貳厘八毫六絲	房屋	無	二三年十二月二八日	同右	同右
姚夢白 南京人住庫司坊八號	庫司坊八號東至寶霖救火會地苑姓屋及地姚姓屋以己墻及己墻外隙地爲界南至苑姓屋以己墻外隙地爲界西至王姓屋以公牆爲界北至庫司坊面積六分八厘三毫九絲	房屋	無	二三年十二月二五日	同右	同右
俞翁之 江寧人住金粟菴二八號	金粟菴二二號東至金粟菴屋以鄰牆爲界南至金粟菴西至攝箕巷北至金粟菴屋以己牆爲界面積九厘五毫五絲	房屋	無	二三年十二月二七日	同右	同右
印邦英 承 南京人住花露崗一號	玉振街一號東至玉振街南至滄淇救火會地及印姓屋以己牆爲界西至李姓屋以隣牆爲界北至陳姓屋以己墻爲界面積二分〇六毫八絲	房屋	抵押權人周宇文南京人住玉振街一號	二四年一月十七日	仝右	仝右
焦瑞森 南京人住琵琶巷十二號	下江考棚三一號東至笪姓屋以己牆爲界南至笪姓屋以隣牆爲界西至廚子營北至卜江考棚面積一分一厘二毫七絲	房屋	無	二四年一月十四日	仝右	仝右
馬光明 南京人住打釘巷十八號	膺福街一一〇號東至馮姓屋以己牆爲界南至膺福街及環行路西至趙姓屋以公牆爲界北至秦淮河面積三分四厘〇三絲	房屋	無	二四年三月十五日	仝右	仝右
潘箭思 江寧人住長樂路三六〇號	長樂路（原名新廊街）三六〇號東至陸姓屋以鄰墻爲界南至官巷西至周姓屋以己牆爲界北至長樂路面積五分十厘六毫二絲	房屋	無	二四年一月十七日	仝右	仝右
項耀庭 江寧人住小門口三十號	長樂路三五蓮子營三五一號東至姜姓屋以己牆隣牆爲界南至長樂路西至吳姓屋以己牆隣牆爲界北至蓮子營面積六分〇一毫四絲	房屋	無	二三年十二月二八日	仝右	仝右
朱蜀林 江蘇人住鼓樓北中山北路一九九號	中山北路一九九號後東至朱姓地南至彭姓地西至鐘姓地北至交通部屋面積二分八厘四毫四絲	空地	無	廿四年四月一日	廿四年七月十日	二四年十月九日止

張正華　四川人住大陽村廿八號	常府街南市鐵路東東至三山公記屋以鄰牆爲界南至李王雪琴塘西至市鐵路地北至李姓塘面積二畝二分六厘九毫二絲	無	無	廿四年一月十七日	廿四年七月十日	廿四年十月九日止
吳習齋　安徽人住三條巷一二三號	四條巷文昌宮東至市地南至文昌宮西至沈姓屋以隣牆及其直綫爲界北至杜姓屋以鄰牆爲界面積四分五厘三毫四絲	無	無	廿四年四月廿四日	廿四年七月十日	廿四年十月九日止
張定雲　南京人住英威街大二條巷八七號	二條巷八七號東至二條巷南至張姓屋以公牆爲界西至張姓屋以己牆爲界北至張姓屋及張姓地面積二分一厘六毫三絲	房屋	地役權人張定成南京人住二條巷八七號	廿三年十二月卅一日	廿四年七月十日	廿四年十月九日止
周達民　本京人住香鋪營三十一號	香鋪營三十一號東至香鋪營小學屋以己墻爲界南至香鋪營以本產大門外隙地爲界西至走道以己牆爲界北至香鋪營小學屋及徐姓地以鄰牆爲界面積一畝〇九厘四毫四絲	房屋	無	廿四年五月八日	廿四年七月十日	廿四年十月九日止
宜松園　丹徒人住建康路通信處鑫泰衣莊	建康路一三八號東至李姓屋西至敬藝堂福記屋均以鄰牆爲界南至倪姓私巷以己牆爲界該巷官姓有地役權北至建康路人行道面積九厘七毫九絲	無	無	廿三年	廿四年七月十日	廿四年十月九日止
王錦和　江寧人住南京市城內鼓樓北將軍廟二號	將軍廟二龍倉巷四號東至市鐵路局及王姓屋以隣牆爲界南至龍倉巷西至將軍廟北至龍姓地及王姓地屋以己牆及隣牆爲界面積五厘五毫五絲	房屋	無	廿四年三月二十八日	廿四年七月十日	廿四年十月九日止
欒長源　南京人住西橋街六八號	西橋原名湖南路東至官路南至西橋官路西至蔣姓塘杜姓地及湖南路北至官溝面積二畝五分〇一絲	房屋	無	廿四年三月三十日	廿四年七月十日	廿四年十月九日止
武尚和　江寧人住小豐富巷老王府街景賢里一號	老王府街東至信立堂地以本產界線爲界南至信立堂及官溝以本產界線爲界西至首都電廠地以本產界綫爲界北至吳姓地以本產界綫爲界面積乙畝三分二厘六毫五絲	（空地）原係水塘	無	廿四年三月二十二日	廿四年七月十日	廿四年十月九日止
章德勇德齡清　江蘇青浦人住百子亭三十四號	百子亭三十四號東至小路以樹籬爲界南至姚部二姓西至百子亭以己墻爲界北至公路以己牆直線爲界面積七畝零八厘六毫八絲管字圖七畝零三厘二毫四絲換字圖五厘四毫四絲合計如上數	房屋	無	廿四年三月二十五日	廿四年七月十日	廿四年十月九日止

邵仲香 江蘇人住百子亭三十號	百子亭三十號東至章姚二姓地南至王楊二姓地西至百子亭北至章姓地面積三畝四分〇九毫三絲管字圖三畝三分五厘四毫九絲換字圖五厘四毫四絲併計如上數	樓房八間平房六間	無	廿四年三月廿六日	仝右	同右
章永佩 江甯住望鶴岡二十號	望鶴岡二十號東至程姓屋以公牆又至伏魔菴以己牆為界南至望鶴岡以己牆為界西至金程兩姓屋以隣牆及公墻為界北至程姓屋以鄰墻及己墻為界面積四分三厘八毫八絲	房屋	無	廿三年十二月三十日	仝右	仝右
魯參 寶應人住小火瓦巷四號	五條巷東至趙姓地南至鄭姓地西至羅周姓地北至大佛寺地面積九分二厘四毫四絲	無	無	廿四年四月廿日	仝右	仝右
岳美霖 河南人住馬家街十八號	高門樓東至(甲)至仁靜堂地(乙)中央路南至(甲)至仁靜堂及市地(乙)至市地西至(甲)中央路(乙)至張姓地北至(甲)信仁堂地(乙)至閻姓地面積二畝三分一厘二毫一絲	無	無	廿四年一月九日	仝右	仝右
張馨 四川住富民坊十七號代理人許京福南京人住望粮橋二號	五條巷西橋東至宋姓地南至金陵大學地塘西至體善堂地北至金陵大學塘面積一畝六分三厘五毫六絲	無	無	廿四年五月廿九日	仝右	仝右
聞博記 南京人代理人吳安甫南京人住新街口國貨銀行	鐵管巷東至武姓地及劉姓屋南至呂姓地西至鐵管巷及蔣姓地北至蔣姓地面積二畝三分三厘八毫五絲	無	無	廿四年四月廿五日	仝右	仝右
高宗寶 江蘇人住花露岡八九號	釣魚台第七九八一號東至釣魚台南至蘇姓屋以公牆及隣牆為界西至段姓屋以己牆為界北至黃姓屋以公牆為界面積二分〇二毫六絲	房屋	無	廿三年十二月廿八日	仝右	仝右
岳華園 湖南人住國府西街四興里二號	國府路東至王姓墻南至鄧府巷小學收用地西至胡姓牆外滴水北至國府路人行道面積一畝〇三厘〇三絲	無	無	廿四年三月四日	仝右	仝右
李保炎 南京人住長樂路南四段三六九號	武定門口東至一脈菴地以本產界線為界南至一脈菴屋以鄰牆為界西至一脈菴房地以本產界綫及鄰牆為界北至趙姓地以本產界線為界面積一分二厘三毫九絲	塋有祖坟	無	廿三年十二月廿二日	仝右	同右

孫成 潘畢氏 淮城人住水齋菴三號	水齋菴與常家苑毗連三號東至水齋菴南至李姓屋以己牆爲界西至周姓屋以己牆爲界北至水齋菴面積五釐一毫七絲	房屋	無	廿四年一月四日	仝右	仝右
王有才 本京人住同仁街十七號	同仁街第十七、一九、廿一、號東至楊姓屋以鄰牆爲界南至楊姓屋以己牆及本產界線爲界西至官路以己牆爲界附帶劈買界線係西至溢地以本產界線爲界北至仝仁街以己牆及板門爲界面積四分二厘八毫三絲	房屋	無	廿四年三月廿五日	廿四年七月十一日	廿四年十月十日止
方有年 吳興人住新街口興業里十七號傳	甲種住宅區莫干路二十三號東至寧姓屋以隣牆爲界南至莫干路西至錢陳袁三姓地北至汪姓地面積壹畝三分五厘正	無	無	廿四年五月十八日	仝上	仝上
洪必元 吳應桃 本京人住湖南路一百卅四號	籌市口東至王姓地南至童姓地西至籌市口北至童姓地面積八分三厘七毫二絲	無	無	廿四年三月廿八日	仝上	仝上
方有年 上海人住新街口興業里十七號	甲種住宅區莫干瑯琊路轉角二十二號東至本姓地（現賣與陸姓）南至莫干路西至瑯琊路北至陳錢二姓地面積一畝〇七厘三毫三絲	無	無	廿四年五月十七日	仝上	仝上
朱林 蜀中 江蘇人住鼓樓北山路一九九號	三茅宮第九二號東至蔡姓以曲直鄰牆爲界南至史姓地又屋以鄰牆爲界西至三茅宮北至蔡姓屋鄰牆爲界面積一分六厘〇四絲	房屋	無	廿四年四月三日	仝上	仝上
李白 元 四川人住長樂路二四一號	公園路東至公園路南至民衆教育館地西至秦淮河北至吳姓地面積二畝四分〇六毫三絲	無	無	廿四年五月十日	仝上	仝上
謝鳳 華 浙江人住上海代理人西軒叢安徽人住馬道街十六號	箍桶巷十六號東至李姓地南至蔡家苑西至史姓屋北至史姓屋面積一畝〇四厘八毫六絲	空地	無	廿四年三月十四日	仝上	仝上
許方 幹 武進人住下關生生里華興煤號	莫干路二十四號東至張姓屋南至莫干路西至甯姓屋北至謝姓竹籬面積一畝三分五厘正	無	無	廿四年五月十七日	仝上	仝上

鄧龕 廣東人住龍王廟濟生里十四號	龍園（原名傅厚崗）第一二三四五六號東至黃姓地南至史姓地西至道路北至黃姓地面積一畝五分九厘三毫七絲	房屋	無	二四年五月四日	仝上	仝上
戚陶仲忱 河北人住西華門二條巷松園一號	傅厚崗東至傅厚崗南至鄒姓地西至蔣姓地北至周姓地面積二畝一分二厘一毫四絲	無	無	廿四年三月卅日	仝上	仝上
徐黃慧娟 雲鶯 廣東住白下路祥瑞里十三號	葛家菜園第四八六號東至公巷南至聞姓屋以己牆爲界西至葛家園北至李姓屋以巳牆外隙地及隣牆爲界面積四分一厘〇七絲	房屋	無	廿四年二月十九日	廿四年七月十一日	廿四年十月十日止
潘世明 住釣魚台七十號	釣魚台七十號東至秦淮河南至梁姓屋以己墻爲界西至釣魚台北至張姓屋以己牆爲界面積二分六厘七毫六絲	房屋	無	廿四年十月廿四日	仝右	仝右
陳寶源 霖 南京人住軍師巷十九號	軍師巷十九號東至朱洪兩姓屋以己牆及鄰墻爲界南至軍師巷西至賓姓屋以己牆及隣牆爲界北至軍師巷面積二分二厘七毫四絲	房屋	無	廿三年十二月廿五日	仝右	仝右
陳殿臣 南京住蔡板橋三號	小膺府三九號東至夏姓屋以鄰牆爲界南至夏張兩姓屋以鄰牆爲界西至朱姓屋以鄰牆爲界北至小膺府面積一分二厘三毫八絲	房屋	無	廿三年十二月二五日	仝右	仝右
范杏蓀 南京住庫司坊十二號	庫司坊十三號東至庫司坊及水龍局屋潘姓屋以己牆爲界南至屠汪兩姓屋以隣牆及己牆外隙地爲界西至王姓屋以己牆爲界北至寶霖救火會地及姚姓屋以鄰牆及己牆外隙地爲界面積五分八厘六毫一絲	房屋	無	二三年十二月十三日	仝右	仝右
魏永林 南京住船板巷一百號	船板巷一百號東至秦淮河南至崇善堂以鄰墻及公墻爲界西至船板巷北至薛姓屋以己墻爲界面積五分四厘〇二絲	房屋	無	二四年五月七日	仝右	仝右

陳在炳在林全龍元義 江寧人住廚子營十六號	廚子營十六號東至廚子營南至陳姓屋以己有板壁及鄰墻為界西至王姓屋以己墻為界北至官巷及王姓屋以己牆為界面積七厘四毫正	房屋	無	二四年五月十五日	仝右	仝右
應炳元 本京住新門口八號	新門口蔡家巷東至官巷南至蔡家苑西至莫姓及陸姓地北至陸姓塘邊市地面積二畝九分二厘五毫一絲	空地	無	二四年三月二八日	仝右	同右
李如琦 如琨 如珮 如瑞 如瑱 南京人住胭脂巷二四號	毛家苑七號東至毛家苑及官巷及蔣姓屋南至撮箕巷西至吳劉魯方四姓地及市地北至來鳳街面積六畝一分七厘〇四絲	房屋	無	二四年十二月廿日	同右	同右
吳名達 南京住釣魚台歐陽巷一號	來鳳街三八號東至李姓地南至劉姓地西至王駱何吳柏五姓地北至來鳳街面積五分七厘八毫八絲	房屋	無	廿三年十二月廿八日	同右	同右
張姣鸞 河北人住慧圓里二二號	慧圓街慧圓里二二號東至李姓地（慧圓里）以己墻為界南至歐陽姓屋以公墻己墻為界西至旗地租戶屠姓屋以己墻為界北至李姓地（慧圓里）以己墻為界面積一分四厘五毫六絲	房屋	無	二四年二月二日	廿四年七月十一日	二四年十月十日止
郭潘氏 南京人住小西湖二號	丁官營第七七三七七五號東至丁官營及楊姓屋以己牆鄰牆公牆為界南至丁官營西至二錢姓覃姓屋以隣牆己牆為界北至覃王葉姓屋以隣牆公墻為界面積八分九厘七毫五絲	房屋	無	二三年十二月二九日	同右	同右
路永福 南京人住鼓樓五條巷西橋十一號	鼓樓西橋十一號東至路姓地以己牆為界南至金陵大學水塘為界西至李姓地及體善堂地為界北至西橋官路面積六分八厘八毫四絲	房屋	無	二四年四月九日	同右	同右

梁克修 安徽人住小全福巷十八號	小全福巷十八緯巷七號東至緯巷以己墻爲界南至佘姓以己墻蘇姓以公牆爲界西至小全福巷以己牆爲界北至陳姓李姓均以隣牆爲界面積五分一厘五毫四絲內出典與何敬之三分〇三毫二絲	平房十間四披	保存典權人何敬之江寧人住貢院東街秦淮旅館	二四年三月二一日	同右	同右
陸筱川 南京人住長樂路三六四號	磊功巷一二號一四之一長樂路一〇一四號二六二號二六四號東至湯周二姓屋以已墻及鄰墻爲界南至磊功巷西至潘李常三姓屋及官巷以己牆鄰牆及公墻爲界北至長樂路面積三畝三分八釐一毫八絲	房屋	無	二三年十二月二九日	二四年七月十一日	二四年十月十日止
高杭生 上海人代理人王潤生江寧人住大九兒巷十五號	中華路五五四號東至中華路南至黃姓屋以公牆爲界西至謝姓屋以鄰牆爲界北至謝姓屋以己墻及隣牆爲界面積七厘四毫一絲	房屋	無	二四年一月十一日	二四年七月十一日	二四年十月十日止
井春官 江陵人住門西營門口十三號	建康路原名黑廊大街七三五號東至呂姓屋前進以己墻爲界後進以鄰牆爲界南至建康路西至于姓屋以己牆爲界北至朱姓屋以己牆爲界面積三分四厘三毫七絲	房屋及其地	無	二四年二月十九日	同右	同右
李陳桂軒 江寧人住秤它巷十四號	貢院街一〇四號東至走巷牆外以隙地爲界又至左市府路二三姓屋以墻外滴水爲界南至貢院街西至六朝居茶社前段以火巷分隔爲界後段以己牆爲界北至市府路面積一畝七分一厘四毫九絲	樓房	無	二三年十二月十日	同右	仝右
許翰泉 江寧人住水西門犂頭尖二二號	貢院街九二〇四號東至首都大戲院屋以火巷分隔爲界南至貢院街西至左姓屋半以鄰墻半以己牆爲界北至平江府街面積七分五厘五毫正	房屋	保存抵押權人朱品三江寧人昇州路三九三號	二四年三月六日	仝右	仝右

林紹菴	南京人住中華路廚子營二八號	槽坊東至槽坊巷南至市地槽坊巷張姓地及官巷西至槽坊巷北至槽坊巷面積五分九厘九毫八絲	無	無	二三年十二月四日	二四年七月十一日	二四年十月十日止
張袁氏	安徽人住文昌橋宗公館二號	槽坊巷十四號東至槽坊巷以己墻板壁及隙地爲界南至己牆外空地界線爲界西至槽坊巷以己墻板門及隙地爲界北至林姓地官巷以己牆外空地界線爲界面積一分五厘六毫五絲	平房兩間一披	無	二三年十二月十四日	二四年七月十一日	二四年十月十日止
鄧子逌	湖南人住黃鸝巷卅二號	南台巷東至周李二姓地南至何姓地西至尤梁二姓地北至興寧旅京同鄉會地面積八分六厘五毫四絲	無	無	二四年五月十日	仝右	仝右
金聚和	首都人住妙鄉二十七號	妙鄉街二七號東至妙鄉街南至莫姓地及塘西至倪姓地北至楊姓屋以己牆直線爲界面積一畝一分四厘六毫九絲	房屋	無	二四年四月二六日	同右	同右
陳瑞生 振之	南京人住中山東路五七〇號	中山東路五七〇號東至金姓屋以公墻爲界南至周姓屋以天井中線爲界西至周姓屋以公牆爲界北至中山東路面積一分九厘四毫八絲	房屋	無	二四年三月九日	同右	同右
陳學通 陳子文 涵	南京人住小仙鶴街十六號	小仙鶴街一六號東至陶曹二姓屋南至小仙鶴街西至小仙鶴街北至魏魏二姓屋及官巷面積五分五厘五毫二絲	房屋	無	二三年十二月二六日	同右	同右
朱炳臣	江甯人住中正路三四三號	中華路原名三山街二三四號東至中華路以板門爲界南至馬姓牆以本產磚墻爲界西至馬姓屋以鄰墻爲界北至寶興銀樓牆以本產磚墻爲界面積八厘四毫九絲	房屋	無	二四年元月十六日	同右	同右
秦曉春	江甯人住長樂路二八八號	長樂路原名大夫第二八八號東至高郭韓賈四姓屋及黃姓地以己牆及己墻外隙地爲界南至走巷及賈伍張三姓屋以己墻及己墻外隙地爲界西至馬劉崔三姓屋以已牆爲界北至長樂路面積三畝六分二厘三毫七絲	房屋	無	二三年八月九日	同右	同右

陳正華　正榮　正餘　陳潤芝 江蘇人住門西崇恩街三號	崇恩街三一號東至崇恩街南至毛家苑西至江萬二姓屋以己牆及鄰牆爲界北至江張二姓屋以己牆及隣牆爲界面積壹畝一分八厘五毫四絲	房屋	無	二四年元月八日	同右	同上
馬鴻元　鴻溢 南京人住七家灣二十九號	半邊營三九號東至楊陳二姓屋以公牆及己牆爲界南至蔡板橋西至朱姓屋及官巷以己牆及隣牆外隙地爲界北至半邊營面積九分四厘三毫四絲	房屋	保存抵押權人苗峻甫沛縣人住半邊營三十九號	二三年十二月二八日	同上	同上
協同興張孫佩貞 江蘇人余簫光貞 湖南人孫趙純生 江蘇人住淮海路八十五號	白下路原名中正街東至張姓屋以公牆及鄰牆爲界南至牙巷西至伍姓屋以公牆爲界北至白下路面積一畝六分一厘九毫三絲	房屋	無	二三年十二月二一日	二四年七月十一日	二四年十月十日止
何家華　家聲　家富 何陸蘊玉　雲芳　孝雲 南京人住中山路三七三號	中山路原名黃泥崗三七三號東至中山路南至戈姓地西至水溝北至暨南學校操場面積九分三厘六毫八絲	房屋	無	廿四年五月四日	廿四年七月十二日	廿四年十月十一日止
何紹鏞　家振　亞笙　祥瑞 何祥家　衡泰 南京人住中山路四六〇號	中山路四六〇號東至走巷本姓屋張姓屋以己墻爲界南至官巷西至中山路北至自在巷面積一畝八分四厘一毫四絲	房屋	無	廿四年三月卅日	仝上	仝上
蔣知良　良奎　良棟　良益 江蘇人住四衞頭	四衞頭東至端記水塘南至端記水塘西至四衞頭北至蔣氏宗祠面積三分六厘正	無	無	廿四年三月十九日	仝上	仝上
劉廣潮 江寧人住洪武路六十二號	珠江路三九號東至張姓屋以公牆爲界南至珠江路以邊綫爲界西至經業公所屋以公墻爲界北至大紗帽巷以邊綫爲界面積一畝四分〇二毫七絲	市房	保存抵押權人中國銀行住白下路	廿四年五月十一日	仝上	仝上

郭冰如 河南人住三牌樓校門口廿號	堂子巷東至張姓地南至十路西至沈姓張姓地北至張姓地面積五分四厘五毫六絲	無	無	廿四年四月卅日	仝上	仝上
夏兆林彬兆椿 南京人住小彩霞街廿五號	小彩霞街二五號東至小彩霞街以己墻爲界南至伍姓屋以東段公牆西段隣牆爲界西至玉帶巷以己牆爲界北至王姓屋以東大段各有各墻西小段鄰墻爲界面積七分六厘〇九絲	平房九間六廈	無	二三年十二月十九日	仝上	仝上
沈貴翔 江甯人住小全福巷三十四號	小全福巷一二緯巷三四號東至余姓屋以鄰牆爲界又緯巷己墻爲界南至陳姓屋西東段公鄰牆爲界西至小全福巷以己墻爲界北至陸姓以己牆張汪二姓以隣牆爲界汪鄰東段有公牆面積四分七厘五毫九絲	平房六間五廈（內有四進被焚形式）	無	二三年十二月二九日	仝上	仝上
韓健生 江甯人住倉巷一百〇五號	中華路二〇四號東至中華路南至伍姓屋墻西至鄭姓屋墻北至徐姓屋公墻面積六毫二絲	樓房上下共二間	無	二四年四月二十日	仝上	仝上
王大猷松 南京人住集慶路一〇六號	釣魚台八號東至秦淮河空地南至王姓屋以己牆及隣墻與鄰牆直線爲界西至釣魚台北至彭姓屋以隣牆及公有竹籬板壁爲界面積一分一厘八毫七絲	房屋	無	二四年一月二一日	仝上	仝上
邱功甫 南京人住信府苑十二號	信府苑東至程姓屋以隣墻爲界南至邱姓西至許姓屋及府信苑北至信府苑面積九厘七毫三絲	無	無	二三年十一月二日	二四年七月十二日	二四年十月十一日止
周欣甫 江蘇人住中正路馬巷四六二號	小砂珠巷三號東至小砂珠巷南至小砂珠巷及孫姓屋以己墻爲界西至常姓屋以鄰牆爲界北至王姓屋以己牆中一段公牆爲界面積三分一厘六毫一絲	房屋	無	二三年十二月二四日	二四年七月十二日公告	二四年十月十一日止

徐竹銘 高郵人住黑廊巷七號	建康路八〇號東至王姓屋各有各牆爲界南至王姓屋各有各牆爲界西至伏魔菴北至建康路面積一分一厘二毫五絲	房屋	無	廿三年十二月十九日	同上	同上
劉海如 新奇芳閣管理人 本京人住貢院街一五二號	貢院街一五二號貢院西街一至六號東至蘇姓屋以己牆爲界南至貢院街西至貢院西街北至龍門西街面積一畝四分六厘二毫七絲	樓房	無	廿三年十二月廿六日	同上	同上
謝樞 本京人住中華路五九七號	信府河一六四—一六八號東至于姓屋以公牆爲界南至信府河西至謝陳二姓屋以已墻及鄰墻爲界北至謝姓屋以公牆爲界面積二分壹厘二毫三絲	房屋	無	二三年十二月二九日	同上	同上
石光琦 姪陽生 姪孫澤溶 南京人住胭脂巷二十一號	膺福街二八號東至膺福街南至丁姓屋以鄰牆及隣墻直線爲界西至秦淮河北至石姓屋及地以己墻及已牆直線爲界面積一分〇三毫七絲	房屋	無	廿四年元月二四日	仝上	仝上
謝忠 玉朝林銓和 江寧人住邊營卅號	邊營三十號東至段繆二姓屋以己牆鄰牆及公牆爲界南至邊營西至徐姓屋以己牆及公牆爲界北至張徐段三姓屋以己牆爲界面積三分三厘一毫三絲	房屋	無	廿三年十二月二九日	廿四年七月十二日公告	二四年十月十一日止
田德 玉陽洲 江蘇人住道署街二二一號	謝公祠原名小門口六號東至人壽會屋以己牆及鄰牆爲界南至陶姓屋及田鄺二姓公走巷西至鄺姓屋以己牆爲界北至李姓屋以鄰牆爲界面積二分九厘七毫三絲	房屋	無	廿四年元月廿八日	仝上	仝上
李存心 南京人住三條營外口九號	中華門二三二五號東至趙姓屋以公墻爲界南至環行路西至黃姓屋以隣牆爲界北至秦淮河面積六厘七毫八絲	房屋	無	廿三年十二月廿九日	仝上	仝上
鄭佐孫 南京人住糖坊廊十六號	糖坊廊十七號東至糖坊廊南至陳姓屋以己牆爲界西至秦淮河北至蔡姓屋以公牆及鄰牆爲界面積二分八厘一毫三絲	房屋	無	廿三年十二月廿八日	仝上	仝上

李幼駿 合肥人住上海代理人汪衡如績溪人住中華門外西街一一六號	膺福街九八號東至沈韋二姓屋以己墻及隣牆為界南至膺福街西至隨童二姓屋以己牆為界北至秦淮河面積二分九厘一毫三絲	房屋	無	二四年三月廿五日	仝上	仝上
倪志富林發氏 浙江人住太平路二四五號	朱雀路二三號五馬街五號東至五馬街南至周焦二姓屋以已墻及公墻為界西至朱雀路北至張姓屋以已墻及公牆為界面積一分四厘七毫	房屋	無	二四年三月十五日	二四年七月五日公告	二四年十月十四日止
張家聲侃俤儼信威 江甯人住高岡里十五號	磨盤街二八號東至李姓屋以鄰牆為界南至李姓屋以己牆公牆及鄰墻為界西至磨盤街北至王姓屋以已牆及鄰牆為界面積七分五厘五毫四絲	房屋	無	二三年十二月二四日	仝上	仝上
張文龍 南京人住牛市八十號	牛市六七號東至牛市南至詹姓屋以已牆隣牆為界西至秦淮河北至查姓屋以隣牆為界面積三分一厘六毫二絲	房屋	無	二三年十二月三十日	仝上	仝上
吳啓慶莊 南京人住門西飲馬巷庫司坊三四號	庫司坊三四號東至楊張徐三姓屋以已墻及隣牆為界南至官巷及水龍局地西至吳李兩姓公走巷及張劉兩姓屋以已牆及隣牆為界北至庫司坊面積一畝一分七厘二毫七絲	房屋	無	二三年十二月三十日	仝上	仝上
李幼駿 合肥人代理汪衡如績溪住中華門外一一六號	膺府街五四號東至兩王姓屋以己墻鄰牆及公牆為界南至膺福街西至石埭會館屋以公牆為界北至秦淮河面積二分〇八毫九絲	房屋	無	二四年三月二五日	仝上	仝上
張咸之 南京人住城西磨盤街一三號	庫司坊二八號東至李姓屋及吳李兩姓公走巷以已牆及鄰墻為界南至劉姓屋以己墻及天井為界西至張姓屋及寶霖救火會地以己牆為界北至庫司坊面積三分一厘八毫一絲	房屋	無	二三年十二月二七日	二四年七月五日公告	二四年十月十四日止

張咸之 南京人住城西磨盤街一三號	庫司坊三八號東至濮姓屋及地以己牆及其直線爲界南至徐姓屋以鄰牆爲界西至楊吳兩姓屋以已牆及鄰墻爲界北至庫司坊面積二分一厘九毫二絲	房屋	無	仝上	仝上	仝上
王雨亭 南京人住釣魚台五十號代理程時雨住下關商埠街一五八號	釣魚台四八—五十號東至秦淮河南至魏姓屋以已牆公牆及隣牆爲界西至釣魚台北至沈姓屋以隣牆爲界面積二分五釐二毫二絲	房屋	無	二三年十月二九日	仝上	仝上
王燮卿王伯英一榮一舉一良 南京人住鉄作坊四七七號	釣魚台六號東至秦淮河空地南至周姓屋以隣牆爲界西至釣魚台北至王姓屋以己墻及鄰牆與己牆直線爲界面積一分一厘七毫八絲	房屋	無	二三年十二月二二日	仝上	仝上
黃玉生慎發繼忠立勳 江甯人住船板巷五四號	船板巷五四號東至秦淮河南至張常二姓屋西至船板巷北至黃姓屋以已牆爲界面積三分八厘五毫六絲	房屋	無	二三年十二月卅日	仝上	仝上
涇縣會館管理人洪晉三涇縣人住轉龍車一三號	糖坊廊原名篾街七七八八一號東至糖坊廊南至普霖菴屋以鄰墻爲界西至秦淮河北至王姓屋以鄰墻爲界面積三分〇八毫八絲	房屋	無	二三年十二月二五日	二四年七月十五日公告	二三年十月十四日止
戴元發 南京人住歐陽巷十號	釣魚台十四號東至秦淮河南至王姓屋以己牆爲界西至釣魚台北至于姓屋以己牆爲界面積二分六厘四毫二絲	房屋	無	二三年十二月十一日	仝上	仝上
端木蓮蓀 江寧人住集慶路五八號	沙灣街二六號東至石姓屋以己牆及鄰牆爲界南至沙灣街西至徐姓屋以公牆及隣墻爲界北至秦淮河面積九厘一毫五絲	房屋	無	二三年十二月	仝上	仝上
王光貴兆明 南京人住大膺福街五十號	大膺福街五十號東至張姓屋以公牆鄰牆及其直線爲界南至膺福街西至李姓屋以公牆及鄰牆爲界北至秦淮河面積一分五厘一毫三絲	房屋	無	二四年元月十一日	仝上	仝上

彭光卿 南京人住釣魚台二九號	釣魚台二四號東至秦淮河南至徐姓屋以公墻及鄰牆爲界西至釣魚台北至石姓屋以己牆爲界面積一分二厘三毫三絲	房屋	無	二四年九月二六日	仝上	仝上
汪懷榮 南京人住絨莊街五八號	太平里一四號東至楊姓屋以隣牆爲界南至太平里西至查姓屋以公牆爲界北至金粟菴面積一分九厘一毫七絲	房屋	無	二三年十二月二八日	二四年七月十五日公告	二四年十月十四日止
龍松錫 如槐祐 桂兆 棟熊 江寧人住殷高巷二四號	水齋菴四一號殷高巷二四六號東至水齋菴及陳姓屋以己墻爲界南至蘇陶二姓屋以己牆及隣牆爲界西至陶姓屋以公墻爲界北至殷高巷面積二畝〇六厘三毫九絲	房屋	無	二三年十二月二九日	仝上	仝上
端木蓮蓀 江寧人住集慶路五八號	長樂路原名三坊巷九十七號東至潘許公巷以己牆爲界宋尹氏屋以鄰牆及公牆爲界南長樂路西潘周姓屋以鄰墻爲界北潘姓屋以己牆爲界面積三分八厘一毫一絲	平房九間五廈樓房二間一廂	無	二三年十二月二七日	仝上	仝上
馬培卿 本京人住信府河八六號	信府河八四六號東至信府河南至古玄帝廟屋以己牆及鄰牆爲界西至官巷及古玄帝廟屋以己墻爲界北至官巷及盧姓屋以己牆公墻及隣牆爲界面積三分六厘六毫九絲	房屋	無	二三年十二月二四日	仝上	仝上
陶其祿 南京人住殷高巷三五號	殷高巷四十一號東至辛姓屋以已牆及隣牆爲界南至殷高巷西至陶袁夏三姓屋以已牆隣墻及夏姓板壁爲界北至官巷面積四分六厘五毫一絲	房屋	無	二三年十二月八日	仝上	仝上
許梓良 南京住小百花巷四十一號	信府河一三六號面積四厘七毛六絲東至邱姓地及印姓屋南至信府河西至信府苑北至邱姓地	房屋	無	二三年十二月二八日	二四年七月十五日	二四年十月十四日
沙延齡 康清 南京住迴龍街六號	來鳳街二七號面積八分六厘六毫七絲東至來鳳街南至魯沙二姓屋以己墻鄰墻及公牆爲界西至來鳳街北至周姓地及笪張二姓屋以己牆及隣墻爲界	房屋	無	二三年十二月十四日	仝右	同右

張祝秋　南京住白下路東井巷十五號	中正路原名府西街三一五號面積二分一厘三毫九絲東至孫姓屋以己牆爲界南至小砂珠巷西至中正路北至常姓屋以公牆爲界	房屋	無	二三年十二月二十八日	同右	同右
湯遜記　安徽住秤它巷六號	大砂珠巷四號面積九分六厘二毫八絲東至大砂珠巷南至陳姓屋以己牆爲界西至走巷北至王劉二姓屋以己牆爲界	房屋	仝	二三年十二月十一日	同右	同右
周少鈞　江甯人住門東磊功巷八號	磊功巷八號面積四分四厘九毫二絲東至羅徐二姓屋以己牆及公牆爲界南至磊功巷西至陸姓屋以己墻爲界北至湯陸二姓屋以鄰墻爲界	房屋	無	二三年十二月二十日	同右	同右
汪錫勳銘　南京人住鈔庫街四五號	鈔庫街四五號面積四分五釐一毫九絲東至廖姓屋南以己墻中部各有各牆爲界又官巷南至祝姓屋以隣墻爲界北部以鄰牆西至祝齊姓屋以鄰公牆爲界北至鈔庫街	房屋	無	二三年十二月二十日	同右	同右
馬光明　南京住打釘巷十八號	瞻園路三三號面積一厘二毫四絲東至虎姓屋各有各牆爲界南至李姓屋以己墻爲界西至虎姓屋各有各墻爲界北至瞻園路八行道	房屋	無	二四年三月十一日	同右	同右
宋永全福　江寧住白下路十號	長樂路一原名頭樓街一一九二號面積一分二厘五毫正東至蘇姓屋以鄰牆爲界南至蘇姓屋以己牆爲界西至雷姓屋以公墻爲界北至長樂路	房屋	抵押權人沈常栐住南捕廳三十四號	二四年四月十六日	同右	同右
胡容民　江西人住山西路四衛頭十二號	許家橋京名蘆華巷面積三分九厘八毫七絲東至陳姓地南至官溝西至陳姓地北至許家橋	無	無	二四年五月一日	同右	同右
慶餘堂高玉波　南京人住貢院東街美倫照相館	貢院街面積一畝二分六厘二毫二絲東至貢院街南至章姓屋牆西至平江府街北至宗姓屋牆	空地	抵押權人徐筱軒住昇州路二三一號	二三年十二月十九日	同右	同右
董世政　丹徒西釣魚巷八號	建康路四五六號面積二分八厘二毫九絲東至王姓屋以己牆爲界南至王黃姓公巷以己牆爲界西至陶姓屋以己墻爲界北至建康路	房屋	抑押權人周紹庭住平章巷十四號	二十四年四月五日	二四年七月十六日	二四年十月十五日止

潘孝清　江甯人住中華路三五七號	長樂路二二六號面積四分二厘九毫五絲東至秦淮河岸南至劉劉二姓屋以己牆爲界西至信府河北至長樂路	白鐵房	抵押權人蔣思吾住中華路三三二號	二三年十二月二八日	二四年七月十六日	二四年十月十五日止
陳伯英　南京住長樂街三三號	長樂街原名蔑街面積一分一厘五毫一絲東至長樂街南至蘇姓屋以己板壁及己墻爲界西至陳姓屋北至曹姓屋以隣牆爲界	房屋	地役權人陳新吾住長樂街三十三號	二三年十二月二七日	仝前	二四年十月十五日止
楊王氏　江寧人住科巷六五號	科巷五七、五九、六一、六三、六五、六七、號面積一畝〇八厘七毫六絲東至丁姓屋墻吳姓塘南至吳姓草房及吳姓牆外隙地西至蔣姓屋以己墻爲界北至科巷	平房十七間披一厦	無	二四年三月二八日	二四年七月十六日	二四年十月十五日止
新華銀行　南京分行經理徐振東住大行宮	成賢街面積（一）塘及基地三畝〇四厘一毫四絲（二）基地二畝九分九厘四毫六絲東至（一）官河（二）張姓南至（一）張姓及本行地（二）文昌橋馬路部姓屋牆西至（一）預讓走巷（二）成賢街北至（一）方姓地官巷（二）新華銀行地李姓屋以己牆爲界	無	無	二四年五月四日	二四年七月十六日	二四年十月十五日
周達君　淮陰代理人王雲輔本京人住白下路中南銀行	上乘庵青石街泰平里一至四，九至十二號面積（一）二分五厘三毫一絲（二）二分五厘三毫一絲（三）一畝五分〇〇三絲東至徐姓塘潘姓屋外地南至程姓以己牆爲界西至官溝北至王姓地徐姓塘中部劈賣	樓房十二幢小房三間	抵押權人南京中南銀行代理人王雲輔住白下路一七三號	二四年五月十日	二四年七月十六日	二四年十月十五日止
張鐵村　安徽人住昇州路四二八號	中正路原名曾公祠三一二號面積八分一厘二毫四絲內有預讓路面六分三厘五毫九絲東至中正路南至曾公祠西至跑馬巷北至唐姓地	房屋	無	二三年十一月三十一日	二四年七月十六日	二四年十月十五日止
桂質柏　湖北人住寧海路五八號	寧海路五十八號面積八分三厘九毫六絲東至甯海路南至胡姓地以己牆及竹籬爲界西至胡姓屋以自己竹籬爲界北至胡姓屋以己墻及竹籬爲界	房屋（假樓房）	無	二四年一月二十二日	二四年七月十六日	二四年十月十五日止
王茂和　南京人住牌樓巷七號	漢中路牌樓巷面積六厘五毫二絲東至傅姓地南至陳姓屋西至人行道北至人行道	無	無	二四年四月二十六日	二四年七月十六日	二四年十月十五日止

何朱雲明英 南京人住大石橋三八號	大石橋三十八號面積一畝六分四厘三毫四絲東至荷葉巷南至大石橋西至魏姓屋以隣墻爲界北至官巷	房屋	無	二四年四月二十四日	二四年七月十六日	二四年十月十五日止
王步先 湖南人住太平橋三元堂內	匯文里四六號面積八分八厘三毛七絲東至楊姓屋以己牆鄰牆爲界南至匯文里西至官巷北至官河	房屋	無	二四年三月十四日	二四年七月二六日	二四年十月廿五日止
王萬柄 江寧人住玉振街八號	玉振街八號面積一畝一分一厘〇七絲東至張姓地陳(旗地租戶)周貳姓屋及玉振街以己墻及隣墻爲界南至玉振街西至玉振街北至張姓屋以己墻爲界	房屋	無	二三年十二月二五日	同上	同上
顧庚發煥章 南京人住陰陽營四〇號	陰陽營四〇號面積二畝〇九厘四毫五絲東至陰陽營南至小路西至本姓地北至顧姓地	房屋	無	二四年四月五日	同上	同上
趙連有 南京人住陳家牌坊三八號	陳家牌坊三八號面積四厘柒毫五絲東至官巷南至陳家牌坊西至王姓屋以公墻爲界北至官巷	房屋	無	二四年元月五日	同上	同上
黃鏞 廣東代理人黃瑤康住交通部	湖南路(原名裴家橋)面積一畝九分四厘四毫六絲東至胡姓地南至孫丁二姓地西至陶姓屋及楊姓地北至湖南路	無	無	二四年四月二五日	同上	同上
中華鑛學社管理人黎叔翊住管家橋三十一號	西家大塘面積二畝四分一厘一毫一絲東至王姓地南至同益堂合記及陳於斯堂地西至呂姓及雲南旅京學會地北至同益堂福記	無	無	二四年五月十八日	同上	同上
林葆生 浙江人住糖坊橋八十號	申家巷面積一畝一分二厘九毫八絲東至申家巷南至楊姓地西至丁郭姓地北至申家巷	無	無	二三年十二月十日	同上	同上
宋勛富貴 江蘇人住漢口路二九號之三	漢口路原名鬬鷄閘面積八畝四分九厘二毫四絲東至劉姓屋金陵大學私巷南至李姓地漢口路小學西至王姓屋以鄰墻爲界漢口路小學北至漢口路	房屋	無	二四年三月二二日	同上	同上
范長興 江寧人住程閣老巷二十一號	中華路六二十號面積七厘七毫東至市產以鄰牆爲界南至湯姓屋以己牆爲界西至中華路北至韓姓屋以已墻爲界	房屋	抵押權人周伯鎔住玉帶街五號	二四年五月二十日	同上	同上

蕭丙生 南京人住膺府街一號	沙灣三十號面積九厘〇八絲東至徐姓屋以隣墻各墻及公板壁爲界南至沙灣西至潘姓屋以隣牆爲界北至秦淮河	房屋	無	二四年五月二十七日	同上	同上
廖德義 南京人住和平門八號	和平門八號東至和平門南至廖姓地西至曹姓地北至汪姓地面積一畝五分一厘一毫七絲	草房三間	無	二四年四月二十日	二四年七月二十六日	二四年十月二十五日止
財政局主管長官陸肇強	槽坊巷東至槽坊巷南至劉姓地西至槽坊巷北至林姓地面積六厘二毫四絲	空間	無	二四年六月五日	同上	同上
陸壽堃等 南京人住本京大全福巷二十一號東院	小心橋二四號小心橋東街一二號東至小心橋東街以己牆爲界南至陸姓屋以公墻爲界中段以鄰牆爲界後段以己墻爲界陳姓屋鄰墻爲界後段以公墻爲界小心橋以己牆爲界西至官溝以己墻爲界北至呂姓以己墻爲界面積四畝一分七厘六毫三絲	市房	無	二三年十二月十八日	同上	同上
胡誠齋 南京人玉帶巷二十九號	玉帶巷廿九、三十一、三十三號面積八分九厘三毫九絲內有胡法開地役權面積三厘〇三絲東至史姓屋以公牆鄰墻胡姓屋以公墻爲界南至秦淮河以水閣又胡姓屋以公墻及空地爲界西至武姓屋以公墻己墻又市地以己牆爲界北至玉帶巷以己牆及墻外隙地爲界	平房二十間厦五	無	二三年十二月二十日	同上	同上
王時彥 南京人住蘆蓆營六號	蘆蓆營二號東至潘姓塘及至善堂地南至陳儲二姓地西至王姓地北至潘姓地面積二畝三分五厘四毫二絲內水塘面積三分四厘八毫	房屋	無	二四年三月廿七日	同上	同上
葉同九 南京人住大牽牛巷三十號	大牽牛巷三二號東至葉姓屋以鄰墻爲界南至牽牛巷西至沈姓屋以公墻及鄰墻爲界北至徐葉二姓屋以己牆及隣牆爲界面積三分一厘七毫五絲	房屋	無	二三年十二月七日	同上	同上
汪樹榮 南京人住安仁街十七號	尖角營二十，二十一，二十二號東至官巷南至劉姓屋以公墻鄰牆爲界西至萬姓及仁育醫院屋以鄰墻及天井爲界北至尖角營面積四分〇三毫四絲	房屋	無	廿四年四月十八日	同上	同上
黃月如 住小心橋九號	小心橋九號東至朱姓地以己牆爲界南至朱王兩姓屋以己墻及鄰墻爲界西至李姓屋及空地以己牆爲界北至丁姓地以竹籬外隙地爲界面積五分一厘三毫三絲	房屋	無	廿三年十月十二日	同上	同上

陳延齡 江甯小石壩街六十八號	小石壩街六八號東至紀姓屋以己牆爲界後段以隣牆爲界南至小石壩街以己墻爲界西至魏姓屋以公牆爲界後段以己牆爲界北至王姓紀姓屋以己墻爲界面積一分七厘七毫八絲	市房	無	二三年十二月廿六日	同上	同上
陶秉鈞 江蘇人住南京祖師菴九號亞細亞火油公司轉交	中山北路東至柳姓地爲界南至仇姓地又屋以鄰墻爲界西至龍池菴北至中山北路面積二畝一分〇九毫十絲內劈地六毫二絲與柳錦堂交換	空地	無	二四年四月四日	同上	同上
柳錦堂 南京人住中山北路九九一號	中山北路九八七號東至毛姓陳姓地爲界南至劉姓地柳姓屋鄰墻爲界西至盧姓鄰牆及仇姓陶姓地爲界北至中山北路面積一畝二分〇九毫三絲內此次與陶秉鈞交換出五毫一絲	房屋	無	二四年四月四日	二四年七月二十六日	二四年十月二十五日止
欒長源 南京人住西橋八六號	江蘇路原名老菜市東至官溝南至江蘇路西至江蘇路北至大方巷面積一分八釐五毫	無	無	二四年五月四日	二四年七月二十六日	二四年十月二十五日止
黃月軒 江甯人庫司坊四號	中華路二一九號東至承恩寺屋以己墻爲界南至王姓屋以公牆己牆爲界西至中華路人行道北至商姓屋以公墻爲界面積一分五厘二毫七絲	樓房四大間氣樓一座上下披廂兩廈灶披一廈	無	二三年十二月一日	二四年七月二六日	二四年十月二十五日止
呂載潤之 江甯人馬路街十二號	牛市街七一號東至牛市以己墻爲界南至査姓屋以公牆爲界西至秦淮河以己牆爲界北至胡姓屋以公牆爲界面積二分一厘六毫四絲	破舊平房四間四廈	無	二三年十二月	二四年七月廿六日	二四年十月二十五日止
朱志章 南京人住集慶路九五號	集慶路九五號東至冶城中學屋及王袁張三姓屋以己墻及鄰牆爲界南至宮巷及張蘇二姓屋以己墻及鄰墻爲界西至楊何王沈四姓屋以己墻及隣墻爲界北至集慶路面積一畝〇八厘六毫三絲	房屋	地役權人沈德基安徽人住般高巷四十八號	二四年三月六日	二四年七月廿六日	二四年十月二十五日止

劉叔宇 江蘇人住門東水佐營六號	蔡家巷東至汪蔡二姓地南至方姓地西至王方黃三姓地北至蔡家巷及汪王二姓公走道面積二畝零五厘三毫八絲	無	無	二四年五月廿十八日	二四年七月二十六日	二四年十月二十五日止
張李氏 南京人邊營五十號	集慶路原名絲市口二一號東至湯姓屋以公牆為界南至貢姓屋以己牆為界西至李姓屋以公牆為界北至集慶路面積八厘零八絲	房屋	抵押權人朱子英南京人住洪武路三一九號	二三年十二月二九日	廿四年七月廿六日	廿四年十月廿五日止
俞開祥 南京人金粟庵二五號	金粟菴二七號後東至官巷南至史姓屋以鄰牆為界西至俞姓屋以己牆為界北至俞姓屋（承租僧寂光地）面積一分五厘二毫七絲	房屋	無	二四年十二月廿八日	二四年七月二六日	廿四年十月廿五日止
俞煥之 揚獲 南京中華路二一九號	金粟庵二七號東至俞俞二姓屋以己牆為界（北俞係租僧寂光地）南至史姓屋以鄰牆為界西至干姓地以己牆為界北至金粟庵面積三分二厘一毫七絲	房屋	無	廿三年十二月廿八日	二四年七月廿六日	廿四年十月廿五日止
傅河清 本京人住傅家菜園四號	八府塘鍋底塘傅家菜園東至（一）本姓屋（二）本姓地及郭姓地（三）官地及郭吳二姓地益善堂地及屋南至（一）本姓地（二）現賣與縣姓地（三）鍋底塘市地蔣姓地馬姓地及塘西至（一）（二）預讓走道（三）蔣姓屋以鄰牆為界北至（一）（二）現賣與沈姓地（一）（二）南京中學地（三）八府塘及南京中學地四面積（一）農地三分三厘八毫七絲（二）八分八厘四毫九絲（三）宅及農地六畝九分七厘一毫八絲	（一）（二）無（三）房屋	無	二三年十二月卅一日	二四年七月廿六日	廿四年十月廿五日止
李春謀 揚州住沙塘園卅號	荳菜橋第九號東至艾姓地南至青島路西至青島路北至羅林二姓地面積五分六厘二毫六絲	草地	無	二四年九月二七日	二四年七月二六日	二四年十一月二五日止
李樹元 南京人住三牌樓紅廟二號	鐘市口東至官巷南至童姓地西至耆闍寺地北至童姓地面積二畝一分五厘二毫七絲	無	無	二四年五月二一日	同上	同上
葛山秀 安徽住新街口忠林坊四〇號	高樓門東至吳姓塘南至陳姓地西至辛姓地北至珴瑁路面積一畝〇七厘五毫二絲	無	無	二四年三月五日	同上	同上

龐振聲　浙江住下關兆慶里十一號	迴龍橋東至余姓地屋南至宜姓地西至陳姓地北至李姓地面積五分四釐七毫二絲	無	無	二四年五月十七日	同上	同上
楊桂芳　江寧住韓家苑二七號	韓家苑第二七號東至張姓屋隣牆又各有各牆及官巷空地為界南至韓家苑西至韓家苑北至吳姓屋以己牆及鄰墻為界面積三分三釐三毫二絲	房屋	無	二四年一月十六日	同上	同上
江啓軒　江寧住興中門內尙德里四二號	鹽倉橋東街東至成姓塘王姓地南至陳姓地西至官路北至成姓地面積八分二釐八毫四絲	無	無	二四年五月二八日	二四年七月二六日	二四年十月二五日
張萬生　湖北住來鳳街六號	來鳳街東至官巷及張姓地南至官巷西至來鳳街北至官巷面積一畝三分三釐〇九絲	無	無	二四年二月二六日	同上	同上
傅宗翰　南京住白下路裕昌錢莊轉交	葛家菜園東至走巷南至葛家菜園西至仲葛二姓屋北至顧姓屋面積四分四釐四毫三絲	無	無	二四年五月十三日	同上	同上
張雲生　南京人住中營三三號	中營三三號東至張姓屋以公墻為界南至萬壽菴屋以鄰墻為界西至萬壽菴屋己牆為界北至中界面積四分二釐九毫[illegible]絲	房屋	典權人李翰乾李翰欽江甯人住堆草巷十三號	二三年十二月十三日	同上	同上
程毓藻　江寧人住信府河一三二號	長樂路原名鼓樓街一四四號東至張姓屋以己牆為界南至張姓屋以己牆為界西至井姓屋以鄰牆為界北至長樂路面積七釐一毫三絲	房屋	無	二三年十二月	同上	同上
沈德奎　南京人住釣魚台二六號	釣魚台五二四六號東至秦淮河南至王姓屋以己牆為界西至釣魚台北至王姓屋以己牆及鄰墻為界面積三分六釐二毫二絲	房屋	無	二三年十二月二六日	二四年七月二七日	二四年十月二六日止
程傅氏　江甯人住信府河一一三二號	信府河一三二號東至王謝二姓屋及市屋以鄰墻及己牆為界南至信府河西至信府苑及邱印二姓屋以己墻為界北至張魏二姓屋以己牆及鄰牆為界面積八分二釐〇二絲	房屋	無	二四年元月十二日	同上	同上

李叔明 鎮江人住牛市十一號	牛市街十一號東至牛市官街南至李姓西至秦淮河河沿北至王姓面積三分四厘九毫五絲	房屋	無	二三年十二月二六日	同上	同上
鄒子桐石貞 江寧人住國府西街六十九號	牛市七〇號東至顏料坊官街南至蔡姓屋西至牛市官街北前至官巷後至俞姓屋面積一畝五分九釐〇二絲	房屋	無	二三年十二月二十日	同上	同上
蔡紫丞 浙江人住漢西門內堂子街九七號	堂子街五七號東至王姓屋以公牆馬姓地以己牆為界南至衞巷西至翁姓屋以公牆翁姓地以己墻為界北至堂子街面積一畝四分五厘四毫正	房屋	無	二三年十二月二十七日	同上	同上
徐廣德泰源財 南京人住荳菜橋十七號	荳菜橋九號東至青島路南至荳菜橋西至朱姓地北至青島路面積一分〇〇八絲	房屋	無	二四年五月十五日	同上	同上
劉氏宗祠 管理人劉鏡清 劉墨卿 南京人住許家巷四六號	建康路八四號東至周姓屋王姓屋以己牆為界南至王姓屋以公墻為界西至王姓屋以己牆及隣墻為界北至建康路面積二分六厘七毫三絲	房屋	無	二三年十一月二一日	同上	同上
李新茅推明 江寧人住半邊營二四號	半邊營二四號東至木匠營南至半邊營西至葛姓屋以公墻為界北至王姓屋以己牆為界面積八分七厘〇二絲	房屋	抵押權人張金秀貞江寧人住半邊營四號	二三年十二月二九日	同上	同上
劉鴻生 浙江人住新街口興業里十七號	頤和天竺路轉角二五號東至戴鄭二姓屋南至天竺路西西康西至頤和路及西康路北至鄭姓屋及頤和路面積一畝二分〇九毫六絲	無	無	二四年五月五日	同上	同上
馮筱蕙 廣東人住正洪街正洪里三四號	淮海路東至老王府後街南至淮海路西至信立堂地歐姓屋北至吳姓地面積二畝八厘〇八毫三絲	空地	無	二四年五月七日	同上	仝上

李存心 孫氏 巨鐘 南京人住三條巷（外口）九號	府西街六一號東至童姓屋以己墻爲界南至童姓屋以己墻爲界西至李姓屋以己牆爲界（北大部）以隣牆爲界（南小段）北至府西街面積三厘九毫二絲	樓上下二間	無	二三年十二月二十日	二四年七月二七日	二四年十月二六日止
李繼甫 明裕 斌 璜 德 江寧人磨盤街二六號	磨盤街二六侍其巷四號東至湖南會館屋以己牆及鄰墻爲界南至穆姓屋以己牆爲界西至磨盤街北至侍其巷及王張王三姓屋以己牆公牆及隣牆爲界面積一畝七分二厘四毫一絲	房屋	無	二三年十二月卅日	仝上	仝上
郗德明 公祚 公明 公凱 本京人住白酒坊十號	白酒坊十號東至張章王三姓屋以己牆及公墻爲界南至白酒坊西至楊姓屋己牆隣牆及公墻爲界北至下江考棚面積一畝一分八厘一毫六絲	房屋	無	二三年十二月二四日	仝上	仝上
石凌霄 江寧人住小心橋四八號	長樂路原名大夫第二四九號東至劉姓屋以己牆爲界南至長樂路西至張汪姓屋以鄰牆己墻爲界北至劉姓屋以己牆爲界面積四厘六毫正	平房一間	無	二四年元月十日	仝上	仝上
王再如 江寧人住門西水齋菴六號	倉門口（原名蟒蛇倉）十七號東至楊姓屋以己牆爲界南至陳李姓屋以己各有各牆墻爲界西至李姓屋以兩頭各有各牆中段己牆爲界北至倉門口以己牆爲界面積四分二厘八毫八絲	平房七間兩廈	無	二三年十二月十二日	同上	仝上
卞庚昌 興鈺 鄒氏 江蘇人住東花園二四號	蓮子營五十號東至蓮子營南至王姓地以己牆爲界西至劉姓地以己墻爲界北至劉姓屋以鄰牆爲界面積一分四厘六毫八絲	房屋	無	二三年十二月二五日	仝上	仝上

李如珩 如瑾 如瑜 如琦 如現 如佩 如璸 如瑞 如琛 如琳 如璜 如珂 本京人住胭脂巷二四號	胭脂巷二四號東至胭脂巷南至盧姓屋以鄰牆及己牆為界西至李姓屋以公墻為界北至胭脂巷面積六分六厘四毫七絲	房屋	無	二三年十二月十七日	仝上	仝上
李如瑄 南京人住磨盤街四十號	金粟菴十號東至駱姓屋以己牆及鄰墻為界南至金粟菴西至徐姓屋以己墻為界北至五福街面積五分八厘四毫二絲	房屋	無	二三年十一月十日	仝上	仝上
冷德炤 南京人住五馬街四十號	五間廳十五號東至旗地（租戶陳姓屋）及朱姓屋以鄰牆為界南至旗地（租戶石姓屋）及周姓屋以隣牆為界西至賈姓屋以公牆為界北至五間廳面積四分〇四毫七絲	房屋	無	二三年十二月二十日	仝上	仝上
端木禮泉 榮 本京人住小船板巷壹號	小船板巷一號東至端木姓屋以鄰墻公牆及公板壁為界南至小船板巷西至周姓屋以己墻為界北至胭脂巷面積一分七厘七毫七絲	房屋	無	二三年十二月二二日	仝上	仝上
石光琦 陽生 澤溶 南京人住胭脂巷二一號	膺福街五八號東至石埭會館及車姓屋南至膺福街西至沈姓屋以己墻及隣牆為界北至水閣面積一分六厘四毫七絲	房屋	石光琦石陽生石澤溶三人共有	二四年一月二四日	二四年七月二七日	二四年十月二六止
王子東 書 江蘇人住釣魚台十二號	釣魚台十二號東至秦淮河西至彭姓屋以己牆為界西至釣魚台北至臧姓屋以鄰牆為界面積一分七厘一毫七絲	房屋	無	二三年十二月二七日	二四年七月二七日	二十四年十月二六日止
譙載之 江甯人住中營四十九號	邊營三六號中營四九號東至方方二姓屋以公牆己牆及隣牆為界南至邊營西至言陳二姓屋以公墻鄰墻及己牆為界北至中營面積六分九釐九毫七絲	房屋	無	二三年十二月二四日	二四年七月二七日	二四年十月二六日止
魏錦富 南京人住馬芳苑一號	馬芳苑一號東至童姓屋以鄰墻及己墻為界南至營地西至本姓與地藏菴公走巷及馬芳苑北至童姓屋以鄰墻及其直線為界面積二分二厘壹毫九絲	房屋	無	二四年元月十九日	二四年七月二七日	二四年十月二六日止

陳杜氏 南京人住實輝巷十八號	船板巷一〇八六號東至秦淮河南至周姓屋以鄰墻爲界西至船板巷北至柏姓屋以鄰牆及公墻爲界面積六分六厘七毫六絲	房屋	無	二四年一月十六日	二四年七月二七日	二四年十月二六日止
金壽銘春林 江寧人住孝順里內小王府里七號	王府里七號東至孝順里及陶胡元三姓屋以己牆及鄰牆爲界南至俞濮二姓屋市地及劉姓地西至張姓屋以己牆及鄰牆爲界北至王府里面積一畝二分零六毫二絲	房屋	無	二四年一月二一日	二四年七月二七日	二四年十月二六日止
徐慶雲 南京人住昇州路二三一號	沙灣街二八號東至端木姓屋以己牆及公牆爲界南至沙灣街西至蕭姓屋以己牆及公板壁爲界北至秦淮河面積八厘五毫八絲	房屋	無	二四年一月二一日	二四年七月二七日	二四年十月二六日止
劉永發 代理人崔少臣江寧人住宰猪巷四號	宰猪巷四號後東至秦姓屋以己牆及鄰牆爲界南至孫姓屋及張孫二姓爭執地以鄰牆爲界西至魯姓屋以□墻爲界北至劉姓屋以己牆爲界面積二分八厘四毫八絲	房屋	無	二三年十二月廿五日	二四年七月二七日	二四年十月二六日止
魯楊森 江寧人住宰猪巷四號	宰猪巷四號東至劉姓屋以鄰墻爲界南至孫姓屋以己牆爲界西至宰猪巷北至吳姓屋以己墻爲界面積一分五厘毫三絲	房屋	地役權人劉永發江蘇淮安人住宰猪巷四號	二三年十二月二五日	二四年七月二七日	二四年十月二六日止
張咸之 本京人住城西磨盤街一三號	釣魚台七四二六號東至秦淮河南至潘姓屋以己牆爲界西至釣魚台北至李姓屋以己墻及隣墻爲界面積四分六厘四毫五絲	房屋	無	二三年十二月廿七日	廿四年七月廿七日	廿四年十月廿六日止
李開祥 江寧人住建鄴路三八號	胡家巷三五號東至胡家巷南至陶姓屋以己墻鄰墻爲界西至潘姓屋以己牆爲界北至胡家巷及潘姓屋以己牆爲界面積五分四厘三毫	房屋	無	二三年十二月二六日	二四年七月二九日	二四年十月二八日止
王春和 江甯人住堂子街五五號	堂子街五五號東至馬姓屋以己墻爲界南至馬姓屋以隣牆爲界西至蔡姓屋以公墻爲界北至堂子街以己牆爲界面積四分三厘一毫四絲	房屋	無	二四年二月十二日	同上	同上

徐廷廣厚 佐廷全 江寧人避駕營十一號	避駕營後門通南宮坊十一號東至避駕營南至周王兩姓屋及官巷以巳牆及鄰墻爲界西至吳姓屋以巳牆及隣牆爲界北至金濮張三姓屋以巳牆爲界面積五分九厘一毫叁絲	房屋	無	廿四年三月十六日	同上	同上
石森 厚 江蘇人住小心橋四八號	釣魚台二六號東至秦淮河南至彭姓屋以巳墻及鄰牆爲界西至釣魚台北至朱姓屋以公牆爲界面積一分九厘五毫六絲	房屋	無	二四年元月卅日	同上	同上
王春生王增 坤 丙 南京人住小彩霞街二七號	小彩霞街二七 玉帶巷一二 號東至夏姓屋以巳牆爲界南至玉帶巷以巳墻爲界西至杜王二姓屋均以巳墻爲界北至小彩霞街以巳墻爲界面積七分四厘三毫九絲	房屋十八間	無	二四年元月卅一日	同上	同上
朱錫 命鏞 南京人住小彩霞街十五號	小彩霞街十五號東至儅印妙屋以巳墻王姓屋以長段己牆小段鄰牆爲界南至玉帶巷以己墻爲界西至梁姓屋以己墻各有各墻金姓屋公墻鄰牆爲界北至小彩霞街以巳牆爲界面積一畝〇〇二毫五絲	平房十一間七厦五方	無	二四年三月二六日	廿四年七月廿九日	二四年十月二八日止
王培 裕 江蘇人住大石橋二十號	牛市街五三號東至牛市南至趙姓牆西至秦淮河北至馬姓墻面積五分二厘七毫六絲	平房二間一披	無	二四年三月十八日	仝上	仝上
李新 恆春 南京人住大樹城十四號	大樹城十四號東至劉董二姓地南至石觀音西至胡姓屋北首一段己牆餘爲鄰牆北至大樹城面積六分六厘六毫一絲	平房六間三披	無	二三年十二月二四日	同上	同上
辛成 富 代理人周宜興 江蘇人住花市街三四六號	中華路三五〇號東至中華路人行道南至李楊氏屋東段公牆西段鄰牆中段己牆西至朱辥二姓公走巷北ㄔ朱辥二姓公走巷面積一厘八毫二絲	平房一間	無		同上	同上
馬生 龍 江寧人住韓家苑四號	顏料坊五三號東至顏料坊南至韲子巷西至楊姓屋北至林張姓屋面積四分五厘七毫七絲	房屋	無	二四年元月十八日	同上	同上

周麟圃 浙江人住秤它巷七號	顏料坊六七號東至顏料坊官街南至張姓屋西至張姓屋北至張姓屋面積九厘八毫一絲	房屋	無	廿三年二月二八日	二四年七月二九日	二四年十月二八日止
周梓衡 江甯縣人住大膠巷一五號	大膠巷一五號東至大膠巷南至金姓屋公巷及二金姓屋以己墻及鄰墻爲界西至雙樂園北至公巷鄧姓屋及清眞寺屋以己牆鄰墻及公墻爲界面積壹畝三分七厘一毫三絲	房屋	無	二三年十二月二八日	仝上	仝上
金遠伯 本京人住大膠巷十四號	雙樂園二大膠巷九、十一、十三號東至周姓屋以己牆及隣墻爲界南至大膠巷西至金姓屋以隣牆爲界北至金姓公巷（現名雙樂園）面積四分一厘七毫一絲	房屋	無	二四年元月八日	仝上	仝上
魏廣之 卿純 本京人住高岡里梁家巷口十四號	高岡里一四號東至陳家牌坊南至徐姓屋及官地租戶魏姓屋以己墻公牆及隣牆爲界西至趙姓屋以公墻爲界北至高岡里面積六分二厘四毫一絲	房屋	無	二三年十二月二八日	仝上	仝上
僕人 養龍 劉爾昌 劉夢鶴 友蒼 梓齡 南京人住東牌樓一二〇號	仁和巷九號東至仁和巷南至焦姓屋以己墻爲界西至焦姓屋以鄰墻爲界北至焦姓屋以已墻爲界面積二分〇四毫	房屋	無	二三年十二月十四日	仝上	仝上
吳蔚之 樂山 安徽人住糯米巷卅三號	營門口街一號東至磨乃巷南至磨乃巷及王姓屋以己牆爲界西至王姓屋以公墻爲界北至營門口街面積六分二厘二毫八絲	房屋	無	二三年十二月二九日	仝上	仝上
李士元 江甯人住評事街七十三號	禮拜寺後街（原名蘇家巷）東至馬姓地南至禮拜寺後街西至張姓地北至禮拜寺屋陳姓地面積五分五厘九毫三絲	無	無	二四年三月十六日	仝上	仝上
慶道緣 江甯人住小石壩街卅三號	小石壩街卅一卅三號東至普樂家祠及王姓屋以公墻隣牆及己牆爲界南至韓姓屋以鄰牆爲界西至俞姓屋以隣墻及公牆爲界北至小石壩街面積六分〇四毫二絲	房屋	無	二三年十二月八日	仝上	仝上

徐宏鏞 本京人住慧圓街卅二號	中華路一〇八號東至劉姓以鄰牆爲界角以各墻爲界後段以己牆爲界南至府西街以板壁爲界西至梁姓屋以各墻爲界北至黎姓屋以各墻爲界面積七厘五毫七絲	市房	無	二四年二月二六日	仝上	仝上
張龍炎 安徽人住邀貴井一四號	中山東路東至唐姓以鄰墻及公墻爲界南至水巷以本產後門外三尺餘地爲界西至沈張兩姓以本產界綫及己牆與隣墻爲界北至中山東路以本產界綫爲界面積一畝一分一厘七毫四絲	房屋	無	二四年三月二二日	仝上	仝上
王宇章 本京人住馬家街七之一號	馬家街七之一號東至何姓屋張姓地南至董姓張姓地西至蔣姓屋北至馬家街面積一畝五分六厘八毫四絲	房屋	無	二四年四月二二日	二四年七月二九日	二四年十月二八日止
王賓菴 湖南人住本京楊將軍巷二十六號	竺橋東至鍾爋堂屋以鄰墻及竹籬爲界南至竺橋西至大悲菴屋以鄰墻爲界北至官河面積一畝七分八厘六毫一絲	無	無	二四年五月十七日	二四年七月二九日	二四年十月二八日止
李鳳鈫 本京人住胭脂巷二四號	石婆婆巷十一三號東至石婆婆巷以己牆爲界南至鄧姓屋李姓塘以己牆爲界西至劉孫二姓屋李姓塘地以己牆爲界北至劉姓屋以己墻爲界面積三畝二分四厘九毫三絲	房屋	無	二四年五月十五日	二四年七月二九日	二四年十月二八日止
孫開玉 太平人住倉巷街五十九號	倉巷五三號東至劉姓屋以公牆爲界南至倉巷街木屐巷五二西至木屐巷以己牆爲界北至周姓屋以鄰墻爲界面積二分六厘九毫三絲	房屋	無	二四年三月二五日	二四年七月二九日	二四年十月二八日止
同益堂敬記嚴敬齋 陝西人住本京大樹根四十三號高宅	高樓門東至張韓二姓地南至峨嵋路及中央研究院西至同益堂敬記蘇姓地北至李陳二姓地面積二畝四分〇五毫六絲	無	無	二四年五月十日	二四年七月二九日	二四年十月二八日
徐鶴卿 仲如臯人住舊王府二七號	葛家菜園八府塘東至顧姓屋傅姓地南至葛姓屋西至鍋底塘北至八府塘面積九分二厘七毫七絲	無	無	二四年五月十三日	二四年七月二九日	二十四年十月二八日

劉春洋洲海渟江 南京人住余家巷十三號	俞家巷東至梁姓地南至梁姓地西至俞家巷北至俞家巷面積七分〇四毫三絲	無	無	二四年四月二十三日	二四年七月二九日	二四年十月二八日
吳賢安 江寧人住南門外見子橋義倉內	玉振街一五號東至玉振街南至方姓地吳姓屋西至周吳吳三姓屋以己墻鄰牆公牆及公板墻爲界北至旗地租戶潘姓屋以己牆爲界面積一畝二分六厘一毫七絲	房屋	典權人馬曉六馬滄州江寧人住胡園孝子坊三號	二三年十二月二十八日	二四年七月二九日	二四年十月二十八日
葛雍金 南京人住金銀街十一號	金銀街七號東至江姓南至金銀街西至徐姓北至徐姓面積三畝〇八厘七毫正絲	房屋九間	無	二四年三月二五日	二四年七月二九日	二四年十月二八日止
林兆興兆廷張氏兆德兆懷 六合人住石鼓路三百七十六號	魚市大街五十號東至朱姓以己牆爲界周姓屋白鐵披處以鄰牆爲界隹段以己牆爲界南段以鄰牆爲界南至葉姓屋以隣墻爲界西至魚市大街以板門爲界北至劉姓屋以己牆爲界面積二分六厘一毫三絲	市房	無	二四年四月十三日	二四年七月二十九日	二四年十月二八日止
王鳴臯文樞 桂林人住南京門西善司廟撮箕巷十三號	集慶路原名倉門口一五五七號東至梁姓屋以己墻爲界南至梁土朱三姓屋以鄰牆及己牆爲界西至李姓屋以公牆爲界北至集慶路面積三分二厘一毫七絲	房屋	抵押權人史有盛江寧人顏料坊四十九號	二四年元月八日	二四年七月卅日	二四年十月二九日止
吳啓勳湖泰安昆 江寧人住陳家牌坊十號	桃源巷二號東至黃姓屋以己墻及隣墻爲界南至六角井西至桃源巷北至王卄兩姓屋以隣牆及天井爲界面積二分七厘八毫五絲	房屋	無	二四年元月二一日	仝上	仝上
張忠敏 南京人住岩巷一六號	岩巷一六號東至陳姓屋以隣墻爲界南至張葉二姓屋以己墻及鄰牆爲界西至岩巷北至白姓屋以隣墻爲界面積二分五厘四毫一絲	房屋	無	二四年元月二五日	仝上	仝上

陳德順 佳榮 江寧人住張家衙一三號	張家衙一三號東至張家衙南至饒姓屋以己牆及鄰墻爲界西至五板橋北至褚姓屋及地以己墻及褚姓竹籬爲界面積五分〇七毫七絲	房屋	無	二四年元月十一日	仝上	仝上
甘其福祿 其壽善 江寧人住寶霖水倉二二號	庫司坊原名西庫司二二號東至王姓屋以鄰墻及公牆爲界南至葉姓屋及庫司坊以己牆爲界西至庫司坊北至官巷面積二分九厘四毫九絲	房屋	無	二十四年二月十一日	同上	同上
陳艾庭 江蘇人住船板巷八三號	東釣魚巷十四號東至東釣魚巷南至葉姓屋以鄰牆爲界西至張姓屋以己牆爲界北至白姓屋以隣牆爲界面積二分〇二毫七絲	房屋	抵押權人查榮之住綾莊巷二十一號	二十四年三月廿二日	同上	同上
馬春生 南京人住牛市街五五號	牛市街五五號東至牛市以己牆爲界南至王姓屋以已牆爲界中段以公牆爲界後段以已牆爲界西至秦淮河以板壁爲界北至董姓屋以己牆爲界面積二分六厘〇八絲	市房	無	廿三年十二月廿一日	同上	同上
楊普慶 天津人代理人張文最住常府街三八號	利濟巷洪鑫里一丨二六號東至高方張魏周姓屋以己牆爲界南至洪鑫里以己牆爲界西至利濟巷以己牆爲界北至五老橋以己牆爲界面積七畝一分〇九毫九絲	市房	無	二四年四月二三日	同上	同上
沈稼園 吳興人住高樓門四號	西家大塘二號東至葛沈二姓南至沈姓地西至西家大塘北至信仁堂地趙姓塘莊姓地面積五畝八分二釐二毫四絲	無	無	廿四年四月十六日	同上	同上
曾繼仁 馬忠奎 南京人住同仁街八十四號	吉兆營六八號東至鄭金二姓屋以己牆爲界南至吉兆營西至王姓屋以己牆及鄰牆爲界北至司法院以己牆爲界面積四分一厘五毫一絲	房屋	無	廿四年二月	同上	同上
鄔徐氏 浙江人住華僑路二十號	珠江路（原名蓮花橋）二二號東至葉姓以鄰牆爲界以公牆爲界以鄰牆外五寸滴水爲界南至珠江路西至陳姓以隣公墻爲界北至葉姓以隣牆外滴水爲界葉陳二姓走道面積六分六厘九毫三絲	平房六間二廂	無	廿四年四月九日	廿四年七月卅日公告	廿四年十月廿九日止

王華興 本京人住半邊營卅號	半邊營三二〇號東至朱姓屋以己牆為界（北部一小段係朱姓所砌）南至半邊營西至萬姓屋以已牆及鄰牆為界北至官巷及朱姓地以鄰牆為界面積六分七厘四毫二絲	房屋	抵押權人高善求住大膺府二六號典權人張必榮住半邊營三十號	廿三年十二月三十日	同上	同上
趙禧祥 連城 廣東人住馬路街奎元坊四號	游府西街東至楊姓南至黃姓西至張姓北至游府西街面積一畝〇四厘二毫五絲	無	無	二十四年二月二五日	同上	同上
居榮庭 揚州人住門東三條營五板橋三號	三中營二號東至中營及丁徐二姓屋以己牆及鄰牆為界南至張陸氏屋以隣牆為界西至殷姓屋及金姓屋與地以己牆為界北至三條營面積五分二厘三毫九絲	房屋	無	廿三年十二月廿日	同上	同上
王長福 江寧人住柳葉街一百〇九號	毛家苑東至毛家苑南至張姓地西至戈姓地北至柏姓地面積二分八厘九毫一絲		無	廿三年十二月十九日	同上	同上
吳舜球 江蘇人住齋家莊蘭園十一號	董家山東至陳姓地南至董家山西至陳姓地北至長生會地面積二畝六分六厘〇七絲	無	無	廿四年四月一日	同上	同上
王正年 江寧人住內橋灣	內橋灣二七二九三一號東至首都警察廳隣牆為界南至市立第一中學校鄰牆為界西至沈姓屋鄰牆為界北至內橋灣以己牆為界面積八分九厘〇二絲	平房八間九披	無	廿三年十二月十八日	同上	同上
曹德貴 江蘇人住門東邊營三七號	邊營三七號東至徐姓屋以公牆己牆及鄰牆為界南至本姓承租營地西至徐姓屋以公牆及鄰牆為界北至邊營面積五分正	房屋	無	廿三年十二月三十日	同上	同上
李敏齋 江寧人住門東小荷花巷七號	剪子巷六七—七三號東至李楊張三姓公走巷南至楊姓屋以公牆及鄰牆為界西至王仲二姓屋以己牆為界北至剪子巷面積三分三厘六毫三絲	房屋	無	廿三年十二月十二日	同上	同上

張濟凝河北豐潤人經理人張少軒住白下路二八七號	白下路二八一二八三號東至游姓屋以公牆及己牆爲界南至白下路西至游姓地以己牆爲界北至游姓屋以鄰牆爲界面積一分六厘一毫五絲	房屋	無	廿四年三月十六日	同上	同上
趙德民江寧人住綠竹園一號	綠竹園廿六號東至官巷南至官巷西至官巷北至官巷面積五分一厘五毫九絲	房屋	無	二十三年十一月十日	二十四年七月三一日	二十四年十月三十日止
王德新南京人住柳葉街五二號	邊營十六號東至徐姓屋以己牆及鄰牆爲界南至邊營西至殷戚二姓屋以鄰牆爲界北至馬姓屋以己牆外隙地爲界面積二分三厘〇五絲	房屋	無	二三年十月二日	二四年七月卅一日	二四年十月三十日止
趙劉氏仝子家珏家瑜家玠家琦家璋徐家巷四十五號代理人劉潤棠住頭條巷四十五號	新姚家巷十四至二二號東至吳姓屋各墻南至新姚家巷西至徐姓屋各牆北首一小段鄰牆北至平江府街面積二畝一分七厘四毫四絲	樓上下共間戲院一大所又平房二小間	無	廿三年十二月六日	二四年七月卅一日	二四年十月三十日止
吳紹林江寧人住太平閭八號	太平里八號東至張王二姓屋南至太平里西至楊胡二姓屋北至金粟菴面積五分〇三毫四絲	房屋	無	二三年十二月六日	二四年七月卅一日	二四年十月三十日止
佘文波江都人住王府園五四號	市府路十號東至平江府街南至張姓屋西大段以鄰牆爲界東小段以隣牆外隙地爲界東段以己墻爲界西至市府路北至李姓屋以鄰墻爲界面積九分八厘九毫七絲	白鐵頂平房一座廟房機器間七間	抵押權人中南銀行代理人王雲輔住白下路一七三號	二三年十二月二七日	二四年七月卅一日	二四年十月三十日止
張志存江甯人住釣魚台八十六號	釣魚台八六號東至秦淮河南至丁姓屋以公板壁及牆爲界西至釣魚台北至仁育渡走巷面積二分三厘〇九絲	房屋	無	二三年十二月十二日	二四年七月卅一日	二四年十月三十日止

梁培濤　煥旺　江寧人住倉頂一號	倉頂一號東至梁姓屋以隣牆爲界南至魏葉二姓屋以鄰牆爲界西至王姓屋以鄰牆爲界北至倉頂面積一分三厘〇八絲		無	二四年三月六日	二四年七月卅一日	二四年十月三十日止
吳倩華　南京人住邊營六十九號	邊營六九號東至周姓屋以己墻及公牆爲界南至本姓承租營地西至李姓屋以己墻爲界北至邊營面積八分十厘六毫三絲	房屋	無	二三年十二月二六日	二四年七月卅一日	二四年十月三十日止
盧其昌　本京人住大膺府街一百〇九號	信府河一五八號東至史児尤盧劉五姓公巷南至信府河西至市產以己墻及隣牆爲界北至史姓屋以己牆爲界面積二分二厘九毫六絲	房屋	無	二三年十二月十九日	二四年七月卅一日	二四年十月三十日止
高世雄　江甯人住長樂路二百九十號	長樂路二九〇號東至黃姓屋以隣牆及公牆爲界南至韓秦二姓屋以己牆外隙地及隣牆爲界西至秦姓屋以己墻及鄰牆爲界北至郭湯二姓屋及公走巷以鄰牆爲界面積二分四厘〇九絲	房屋	抵押權人徐献芳江寧人住信府苑五號	二三年十二月二十日	二十四年七月卅一日	二四年十月三十日止
馬寶昌　江蘇人住大黨巷十號	白酒坊第十一號東至丁姓屋濮姓屋以己牆爲界南至濮姓屋以己墻爲界西至朱姓屋謝姓屋以己牆及鄰墻爲界北至白酒坊面積四分九厘九毫五絲	房屋	無	二三年十二月二四日	二四年七月卅一日	二四年十月卅日止
湯文彬　南京人住中正路第五四六號	中華路六二九號東至于姓屋以鄰牆爲界南至謝姓屋以公墻爲界西至中華路北至苑姓屋市產屋以己牆爲界面積九厘六毫正	房屋	無	二三年十一月十四日	仝右	仝右
雲得全　廣東人住常府街五十五號	馬路街東至趙姓屋以鄰牆爲界南至仇姓屋以己墻爲界西至馬路街及雲姓果園北至官巷面積六分一厘三毫正	無	無	廿四年元月二十三日	仝右	仝右
崇仁善堂　管理人張賓夫住李府巷五號江寧人	營門口十七五號東至井姓屋以己墻爲界南至井姓屋以己牆爲界西至甘井二姓屋以己牆爲界北至營門口面積二分一厘三毫五絲	房屋	無	二十四年五月二三日	仝右	仝右
萬文衡　南京人住門西小門口三七號	菱角市二六號東至嚴姓屋以己牆爲界南至毛家苑西至菱角市北至江姓屋以己墻及公牆爲界面積七分一厘九毫二絲	房屋	無	二三年十二月二二日	仝右	仝右
金長榮　南京人住飲馬巷八號	避駕營十三號東至避駕營南至徐姓屋以鄰墻爲界西至濮姓屋以己牆鄰牆及公板壁爲界北至庫司坊面積九厘八毫二絲	房屋	無	二三年十二月二九日	仝右	仝右

吳鶴年 江寧人住太平橋四九號松鶴齋紙號	東牌樓第一〇三號東至張姓屋以公墻爲界南至李姓屋以己牆爲界西至李姓屋以己牆爲界北至東牌樓以板門爲界面積一分五厘八毫三絲	市屋	無	二四年元月七日	仝右	仝右
吳廣發 南京人住釣魚台一百十一號	陳家牌坊（原名高崗里）四十二號東至王姓屋以隣牆爲界西至張姓屋以隣牆爲界南至陳家牌坊西至張姓屋以牆隣爲界北至趙姓屋以己牆爲界面積六厘六毫五絲	房屋	無	二四年元月九日	仝右	仝右
周郭氏 周炳慶 周潤生 南京人住黑廊巷十一號	黑廊巷第九、十一號東至黑廊巷以己牆爲界南至黑廊巷以己牆爲界西至楊姓屋以隣墻爲界北至劉姓屋以己牆爲界面積六分五厘三毫九絲	房屋	無	二三年十二月二九日	仝右	仝右
杜雲芝 無錫人住本京大石壩街二六號	中華門第一八九號東至王姓屋以己板壁爲界南至環门馬路西至石姓屋以己墻爲界北至秦淮河面積八厘九毫正	房屋	無	二三年十二月二一日	仝右	仝右
馬光明 江寧人住倉巷三二號	朝天宮西街一〇四號東至水溝及范姓地又市地南至朝天宮西街西至走路及陳鄭二姓地又程姓屋以己墻爲界北至黃鸝巷面積五畝九分〇八毫七絲	房屋	無	二四年四月二十日	二四年七月卅一日	二四年十月卅日止
王福林 本京人住黃泥崗廿四號	黃泥崗廿四，廿六號東至尖角營南至張姓屋以鄰牆及公牆爲界西至黃泥崗北至劉姓竹籬及屋以鄰牆及公牆爲界面積六分七厘一毫三絲	房屋	無	廿四年四月廿三日	同上	同上
孫兆銀 六合人住丹鳳街六九號	荷葉巷東至俞姓走路東岳廟屋南至官巷西至李姓塘北至俞姓地面積八分八厘四毫七絲	無	無	二四年四月十七日	仝上	仝上
楊琳 南京人住大丁家巷三十號	七家灣五八號東至金姓屋以己牆爲界南至七家灣西至陳韓二姓屋以己墻又北段陳姓隣牆爲界北至牛首巷面積一畝〇九厘九毫三絲	房屋	無	二四年五月十六日	仝上	仝上
馬公培 溫吟貞 朱麟 浙江人住傳厚崗六號	廣州路東至薛趙二姓地南至袁姓地西至袁姓地北至廣州路面積十畝五分正	無	無	二四年五月三日	同上	同上

周廣發 南京人住湖南路一二七號	湖南路東至1.周姓地2.周姓地南至1.宓姓地2.裴姓塘西至1.周姓地2.陳姓地北至1.周姓地2.中央黨部征收地面積2.1.二一分九〇厘九三毫二二絲	無	無	二四年五月九日	同上	同上
張博九 鹽城人住藍家莊十九號	公園路西方寺後東至張姓地南至西方寺屋西至西方寺地北至張姓地面積三分正	無	無	二四年四月十八日	仝上	仝上
張楚石 鹽城人住藍家莊十九號	公園路西方寺後東至張王二姓地南至張姓地西至西方寺地北至徐姓地面積三分正	無	無	仝上	仝上	仝上
劉金元泉 南京人住石鼓路十四號	石鼓路(原名破布營)第一,二,四,號東至褚李二姓地及孫陳王三姓屋以己牆為界南至石鼓路西至史姓屋以己牆為界北至裕記地面積七分〇六毫三絲內劈典地三分八厘五毫六絲	房屋	保存典權人龔楚梧湖南人住郭府園十六號	二四年三月	仝上	仝上
徐連榮清宗仁 江寧人住中正路第六三六號	中路華四五九號東至考棚小學校屋以鄰墻為界南至戴姓省寓會屋及市屋以己墻及公墻為界西至中華路北至丁姓屋以己牆公墻及鄰牆為界面積四分七厘二毫六絲	房屋	無	二三年十二月二七日	仝上	仝上
孫立熙 江寧人住馬巷小砂珠巷一號	小砂珠巷一號東至周姓屋以己牆為界南至小砂珠巷西至張姓屋以鄰牆為界北至周姓屋以隣牆為界面積一分四厘二毫五絲	房屋	保存受押權人湯文彬江寧人住中正路五四六號	二四年三月十二日	二四年七月卅一日	二四年十月卅日止
施雨根 南京人住花露崗七三號	花露崗七三號東至花露崗南至陳姓屋以公牆為界西至陳姓屋以己牆為界北至張姓屋以鄰牆己墻及公墻為界面積八分三厘四毫八絲	房屋	無	二三年十二月三日	仝上	仝上
詹伯藩 南京人住弓箭坊十六號	中分路五七五號東至時姓屋以隣牆為界南至濶姓屋以鄰墻及己牆為界西至中華路北至秦姓屋及公走巷以己牆為界面積六厘九毫一絲	房屋	保存抵押權人汪馥安徽人住信府河七號	二四年二月二八日	仝上	仝上
朱陸氏 南京人住小井巷一號	小井巷一號東至豆腐巷南至東福霖救火會屋皮沐姓屋以公牆己墻及鄰牆為界西至小井巷北至小井巷面積二分〇八毫三絲	房屋	無	二四年一月十五日	仝上	仝上

劉幹卿 南京市人住長樂路三三二號	信府河一〇九號東至李姓屋以鄰牆爲界南至李姓屋以鄰墻爲界西至信府河北至李姓屋以公有板壁及隣牆爲界面積五釐八毫二絲	房屋	無	二四年元月卅一日	仝上	仝上
馮學海 南京人住三山街埜隆錢店	黑廊巷十號東至謝姓屋以己墻及各有各牆爲界南至莫姓隣牆爲界西至黑廊巷以己牆爲界北至伏魔庵以己牆爲界面積三分二厘九毫七絲	平房六間兩披	保存抵押權人王祖義南京人住中華路二七七號	二四年元月卅日	仝上	仝上
石仲銘 南京人住長樂街六十八號	船板巷十九號東至船板巷南至陶姓屋以己牆爲界西至陶姓屋以鄰牆爲界北至王姓屋以己牆爲界面積一分七厘〇七絲	房屋	無	二四年二月一日	仝上	仝上
曹淳之 南京人住小船板巷八號	鴨池塘十一號東至吳姓屋以己牆爲界南至陶姓屋及繼善堂屋以己墻及鄰牆爲界西至官巷及陳姓地以己牆爲界北至鴨池塘街面積三畝〇四厘三毫三絲	房屋及基	無	二三年十二月卅日	仝上	仝上
財政局	游府西街東至楊姓地南至朱姓地西至趙姓地北至游府西街面積四厘八毫四絲	無	無		仝上	同上
李浚波 江寧人住中華路五二二號	小船板巷原名新橋堂子巷十七號東至金姓屋以公牆爲界南至小船板巷西至炳靈宮及喇吳氏屋以公牆及鄰牆爲界北至炳靈宮屋以鄰牆爲界面積一分七厘八毫三絲	房屋	無	二四年三月十一日	仝上	仝上

收入金額 項	收入金額 目	科目
204574320		上月庫存
	204574320	存市金庫現
348813030		本月新收
16252470		契稅
	16208970	契稅
	43500	契紙
479130		地稅
17401930		營業稅
	11525910	營業稅
	891500	菸酒牌照稅
	351500	營業捐
	2964000	牙稅
	1669020	屠宰稅
71248270		房捐
3869340		車捐
2157800		船捐
14051690		地方財產收入
	4004320	房租
	2848600	地租
	1286100	洲租
	1147500	什租
	1383630	洲產息
	3381540	標賣產價
57561470		地方事業收入
	50515550	水費
	7045920	自來水管費
7704860		地方行政收入
	813000	勘丈費
	1484910	登記費
	4849400	執照費
	488400	測給費
	69150	手續費
4000000		地方營業純益
	4000000	典當純益
26231010		其他收入
	11820950	什捐
	11871480	什項收入
	2538580	築路攤費
109701750		補助款收入
	68000000	鐵道附捐
	41701750	其他補助費
12932970		定額收回
220340		補收款項
	220340	定額收回
91922050		暫記款項收入
77335620		暫記存款
	77335620	存款
14523450		暫記收回
	14523450	貸款
62980		交存保證金
	37980	押租
	25000	其他保證金
640809400		合計

科目	支出金額 目	支出金額 項
本月支出		545226970
市政府經費		60225570
本身	19700000	
公園管理處	4307240	
清潔隊	12818990	
音樂隊	1039000	
屠宰場	2862040	
鄉區保衛團	1901000	
衛生事務所	17597300	
財政局經費		47446240
本身	24182040	
八卦洲管理處	1670700	
大小黃洲管理處	597000	
土地登記處	12897500	
測量	8099000	
工務局經費		72832180
本身	25783180	
自來水工程處	37049000	
道路修理費	10000000	
社會局經費		109572000
本身	12134080	
救濟院	15387000	
旅民口糧及管理	3279850	
各學校	75700070	
其他附屬機關	3071000	
協助費		7124110
什項工程費		119986240
拆遷費	12812930	
徵用土地費	43559840	
工程費	63563470	
雜項支出		1800
築路工程費		10698650
自來水工程費		44448800
市公債基金		68000000
債務費		4904380
撫卹費		42000
暫記款項支出		20743360
歸還存款		11858560
存款	11858560	
還付保證金		8884800
押租	64800	
其他保證金	8820000	
本月庫存		74339070
存市金庫現	74339070	
合計		640809400

局長　　秘書　　科長　　主任　　製表員

南京市政府祕書處出版刊物一覽

一、南京市政府公報　定期刊每月出版一期每期定價大洋一角

一、一年來之首都市政　十七年十二月出版定價大洋六角

一、首都市政要覽　本市成立二週紀念特刊十八年五月出版定價大洋三角

一、首都市政　十八年雙十節出版定價大洋四角

一、劉市長之言論　十九年一月出版定價大洋三角

一、劉市長市政報告紀要　十九年一月出版定價大洋四角

一、南京特別市政府工作總報告　十九年二月出版定價大洋八角

一、NANKING: *The Capital of China—Outline of It's Activities*　九年二月出版非賣品

一、南京特別市市政法規彙編二集　十九年三月出版定價大洋二元

一、南京市政府民國十九年工作總報告　二十年一月出版定價大洋八角

一、京市建設概況　二十年一月出版非賣品

一、首都勝蹟　二十年五月出版定價大洋一元實售大洋六角各公園內均有出售

一、新南京　二十二年十月出版定價大洋四角代售處太平路共和書局

一、南京市政府二十二年一月至二十三年十月工作概況　二十三年十一月出版非賣品

中華民國二十四年七月

南京市政府公報　第一五五期

編輯者　南京市政府祕書處編譯股

發行者　南京市政府祕書處

印刷者　南京市救濟院印刷廠　南京剪子巷　電話二三三九五號

代售處　南京　開明圖書教育用品社　正中書局

公報定閱價目　每月一期每冊大洋一角　外加郵費本市一分外埠二分

江蘇省立教育學院出版物一覽

中華郵政特准掛號立券之報紙
民國二十四年八月

第一五六期

南京市政府公報

馬超俊

馬超俊

南京市政府祕書處印行

總理遺像

總理遺囑

余致力國民革命，凡四十年，其目的在求中國之自由平等，積四十年之經驗，深知欲達到此目的，必須喚起民衆，及聯合世界上以平等待我之民族，共同奮鬭！

現在革命尚未成功，凡我同志，務須依照余所著：建國方略，建國大綱，三民主義，及第一次全國代表大會宣言，繼續努力，以求貫澈！最近主張開國民會議，及廢除不平等條約，尤須於最短期間，促其實現！是所至囑！

南京市政府公報第一五六期目錄

二十四八月

會議

法規

附中央通行法規

委令

公牘

社會

財政

工務

土地

其他

佈告

南京市政府公報　目錄　六

統計

特載

附錄

第三六四次市政會議紀錄

時　間　二十四年八月九日上午八時

出席人　馬超俊　陳劍如　陸䇓強（潘歌雅代）宋希尙　周湘　張劍鳴

列席人　王漱芳　吳衍慈　沈時濟　孟廣照　葛曉東　陳祖平　潘歌雅　王祖祚　孫茂柏

主　席　馬市長

紀　錄　邵鴻猷

開會如儀。

甲、報告事項：

一、紀錄邵鴻猷報告第三六三次市政會議决議案。

二、王秘書長報告秘書處處理重要案件：

1.工務局呈報管理汽車行規則實行日期（本年八月一日），檢同規則圖樣，及登記書申請書等件，請鑒核備案一案，已指令准予備案。

2.社會局呈報市民方文江捐贈土地，贊助市立笆橋小學建築校舍，擬請頒給獎狀，或題字一案，查該民捐產興學，殊堪嘉許。所請給獎一節，准予題贈「功在樹人」四字。當經指令該局遵照轉發。以昭激勸。

3.土地局呈報旗地推讓聲請繳價承領案件，可否免除他項權利登記，准予繳價爲所有權登記，以便市民，而省手續一案，查關於推讓之旗地，如果出讓人前經遵照旗產登地章程領有旗產登記證者，自可准由受讓人繳價承領，逕爲所有權登記，藉省手續，至出讓人未經照章領到登記證者，則仍應由出讓人先行登記他項權利，俟其地上權，或永佃權確定後，方准推讓，以昭愼重。當經指令該局遵照辦理。

4.本府前委託金陵大學代辦毛織訓練班，原定六個月畢業，玆畢業之期業已屆滿，昨接該校陳校長裕光函請定期舉行畢業典禮前來，當經函復于下星期一舉行，屆時當由　市長出席參加，並面商賡續進行辦法，以期提倡職業教育。

5.本市戒烟醫院，前由蔣委員長撥助經費五萬元，至本年五月底，已完全用罄，當由　市長電請　蔣委員長繼續撥助，以竟全功，玆奉復電，允再撥助一萬元。

三、陳社會局長報告

1.本屆高等及普通兩項檢定考試，已於本月四日起，分三日舉行竣事，現正在批閱試卷中。

2.本市第一屆新生活集團結婚，定於本月十日上午十時，在勵志社禮堂舉行。

3.小學校長教員考試筆試結果，業已揭曉，共錄取二百七十餘名。

4.本年度原擬增設中等學校四校，已着手籌備者有三校(一)初級職業學校，以原有市立職業補習學校改組(二)第二中學，已定於本月二十二二十三兩日舉行入學考試(三)師範學校，已定於本月二十一二十二兩日舉行入學考試。

四、財政局潘秘書報告

1.本年上半年八卦洲及大小黃洲莊租，業經派員查勘竣事，共計有二萬八千餘元，其中以八卦洲爲最多，計有一萬八千餘元。

2.本局自陸局長到任以來，各項稅收，均有增加，計本年四月份工作不足二十天，所收房捐卽較上年同月份增加七千八百餘元，營業稅增加一萬二千三百餘元，五月份房捐增加三萬三千五百餘元，營業稅增加七千餘元，六月份房捐增加二萬九千六百餘元，筵席捐增加四千餘元，七月份房捐增加三萬八千一百餘元，營業稅增加一萬二千八百餘元，筵席捐增加二千六百餘元，總計較上年同時期增加十萬另四千餘元。

五、宋工務局長報告

1.本年秋季各種車輛檢驗換照，已辦理竣事。

2.本年揚子江水退甚慢，本京近日水位仍在六、八公尺上下，東水關虹吸管因近日水大，暫停吸水，西水關抽水機則仍繼續抽水。

3.上次市政會議議決從速籌辦火葬場，經與社會財政兩局及衛生事務所一度會商，決定兩點(一)地點利用大營盤公墓餘地，(二)由本局會同衛生事務所派員二人，前往上海調查火葬場情形，並乘便調査屠宰場等各種衛生設備，以供參考。

六、周土地局長報告

1.土地登記，收所有權登記案三七七件，他項權利登記案四四件，核准公告者一一九件。

2.發放中華路，四所村平民住宅第四住宅區，珠江路，雨花路，水晶台，五台山小學，中央通訊社，上乘菴，及綉球山等處征地地價及拆遷費三九六〇八·一八元。

3.收契稅，地價，土地登記費，書狀費，清丈費，契紙抵押登記費，契稅滯納金，預繳契稅，及第四住宅區預繳地價等，共計銀七〇六六六·八三元。

七、王衛生事務所長報告

1.首都新生活夏令衛生運動週，已於本月七日結束，並於是晚舉行汽車大遊行，頗極一時之盛。

2.戒烟醫院最近收容人數又驟然增加，計有三百餘人。

3.上月爲市民免費接生人數，等於全市出生數之四分之一。

八、陳專員報告，美國哥倫比亞大學家庭教師參觀團，將來京參觀，本市由社會局發起，聯合各關係團體，商定招待辦法，及招待日程，並指定參觀地點。

九、葛專員報告，此次奉命驗收防汛材料，計已驗收者有一萬三四千元。

乙、討論事項：

一、市長交議，宋工務局長等呈復，省市劃界案內，江浦方面一小部份劃分問題，已函詢蘇省府意見，應如何辦理，請公決案。

決議　根據第三五六次市政會議討論意見，咨請內政部查核辦理，並派祕書處任科員治沅前往接洽。

二、陳社會局長等報告，審查南京市政府問事處組織規則及辦事細則草案，請公決案。

決議　組織規則修正通過，辦事細則另定之。

第三六五次市政會議紀錄

時　間　二十四年八月十六日上午八時

出席人　馬超俊　陳劍如　周湘　王人麟　張劍鳴　陸斡強　宋希尚

列席人　王漱芳　孟廣照　陳祖平　段麟郊　葛曉東　王祖祥　黃比瀛　朱之安　孫茂柏　吳衍慈　潘歌雅　沈時濟

主　席　馬市長

紀　錄　邵鴻猷

開會如儀。

（甲）報告事項：

一、紀錄邵鴻猷報告第三六四次會議決議案。

二、王祕書長報告祕書處處理重要案件：

1.社會局呈請展期歸收耕牛貸款本息一案，已指令准予照展三個月，至本年十月底，爲歸還期限，以卹農艱。

2.本市恢復土地局組織一案，前曾呈經行政院第二二一次會議通過。玆奉　行政院轉奉　國民政府指令准予備案，仰知照等因，當經轉令土地局知照。

3.日昨本京報紙載有「孝陵衞居民陳王氏，因赴中央黨部請願，受暑斃命，該鎭居民擬舉行追悼」新聞一則，本府恐淆聽聞，當飭孝陵衞區長陸詠黃調查眞相。玆據該區長呈稱：「查得該鎭居民陳王氏，現年已五十九歲，且原有舊疾。近因復發，於本月二日亡故。並非受暑致病。惟該氏前曾乘車前往中央黨部參加請願，以致附會。報載因受暑致病一節，係由該鎭居民鍾義材向新聞記者口頭陳述，殊與事實不符。至擬舉行追悼一節，亦係由鍾義林等發起，其他被徵土地業戶，尙未完全同意，玆經警備司令部於昨日派員，調查該案時，飭據業戶孔繁淇具結不再舉行。」等情，當經令飭將調查情形，分函新中華等報館更正。以明事實。

4.本府二十四年度概算在未經核准以前經擬具救濟辦法兩項，呈請　行政院備案，已於第三六零次市政會議提出報告，玆奉　行政院指令，轉奉　國府指令准予備案。

、陳社會局長報告：

1.本市義教經費，前經教育部核定由中央補助九萬元，市府籌撥九萬元，最近迭奉教育部文電令催成立義教經費保管委員會，以便保管此項經費。

2.本年各省水災奇重，本市各團體特發起組織賑災募捐委員會，本局亦派有代表參加。

四、陸財政局長報告：

1.本季首月即七月份營業稅實收三萬一千零二十元零三角四分，較春季首月即元月計增五千七百二十九元零二分，較夏季首月即四月計增一萬四千一百八十九元零八分，爲自營業稅開辦以來徵收之最高紀錄，

2.菸酒牌照稅，七月份實收一萬三千六百四十六元二角五分，較春季首月即元月計增二千七百零九元八角五分較

夏季首月卽四月，計增三千零六十九元七角五分。

3. 牙稅七月份實收三千二百十二元四角，較春季首月卽元月計增一千九百零四元四角，較夏季首月卽四月計增二千四百四十三元八角

4. 本市特種建設公債，總額爲三百萬元，於民國十八年發行週息八厘，每年抽籤還本兩次，至二十八年六月可還淸，截至二十年六月止，共計售去八十五萬元，尙存二百一十五萬元，經四次抽籤還本六十萬元，此六十萬元中，已售債票，約佔十二萬元，未售債票，約佔四十八萬元，故所存債票二百一十五萬元，除去已中籤者，四十八萬元外，（此項中籤債票由本府持票向經理該公債之銀行兌取現金）尙餘一百六十六萬餘元，二十年九月，本府以該項未售債票一百六十五萬元，向本京十六家銀行押借現金九十九萬元，歷八次抽籤，由該項抵押債票中中籤者償還截至本年六月底止，已全數還淸，據中國銀行報告，除還淸借款外，尙多二萬餘元，而原押之債票大約尙餘票面額七十餘萬元，現在擬將該項債票七十餘萬元爲担保品，再向各銀行繼續借款，經數次磋商，業已徵得十二家銀行同意，原十六家現在有四家退出，允照所存各行債票按五折押借，約合三十餘萬元，大約日內卽可訂立契約，取款應用，以其餘退出之四家銀行所存債票，由本局再向其他銀行續商抵借。

五、宋工務局長報告：

1. 擴充丁家橋菜場已完工，
2. 建築中央黨部門前廣場已開工限於六中全會開幕前完工。
3. 開闢中山路與山西路交叉處廣場，已擬具計劃圖算，呈府核奪。
4. 新住宅區第四區及繡球山公園等處無主棺木，擬招工暫遷移至大營盤，俟火葬場建築完成後，再定辦法。
5. 關於籌辦火葬場事宜，本局已會同衛生事務所派員赴滬調查，本星期日當可返京又此次本人赴滬參加錫滬公路通車典禮，順便參觀上海日本火葬場，該場設備簡易，每日可供焚屍五具，平均每日焚屍一具。
6. 自來水免費及減價自進行以來均稱順利。

六、周土地局長報告：

1.土地登記收所有權登記案二二七件，他項權利登記案三二件，核准公告，一六九戶。

2.發放建康路，第四住宅區，四所村平民住宅，莫愁路，中華路，江南鐵路公司，綉球山公園、中央博物院收用半山園等地價及拆遷費洋三六七八，六八元。

3.收契稅土地登記費及書狀費地價清丈圖則等費，暨暫記款計共一三三六五，五四元。

七、王衛生事務所長報告：

1.本月十二日，日武官參觀本市各重要衛生機關。

2.市立醫院已完工，本年九月底當可正式開幕。

3.本所最近化驗市內各西藥房成藥，有百分之五十，其內容與仿單所述不符，並經送請中央衛生試驗所，化驗結果，亦不合格。

（乙）討論事項：

一、市長交議，參事室簽呈，江南鐵路公司呈請取消租用市鐵路合同，並發還前繳押金案。

決議　呈請行政院准予取消該公司租用市鐵路合同後，再行發還該公司前繳押金。

二、市長交議，王參事等審議，公園管理處呈請修正該處組織規則案。

決議　交沈科長整理，提出下次會議討論。

三、市長交議，王參事簽呈，築路攤費審查委員會呈報國府路攤費情形，及業戶代表要求減折實收攤費各緣由，請核示一案意見案。

決議　如王參事簽辦理。

四、市長交議，周土地局長等報告，審查陸局長提議，關於建築案件，如有緊急情形，得由業戶繪具建築圖樣，並出具切結，逕呈工務局核辦，以期便利一案意見案。

決議　審查意見除第三項應毋庸議外，餘照通過。

五、周土地局長提議，免除甲種住宅區領戶土地登記公告手續案。

決議　凡由市府放領之各住宅區土地登記，概予免除公告手續，但業戶承領後，如有買賣轉移等情事者，仍應照章辦理。

六、市長交議，參事室簽呈，修改本府購料審核委員會規則，及辦事議事兩細則案。

決議　購料審核委員會規則修正通過，辦事及議事兩細則由該會另行擬訂，呈府核定。

第三六六次市政會議紀錄

時　間　廿四年八月廿三日上午八時

出席人　馬超俊　陳劍如　周湘　王人麟
張劍鳴　陸肇強　宋希尚

列席人　王漱芳　沈時濟　潘歌雅　吳衍慈
段麟郊　葛曉東　黃比瀛　朱之安
孟廣照　陳祖平　王祖祥

主　席　馬市長

紀　錄　邵鴻猷

開會如議。

甲、報告事項：

（一）紀錄邵鴻猷報告第三六五次會議決議案。

（二）王祕書長報告祕書處處理重要案件：

1.上新河區所屬各鄉鎮公所聯名呈請撤銷本府第九十九次區長會議按照受益田畝攤還疏浚北運河所墊籮繩等費四百十六元九角四分一案決議，另籌歸墊辦法一案，查此項攤還辦法，係徵工辦法第五條所規定，所有本案全部費用，共計五千七百餘元，均為本府所担負，來呈所稱四百十六元餘之數，係屬其中之一部份用款，前因本府不欲將此款在受益田畝內附加，經九十九次區長會議決定，由上新河區公所按照上新河鎮等四鄉鎮內受益田畝平均分攤，代徵歸墊在案。茲既據各鄉鎮公所聯名呈請撤消原決議前來，自應准如所請，以恤民艱。當經指令遵照。

2.據財政局呈，秦淮河遊船牌照捐，徵收困難，擬以六折實收，請鑒核示遵等情，當以該局所呈尚屬實情，經指令准予備案。

（三）陳社會局長報告：

1.通濟典善後問題，當戶登記，已辦理完竣，統計共有十一萬四千五百四十一號，當本三十八萬七千六百三十五元二角五分，債權登記，亦已辦理竣事，統計共有二十九萬六千一百六十元，統計該典負債六十八萬三千七百九十五元二角五分。其賠償辦法在擬議中，俟會商黨憲警機關負責人交換意見再確定。

2.本市米市現正在積極籌備中，但地點尚未決定。

3.市立第二中學及師範學校，近日正在辦理招生事宜。

（四）陸財政局長報告，本局經管市有莊田共五十四處，洲地共十五處，秋季各種農產品將屆成熟之期，茲迭據各莊首先後呈報，罹受水旱風災，請求減免租額，經派員分別前往實地查勘荒熟情形，以憑核定租額，而便徵收，大約三星期左右，即可查勘完竣。

（五）宋工務局長報告：

1.江邊馬路中山碼頭一段，擬即放寬，津浦鉄路管理委員會允許津貼之工款業已如數收領。

2.上海雲南廣州及珠江等路自來水管正在埋設中。

3.繪製新住宅區街道縱斷面及橫斷面圖，以便計劃埋設下水管。

4.遷移新住宅區第四區及綉球山公園等處無主棺木，現已遵照府令辦理，約需費三四千元。

5.本局會同衛生事務所派員調查上海火葬場，業已返京，並經擬具初步計劃，俟開會審查後卽可提出市政會議討論，大致火葬場之大小以可供焚屍四大一小爲範圍，約需工款一萬元。

（六）周土地局長報告：

1.土地登記收所有權登記案八九件，他項權利登記案二八件，核准公告者一六三戶。

2.發放江邊馬路，中華路，國府路，第四住宅區，綉球山公園，江南鐵路公司，廣州路，白下路等地價及拆遷費，共洋二二三九三・八三元。

3.收契稅，地價，測繪費，土地登記費及書狀費，地租，淸丈圖則執照等費，預繳契稅，及預繳地價，計共一六六七〇・〇一元

（七）王衛生事務所長報告：

1.去年報載某鄉因同食香焦與山芋致死情事，經本所化驗不確，本年報紙又載因同食香焦與芋頭而死之消息，現本所與中央衛生試驗所正在化驗中。

2.日前本市發生類似霍亂之病症，經本所詳細調查，並非眞性霍亂。

（八）葛專員報告，和萬鄉鄉民砍伐樹木事，已由市府出示禁止，並會同蒙藏學校擬議保護該鄉森林辦法。

（乙）討論事項：

一、市長交議，王參事等審議，南京市鄉區區鄉鎭保甲長辦理戶口異動懲奬暫行辦法案。

決議　修正通過。

二、市長交議，祕書處沈科長簽呈，會同各局第一科長擬具南京市政府及所屬四局職員出勤車費支給辦法，是否適當，請公決案。

決議　修正通過。

三、陳社會局長提議，擬將鄉區簡易小學校長教師待遇略予提高，以示鼓勵，而資改進案。

決議　通過。

四、陳社會局長提議，新委香鋪營小學校長盛建才辭職照准，遺缺現調龍輝演接充，改設承恩寺小學校長一職，以原有簡校校長顧文彬升充，又改設二條巷小學并經遴派黃德正爲校長案。

決議　通過

第三六七次市政會議紀錄

時　間　廿四年八月卄日上午八時

出席人　馬超俊　陳劍如　周湘　王人麟　張劍鳴　陸肇強　宋希尙

列席人　王漱芳　陳祖平　萬曉東　段麟郊　王祖祥　孫茂柏　黃比瀛　孟廣照　吳衍慈　沈時濟　潘歌雅

主　席　馬市長

紀　錄　邵鴻猷

開會如儀。

甲、報告事項：

一、紀錄邵鴻猷報告第三六六次市政會議決議案。

二、王祕書長報告祕書處處理重要案件：

1.工務局呈請修訂南京市營造業登記章程一案，已將修正條文酌加删改，於本月廿八日以府令公佈施行。

2.社會局呈報派員籌備改設市立初級職業學校情形，請鑒核備案一案，已指令准予備案。

3.工務局呈復江浦縣政府函請撥發賑工疏浚朱家山河案。市屬三汊河至老江口一段河工經費。照驗收數量核實估計約共需貳萬零叁拾捌元六角八分，擬卽以二萬元爲本府担負之總額，請令飭財政局核發，交由該縣府具領以淸手續等情一案，查賑工疏浚朱家山河一案，因該河大部份在江浦縣境，係由江浦縣政府主持辦理，其屬于京市自三汊河至老江口一段，經本府飭由工務局派員會同該縣督促施工，並經撥付工程費一萬四千元在案。現在該項河工既已全部完竣，並據照驗收數量核佔本府應担工程費總額二萬元等情前來，自應准予照辦。除已付一萬四千元外，當經令飭財政局將尾款六千元如數籌撥，以資結束。

4. 蔣委員長電：以本市築路費，已電軍需署自本月份起，每月補助五萬元。以三十萬元爲限。務望將已動工各路，如期完成一案，當經遵照委員長前次面諭：將本市應建築及修改各項工程，逐一開具詳列，分令工務土地兩局妥爲計劃進辦。一面函請軍需署查照並飭行財政局派員前往接洽按月具領，又此次奉諭飭辦各項工程，均關重要，所領工款，並經令飭財政局專案存儲不得移作別用。以重要工。

5. 前奉　蔣委員長手諭飭收西華門西至長安門舊路以北，至中山路間旗地，交勵志社管理，業經財政局派員分戶測量，並通知各租戶協議補償地價，最近又接勵志社總幹事黃仁霖來電。奉　委員長諭，即日徵收該處土地，趕事整理。在該社及中央醫院前面闢一小公園，限九月二十日前竣事，當經交由工務土地兩局會同辦理。

三、陳社會局長報告，市立中等學校本年度原擬增設四校，本學期除女子中學外，餘均開辦，第二中學投考者有一千餘人，師範學校投考者有七百餘人，初級職業學校投考者亦有三四百人，可見本市中等學校需要之迫切。

四、宋工務局長報告：

1. 開闢中央醫院及勵志社前面公園，計其面積，共有一百畝另，現已會同土地局辦理徵收土地事宜，並派員前往該處督促各棚戶於九月三日以前一律拆遷，擬於九月五日開工，務期於二十日以前能辦理竣事。

2. 放寬磨盤街，及翻修卅四標常府街至第一公園一段馬路工程，已招標。

3. 填築新住宅區第四區土基工程，將完工。

4. 擴充清凉山自來水蓄水池計劃已完成。

5. 埋設自來水進城第二總管，及兵工學校等處特敷幹管暨珠江路廣州路等處水管，均在積極進行中。

6.第一工商業區內之南通路臨時路面，已建築完成。

7.建築火葬場計劃已完成。

十五、周土地局長報告：

1.土地登記收所有權登記案八六件，他項權利登記案三三件，核准所有權登記案二〇九件，他項權利登記案一六件，發出公告案二四零件。

2.發放第四住宅區，四所村，綉球山公園，環城馬路，金陵兵工廠收用馬家山，中央黨部收用門前土地地價及拆遷費，計共四二〇八・九八元。

3.收契稅，地價，清丈費，測繪費，執照費，土地登記費，書狀費，預繳地價及契稅，徵收地價，計共十五五五六・三五元。

（乙）討論事項：

一、市長交議，參事室簽呈，擴充自來水意見，應如何辦理請公決案。

決議　交陸局長，王參事，張參事，陳專員，及王所長會同審查，由陸局長召集，

南京市政府公報　會議

法規

南京市政府工作人員儲蓄金管理委員會組織章程 廿四年七月廿六日

第三六二次市政會議通過

第一條　本府依據工作人員儲蓄簡章第五條之規定，組織儲蓄金管理委員會。

第二條　本委員會掌管儲蓄金之收支存放等事項，須依本章程之規定處理之。

第三條　本會設委員七人，市長指派三人，由財工社土四局職員各公推一人，共同組織之。本會設常務委員三人，由委員互選，處理本會日常事務。

第四條　本會監督審核本府及所屬各機關按月扣存之儲金數目，幷得隨時派員查對。

第五條　儲蓄金應一律存入市民銀行，如遇放款總額超過儲蓄金總額半數時，應得本會之同意，其辦法由雙方互定之。

第六條　儲蓄金之提取，應依照南京市政府工作人員儲蓄簡章之規定，由各該人員所屬機關證明，經本會核准後，向銀行支取。

一、工作人員與本府脫離關係時。

二、工作人員每屆連續工作滿三年時，得支取各該名下儲蓄金本息二分之一。

三、工作人員遇有婚喪大事時。

第七條　本會得設辦事員若干人，由本會向各機關臨時借用。

第八條　本章程如有未盡事宜，得隨時修改之。

第九條　本章程經市政會議通過後施行。

南京市土地局組織規則

廿四年八月呈奉　行政院轉奉
國民政府核准施行

第一條　本局依市組織法第十五條之規定設立之。

第二條　本局設局長一人，簡任，綜理全市土地行政及局務。

第三條　本局設第一　二　三科，每科設科長一人，荐任，承局長之命，分掌各該科事務，分配於左：

第一科：關於總務行政，與土地各項權利之登記移轉，契照圖單之頒發，及土地之放領租佃征收清查，稅費地租之收納等事項。

第二科：關於土地契據證件之審查、登記之核准，及其他調查等事項。

第三科：關於土地之測繪計算及查勘，並圖器保管等事項。

第四條　本局設科員辦事員技士攷工員測繪員各若干人，委任，視事務之繁簡，預算之多寡，分別支配委用。

第五條　本局各科，因辦事之便利，每科得分為若干股，每股指定科員或技士一人為主任。

第六條　本局因事務之需要，得酌用雇員，辦理繕寫及其他事項。

第七條　本局辦事細則另訂之。

第八條　本規則自呈奉　行政院核准之日施行。

南京市高等普通檢定攷試委員會組織規則

廿四年八月九日核准備案

第一條　本規則依據檢定攷試規程訂定之。

第二條　本委員會設委員十五人至廿五人，委員長由攷試院簡派，其餘委員由委員長依照規程所定資格，分別聘任，呈報攷選委員會，轉呈攷試院備案。

第三條　本委員會除關於典試重要事項由委員會會議決定外，其餘事項由委員長決定行之。

第四條　本委員會聘請江寧地方法院檢察官若干人爲監試專員，主持監試事宜。

第五條　本委員會設襄試員監試員各若干人，由委員長聘請，呈報考選委員會轉呈考試院備案。

第六條　本委員會設幹事錄事各若干人，由委員長聘請或派充之。

第七條　本委員會辦事細則另定之。

第八條　本委員會於舉行考試前組織成立，並於考試事宜完全結束時撤銷之。

第九條　本規則由考試院核准備案施行。

南京市高等普通檢定攷試委員會辦事細則

廿四年八月九日核准備案

一、本細則依據本委員會組織規則第七條訂定之。

二、本委員會會議由委員長召集之，以委員長爲主席，以委員過半數出席爲法定人數。

三、本委員會會議時，得酌邀監試專員襄試員監試員列席。

四、凡左列事項，須經本委員會議定後，由委員長執行之；

（一）各科試題之標準，　（二）試驗時間之支配，　（三）各科成績之核定，　（四）考場規則之訂定。

五、本委員會委員應就考試科目中分別認定其主試科目，擬就若干試題，送交委員長核定之。

六、襄試員之任務，爲協助本委員會閱卷。

七、監試員之任務，爲協助本委員會監察試場。

八、本委員會關於報名試卷試場揭曉及文書會計庶務各事項，由委員長就幹事錄事中分別派定人員處理之。

九、本委員會討論及經辦各事具有機密性質者，參與各員均應負嚴守祕密之責。
十、本細則自本委員會會議核定後施行。

南京市政府問事處組織規則　廿四年八月十五日公佈

第一條　本府為便利市民詢問關於市政事項起見，特設立問事處。
第二條　問事處由市長派員二人，辦理全處事宜。
第三條　問事處之職掌如左：
　一、關於本府各項章則圖表之說明；
　二、關於各種申請事項手續之說明。
第四條　答復市民詢問事項，以口頭或電話為限。
第五條　問事處辦事細則，另定之。
第六條　本規則如有未盡事宜，得隨時提請市政會議修正之。
第七條　本規則自公佈之日施行。

修正南京市政府購料審核委員會規則　廿四年八月廿一日公佈

第一條　本委員會直隸於市政府，掌理市屬各機關購買材料詢價招標及審核驗收事宜。
第二條　本委員會設委員五人至九人，由市長就所屬各機關職員中指派之，並指定三人為常務委員。
第三條　本委員會執行職務，均以委員會決議行之，但遇緊急事件不及交議時，得由常務委員先行執行，於下次開會時提出報告。
第四條　本委員會每星期開常會一次，由常務委員按次輪流主席，如遇緊急事項，得由常務委員召集臨時會議。

第五條　市屬各機關需用各項材料，無論經常臨時，均須先將應需之材料名稱數量價值用途及購辦處所，列表送由本委員會招商詢價，但估價在一千元以上，而又多數商店發賣者，應以投標方法招商承辦，投標規則另定之。

第六條　材料價格經本會依前條之規定核定後，即通知請購機關查照定購，並於購到後通知本會派員驗收，非經驗收不得給價，驗收規則另定之。

第七條　凡遇有臨時急用材料，而估價又不滿五百元者，得由需用機關自行採購，一面將所購之材料名稱數量價值用途及購辦處所驗收情形列表送由本委員會審核，但每月累次所購之材料，其總值不得超過一千元。

第八條　材料價格之查詢，由常務委員辦理之。

第九條　本規則所稱材料，包括儀器機件藥品燃料及其他一切有關建設之物料用具。

第十條　本委員會應需職員，由常務委員向市屬各機關調用之。

第十一條　本委員會職員均為無給職。

第十二條　市屬各機關存餘各項廢舊材料，如須變賣或出租時，應由本委員會辦理。

第十三條　本委員會議事細則及辦事細則另定之。

第十四條　本規則如有未盡事宜，得提請市政會議修正之。

第十五條　本規則自公布之日施行。

南京市政府及所屬各機關職員出勤車費支給辦法　廿四年八月廿三日

第二六六次市政會議通過

一、本府及所屬各機關職員因公出勤，支給車費，概照本辦法辦理。

二、本府及所屬各機關職員出勤，往返車費，分為固定車費，及臨時車費兩種。

三、凡職員每月出勤通常在廿日以上者，得由主管長官酌給固定車費，但每月每人最多不得超過十五元。

四、凡職員臨時因公出勤，得支領臨時車費，均應實報實銷。

五、職員臨時出勤車費，按照地域分圈圖，規定標準如下（分圈圖另繪）：

1.第一圈內不給車費，

2.第二圈內往返給車費大洋二角，

3.此外每過一圈加給車費大洋一角

4.凡有公共汽車通行之處概照公共汽車票價計算，

5.不在圈線以內或有特殊情形者臨時酌給。

六、凡職員臨時出勤，如因一次辦案較多，須在某圈內來往數次者，得參照上列標準，酌加車費。

七、凡支領固定車費者，不得報銷臨時車費。

八、本辦法經市政會議議決施行。

修正南京市營造業登記章程

二十四年八月二十八日公布

第一條　凡在本市區內經營土木建築工程，或修理工作之建築公司，營造廠，水木作，泥水作等，均為本章程所稱之營造業。

第二條　凡營造業對於本章程之規定，及本市建築規則，暨其他各項有關係之章則，令文，布告等，均須切實遵守。

第三條　營造業應先向工務局聲請登記，俟核准給照後，方得營業。其已在他埠登記，領有執照，而欲在市區內承辦各項工程者，亦同。但在吊銷執照期間內之營造業業主或經理，不得變更牌號，另行聲請登記。

第四條　營造業執照，按聲請登記人（業主）之資本經驗學歷，分為左列四等：

甲等　資本在五萬元以上，而有左列資格之一者：

(一)曾承辦十萬元以上之工程，成績優良者。(須呈驗證明文件，如合同等)

(二)曾在國內外公私立專門以上學校土木科，或建築科畢業。幷曾任所習學科之職務滿一年成績優良，取得證明書者。

(三)曾在國內外公私立專門以上學校，修習土木科或建築科，在三年以上，幷曾任所習學科之職務滿二年，成績優良，取得證明書者。

(四)曾領有乙等登記執照，承辦本市二萬元以上之工程，累計滿拾萬元，經工務局認為成績優良者。

乙等　資本在一萬元以上，而有左列資格之一者：

(一)曾承辦二萬元以上之工程，成績優良者。(須呈驗證明文件，如合同等)。

(二)曾在高中程度學校之土木科，或建築科畢業，並曾任所習學科之職務滿一年，成績優良，取得證明書者。

(三)曾領有丙等登記執照，承辦本市五千元以上之工程，累計滿二萬元，經工務局認為成績優良者。

丙等　資本在二千元以上，而有左列資格之一者：

(一)曾承辦四千元以上之工程，成績優良者(須呈驗證明文件，如合同等)。

(二)曾在中學畢業，幷曾任土木建築工程界之職務，在二年以上，成績優良，取得證明書者。

(三)曾領有丁等登記執照，承辦本市一千元以上之工程，累計滿四千元，經工務局認為成績優良者。

丁等　資本在三百元以上，而有左列資格之一者。

(一)原係營造商(小包)營業在一年以上者。

(二)有承辦工程之能力經驗或學識，經同業二家證明者。

第五條　前條甲乙丙三等，如聘用有左列資格之人爲經理人者，亦得聲請登記；
甲等　在本市開業之土木科或建築科技師。
乙等　在本市開業之土木科建築科技師或技副。
丙等　有前條本等第二款資格者。
前項經理人，以一人擔任一廠爲限。

第六條　營造業聲請登記時須塡具工務局製定之登記表，保證書各一份，檢同本人最近二寸半身相片二張，及關於資本經驗學歷之證明文件，呈局審查。
其以聘用經理人聲請登記者，並須將該經理人之相片及其執行業務，或學歷經驗之證明文件，一併送核。
前項附送文件，除將經審查合格之保證書存卷外，餘均於審查完竣後發還。

第七條　聲請登記者，經審查合格後，除登記外，並通告呈請登記人依照左列規定，繳納登記費，領取執照。
甲等五十元
乙等二十元
丙等十元
丁等二元。

第八條　營造業執照，須懸掛店內易見之處。

第九條　已登記之營造業，得各按其等級，承辦左列工程：
甲等得承辦市內一切大小營造工程。
乙等得承辦五萬元以下工程。
丙等得承辦一萬元以下工程。

丁等得承辦一千五百元以下工程。

第十條　己登記之營造業承辦市內各項工程，應於開工前及竣工後檢同頒發之工程記載表，送請工務局查核塡註。

前項工程記載表，於請領執照時，一併發給，每本收工料費五角。

第十一條　己登記之營造業，有左列情事之一者，得酌量情形，吊銷其登記執照，其期間以三個月至三年為限。其情節較輕者，或處以二十元以上之罰鍰，但違反左列第三款至第六款之規定者，并須限期令其拆退改造，或督令完工：

(一)登記後發見其資格與本章程第四條規定不合，或業主因故喪失能力者、

(二)以登記之執照牌號，讓他人頂替或朋充者。

(三)所建工程，不遵照工務局核定退縮線退縮，或侵佔公私土地者。

(四)不遵照工務局核定之工程圖樣營造者。

(五)偷工減料，因而發生危險者。

(六)於承辦工程包價以外，無正當理由，向業主需索或逾期不完工者。

(七)無施工執照，擅行動工者。

(八)其他有違章則文告事項經二次通知，仍不遵照者。

第十二條　依前條規定，吊銷登記執照者，其已繳之登記費，概不發還。

第十三條　已登記之營造業，在登記期內，能遵守定章，或承辦工程成績優良者，得由工務局給予成績優良證明書。

前項證明書式另定之。

第十四條　已登記之營造業，如因故自行停業，應先期呈報工務局備查，並繳銷所領執照及工程記載表。

第十五條　已登記之營造業，自領照之日起，以滿足三年為有效期。期滿如欲繼續營業，須依本章程之規定，重行

登記。其經吊銷執照之營造業，須俟吊銷期滿，方得重行登記。

登記期滿，仍以原等級申請登記者，得免繳證明文件。

第十六條　各營造業所領執照，如有損壞遺失，除登報聲明作廢外，須檢同報紙，依第七條規定費額，繳納百分之二十之補照費，呈請補發。

補照之有效期間，以自原照發給之日計算。

第十七條　已登記之營造業，如有變更組織改易名稱，或換主開張時，須依本章程之規定，重行登記。其更易經理人者，須按原登記手續，報經核准。

第十八條　已登記期滿，或變更組織，換主易牌，尚未重行登記，或所易經理人尚未核准或未經登記之營造業，均不得在本市承造各種工程。

違反前項之規定者，除勒令停工外，並得按左列各款辦理：

(一)吊銷執照，停止重行登記，或停止登記三年以下，三個月以上。

(二)處二十元以下，五元以上之罰鍰。

第十九條　營造業之保證人，應以同額以上資本之商號充之。其營造業同業，亦得担保，但須以左列規定為限：

一、丁等以丙等担保。

二、丙等以乙等担保。

三、乙等以甲等担保。

四、甲等以甲等三家担保。

第二十條　出保商號，如中途改組，或因故停業，或聲請退保時，應速依前條規定，另覓呈核。違則除暫行吊銷該登記執照，限期覓取外。並得處以二十元以下，二元以上之罰鍰。

第二十一條　已登記之營造業，違犯本章程之規定，而不遵工務局處分，或無力履行者，其原具保證書之商號，應負實。

第二十二條　本章程如有未盡事宜，得隨時修正之。

第二十三條　本章程自公布之日施行。

修正南京市貧民貸款所貸款暫行章程

二十四年八月二十九日核准備案

第一條　本市貧民無資謀生者，得向本所無利貸款，自營生計。

第二條　貸款者須先至本所委託之區公所，領取貸款申請書，及空白借據，依式塡寫，由保人蓋章，及本人簽名，幷加蓋印鑑或指模，交由該區公所區長審核後，再送本所核辦。

第三條　前項保人以本市內之商店經本所認可者爲限。

第四條　每人貸款自一元起至五元止。

第五條　本所收到貸款之申請書及借據後，經調查屬實，將款項卽交由區公所轉發。

第六條　區公所收到貸款人申請及借據後，發給待查證，經本所調查核准，卽憑證領款（領款辦法詳待查證），不合格者卽將申請書及借據退還，貸款人亦應將待查證退還區公所。

第七條　發款時由本所隨發分期還本表一紙，按期還本，由收款人蓋章爲憑。

第八條　每次貸款還本以五個月爲限，每一個月爲一期，每期歸還本銀五分之一，按期交由區公所彙交本所收回，如到期不還，應由保人墊償。

第九條　貸款人應在本所規定時間至區公所聽候查驗其營業狀況（時間及查驗辦法詳分期還本表）。

第十條　貸款人如以貸本作不生產之用途，本所除追還其貸款外，幷予以相當處罰，保人亦負連帶責任。

第十一條　貸款人以粗識文字爲原則，有左列情事之一者，概不借貸：

（1）吸食鴉片，

(2)冶游賭博，

(3)未成年之黨稚。

第十二條　貸本還淸時，原表繳回，借據退還，如須再借者，一切手續仍照章辦理。

第十三條　本規則自奉　市政府核准備案日起施行。

南京市市立民衆學校介紹貧民貸款手續須知

二十四年八月二十九日核准備案

一、本市各民衆學校依照南京市貧民貸款所暫行章程之規定，辦理介紹貧民貸款事宜。

一、本市各民衆學校，得向所在區區公所彙領貧民貸款各項書件，介紹貸款。

一、貸款人得就近向南京市市立民衆學校領取貧民貸款各項書件，依式填寫，委託民校轉送所在區區公所審核。

一、各區公所收到前項借貸書件，調查審核後，即送貧民貸款所核辦，調查不實，及審核有疑義者，得將原送借貸事件，退還原介紹民校。

一、貧民貸款所核准借貸後，應發貸款仍送交原區公所，由該區公所轉送原介紹之民校轉發。

一、貸款人如逾期不還所借之款，原介紹之民校應轉催該貸款人照還之。

修正南京市社會局管理鄉區小學及簡易小學暫行辦法

二十四年八月三十一日核准備案

一、本市各鄉區分設鄉區小學，及鄉區簡易小學，並得附設分校，其與本校距離以三市里爲限，校數以二校爲限，班數以二班爲限。

二、鄉區小學教職員人數，依照下表規定之：

職別＼人數＼班數	四班	五班	六班	七班	八班	九班	十班
校長	1	1	1	1	1	1	1
教導主任兼級任	1	1	1	1	1	1	1
級任教員	3	4	5	6	7	8	9
助教員			1	1	1	2	2
人數合計	5	6	8	9	10	12	13

（校長奉有社會局命令辦理該區內各學校輔導工作者，得依照表列人數，加添助教員一人。）

三、鄉區簡易小學單級者設校長兼級任教員一人，每增一級增設教員一人。

四、鄉區小學及鄉區簡易小學教職員，概由社會局考試及格後委任之。

五、凡合於小學規程之規定者，均得應考鄉區小學教職員，但校長應有二年以上之服務經驗，教導主任應有一年以上之服務經驗。

六、前項考試方法與市立簡易小學同。

七、鄉區小學校長考取後，第一年為試用期，月薪四十元，任職滿一年以上，考查成績優良，經正式任用者，依下列標準支薪：

學班	四	五	六	七	八	九	十
薪金	46	50	50	50	53	53	53

八、鄉區簡易小學校長考取後，第一年為試用期，月薪依考試成績分三十元，三十二元，三十四元，任職滿一年以上，考查成績優良，經正式任用者，一二班月薪三十六元，三四班三十八元。

九、鄉區小學敎導主任月支薪金三十四元，級任教員依考試成績及服務年限，月支薪金三十元或三十二元，助敎員及鄉區簡易小學教員，依考試成績及服務年限，月支薪金二十四元至二十八元。

十、鄉區小學校長每週應授課五百分鐘以上，教導主任八百分鐘以上，鄉區簡易小學校長九百分鐘以上，敎員一千一百分至一千四百分鐘；助教八百分至一千二百分鐘。

十一、鄉區小學鄉區簡易小學學生收費辦法，與市立簡易小學同，赤貧者免。

十二、鄉區小學鄉區簡易小學教職員年功加俸養老金卹金請假獎懲事項，依照南京市市立小學敎職員任用待遇服務及懲獎規則辦理。

十三、凡市區內小學教職員成績優良，有志往鄉區服務者，經社會局核調至鄉區小學任職時，得仍支原薪。

十四、本辦法呈准　市政府後施行。

南京市鄉區區鄉鎮保甲長辦理戶口異動懲獎暫行辦法

二十四年八月三十一日核准施行

一、本辦法根據本府清查戶口編組保甲規則有關係各條之規定訂定之。

二、鄉區各區鄉鎮保甲長辦理戶口異動之應予獎懲，均依本辦法辦理。

三、鄉區鎮保甲長有左列情形之一者，經本府審查合格，得予以獎勵：

1.按期呈報，經查對幷無遺漏錯誤者；

2.經抽查或復查，全無遺漏錯誤者；

3.查報詳晰，幷能切實負責，成績優良者。

四、獎勵分左列三項：

1.傳令嘉獎，

2.發給獎狀，

3.加薪。

五、區鄉鎮保甲長有左列情形之一者，經本府查明屬實，着予以懲戒：

1.查報不實，

2.匿不轉報，

3.保甲長逾限三日不報，區鄉鎮長逾限五日不報者，

4.查報書表有遺漏錯誤，

5.抽查或復查有遺漏錯誤，

6.不登記異動清冊，

7.按月手續不清，

8.奉行不力。

六、懲戒分申戒，記過，罰金，減薪，免職五項，凡犯前條各項情形之一者，第一次申戒，第二次記過，第三次處以一元以上五元以下之過怠金，第四次減薪，第五次免職。同時有犯前條各項二種以上者，得酌量情形，加重處罰。

七、本辦法自核准之日施行。

附中央通行法規

印花稅法施行細則

二十四年七月二十三日財政部公布

第一條 本細則依據印花稅法第二十三條之規定制定之。

第二條　印花稅法第三條第六款所稱之合作社，係指依合作社法成立之合作社而言。

第三條　印花稅法第三條第七款所稱之副本及抄本，以內容與已貼印花稅票之正本完全相同，僅備查考，而並不使用者爲限。

第四條　印花稅法第三條第八款所稱內部所用之單據，係指該機關或組織內部彼此通知所用者而言，至分機關與總機關或分組織與總組織互用者，不得視爲內部所用。

第五條　印花稅法第三條第九款所稱之催索欠款賬單，係指年節所用僅列結欠數目之催賬單而言，其習慣上按月或按年節開列品名數量價值交給顧客憑以付款之賬單，如成衣店之賬單等不得視爲催索欠款之賬單，至同條款所稱之核對數目賬單，係指商店每月終或年終開給來往戶以便查對收付數目有無錯誤之單據而言，如銀錢業之月結清單等是。

第六條　印花稅法第五條規定應納印花稅之憑證，應於交付或使用前貼用印花稅票，如因特殊情形，經財政部核定以他種方法代替貼用印花稅票者，其效力同。

第七條　依印花稅法第十條之規定，使用國外訂立之憑證者，其貼用印花稅票之責任，應由使用人負之。

第八條　官署學校或公私團體依印花稅法第十三條之規定，於所發應納印花稅之憑證令領受者貼足印花稅票後加蓋圖章時，應先驗明所貼印花稅票，是否足額及有無揭下重用情事，隨時予以糾正，如不糾正而蓋章者，其違法之處分，由蓋章人負之。

第九條　印花稅法第十六條稅率表備考欄，內所稱如某某等字樣，係各該本款憑證之舉例，凡未經列舉而其性質確與各該本款憑證性質相同者，仍應依照各該本款稅率貼用印花稅票，如有不能確定其性質者，應報由財政部核辦。

第十條　依印花稅法應納印花稅之各種簿摺，無論何時開始使用，其所貼印花稅票之時效，應截至是年年終商業總結束日爲止，如係依照會計年度結束賬目者，應截至會計年度終了時爲止，其逾期繼續使用，均應另貼印花稅票。

第十一條　活頁彙訂之簿冊，仍應依照簿冊例貼用印花稅票。

第十二條　依印花稅法規定應納印花稅之各種單票，如訂成簿冊式樣者，除於使用或交付前應每件依法貼用印花稅票外，其簿冊上面不必依簿冊例貼用印花稅票。

第十三條　印花稅法第十六條稅率表，第一第二第三等款所謂滿三元十元百元以上字樣，俱連本數計算，例如發貨票，其貨價如滿三元者須貼印花一分，如滿十元者，須貼印花二分，如滿百元者須貼印花三分，餘類推。

第十四條　印花稅法第十六條稅率表第二款性質欄內，所載『金融業存款收據除外』字樣，係因金融業存款收據於第四款備考欄內舉例之存款單據，應照第四款所定稅率貼印花稅票，不適用第二款所定之稅率。

第十五條　印花稅法第十六條稅率表第九款之儲蓄單摺，以依儲蓄銀行法設立之儲蓄營業所發者為限。

第十六條　印花稅法第十六條稅率表第十八款合資營業之字據，並無未滿若干元者免貼之規定，其每件金額不及一百元者，仍應照貼印花稅票。

第十七條　依印花稅法第二十條之規定分別裁定罰金時各件中如有按照第十八條第一項之規定，其處罰數目，不滿三元者，應先依照第十八條第二項之規定裁定之，然後合併處罰。

第十八條　印花稅法施行後，所有印花稅暫行條例及各省單行章則暨財政部以前核准免貼緩貼或減貼印花之各成案，一律廢止。

第十九條　本細則與印花稅法，同日施行。

南京市政府令

廿四年八月十五日

茲派該員暫代本府祕書處科員，先行到差，並着塡具資格審查表，連同證件，送候咨請　銓敍部核辦。此令。

令翁迴瀾

市長馬超俊

南京市政府令

廿四年八月十九日

茲派該員兼本府儲金保管委員會委員，仰卽會商組織成立具報。此令。

令陸肇強
王人麟
孟廣照

市長馬超俊

南京市政府令

廿四年八月廿一日

令土地局局長周　湘

茲派該局長兼任本府購料審核委員會委員。此令。

市長馬超俊

南京市政府令　廿四年八月廿四日

令黃大邦

茲委該員爲本府技術專員，派任購料審核委員會，專任審核事宜。此令。

市長馬超俊

南京市政府令　廿四年八月廿四日

令許炯黎

茲委該員暫代本府祕書處科員，派在購料審核委員會辦事。此令。

市長馬超俊

南京市政府令　廿四年八月廿八日

令隋永錫

茲委該員代理南京市度量衡檢定所二等檢定員。此令。

市長馬超俊

南京市政府令　廿四年八月卅一日

令趙冠甲

茲調派該員充本市清潔總隊西路分隊長。此令。

市長馬超俊

南京市政府令

廿四年八月卅一日

令楊慶民

茲派該員充本市清潔總隊督察員。此令。

市長馬超俊

公牘

社會

□方文江捐產興學案

▲指令社會局：為據呈市民方文江捐產興學一案，令發題字一紙，以示褒獎由。

指令第四〇七四號　廿四年八月五日

呈一件：為方文江捐產興學，擬請頒給獎狀或題字，以昭激勸由。

呈暨附件均悉。查該民捐產興學，殊堪嘉許。准予頒贈題字，仰該局即便遵照轉發，用示褒獎。此令。附件存。

計發題字一紙。

市長馬超俊

附原呈

竊查征收土地建築竺橋小學一案，前因方姓一戶，地價較高，為便利進行起見，曾經呈奉鈞府核准，免征該姓土地。惟因建築工程合同已訂立，計劃礙難變更，必須使用方姓土地一小部份，復經商得該民同意，予以收買各在案。茲查本案又經派員與該民協商，乃該民以本局定價每方給予四十元，有失公允，請求按照征收鄉地補償金比例發給，每方應值三百餘元。嗣經多方開導，曉以國家興學，人民應加贊助之大義，該民為免除一切困難起見，乃毅然慨允完全捐贈，商定捐贈辦法四項，繕具捐贈條據一紙，簽報前來，查所商辦法四項，不無相當理由，擬即准予照辦。惟該民為馬車夫，並非富有，竟能因受本局征收其他民地地價之限制，未便提高，毅然捐贈，實屬深明大義，難能可貴。擬請

鈞府准于頒給獎狀，或酌予額字，以昭激勸。是否有當，理合抄同原定捐贈辦法，及原具捐贈條據，備文呈送，仰祈

鑒核示遵。謹呈

市長馬

附呈照抄方文江原定捐贈土地辦法四項，原具捐贈土地條據一紙。

社會局局長陳劍如　廿四年七月

■舉行高等普通兩項檢定考試案

▲指令高等普通檢定考試委員會：為據呈送組織規則等件，令准備查由。

指令第四二〇八號　廿四年八月九日

呈一件：為呈送組織規則暨名單并試驗日程等件，祈鑒核由。

呈件均悉。准予備查。此令。件存。

市長馬超俊

附原呈

竊查京市高普兩項檢定考試，前經轉奉考試院令准，展期自本年八月四日起舉行，當即派員籌備，刊刻關防，并將啓用關防，及開始應試人報名日期，連同印模，同時呈報，嗣又奉轉發委員長派狀各一份，遵即祗領就職，擬訂章則，并依照規程，函聘陳裕光等為委員，及就社會局職員指派幹事八人，成立委員會，積極辦理各在案。

茲於本月廿七日，召集第一次全體委員會議，決定遵照展限日期，自八月四日起，假用市立第一中學爲試場，同時舉行該兩項檢考，並訂立攷試科目日程表，一併具文呈送，仰祈鑒核備查，指令祇遵，實爲公便。

謹呈

市長馬

附呈委員會組織規則一份，委員會辦事細則一份，委員會幹事名單一份，攷試科目日程表一份。

南京市高等普通檢定考試委員會委員長陳劍如

廿四年八月

◻籌辦師範學校案

▲指令社會局：爲據呈報派員籌設市立師範學校應准備案由。

指令第四四七四號　廿四年八月廿日

呈一件：爲呈報派員籌設市立師範學校，祈鑒核備案由。

呈悉。准予備案。此令。

市長馬超俊

附原呈

竊查本市教育事業，日有推進，關於師範學校一項，實有設立專校之必要，本局現依教育部核定本市之中等學校設置，及其經費支配標準，自二十四年度起，另行增設師範學校一所，以裕師資，其預算已列入本年度概算以內，至該校校舍及學級等問題，業擬以現設江甯縣立中學之校址，於移交接管後改設，及詳訂計劃，呈經市政會議決議通過，并於上月二十五日，本局第八次局務會議決定，籌設該校辦法兩項：(一)派員向江寧縣政府接洽縣中校址，(二)即日派員籌備。現已令派鄭勉及第三科科長余超，督學吳鼎軒等為籌備委員，并指定鄭勉為主任委員，會同進行該校建校及招生一切事宜。除即日設計建築，繪具圖算另呈外，理合將派定委員籌備情形，具文呈報。仰祈

鑒核備案，實為公便。謹呈

市長馬

社會局局長陳劍如　廿四年八月

□籌辦第二中學案

▲指令社會局：為據呈報派員籌設市立第二中學，應准備案由。

指令第四四七五號　廿四年八月廿日

呈一件：為呈報派員籌設市立第二中學，祈鑒核備案由。

呈悉。准予備案。此令。

市長馬超俊

附原呈

竊本市區域遼闊，人口日增，學生亦隨之增加，每屆小學及初中畢業生極為衆多，公立中學僅有中大實中，省立男女南中，市立一中各一所。最近南中將移鎮江，其他私立各校又偏在城南，實感不敷容納，本局現依　教育部核定本市之中等學校設置，及其經費支配標準，與市執委會來函，自廿四年度起，在城北三牌樓，增設市立第二中學一校，以資補救，其預算原已列入本年度概算內，旋以奉令節減經費，小學將剔除，現因環境需要，急須設立，迫不得已，移用本年度已准未辦之市立女中預算，並經上月廿五日本局第八次局務會議，決定速設該校辦法三項：1.地點在城北三牌樓2.籌備時期暫定十月以前。3.即派籌備委員，現已令派黃俊昌及第一科科長金嘉斐，督學張右源馮鎬，中等教育

股主任陳綸等爲籌備委員，并指定黃俊昌爲主任委員，會同從速進行該校建校及招生一切事宜，除即日設計建築，繪具圖算另呈外，理合將派定委員籌備情形具文呈報，仰祈

鑒核備案，實爲公便。謹呈

市長馬

社會局局長陳劍如　廿四年八月

□籌辦初級職業學校案

▲指令社會局：爲據呈報派員籌設市立初級職業學校情形，准予備案由。

指令第四五九九號　廿四年八月廿四日

呈一件：爲呈報派員籌設市立初級職業學校祈鑒核備案由。

呈悉。准予備案。此令。

市長馬超俊

附原呈

竊查本局計劃於廿四年度開始增設中等學校四所，除女子中學暫從緩辦，市立師範及二中兩校，業已派員籌備外，關於初級職業學校一項，亦須同時積極籌設，以應需要，其開辦費及每月經常費預算，已編入本年度概算以內，并經本局七月廿五日第八次局務會議議決，將本市職業補習學校改設市立初級職業學校，現已令派職業補習學校校長周大賓即日籌備改設該校及招生一切事宜，除另擬預算呈核外，理合將派員籌備改設初級職校情形，具文呈報，仰祈

鑒核備案，實爲公便。謹呈

市長馬

社會局局長陳劍如　廿四年八月

▣改建上新河鄉區小學校舍案

▲指令社會局：爲據呈上新河鄉校改建校合，檢同估單，祈核示一案，應予照准，仰知照由。

指令第四六五二號　廿四年八月廿八日

呈一件：爲上新河鄉區小學呈請改建校舍，檢同估單，轉請鑒核示遵由。

呈件均悉。應予照准，仰卽遵照。件存。此令。

市長馬超俊

附原呈

案據上新河鄉區小學校長左蔭柱呈稱：

「竊本校校舍有樓房十二間，係舊式建築，採光透氣，均有未合，況且年久失修，牆柱傾斜，每逢風雨，上漏下溼，東動西搖，教者學者，均有垂堂之感，若不及早改建，前途危險堪虞，爰商承鈞局第三科給具改建校舍圖樣，改建新式樓房十四間，計教室三，寢室二，辦公室接待室司閽室各一，採光透氣，均稱適合，經招商估計，除舊有材料完全抵用外，所有木瓦油漆工料，朱源記水木作估單計洋二千三百十一元五角二分，又朱源記張森泰水木作估單計洋二千一百八十五元二角四分，理合檢同改建圖樣一紙，暨該商等估價清單兩份，備文呈送鈞局鑒核採擇，迅予撥款興建，俾利用暑期，趕速完成，以免危險，而便教學，實爲公便。」

等情，計附估單二份，據此。查該校現有校舍，確係年久之舊式房屋，不合辦學之用，應有改建之必要，當經本局召集原估商到局切實核估，詳細評價後，朱源記願減爲一千九百九十八元九角二分，理合檢同估單備文呈送，仰祈鈞府鑒核示遵。

謹呈

市長馬

計呈送朱源記估單一份。

社會局局長陳劍如　廿四年八月

□征收建築女子中學校舍基地案

▲指令社會局：爲據呈請撥發女子中學征收校地地價等費，應予照准，仰卽編造預算，呈候飭撥由。

指令第四六六三號　廿四年八月廿八日

呈一件：爲市立女子中學校地征收各費，擬在征地借款內撥付，官路官溝隙地地價，擬照轉賬手續辦理，祈鑒核由。

呈表均悉。查此案地價銀一萬七千九百六十四元三角六分，准在上海銀行征地借款內撥付，其餘拆遷以及青苗補償費六百三十六元，仍由市庫發給，仰卽遵照，一併編造支付預算書，呈候飭撥。表存。此令。

市長馬超俊

附原呈

案奉市立女子中學，前經第三四八次市政會議議決：「准先撥地五十畝，候工務局擬具圖算後，再行撥款建築。」玆查該校地形圖及地價拆費計算表，業經市土地局函送過局，除轉送市工務局查照，擬製建築圖算外，其地價青苗拆遷等費，擬請

鈞府令飭市財政局在征地借款內撥付，其中官路官溝隙地地價一千六百二十四元八角八分，擬請照轉賬手續辦理，是否有當，理合備文連同該校擬收用半山園旂地地價拆費計算表，呈請

鈞府鑒准照辦，以利進行，實爲公便。謹呈

市長馬

計呈送市立女子中學擬收用半山園旂地地價拆費計算表一份。

社會局局長陳劍如　廿四年八月

□擴充救濟院育嬰所案

▲指令社會局：爲據轉呈救濟院請撥款修改殘老所舊屋，擴充嬰室，暨添購嬰床等情，經派員復估，另招梁同興孫泰記營造廠開具估單，所列價格，均較原呈爲廉，請交廉價者承製，應准加簽辦理，仰轉飭遵照由。

指令第四六六四號　廿四年八月廿八日

呈一件；爲據救濟院呈請撥款修改殘老所舊屋，擴充嬰室，暨添購嬰床等情，經復估核減，檢同估單，轉呈鑒核示遵由。

呈單均悉。案經本府派員復估，據稱，經另招梁同興孫泰記營造廠開具估單，所列價格，均較原呈爲廉，并經面議核減，計梁同興修理舊屋工程需洋一千六百三十五元六角一分，較原呈減少七十五元零五分，孫泰記承製嬰床每張需洋五元，較原呈減少二角，該項工程擬請交由梁同興孫泰記分別承辦，簽請察核等情，應准如簽辦理，仰卽轉飭遵照，並造具預算，呈局轉呈飭撥。梁同興及孫泰記估單各一份均抄發，原件發還。此令。

計抄發梁同興估單及孫泰記估單各一份，發還原呈夏永盛梁同興估單各一份。

市長馬超俊

附原呈

案據市立救濟院院長傅巖呈稱；

「竊據育嬰所管理員徐貞甫呈稱『竊因所中嬰孩日多，內有嬰室及床早已不敷分配，際此天氣炎熱，倘有發生傳染疾病，無從隔離茲爲愼重預防起見，務須增加房屋。查本所後面毗連原爲殘老所，現該所已遷至鄧府山，請將該屋修理，以備需用，本所之職員及保嬰生寢室均可移至該屋，則所內嬰室可以增加，並請添置嬰床六十八隻，俾資分配，爲此呈請鑒核令遵。」等情，據此。職經飭查確有修改添置之必要，當將實際需要，繪具平面藍圖，並訂修改標準，先後招商夏永盛復泰興估計價目，計夏永盛估價銀一千八百十元零六角六分，復泰興估價銀一千七百九十四元，工料油漆一律在內，又嬰孩添購木質小床連籐屜，據梁同興估價每張五元二角，楊源興估價每張六元五角，均經先後開具估單到院，復查該育嬰所係淩亂破舊，上年經王前院長呈請修改在案，此次該所管理員呈請將劃歸該所之舊殘老所改修，作該所職工之用，則就職工原有住房即擴充嬰室，而外養嬰孩，雖不能悉數內養，亦可收回不少，乃係採得尺則尺之計，惟是項工程，雖經一再估計，擬請鈞長派員再賜復估，以昭鄭重，至其經費，並祈俯賜指撥，以便興工，所有修理舊殘老所之屋、改作育嬰室之職工住房，騰出原有住房擴充嬰室之估單兩紙，及購嬰床估單兩紙，共四件，藍圖一張，理合備文呈請鑒核指令祇遵。」等情，幷附呈估單四份，藍圖一份前來。查該所嬰孩，因房屋不敷，致多外養，實非妥善，所請修改殘老所舊屋擴充嬰室，及添置嬰床各節，確爲必要，業經派員勘估，修理一項，以夏永盛估價較低，並經核減，計尚需洋一千七百十元〇六角六分，小木床一項，以梁同興估單較爲殷實，計六十八張，共需洋三百五十三元六角，兩共計洋二千〇六十四元二角六分，是否有當，理合檢同估單兩份，備文呈請

鈞府鑒核示遵。

謹呈

市長馬

計附呈夏永盛梁同興估單各一份。

社會局局長陳劍如　廿四年八月

□修正貧民貸款所貸款暫行章程案

▲指令社會局：爲據呈復，奉令飭增加貧民貸款代辦處所一案意見，指令照辦由。

指令第四六六六號 廿四年八月廿九日

呈一件：爲奉令飭增加貧民貸款代辦處所，籤註意見，并檢同民校介紹貸款須知及修正貸款暫行章程，請鑒核示遵由。

呈及附件均悉。查核尙屬可行，准予照辦。除照案核准備案，并分令小本借貸處及各區公所知照外，仰卽遵照施行。此令。附件存。

市長馬超俊

訓令第四六六六號 廿四年八月廿九日

▲訓令小本借貸處 各區公所：爲據社會局呈復，奉令飭增加貧民貸款代辦處所一案意見，令仰知照由。

（原呈見訓令第四六六六號）

案據本市社會局呈稱：

「案奉鈞府第三六四九號訓令內開：『案據小本借貸處副經理張家鼎條呈推廣小本貸款辦法三項，及推廣貧民貸款辦法三項，本府查核所擬推廣小本貸款辦法三項，多由該局列入廿四年度中心工作，無庸置議，至推廣貧民貸款辦法第一項「延長還款期限」，按原定章程分五期償還，每期兩週，還款一次，該副經理以還期過促貧民難獲利益，擬請改爲每期以一個月爲限，仍分五期還清，此爲救濟貧民，充分利用借款，得以稍賺利潤，尙屬可行。其第二項「請准以人保貸款」，此點按章程規定，須有舖保，始能借款，爲保持基金鞏固起見，仍以憑舖保借款較爲妥當。至第三項「增加貸款代辦處所」，亦尙可行。除分令小本借貸處外，合行抄發原呈辦法，令仰該局遵照令飭各節辦理此令。』等因；並抄發張家鼎原呈推廣貧民貸款辦法乙份，奉此。查原呈所擬市立民校爲代辦處所一節，在同一區域之內，有兩個以上之貧民貸款機關，不惟申請貸款者易於化名朦混及一戶數借情事，且民校辦事人少，每日核收轉送調查等種種手續，亦頗繁雜，校長教員，是否有餘暇可以兼辦，加之出發調查，或需費用，民校經費固定，令飭辦理之後難保不有溢出，去年本市第六民校曾經有是項代辦呈請，本局以上述種種關係，未予准行：爲顧全貧民便利起見，並經訂有南京市立民衆學校介紹貧民貸款手續須知，分令各民校遵照辦理，擬請仍照該項手續須知，由各民校介紹貸款，不再另立貸款處所，貸款還期每期歸還本銀五分之一，旣由兩星期展長爲一月，該項貸款暫行章程第八條自應加以修正，理合檢同民校介紹貧民貸款手續須知，及修正南京市貧民貸款所貸款暫行章程各一份，具文呈復，仰懇鑒核示遵。」

等情：幷附貸款須知及修正貸款暫行章程等件，據此。查核尙屬可行，除指令准予照辦，幷分令外，合行抄發各原件，令仰該區即便知照。

此令。

附抄發修正南京市貧民貸款所貸款暫行章程，及南京市市立民衆學校介紹貧民貸款手續須知各一份

市長馬超俊

◻提高鄉區簡易小學校長教師待遇案

▲訓令社會局：爲該局長提議，擬將鄉區簡易小學校長教師待遇略予提高一案，已議決通過，令發修正南京市社會局管理鄉區小學及簡易小學暫行辦法，仰遵照施行由。

訓令第四七〇五號　廿四年八月卅一日

案查本年八月廿三日，本府第三六六次市政會議，該局長提議，擬將鄉區簡易小學校長教師待遇略予提高，以示鼓勵，而資改進案，當經決議：「通過」在案。除照案將所附南京市社會局管理鄉區小學校及簡易小學暫行辦法核准備案外，合行抄發該修正辦法，令仰該局即便遵照施行。此令。

計抄發修正南京市社會局管理鄉區小學及簡易小學暫行辦法一份。

市長馬超俊

財政

□撥發開闢玄武路及加寬該路路基工款案

▲訓令財政局：為據工務局呈請飭撥開闢玄武路及加寬該路工款一案，仰即籌撥具報由。

訓令第四〇二三號　廿四年八月二日

案據工務局呈請飭撥開闢玄武路（中央路至松花江路）及加寬該路（自玄武門至亞洲淨處）路基工款銀二千八百五十二元六角應用等情，附預算合同等件到府，據此。查核所呈合同等件，并無不合之處，應需工款，經飭據該局簽復，尚可勉籌，自應准予照撥。除指令外，合行檢發原預算二份，令仰該局分別存轉，并籌撥具報。此令。

檢發預算二份。

市長馬超俊

▲指令工務局：為據呈請飭撥開闢玄武路及加寬該路工款一案，已飭財政局籌撥由。

指令第四〇二三號　廿四年八月二日

會呈一件：為呈送開闢玄武路（中央路至松花江路）及加寬該路（自玄武門至亞洲淨處）路基工程合同等件，祈鑒核飭撥工款由。

呈件均悉。據呈合同等件，察核尚無不合，應准照辦。所需工款，已飭財政局如數籌撥，仰即前往具領應用，事竣，呈請驗收，并遵章造報。賬單發還，餘件存。此令。

發還賬單七份。

市長馬超俊

附原呈

查開闢玄武路（中央路至松花江路）及加寬該路（自玄武門至亞洲淨處）路基工程，已於六月十一日上午十時，在

飭府大禮堂開標，職劍鳴奉

派出席監視。是日計到柴清記，大中華，義興，馬祥興等四家，所開標賬，經職希尙指交梅科長成章，唐主任瀚章，並由職劍鳴監視會同審查去後，旋據簽稱：

「遵查奉交各商標賬，路面部份，以柴清記總價一千五百二十三元六角爲最低，大中華二千零四十元爲次低，但柴清記附註應用富貴山石料一節，似應取銷。路基部份，以柴清記總價一千三百廿九元爲最低，大中華一千三百四十九元二角爲次低，擬均以柴清記爲中標人，大中華爲候補人，是否有當，理合將審查情形，簽請核奪。」

等情前來。經職劍鳴職希尙復核無異，核定柴清記爲中標人，大中華爲候補人，當於本月十八日下午公布在案。茲查上項工程，已與柴清記簽訂正式合同，分別存執，是否有當，理合檢同賬單七份，合同一份，連同支付預算書三份，會銜呈祈

鑒准備案，俯賜令飭財政局照合同所列包價總數計洋二千八百五十二元六角，簽撥下局，以備支付。

謹呈

市長馬

附呈賬單七份，合同一份，支付預算書三份。

監視委員張劍鳴
工務局局長宋希尙　廿四年七月

核定凡專營碾米者按碾米業資本額徵稅碾製而兼出售糧食者按糧食業營業額徵稅案

訓令財政局：爲准財政部咨復，以專營碾米業者，按米業資本額征稅，碾米而兼售糧食者，按糧食業營業額徵稅一案，准予備案，請查照等由，令仰遵照由。

訓令第四一〇一號　廿四年八月六日

案准

財政部本年七月卅日賦字第一七七九號咨開：

「案准貴市政府第三六二四號咨開，據財政局呈請，營礱米業者擬按其資本額征稅，礱米而兼售糧食者，按糧食業營業額徵稅，請核准轉咨財部備案等情，咨請查照准予備案等由。查專營礱米業者，自應按照其資本額按率課征其製造業之營業稅，至有以販賣大宗糧食爲主要業務，而以礱米爲附帶業務者，則其性質已爲糧食販賣業，而非純粹之製造業，自可按照營業額按率課徵其物品販賣業之營業稅。京市財政局爲杜絕商人狡黠，整頓稅收起見，擬凡專營礱米者，按礱米業資本額千分之四稅率徵稅，礱製而兼出售糧食者，按糧食業營業額千分之二稅率徵稅，以符事實一節，自可准予備案。再南京市營業稅稅率表，曾於上年十二月間由部再加修正，咨復查照在案。此項新稅率表，對於礱米業之稅率，及附記欄內之說明，已分別修正刪除，將來實施時，更可便利徵收。茲准前由，相應咨復查照轉飭遵照。」

等由，准此。查此案，前據呈請，即經轉咨并指令在案。茲准前由，合行令仰遵照。

此令。

市長馬超俊

■撥發白骨山公墓地價拆費案

▲訓令財政局：爲據土地局造具白骨山公墓地價拆費計算表，請撥款等情，仰即照案籌款撥發由。

訓令第四一七七號 廿四年八月八日

案據土地局呈稱：

「案查接管卷內，和平門外白骨山公墓徵收土地一案，前奉鈞府令發公告，即由財政局依法辦理徵收手續旋以協議無結果，呈由鈞府提交土地徵收審查委員會議定每畝一百元，並將議定書分發各戶知照在案。嗣以該處公墓未及計劃興工，致地價拆費亦未通知具領，現准工務局函，以此案土方工事預算，已呈奉鈞府令准，現正着手招工辦理，請爲照案進行等由過局。自應照辦，除函復外，理合造具地價拆費計算表一份，計需銀三千五百七十四元零二分，備文呈請鑒核，俯准令飭財政局備款發放。再該地上有桃樹六十株，未列補償費，合併陳明。」

等情，據此。除指令：

「呈件均悉。所請白骨山公墓地價拆費共計洋三千五百七十四元零二分，應予照准。除令財政局籌款撥發外，仰即依照歷屆辦理手續辦理。附件分別存轉。此令。」

印發外，合行檢發原表一份，令仰該局即便遵照，依照歷屆辦理手續辦理。

此令。

計檢發計算表一份。

市長馬超俊

▲指令土地局：爲據該局造具白骨山公墓地價拆費計算表，請撥款等情，已令財政局籌撥由。

指令第四一七七號　廿四年八月八日

呈一件：爲造具白骨山公墓地價拆費計算表，呈請撥款由。

呈件均悉。所請白骨山公墓地價拆費共計洋三千五百七十四元零二分，應即照准。除令財政局籌款撥發外，仰即依照歷屆辦理手續辦理。附件分別存轉。此令。

市長馬超俊

（原呈見訓令第四一七七號）

□撥發擴充楊家花園菜場工款案

▲訓令財政局：爲據呈請飭撥加建楊家花園菜場工款一案，仰即籌撥具報由。

訓令第四二六二號　廿四年八月十日

案據工務局呈請飭撥擴充楊家花園菜場工程工款銀四千二百七十元八角應用等情，附合同及支付預算等件到府，據此，查所呈合同等件，尚無不合，應准照撥，除指令外，合行檢發預算二份，令仰該局分別存轉，並籌撥具報。此令。

檢發預算二份。

市長馬超俊

▲指令工務局：為據呈請飭撥加建楊家花園菜場工款一案，已飭財局籌撥由。

指令第四二六二號　廿四年八月十日

呈一件：為呈送楊家花園菜場加建工程合同等件，祈核撥工款由。

呈件均悉。據呈合同等件，察核尚無不合，准予照辦。所需工款，已飭財政局籌撥，仰即前往具領應用，事竣，呈請驗收，并遵章造報。件存轉。此令。

市長馬超俊

附原呈

查楊家花園菜場加建工程，已於本月十一日上午十時，在本局會議室開標，職曉東奉派出席監視，計是日到趙順記，顧馬記，大中華等三家，所開標賬，經職希尚指派本局朱技正紳康，唐主任瀚章，會同審查，並由職曉東在場監視，審查結果，以趙順記核實總價四千二百七十元八角為最低，尚在預算範圍以內，顧馬記四千四百四十八元為次低，經核定趙順記為中標人，並以顧馬記為候補人，業於本月十五日上午公布在案。茲查該項工程，已與趙順記營造廠簽訂正式合同，分別存執。是否有當理合檢同賬單三份，合同二份，支付預算書三份，會銜呈祈鑒准備案，並請俯賜轉飭財政局簽撥工款，以備支付。謹呈

市長馬

附呈眼單三份，合同二份，支付預算書二份。

監視委員葛曉東
工務局局長宋希尚　廿四年七月

□撥發各小學添置校具及課桌椅經費案

◀訓令財政局：為據社會局呈，下學期增校增級，應添置校具及課桌椅，造具預算，祈撥款一案，令仰遵照撥發具報由。

訓令第四二六七號　廿四年八月十日

案據社會局呈稱：

「竊查市立各小學，擬自廿四年度起，分期增校及增級一案，前已根據年度概算，擬具行政計劃，呈報鈞府鑒核在案。現屆暑假，下學期瞬將開始，亟應事先請款，購置各種校具，以資應用，爰斟酌實際需要，就原有校舍，及暑期內可以建築完竣之新校舍，分別計劃，計原有完全小學共增七十二級，計需課桌椅洋八千四百八十五元，新設竺橋小學一所，設立八級，計需開辦費一千三百十七元四角四分，兩共增加八十級，合計需洋九千八百零二元四角四分，又原有市區簡易小學共增十六級，並擬增設三校，計十七級，合計三十三級，共需設備費及開辦費計國幣四千二百七十五元一角九分正，又鄉區增設簡小及各校增級，計三十級，共需校具國幣五千四百八十七元七角正，並擬新設四所村鄉區小學一所，設立十級，計需開辦費洋一千六百二十五元三角二分，兩共四十級，合計需洋七千一百十三元零二分正，以上各校，共增一百五十三級，應添校具及課桌椅等價值，均係依據最近成案，切實估計，統共需洋二萬一千一百九十元六角五分正，擬在本局所屬機關臨時費項下開支，是否有當，理合分別列表，並造具預算，一併呈請鈞府鑒核，仰祈俯賜撥款，俾資進行。」

等情，并附件到府，據此。除指令照准外，合行檢同支付預算書二份，令仰該局，即便遵照，分別存轉，并撥發具報。

此令。

計發支付預算書二份。

市長馬超俊

▲指令社會局：為據呈下學期增校增級，應添置校具及課桌椅，造具預算，祈撥款一案，已令財政局撥發，仰知照由。

指令第四二六六號　廿四年八月十日

呈一件：為下學期增校及增級應添置校具及課桌椅等，列表並造具預算，祈鑒核撥款由。

呈件均悉。應予照准，已令財政局如數撥發，仰即前往具領，核實動支，事竣呈請派員驗收，幷遵照造報。附件分別存發。此令。

市長馬超俊

□撥發新路口簡易小學徵收土地地價青苗等費案

（原呈見訓令第四二六七號）

▲訓令財政局：為據社會局呈請撥發新路口簡校徵收地價青苗等費一案，應予照准，令仰遵照撥發具報由。

訓令第四四八五號　廿四年八月廿日

案據社會局呈稱：

「案查新路口地方擬設簡易小學一案，業經依法徵收土地，並會同工務局繪製計劃圖算，呈請鈞府鑒核，准予建築。又為體恤民艱起見，函請財政局先將本案地價斟酌核辦各在案。茲准土地局造具地價青苗計算表一份，計銀二千七百八十八元八角九分，函囑查照撥款，以憑轉發等由，准此。查徵收範圍以內，尚有奚姓瓦房一間一披，前經決定收買，估價一百六十五元，呈奉鈞府核准在案。茲准前由，理合照錄原計算表，並編造支付預算書三份，呈請鈞府鑒核，准予轉飭財政局在徵地借款項下一併撥付。至其中無主空地地價一千三百四十六元八角，爲恐有人提出疑義，臨時難以應付起見，擬請准予一併飭發，暫免扣除，如將來發價期間，無人認領，再行撥還，合併陳明。」

等情，據此。除指令：

「呈件均悉。應予照准，已令財政局如數撥發，并查照前與上海銀行訂立本市中小學徵地借款計劃，接洽辦理，仰即前往具領轉給，并遵章造報。附件分別存發。此令。」

印發外，合行檢發支付預算書二份，令仰該局，即便遵照辦理，并專案具報。

此令。

計發支付預算書二份。

市長馬超俊

▲指令社會局：爲據呈請撥發新路口簡校徵收地價青苗等費一案，應予照准，已令財政局撥發，仰知照由。

指令第四四八五號 廿四年八月廿日

呈一件：爲徵地建築新路口簡校一案，呈送地價青苗計算表，及支付預算書，祈鑒核飭撥由。

呈件均悉。應予照准，已令財政局如數撥發，并查照前與上海銀行訂立本市中小學徵地借款計劃，接洽辦理，仰即前往具領轉給，并遵章造報。附件分別存發。此令。

市長馬超俊

（原呈見訓令第四四八五號）

□核准本年秦淮河遊船牌照捐以六折實收案

▲指令財政局：爲據呈爲本年催繳秦淮河遊船牌照捐困難，并酌予六折徵收情形，請鑒核備案一案，准予備案由。

第四六二〇號 廿四年八月廿六日

簽呈一件：爲本年催繳秦淮河遊船牌照捐困難，幷酌予六折徵收情形，祭請鑒核備案由。

簽呈悉。准予備案。此令。

市長馬超俊

附原簽呈

案查秦淮河遊船牌照捐，溯自民國十九年以來，因禁娼關係，營業清淡，歷據該處船戶呈請核減捐率，均經本局核照成案照章以七五折徵收在案。且上年折徵結果，尚有船戶張如山等四十四戶欠繳捐款約二百二十元零五角，本年因鑒於各船戶納捐疲滯，故會同工務局提前辦理，定於六月十五日起，至二十五日止，爲該處遊船檢驗納捐之期，經佈告印發後，即據船戶代表郭有發呈，以自娼賭被禁，營業一落千丈，每年夏季所獲船資，不敷半年之生活，本年入夏以來，江流暴漲，加之河水汚濁，警局巡艇取締，遊人減少，營業不振，較之去夏尤甚。懇於上年七五折之中，再予酌減，展期繳納，等情。除當經批示准照上年成案以七五折徵收，並准工務局函商，展至七月九日爲止，曁責成繳清舊欠外，並經派員加緊催收。詎開徵以來，夏雨時行，任何追呼，無如該船戶等繳納維艱，百不一應，嗣又據船戶郭有發等呈同前情，復經派員查明該處船戶所呈各節，委係實情， 局長斟酌至再，以夏令時期將過，似非酌予減折，無法征收，且年來船隻減少，收數不多，故將該處遊船捐，祇有按原額暫以六折照收，用示體恤，該船戶等雖經遵繳，而時至秋令，天氣漸涼，現仍有數十船戶，尚難征齊，除飭經收員將上年舊欠及本年新捐連同一倂督催勒繳外，理合將催繳秦淮河遊船捐困難並酌予六折征收情形。簽呈

鈞長鑒核，俯准備案。實爲公便。謹呈

市長馬

財政局局長陸肇強　廿四年八月

工務

規定闢築道路兩旁有坡之處拆讓辦法及實施原則案

▲指令工務局；爲據呈擬闢築道路，兩旁挖塡坡度之處，劃定拆線辦法，及實施原則，令准如擬辦理由。

指令第四一〇九號 廿四年八月六日

呈一件；爲擬具闢築道路，兩旁挖塡坡度之處，劃定拆線辦法，及實施原則，呈請鑒核令遵由。

呈圖均悉。應准如擬辦理。除令土地局知照外，仰卽遵照。此令。圖存。

市長馬超俊

▲訓令土地局；爲據工務局呈擬闢築道路。兩旁挖塡坡度之處，劃定拆線辦法，及實施原則，令仰知照由。

訓令第四一〇九號 廿四年八月六日

（原呈見訓令第四一〇九號）

案查工務局呈稱；

「案據本局技術員唐家湖簽呈稱：「查本市歷來開闢道路，因計劃路面之高，與兩旁地面之高，二者不甚懸殊，故每次拆線之劃定，皆以路寬爲標準，此次中山路放寬至鼓樓一帶，因已成之柏油路面，低於路西地面約三四公尺不等，若依路寬施劃拆綫，將來路旁須有高三四公尺之壁立土崖，勢必崩塌無疑，建築物之在其上者，亦自然難於存在，若將拆綫劃於該土崖某種坡度之盡端，則溢出征地範圍以外，令其拆除房屋或毀壞青苗、不特原業主情所不甘，於理亦似未當，至於路旁地勢過低之處，情形亦復相同，以前未遇此類特殊情形（此有中央路曾將兩旁挖塡土坡之處，一併征收，因該路規定寬度四十公尺，當時所築路基僅十公尺，兩旁坡度將來仍爲正式路面，故不慮征收過多，但在其他闢足寬度之路未可援以爲例）故迄未訂有一定辦法，可資遵循。現時實有規定必要，謹擬數種如下，以備採擇：

（一）拆綫仍依路寬施劃，築路時於路沿建造擋土墻，如此，則公私糾紛減少，而市容亦可保持原計劃之狀況，但擋土牆所費或竟超過地價，是於築路費外，又多一層支出，且私人建築物因擋土墻而保全，理應協助費用之一部然協助費用辦法，能否施行。（尤其在舊屋拆除之處）殊不可必。

（二）於挖填過多之處，土地征收，延至坡度之盡端，如此，則房屋拆除手續簡易，但多征無用土地，費用增加，其弊一。將來市民建築，各依坡度退縮，將使市容欠缺整齊劃一之美觀，其弊二。

（三）土地征收，仍以路基爲限，而拆綫則劃於土坡盡端，在未征收地面上被拆之房屋，或毀去之青苗，均給以相當補償，該項地面在不妨礙交通及市容原則之下，仍由業主使用，挖土坡面得建造台階，或酌建支柱，以臨馬路，填土坡面，得繼續將土填高，或砌築下降踏步，亦可建築臨路之市房。』等語，當以所稱，係屬實際情形，所擬規定關於路旁坡度施劃拆線辦法，亦確有必要，經飭據技正金超朱神康及計劃股主任唐瀚章詳核會復，僉以原簽第三項辦法，較可採用，並擬具實施原則四項：

（一）土地應依路寬征收。

（二）拆綫應在計劃邊坡與原地面交界之處，劃定執行，不論填土挖土，同樣辦理（見附圖）

（三）凡在路邊綫與拆線之間被拆除之房屋青苗坟墓等，統照章給予補償費。

（四）業主仍可沿路邊綫起造房屋，或加建擋土牆，惟須照章報經工務局核准後，方可興工。局長復核無異，擬即採用原簽第三項意義，按照該技正等所擬各項原則辦理，理合檢同圖形一紙，呈祈鑒核賜准，指令祇遵。如蒙核准，並祈分令財政局知照。再本路施行在即，早經佈告拆除，唯路旁有坡之處，拆綫尙未劃定，現以爲時急迫，可否按照上擬辦法原則，先行施劃，並祈迅賜示遵。」

等情，據此。除指令如擬辦理外。合行令仰知照。

此令。

市長馬超俊

□加築中山北路二板橋晏公廟大勝關娘娘廟新壩等處堤埂案

▲指令工務局：為據呈送加築中山北路二板橋大勝關娘娘廟三處堤埂土方賬單總價三千八百二十元，擬在防汛專款內支付一案，准予照辦由。

指令第四三四六號　廿四年八月十五日

呈一件：為中山北路二板橋大勝關娘娘廟，三處堤埂，亟應加築土方，已交由復華營造廠承辦，總價三千八百二十元，擬在防汛專款內支付，檢同賬單，呈請鑒核，准予備案由。

呈件均悉。准予照辦。仰即知照。賬單發還。此令。

計發還賬單一份。

市長馬超俊

附原呈

據本局張技術員中權報稱：

「查自毛公渡至娘娘廟，沿南河之圩埂，計共長八公里，其中第一段自毛公渡至天后宮，計長二公里，沿河堤埂高度，離今日午潮水位有一公尺之多，堤寬二公尺餘，內中僅有低凹數處，離水面亦有五十公分，該段內加高修補，計需土方三百立公，第二段自天后宮至西善橋，計長三公里，其中天后宮一帶，堤埂較低，離水面三十餘公分，需用加高六十公分，長三百公尺，寬二公尺，計需土方三百六十立公，又該段內大中河村及中河村沿河圩埂單薄，內有居民，需要培厚，闊一公尺，深一公尺，長一千公尺，計需土方一千立公，該段內計共需土方一千三百六十立公，第三段自西善橋至娘娘廟，計長三公里，其在娘娘廟，一帶堤埂較低，離水面六十餘公分，堤寬一公尺，需用加高三十公分，培厚一公尺，長三百公尺，計需土方四百八十立公，其中平良村寇家村等地，圩堤單薄，需要培厚一公尺，深一公尺，長一千公尺，計需土方一千立公，該段內計共需土方一千四百八十立公，以上三段，合計共需土方三千零四十立公，另加百分之二十安全數，計共需土方三千六百四十立公，理合備文報請鑒核。」

等情，據此。查南河一帶堤埂單薄，亟應加以培築，以防大汛，而利居民。所稱各節，尚屬可行，經飭科估計假定中山北路二板橋至晏公廟一段，約需土方四千立公，大勝關(沿南河)至娘娘廟一段，約需土方五千立公，娘娘廟至新塴(毛公渡)一段，約需土方四千立公，經　職局招商比賬，計有姬久記，復華營造廠兩家，開具單價前來，指派朱技正唐主任審核去後，茲據簽復，以復華營造廠所開單價，計中山北路二板橋至晏公廟一段，每立公四角六分，大勝關至娘娘廟，娘娘廟至新塴兩段，每立公二角二分，總價合共三千八百二十元，較可採用等語，查尚屬實，已交由該商承辦。所有該項工價，擬在防汛專款內支付，除已飭該商積極興工趕築，一俟將來完工後，照實丈數量按照核定單價，核實計算列報外，理合檢同賬單，具文呈請

鑒核，准予備案，實爲公便。

謹呈

市長馬

附呈賬單一份。

工務局局長宋希尙　廿四年八月

■改建馬道街小學校舍案

▲指令校舍建築委員會；爲據呈通過馬道街小學改建校舍圖算，祈備案等情，准予備案，仰知照由。

指令第四三五五號　廿四年八月十五日

呈一件：爲通過馬道街小學改建校舍圖算，呈祈鑒核備案由。

呈暨繳件均悉。准予備案。仰即知照。繳件存。此令。

市長馬超俊

附原呈

案奉

鈞府交辦，工務社會兩局會呈，爲據馬道街小學呈請改建校舍一案，檢同原呈草圖，並擬具建築圖算，會同呈請鑒核，指令祇遵由。奉此，遵經召集審查委員會，交付審查。玆據審查人陸肇強等報告，「經會同審查馬道街小學改建校舍一案，所擬圖樣及預算，尚無不合。惟校舍經費，正由財局統籌支配辦法，應俟確定後，再由財政局通知本會轉告工務局辦理。」等情，據此，當已提經本會第一次常務委員會會議決議，「馬道街小學建築校舍圖算，准予通過，通知工務局查照辦理，幷呈府備案。」等語，除函請工務局查照辦理外，理合繳還原會呈及草圖圖算各全份，備文呈復，仰祈

鑒核備案。謹呈

市長馬

附呈繳還工務社會兩局原會呈一件，原會呈草圖及圖算各全份。

南京市校舍建築委員會常務委員陸肇強　宋希尚　陳劍如

廿四年八月

◘添建漢口路小學校舍案

▲指令校舍建築委員會：爲據呈復，交辦添建漢口路小學校舍合同惟形，准予備案由。

指令第四三五六號　廿四年八月十五日

呈一件：爲添建漢口路小學校舍合同一案，呈請鑒核備案由。

呈暨繳件均悉。准予備案。件存。此令。

市長馬超俊

附原呈

案奉

鈞府交辦，工務局會同監視開標委員張劍鳴呈，爲呈送添建漢口路小學校舍工呈合同等件，仰祈

鑒核，並飭請領工款轉撥過局由。奉

批，交校舍建築委員會，等因，奉此。遵經召集審查委員會，交付審查，茲據審查人陸鑠強等報告：「經會同審查漢口路小學校舍合同，所訂各條，尚無不合，惟校舍經費，正由財局統籌支配辦法，應俟確定後，再由財局通知本會轉告工務局定期開工。」等情，據此。當己提經本會第一次常務委員會會議決議：「漢口路小學添建校舍建築合同，准予簽訂，即由工務局通知開工。分期付款辦法，由本會抄送財政局查照，幷呈府備案。」等語，除檢同工務局等原會呈，賬單三份，函請工務局查照通知開工，並將分期付款辦法，抄送財政局查照外，理合備文繳還工務局等原會呈，及原附呈合同暨比較表各一份，仰祈

鈞府鑒核備案。謹呈

市長馬

附呈繳還工務局等原會呈一件，原附呈合同一份，比較表一份。

南京市校舍建築委員會常務委員陸鑠強

宋希尚

陳劍如

廿四年八月

□試辦交通安全帶案

▲指令工務局：爲據呈白水泥安全帶，擬改用白漆線一案，准予照辦由。

指令第四三六八號　廿四年八月十六日

呈一件：爲白水泥安全帶，擬改用白漆綫，請鑒核備案由。

呈悉。准予照辦。仰即知照。此令。

市長馬超俊

附原呈

案查五省市交通委員會函請試辦白水泥安全帶及設置過街標誌一案，業經本局呈准鈞府飭撥該項工事半數費用四百五十五元九角五分，並在白下路朱雀路口一處試辦各在案。惟試驗結果，因白水泥缺少凝結力，極易損壞，認爲難以滿意，除繼續研究試驗，俟得一堅固經濟耐用之材料及做法，再行呈報外，茲爲交通上需要起見，擬仍暫採用白漆劃線辦法，油漆十處交叉口，每次預算需費八十六元零四分，平均每年油漆八次，每年需費六百八十八元三角二分。該項費用，擬即在准撥前領之試辦白水泥安全帶經費開支，不另請撥，理合具文呈請鑒核備案。再交通委員會撥到上項工事半數津貼費計洋四百五十五元九角五分，已於四月四日解庫。鈞府飭撥之全數工事費，計洋九百十一元九角，亦於五月十六日領到，合併陳明。謹呈

市長馬

工務局局長宋希尚

廿四年八月

□暑期免費供給貧民飲水並減低零售水價案

▲指令工務局：爲散發棚戶免費取水券情形由。

指令第四三八〇號　廿四年八月十六日

呈一件：爲呈報辦理分發棚戶免費券，及暑期零售水費減低情形，祈鑒核由。

呈暨繳件均悉。存餘水券，即由該局保存。除令衛生事務所知照外，仰即知照。此令。繳件存。

市長馬超俊

（原呈見訓令第四三八〇號）

▲訓令衛生事務所：爲工務局散發棚戶免費取水券情形，仰知照由。

訓令第四三八〇號　廿四年八月十六日

案據工務局呈稱：

「案奉交下衛生事務所呈一件，爲防疫期內，可否准市內棚戶於各接近自來水站免費給水，呈祈鑒核由，奉批防疫期內棚戶取用自來水，似可予以便利，交工務局核議具復，奉此。遵經由局擬具辦法，提請交議，茲奉鈞府第四〇〇〇號訓令內開：『案查本年七月廿六日，本府第三六二次市政會議，本市長交議，該局長提，爲擬具暑期供給貧民飲水辦法案，當經決議：「一二兩項通過，自八月一日起實行，九月十四日截止，第三項緩議」等語，紀錄在案。除令衛生事務所知照外，合行檢發原議案，令仰該局即便遵照辦理。』等因，奉此。查此案業經由局規定自八月一日起至九月十四日止，共計四十五天，爲自來水減價及供給貧民免費用水之期。辦法如下：（一）自來水零售水價每担（四十公斤）銅元三枚，暫減售銅元二枚，無論何人，均可向各水站及各兼代售水爐，自由購用。（二）貧民暑期免費用水，由局印製貧民暑期用水免費券，派員會同警士，按照本市已登記棚戶，挨戶散給，計發每戶一本，每本四十五張，憑券一紙，得向附近水站或兼代售水爐，免費取用自來水一桶（二十公斤），藉供飲料，惟不准私自轉移買賣，各水站水爐亦不得有私抬水價或藉故拒絕，及額外勒索水費情事，倘經查覺或由市民及各該棚戶告發，定即照章從嚴處罰，幷撤消其代售契約。所有各該水站水爐應繳水費，准自減價之日起，按照六六折扣算，至免費所放水量，准俟月終於各該水站水爐實用度數內憑券照數扣除。查此項免費券由本局印就二萬五千本，已於上月三十日，由局派員會同警局照已登記棚戶按戶散發，計由本局直接散發城內外棚戶共計一萬二千一百八十五本，至下關方面，亦經飭由本局下關辦事處會同警局分派各員同時散發，據報三十日與三十一日兩天計發出四千三百八十六本，均以執有棚戶登記證者爲限，嗣後於本月一日繼續散發五百六十二本，共計發出免費水劵四千九百四十八本，其中如寶塔橋，四所村，及三叉河，九家圩等處棚戶，均以距離水站過遠，取水不便，或密邇江邊，非所需要，未經領用，他如湖北街，二板橋兩處，則一因防水，一因火災，均已移居，無從散發，統計此次城內外及下關發出該項免費水劵，計共一萬七千一百三十三本，餘存七千八百六十七本。奉令前因，除通知本市各水站水爐分別遵行，暨布告週知，並分飭該處各稽查員隨時嚴密查察，務使一般民衆能得實惠外，至其餘七千八百六十七本免費水劵，是否由局暫爲保存，以待來年酌核發給，理合將辦理本案經過情形，及實發免費水劵本數，檢同原呈，一併報呈鈞府，仰祈鑒核示遵。」等情，據此。除指令外，合行令仰該所即便知照。

此令。

市長馬超俊

□埋設新住宅區第四區自來水管案

▲指令工務局：爲據呈送新住宅區第四區自來水管工程合同等件，祈核示撥款等情，仰編造支付預算，呈候核撥由。

指令第四六〇五號　廿四年八月廿四日

呈一件：爲呈報埋設新住宅區第四區自來水管工程開標情形，並送合同等件，祈核示撥款由。

呈件均悉。准予照辦，所需工款，仰即編造支付預算，呈候核撥，標賬發還，餘件存。此令。

計發還標賬二份。

市長馬超俊

附原呈

查埋設新住宅區第四區自來水管工程，業於上月廿三日上午十時，在本工務局會議室當衆開標，職劍鳴奉派蒞局監視，計開建康營造廠，金陵建設社，標賬共二份，建康廠開價一萬四千七百七十元零七角五分，（一百二十晴天完工）金陵社開價一萬四千四百五十元零九角二分，（一百五十晴天完工）均在預算範圍之內，當即詳加審核，以金陵社所開之價爲低廉，經交該社承包，並將完工期減爲一百二十晴天，除公布外，業與簽訂合同，限於材料到達工地後卽行施工。所需埋裝工款一萬四千四百五十元零九角二分，請

飭財政局照數籤發，以應支付。理合檢同合同一份，標賬二份，一併會銜呈報，仰祈

鑒核示遵。謹呈

市長馬

計呈送標賬二份，合同一份。

監視委員張劍鳴

工務局局長宋希尙　廿四年八月

◘修正營造業登記章程案

▲指令工務局：爲據呈送修正南京市營造業登記章程，准予修正公布由。

指令第四六四一號　廿四年八月廿八日

呈一件：爲呈送修正南京市營造業登記章程，祈鑒核令遵由。

呈暨章程均悉。查核章程條文，尙有未盡妥善之處，業經分別修正。除以府令公布外，茲抄發修正章程一份，仰卽遵照施行。此令。

計抄發修正章程一份。

市長馬超俊

▲南京市政府令　廿四年八月廿八日

茲修正南京市營造業登記章程，公布之。此令。

市長馬超俊

土地

□舉辦七八兩區土地登記案

▲訓令土地局：為七八兩區土地所有權登記，市政會議議決自本年九月一日起舉辦。令仰遵照由。

訓令第三九九八號 廿四年八月一日

案查本年七月廿六日，本府第三六二次市政會議，本市長交議：該局長提，擬自本年八月一日起，增辦七八兩區土地所有權登記，以竟全功案，當經決議：「自本年九月一日起舉辦」在案。合行檢發原議案，令仰該局即便遵照辦理。此令。

計發原議案一件。

市長馬超俊

□核定建康路廊地准由該路業戶繳價承領案

▲訓令土地局：為據財政局呈，建康路廊地，能否准予業戶繳價承領一案，准照章給領，仰遵照由。

訓令第四〇六八號 廿四年八月五日

案查前據財政局廿四年七月一日第二一〇五號呈，為建康路廊地，事實上既無法整理，能否准予建康路業戶繳價承領，請鑒核示遵一案，當經發交工務局等核議在案。茲據該局等本年七月廿七日簽呈稱：

「遵經查核該官廊事實上既無法整理，但對於處分該廊地似可援用「首都新闢道路兩旁房屋建築促進規則施行細則」第十二條第一項後半段之規定（原文如下(一)……但原地段本係商店因築路而致剩餘地段深處不及規定限度之半者應由後鄰業戶讓渡一部份土地以補足之），及同條第三項之規定（原文如下(三)原地段深處超過規定限度之半(三公尺以上)而不及規定限度(六公尺)者，應由後鄰業戶讓渡土地一部以補足所缺面積），由建康路業戶繳價承領。奉交前因，理合簽復鑒核施行。」

等情，應准如簽辦理。除指令並飭知築路攤費審查委員會外，合行令仰該局即便知照。

此令。

市長馬超俊

▲訓令築路攤費審查會，爲令知建康路後官廊地，已飭局給領由。

訓令第四〇六八號　廿四年八月五日

案查前據該會呈復整理建康路後官廊，請先由財政局查明因建築發生糾紛之戶數，再交工務局對於有糾紛之戶，另擬整理計劃一案，當經轉飭財政局遵辦，並指令知照在案。旋據財政局呈復，以建康路廊地，事實上既無法整理，能否准予建康路業戶繳價承領之處，請鑒核示遵，等情，據經復飭工務局等核議去後，茲據復稱：

「遵經查核該官廊事實上既無法整理，但對於處分該廊地，似可援用「首都新闢道路兩旁房屋建築促進規則施行細則」第十二條第一項後半段之規定（原文如下（一）……但原地段本係商店因築路而致剩餘地段深處不及規定限度之半者應由後鄰業戶讓渡一部份土地以補足之）、及同條第三項之規定（原文如下……(三)原地段深處超過規定限度之半(三公尺以上)而不及規定限度(六公尺)者應由後鄰業戶讓渡土地一部以補足所缺面積），由建康路業戶繳價承領。奉交前因，理合簽復鑒核施行。」

等情，應准如簽辦理。除令土地局遵照，並指令外，合行令仰該會知照。

此令。

市長馬超俊

▲指令工務局：爲據簽復建康路官廊，似可由業戶繳價承領一案，准如所簽辦理，仰知照由。

指令第四〇六八號　廿四年八月五日

簽呈一件：爲奉交財政局呈，建康路官廊能否准建康路業戶繳價承領一案，似可由業戶繳價承領，祈鑒核由。

簽呈悉。准如所擬辦理，已令飭土地局遵照，並飭知築路攤費審查委員會矣。仰即知照。此令。

制定土地局組織規則案

（原簽呈見訓令第四〇六八號）

市長馬超俊

▲訓令土地局：爲奉行政院訓令，以據本府呈，爲擬將財政局土地處恢復爲土地局，繕具規則，請鑒核轉呈備案一案，經呈奉 國民政府令准備案等因，轉令遵照施行由。

訓令第四一九四號　廿四年八月九日

案奉

行政院本年八月三日第四一六八號訓令開：

「案查前據該市政府呈，爲擬將財政局土地處，恢復爲土地局，繕具組織規則請鑒核轉呈備案，等情，到院。經提出本院第二二一次會議決議，「通過」轉呈國民政府鑒核備案，並令行內政部知照，暨指令知照在案，茲奉 國民政府廿四年七月廿四日第一八六二號指令開：『呈件均悉。准予備案。附件存。此令。』等因，奉此。合行令仰該市政府知照。此令。」

等因：奉此，查此案，前經擬具該局組織規則，呈請

行政院鑒核轉呈備案，旋奉

行政院第二二四一號指令，業經轉令知照各在案。茲奉前因，合行抄發原規則，令仰遵照施行。

此令。

附抄發南京市土地局組織規則一份。

市長馬超俊

核定旗地推讓如出讓人領有旗產登記證者准由受讓人繳價承領逕爲所有權登記案

▲指令土地局：爲前經照旗地登記章程辦理之旗地，准由受讓人繳領，逕爲所有權登記，否則仍應先由出讓人爲他項登記後，始准推讓，仰遵照由。

指令第四二〇九號　廿四年八月九日

呈一件：爲呈爲旂地推讓聲請繳价承領案件，可否免除他項權利登記，准予繳領，爲所有權登記，以便人民，而省手續，請鑒核示遵由。

呈悉。查推讓之旂地，如果出讓人前經遵照旂產登記章程，領有旂產登記證者，現在推讓，自可准由受讓人繳价承領，逕爲所有權登記，以省手續。至出讓人未經遵照旂產登記章程領有旂產登記證者，則仍應由出讓人先行登記他項權利，俟其地上權或永佃權確定後，方得推讓，仰即遵照。此令。

市長馬超俊

附原呈

查接管財政局移交卷內，人民承租本市旂地，業經呈奉

鈞府廿三年十月第九四二一號指令，准將房屋地列入地上權登記，耕種地或空地列入永佃權登記在案。惟查以前旂產登記章程，原租戶將租地推讓他人，均須照章公告一個月，期滿如無權利關係人聲明異議，方准更名過戶，現在辦理全市土地登記，旂產登記章程，已不適用，此項推讓案件，登記他項權利，依法必須公告三個月，在未公告前，而受讓人每因急待使用，聲請繳價承領者甚多，如照上項辦法辦理，手續不無遲緩，爲救濟事實計，不得不予以變通辦理，可否免除他項權利登記，准予受讓人繳价承領，爲所有權登記，以便人民，而省手續之處，理合呈請

鈞府鑒核，迅賜示遵，實爲公便。謹呈

市長馬

代理土地局局長周　湘　廿四年七月

□規定各住宅區土地登記概予免除公告手續案

▲訓令土地局；爲市政會議議決凡由本府放領之各住宅區土地登記，概予免除公告手續。但業主承領後，如有買賣

移轉等情事者，仍應照章辦理。令仰遵照由。

訓令第四五〇三號 廿四年八月廿一日

案查本年八月十六日，本府第三六五次市政會議，該局長提議，擬免除甲種住宅區領戶土地登記公告手續案。當經決議：「凡由本府放領之各住宅區土地登記，概予免除公告手續。但業戶承領後，如有買賣移轉等情事者，仍應照章辦理。」等語紀錄在案。合行檢發原提案，令仰該局即便遵照辦理。此令。

計發原提案一件。

市長馬超俊

◻核准關於市民聲報建築案件如有特殊情形得由業主出具切結逕呈工務局核辦案

▲訓令土地工務局：為關於建築案件，如有緊急情形，得由業主繪圖具結，逕呈工務局核辦一案，已經市政會議決議通過。分令遵辦。並會同佈告周知由。

訓令第四五三三號 廿四年八日廿一日

案查本年五月廿四日，本府第三五四次市政會議，陸財政局提議，為關於建築案件，如有緊急情形，得由業戶繪具建築圖樣，並出具切結，逕呈工務局核辦，以期便利，可否請公決案，當經決議：「交陸局長，宋局長，及陳專員會同審查，提出下次會議討論，由陸局長召集。」等語，照案交付去後，茲據周土地局長等審查報告：以現因土地局成立，由陸局長移交過局，經會同原指定人員開會審查，謹將審查意見，分陳如左：

一、原提案內所有『緊急』字樣，擬一律改為『特殊』二字。

二、原提案切結所載『願將該地及所附建築物一併充公』一語，擬改為『除某地仍歸還原業主外，願將所附建築物充公』等字。

三、凡偶因工作人員技術之差誤，（如角度微差之類）或因包工業主之誤解，致有些微逾越者，擬只責其將逾越基地部份建築拆除，免予處罰。

四、本案適用範圍，擬定爲下列三項：1.原有建築物發生危險狀況者，2.關於整飭市容經工務局令飭限期報建者，3.土地登記附帶聲請建築者。

以上各項，是否有當，請鑒賜核奪」等情，並附呈陸局長原提案前來，又於本年八月十六日，提經本府第三六五次市政會議決議：「審查意見除第三項應無庸議外，餘照通過。」等語，紀錄各在案。除分令工務土地局外，合行檢發原提案，令仰該局即便遵照辦理。並會同佈告業戶人等一體週知爲要。

此令。

計發陸局長原提案一件、

市長馬超俊

附原提案

爲關於建築案件，如有緊急情形，得由業戶繪具建築圖樣，幷出具切結，逕呈工務局核辦，以期便利，可否請公決案，查本市各業戶聲報建築，照章須先經財政局核准，發給勘丈單圖，由各業戶持繳工務局驗明，換領建築執照，方准興工。惟財政局辦理此項案件，依照測丈製圖審查等程序，最速須十餘日，如有契據不全或其他糾紛者，尤須慎重處理，費時更多，且現在辦理土地登記，積壓案件約一萬六七千起，上年七八月間聲請登記者，現均急待審核，新收之建築案，無論如何，勢難提前趕辦，在此情形之下，各業戶因財政局之勘丈圖單，一時不能核發，工務局之建築執照，遂無從換領，祇得不能興工，殊非所以便利市民。茲擬凡有緊急情形，（如地上已有建築物，發生危險，急須改建，或經工務局查明限令趕報建築等，由各業戶繪具建築圖式，幷出具切結（結式附後），逕呈工務局核准建築，仍請工務局核准此項緊急建築後，隨即函知本局備查，本局亦即另立簿冊登註，以期啣接，至通常建築案件，仍照向章辦理，以省周折，而應急需。是否可行，敬請

公決

財政局局長陸肇強提

結式

具切結人○○○今因○○(街)○○號地產，確屬已有，請予核准建築，一俟該地所有權登記確定後，如有侵佔，或冒認等情，願將該地及所附建築物一併充公。所具切結是實。謹呈

工務局

其他

■制定工作人員儲蓄金管理委員會組織章程案

▲訓令所屬各機關：爲令發本府工作人員儲蓄金管理委員會組織章程，仰遵照由。

訓令第三九七八號　廿四年八月一日

案查本年六月十九日，本府第三六一次市政會議，本市長交議，南京市政府工作人員儲蓄金管理委員會組織章程草案案，當經決議，交陸局長，參事室，王所長，及孫專員，會同審查，提出下次市政會議討論，由陸局長召集等語，照案交付去後，茲據該局長等報告審查結果前來，又經本府第三六二次市政會議決議修正通過在案，除分令外，合行抄發該會組織章程，令仰遵照。此令。

計發南京市政府工作人員儲蓄金管理委員會組織章程一份。

市長馬超俊

■更改玄武公園五洲洲名案

▲訓令公園管理處、所屬各機關：爲市政會議議決更改玄武公園中五洲名稱，仰遵照、知照由。

訓令第三九九〇號　廿四年八月一日

案查本年七月五日，本府第三六零次市政會議，本市長交議，周參事，吳秘書等報告：審核市民所呈更改玄武湖

中五洲名稱意見，及各該員建議案，當經決議：「交王祕書長會同原審查人，再行審查後，呈請市長核定」等語，照案交付去後，茲據該祕書長報告覆審結果：一、亞洲改稱環洲。二、歐洲改稱櫻洲。三、美洲改稱芳洲。四、非洲改稱翠洲，五、澳洲改稱菱洲。並逐項附具說明，請核示前來，又經本府第三六二次市政會議決議：「美洲改稱梁洲。餘照審查意見通過在案。除分令公園管理處遵照辦理，并分行令外，合行抄發說明，令仰遵照辦理。知照。此令。

計抄發更改玄武公園中五洲名稱說明一紙。

市長馬超俊

附說明

一、亞洲改稱環洲　洲形屈曲如半環，櫻洲亦爲其所環抱，遊人過此，輒生曲徑通幽之感，因改稱環洲。

二、歐洲改稱櫻洲　洲上櫻桃樹極多，春風三月，綠醉紅酣、頗饒豔趣，及至初夏，則朱實纍纍，湖民擷取，售餉遊人是櫻花櫻桃極悅目可口之妙，因改稱櫻洲。

三、美洲改稱梁洲　洲擅全湖之勝，爲梁昭明太子梁園故址，當日賓客來往，盛極一時，與現在之遊人絡繹，同一雅興，因念其藍褸開闢之功，故改稱梁洲，亦有取於以蘇白名堤之意耳。

四、非洲改稱翠洲　洲上修竹亭亭，縱橫數畝，曉煙殘照，翠色浮空，且鍾山東峙，蒼翠欲流，與洲間之竹翠相混合，濃翠可掬，因改稱翠洲。

五、澳洲仍稱菱洲　洲外原多產菱。湖民向稱菱洲，因菱米可供民食。爲副產物之一，今仍沿用舊名，一以存民意，一以念民生也。

□津貼和萬實驗鄉農民購買秋蠶種案

▲指令和萬實驗鄉委員會；爲據轉呈該鄉農民呈請本年秋蠶可否援照春蠶種舊例，每張津貼種價洋二角一案，准予照例津貼，仰遵照辦理由。

指令第四〇二四號　廿四年八月二日

呈一件：為呈據屬鄉農民請援照春蠶種舊例，每張津貼種價大洋二角，本年秋蠶可否仍循舊例，祈示遵由。

呈悉。本年秋蠶，准予援照春蠶種舊例，每張由本府津貼種價洋二角，仰卽將該鄉農民此次定購蠶種確數，查明具復，以憑核辦。此令。

市長馬超俊

附原呈

案據本鄉農民代表到會面稱，本年夏季本鄉農戶購置蠶種，每張由市政府津貼種價大洋二角，農民受惠甚多，茲屆秋蠶養育之期。擬請鈞會轉呈市府仍照春蠶種舊例，每張津貼種價大洋二角，以蘇民困，而維蠶業，等情，據此。查本鄉育蠶農戶甚多，而農村經濟極為枯竭，本年春季經呈請鈞府准予津貼每張蠶種大洋二角，分別發放在案。本年秋蠶，可否仍循舊例辦理之處，理合具文呈祈察核示遵。謹呈

南京市政府

和萬實驗鄉委員會常務委員許耀卿　廿四年七月

□建設鼓樓公園兒童娛樂園案

▲訓令公園管理處：為准南京市二十四年兒童節籌備會函，為決在鼓樓公園建立兒童娛樂園一所，請飭屬協助進行等由，令仰遵照由。

訓令第四一〇〇號　廿四年八月六日

案准南京市二十四年兒童節籌備會本年七月二十七日函開：

「查本會爲紀念廿四年兒童節起見，前經決議將節餘捐款，建設兒童娛樂園一所，爲兒童謀福利，而垂永久紀念，建築地點，業經本會派員勘察，幷經第二次籌備會議決定，以鼓樓公園(鼓樓小學後面廣場)爲最適當。除准楊瑞虹同志向公園管理處接洽外，相應函請貴府令飭公園管理處派員協助進行，所有園地布置，花草配備，擬請公園管理處負責辦理，卽希查照轉知。」

等由，准此。自應照辦。合行令仰該處卽便遵照辦理。

此令。

市長馬超俊

□轉知合作社法施行日期案

▲訓令所屬各機關：爲奉院令知合作社法施行日期，令行知照由。

訓令第四二五〇號　廿四年八月十日

案奉

行政院本年八月三日第四一六零號訓令開：

「案奉　國民政府本年七月三十一日，第六零零號訓令內開：『爲令知事，查合作社法，前經制定公布在案，茲將該法明令規定自二十四年九月一日起施行，應卽通行飭知。除分令外，合行令仰知照，幷轉飭所屬一體知照。此令。』等因。奉此，除分令外，合行令仰知照，幷轉飭所屬一體知照。此令。」

等因，奉此，除分令外，合行令仰知照。幷轉飭所屬一體知照。

此令。

市長馬超俊

□建設第一公園兒童遊樂場案

▲指令公園管理處：為據呈請設立兒童遊樂場，准予照辦，仰即按照復估價目編造預算，呈候撥款興建由。

指令第四三一七號 廿四年八月十五日

呈一件：為呈請設立第一公園兒童遊樂場，檢同圖樣估單，仰祈核示由。

呈件均悉。所請准予照辦。此項建設工程，茲經派員復估，據稱：

「遵經另招梁同興于芝記等營造廠另開具估單，查于芝記營造廠開價四百三十二元零六分，較原呈估單總價五百八十六元三角七分低廉一百五十四元三角一分。」

等情，據此。應將估單檢發，仰即按照于芝記所開價目，編造支付預算書，呈候撥款興建。

此令。

計檢發于芝記估單一份，發還原呈估單一份。

市長馬超俊

附原呈

案據屬處第一公園管理員余佛呈稱：

「竊查各國都市公園，均附有兒童遊樂場設備，藉示啓發兒童體育之興趣，以鍛鍊其體格，惟我國各處非獨公園悉未注意及此，即公共體育場所，亦多乏兒童遊樂場之適當設施，茲值本年為兒童年之期，對於兒童福利事業，當有均衡之發展，是故兒童體育之培養，實亦急務之一端，且本市為全國模楷之鵠的，中外觀瞻之所繫，故兒童遊樂場之設施，無容或緩，在市政府二十四年度行政計劃中，關於公園方面之中心工作第三項第三條業已確定屬園開辦兒童遊樂場一所，現經職勘查結果，認為園之西北部靠近飛機場之一隅，地點適宜，堪為開關兒童遊樂場之用，場內設施圖樣，一切建築及玩具工程等，均已擬就，並由木工估定，計共需洋五百八十六元三角七分，是否有當，理合將圖樣及估價單各二份，一併備文呈請鑒核令遵，實為公便。」等情，並附呈圖樣及估價單前來。查該員建議，設立兒童遊樂場一舉，確為適應環境之事業，且係屬處本年度行政計劃之一部，似可准予開辦，以增進兒童幸福。據呈前情，理合檢同原呈圖樣及估價單各一份，備文呈請鑒核示遵。

謹呈

市長馬

計附呈兒童遊樂場圖樣一份，估價單一份。

公園管理處主任陳無涯　廿四年七月

■制定問事處組織規則案

▲訓令各局：為令發南京市政府問事處組織規則，仰知照由。

訓令第四三二三號　廿四年八月十五日

案查本年六月廿五日，本府第三五〇次市政會議，本市長交議：「周參事等簽呈：會擬南京市政府問事處組織規則及辦事細則案當經決議：「交各局長，參事室，及陳專員會同審查。由陳局長召集」等語，照案交付去後，茲據該局長等報告審查結果前來又經本府第三六四次市政會議決議：「組織規則修正通過。辦事細則另定之」等語紀錄在案。除分令并公布施行外，合行抄發規則令仰該局即便知照。此令。

計發南京市政府問事處組織規則一份。

市長馬超俊

▲南京市政府令　廿四年八月十五日

茲制定南京市政府問事處組織規則公布之。此令。

市長馬超俊

轉知解釋不服公安機關處分執行疑義案

▲訓令所屬各機關：爲准內政部咨，爲解釋不服公安機關處分執行疑義，轉令知照由。

訓令第四三九一號　廿四年八月十六日

案准

內政部警壹（一）廿四年八月三日發零一一六九一號咨開：

「案准浙江省政府二十四年七月九日祕字第五六一四號咨內開：『案據民政廳呈稱：「據縉雲縣縣長葉文呈稱：『案據本縣警察第二派出所巡官王文龍呈稱：「查警察法規彙編內載：公安局處分違警人犯，如有不服，能向縣政府訴請救濟，業於二十一年經樂清縣政府呈請民政廳層轉行政院轉咨司法院提交統一解釋法令會議議決，依違警罰法所爲之拘役罰金，或停業歇業，均屬行政處分，如有不服得依訴願程序救濟，等因。竊人民不服公安機關停業歇業及拘留罰金之處分，如經被處分人聲稱保外依法訴願請求救濟，原處分機關，應否准保停止執行？或仍照原處分卽予執行？設人民不服停業或拘役之處分，幷被處分停業或拘役僅數日，一面被停止營業或拘留，一面訴願救濟者，一俟奉到政府決定縱准撤銷原處分，而已被執行期滿被處分人仍不能受訴願法救濟，保障，究應加何辦理之處，不無疑義，理合備文呈請，仰祈鈞府鑒核解釋祇遵。」等情；據查所稱各節，似有疑義，究應如何辦理，事關解釋行政法令，縣長未敢擅專，據呈前情，理合備文呈請，仰祈鑒核俯賜解釋祇遵。』等情，據此，事關解釋行政處分執行疑義，除指令外，理合備文轉呈，仰祈鑒核示遵。」等情，據此，查前奉行政院第一零五五號訓令，以准司法院咨，解釋公安局處分違警人犯，如有不服，得依訴願程序救濟等因，業經令飭民政廳轉行知照在案，玆據前情，除指令外，相應咨請貴部查核解釋，幷希見復，以便飭遵。』等由．到部。查訴願法第十一條規定：「訴願未決定前，處分不失其效力。但受理訴願之官署，得因必要情形，停止其執行。」是對行政處分不服，提起之訴願，原則上不能影響其執行，其例外，僅受理訴願之官署，有權加以停止而已。是訴願人既不能因提起訴願之故，當然停止執行，原處分官署，亦無自動停止執行之權力，依違警罰法所爲之處罰，既屬行政處分之一種，自亦應依照辦理，凡不服公安機關處分提起訴願者，除受理訴願官署認爲必要停止其執行者外，原處分仍應即予執行。准咨前由。除咨復并分行外，相應咨請查照，轉飭所屬一體知照。」

等由：准此，除分令外，合行令仰知照。

此令。

市長馬超俊

□轉知印花稅法自本年九月一日起施行案

▲訓令所屬各機關：爲奉行政院訓令，轉奉國府令規定印花稅法自二十四年九月一日起施行一案，轉令知照由。

訓令第四四二八號　廿四年八月十九日

案奉

行政院本年八月十日第四二六二號令開：

「案奉國民政府二十四年七月三十日第五九九號訓令開：『爲令知事：查印花稅法，前經制定公布在案。茲將該法明令規定自二十四年九月一日起施行，應即通行飭知。除分令外，合行令仰知照，并轉飭所屬一體知照。此令。』等因，奉此。查前奉 國民政府二十三年十二月八日第九零九號訓令，公布印花稅法，暨二十四年五月十八日第三九九號訓令，以該法第十六條稅率表，第十七款免稅欄內應列入「每件金額未滿十元者免貼」十一字。又第三十四款稅率欄內，「承租執照，每照貼印花五角」。應改爲「承租執照，每照貼印花二角」。等因，業經以第六八四八號及二九四一號訓令通飭知照，各在案。茲奉前因，除分行外，合行令仰知照。並轉飭所屬一體知照。」

等因，奉此。查此案，前迭奉

行政院令飭，即經轉令知照在案。茲奉前因，除分令外、合令令仰知照，并轉飭知照。

此令。

市長馬超俊

□江勝鄉鄉長馮秉誠努力搶險保全圩堤傳令嘉獎案

▲指令上新河區公所：爲據呈轉江勝鄉鄉長呈報同義等圩出險情形，准予備查，該鄉長搶險努力，仰傳令嘉獎由。

指令第四四五六號　廿四年八月廿日

呈一件：爲轉報江勝鄉鄉長呈同義棋杆東裙等圩出險情形，祈鑒核備查由。

呈悉。准予備查，該江勝鄉鄉長馮秉誠，努力搶險，保全圩堤，殊堪嘉尙，仰卽傳令嘉獎，並仍飭該鄉長督率各伕首等，繼續防範秋汛，毋稍鬆懈，爲要。此令。

市長馬超式

附原呈

案據江勝鄉鄉長馮秉誠呈稱：

「竊查江心洲同義圩，週圍約四十里，當江潮泛漲時，水位離埂不足一尺，危險萬狀，所有夾江一帶埂堤風浪稍小，搶護已屬不易，至濱臨大江埂堤風浪洶湧，搶護更覺爲難，始則責成各伕首分段負責搶護，繼則組織巡堤隊五十人，每日巡視全部埂堤，遇有侵漏或坍卸之處，卽行修築，所用搶險材料，均係自行籌備，因本圩範圍過大，搪浪麥草用去一萬担，大小樁木用去二萬餘根，鄉長晝夜督率，未敢稍懈，故本圩得以脫險，未遭崩潰，雖農民稍受損失，而轉危爲安，誠屬不幸中之大幸。再大勝關旗杆圩頭關鎭東裙圩，於七月十九日發現危險狀況，當經鄉長督伕搶救，均已安然脫險，除仍隨時督率各伕首及各保長等，謹防秋汛外，理合將各圩搶險各情形，具文呈報。」

等情，據此。理合據情備文轉呈，仰祈

鈞長鑒核，俯予備查，是爲公便。

謹呈

市長馬

上新河區區長李儁　廿四年八月

■轉發印花稅法施行細則案

▲訓令所屬各機關：爲准財政部咨送印花稅法及施行細則，令仰遵照，并飭屬遵照由。

訓令第四四六七號　廿四年八月廿日

案准

財政部第一八零六四號咨開：

「案查印花稅法，前經　國民政府于二十三年十二月八日公布，按照原法第二十四條之規定，其施行日期，以命令定之。現奉　國民政府令開：『印花稅法定自二十四年九月一日起施行。』等因，其施行細則，亦經本部依照原法第二十三條『本法施行細則由財政部定之』之規定。詳細擬訂，凡十九條，并於第十九條內規定本細則與印花稅法同日施行，業於本年七月二十三日以部令公布，暨呈請　行政院轉呈　國民政府鑒核備案在案。自本年九月一日印花稅法及細則施行後，所有印花稅暫行條例及各省單行章則，暨本部以前核經免貼緩貼或減貼印花之各成案，應一律廢止。惟汽水一項，係屬貨物稅，與憑證稅情形不同，應候訂定征稅辦法另案辦理。除分別咨令布告外，相應檢同印花稅法及印花稅法施行細則各五十本，咨請查照，并希轉飭所屬遵照。」

等由，准此。自應照辦，除分令外，合行檢發印花稅法，及印花稅法施行細則各一份，令仰該　遵照，并轉飭所屬遵照。

此令。

計檢發印花稅法及印花稅法施行細則各一本。

市長馬超俊

■修正購料審核委員會規則案

▲訓令所屬各機關：爲令發本府購料審核委員會規則，仰遵照辦理由。

訓令第四五四二號　廿四年八月廿一日

案查本年八月十六日，本府第三六五次市政會議，本市長交議：參事室簽呈修改南京市政府購料審核委員會規則，及辦事議事兩細則案，當經決議：「購料審核委員會規則修正通過。辦事及議事兩細則，由該會另行擬訂，呈府核定」等語紀錄在案，除將修正規則公布施行，暨分令遵照，並依照該規則第二條規定，另令加派土地局長周湘兼該委員會委員，及指定該會委員王漱芳，陳劍如，周湘三人爲常務委員外，合行檢發修正規則，令仰遵照。此令。

計發修正南京市政府購料審核委員會規則一份。

市長馬超俊

▲南京市政府令　廿四年八月廿一日

茲修正南京市政府購料審核委員會規則公布之。此令。

市長馬超俊

▲訓令購料審核委員會委員 陳劍如 王漱芳 周湘：爲令派該員等爲購料委員會常務委員。仰遵照從速改組由。

訓令第四五四二號　廿四年八月廿一日

查本府購料審核委員會組織，業經本市長核定改爲常務委員制，所有常務委員，亟應照章派定，以重責守。茲指

王委員漱芳周委員　湘

派該員，及陳委員劍如周委員　湘三人，兼該委員會常務委員。除分令外，合行令仰遵照。並將該委員會從速改組具

王委員漱芳陳委員劍如

報。此令。

市長馬超俊

□核准免予撥還疏浚北運糧河所用土箕籮繩等費案

▲指令南濱鄉公所：爲據會呈請求免予攤還疏浚北運粮河所用蘿繩等用費一案，姑准免予攤還，仰知照由。

指令第四六五九號　廿四年八月廿八日

會呈一件：爲奉令攤還墊款，聲述困難情形，公懇撤銷決議案，另籌歸墊辦法，以恤民艱，乞核示由。

會呈悉。查此項土箕蘿繩用費攤還辦法，係征工辦法第五條所規定，早經令飭工務局及上新河區公所佈告週知在案，本應依照原案辦理，惟據稱農民負担種種困難情形，尚屬實在，姑准免予攤還、以示體恤。除分令財政工務兩局，暨上新河區公所知照外，仰卽知照。此令。

市長馬超俊

▲訓令財政局、工務局、上新河區公所：爲據南濱鄉等四鄉鎭公所會呈，請求免予攤還疏浚北運糧河所用蘿繩等費一案，姑准免予攤還，令仰知照由。

訓令第四六五九號　廿四年八月廿八日

案據上新河區南濱鄉等四鄉鎭公所會呈，以奉令攤還疏浚北運糧河所用土箕蘿繩等四百十六元九角四分，聲述農民負担種種困難情形，公懇免予攤還，另籌歸墊辦法，以恤民艱，等情，據此。查此項土箕蘿繩等費，前經本府第九十九次區長會議決議，由上新河區公所按照上新河鎭等四鄉鎭所有受益田畝分攤代征歸墊，並分令飭遵辦在案。茲據前情，除指令：「會呈悉。查此項土箕蘿繩用費攤還辦法，係征工辦法第五條所規定，早經令飭工務局及上新河區公所布告週知在案。本應依照原案辦理，惟據稱農民負担種種困難情形，尚屬實在，姑准免予攤還，以示體恤。除分令財政工務兩局暨上新河區公所知照外，仰卽知照。此令。」印發，暨分令外，合行令仰該局所知照。此令。

市長馬超俊

◻修理市鐵路案

▲指令鐵路管理處：爲據呈請擇要修理該路各項工程，仰遵令辦理由。

指令第四六六九號　廿四年八月廿八日

呈一件：為選將本路急待修理之處，繕具工程清冊，呈請准在本處積餘項下撥款興修由。

呈件均悉。查冊列各項修理工程，除第一項道木應即採用栗木，第八項機廠修理係屬房屋之款，暫從緩議，及第十項未列估計價目，着依運輸需要情形另案呈核外，其餘應准照辦。所需修理費用共計九千八百四十九元六角，姑准暫由該處積餘項下動支。但一面仍需照章編造預算二份，逕向財政局轉賬，一面另造一份，分呈本府備案，以清款目。至購辦材料等項，并應按照本府規定手續辦理，除令財政局知照外，仰即從速遵辦，工竣報請驗收。冊存。此令。

市長馬超俊

（原呈見訓令第四六六五號）

▲訓令財政局：為令知核准鉄路處修理各項工程，動支積餘款項情形由。

訓令第四六六五號　廿四年八月廿八日

案據鉄路管理處呈稱：

「案奉鈞府第二七（）五號指令，以據職處呈請支撥本處積餘款項，擇要興修全路工程由，內開：『呈件均悉。查該處鉄路亟須修理，及添製各節，雖屬實情，但該路出租與江南鐵路公司，已有成議，其手續正在進行之中，在此過渡時代，祗宜對於以下二項，有關行車危險，急不能緩者，酌加修理。（一）添換螺絲一千只，計洋一百二十元。（二）橋樑修理費，計洋七百八十五元五角三分，兩共九百零五元五角三分。仰即遵照在該處臨時費內，編造支付預算書，呈候撥款興修，其餘暫從緩議。單存。此令。』等因，奉此。除添換螺絲，及修理橋樑，已遵編預算書，呈候在積餘項下撥款修理外，查江南鐵路公司，以改變路綫，決意放棄租用本路之計劃。又前任徐主任，三年未加修理，致全路道木一萬八千餘根，其腐爛缺空者，竟達二千根以上，道釘之缺銹者，佔四千根以上，石子缺少尤甚，致道木陷入泥中，排水不靈，路基鬆動，車輪薄如刀片，行駛危險，甚至一日之間，出軌達五六次之多，他如房屋客車打水機風泵機廠岔道二股道柵欄等之破舊竊敗，非有整個澈底改造，不足以恢復路政。六月二十七日鈞長親蒞本路視察，目睹情形，對於各項修理工程，確係迫不容緩，當奉鈞長面諭，着即興修〈等因，奉此，職責任所在，不敢因循貽誤，深恐一旦發生危險，則咎戾莫辭，爲此再將本路急待修理之處，擇其最要者，附工程清冊說明一本，一併備文呈請鈞長察核，准予在積餘項下撥款興修，以整路政，而利交通。」

等情，并附清冊前來，據查此案前已飭據該局簽復在案。除指令：

「呈件均悉。查冊列各項修理工程，除第一項道木應即採用栗木，第八項機廠修理係屬房屋之款，暫從緩議，及第十項未列估計價目，着依運輸需要情形另案呈核外，其餘應准照辦，所需修理費用，共計九千八百四十九元六角，姑准暫由該處積餘項下動支，但一面仍須照章編造預算二份逕向財政局轉賬，一面另造一份，分呈本府備案，以清款目。至購辦材料等項，并應按照本府規定手續辦理。除令財政局知照外，仰即從速遵辦，工竣報請驗收。冊存。此令。」

印發外，合行令仰知照。

此令。

市長馬超俊

☐訂定職員出勤車費支給辦法案

▲訓令所屬各機關：爲令發本府及所屬各機關職員出勤車費支給辦法，仰遵辦由。

訓令第四七二七號　廿四年八月卅一日

案查本年八月二十三日，本府第三六六次市政會議，本市長交議：祕書處沈科長簽呈會同各局第一科長擬具南京市政府及所屬四局職員出勤車費支給辦法，是否適當，請公決案，當經決議：「修正通過」在案。除分令外，合行檢發辦法及分圈圖，令仰遵照辦理，並轉飭所屬一體遵照辦理。此令。

計發南京市政府及所屬各機關職員出勤車費支給辦法一份，又附分圈圖一張。

市長馬超俊

◻制定鄉區區鄉鎮保甲長辦理戶口異動懲奬暫行辦法案

▲訓令上新河　孝陵　燕子磯　區區公所：爲令發南京市鄉區區鄉鎮保甲長辦理戶口異動懲奬辦法，仰遵照由。

訓令第四七三〇號　廿四年八月卅一日

案查本年八月廿三日、本府第三六六次市政會議，本市長交議：王參事等審議南京市鄉區區鄉鎮保甲長辦理戶口異動懲奬暫行辦法案，當經決議：「修正通過」在案。除照案核准施行，并分令外，合行檢發辦法，令仰該區公所即便遵照。并轉飭各鄉鎮保甲長一體遵照。此令。

計發南京市鄉區區鄉鎮保甲長辦理戶口異動懲奬暫行辦法。

市長馬超俊

佈告

□厲行鄉區戶口異動查報案

南京市政府布告第四〇九五號

查舉辦保甲，爲安定社會建設農村之基本要政，本府前經呈准

行政院舉辦鄉區保甲，業將所屬各鄉鎮編組完竣，關於戶口異動查報，係整理保甲動態，尤爲保甲戶長本身之專責，各戶長應卽隨時報告該管甲長，俾便按級轉報，以符章則，乃近查鄉鎮保甲內戶長間有未能遵辦對于形跡可疑之人，不斷往來，甚至夜間男女混雜，亦匿不申報，迨該管甲長查悉詰問，非惟不聽，反糾衆加以毆辱，似此橫行玩法，殊堪痛恨，本應從嚴懲辦，以儆效尤，惟念鄉區保甲，舉辦伊始，各鄉民尙未澈底明瞭。姑予從寬免究，以觀後效，現鄉區戶口異動查報，業經本府特派專員巡迴訓練，並責成各區鄉鎮長嚴厲督促各保甲戶長切實遵照辦理，倘嗣後仍蹈前轍，定當依法懲治，以重要政，除函

首都警察廳轉飭各駐在地巡邏隊隨時予以協助外，合行布告該鄉民衆，一體週知毋違！此佈。

市長馬超俊

中華民國二十四年八月六日

□禁止任意砍伐樹木案

南京市政府佈告　第四六九三號

民衆們！！！你們看和萬實驗鄉和蒙藏學校一帶，羣山環繞，樹木茂密，眞是很好的天然風景，現在蒙藏學校與和萬實驗鄉委員會，打算把這裏闢作森林公園，要和大家共同來保護培植。不料有一般自私自利的人，把這裏的大樹和樹苗，隨便砍去，出售或自用，眞是太不講公德了！

民衆們！！！你們要曉得森林的作用，不但可以供給柴料，點綴風景，並可以增進我們身體的健康尤以涵蓄水分，調和氣候，減免水災和旱災，與我們人生的關係，是非常密切的，政府近年提倡造林特別努力，就是這個道理。

民衆們！！！你們既然有了現成的森林，如果大家共同保護，將來森林培植好了，材木儘夠你們採用；倘若這時大家都不知愛護，不管小樹大樹，隨意砍伐，豈不是不久便成了一片荒山了嗎？那時你們拿什麽來用，拿什麽來賣呢？

現在本府禁止你們私自入山砍伐樹木，尤其禁止你們砍伐未成材的小樹，如果你們因爲生活困難，靠採樹木來補助家用，儘可依照和萬實驗鄉委員會所定的森林押款辦法，押借款項，維持生活，本府已函請首都警察廳轉令燕子磯巡邏隊，加意巡查，如果你們再有私自入山砍伐樹木的，一經拿獲，定當懲罰；今特佈告，望你們個個遵守，不要違犯！切切此佈！

市長馬超俊

中華民國二十四年八月　卅　日

統計

南京市鄉區保甲戶口總統計表

民國二十四年四月三十一日

區別	鄉鎮別	保數	甲數	戶數	人口數 總數	人口數 男	人口數 女	識字人數	壯丁數	備註
燕子磯區	燕子磯鎮	八	七六	八二三	三五六〇	一九一九	一六四一	五一八	六四九	
	萬山鄉	一二	一二四	一二〇七	五三五九	二八三四	二五二五	四七三	九八六	
	烏龍鄉	七	七九	六二七	三〇三七	一五六五	一四七二	三九	五〇八	
	笆斗鄉	七	七七	六九七	三〇七三	一六五二	一四二一	四一二	五三三	
	柵欄鄉	二四	二四八	二六九五	九八二五	五四七九	四三四六	九五一	二〇八二	
	七里鄉	七	六四	六五二	三三〇一	二〇五二	一二四九	五四五	三五六	
	金閘鄉	一三	一二七	一五〇六	六一七五	三三二九	二八四六	一〇八七	一〇八三	
	和平鄉	一三	一三三	一三一九	六四九〇	三四七六	三〇一四	一三〇二	一三二六	
	太平鄉	九	八七	一一二四	五一七三	二七三四	二四三九	五九〇	一〇二〇	
	八卦鄉	一三	一二九	一二一四	六三二六	三五二六	二八〇〇	八二四	一一〇八	

上新河區	上新河鎮	二八	二七七	二九五五	一三八四七	七六二六	六三三	四二一六	二八二九
	南濱鄉	一五	一七七	一七五一	八二一五	四四八二	三六三三	九三九	一六〇九
	北濱鄉	三〇	三三六	三三一九	一四三六二	十七二六	六六四六	三一七六	二八八八
	南圩鄉	一六	一三八	一五二五	七七三二	四〇一五	三七三七	五〇三	一三三一
	北圩鄉	一〇	一〇一	一〇三三	五六九八	二九六〇	二七三八	一九三	九一七
	江勝鄉	一〇	一〇一	九九三	五〇三五	二七七六	三三四九	七五〇	八三三
	善德鎮	七	八七	一〇七一	五六〇七	三一九五	二四三三	四九九	二一一九
	鳳台鄉	七	八四	九〇六	四四一七	二三三五	二〇八三	一八一	六八八
孝陵區	孝陵鎮	一四	一三九	一六二五	七五八六	四一七五	三四一一	一三五四	一五四三
	馬羣鎮	一三	一一一	一三四五	六九三九	三三五一	三三八八	九七	九九九
	仙鶴鎮	九	八七	九一七	四三七	三三四九	二〇三八	六五一	七五五
	海新鄉	一三	一〇七	一〇九〇	五三一七	二八五九	二四五八	七四三	九四六
	穀秀鄉	一一	一一〇	一一八九	五六八一	三〇三七	二六四四	三三一	一〇三五
總計	三	二九一	二八六九	三二八一	一四七二四三	七九六四三	六七五〇〇	二〇二八一	二七〇三三

南京市鄉區各鄉鎮保甲人口壯丁識字人數與全區總數之百分比

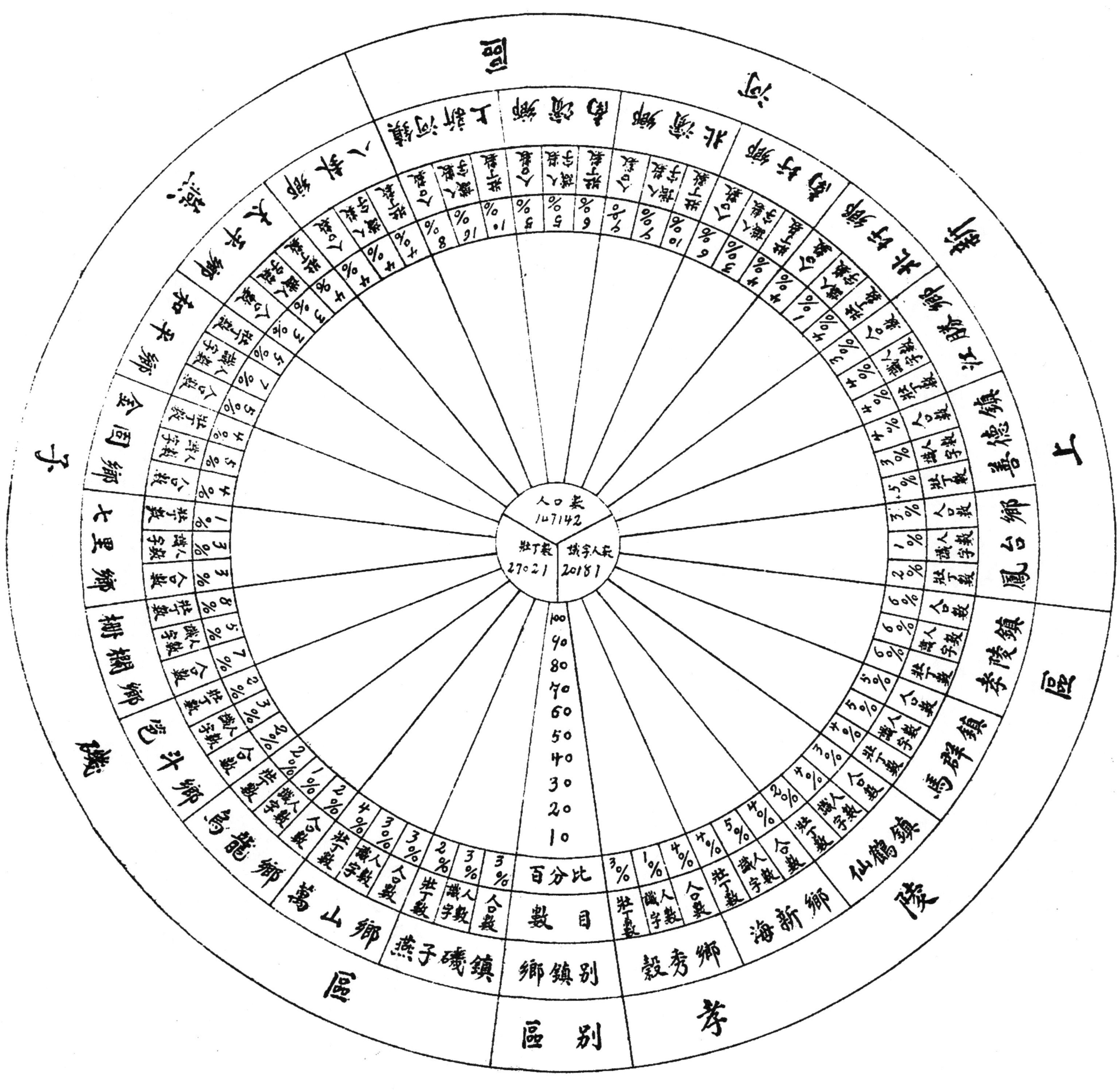

民國二十四年四月底保甲編成後調製

南京市二十三年度人口數出生死亡數及出生死亡率統計表

年　月	人口數	出生數	出生率	死亡數	死亡率
23年 7月	744367	1154	18.53	1478	23.73
8月	746547	1[illegible]92	20.74	1302	2[illegible].91
9月	751188	1288	22.02	1331	21.37
10月	757108	1453	23.33	1050	16.86
11月	777230	1930	30.99	861	13.82
12月	795955	2025	32.51	826	13.26
24年 1月	726190	1463	23.49	886	14.23
2月	726885	1179	18.92	764	12.27
3月	730112	1665	26.76	1285	20.64
4月	735019	1475	23.68	1228	19.74
5月	736982	1210	19.45	885	14.22
6月	741226	1023	16.43	948	15.22
總計	747401(平均數)	17157	22.96‰	12844	17.18‰

南京市政府公報　統計

特載

本市辦理鄉區保甲經過情形

——二十四年八月五日段專員在本府紀念週報告——

一般市民有少數對于本市辦理鄉區保甲，以爲本市鄉區平時甚爲安寧，且一方面既有憲警之維持治安，一方面又有鄉區保衞團之設立，實無辦理保甲之必要。殊不知莽莽神州，何處可以目爲安全，如前年之烏江渡，及今年之湘南，在平時未嘗不目爲安全區，但一經共匪蹂躪，卽任其殺人刼貨，無法抵抗，此皆平日缺乏組織之故也。且舉辦保甲，實爲救亡圖存之根本要政，蓋今日吾國社會最大之病態爲貧愚病散漫及自私自利五種，欲糾正此五種病態，惟有先從糾正散漫入手，主病旣痊，其餘四病自可迎刃而解，因爲編組保甲，不僅糾正散漫，使民衆有堅固嚴密之組織，充實自衞之力量，而且利用保甲組織，發展農村經濟，推廣國民敎育，改良衞生事項，實施民衆訓練，不難使貧愚病私各種病症，根本救濟過來，同時解決。因此本市舉辦鄉區保甲，實爲當務之急，而其要點有八：(一)原則，寓民治于官治之中，以舉辦保甲之方法，鞏固自治之基礎，所採之政策爲保育政策。(二)定義，保甲爲無制服，無薪餉，無崗位之農村警察。(三)意義，保甲以安定社會，充實人民自衞之力量爲主旨。(四)組織，保甲在組織方面，係橫的組織，與縱的組織，相提並進，例如自下而上，由戶長貫串到區長，一級遞管一級，此爲縱的組織，再例如從左而右，由一戶連絡到萬戶，戶與戶聲氣相通，此爲橫的組織，社會有此兩種組織，方稱嚴密(五)方法，(1)先行着手查戶，推定戶甲保各長，貼臨時門牌，以定保甲之輪廓。(2)再行協同查口，分別塡表，換釘正式門牌，以定保甲之編組。(3)隨卽開保甲會議，訂立規約，實行聯保，以行使保甲之職務，表現保甲之精神。(4)保甲查編完竣以後，其工作之犖犖大者，一在執行戶口各項異動之查報，二在壯丁之厲行國民軍訓。(六)職務，保甲之職務在揭奸，清盜，禦寇，殘暴，戀惰，尤在注意事前之防範。（七）功用（1）利用保甲組織，維持地方治安。（2）利用保甲組織，推行政令。（3）利用保甲組織，改善人民生活（4）利用保甲組織，推進地方自治。（5）利用保甲組織，鞏固國防基礎。（八）精神，保甲之精神，在厲行保甲規約與聯保連坐切結，具體言之，不外呂醒吾先生所謂（1）德義相勸，（2）過失相規，（3）禮俗相交，（4）患難相䘏四者而已。惟時至今日，民德日墮，外患日急，尤以協同力量，注意于烟賭娼之禁革，與防止漢奸及國際偵探之活動，爲當務之急。本市自去年製定鄉區清查戶口編組保甲規則，呈請行政院經兩個月之考慮，始准予提前辦理。遵卽于本年二月十一日起，開始編查鄉區保甲，至四月底編組完成，爲時八十日，所有保甲戶口調查表，保甲長清册保甲戶長清册保甲規約，聯保連坐切結，保甲略圖，壯丁清册，戶口總册，及戶口統計表等，均經各鄉區辦理竣事，彙送到府。在辦理期內，因鄉區人民對于地域觀念，宗族觀念甚深，故劃分保甲地域時，常常發生困難，以及其他特種障礙，層見迭出，不次由本府派員前往指導糾正。所送各種表册，均經本府嚴密查核，遇有錯誤或遺漏不詳之處，隨卽發還糾正，至六月底始全部審查竣事。從七月五日起，正式開始關于出生、死亡、婚姻、繼承、分居、遷徙、失蹤、僱傭八種戶口異動查報。計本市孝陵燕子磯及上新河三鄉區，共有廿三個鄉鎭、此次編組保甲，調查戶口，結果，共有二九一保，二八六九甲，三一二八一戶，一四七一四二人，其中分男丁七九六四二八，女口六七五〇〇人，識字者二〇一八一人，壯丁（指廿歲以上四十歲以下而言）二七〇二一人。現各種表册，擬于最近期內，陳列于本府圖書室內，各位于公餘之暇，均可前往查閱，如有錯誤或不嚴密之處，尙望隨時指示，以便糾正。

對人與對事

——二十四年八月十二日王祕書長在本府紀念週報告——

今天本人將感覺到的一個最痲煩的問題，提出來和各位討論討論，這個問題是什麽？就是對人與對事。我常覺着，世間最難應付的，不是公事，而是人事。我們每天費于人事的時間精力，較之費于公事者爲多。這種現象，大約不獨一個人的感覺，一個機關的感覺，我敢說恐怕全中國的行政機關，莫不如是。數月以來，我們對于人事的應付，實在痛苦極了。譬如某項訟案之處置，儘係對事問題，而他人硬誣爲對人問題，少數者不察，亦復從而偏聽，因人事之夾雜，遂影響事務之變化。又如最近某報對于市府時有過當之批評，其初我們不知是什麽原故，後聞人說，乃知該報負責人因住屋事件，被公園管理處退租懷恨，故藉此發洩。又如小學教育苟且因循，一般人從而責難，及社會局因整頓而將原有校長，略有更動，而一般人又醜詆之爲更換大批校長。凡此種種例子，眞是觸目皆是，舉不勝舉。其始我們對于各方的議論，非常尊重，無論他人批評得當與否，總是虛心的接受。但其後發現了許多批評家，并不是就事論事，或者全無作用，或者全憑理智，所以使我們有時失望。其尤爲奇特者，有時責備我們更換職員的人，就是曾經向我們推荐職員的人。有時勸告我們整頓稅收的人，就是積欠房捐的人。試問不換職員，如何能延攬你所舉荐的人才，你首先積欠房捐，稅收何如整頓，這眞叫我們左右人做難。

我常常想爲什麽一般人喜歡將人與事混雜不清？這大約不外三種理由，第一好議論人長短，第二不明是非，第三不辨公私。因爲好議論人長短，所以愛聽無稽之談，愛作求全之毀，或舉一而廢百，或因噎而廢食、人非聖賢，孰能無過，於是因人廢言，或因事廢人。因爲不明是非，於是阿其所好，或朋比爲奸，是其所非，非其所是，是是非非，非非是是，而人事益以混雜。因爲不辨公私；於是善惡標準，純以個人利害爲前提，利於我者善之、害於我者惡之，積習既久，遂不恤以私害公，或假公濟私。

在此種人與事混雜不清的社會中，吾人對於持躬處世，待人接物，究將持何種態度？就我個人所見到的，有兩句老話，可以遵守，即不徇情，不矯情是也。何謂不徇情？即凡事考察其是非善惡，富貴不能淫，貧賤不能移，威武不能屈，情感不能動，是非既明，善惡既分，即傾全力以赴之。何謂不矯情？凡事之不當爲者，不因其益而爲之，事之當爲者，亦不必因其害而避之。果能如此，則社會之毀譽，個人之得失，均可置之度外，絕不因人誤事，或因事及人。

惟世事係多方面的，就吾人言，固當盡其在我、但對於社會方面，吾人亦希望認淸是非，辨別公私。譬如對市府請求事件，最好依照法定手續，不可紊亂秩序。對市府處罰事件，最好遵照章則繳納，無令當局爲難，如此則社會秩，可以日進軌道，而吾人亦可省却無謂之麻煩，得以集中精力，一心對事，行政效率，當可藉此增高也。

最近市財政概況

——二十四年八月十九日財政局潘秘書在本府紀念週報告——

本人奉馬市長及陸局長之命，襄助辦理本市財政，迄今已有四月，對于本市財政情形，及人民生產能力，已得知其大概，茲特作一簡單報告。以言財政，在任何地方，均感覺困難，本市自非獨異。尤其値此社會不景氣之時期，困難尤屬不免，而本市在此同樣困難情形之下，更有兩種特殊困難情形。（一）本市爲首都所在，舉凡建設教育衛生等等一切市政，均應爲全國之楷模，較任何地方爲完善，苟欲迅速達到此項目的，則經費實爲先決問題，但首都建設，需費甚鉅，籌措非易。（二）人民生產能力過低，因此財政之來源非常狹窄。但本市財政雖如此困難，一切建設，以首都所在，不容稍緩，故不得不在合法管理，及體卹民艱，不增加人民負担之原則下，積極整理現有各項稅捐，並至相當時期，寬籌一切建設經費。關于積極整理現有各項稅捐方面，除督促征收人員，加緊征收外，並改善征收方法，以增加征收效率。按本市各項稅捐，以房捐車捐及營業稅三項爲大宗，茲將此三種稅捐本年四五六七四個月較上年同時期增收情形，分別報告如下（一）房捐，四月份上年收四萬四千五百餘元，本年收三萬另五百餘元，計減收一萬四千餘元，因本月份適當吾人接事之始，對于此項房捐征收人員須經一度査保手續，延至月半始行開征之故。五月份上年收四萬八千八百餘元，本年收七萬六千八百餘元，計增收二萬八千餘元。六月份上年收四萬四千一百餘元，本年收六萬八千二百餘元，計增收二萬四千餘元。七月份上年收四萬八千四百餘元，本年收八萬一千餘元，計增收三萬二千六百餘元。計本年四五六七四個月房捐，較上年同時期共增收七萬零七百餘元（二）車捐，四月份上年收九萬零三百餘元，本年收九萬三千九百餘元，計增收三千六百餘元。五月份上年收八萬五千三百餘元，本年收九萬七千七百餘元，計增收一萬二千四百餘元。六月份上年收二萬二千五百餘元，本年收二萬七千一百餘元，計增收四千六百餘元。七月份上年收八萬七千三百餘元，本年收九萬六千九百餘元，計增收一萬零六百餘元。計本年四五六七四個月車捐，較上年同時期共增收二萬六千餘元。(三)營業稅，四月份上年收一萬零七百餘元，本年收一萬六千八百餘元，計增收六千七百餘元。涗月份上年收一萬零一百餘元，本年收一萬七千一百餘元，計增收七千餘元。六月份上年收一萬一千九百餘元，本年收九千九百餘元，計減收一千餘元。七月份上年收一萬零二百餘元，本年收二萬二千四百餘元，計增收一萬二千二百餘元。計本年四五六七四個月營業稅，較上年同時期共增收二萬三千三百餘元。計房捐車捐及營業稅三種稅捐，本年四五六七四個月，較上年同時期共增收十二萬一千餘元。此係以上三項稅捐增收之大概約數，至其餘各項稅捐，亦均有增加，但稅額輕微，茲不贅述。關於市產收入，計分洲租及房租兩種，本年上半年洲租，較去年上半年增加六千餘元，當中以八卦洲一處增加爲較多。本年上半年房租，表面上雖較去年上半年減少一千四百餘元，但實際上仍較去年上半年增收七百餘元。蓋在去年七月以後，曾發還一批沒收之房產，並陸續指撥市房，改辦學校，每月房租收入，較前少三百六十七元，故比較仍係增收。此外本年四五六七四個月築路攤費收入，則較去年同時期減少，其原因有三。(一)各路攤費繳納期限，多已屆滿，大概在限期之前數月，多踴躍繳納，過後即形玩疲，此係繳款者普通常態。(二)有數路攤費數額尚未決定(三)其餘欠繳攤費者，均係貧乏或係十分玩疲之戶。至於至相當時期寬籌建設經費之一點，在未至相當時期以前，惟有仍於合法管理及體卹民艱之原則下，積極整理現有各項稅捐，蓋本年四五六三個月尚在廿三年度內，各項稅捐計共增加十萬元以上，財政難關自易渡過，但廿四年度預算，較廿三年度增加甚多，故吾人惟有視預算增加之數，努力整理現有各項稅捐。

京市鐵路實況

——廿四年八月廿六日鉄路管理處周主任在本府紀念週報告——

京市鐵路原名江寧鉄路，創始於前清光緒卅三年，完成於宣統元年。其時馬路未闢，交通梗阻、由下關進城，惟一交通事業，端推本路。不惟營業旺盛，兼且秩序良好，此爲本路新興時期。辛亥革命以後，軍閥擅權，視鉄路爲個人私產，截兵運械，任意扣車，甚至兵敗遁逃，焚燬車輛，營業固屬虧耗，秩序更爲擾亂。迨至民國十六年，國民政府建都南京，成立南京市，本路屬焉，遂更名爲南京市鉄路。首都所在，交通日繁，每月客貨運收入，日見起色，然亦有因公記賬，積欠車費至四萬二千七百〇五元八角二分。更承衰落之後，四五兩號機車及水車二輛，則租自京滬路，每月租費一千餘元，加以本路每月經常費預算爲七千七百十二元，共計支出八千餘元，而逐月營業收入，爲四四八六·五元左右，即或間有遞增，終于入不敷出，以致每月請求市府津貼。又查歷年所負債務，已達五萬零八百六十八元七角八分之鉅，此爲本路衰落時期。綜觀本路成立廿八年，除建築期間外，車輛路軌，及一切附屬路產，幾無日不在朽敗毀滅之過程中，滿目衰頹，言之可慨。此固由于向來整理之不力，而迭受軍事影響，營業不振，以致入不敷出，無力興修，亦一大原因也。

自馬市長重長京市以後，委欣爲管理，嘗以該路職責交通，關係市政至鉅，即秉承市長意旨，隨時力求整頓，以爲刷新市政之助。雖以積習過深，經費竭蹶，未能達到澈底革新之目的、然抱竭一分心力，可得一分成績之希望，以努力進行，如修理机車，抽換枕木，加固路軌，添購石子道釘螺絲，重修橋樑房屋車輛，訂正行車時刻，實行軍民分座，妥訂聯運章程，凡此種種，均屬便利客運，增加路款收入，保護行車安全，而足以收交通建設之實效。將來全路修理完竣，營業發達，可操左劵，此爲本路預計可臻于全盛時期。玆將整理情形述左：

(甲)關于車務

(一)修理機車　本路僅有一二兩號機車，年久失修，且已超過規定年限，故以前行駛，時有損坏停車之慮，現經從新配修，並督促機務員工，注意洗刷，愼重駛用，已無停車情事發生，最近預備購買機車一輛，以利客運貨運之迅速

(二)整頓客車　本路客車只存七部，向來軍民不分，乞丐雜坐，秩序未免欠佳，現經規定軍人車與客車分別乘座，並嚴禁乞丐上車，秩序日見良好，惟車輛以終年行駛于烈日風雨中，迄未稍加修理，斑剝破敗，不僅觀瞻不雅，每逢天雨，則滲漏不堪，現已奉令修理。

(三)注重車上清潔及衞生　本路客車日常行駛，塵埃滿積，而乘客又任意吐唾，或亂拋果皮雜物，對于公衆衞生，大有妨礙，既經指派工人，每日隨車時加打掃，並于每晚客車停駛後，將全部車廂及座位，一律洗刷清楚。

(四)行車狀況　本路僅有機車二輛，故行車時刻每不一致，往來旅客常感不便，現經規定行車時刻表，每日來回各十五次，上午自五時起，至下午十時卅分止，且各次多與京滬路快慢車互相啣接，以便行旅，仝時切誡車上及站上服務人員，以和藹態度，對待旅客，于是乘客日增。

(乙)關于路工

(一)抽換枕木　本路全綫二十五華里，有枕木一萬八千餘根，其腐爛者佔十之七八，缺空者計二千二百七十五根，故時有出軌之險，現就經常費內先行擇要購換外，已無出軌事情發生。

(二)添購石子道釘　本路路基，因年久不修，甚有數段石子全無，竟置鐵軌于泥土之上，當機車行駛時，易使軌道鬆動，排水不靈，現已添購修理。

(三)修理橋樑　本路江口及國府兩站木橋，所有橋樑支柱，腐朽不堪，危險萬分，現今呈准撥款修理。

(四)修理處站房屋　本處及各站房屋，年久失修，破壞不堪，非特外觀不美，兼且傾倒足慮，現經呈准招工修理

•

(丙)關於營業及經費

(一)整頓補票　本路從前時有無票乘客，一經補票，每因起站地點不明，易滋糾紛，現經佈告勸導旅客，自本年八月十日起，在車上補票，概須從開行之首站補起，以杜流弊，而免糾紛。

(二)經濟狀況　本路每月經常費預算爲七七一二元，內薪給八七四、五元，辦公費五一三、五元，購置費二七元，業務費六二八一元，醫藥費一五元，臨時費須呈請市府臨時撥給，或呈准動支。從前客貨運收入，最少之月僅一千餘元，自屬市府後，每月客運收入二七九二、五六元，貨運收入一六九三、四九元，共計爲四四八六，五元，所以每月要負三二二九元，現在客運增至三六九二、四九元，貨運增至四九九五、〇九元，共計

爲八八八七、〇四元，而每月又極力節省，實支僅六一五四、〇六元，較預算數又減一五五四、九四元，所以現在每月可盈餘至二七三二、九八元。將來如遇旺月，尚可繼續增多。

(丁)關於其他

(一)清理路產　本路所有地畝房屋，以歷年甚久，未加清理，糾紛時生，現擬組織路產清理委員會，從事清理，先將已租放各項土地房產查明，造具清冊，復請財政局土地局派員會同本路熟悉路產情形人員，沿路實行丈量，繪具詳圖，以免私佔盜買之弊。

(二)增設稽查驗票員額　本路稽查及驗票員司，不敷隨車分配，現經分別酌量增設，以冀隨車勻配，增益工作效力。

(三)限制穿着制服　全路員司服制不整，精神不振，現經規定，站長車長站務員稽查驗票路警等員司，概須穿着制服，以示識別，而振精神，一矯從前萎靡不振習氣，且誥誡全路員司，務遵　蔣委員長新生活運動精神，而爲如下之服務信條：(一)對公務要「忠實負責」「敏捷處事」。(二)對自身要「和平」「清廉」「守時」「振作」。

附錄

土地局土地登記核准公告案件一覽表

二十四年八月份

聲請人姓名籍貫及住址	土地坐落及四至面積	定着物情形	地項權利關係及關係人姓名	聲請登記年月日	公告年月日	公告期滿年月日
金城 南京人住中華路六〇七號	糖坊廊五二號東至煤灰堆南至韓姓屋以公牆爲界西至糖坊廊北至劉姓屋以公墻爲界面積叁分壹厘玖毫叁絲	房屋	無	廿三年十二月十七日	廿四年八月一日	廿四年十月卅一日止
戴元發 南京人住歐陽巷十號	釣魚台二號東至秦淮河南至陳姓屋以己墻鄰牆及鄰牆直線爲界西至釣魚台北至周姓屋以己墻爲界面積二分四厘〇六絲	房屋	無	廿三年十二月十三日	仝上	仝上
李耀記入大 南京人住九兒巷二八號	釣魚台六六號東至秦淮河南至劉姓屋以己牆隣牆及公板墻爲界西至釣魚台北至梁姓屋以己牆爲界面積二分四厘零四絲	房屋	無	廿三年十二月二十日	仝上	仝上
馮錫五 江寧人住南京糖坊廊四八號	糖坊廊四八號東至煤灰堆南至王姓屋以己牆及隣墻爲界西至糖坊廊北至韓姓屋以公墻及鄰墻爲界面積四分八厘一毫一絲	房屋	無	廿三年十二月廿九日	仝上	仝上
韓嵩喬 江寧人住糖坊廊五十號	糖坊廊五十號東至煤灰堆南至馮姓屋以己牆及公牆爲界西至糖坊廊北至金姓屋以公墻爲界面積五分二厘四毫一絲	房屋	無	廿三年十二月十九日	廿四年八月一日	廿四年十月卅一日止
湯文彬炳 江寧人住中正路五四六號	大膠巷十號東至李翁鄧三姓屋以己牆及鄰牆爲界南至王姓屋以己墻爲界西至柳姓屋以己牆木板及鄰牆與公墻爲界北至官巷面積一分八厘六毫五絲	房屋	翁嘉錄南京人住小膠巷十一號	廿四年元月廿四日	廿四年八月一日	廿四年十月卅一日止

張東昇 南京人住荷花塘一一號	荷花塘一一號東至水齋菴南至荷花塘西至孫夏二姓屋以己墻為界北至夏姓屋以己墻為界面積二分四厘五毫六絲	房屋	無	廿三年十二月十日	仝上	仝上
毛鶴籌 南京人住門西磨盤街五一號	磨盤街五三一號東至磨盤街南至鄺姓屋以公牆己牆及鄰墻為界西至水齋庵北至呂汪二姓屋以己牆為界面積一畝零一厘九毫四絲	房屋	無	廿三年十二月廿六日	廿四年八月一日	仝上
汪宜之 南京人住磨盤街五五號	磨盤街五五號東至磨盤街南至毛姓屋以己牆為界西至呂姓屋地以己牆為界北至呂姓屋以公牆及己牆為界面積三分二厘〇七絲	房屋	無	廿四年元月廿六日	廿四年八月一日	廿四年十月卅一日止
侯席儒 南京人住水齋菴	水齋菴一號東至禹王菴屋又陶姓屋以己牆及隣牆為界南至陶姓屋以己墻及鄰牆為界西至水齋菴北至禹王庵屋以己牆及鄰牆為界面積五分三厘六毫正	房屋	無	廿三年十二月三日	仝上	仝上
洪蘭友 江都住閩奮營十一號	秣陵路（原名崔八巷）東至、張姓地、南至、郎姓地、西至、大王府巷、北至、崔八巷、面積三畝二分五厘四毫九絲北部秣陵路 西部江南路經過約佔用六〇・〇〇〇〇 二八・六〇〇〇方丈	空地	無	廿四年五月二日	廿四年八月二日	廿四年十一月一日止
郎醒石 江都住閩奮營十一號	大王府巷東至張姓地南至卞張姓地西至大王府巷北至洪姓地面積一畝一分七厘零五絲內西部江南路經過約佔用一六・〇〇〇〇方丈	空地	無	仝右	同右	同右
張合盛 浙江住閩奮營十一號	大王府巷內有水塘面積二〇・一六〇〇方丈又西部江南路路線經過約佔一六・〇〇〇〇方丈東至石榴園西至大王府及張姓鄰牆又陳卞姓地為界南至安徽會館北至郎張易姓均以隣墻為界面積七畝九分八厘六毫五絲	西南隅有破平房六間餘均空地	無	仝右	同右	同右
仝右	秣陵路（原名崔八巷）東至公走巷及易姓地鄰墻為界南至張姓地西至洪郎姓地北至崔八巷面積六分零九毫一絲內北部秣陵路經過約佔用八・三〇〇〇方丈	空地	無	仝右	同右	同右

張開德 江蘇住布業營門口二十二號	營門口第二十二號東至甘姓屋以隣牆及公鄰爲界南至營門口西至印陳兩姓屋及滄淇救火會以己墻爲界北至劉姓屋及地以天井及己板壁爲界面積四分四厘三毫八絲	房屋	無	廿三年十二月廿二日	同右	同右
冷慶文 江蘇住四局小百花巷十六號	小白花巷第十六號東至小白花巷西至盧姓屋以隣牆爲界南至小百花巷及公巷北至張姓屋以公牆爲界面積一分五厘九毫正	房屋	無	廿三年十二月卅日	同右	同右
劉王氏 江寧住來鳳街三十二號	來鳳街第三十二號東至李姓地南至魯姓地與張姓屋西至來鳳街北至吳姓屋及地面積四分七厘二毫八絲	房屋	無	廿三年十二月廿五日	同右	同右
端木磊石 南京住胭脂巷十二號	胭脂巷十二號東至俞姓屋以鄰牆及己牆爲界南至小船板巷西至端木姓屋以鄰墻公牆及己板壁爲界北至胭脂巷面積二分九厘八毫三絲	房屋	無	二三年十二月二八日	同右	同右
龍燦臣 江寧住洪武路二〇九號	白下路第三四九號東至李姓屋以公牆爲界南至人行道西至琥珀巷北至水龍局屋以己牆爲界面積四厘三毫止	房屋	無	二四年五月十五日	仝右	同右
孫鏞桐印若 馨韓抱存 南京人住大全福巷十七號	沙灣第四六八號東至田姓屋以己牆及公牆爲界南至沙灣西至方姓屋以公牆及隣牆爲界北至秦淮河面積二分四厘二毫五絲	房屋	無	二四年元月十七日	同右	同右
徐耕餘 南京人住來鳳街四十號	中營四三、四五、號東至張謝二姓屋以己牆公牆邊營三二號及鄰墻爲界南至邊營西至方姓屋以公牆爲界北至中營面積六分五厘七毫九絲	房屋	抵押權人張永發安徽人住寶塔山新德里九十九號	廿三年十二月廿三日	廿四年八月二日	廿四年十一月一日止
梁禮茂 南京人住釣魚台卅九號	釣魚台六十八號東至秦淮河碼頭南至李姓屋以己牆及隣牆爲界西至釣魚台河至潘姓屋以鄰牆爲界面積一分六厘三毫四絲	房屋	無	廿三年十二月八日	仝上	仝上
黃長樂 江寧人住庫司坊四號	庫司坊四號東至王姓屋以己墻爲界南至桃源巷西至貝姓屋以公墻爲界北至庫司坊面積八分三厘八毫七絲	房屋	無	廿三年十二月一日	仝上	仝上

周福壽 以祿才 江甯人住木匠營九號	木匠營九號東至王楊周三姓公走巷南至楊姓屋及王楊周三姓公走巷以己牆爲界西至胡李二姓屋以己牆爲界北至木匠營面積七分〇一毫一絲	房屋	無	二三年十二月六日	仝上	仝上
許壽林 江蘇人住來鳳街四十四號	來鳳街四十四號東至王姓屋以已牆爲界南至來鳳街西至來鳳街北至繆姓屋面積一分一厘〇五絲	房屋	無	廿三年十二月九日	仝上	仝上
沈炳隆 江寧人住崇恩街八號	崇恩街八號東至符姓屋以己墻爲界南至程姓屋以己牆爲界西至崇恩街北至官巷面積二分九厘七毫七絲	房屋	無	廿四年四月二日	仝上	仝上
顏德才 南京人住來鳳街十五號	來鳳街十五號東至張姓屋以鄰墻爲界南至謝姓屋以己牆爲界西至來鳳街北至張姓屋以己墻爲界面積一分四厘三毫正	房屋	無	廿三年十二月九日	仝上	仝上
田錦生 江寧人住船巷板卅一號	沙灣四十二號東至端木姓屋以己牆爲界南至沙灣西至田姓屋以公板壁及公牆爲界北至秦淮河面積一分一厘四毫三絲	房屋	無	廿三年十二月廿四日	仝上	仝上
田立豐 江蘇人住船板巷卅一號	沙灣四十四號東至田姓屋以公板壁及公牆爲界南至沙灣西至孫姓屋以鄰墻及公牆爲界北至秦淮河面積一分〇五毫三絲	房屋	無	廿三年十二月廿四日	仝上	仝上
譚茂名公堂 管理人譚陳璧貴州人住申家巷十二號之一	沙灣街廿二號東至石姓屋以己牆及己板壁爲界南至沙灣街西至鄧姓屋以己墻及公板壁爲界北至秦淮河面積八厘五毫八絲	房屋	無	廿四年四月廿二日	仝上	仝上
陳子堅 陝西長安人中南銀行王雲輔轉	籌市口二九號東至官溝南至楊姓塘西至楊姓地北至籌市口面積九分八厘五毫七絲	房屋	抵押權人中南銀行代理人王雲輔南京人住白下路一七三號	廿四年五月十三日	廿四年八月三日	廿四年十一月二日止
陳淑顯 廣東人住太平路花牌樓康福醫所蘭熏里三號	廊東街九四號東至徐姓塘以己墻爲界南至殷姓屋以鄰墻外隙地爲界西至廊東街以竹籬爲界北至陳姓地以公有竹籬爲界面積四分七厘七毫六絲	市房	無	廿四年四月十一日	仝上	仝上

丁晉震丁乾益　江寧人住水齋菴二四號	三條營一號東至中營南至徐姓屋西至居姓屋北至三條營面積四厘一毫一絲	房屋	無	廿三年十二月十五日	仝上	仝上
陳華章　安徽人住東門街華村八號	東門街一——八號東至胡姓地及甯波同鄉會屋以直線為界南至東門街西至淨界寺水塘北至楊姓屋牆外為界面積二畝八分五厘六毫八絲內北部有四川路經過約佔用四三・五〇〇〇方丈	房屋	無	廿四年五月三日	仝上	仝上
許澤椿　江寧人住花市街三七〇號	中華路三七二號東至中華路人行道南至潘許公巷西至潘許公巷北至許姓屋以己牆為界面積一分七厘六毫二絲	樓房上下六間	無	廿三年十二月廿二日	仝上	仝上
許澤椿　南京人住中華路花市街三七〇號	中華路三七〇號東至許姓屋橫各牆鄰牆直隣牆己牆劉姓屋己牆中華路南至潘許走巷許姓屋鄰牆西至潘姓屋己牆及鄰牆北至金陵義渡局己牆及鄰牆面積二分八厘五毫八絲	平房二間披一厦樓上下四間	無	廿三年十二月廿二日	廿四年八月三日	廿四年十一月二日止
方張順英　江甯人住箍桶巷四四號	箍桶巷四四號東至李姓屋以己牆為界南至葉姓屋以己牆及隣牆為界西至箍桶巷北至吳李兩姓屋以己牆為界面積四分四厘九毫正	房屋	無	廿三年十二月廿七日	仝上	仝上
邱正鏞　江寧人住實輝巷	實輝巷原名石灰巷七號東至邱姓屋南至邱姓屋西至邱姓走巷北至實輝巷面積一分一厘八毫六絲	房屋	無	廿四年元月十一日	仝上	仝上
岳仁記　河南人住馬家街一八號	中央路許家巷口東至廖姓塘許姓地南至岳姓部姓地西至部姓地北至許家巷面積二畝三分二厘六毫四絲中央路擴展約佔六三・〇〇〇〇方丈有水塘一畝七分四厘一毫五絲	無	無	廿四年元月九日	仝上	仝上
陸宇敬聲武　江蘇人住建鄴路二三號	建鄴路原名珠寶廊二三號東至王姓屋以己牆為界南至王姓屋以己牆為界西至方姓屋以鄰牆為界北至建鄴路面積一分八厘五毫三絲	房屋	無	廿四年四月廿九日	廿四年八月三日	廿四年十一月二日止

楊菁岑 武淮住焦狀元巷二十九號	堂子巷第八號東至馬姓水塘南至市地西至堂子巷北至馬姓地面積一畝三分六厘五毫一絲	房屋	無	廿四年元月十一日	廿四年八月三日	廿四年十一月二日止
常陳逐心 培經 安徽代理人陳仲常 安徽住鼓樓二條巷廿二號	山西路江蘇路（原名老菜市）東至趙陳姓地南至陳姓地隙地西至市地江蘇路北至山西路面積一畝八分〇一毫四絲	無	無	二四年三月二七日	同右	同右
朱樹廷 江寧住洪武街四十四號	大紗帽巷第廿一三號東至朱姓屋地南首以公北首以己牆爲界南至珠江路西至陳姓屋南首以公北首以己隣牆及朱孫陳四姓公走道爲界北至大紗帽巷南空地以己牆爲界面積一畝四分三厘四毫四絲	房屋	無	二四年三月十九日	同右	同右
朱德民 南京人住慈悲社七號	荳菜橋廠家巷東至朱姓及永慶寺地南至朱姓地西至王姓地北至梁徐二姓地面積七分九厘九毫三絲	無	無	廿四年四月十三日	同右	同右
李紡駿 合肥住上海代理人汪衡如安徽人住中華門外西街一一六號	白下路原名大中橋西街第四一〇一四四號東至張姓屋以公牆及隣牆爲界南至九兒園西至徐張二姓屋以公牆及隣牆爲界北至白下路面積五分一厘正	房屋	無	廿四年四月十三日	同右	同右
葛張氏 南京住雙塘巷十五號	三條巷第六十二號東至金姓屋以己牆爲界南至陳姓屋以己牆及鄰牆爲界西至三條巷北至宮姓屋以公牆爲界面積八厘七毫捌絲	房屋	無	廿四年四月十七日	同右	同右
朱新民 南京人住慈悲社七號	荳菜橋廠家巷東至永慶寺地南至永慶寺地西至朱姓地北至王姓地面積七分三厘三毫七絲	無	無	廿四年四月十三日	同右	同右
富友堂 本京住保太街六十四號	龍倉巷東至京市鐵路局地南至龍倉巷西至王姓地北至京市鉄路局地面積一畝四分二厘四毫六絲	房屋	無	廿四年五月十一日	同右	同右

商 廛叔 伯勳 開燮 本京住張府園十四號	中華路（原名三山街）第二一八號東至中華路人行道南至蔣姓屋均以鄰墻為界西至蔣姓屋以鄰牆為界北至劉姓屋均以鄰牆為界面積一厘三毫九絲	樓房上下二間	無	廿四年元月十一日		
朱小祺 江甯代理朱楊氏住車兒巷八號	中正路（原名馬巷）第三二五號東至裴張姓屋以鄰墻為界南至張姓屋以鄰牆為界西至中正路北至裴姓屋以己墻為界面積七厘一毫四絲	平房二間	無	廿四年元月廿三日		
王 文田 宜慶 宜瑞 南京人住侯家橋一號	侯家橋一至三號東至戚許二姓屋均以己牆為界南至侯家橋西至裘姓地北至陳姓屋以公牆為界面積三畝〇一厘〇三絲	房屋	抵押權人金城銀行住白下路	廿三年十一月十五日	廿四年八月三日	廿四年十一月二日止
劉慶 霖 貴 江甯人住石鼓路三〇五號	西康路（原名虎踞關）東至西康路南至葉姓地西至葉姓地北至陳姓地面積八分九厘七毫一絲	農地	無	廿四年四月廿九日	仝上	仝上
首都警察廳 住保太街主管長官陳焯	張家衙街五號東至張家衙南至張姓屋以己牆及鄰牆為界西至五板橋北至汪姓屋五板橋以己牆及隣牆為界面積七分一厘四毫九絲	房屋	無	廿四年四月十六日	仝上	仝上
首都警察廳 住保泰街主管長官陳焯	集慶路二一二號東至魏姓屋以鄰牆為界南至集慶路西至倉頂北至王姓地以己墻為界面積一分三厘六毫一絲	房屋	無	廿四年四月廿六日	仝上	仝上
仝上	信府河八十七號東至秦淮河南至黃姓地以己牆為界西至信府河北至王姓屋以己牆及鄰牆為界面積一分八厘〇二絲	房屋	無	廿四年三月廿六日	仝上	仝上
魏 泰森 廷熙 鈞 江甯人住花露崗十二號	花露崗十二號東至倪姓地以己墻及己牆外空地為界南至花露崗北至陶姓屋及地以己牆為界西至花露崗面積一畝三分〇七毫八絲	房屋	無	廿三年十二月廿六日	仝上	仝上

李如衍 如瑾 如瑜 如琦 如琨 如瑞 如珮 如瀆 如琛 如琳 如璜 如珂 本京人住胭脂巷二四號	胭脂巷二四號東至李盧二姓屋以公牆鄰牆及己牆爲界南至小船板巷西至王姓屋以公牆爲界北至胭脂巷面積二畝〇九厘六毫二絲	房屋	無	廿三年十二月十三日	仝上	仝上
陳炯堂 湖南人住鳴羊街十五號	殷高巷七號東至梁姓屋以鄰牆爲界南至殷高巷西至陳李鄧三姓屋以己牆爲界北至梁姓屋以隣牆爲界面積三分四厘五毫二絲	房屋	抵押權人程豫生南京人住殷高巷七號	廿三年十二月廿九日	仝上	仝上
夏仁炎 南京人住釣魚台三十號	瓦匠巷十一號東至陳姓屋以公牆爲界南至瓦匠巷西至王姓屋以己墻爲界北至周張王三姓屋以己牆爲界面積九厘四毫七絲	房屋	抵押權人張樂如江蘇人住殷高巷二號	廿四年元月三一日	仝上	仝上
施張氏 江甯人住小油坊巷九號	煤灰堆二四號東至煤灰堆南至張姓屋以公墻爲界西至黎姓屋以鄰牆爲界北至許姓屋以己牆及公墻爲界面積一分一厘六毫二絲	房屋	無	廿三年十二月廿五日	仝上	仝上
號樹棠 南京人住慧圓街二十一號	慧圓街二十一號東至周張二姓承租旗地南至陸姓及浙江會館西至伍姓承租旗地及走巷北至交通銀行面積三分八厘一毫八絲	房屋	無	廿三年十二月十一日	廿四年八月三日	廿四年十一月二日止
丁熾卿 江蘇人住中華路四五五號	中華路四五五，四五七號東至市立考棚小學屋以鄰牆爲界南至徐姓屋及市立考棚小學屋以隣牆公牆及己墻爲界西至中華路北至胡姓屋及市產屋以公牆及己牆暨己有板壁爲界面積五分八厘三毫四絲	房屋	無	廿三年十二月廿四日	廿四年八月三日	廿四年十一月二日止
首都大戲院 經理人張復予廣東人住貢院街八十四號	貢院街八十四號東至高姓屋以己墻爲界南至貢院街西至許姓屋以己牆爲界北至市府路面積一畝七分六厘一毫二絲	樓房	抵押權人江蘇銀行經理人顧伯言住行	廿四年元月十九日	二四年八月三日	廿四年十一月二日止
李敬齋 江甯人住中華門內門東小荷花巷七號	小井五號東至豆腐巷南至張姓屋及都天廟屋以己墻及鄰墻爲界西至都天廟走巷北至小井巷及李姓屋以己牆及鄰牆爲界面積一分六厘二毫	房屋	無	廿三年十二月十二日	廿四年八月三月	二十四年十一月二日止

李大榮明	江蘇人住貴人坊一號	貴人坊一號東至小井巷南至貴人坊西至程李二姓公走巷及李姓屋以公牆及己牆爲界北至小井巷面積五分五厘二毫五絲	房屋	無	二三年十二月二四日	二四年八月三日	二十四年十一月二日止
印安林	江甯人住內橋中華路一號	信府河一三四號東至程姓屋以牆鄰爲界南至信府河西至許姓屋以己牆爲界北至邱姓地面積七厘九毫四絲	房屋	無	二四年十二月廿五日	二四年八月三日	二十四年十一月二日止
周慶祥	甯波人住中山東路五五號愼昌五金號	中山路東至人行道南至俞林童三姓地西至姚陳任三姓屋均以鄰牆爲界北至姚姓屋以鄰牆及直線爲界面積五分零四毫四絲	空地	無	二四年六月七日	二四年八月三日	二四年十一月二日止
吳春鎔	江甯人住廣州路四十二號	廣州路(原名小桃園)東至金陵中學拱姓及本姓公走巷南至廣州路西至走巷及金陵中學屋以鄰牆爲界北至金陵中學走巷面積二分四厘六毫二絲	無	無	二四年四月廿五日	二四年八月三日	二十四年十一月二日止
施本韋	雲南昆明人住本京長樂路二七六號	狀元境二五二七號東至補釘巷以己牆爲界南至官巷及雷姓屋以己牆爲界西至雷姓屋以己牆爲界北至狀境以板牆爲界面積一分二厘七毫八絲	房屋	無	二三年十二月二四日	二四年八月三日	二十四年十一月二日止
藍春台	南京人住倉巷九四號	中華路(原名府東街)東至甘露菴屋以鄰牆爲界南至賈姓屋以鄰牆爲界西至中華路北至甘露菴屋以公牆隣牆爲界面積四厘一毫八絲	樓房一間	抵押權人郭梁氏山西人住程善坊第八號	二四年元月二四日	二四年八月三日	二四年十一月二日止
杜廷元	江寧人住中正路二四一號	中正路天青街二四一號東至市立小學屋以鄰牆爲界南至沈姓屋及官地均以已墻爲界西至中正路北至王姓地及胡姓屋均以已墻爲界面積一分八厘七絲	平房三間	無	廿三年十二月十日	廿四年八月五日	廿四年十一月四日止
魏淑貞	本京人住東花園六號	小石壩街二七號東至西石壩街以已牆爲界南至魏姓以鄰牆爲界西至普安家祠王愿眞屋以鄰牆爲界北至小石壩街以己牆爲界面積一分七厘一毫七絲	房屋	抵押權人徐少臣江寧人住大四福巷六號	廿三年十二月卅日	同上	同上
陶義達通	本京人住崇恩街五十一號	崇恩街五十一四十九號東至崇恩街南至管鄭二姓屋以己墻及鄰墻爲界西至陶吳崔管理髮公會公走巷及理髮公會屋以己牆爲界面積五分三厘零二絲	房屋	無	廿三年十二月廿五日	同上	同上

王子栩江寧人住柳葉街十九號	船板巷一一八六號東至宋姓屋以己牆及隣墻爲界南至栢姓屋以公牆爲界西至船板巷北至徐姓屋以鄰牆爲界面積一分六厘六毫七絲	房屋	無	廿三年十二月卅日	同上	同上
石仲華本京人住膺福街九一號	膺福街九一號東至吳姓屋公墻爲界南至李姓地己牆爲界西至李姓屋以鄰牆爲界北至膺福街面積八厘六毫一絲	房屋	無	廿四年一月十日	同上	同上
李春源江甯人住江甯縣秣陵市	中華門十八號東至甘蔡二姓屋以公牆及鄰墻爲界南至蔡姓屋以己牆爲界西至貴人坊北至環行馬路面積一分一厘一毫二絲	房屋	無	廿三年十二月廿一日	廿四年八月五日	廿四年十一月四日
陳有才爲德琪江甯人住洪武路二百七十二號	洪武路二七二號東至洪武路南至張姓屋及官地以鄰牆及己有板壁爲界西至官巷北至馬姓地以鄰牆及公墻爲界面積四分八厘零八絲	房屋	陳家福有抵押權俟回京時補報	廿四年四月十三日	同上	同上
公園管理處管理長官鴻緒李	貢院街東至秦淮河爲界南至自來水工程處救濟院以隣牆爲界北至首都警察廳以隣牆爲界西至貢院街爲界面積四畝九分五厘八毫六絲	公園	無	廿四年一月十五日	同上	同上
劉慶霖貴江甯人住石鼓路三百零五號	漢口路（原名虎踞關）東孫姓地南孫姓地塘沿西朱姓地北漢口路面積二畝零四厘七毫一絲	農地	無	廿四年四月廿九日	同上	同上
呂興隆義祥及姪德榮江甯人住水齋菴二二號	水齋菴二二號西至水齋菴北至丁姓屋以公墻及隣、牆爲界東至汪呂二姓屋以鄰墻爲界南至毛姓屋以鄰牆爲界面積四分二厘八毫二絲	房屋	無	二三年十二月卅日	同上	同上
潘象埜安徽住瞻園路十五號	瞻園路十五號東至虎姓屋以己牆爲界南至秦淮河西至李姓屋以隣牆爲界北至嚴姓屋以己牆爲界面積四分〇六毫四絲	房屋	無	二三年十二月二八日	二四年八月五日	二四年十一月四日止

韓逃宜　安徽住東花園十七號	長樂路(原名大夫第)第二九四號東至王雷余三姓屋及公巷以己牆及其南綫爲界南至賈姓屋以己牆爲界西至黃高秦三姓屋以己牆及鄰牆爲界北至長樂路面積一畝三分二厘四毫四絲	房屋	無	二三年十月三日	同右	同右
王學臣　江寧住實輝巷三號	實輝巷三號東至兩丁姓屋以己牆爲界南至丁姓屋以己牆及隣牆爲界西至邱姓屋以已牆隣牆及公牆爲界北至實輝巷面積二分四厘五毫五絲	房屋	無	二三年十二月卅日	同右	同右
吳佩瓊　廣東住正洪街正洪里卅四號	破布營口東至本姓地及首都電廠地南至信立堂地西至本姓地北至官巷面積九分七厘九毫一絲	空地	無	二四年四月二七日	同右	同右
路永貴　南京住鼓樓北西橋十一號	西橋東至謝姓屋地杜姓屋與金陵大學塘以隣墻(一)及金陵大學塘爲界南至西橋王陳二姓地金陵大學塘爲界(一)西至本姓屋以鄰墻爲界(二)北至謝姓地西橋官路爲界(二)面積三分〇厘九毫五絲 六分八厘〇毫八絲	房屋	無	二四年四月九日	同右	同右
歐陽沈求慧　浙江住朝天宮五十七號	朝天宮西街第五五—五九號東至錢姓屋以己牆爲界南至秦淮河西至官河北至朝天宮西街面積五畝〇五厘七毫一絲	房屋	無	二四年三月二八日	同右	同右
劉安柱　南京住南祖師菴十九號	南祖師菴後(原名花家橋)東至劉姓地南至官路西至劉姓地北至柳姓及劉姓地面積一畝七分四厘三毫一絲	空地	無	二四年三月二七日	同右	仝右
葉春榮　本京住觀音巷卅五號	觀音巷卅五號東至觀音巷南至林王二姓地西至李姓屋以天井中爲界北至李姓面積三分五厘六毫六絲	房屋	無	二四年四月五日	同右	同右
王心如　無錫住新華銀行轉	珞珈路第十三號東至徐姓竹籬南至林姓屋以鄰牆及竹籬爲界西至珞珈路北至張姓竹籬面積一畝一分二厘二毫正	無	無	二四年六月十二日	同右	同右

宋和興　本京住銅坊苑二七號	銅坊苑十五號東至（一）李袁二姓屋以鄰牆爲界（二）本姓屋及銅坊苑以鄰牆爲界南至（一）嚴夏二姓屋以己牆及鄰牆爲界（二）宋朱二姓屋以鄰牆爲界西至（一）本姓屋及宋姓屋以鄰牆及公牆爲界（二）銅坊苑及楊宋二姓屋以己牆及鄰牆爲界（三）銅坊苑以己牆爲界北至楊姓屋　面積（二）三分三厘九毫九絲（三）二分二厘〇毫二絲	房屋	無	二四年五月六日	同右	同右
姚炳榮　江甯人住鈔庫坊四三號	羅廊巷一四號東至羅廊巷南至陳姓屋以隣牆爲界西至方余二姓屋以天井滴水爲界北至方姓屋以己墻爲界面積四分八厘四毫七絲	房屋	無	廿四年三月卅日	廿四年八月五日	廿四年十一月四日止
余錦堂　南京人住建鄴路三二號	建鄴路（原名珠寶廊）三七九號東至萬姓屋北首以己牆南首以公牆爲界南至秦淮河西至李姓屋以公墻爲界北至建鄴路面積四分四厘三毫三絲	房屋	無	廿四年三月十日	同右	同右
張連發　江寧人住東釣魚巷四三號	東釣魚巷四一、四三號東至秦淮河南至楊姓屋以己墻及隣墻爲界西至東釣魚巷北至程姓屋以鄰墻爲界面積三分七厘二毫二絲	房屋	無	廿三年十二月廿四日	同右	同右
章卓廷　南京人住軍師巷十八號	廚子營三〇號東至廚子營南至胡姓屋以己墻爲界西至楊姓屋以己墻外隙地爲界北至楊姓屋以己牆及鄰墻爲界面積一分〇五毫七絲	房屋	無	廿三年十二月十四日	同右	同右
張存善　江甯人住邊營四七號	邊營四七號東至蔡姓屋以己墻公牆及鄰牆爲界南至營地西至史姓屋以公牆及己牆爲界北至邊營面積五分四厘八毫六絲	房屋	無	廿三年十二月十五日	同右	同右
游竹蓀　南京人住璇子巷一〇二號	璇子巷一〇二號東至璇子巷南至官地及馮姓屋以公牆爲界西至璇子巷北至盧葛二姓屋以己牆及鄰牆爲界面積四分五厘六毫四絲	房屋	無	廿三年十二月廿七日	同右	同右
魏之頤 之爵 之禎 之雲　南京人住高崗里二四號	磨盤街七號東至磨盤街南至管魏汪三姓屋以鄰牆及己牆爲界西至魏姓以己天井爲界北至張楊二姓屋以公墻己墻及隣墻爲界面積六分二厘二毫一絲	房屋	抵押權人孫菊農江甯人住仝鄉公井五號	廿三年十二月卅日	同右	同右

柏斯文 江蘇人住信府河一六三號	毛家苑二五號東至毛家苑南至王姓地西至戈姓地北至戈姓地面積四分三厘四毫九絲	草房	無	廿四年元月卅日	同右	同右
戈本業 立 南京人住毛家苑二七號	毛家苑東至毛家苑南至柏姓地西至李戈二姓地北至挨近水溝面積一畝六分八厘九毫七絲	無	無	廿三年十一月卅日	同右	同右
劉鏡清 墨卿 寶昌 南京人住許家巷四六號	許家巷四六號東至劉姓屋以公墻爲界南至許家巷西至中正路北至劉汪二姓屋以隣牆及己墻爲界面積三畝一分二厘一毫二絲	房屋	無	廿三年十一月廿一日	同右	同右
王相金 本京人住董家巷八號	中央路東至陳姓地及中央路爲界南至官路西至江南汽車公司（即本案買戶）北至十姓地爲界面積六分六厘三毫九絲（內中央路擴展時約佔用三八、〇〇〇〇方丈）	空地	無	廿四年五月一日	廿四年八月五日	廿四年十一月四日止
毛佩珊 浙江人暫住南京建鄴路一八三號	鼓樓九條巷東至陳姓地又毛陳二姓共有地爲界南至谷姓走巷西至陳姓地爲界北至胡姓屋以鄰墻爲界面積一畝〇九厘三毫正	無	無	廿四年三月五日	同上	仝上
毛佩珊 陳佑華 浙江人住華光路一號	鼓樓五條巷東至陳姓地爲界南至陳姓走路爲界西至毛姓地爲界北至與陳姓交換地點爲界面積六分〇五毫三絲（內劈地三厘二毫三絲與陳長[illegible]交換）	無	無	廿四年三月七日	仝上	仝上
魯春山 江寧人住貢院西街春源齋號	大石壩街一一三號東至二李姓屋以鄰牆爲界南至官巷以本產面牆爲界西至湯姓屋以隣牆公牆及己墻爲界北至董姓屋以天井中之界線爲界面積一分三厘四毫正	房屋	無	廿三年十二月廿六日	仝上	仝上
滕衡吾 南京人住大油坊巷四一號	中華路三三五號東至義興巷以後門外空地爲界南至高李林三姓屋及義興巷以己牆爲界西至中華路及高李二姓屋以己牆爲界北至周張兩姓屋以己牆爲界面積三畝七分九厘六毫一絲	房屋	無	廿三年十二月廿六日	仝上	仝上

興善堂團體公屋管理人許耀聲 江寧人住門東箍桶巷四十七號	中華路二一一號東至市產屋以鄰牆爲界南至熊姓屋以公牆爲界西至中華路行人道北至市產屋以己牆爲界面積二厘七毫七絲	二間	無	廿四年元月十二日	仝上	仝上
蔣思五 蔣永春昌齡 南京人住中華路三三二號	義興巷三九號東至汪姓屋以己牆爲界南至朱姓屋以己隣牆爲界西至朱姓屋以己墻爲界北至義興巷面積一分五厘七毫七絲	小房二間披三間	無	二四年元月九日	仝上	仝上
李正興祥熙玄四人共有 南京人住金粟菴九號	金粟菴九號東至毛李二姓屋及李姓地南至倉坡及官巷西至葦萬施史四姓屋北至金粟菴面積六分七厘一毫七絲	房屋	地役權人李正隆南京人住金粟菴九號	廿四年一月廿五日	仝上	仝上
李正隆 江蘇人住金粟菴九號	金粟菴九號東至張姓屋南至倉坡西至李姓屋及其地北至毛姓屋面積五分一厘四毫六絲	房屋	抵押權人葉俞氏南京人住猫魚市四號	廿三年十二月廿九日	仝上	仝上
許澤椿 江寧人住中華路花市街三百七十號	中華路三三六號東至中華路南至王姓走巷（以己牆爲界）西至王姓楊姓公用地（以己牆爲界）北至蔣姓屋石姓屋（以己墻爲界）面積七厘二毫正	房屋	無	二三年十二月二二日	仝上	仝上
鄺衡三 本京中華門西磨盤街四九號	磨盤街四十九號東至磨盤街南至談姓屋以公墻己牆及鄰墻爲界西至水齋菴北至毛姓屋以己墻公墻爲界面積一畝三分八厘三毫六絲	房屋	無	廿三年十二月廿六日	廿四年八月六日	廿四年十一月五日
尹瑞卿 江寧人太平里四號	太平里四號東至朱家苑及端木姓屋以己牆爲界南至太平里西至王姓屋以己牆爲界北至朱家苑面積一分四厘零八絲	房屋	無	廿三年十二月廿五日	仝	仝
金慶生 本京許事街一四七號	中華路三九八號東至中華路南至石埭會館及賈姓屋以己牆及鄰牆爲界西至杜姓屋以己牆及隣墻爲界北至杜何二姓屋以鄰牆爲界面積二分五厘八毫一絲	房屋	無	廿四年三月十一日	仝	仝

沈永福 江甯常府街廿二號 永興茶園	申家巷一七號東至申家巷南至施姓走巷西至大悲菴屋以己牆及鄰牆爲界北至吳姓屋以己牆爲界面積五分〇一毫二絲	房屋	無	廿四年二月廿七日	仝	仝
路步洲 南京中華路五八四號	信府苑一六號東至李徐二姓屋以己墻及公牆爲界南至信府苑西至信府苑北至信府苑及市產屋以己墻爲界面積六分〇七毫	房屋	無	廿三年十二月廿日	仝	仝
王煥章 江甯殷高巷廿三號	殷高巷二三號(與蔣家苑毗連)東至袁姓屋以公牆爲界南至殷高巷西至殷高巷北至殷高巷面積一分八厘二毫四絲	房屋	無	廿三年十二月三十日	廿四年八月六日	廿四年十一月五日
高萬銘 鑑 江寧人淮海路一五二號	集慶路一八四號東至周姓屋以己牆爲界南至集慶路西至朱姓屋以隣牆爲界北至周朱二姓屋以己牆及鄰牆爲界面積一分一厘九毫三絲	房屋	無	廿四年三月十二日	仝上	仝上
鄭澤先 安徽旌德竹竿巷十號	竹竿里十號東至竇姓屋以鄰牆爲界南至竹竿里西至旌德會館地北至秦淮河面積五分〇四毫一絲	房屋	無	廿四年五月十五日	仝上	仝上
董佩瑛 江蘇石鼓路一一三號	觀音菴東至楊姓地南至潘姓地西至董姓地北至王姓及綠筠豐潤二鄉農民協會地面積五分五厘九毫五絲		無	廿四年四月廿七日	仝上	仝上
張帆 江蘇鼓樓五條巷十二號	莫干路甲種住宅區第一段三八號東至張姓屋以鄰牆爲界南至張姓屋以鄰牆爲界西至高姓屋以隣牆及高姓竹籬爲界北至莫干路人行道面積七分五厘六毫九絲	西式樓房	新華銀行大行宮	廿四年四月三十日	仝上	仝上
祝廷鏞 芝三 南京人住來鳳街四一號	來鳳街(原名龍王井)三一號東至張姓屋以己牆爲界南至沙姓屋以己牆爲界西至周姓地北至來鳳街面積一分七厘五毫	房屋	無	廿三年十二月十八日	廿四年八月六日	廿四年十一月五日止
丁維厚 安徽人住大石壩街一一號	中華路(原名內橋)八號東至中華路以板門爲界南至金姓屋以公牆爲界西至金姓屋以鄰墻爲界北至內橋灣面積一厘	房屋	無	廿四年一月廿四日	廿四年八月六日	廿四年十一月五日止

楊佑之 本京人住城西磨盤街五號	磨盤街五號後東至王李趙三姓屋以己牆爲界南至施佘二姓屋以鄰牆及其外面直線爲界西至崇善堂及施姓屋以己牆及鄰牆爲界北李汪魏二姓屋以鄰牆爲界面積三分一釐四毫	房屋	無	廿三年十二月廿七日　廿四年八月六日	廿四年十一月五日止
王子栩 江甯人住柳葉街十九號	船板巷二六八號東至秦淮河南至田姓屋以公牆及鄰牆爲界西至船板巷北至李姓屋以己牆及公牆爲界面積二分四釐四毫	房屋	無	廿三年十二月廿八日　廿四年八月六日	廿四年十一月五日止
張兆坤 江甯人住煤灰堆五號	煤灰堆五號東至小石花巷南至冷盧葉三姓屋以公牆爲界西至煤灰堆北至陶姓屋以己牆爲界面積六分八釐四毫七絲	房屋	無	廿三年十二月廿六日　廿四年八月六日	廿四年十一月五日止
陳雲浦 江甯人住營門口十一號	釣魚台二號東至秦淮河南至官巷西至釣魚台北至戴姓屋以鄰墻己牆及己墻直線爲界面積一分四釐零二絲	房屋	無	廿四年元月三十一日　廿四年八月六日	廿四年十一月五日止
陶榮廷 江甯人住洋珠巷十八號	煤灰堆三號東至小石花巷南至張姓屋以己墻及鄰墻爲界西至煤灰堆北至趙朱二姓屋以鄰牆爲界面積四分二釐八毫五絲	房屋	無	廿四年二月十四日　廿四年八月六日	廿四年十一月五日止
邱侯氏 江甯人住豆腐巷三號	豆腐巷叁號東至豆腐巷南至都天廟屋以己牆及己墻外隙地爲界西至都天廟屋以己墻爲界北至二張姓屋以共有板壁及墻爲界面積二分七釐三毫二絲	房屋	無	廿三年十二月廿日　廿四年八月六日	廿四年十一月五日止
魏之禎 江甯人住高岡里廿四號	釣魚台四六號東至秦淮河南至官姓屋以公牆及鄰牆爲界西至釣魚台北至王姓屋以己墻公牆及鄰墻爲界面積一分一釐四毫八絲	房屋	無	廿三年十二月廿四日　廿四年八月六日	廿四年十一月五日止
張家驄 江甯人住六角井八號	六角井八號東至干秦二姓屋及孫干張三姓公走巷南至六角井以己牆公牆及公板壁爲界西至蔣姓屋以己牆及鄰牆爲界北至蔣姓屋以己牆爲界面積三分零一毫七絲	房屋	無	廿三年十一月廿一日　廿四年八月六日	廿四年十一月五日止

朱松壽 南京住上海美租界 代理人朱鐘淮 住新路口二號	新路口二號東至水佐營以己墻爲界南至新路口以己牆及本產爲界西至錢姓以本姓磚墻及隣牆爲界北至石姓以己牆爲界面積二分捌厘四毫三絲	房屋		廿三年九月五日	廿四年八月六日	廿四年十一月五日止
林子超 閩人住石板橋總理陵園辦事處	如意里東至王姓屋地南至孔姓地西至孔姓出路北至如意里面積六分三厘三毫三絲	無	無	廿四年六月十八日	同	同
張之江 河北住廖家巷二號	廖家巷二號東至鐵湯池以己墻爲界南至廖家巷以己牆爲界西至魯姓屋以己牆爲界北至本姓屋以己墻爲界面積二畝七厘捌毫三絲	樓房	無	二四年四月二日	同	同
仝右	鐵湯池東至鐵湯池南至本姓屋外魯姚二姓屋隣牆爲界西至哈梁二姓地北至本姓地內有水塘面積七分九厘二毫正面積二畝五分九厘九毫九絲	空地	無	同右	同	同
同右	鐵湯池東至鐵湯池南至本姓地西至王常黃三姓地北至管姓定特徐姓地內有水塘面積二畝〇七厘六毫正面積二畝捌分捌厘玖毫四絲	空地	無	同右	同	同
陳長明 南京住大方巷傅佐路一號	鼓樓五條巷東至九條巷南至毛陳二姓地爲界西至毛姓地爲界北至毛姓屋以隣墻爲界面積一畝一分五厘七毫二絲內劈地二厘一毫一絲與毛佩珊 九厘三毫六絲與毛佩珊陳佑華交換	原係水塘現已塡成基地	無	二四年四月二二日	同	同
管麗珍 南京住石板橋十三號	石板橋十三號東至石板橋以本產界線爲界南至公巷以本產界線爲界西至公走巷以己牆爲界北至張姓屋以己牆及鄰牆爲界面積捌分六厘三毫正	房屋	無	二四年五月一二日	同	同
常樹滋 江甯住中山北路祁家橋三號	祁家橋吉如里第一號至十一號東至（一）沈梁二姓（二）梁蔣二姓地南至（一）（二）水溝西至（一）祁家橋（二）本姓地北至（一）祁家橋（二）本姓地面積宅九分七厘五毫六 基二畝六分八厘九毫二絲	房屋	無	二四年五月十一日	同	同

周作民 浙江代理人王恩東住白下路二三六號	頤和路東至李姓地周姓地南至公路西至頤和路北至劉姓屋面積一畝七分四厘九毫七絲	無	無	二四年六月八日	同	同
姜氏 田寶奎 江甯住百子亭八號	百子亭第五、七、九、十一、十三、十五號東至（一）（二）黃姓地本姓屋（三）百子亭南至黃徐姓徐郭姓屋（三）羅姓姓屋西至（一）（三）楊原姓屋（二）楊姓北至（一）（二）楊姓屋（三）仁本姓靜堂水塘面積一畝捌分五厘七毫二絲 一一捌九九 四〇三七九	房屋	無	廿四年五月三日	同	同
張洪炳 江甯人住豆腐巷五號	豆腐巷五號東至張姓屋南至邱姓屋以公牆及公共板壁爲界西至都天廟屋以己牆爲界北至李姓屋以己牆爲界面積一分二厘五毫六絲	房屋	無	廿四年元月四日	廿四年八月六日	廿四年十一月五日止
崔慶錫 南京人住長樂路廿號	長樂路廿號東至李高二姓屋及胡黃胡三姓公地以己牆及隣牆爲界南至陳魏二姓屋以己牆及隣牆爲界西至九兒巷北至仁育醫院屋以己牆爲界面積四分七厘三毫七絲	房屋	無	廿三年十二月廿七日	同	同
沈松延 江甯人住牽牛巷三十四號	牽牛巷三四號東至徐葉二姓屋以己牆及公牆爲界南至牽牛巷西至官巷及炎帝菴屋以己牆爲界北至余徐二姓屋以己牆爲界面積五分五厘三毫四絲	房屋	保存抵押權人綢布業公會仁壽善會代理人吳藎臣江甯人住牛市五二號	廿三年十二月廿九日	同	同
首都警察廳住址保泰街主管長官陳焯	貢院街四五號東至市工務局自來水工程處屋鄰牆南至市財政局職員寄宿舍屋己牆西至貢院街北至市工務局自來水工程處屋鄰牆面積四分一厘一毫正	平房九間	無	廿四年元月四日	同	同
於壽人 合肥人住門東倉門口五十號	鈔庫街三八號東至查姓屋各牆南至鈔庫街西至龐姓屋隣牆北至秦淮河面積一分六厘七毫六絲	平房三間	無	廿三年十二月	同	同

王君春 江甯人住裱畫廊十八號	東釣魚巷二二號東至東釣魚巷南至釣魚巷西至孔姓屋以己牆爲界北至王姓屋以己牆爲界面積四分二厘二毫一絲	房屋	無	廿四年六月三日	廿四年八月六日	廿四年十一月五日止
樊德林 南京人住和平門內許家橋廿二號	大樹根東至營地南至王姓地西至大樹根北至旗地面積二畝九分七厘三毫一絲	無	無	廿四年五月四日	仝	仝
周介屏 周鏜銳 浙江人住東關頭二九號	東關頭二九號東至趙姓屋北段鄰牆中段周趙姓三分之二南段上段己牆南至丁官營西至陳姓屋己牆北至東關頭面積壹畝叁分八厘二毫止	樓平房大小三十二間	無	廿四年五月二日	仝	仝
肩立堂上海商業儲蓄銀行仝體服東 管理人 戈震廷 河北人住建康路二三三號	淮海路破布營東至馮歐兩姓地南至淮海路西至官溝及吳姓地北至吳姓地面積二畝六分一厘四毫九絲	無	無	廿四年二月五日	仝	仝
陳雲發 南京人住石婆婆巷三六號	石婆婆東至官巷以本產界線爲界南至石婆婆巷以本產界線爲界西至陳姓備讓走巷及張姓地以本產界線爲界北至邵姓塘排屋以本產界線爲界面積一畝四分二厘八毫五絲	空	無	廿四年三月廿一日	同	同
張俞氏 南京人住古缽營十一號	敎敷營十號東至稈姓屋以鄰牆爲界南至劉姓屋以公板壁爲界西至敎敷營以板門爲界北至沈姓屋以己牆爲界面積八厘七毫一絲	房屋	無	廿三年十二月廿八日	廿四年八月六日	廿四年十一月五日止
徐醒皆 陳韵林 寶應人住大楊村十號	飲虹園臨時一號東至馬姓地以本產界綫爲界南至走路以本產界綫爲界西至周姓地以本產界線爲界北至飲虹園以本產界綫爲界面積三畝叁分叁厘六毫七絲	房屋	無	廿三年十月廿四日	廿四年八月六日	廿四年十一月五日止
賈西鑑 江甯人住嚴家井十號	五間廳一七號嚴家井一〇號東至冷周趙三姓屋以公墻及己牆爲界南至嚴家井街西至五間廳街及熊姓屋以己牆爲界北至五棡廳街面積一畝八分八厘一毫	房屋	無	廿三年十二月三日	廿四年八月六日	廿四年十一月五日止

楊子和 江寧人住磊功巷十七號	中華路原名南門大街八三一號東至郿姓屋以鄰墻爲界南至李謝二姓屋以公牆爲界西至中華路北至謝姓屋以公牆及己墻爲界面積六厘零九絲	房屋	無	二三年十二月二七日	二十四年八月六日	廿四年十一月五日止
陳言信 言忠 言孝 安徽人住六角井十七號	六角井十七號東至鄭姓屋以公牆及鄰牆爲界南至營地西至市地以己墻及己牆直線爲界北至六角井面積二分零十毫四絲	房屋	無	廿三年十一月九日	廿四年八月五日	二十四年十一月五日止
馬少園 江寧人住估衣廊一〇六號	沙灣三十六號東至李姓屋以鄰墻及公板壁爲界南至沙灣西至羅姓屋以公牆爲界北至秦淮河面積九厘七毫七絲	房屋	無	廿四年一月廿六日	廿四年八月六日	廿四年十一月五日止
黃子方 安徽人住棉鞋營三五號	棉鞋營三五號東至棉鞋營南至趙姓屋以公墻爲界西至周趙二姓屋以己牆爲界北至趙姓屋以己墻爲界面積叁分一厘七毫七絲	房屋	無	廿四年三月廿一日	廿四年八月六日	廿四年十一月五日止
朱賡良 雲南人住蔡家花園廿九號	蔣家花園二九二七三一號東至市立遊府西街小學屋南至官巷以己牆界石爲界西至蔡家花園以己牆爲界丁姓屋牆外餘地一條爲界北至蔡家花園以己牆爲界面積四畝四分八厘二毫一絲	平房三十二間	抵押權人郵政儲金匯業局代理人何縱炎貴州人住大行宮	廿四年二月廿日	廿四年八月六日	廿四年十一月五日
吳必有 江寧人住四衛頭廿一號	四衛頭廿一號東至本姓地及觀音會地爲界南至林姓郭姓地爲界西至四衛頭北至信業堂地爲界面積三畝四分五厘六毫三絲內東北部廣東路綫經過約佔用六·五〇〇〇方尺	平房三間二廂	無	廿四年三月三十日	廿四年八月六日	廿四年十一月五日止
湯叔銘 江西人住珞珈路十六號	天竺路東至梁姓屋外竹籬爲界南至李姓屋竹籬爲界西至十姓地北至天竺路面積一畝一分四厘八毫七絲	空地	無	廿四年六月六日	廿四年八月六日	廿四年十一月五日止
傅式如 家棟 家隆 江寧人住中山東路三五六號	中山東路三五六號東至王陳二姓屋以各有各牆爲界南至宋姓屋北空地以己墻外隙地爲界西至詹鄭二姓屋及水巷以己墻爲界北至中山東路人行道以板門爲界面積六分三厘七毫正	房屋	抵押權設定登記人趙喜庠廣東人住利濟巷美州華僑農場農品經理處	廿四年二月七日	廿四年八月七日	廿四年十一月六日止

翁思迪 南京人住上海通訊處堂子街五九號	南衛巷東至翁姓屋南至蔡姓屋以鄰墻爲界西至南衛巷北至張姓屋面積三分七厘八毫正	無	無	廿三年十二月廿四日	同上	同上
張炳炎 南京人住上海高昌廟代理人翁友梧本京人住大石壩街五十五號	大石壩街五五石三號東至救火會以己牆爲界楊姓屋以鄰牆爲界南至曹姓屋以鄰牆爲界西至胡姓屋以鄰牆爲界張姓屋以牆外隙地爲界丁姓屋以公牆爲界北至大石壩街以板門爲界面積四分九厘一毫四絲	市房	無	廿三年十二月廿七日	同上	同上
楊方氏 南京人住古鉢營十五號	敎敷營一六一八號東至程姓屋以鄰牆爲界南至沈姓屋以公墻爲界西至敎敷營以板門爲界北至朱姓屋以鄰墻爲界面積六釐三毫六絲	市房	無	廿四年四月十六日	同上	同上
劉仁卿 仲涵 本京人住長樂路二百六十號	中華路三九三一五號東至發源會館屋前段以各墻爲界後段以鄰墻爲界南至艾姓屋以各墻爲界西至中華路行人道以板門爲界北至本姓屋以公牆爲界面積七厘一毫六絲	市房	無	廿四年元月廿三日	仝上	同上
陶基 寶文國堃祿三 江寧人住殷高巷三十五號	殷高巷三十五號東至陶袁二姓屋以己牆及鄰牆爲界南至殷高巷西至張姓屋以鄰墻及己牆爲界北至公走面積七分六厘九毫六絲	房屋	無	廿三年十二月廿二日	仝上	仝上
石仲銘 南京人住長樂街六十四號	沙灣廿號東至洪姓屋南至沙灣西至譚姓屋北至秦淮河面積七厘三毫二絲	房屋	無	廿四年一月廿一日	同上	同上
洪啓泉 江寧人住膺府街八十二號	膺福街八十二號東至葉姓屋以己墻爲界南至膺福街西至羅姓地及屋以己牆爲界北至秦淮河面積一分二厘九毫八絲	房屋	抵押權人吳王氏南京人住瓦廠街三十號	廿四年四月十九日	同上	同上

張宏興 南京人住荳腐巷五號	豆腐巷五號東至豆腐巷南至邱姓屋以公共板壁及公墻爲界西至張姓屋北至李姓屋以己牆爲界面積一分二釐二毫五	房屋	地役權人張洪炳江甯住豆腐巷五號	廿四年四月廿九日	同上	同上
張祥龍 江甯人住下關熱河路兆慶里十七號	王府園五十四號東至王府園以己牆爲界南至王府園以己牆爲界西至邱姓屋以己牆爲界北至官河面積一畝〇伍厘四毫七絲	房屋	無	廿四年四月廿四日	同上	同上
汪成氏 南京人住水西門外南傘巷七號	堂子街二九號東至朱姓屋以公牆爲界南至南衛巷以己墻爲界西至馬姓屋以公牆己牆爲界北至堂子街以己牆爲界面積五分六厘七毫六絲	房屋	無	廿四年四月三日	廿四年八月七日	廿四年十一月六日止
楊志彬 江蘇人住小石壩街	小石壩街三九七號東至小石壩街南至韓姓墻西至興隆巷官地租戶楊姓屋以己墻外隙地爲界北至興隆巷面積一分四厘一毫七絲	披一廈	無	廿三年十二月廿日	同	同
馬賈氏 江甯人住首都評事街一三七號	中華路原名花市三七六號東至中華路人行道南至宋尹氏屋以己牆爲界西至尹姓屋以公牆爲界北至劉氏宗祠屋面積五厘九毫止	平房兩間	無	廿三年十二月十五日	同	同
王長源 江寧人住門東豆腐巷五號	鏇子巷七號東至過街樓南至袁姓屋以公牆爲界西至蔡姓屋以己板壁及公牆爲界北至鏇子巷面積九厘六毫二絲	房屋	無	廿四年一月十六日	同	同
翁長華榮富 南京人住陶家巷十一號	大荷花巷一號東至尹姓地以己墻外隙地爲界南至兩李姓屋以己墻及公牆爲界西至大荷花巷北至大荷花巷面積二分七厘一毫止	房屋	保存抵押權人譚翼珪松江人住南京廳後街八號	廿四年元月八日	同	同
印邦杰 江寧人住營門口二八號	營門口二十八號東至劉姓屋以己牆及隣墻爲界南至印姓屋以天井中線爲界西至王姓屋以公牆爲界北至朱家苑面積一分三厘一毫五絲	房屋	地役權人印安華常塗入營門口二八號後	二三年十二月二二日	二四年八月七日	二四年十一月六日止
李寶如 江寧人住船板巷二二號	剪子巷五十七號東至李姓屋以公墻及鄰牆爲界南至周姓屋以鄰牆及己牆爲界西至周姓屋以公牆鄰牆及己牆爲界北至剪子巷面積一分四厘〇七絲	房屋	保存抵押權人陳和甫代理人周梓衡江寧人住大膠巷一五號	廿三年十二月廿八日	同	同

諸鋪泰 武進人住徐家巷	牛市八一七九號東至牛市南至李姓屋以公墻爲界西至秦淮河北至劉姓屋楊姓屋以己墻爲界面積一畝一分三厘九毫正	房屋	無	廿三年十二月十八日	同	同
劉昌忠 江甯人住豆腐坊四號	豆腐坊四號東至施姓地以己牆爲界南至姜姓地（通豆腐坊）西至姜姓屋北至施姓地以己牆爲界面積九分八厘六毫八絲	房屋	無	廿四年元月十五日	同	同
聶紹霆 江甯人住庫司坊一五號	庫司坊一五號東至張姓屋以己墻鄰墻及公板壁爲界南至庫司坊西至俞劉韋三姓屋以己牆鄰牆及公墻爲界北至甘露巷面積二分五厘七毫七絲	房屋	無	廿三年十二月十八日	同	同
俞新正 南京住香舖營一號	甘露巷原名桃源巷口第三十號東至聶姓屋以己牆及鄰牆爲界南至劉姓屋以己牆外隙地爲界西至湯姓屋以公墻爲界北至甘露巷面積一分六厘〇二絲	房屋	無	廿三年十二月十七日	廿四年八月七日	廿四年十一月六日止
義渡局管理人張斌 本城住李府巷五號	中華門第八號東至何姓屋以己牆爲界南至營地西至石姓屋以己牆及隣牆爲界北至環行馬路面積六厘二毫九絲	房屋	無	廿三年十二月八日	同	同
羅高氏 江甯人住上海代理人吳德斌 江甯住煤灰堆四十一號	中華門六十五號東至劉姓走巷以己牆爲界南至貴人坊西至環行馬路北至劉姓屋以己牆爲界面積四厘九毫五絲	房屋	無	廿四年元月卅日	同	同
張季良 南京住鹽倉橋十一號	邊營第六十一號東至金李二姓屋以己墻及公牆公板壁爲界南至軍政部屋及地西至高姓走巷以己牆爲界北至邊營面積七分一厘〇五絲	房屋	無	廿三年十二月廿五日	同	同
翁長榮華富 南京住陶家巷十一號	陶家巷第十一號東至陶家巷南至陶姓屋以公牆爲界西至公巷北至翁姓屋以己牆爲界面積七分三厘〇三絲	房屋	無	廿三年十二月廿二日	同	同

姓名住址	坐落四至面積	種類	他項權利	日期		
翁懋齊 友三 世勛 儀鎾 江甯人住徐家巷四十二號	中華路(原名南門大街)五八〇號東至中華路南至傅鄧二姓屋以己牆及隣牆爲界西至汪姓屋及汪翁鄭傅四姓公走巷以己牆爲界北至馬楊二姓屋以己牆爲界面積四分三厘四毫七絲	房屋	保存抵押權人惠亮齋南京人住牛市五二號	廿四年元月十四日	同	同
傅華堂 湖南住貢院街七六號	貢院街第七六號東至徐姓屋均以己牆爲界南至貢院街八行道西至高姓屋均以己牆爲界北至平江府街面積五分三厘七毫四絲	樓平房廿四間廈	保存抵押權人徐慶松南京人住昇州路二三一號	廿四年元月卅一日	同	同
朱敦五 南京住於本宅前	石鼓路(原名牌樓街)二六五號東至任王姓屋以鄰牆各有各牆及己牆鄰牆爲界南至雷姓屋以己牆爲界西至雷姓屋以己牆各有各牆鄰牆爲界北至石鼓路面積三分五厘二毫三絲內有石鼓路經過約佔用一三•〇〇〇〇方丈	房屋	無	廿四年四月廿六日	同	同
李壽之 南京住門東邊營五十三號	門東邊營街五十三號東至張李二姓屋以己牆爲界南至李姓屋以己牆爲界西至李姓屋以己墻爲界北至張李二姓屋以己牆及公牆爲界面積壹分四厘陸毫壹絲	房屋	無	廿四年六月廿五日	同	同
同右	邊營街第五七三號東至彭李二姓屋以隣牆公墻及己牆爲界南至李張二姓西至金張二姓地及營地公板壁爲界北至長干路面積三分七厘〇五絲	房屋	無	廿四年六月四日	同	同
趙恩錚 安徽人棉鞋營二十七號	棉鞋營三三號東至棉鞋營南至官巷西至趙姓屋以己牆爲界北至黃姓屋以公墻爲界面積叁分四厘二毫叁絲	房屋	無	廿四年四月十六日	廿四年八月八日	廿四年十一月七日
速子翔 家通 南京人施家巷卅一號	施家巷二九，三一號東至施家巷南至市地及卞姓屋以己牆爲界西至崇恩街北至陸府巷面積二畝九分〇九毫六絲	房屋	無	廿三年十二月六日	同右	同右
端木春崖 江甯人集慶路五八號	太平里二號東至朱家苑南至太平里西至尹姓屋以己牆爲界北至朱家苑空地面積一分一厘六毫六絲	房屋		廿三年十二月廿七日	仝	仝

楊光金　磨盤街卅號	花露岡六十二號東至市地南至馬姓屋及地西至花露岡北至花露岡面積三分〇九毫四絲	房屋	無	廿三年十一月九日	仝	仝
趙舜陶　安徽人棉鞋營二十七號	棉鞋營叁一號東至黃趙二姓屋以鄰牆爲界南至官巷西至周姓屋以己牆爲界北至周姓屋以己牆外隙地爲界面積貳分壹厘〇四絲	房屋	無	二四年四月十六日	同	同
趙敏銀　邊營十號	長干路原名邊營十號東至李姓屋以己牆爲界南至長干路西至王姓屋以火巷中線及己牆爲界北至蔡姓屋以隣牆爲界面積二分六厘四毫五絲	房屋	無	二四年一月四日	二四年八月八日	二四年十一月七日
李國祥　江甯人葛家菜園四九號	葛家菜園四八九號東至葛家菜園公巷南至徐姓屋以己牆及己牆外隙地爲界西至葛家菜園北至葛姓屋以己牆及鄰牆爲界面積五分六厘一毫九絲	房屋	無	廿三年三月五日	同	同
陳洪恩　南京人昇洲路一三七號	教敷營一號東至敎敷營板門外以界綫爲界南至敎敷營以己牆爲界西至胡姓屋以鄰牆爲界北至李姓屋以公牆爲界面積一分四厘三毫九絲	市房	無	廿四年一月二八日	同	同
高汝正　江都人貢院東街七十八號	貢院街七八號東至傅姓屋公牆爲界南至貢院街以己牆爲界西至首都戲院以公牆爲界北至小江府街以己牆爲界面積四分三厘六毫八絲	市店房	抵押權人王啓東中山北路158號	二四年一月十一日	同	同
李雲水　六合狀元境三十號	建康路一九六八號東至耿姓地以己牆爲界南至吳姓地以己牆爲界西至財政局室以己牆爲界北至建康路人行道以界線爲界面積四厘四毫五絲	市房	無	二三年十二月二四日	同	仝
錢景禹　浙江人住嘉興南門大街	顏料坊第八三號東至顏料坊以己牆爲界南至劉姓屋東首以鄰牆爲界西首各有各牆爲界西至牛市以己牆爲界北至蔡姓屋大部份各有各鄰牆小部份以鄰牆爲界面積一畝七分六厘二毫六絲	房屋	無	二四年一月十一日	二四年八月八日	廿四年十一月七日
工務局代理人嚴宏滙	貢院街四三號東至市立秦淮小公園地市立救濟院工藝出品營業處屋南至秦淮河西至市財政局宿舍屋首都警察廳屋己牆北至貢院街面積二畝九分二厘四毫四絲	平房九間	無	廿三年十二月卅一日	同上	同上

趙春濤 南京人住華僑路四十五號	嚴家井二一八號東至五間廳南至嚴家井西至賈姓五間廳一屋以鄰牆爲界北至官巷周姓屋及旗地租戶石姓屋以己牆爲界面積七分六厘九絲	房屋	無	廿四年一月十四日	同上	同上
馮貴生 六合人住璇子巷一百號	璇子巷一百號東至官地南至尤姓屋以公牆及己牆爲界西至璇子巷北至游姓屋以公牆爲界面積一分三厘三毫八絲	房屋	無	廿三年十二月	同上	同上
許耀聲 興善堂管理人	長樂路三〇〇號箍桶巷四七號東至箍桶巷南至余姓屋以己牆爲界西至小巷及雷姓屋以己牆及鄰牆爲界北至長樂路及王何吳馬四姓屋以己牆鄰牆及公牆爲界面積貳畝三分四厘九毫七絲	房屋	無	廿四年一月	同上	同上
王林藻 南京人住小石壩街第六二號	膺府街三七號東至田姓屋以鄰牆爲界南至官巷西至膺府街北至市產及謝楊兩姓屋以己牆爲界面積一分六厘三毫貳絲	房屋	無	廿三年十二月十八日	廿四年八月八日	廿四年十一月七日止
謝星一 南京人住中華路五九七號	膺府街三三號東至楊姓屋以公牆爲界南至市產及干姓屋以鄰牆爲界西至膺府街北至楊姓屋以鄰牆爲界面積一分八厘六毫	房屋	無	廿三年十二月廿二日	仝上	同上
李堯堦 江甯人住磊功坊廿五號	膺福街一一號東至嵇姓屋以鄰牆爲界南至嵇姓屋以公牆及己牆爲界西至膺福街北至朱姓屋以己牆爲界面積壹分二厘二毫二絲	房屋	無	廿三年十二月廿九日	同上	同上
邵九如 南京人住王府園六十號	王府園五六，五八，六〇號東至龔姓屋以鄰牆及己牆爲界南至王府園街邊隙地以本齊界線爲界西至潘王兩姓屋以鄰牆及己牆爲界北至秦淮河湧隙地以己牆爲界面積五分二厘八毫九絲	房屋	無	廿三年十二月卅日	同上	仝上
董錫三 本京人住張公橋五號	張公橋五號東至張公橋南至禮拜寺後巷西至王姓地北至王姓屋以己牆爲界面積四分零九毫二絲	房屋	無	廿四年元月十一日	同上	同上
朱謙 浙江人住大石橋新安里十號	平倉巷東至徐姓地南至徐姓坟地西至鄭姓地北至平倉巷及鄭姓地面積一畝四分八厘九毫八絲	無	無	廿四年五月四日	廿四年八月八日	廿四年十一月七日止
沈慶犁 浙江人住高樓門四號	西家大塘東至沈李二姓南至國立編譯館地西至沈姓塘地北至沈姓地面積七畝一分八厘七毫貳絲	房屋	無	廿四年五月廿一日	同	同

葉金山　江甯人住老菜市四九號	老菜市四九五一號東至郭姓地南至老菜市西至常姓屋以鄰牆己牆鄰牆爲界北至常姓塘面積九分七厘八毫四絲	房屋	無	廿四年四月廿六日	同	同
常金李　模範馬路白菜園三六號	柏華園東至柏華園南至柏華園西至常白二姓地彭李二姓屋及塘爲界北至常姓地面積七畝三分七厘六毫四絲	無	無	廿四年五月六日	同	同
葉金山　江甯人住老菜市四九號	老菜市東至1修己堂孝思堂地南至1本姓地塘2官溝及本姓地2劉姓台記塘1本姓地北至1孝思堂修己堂及塘西至2劉台記塘2本姓地塘地及官溝本姓地沈姓地面積八畝一分一厘六毫一絲	種菜	無	廿四年四月廿六日	同	同
張雲億傑才　南京人住蓁巷十號	唱經樓一七號東至唱經樓南至太平會屋以公牆爲界西至曹姓屋以鄰牆爲界北至曹姓屋以公牆爲界面積一分二厘八毫三絲	樓房兩進四大間汽樓一座	無	廿四年四月廿七日	廿四年八月八日	廿四年十一月七日止
崇善堂管理人　廿仲琴　周一漁　南京人金沙井三二號	大彩霞街五一號小彩霞街三一號東至劉秦金陳柳劉仁育醫院以己牆爲界南至玉帶巷以己牆爲界西至萬姓屋以各有各牆爲界北至大小彩霞街以板門爲界面積一畝三分七厘七毫四絲	門面房二號東西園房二二號正中白鐵柵一座柵屋六四號共八八號	無	廿四年元月十二日	同	同

應炳元 南京人住新門口八號	新門口東至官路南至陸姓地西至陸姓地北至市地面積五分五厘七毫一絲	無	無	廿四年三月廿八日	同	同
成周氏 南京住糖坊橋二四號	糖坊橋二四號東至官巷南至夏姓屋西至糖坊橋北至余姓屋面積六分三厘三毫三絲	房屋	無	廿四年五月七日	同	同
余張勤一 鄧碧貞 長沙人住太平橋二十七號	珠江路原名太平橋北二一號東至21官巷余姓屋南至21珠江路進香河西至21余姓屋（現擬賣與顧耕野）北至21珠江路進香河西至21黃姓屋以己牆外隙地為界北至21珠江路面積一畝一分三厘三毫五絲 江路面積一畝二分三厘一毫六絲	房屋	無	廿四年四月廿七日	同	同
雙林 容有金 雙錦 南京人住止馬營四十二號	止馬營四十二號東至席姓屋以己墻鄰牆為界南至止馬營西至容姓屋以己牆為界北至容姓屋以己牆為界面積七分九厘六毫八絲	房屋	無	廿四年四月十六日	廿四年八月八日	廿四年十一月七日止
劉廣柟 福建人住石鼓路三二四號	陰陽營東至金陵大學南至金陵大學及趙姓地西至梁棻二姓地北至本姓及梁姓地面積一畝四分八厘四毫叁絲	新式樓房	無	廿四年三月十九日	同	同
端木蓮孫 江寧人住集慶路五八號	沙灣四十號東至羅姓屋以隣牆及公牆為界南至沙灣西至田姓屋以鄰墻為界北至秦淮河面積一分〇六毫六絲	房屋	無	廿三年十二月廿七日	同	同
沃奇觀 江寧人住鳳遊寺十七號	鳳遊寺十七號東至鳳遊寺南至趙姓屋以鄰牆為界西至張姓屋以鄰牆為界北至瓦棺寺面積五分五厘二毫二絲	房屋	無	廿三年十二月二四日	同	同
石恭壽 南京人住長樂街六十四號	沙灣街第貳四號東至鄧姓屋以公牆為界南至沙灣街西至端姓屋以己牆及鄰牆為界北至秦淮河面積九厘七毫二絲	房屋	無	廿四年二月廿八日	同	同
楊金鏞 江甯住鈔庫街廿五號	庫司坊（原名飲馬巷）第三六號東至張姓屋以鄰牆為界南至吳姓屋以鄰牆為界西至官地楊姓租戶屋及吳姓屋北至庫司坊面積四厘七毫二絲	房屋	無	廿三年十二月廿六日	同	同

閻永祥　南京住葛家菜園四五號	葛家菜園原名顧家花園又名文思巷第四五號東至顧姓屋以鄰牆爲界南至葛家菜園西至葛家菜園北至公巷及徐姓屋以鄰牆爲界面積二分二厘一毫七絲	房屋	無	廿四年元月卅日	同	同
顧址全　江甯住廣藝街十一號	葛家菜園原名文思巷四十四號東至官巷南至官巷北至葛家菜園西至公走巷及徐閻二姓屋以己牆爲界面積九分八厘九毫七絲	房屋	無	廿四年四月廿三日	同	同
楊福生　廣東住白下路一百〇六號	十字街東至葉姓地(現賣與甯姓)及官溝南至官溝西至杜姓屋北至十字街及葉姓地面積十畝六分一厘二毫七絲	無	無	廿四年五月二日	同	同
蔣樹柟　張家惠　劉光漢　劉學斌　河南人住中央軍官學校	半山園東至朱姓地南至黃姓地塘西至軍官學校地及黃姓塘北至香林寺面積四畝〇二厘八毫三絲	無	無	廿四年五月廿日	同	同
徐家貴　揚州人住船板巷五十八號	船板巷五十八號東至秦淮河南至黃姓屋以鄰牆爲界西至船板巷北至喇姓屋以己牆及隣牆爲界面積一分零五毫九絲	房屋	無	廿四年二月二十日	廿四年八月八日	廿四年十一月七日止
張德　金銀恆　江寧人住瓦棺寺十一號	瓦棺寺十一號東至蔣姓屋以公墻及其線南至鄧姓地爲界西至瓦棺寺北至蔣姓屋以墻外隙地爲界面積二分四厘七毫五絲	房屋	抵押權人常鑫旺江甯人住大方巷十四號	廿三年十二月廿八日	廿四年八月八日	廿四年十一月七日止
楊予戒　湖北隨縣人住鄧府巷二號	綉花巷東至李姓地南至黃靳二姓地西至申家巷北至余姓地面積一畝零零零六絲	房屋	無	廿三年十一月卅一日	廿四年八月八日	廿四年十一月七日止
張餘蔭　江蘇江甯人住上乘庵太平里一號	體育里東至耿姓地南至走道西至劉史二姓地北至體育里面積二畝零零零四絲	基地	無	廿四年一月十一日	廿四年八月八日	廿四年十一月七日止
國華銀行　經理人溫萬慶　廣東人住白下路本行	白下路一〇五號東至貧兒教養院楊姓屋蔭惜善堂屋以己牆及鄰牆爲界南至白下路及邵姓屋以己牆爲界西至許姓屋以己墻爲界北至貧兒教養院及本行屋以已牆及鄰墻爲界面積二畝九分七厘五毫六絲	房屋	無	廿四年一月廿二日	廿四年八月八日	廿四年十一月七日止

蔣敬中 住太平門外蠶桑試驗場常宗會轉	頤和路三十號東至頤和路南至商姓地西至杭姓屋以竹笆爲界北至許姓地面積一畝七分壹厘零五絲	無	無	廿四年六月十四日	廿四年八月八日	廿四年十一月七日止
郭懷清 德 江寧人住小仙鶴街四四號	小仙鶴街四四號東至柳陳二姓屋以隣牆爲界南至鴨池塘西至小仙鶴街北至柳姓屋及陳柳郭三姓公地以巳牆爲界面積二分七厘六毫八絲	房屋	無	二三年十二月十九日	二四年八月八日	二四年十一月七日止
朱品三 三 江甯人住昇州路三九三號	施家巷二三號東至施家巷南至官巷西至龍姓屋以己牆及鄰牆爲界北至卞姓屋以己牆爲界面積四分九厘四毫	房屋	無	二三年十二月二十九日	二四年八月八日	二四年十一月七日止
程德順 仁 安徽人住崇恩街六號	崇恩街六號東至張姓屋南至蔡張二姓屋以己牆隣牆及公牆爲界西至崇恩街北至官巷及沈姓屋以己牆及鄰牆爲界面積一畝零七厘二毫七絲	房屋	無	二四年元月十七日	二四年八月八日	廿四年十一月七日止
石文德 江寧人住六角井廿八號	六角井二十二號東至馬姓屋南至王姓屋以公板壁爲界西至張姓屋以己牆爲界北至石姓屋以己牆爲界面積五厘零二絲	房屋	無	廿四年一月廿八日	廿四年八月八日	二四年十一月七日止
謝正興 正隆 寶山 本京人住後所二號	後所易家巷東至王許二姓地南至陳姚二姓地西至官路及石姓地北至王姓地面積七畝四分九厘二毫八絲 〇畝六分二厘八毫七絲	無	無	廿四年四月廿三日	廿四年八月九日	廿四年十一月八日止
部德源 懋 江寧人住長生祠	長生祠十六號東至自修菴北段己牆中小段鄰牆南段公牆南至長生祠西至沈姓屋各牆北小段鄰牆官巷官產處北公南己牆北至陳姓地面積五分零九毫七絲	平房八間	無	廿三年十二月卅日	廿四年八月九日	廿四年十一月八日止
張建章 江甯人住貢院街九十二號	大樹城十五號東至胡姓屋牆南至針鐠茶蓬地西至石觀音北至大樹城面積一分八厘二毫七絲	平房二間	無	二三年十二月廿九日	廿四年八月九日	廿四年十一月八日

宋續甫 望元 志清 蓬生 午莊 江寧人住本京銅坊苑念七號	銅坊苑與毗隣小府巷二七號東至王姓屋及銅坊苑南至小府巷宋姓屋及徐姓地西至銅坊苑北至李陳王三姓屋及公走巷面積一畝二分八厘五毫五絲	房屋	無	廿三年十二月廿五日	廿四年八月九日	廿四年十一月八日止
闕廣源 本京人住雲台地四號	顏料坊四四號東至汪姓凌姓屋以己牆爲界南至凌姓屋東段各牆中段己牆西段公牆西至顏料坊北至汪姓屋隣牆徐姓屋公牆中段直牆己有面積三分九厘六毫八絲	平房六間二廂	無	廿四年四月十六日	廿四年八月九日	廿四年十一月八日止
路步州 南京人住中華路五八四號	中華路三四〇號東至中華路人行道南至劉姓屋己牆西至王姓屋己牆北至王姓走巷面積九厘六毫八絲	平房三間	無	廿三年十二月廿五日	廿四年八月九日	廿四年十一月八日止
王至貴 江寧人住猫魚市五號	毛家苑東至毛家苑南至市地西至岳姓屋及地北至虞姓屋及地面積三分八厘六毫六絲	草房	無	二四年元月十五日	二四年八月九日	二四年十一月八日止
汪榮芝 南京人住陸府（菱角市）二號	陸府巷二號東至理髮公會屋以公牆爲界南至胡姓屋以己牆及鄰牆爲界西至菱角市北至陸府巷面積二分四厘五毫五絲	房屋	無	二三年十二月十三日	二四年八月九日	二四年十一月八日止
羅越樵 四川人住千佛菴三號	千佛菴三號東至王韓貳姓屋及千佛菴以己牆及鄰牆爲界南至徐姓屋以己牆爲界西至湯周二姓屋以己牆及公牆爲界北至王姓屋以己牆爲界面積八分三厘五毫五絲	房屋	無	廿三年十二月十九日	廿四年八月九日	廿四年十一月八日止
石仲銘 南京人住長樂街六四號	中華西門一八五，一八七號東至杜姓屋以隣牆及己牆爲界南至環行路西至孫姓屋以鄰牆及己牆爲界北至秦淮河面積八厘七毫七絲	房屋	無	廿四年一月廿九日	廿四年八月九日	廿四年十一月八日止
艾本馬 裕祥 江甯人 住止馬營一六七號	中華路三九七號東婺源試館屋鄰牆南婁姓屋各牆西中華路人行道北劉姓及婺源試館屋各牆面積三釐六毫七絲	平房一間	無	廿四年一月廿二日	廿四年八月九日	廿四年十一月八日止
鄭煥章 秉衡 樹人 南京人住本京軍師巷四十四號	府西街一三號東至商姓屋以公牆爲界又黃姓屋以鄰牆爲界南至陳姓屋以鄰牆爲界西至劉姓屋以己牆爲界北至府西街面積一分二厘四毫五絲	房屋	無	廿三年十二月廿五日	同上	同上

劉昌瑞榮泰 江甯人住轉龍車七號	轉龍車七號東至轉龍車以己牆及板門爲界南至朱姓屋以公牆又劉姓屋亦以公牆爲界西至轉龍巷以己墻爲界北至轉龍巷面積六分九厘三毫五絲	房屋	無	廿三年十二月廿九日	仝上	仝上
鄭雨三 江寧人住烏衣里五號	烏衣里五號東至官巷以本產界線爲界南至鄭喻雨姓公走巷以隣墻爲界西至本姓屋以隣牆爲界北至公巷以本產界線爲界面積三分八厘八毫四絲	空地	無	廿三年十一月五日	仝上	仝上
柳友三 江寧人住上海受委託人王永其江寧人住門西磨盤街四〇號	上浮橋第十一號東至饒姓屋以鄰牆爲界南至上浮橋以板門爲界西至劉姓地以己墻爲界北至崇善堂屋以隣牆爲界面積七厘二毫八絲	房屋	無	廿四年四月十三日	仝上	仝上
袁良芝 江寧人住許家巷四三號	小全福巷四十號東至張姓屋以隣牆爲界南至張姓屋以己牆爲界西至小全福巷以己墻爲界北至沈姓屋以鄰牆爲界面積壹分五厘六毫二絲	房屋	無	廿四年三月廿三日	廿四年八月九日	廿四年十一月八日止
曹錫祺 湖北人住所於前	王府園八十十二號東至胡姓屋以己牆爲界南至西王府園以門外隙地爲界西至顧姓屋以公牆爲界北至官巷以己墻爲界面積五分九厘一毫八絲	平房三號	無	廿四年元月廿二日	同上	同上
湯新民 福建人住西箭道七號	西箭道七號東至西箭道以己墻爲界南至羅姓屋隣牆爲界西至程姓屋鄰牆又羅姓屋鄰牆外空地中界石爲界北至定湖王廟屋以己牆外滴水爲界面積六分零七毫二絲	平房七間兩披	無	廿四年元月九日	仝上	仝上
馬明德 南京人住漢西門禮拜寺巷九號	禮拜寺五七號東至禮拜寺巷南至官巷西至禮拜寺後北至陳姓及市地面積三分三釐九毫五絲	房屋	無	廿四年三月廿二日	仝上	仝上
汪鑑鏞 南京人住城北石板橋楊將軍巷七號	建康路原名淮清橋三九八號東至丁姓屋以己牆及鄰牆爲界南至丁姓屋以己墻爲界西至鄺姓屋以公牆爲界北至建康路人行道面積九厘一毫二絲	房屋	無	廿三年十二月一日	仝上	仝上
王思灝 江寧人住大全福巷廿六號	木料市十號東至葛姓屋以隣牆爲界南至李葛二姓屋以隣牆及本姓板壁爲界西至木料市北至袁姓屋以鄰牆及公牆爲界面積七厘二毛正	房屋	無	廿三年十二月十二日	二四年八月九日	二四年十一月八日止

哈孟欣　江寧人住楊公井十號	中華路(原名三山街)二七三號東至官巷南至孫姓屋西至中華路人行道北至朱姓屋面積五厘九毛二絲	房屋	無	二四年一月廿二日	仝上	仝上
楊莘臣　代理人畢輔良浙江人住鼓樓三條巷二號	湖南路東至湖南路南至鄧姓地西至唐姓地北至翁姓屋面積一畝四分七厘七毛四絲	無	無	廿四年六月十二日	仝上	仝上
程祥瑞　本京人住倉巷一五五號	倉巷一五五號東至倉巷南至止馬營西至王姓屋以公墻爲界北至曹姓及冶城中學屋以己牆爲界面積四分四厘一毛七絲	房屋	無	廿四年一月十四日	仝上	仝上
徐慶松　南京人住昇州路二三一號	敎敝營(原名狀元境)卅七九號東至官街南至陳姓屋西至鄭姓屋北至孫徐姓屋面積一分二厘三毫九絲	房屋	無	二四年一月十六日	仝上	仝上
石凌霄厚吉　江蘇人住小心橋四八號	中華門十二號東至沈姓屋以公牆及已牆爲界南至營地西至何姓屋以鄰墻爲界北至環行馬路面積四厘一毛八絲	房屋	無	廿四年一月卅日	仝上	仝上
何有雲聲　江寧人住三條營二四號	中華門十號東至石姓屋以己墻爲界南至營地西至義渡局屋以隣牆爲界北至環行路面積一分〇二毛五絲	房屋	無	二三年十二月二十四日	仝上	仝上
李廖氏　江寧人住望鶴崗一號	沙灣三四號東至潘姓屋以己牆爲界南至沙灣西至馬姓屋以己牆及公板壁爲界北至秦淮河面積一分〇八毛四絲	房屋	無	二三年十二月二十一日	仝上	仝上
石文忠　江寧人住避駕營一號	避駕營一號東至避駕營南至石張馬三姓屋以鄰牆爲界西至石姓屋以鄰牆及己墻暨天井中間直線並石姓板壁爲界北至石姓公地及王姓屋以己牆及天井中間直線爲界面積三分五厘一毛五絲	房屋	抵押權人李熀之江甯人住望鶴崗一號地役權人石文麟南京人住避駕營一號	二三年十二月二九日	仝上	仝上

李錦軒 江蘇人住望鶴崗十號	望鶴崗十號東至李謝二姓屋以已各有各墻爲界南至望鶴崗及李陳二姓屋以鄰牆爲界西至伏魔庵及哈姓屋以己牆爲界北至馬姓屋以鄰牆爲界西首哂台各有各牆爲界面積三分四厘六毛二絲	房屋	無	廿三年十二月廿九日	仝上	仝上
丁萬和 南京人住釣魚台八十四號	釣魚台八十四號東至秦淮河南至黃姓屋以已板牆及公牆公板牆爲界西至釣魚台北至張姓屋以公墻及公板牆爲界面積一分〇五毛四絲	房屋	無	廿三年十二月十三日	廿四年八月九日	廿四年十一月八日止
李金興 蘭 財 南京住實輝巷廿八號	實輝巷廿八號東至郭姓屋以己牆及隣牆爲界南至實輝巷西至郭姓屋以己牆爲界北至郭姓屋以已墻爲界面積一分一厘九毛一絲	房屋	無	廿三年十二月廿二日	同	同
趙樹華 南京(住杭州)代理人性海南南京人住虹橋一四八號	小百花巷第四六號東至小百花巷南至陶姓屋以己牆爲界西至朱姓屋以己牆爲界北至小百花巷面積二分三厘三毛七絲	房屋	無	廿三年十二月廿五日	同	同
劉世鴻 峻 安徽人住沙灣三九號	下江考棚第廿三一五號東至馬姓屋以己墻及公牆爲界南至余姓屋以已墻及公牆爲界西至陳姓屋以己墻爲界北至下江考棚面積一分八厘二毛三絲	房屋	無	廿四年元月十日	同	同
袁昌文 江甯住柳葉街四十三號	敎敷營二六號東至程姓屋以鄰牆爲界南至陳姓屋以己牆爲界西至敎敷營以板門爲界北至石姓以己牆爲界面積三厘九毛一絲	市房	無	廿四年元月十二日	同	同
劉隨卿 安徽人住殷高巷十二號代理人錢廷梁無錫鈔庫街五十四號	釣魚台(又名殷高巷)第一三三七號東至(一一)(二一)釣魚台南至(一一)端木姓屋以公墻爲界(二一)高姓屋以鄰墻爲界西至(一一)曹姓屋以(二一)高姓屋以已墻外隙地爲界北至(一一)張(二一)端木姓屋以公牆爲界鄰牆爲界面積(一一)一分七厘二毛七絲(二一)〇分九厘二毛五絲	房屋	無	廿三年十二月十二日	同	同

劉發義　漂水住釣魚台六十四號	釣魚台六十號東至秦淮河南至王姓屋以己牆及隣牆為界西至釣魚台北至魏黃姓屋以己牆及公牆為界面積一分三釐〇三絲	房屋	無	廿四年四月十二日	同	同
蕭漱恩　本京住左所巷二十二號	左所巷東至左所巷南至金陵神學及趙姓地西至軍政部地北至雙松菴地面積二畝三分一厘一毫六絲	空地	無	廿四年五月四日	同	同
姜氏　李金聲　榜魁　江蘇人　住建康路五九六號	建康路五八六號東至陳浦兩姓屋以己牆及隣墻為界南至九兒園西至程姓屋及九兒園以隣墻及己牆為界北至建康路面積一畝九分九釐〇七絲	房屋	無	廿四年五月十七日	同	同
鄧氏　周福祿　以壽才　江甯人　住門東木匠營九號	木匠營東至木匠營南至官巷西至李姓地北至蔡家苑內水塘五分七厘六毛正面積三畝三分一厘四毫二絲	無	無	廿三年十二月廿二日	同	同
孫大西海　本市人住倉巷卅七號	倉巷第一六五一號東至（一）倉巷（二）汪孫曹三姓共走道南至（一）汪孫曹三姓共走道以己牆為界（二）曹姓屋以己牆為界西至（一）汪孫曹三姓共走道及汪姓屋以己牆鄰墻為界（二）汪姓屋以己牆為界北至（一）嚴姓屋以己牆為界（二）汪姓屋以己牆為界面積共二分九釐三毫三絲	房屋	無	廿四年五月卅一日	同	同
多愛堂　蔣秀記　季範　南京人　住上海代理人李子英南京人住門東小荷花巷十五號	慈悲社八號沈舉人巷二八、三二、五〇號東至（一）本姓地（二）周姓地王姓屋王姓地陳姓塘王賀姓地南至（一）夏甯記屋以鄰牆為界（二）陳姓塘劉姓地西至（一）慈悲社（二）甯夏記屋以鄰牆徐姓地陳姓塘管姓地應六姓屋為界北至（一）周姓屋（二）本姓面積（一）一畝四六五（二）八畝九分一厘八毫六絲	房屋	無	廿四年二月十九日	同	同

常慶登 江蘇人朝天宮西街號	朝天宮西街東至朝天宮西街南至秦淮河西莫愁路北至市地面積三分九厘一毫一絲	無	無	廿四年五月十六日	同	同
冷杰生 四川人住高樓門八號	蘆蓆營東至體仁堂于姓地南至何易二姓屋西至蘆蓆營北至官巷面積二畝五分一厘五毫八絲	無	無	廿四年五月十三日	同	同
田正春 如松 南京人住彩霞街廿七號杜家巷三號	草場門東至本姓地南至本姓地塘西至本姓山地及竹園北至杜姓竹園及山地面積五畝三分〇六毫四絲	無	無	廿四年四月十三日	同	同
陳家俊 住中山北路湖南路一三二號	中山北路（原名丁家橋）東至官溝南至向姓地西至夏姓北至夏姓塘面積三分六厘七毫五絲	無	無	廿四年四月廿五日	同	同
周長生 南京人代理張佛容 南京人住宰猪巷六號	金銀街陰陽營東王至姓地南至王姓地西至隙地北至隙地徐姓地（現賣與王姓）面積一分六厘七毫一絲	無	無	廿四年四月一日	同	同
周佩齋 雲南人住復成倉慶雲坊三號	復成倉11·13·15·17·19號東至趙黃趙三姓屋以鄰牆及鄰牆外隙地爲界南至官巷西至李姓屋以己牆外隙地爲界北至復成倉面積一畝四分四厘七毫三絲	房屋	無	廿四年二月二一日	同	同
馬倫金 南京人住煤灰堆四十七號	煤灰堆（原名小百花巷）四十七號東至劉楊姓屋均以鄰牆爲界南至翁姓屋以鄰牆爲界西至汪姓屋以鄰牆爲界北至煤灰堆官巷及同姓屋以己牆章姓屋以鄰牆爲界面積四分二厘八毫五絲內抵出部份計一分四厘五毫三絲	房屋（又保存抵押權人馬方氏江甯人住柳葉街三六號）	抵押權人張孝玲江甯人住丁官營五五號	二三年十二月卅日	同	同

周伯虬 江甯住高岡里十九號	釣魚台第四號西至釣魚台南至秦戲姓屋以鄰牆爲界東至秦淮河北至王姓屋以己牆爲界面積一分一厘四毫九絲	房屋	無	廿四年四月一日	同	同
萬家鑄 安徽人住戶部街九六號	中華路四四三號東至下江考棚小學以鄰牆爲界南至李姓屋以己墻及鄰牆爲界西至中華路北至路姓以已墻及鄰牆爲界面積六分六厘八毫九絲	房屋	無	廿三年十二月	廿四年八月九日	廿四年十一月八日止
徐祖鐸洪 南京人住軍師巷二四號	軍師巷二四號東至周姓屋以己牆及公墻爲界南至軍師巷西至軍師巷北至張姓屋以己牆及鄰牆爲界面積六分七厘七毫八絲	房屋	無	廿三年十二月廿日	同	同
陳杜氏 南京人住實輝巷十八號	滲營六五號東至本姓及高周二姓屋公巷以己牆爲界南至周姓屋以己牆爲界西至周姓屋以隣牆爲界北至滲營面積二分三厘八毫正	房屋	無	廿四年元月十六日	同	同
朱林華 揚州人住建康路四九〇號	東釣魚巷三三號東至秦淮河南至黃姓屋以鄰牆爲界西至東釣魚巷北至市地（陳姓承租）以己牆爲界面積五分二厘四毛四絲	房屋	無	廿四年四月廿三日	同	同
汪懷成 汪明旺 汪明新 安徽人住補釘巷一〇號	補釘巷一〇號東至陳姓屋（以公牆爲界）余姓屋（以鄰牆爲界）南至沈姓屋（以已牆爲界）西至張姓屋（以鄰牆爲界）北至補釘巷面積三分八厘三毛六絲	房屋	無	二三年十二月二七日	同	同
彭少眉 江甯人住紅紙廊一七九號	邊營五五號東至李姓屋以鄰牆爲界南至李姓屋以隣牆爲界西至李姓屋以已牆及公牆爲界北至邊營面積二分三厘四毛一絲	房屋	無	廿四年六月四日	二四年八月九日	廿四年十一月八日止
錢彭氏 南京人住釣魚台二九號	三條營七號東至殷姓屋以殷姓板壁爲界南至金姓屋以公牆爲界西至金姓屋以公有蘆蓆壁爲界北至三條營面積三厘九毛九絲	房屋	無	二四年六月二九日	同	同
甘仲琴 南京人住大板巷五十號	柳葉街（與契載上浮橋毗連）五號東至鄺周田三姓屋以己牆及隣牆爲界南至何姓屋以隣牆爲界西至馬何二姓屋以鄰牆及天井爲界北至柳葉街面積一分〇一毛止	房屋	無	二三年十二月三十日	同	同
何玉桃 江甯人住柳葉街十五號	柳葉街十五號東至楊姓屋南至暘姓屋以己牆爲界西至十姓屋以己牆及鄰牆爲界北至柳葉街面積九厘九毛二絲	房屋	無	二三年十二月二五日	同	同

鄭德卿 江甯人住城北太平橋南致中和	崇恩街四七號東至崇恩街南至管姓屋以己牆爲界西至陶姓屋以己牆爲界北至陶姓屋以己牆爲界面積二分八厘七毛六絲	房屋	無	廿三年十二月廿七日	仝	仝
湯文彬 南京人住中正路五四六號	集慶路原名絲市口十九號東至朱杜張三姓屋以公牆爲界南至肖姓屋以己牆爲界西至張姓屋以公牆爲界北至集慶路面積九厘五毛三絲	房屋	無	廿三年十二月十一日	仝	仝
龍如松 桂 槐 江甯人住殷高巷二四號	毛家苑廿一號東至毛家苑南至李姓屋及地西至歐姓地北至歐姓地及官巷面積一分七厘五毛二絲	房屋	無	廿三年十二月廿九日	仝	仝
李蘭蓀 江甯人住殷高巷四三號	建康路原名驢子市部承恩寺一百〇號東至艾陳二姓屋南至鄺姓屋西至鄺姓屋北至官街面積三厘四毛三絲	房屋	無	廿四年元月十七日	同	同
馮慶臣 作聲 江甯人住琵琶巷九九號	琵琶巷原名堂子巷五九號東至琵琶巷南至周姓屋西至劉姓屋北至劉姓走巷面積一分六厘三毫四絲	房屋	無	廿三年十二月十九日	同	同
蔡蘇娟 杭州人住牛市六八號	牛市街六八顏料坊四七號東至顏料坊南至沈楊姓屋西至牛市街北至鄒姓屋面積二畝〇九厘二毛正	房屋	無	廿三年十二月廿七日	同	同
張家儼 江甯人住高崗里十五號姚庵堯湖南人住田長營二號	長樂路原名三坊巷九六號東至王朱兩姓屋以己牆鄰牆及公牆爲界南至朱姓屋以己牆爲界西至張都堂巷北至長樂路面積七分三厘七毛四絲	房屋	保存抵押權人江蘇銀行代理人顧伯言南通人住建康路258	廿四年四月十九日	同	同
莊榮祿 慶福 慶喜 江蘇人住五福橫首二六號	歐陽巷原名庫司坊一四號東至盧姓屋以己牆爲界南至張馬二姓屋以己牆鄰牆及天井爲界西至張姓屋以己牆及鄰牆爲界北至歐陽巷面積二分三厘三毛八絲	房屋	無	廿四年三月廿三日	同	同
馬福祿 升 江甯人住庫司坊廿五號	庫司坊二五號東至莊張二姓屋以己牆爲界南至庫司坊西至張姓屋以己牆爲界北至莊姓屋以己牆鄰牆及天井爲界面積一分八厘一毛六絲	房屋	無	廿三年十二月廿四日	同	同

梅榮生 南京人住集慶路七六號	集慶路原名梧桐樹七六號東至胡姓屋以公牆爲界南至集慶路西至張虞兩姓屋以公牆爲界北至胡姓屋以己板壁己牆及公牆爲界面積二分九厘九毫正	房屋	無	廿三年十二月卅日	同	同
張榮林 南京人住煤灰堆三五號	煤灰堆原名小百花巷三五號東至官產（本姓承租）及官巷南至官巷西至煤灰堆北至過街樓面積一分三厘一毫六絲	房屋	無	廿四年二月廿一日	廿四年八月十日	廿四年十一月九日止
張伯倫 張叔清 張淑芸 南京人住殷高巷卅三號	殷高巷與三舖兩橋毗鄰卅三號東至官巷及陶姓屋以己牆及鄰牆爲界南至殷高巷西至朱張袁龐朱五姓屋以己牆及鄰牆爲界北至袁姓屋以鄰牆爲界面積一畝〇三厘六毫一絲	房屋	無	廿三年十二月廿四日	廿四年八月十日	廿四年十一月九日止
張鏡秋 本京人住牛市七十八號	顏料坊六十九號東至顏料坊以板門爲界南至周姓屋以己牆爲界西至張姓屋以張姓牆外隙地爲界北至本姓屋以公牆爲界面積九厘二毫八絲	房屋	無	廿三年十二月十九日	仝上	仝上
童賜福 淮城人住大石壩街一一五號	大石壩街一一五號東至李姓屋以鄰牆及本產磚牆爲界南至湯姓牆外隙地以本產界線爲界西至湯姓屋以公牆鄰牆及本產磚牆爲界北至大石壩街以板門爲界面積一分一厘六毫三絲	房屋	無	廿三年十二月廿八日	仝上	仝上
于立江 江都人住中華路府東街一八二號	中華路二百號東至中華路南至徐姓屋以公牆爲界西至鄭姓屋以隣牆爲界北至鄭姓屋以鄰牆爲界面積七毫九絲	房屋	無	廿四年四月十八日	仝上	仝上
胡寶山 江寧人住大方巷三號	大方巷一三號東至華僑招待所地大方巷南至華姓地玉記界西至熊姓地玉記界北至中山路面積五畝一分二厘八毫正	房屋	無	廿四年五月卅日	仝上	仝上
胡寶山 江寧人住大方巷三號	大方巷四號東至胡姓地南至毛姓塘舒姓地西至四條巷北至大方巷面積一畝八分六厘八毫二絲	房屋	無	廿四年三月卅日	仝上	仝上
張松園 本京人住五福巷十一號	馬家街東至水溝南至馬家街西至官路北至協記邸姓地面積一畝九分九厘六毫四絲	無	無	廿四年六月十二日	仝上	仝上

張友冀　合肥人代理人張季桓合肥人住漢西門堂子街一百〇九號	太平路三七九三八一號東至章姓塘以己牆爲界南至張姓地西至太平路北至水溝面積三畝二分四厘一毫四絲	無	無	廿四年三月廿五日	仝上	仝上
邱丹侯　江寧人住白下路二九二號	湖北路（原名鼓樓北街）五一、五三五七、五九號東至湖北路南至唐姓地西至陳姓地北至賀姓屋面積一畝一分一厘五毫五絲	房屋	無	廿四年五月卅一日	仝上	同上
張長庭　江寧人住信府苑二十一號	信府苑廿一號東至水龍局租戶阮姓屋以己牆及鄰墻爲界南至王程二姓屋以鄰牆爲界西至魏姓屋以隣牆爲界北至信府苑面積二分七厘五毫七絲	房屋	無	廿三年十二月廿一日	仝上	同上
徐翔蓀　嘉定人住太平路二一五號中華書局對過華美藥房	朱雀路建康路轉角東至沈姓以己牆爲界沈姓屋以己隣牆爲界南至建康路人行道西至蔡姓屋以鄰墻爲界北至沈蔡二姓屋以己墻爲界面積五分五厘九毫八絲	平房十間	無	廿三年九月三日	廿四年八月十日	廿四年十一月九日止
何春華　南京人住太平路北段十三號	六角井原名南宮坊八角井十十二號東至錢姓走巷及屋以己墻爲界南至六角井西至劉姓屋以己牆爲界北至劉姓屋以己牆爲界面積六分二厘九毫八絲	房屋	無	廿四年二月廿八日	廿四年八月十日	廿四年十一月九日止
李金榮　南京人住湖南路二六七號	湖南北路原名新榮市二六七二六五三一〇號三六三號東至杜姓屋以隣牆爲界南至張姓屋以公牆爲界西至湖北路北至張姓地面積四分九厘五毫	房屋	無	廿四年四月十三日	廿四年八月十日	廿四年十一月九日止
石炳泉　南京人住城內三步兩橋古松里三號	樓子巷二一二三號東至樓子巷南至李胡二姓地西至陸姓水塘北至蔣姓地一畝一分八厘一毫四絲	房屋	無	廿四年六月一日	廿四年八月十日	廿四年十一月九日止
莊炳松　江蘇人通觀處沙塘園三十號	童家巷東至童家巷南至黃姓地西至徐李二姓地北至水溝面積一畝二分〇一毫六絲	無	無	廿四年六月四日	廿四年八月十日	廿四年十一月九日止

劉錫侯　安徽桐城人住止馬營五十六號	莫愁路三〇一—三六號東至莫愁路南至止馬營西至止馬營五六葉姓屋以公墻爲界北至劉葉容三姓公走道面積六分八厘九毫四絲	房屋	無	廿三年十一月廿八日	廿四年八月十日	廿四年十一月九日止
蔣惜陰　江寧人住三條營積善里二號	中華路五七九號東至軍師巷及趙姓地以己牆爲界南至陳趙二姓屋以己牆爲界西至中華路北至馮時二姓屋己墻爲界面積三分七厘八毫九絲	房屋	抵押權人張東岑盧燊東南京人住淮海路一四七號弓箭坊十六號	廿四年五月廿日	廿四年八月十日	廿四年十一月九日止
王盛源　江甯人住長樂路一三七號	長樂路一三七號東至朱姓屋（以己牆爲界）南至顧樓街西至錢姓屋北至朱姓屋（以己墻爲界）面積一分六厘九毫七絲	房屋	無	廿三年十二月廿一日	廿四年八月十日	廿四年十一月九日止
王鴻來　淮城人住牛市四五號	牛市四十五號東至牛市南至張姓屋（以公牆及己牆爲界）西至秦淮河張姓屋（以己牆爲界）北至馮姓屋以己牆爲界（面積三分三厘六毫六絲	房屋	無	廿二年十一月廿四日	廿四年八月十日	廿四年十一月九日止
梁德華　南京人住東牌樓一三九號	東牌樓一三九號東至馬姓屋（以隣牆爲界）南至秦淮河西至張姓屋（以公牆爲界）北至東牌樓面積二分〇四毫	房屋	無	廿三年十二月廿一日	廿四年八月十日	廿四年十一月九日止
劉彩芝　江寧人住大行宮三三〇號	牽牛巷十號東至鄭姓屋以鄰牆爲界南至牽牛巷西至史姓屋以已牆已板及鄰牆爲界北至陸姓屋以己牆及隣墻爲界面積一分一釐	房屋	無	廿四年四月廿三日	廿四年八月十日	二四年十一月九日止
韓祖斌　江寧人住倉巷八十五號	大丁家巷三六號東至蔣姓宅以公墻爲界南至大丁家巷西葉宅以隣牆爲界北至湖南同鄉會屋以己牆爲界面積五分四厘九毫二絲	房屋	無	二四年一月九日	仝上	仝上
禮拜寺　管理人哈國忠本京人長樂路二八七號	長樂路二八一—二八七號仁和巷五號東至王姓墻橫牆已有南長樂路西應姓牆惟南首一進己墻北仁和巷面積一畝七分二厘三毫七絲	平房二十二間四披二廂	無	二四年二月二八日	仝上	仝上
孫子熙　江甯人住舊王府四一號	狀元境四六·四八號東陳姓墻南狀元境西艾姓屋北段公牆中段隣牆橫牆已有章姓屋己牆北官廊面積二分四厘二毫三絲	平房三間二披	無	二三年十一月二二日	仝上	仝上

胡學書端文賢等詩禮 江寧人住敎敷營十三號	敎敷營一三號東至敎敷營以己墻爲界南至蔡姓屋以己牆爲界張姓屋刻刷陸羽公所屋以各牆爲界西至自新巷以己牆爲界北至胡姓屋以公牆爲界後段以已墻爲界面積七分八厘二毫三絲	市房	無	廿三年十二月廿六日	仝上	仝上
張植博 南京人住烏衣巷五十九號	烏衣巷五九號琵琶巷四〇號東至陳姓屋前段雙牆後墻以己牆爲界南至毛姓屋及琵琶巷以己牆爲界西至楊姓屋王姓屋以己牆爲界北至烏衣巷以己墻爲界面積七分六厘九毫四絲	市房	無	廿三年十二月廿九日	廿四年八月十日	廿四年十一月九日止
張鏡秋 本市人住牛市七十八號	顏料坊七一三號東至顏料坊以板門爲界南至本姓屋以公牆爲界西至張姓屋以己墻爲界北至張姓公有地以己牆爲界面積八厘五毫四絲	房屋	無	廿三年十二月十八日	仝上	仝上
張鏡秋 本市人住牛市七十八號	顏斜坊六三五號牛市七八號東至顏料坊以板門爲界南至李張兩姓屋以公牆及各有各牆爲界西至牛市以己牆爲界北至周張兩姓屋以己牆及各有各牆爲界面積九分二厘九毫	房屋	無	廿三年十二月十八日	同上	同上
殷恆道 本京人住三條營五號	三條營五號東全居姓屋以隣牆爲界南至居姓屋以隣墻爲界西至錢金二姓屋以己牆及己板壁爲界北至三條營面積五厘〇六絲	房屋	無	廿三年十二月廿二日	仝上	仝上
謝文林 南京人住中華路六〇七號	膺福街七九至八一號東至徐姓屋己牆爲界南至徐姓屋以己牆外隙地爲界西至吳姓屋以己牆爲界北至膺福街面積一分一厘四毫八絲	房屋	無	廿四年一月十五日	仝上	仝上
陳明仁 湖南中央路藜莪新邨一號	鼓樓四條巷面積二畝九分九厘二毫七絲東至金陵大學塘南至金陵大學地西至四條巷北至陳姓屋宋姓塘地	無	無	廿四年五月一日	廿四年八月十日	廿四年十一月九日
王國鴻 南京人小石壩街六二號	大小石壩街75 79 81 58 60 62號面積四畝三分八厘三毫七絲東至歛縣會館屋以公牆爲界南至公巷及官巷又楊姓屋以公牆趙姓屋以各有各牆爲界西至王紀二姓屋墻以鄰牆張姓屋以己牆爲界及小石壩街北至大石壩街	房屋	無	二三年十二月十五七日	同	同

鮑瑞潭　南京人馬台街三號	馬台街面積九分一厘七毫　一畝二分三厘　七分四厘三毫　東至 1.傅蔡鮑三姓地 2.鮑姓地 3.天主堂及蔡姓地　南至 1.蔡姓地 2.蔣姓塘 3.己地　西至 1.蔡姓地屋 2.蔣姓塘 3.蔡姓地　北至 1.蔡姓地 2.蔡姓地 3.馬台街	無	仝	廿四年一月二二日	同	同
李品之　江甯人邊營七十五號	大井巷五號面積一分六厘五毫一絲東至孫姓屋以公牆爲界南至蔣姓屋以鄰牆及己牆爲界西至蔣姓屋以己牆爲界北至大井巷	房屋	仝	廿四年三月三十日	同	同
陳杜氏福修　南京人實輝巷十八號	集慶路殷高巷五一七九號面積八分一厘〇二絲東至王馬二姓屋以己牆及鄰牆爲界南至殷高巷西至賈姓屋以己牆公牆及鄰牆爲界北至集慶路	房屋	仝	廿四年一月十六日	同	同
呂炤西　江甯人代理人徐宜亟江甯中華路一三四號	中華路原名府東街一〇〇號面積四厘七毫七絲東至中華路以板門爲界南至黎錦堂屋以鄰牆爲界西至憲兵訓練所屋以鄰牆爲界北至欵姓屋以鄰牆爲界	房屋	無	廿三年十二月廿八日	同	同
王孝侯　江甯集慶路一〇一號	集慶路（原名梧桐樹）一〇一號面積七厘〇二絲東至何朱二姓屋以己牆及鄰牆爲界南至朱姓屋以隣牆爲界西至沈姓屋以公牆及鄰牆爲界北至集慶路	房屋	同	廿四三月二十日	同	同
高廷瑞　天津中山東路四六〇號	中山路四六〇號英威街九六號面積五分七厘九毫六絲東至軍政部地南至英威街西至仇姓屋以己牆爲界北至中山東路	同	抵押權人中國通商銀行	廿四年二月廿六日	同	同
蔡學文禮信　江甯漩子巷五號	糖坊廊七八八〇號面積一分五厘七毫一絲東至袁賈二姓屋以鄰牆爲界南至袁姓屋以鄰牆爲界西至糖坊廊北至葛姓屋以鄰牆爲界	仝	無	廿三年十二月廿一日	同	同
胡廷燮　南京人琵琶巷十六號	琵琶巷二一一八號面積二分一厘九毫東至胡姓屋以鄰牆爲界南至長生祠一八胡姓屋以鄰牆爲界西至琵琶巷以板門爲界北至長生祠以己牆爲界	房屋	仝	廿三年十二月廿九日	同	同

陳寶卿 南京人住朱雀路一〇四號	小王府園九、十七、二一、四九號東至官街南至官街西至王姓屋以己牆為界北至何姓屋大部份以己牆為界一小部以鄰牆為界又市地以己牆為界面積一畝二分七厘七毫六絲內多二厘二毫三絲在公告期滿請一課三組飭令補繳地價	房屋	無	廿三年十二月七日	同	同
許澄遠慶 南京人住糯米巷十一號	中華路三五八號東至中華路人行道以界線為界南至蔣姓屋以鄰牆為界西至基督堂以鄰牆為界北至民醫公會以公牆為界面積六厘一毫四絲	市房	無	廿三年十二月六日	同	同
楊賈氏 南京人旅居上海代理人李壽之南京人住邊營五三號	中華路三三八號東至王楊二姓屋以己牆為界南至王姓屋前段以己牆為界中後段以公牆為界西至朱姓屋以鄰牆為界北至蔣姓屋以鄰牆為界面積一分〇八毫五絲	市房	無	廿四年元月一二日	同	同
徐耀生 南京人住糖坊廊四號	平江府南街六八號東至王姓屋各以己牆為界南至平江府南街西至姚下巷北至王姓屋以己牆為界面積四分六厘七毫五絲	平房十二間四廂汽樓二	無	廿三年十二月二十日	同	同
徐蔭桐 南京人住琵琶巷四五號	東關頭三十號東至東二敗火會地以己牆為界南至東關頭以己牆為界西至秦淮河及吳姓屋以己牆各有各牆為界北至秦淮河為界面積三分六厘〇二絲	房屋	無	廿四年元月四日	同	同
徐梓卿 昇州路二三一號	貢院東街二十三東至李姓屋以各有各牆以己牆為界南至秦淮河西至金姓屋以己牆為界北至貢院東街以己牆為界面積四分八厘一毫九絲	房屋	無	廿四年元月十九日	同	同
計敏臣 南京人住中華路二七七號	望鶴崗四號東至戚姓牆南至望鶴崗西至王姓屋以己牆為界北至馬姓牆面積九厘五毫三絲	平房三間一披	保存抵押權人郁伯良南京人住望鶴崗四號	廿四年元月卅日	同	同
邵鴻興 南京人住花露岡二十三號	花露崗二十三號東至張姓地南至黃姓地西至黃姓地北至花露崗面積三分四厘九毫五絲	房屋	無	廿三年十二月廿八日	同	同

馬佐德 南京人住狀元境口馬復興炒貨店	狀元境二一三號東至王姓屋以各有鄰牆為界南至補釘巷以己牆為界西至補釘巷以己牆為界北至狀元境以板門為界面積三分七厘八毫二絲	房屋	無	廿四年元月九日	同	同
于培德 江甯人住柳葉街三三號	中華路（原名南大門街）四五〇號東至中華路南至丁姓屋以己牆為界西至丁姓屋以己牆為界北至兩丁姓屋及官地租戶劉姓屋以己牆及鄰牆為界面積一分三厘四毫五	房屋	抵押權人葉森南京人住許事街一九七號	廿四年三月廿七日	廿四年八月十一日	廿四年十一月十日止
理髮公會管理人葉明海湖北人住大石壩街九十五號	陸府巷（原名禁字舖）四六號東至陸二陶姓屋以己牆及鄰牆為界南至公走巷及崔姓屋以己牆鄰牆及天井為界西至汪胡汪三姓屋以己牆鄰牆及公牆為界北至陸府巷面積六分七厘八毫九絲	房屋	無	廿三年十二月廿四日	仝上	仝上
袁兆祥 南京人住鞍轡坊三號	璇子巷十一號東至蔡王二姓屋及過街樓南至周金二姓屋西至陳姓屋以已牆及公牆為界北至璇子巷面積二分〇〇二絲	房屋	典權人陶仁富南京人住璇子巷十二號	廿三年十二月廿七日	仝上	同上
游竹蓀 潤章 煥德 南京人住沙灣街四三號	鳴羊街十號東至官地（租戶陳姓屋）及亳州庵以己牆及鄰牆為界南至張姓屋以鄰牆為界西至鳴羊街北至五福橫首面積六分五厘九毫二絲	房屋	無	廿三年十二月廿六日	同上	同上
李有森 江甯人住水齋菴一號	水齋菴一號東至水齋菴南至綢布業同業善會仁壽善會及田姓屋以己牆為界西至田鄺二姓屋以己牆及隣牆為界北至李周二姓屋以己牆為界面積二分四厘八毫四絲	房屋	無	廿四年四月廿九日	同上	同上
賈孟時 江甯人住嚴家井十號	門西毛家苑東至毛家苑水溝南至水溝及官路西至官路北至陳姓地及市地面積一畝六分九厘四毫六絲	無	無	廿三年十二月廿七日	同上	同上
陳有坤 江甯人住鳳遊寺十九號	鳳遊寺十九號東至鳳遊寺南至瓦棺寺西至丁姓屋以鄰牆為界北至曹姓屋以公牆為界面積一分四厘七毫止	房屋	無	廿三年十二月廿五日	同上	同上
綢布業公會仁壽善會管理人吳蓋臣江甯人住牛市街亖號	謝公祠二號東至水齋庵南至謝公祠西至田陶二姓屋以己牆及鄰牆為界北至李姓屋以鄰牆為界面積二分五厘〇七絲	房屋	無	廿四年四月廿九日	同上	同上

嚴富溝	江甯人住倉巷一六七號	倉巷一六七號東至官街南至汪姓係姓屋以鄰牆己牆爲界西至馬姓屋以己牆爲界北至馬姓屋以己牆爲界面積四分四厘六毫六絲	房屋	無	廿四年四月廿三日	同上	同上
朱秉鈞	錫中人住梧桐樹一一四號	殷高巷（與蔣家苑毗鄰）三一號東至張姓屋以己牆及鄰牆爲界南至殷高巷西至常姓屋及卌以己牆爲界北至常姓屋以己牆爲界面積五厘四毫七絲	房屋	無	二十四年元月十日	同上	同上
俞仁思愈愿憲	句容胭脂巷十六號	貢院西街二四號面積三分〇二毫一絲東至陳姓屋以己牆爲界南至陳虎二姓屋一半以各有各鄰牆爲界西至貢院西街以板門爲界北至樂姓屋以鄰牆爲界	房屋	無	二十三年十二月八日	二十四年八月十一日	二十四年十一月十日
洪若乾	南京長生祠仁和巷七號	仁和街七號面積一分二厘九毫七絲東至官巷以己牆爲界南至官巷以己牆爲界西至焦姓屋及官巷以己牆爲界北至焦姓屋及仁和巷以各有各牆己牆爲界	房屋	同	廿四年三月廿五日	同	同
徐吳漢珍	江甯昇州路二三一號	小井巷（即膺福街七十七號旁門）面積三分六厘二毫七絲東至徐姓屋以己牆爲界南至小井巷西至李姓空院以己牆爲界北至吳姓屋以鄰牆爲界	同	同	廿四年四月三日	同	同
郭讓杰濂	安徽實輝巷二十六號	膺福街九十九號面積一畝〇七厘四毫三絲東至顧程二姓屋以己牆及鄰牆爲界南至劉姓地以鄰牆爲界西至劉江三姓屋以己牆及隣牆爲界北至膺福街	同	同	廿四年元月二十九日	同	同
徐廣信	江甯信府河十六號	信府河九六號面積一分二厘〇九絲東至信府河南至熊姓屋以鄰牆爲界西至信府苑北至游姓屋以鄰牆及己牆爲界	同	同	廿三年十二月廿五日	同	同
盧其昌	南京人大膺府街一百〇九號	膺福街七一小井巷一一號面積一分五厘五毫五絲東至周謝二姓屋以鄰牆爲界南至小井巷西至石卓二姓屋以鄰牆爲界北至膺福街	房屋	無	廿四年十二月十九日	同	同
王鑑昌春興	江甯貴人坊九號	貴人坊九號面積五分八厘〇五絲東至市地南至貴人坊西至陳姓屋以公牆及己牆爲界北至貴人坊	仝	仝	廿四年一月廿五日	同	同

李功源茂 江蘇三條營二十七號	貴人坊二號面積五分三厘四毫二絲東至李姓屋以公牆爲界南至貴人坊西至程姓屋以公牆爲界北至李程二姓公走巷	仝	仝	廿三年十二月十九日	同	同
楊劍塵 輔臣 子和 伯齊 家駢 南京倉巷七十八號	信府河一五六號面積四分一厘七毫一絲東至史姓屋以鄰牆爲界南至陳俞劉三姓屋以鄰牆及己牆暨己牆外隙地爲界西至公走巷北至尤謝二姓屋以己牆及鄰牆爲界	仝	地役權人尤鑑棠信府苑十八號	廿三年十二月廿五日	同	同
卞興鈺 南京長樂路四一八號	駕鶴橋七八九號面積七分二厘一毫二絲東至鄧周二姓屋以公牆及鄰牆爲界南至周姓屋東一大部西一小部以鄰牆及己牆爲界西至駕鶴街北至駕鶴街	同	同	二三年十二月二一日	同	同
湯遜菴 安徽住秤宅巷六號後進	船板巷七、九號東至船板巷南至王姓屋西至王姓屋北至王石二姓屋面積一分八厘一毫二絲	房屋	無	二三年十二月十七日	二四年八月十二日	二四年十一月十一日止
王蘇宇 南京住石婆婆巷二十號	石婆婆巷二十號東至來復會地屋及觀音菴屋以鄰牆爲界南至石婆婆巷西至青年會地吳姓屋以己牆爲界北至水溝面積二畝〇一厘四毫四絲	房屋	無	廿四年四月一日	同	同
吳賓庭 江甯住馬道街卅號	敎敷營五號東至敎敷營以板門爲界南至李姓屋以公牆爲界西至胡姓屋以鄰牆爲界北至陸姓屋以鄰牆爲界東段以公有板壁爲界面積一分六厘三毫三絲	市房	無	廿四年元月十日	同	同
石季華 江蘇住建康路三二六號	敎敷營廿八號東至程姓屋北段以戶牆爲界南段以鄰牆爲界南至袁姓屋以鄰牆爲界西至敎敷營以板門爲界北至潘姓屋各以各牆爲界面積七厘二毫一絲	市房	無	廿三年十二月廿八日	同	同
中華基督教會 南京漢中堂代理人鮑忠浙江人住莫愁路七七號	莫愁路第六號東至天妃巷南至長老會屋西至莫愁路北至長老會進德女校永租地面積二畝七分〇三毫八絲	無	無	廿四年四月廿九日	同	同
蔡汝和富 江甯人住三眼井五十五號	珠江路（原名三眼井）東至林姓屋以己牆爲界南至官河以己牆爲界西至武姓屋以公牆爲界北至珠江路以邊線爲界面積三分一厘六毫三絲	房屋	無	廿四年四月廿九日	同	同

陳寶華　本京人朱雀路一〇四號	中山東路三〇〇號東至游姓以己牆爲界南至公走巷西至湖南會館屋及軍需署屋以公牆及己牆爲界北至中山東路面積九分八厘二毫五絲	房屋	無	廿四年四月十九日	同	同
鄺承憲　江甯住顏料坊卅一號	中華路璇子巷以北四七四號東至中華路南至郭姓屋以鄰牆爲界西至涑姓屋以己牆爲界北至袁姓屋以公牆及鄰牆爲界面積六厘八毫四絲	房屋	無	廿四年二月廿四日	同	同
顧庚發泉　南京住陰陽營四十號	陰陽營東至業主西至蒼姓塘及官溝南至陰陽營北至顧姓地及蒼姓塘面積二畝五分七厘八毫四絲	無	無	廿四年四月五日	同	同
龔龍翔淑琼　賀純桂芳　湖南人住建鄴路一一八三號	鼓樓二條巷十八號東至涑姓地以界線爲界南至甯地西至公善堂路以界線爲界北至公善堂屋儲姓塘均以界線爲界面積一畝七分八厘四毫五絲	房屋	無	廿四年四月十五日	同	同
張慕霖　河南人住壽星橋四號	大陽村東新華公司屋南市地津浦鐵路地西大陽村北梁姓地面積七分二厘五毫	無	無	廿四年五月十七日	廿四年八月十二日	廿四年十一月十一日止
徐兆祥　南京人住中山路頌德里十三號	中山北路梯子巷七〇八號東至劉姓屋以己墻爲界南至陳姓地西至中山北路北至鐵道部江寧教育局塘地面積一畝四分六厘〇五絲	房屋	抵押權人南京市民銀行住昇州路	廿四年五月十七日	同上	同上
張培有　南京人住陰陽營六號	陰陽營六號東至張姓屋以己墻及張姓地爲界南至溝心西至趙張李三姓地及余姓塘北至張姓屋面積二畝八分五厘一毫四絲	一部分有房屋	無	廿四年四月廿六日	同上	同上
朱揖吾　安徽人住南京西華門二條巷三一號	頭條巷四七號東至頭條巷南至劉姓屋西至傅姓地北至奚姓地面積四分一厘〇三絲		無	廿四年四月廿四日	同上	同上
南京市衛生事務所　五福街十三號主管官所長王祖祥	五福街十三號東至神路通五福街南至官巷西至都天廟地及官巷北至都天廟地面積五分二厘二毫三絲	基地	無	廿三年十二月十九日	仝上	仝上

裴 德源 明義 文傑 江蘇人住戶部街八五七號	戶部街八五七號 東至（一）王姓屋以己牆爲界（二）蔣姓地 南至（一）水溝（二）蔣姓地 西至（一）戴姓外屋以己牆爲界（二）蔣姓地 北至（一）戶部街（二）水溝 面積六分六厘二毫壹絲	房屋	無	廿四年三月四日	廿四年八月十二日	廿四年十一月十一日止
周 發 芝銘 本京人住魚市街八十號	魚市街八十號 東至（一）本姓現賣與李姓地（二）居安里 南至（一）陳姓屋公牆（二）陳西一小段隣牆東大段己墻 西至（一）楊姓墻外隙地（二）本姓墻外隙地 北至（一）楊姓地（二）仝右 面積（一）四分五厘六毫四絲（二）八分八厘四毫一絲	平房十一間披四廈	保存地役權人楊正洪魚市街八十號	廿四年五月廿七日	同上	仝上
馬宏源 本京人住中華路四四號	下江考棚一九號東至李姓屋以己牆及鄰牆爲界南至兩朱姓屋以己牆及鄰牆爲界西至劉余二姓屋以己牆鄰牆及公墻爲界北至下江考棚面積二分二厘二毫八絲	房屋	無	廿四年元月十七日	同上	仝上
黃永茂 江寧人住小膠巷六號	小膠巷六號東至馮姓屋以己牆爲界南至馮姓屋西至小膠巷北至兩馮姓屋以隣墻爲界面積八厘七毫	房屋	無	廿三年十二月廿八日	仝上	仝上
朱蜀林 本京人住中山北路新安旅館	中山北路一九九七號東至中山北路南至彭姓屋外餘地爲界西至本姓爲界北至交通部牆爲曹姓鄰墻爲界面積一畝六分八厘二毫八絲	房屋	抵押權人南京中南銀行代理人王雲輔住中南銀行	廿四年五月十日	同上	同上
程淑英 南京中華路實輝巷十四號	鞍轡坊十三號面積三分一釐一毫六絲東至芮姓屋以己墻及隣牆爲界南至鞍轡坊西至唐姓屋以鄰牆爲界北至公走巷及芮姓屋以己牆爲界	房屋	無	廿四年二月廿日	廿四年八月十二日	廿四年十一月十一日

郭錫五 江寧唱經樓四二號	四衛頭十九號面積三分八厘五毫二絲東至林姓屋以鄰墻爲界南至簡姓屋以隣墻及各有各牆爲界西至四衛頭北至林郭二姓公巷	仝	無	廿四年四月四日	同	同
潘祿蔚恆錕德恆 江甯建康路一八七號	建康路一八七號面積七分一厘八毫七絲東至繆季二姓屋以己墻隣牆各有各墻爲界南至建康路以板門爲界西至陳姓屋以己墻隣牆各有各牆爲界北至陳姓屋及胡家巷以己牆隣牆爲界	同	無	廿四年一月廿四日	同	同
王維堂 皖顏料坊三十號	集慶路八九號面積二分八厘五毫二絲東至韓袁二姓屋以己墻及鄰墻爲界南至朱姓屋以隣牆爲界西至治城中學屋及朱姓屋以己牆及隣牆爲界北至集慶路	仝	抵押權人葉季善住評事街一九七號	廿四年四月十七日	同	同
業同根 南京磨盤街十一號	磨盤街十一號面積三分五厘九毫七絲東至磨盤街南至楊姓屋以己牆及公牆爲界西至業姓屋以己天井爲界北至陳姓屋以隣牆及己牆爲界	同	抵押權人崔叔達門東剪子巷	廿三年十二月三十日	同	同
朱吳淑青 南京新街口卅四號	轉龍巷二號面積七分五厘九毫六絲東至劉姓屋以己牆及界綫爲界南至陶吳二姓屋以本產界線及己牆爲界西至轉龍巷以己牆爲界北至劉姓屋及轉龍巷以己墻及公牆爲界	房屋	無	廿三年十二月十八日	同	同
艾陳氏 江甯徐家巷四十六號	中華路(原名府東街)九六號面積七厘四毫四絲東至中華路以板門爲界南至樊姓屋以己牆爲界西至憲兵訓練所屋以鄰墻爲界北至邵姓屋以公墻爲界	同	同	廿四年一月	同	同
胡廣福 江甯如意橋十號	中正路(原名鉄作坊)六九八號面積四分五厘四毫九絲東至中正路以板門爲界南至王姓屋以鄰牆及各有各牆爲界西至王姜二姓屋以鄰墻己牆及各有各牆爲界北至殷姓屋以己牆公墻爲界	同	仝	廿四年二月十八日	同	同
厲德林 六合顏料坊三八號	顏料坊三八號面積二分二釐五毫一絲東至凌姓屋以己牆爲界南至丁姓屋以己墻及鄰墻爲界西至顏料坊以板門爲界北至凌姓屋以己墻及鄰牆爲界	同	同	廿三年十二月十七日	同	同
王治平熙 南京代理人劉世熙 京市三區黨部釣魚台九十九號	伏魔菴一四六號面積一分○一毫六絲東至王姓屋以鄰牆爲界南至王姓屋以牆己爲界西至伏魔菴北至王姓屋以隣墻爲界	仝	同	廿三年十二月廿日	同	同

陳雲浦 江寧人住營門口十一號	集慶路原名絲市口二號東至劉姓屋以己墻爲界南至集慶路西至管姓屋以己牆及鄰墻爲界北至管姓屋以己墻爲界面積四厘四毫二絲	房屋	無	廿四年元月三十一日	廿四年八月十二日	廿四年十一月十一日止
梁韻芝 福建人住石鼓路三、二、四號	陰陽營東至劉姓地劉林二姓屋南至葉姓地西至劉姓北至伍姓地面積一畝正	無	無	廿四年三月九日	同	同
湯承發 江寧人住石觀音二八號	石觀音二八號東至湯姓屋陳姓地以鄰牆公有板壁及己牆爲界南至石觀音西至李姓屋湯姓屋以己牆及公牆爲界北至湯姓地劉姓地面積八分六厘七毫一絲	平房五間	無	二三年十二月十五日	同	同
張黨氏 同孫張增祥江甯人住望鶴樓六號	興隆巷六號東至劉姓屋公牆南至沈姓屋以鄰牆爲界西至王姓屋以鄰墻爲界興隆巷北至官地龔郭二姓租戶屋以己牆爲界面積四分三厘七毫正	小房七間五廈	無	廿四年元月廿一日	同	同
沈綬之 沈崇純 江甯人住朱雀路一一六號	朱雀路一一八號東至陳姓屋常姓地以鄰牆及其直線爲界南至朱雀路西至繆徐沈三姓屋以鄰牆爲界北至陳姓屋以鄰墻爲界面積四分四厘三毫五絲	房屋	無	廿三年十二月五日	同	同
凌雲堂 浙江代理人葛振民 浙江人住漢中路校尉營十一號	鹽倉橋西街東至黨姓地南至余成二姓地西至營台地北至劉董二姓地面積五畝八分二厘二毫四絲	無	無	廿四年五月三日	同	同
馬存勳 仁 馬寬潤 泳 南京人住內橋灣七十四號	內橋灣七四號東至沈姓屋以己牆及公牆爲界南至內橋灣西至金王二姓屋以己牆爲界北至秦淮河面積四分四厘二毫七絲	房屋	無	廿四年四月廿九日	同	同

洪劉氏 南京人住集慶路一三〇號	集慶路原名梧桐樹一五〇二號東至熊陳二姓屋以己墻爲界南至集慶路西至大仙鶴街北至熊費二姓公走巷以己牆爲界面積一分八厘〇五絲	房屋	無	廿三年十二月廿七日	同	同
馬文谷 住終所巷十五號	鳳遊寺二七、二九、三一號東至鳳遊寺南至官巷及趙姓屋以己牆爲界西至官巷北至陳姓屋以己牆爲界面積四分九厘〇五絲	房屋	無	廿三年十一月廿一日	同	同
闌永鑫春 南京人住施家巷二五號	施家巷二五號東至施家巷南至龍朱二姓屋以己牆及鄰牆爲界西至卞姓地以己牆及外隙地爲界北至卞姓屋面積一分八厘一毫六絲	房屋	無	廿四年四月廿二日	同	同
黃鶴儕 靳淑宜 安徽人住文昌里六號	綠花巷東至民安公司屋南至民安公司地西至申家巷北至楊姓屋面積一畝〇〇五毫九絲	無	無	廿四年四月廿六日	廿四年八月十三日	廿四年十一月十二日止
馬立財 立有 垣德 馬垣才 馬沈氏 馬馬氏 南京人住狀元境口馬復興炒貨店	菱角市四〇號東至崔吳二姓屋以己牆爲界南至吳姓屋以己牆爲界西至菱角市北至崔姓屋以己牆爲界面積三分三厘一毫三絲	房屋	無	廿四年元月九日	仝上	仝上
陸金生 江甯人住陸府巷十號	陸府巷（與契載崇恩街相連）八十號東至官巷陶姓地及市產（租戶朱姓）以己牆鄰牆及公巷爲界南至陶姓屋以鄰牆爲界西至理髮公會屋以隣牆爲界北至陸府巷面積六分九厘一毫五絲	房屋	無	二三年十二月二六日	同上	同上
劉顯華斌 江甯人住長樂路二三二號	中華路（原名南門大街）六三九號東至柏姓屋以己墻爲界南至秦淮河西至中華路北至信府河街面積一分二厘九毫八絲	房屋	抵押權人胡執中江甯人住大石橋九號	廿三年十一月十三日	同上	同上

楊正洪 本京人住魚市街八十號	魚市街八十號 東至劈賣剩餘部分 居安里周姓屋以己牆外隙地為界 本姓屋以公牆為界 周姓屋以隣牆及隣牆外隙地為界 南至劈賣剩餘部分 鄒王陳姓屋 以公牆及隣牆外隙地為界 以隣牆為界 以隣牆及己牆為界 太平公會 陸姓屋以隣牆外隙地為界 西至劈賣剩餘部分 魚市街 北至劈賣剩餘部分 夏姓屋以隣牆為界 夏姓地以己牆外隙地為界 陸姓屋以己牆及隣牆為界 本姓屋以公牆為界（現賣與張姓） 面積七分四釐四毫一絲 七八三三 劈賣剩餘部分	房屋	周芝發 周芝銘 本京人住魚市街八十號	二四年五月二七日	同上	同上
方彭年 江甯人住跑馬巷九號	跑馬巷九七號 東至跑馬巷南至張姓屋以隣牆為界 東至跑馬巷南至本姓屋 西至公巷及徐姓地北至本姓屋 西至公巷北至馮姓屋以己牆為界 面積六分九釐五毫六絲 七二六〇	房屋	無	廿四年三月卅日	同上	同上
許松有 南京人住和平門許府巷廿號	許府巷四、五號東至孫姓地南至市地西至王姓地以己牆為界北至王許二姓地以己墻為界面積一畝三分二釐一毫七絲	房屋	無	二四年四月一日	同上	同上
蔣學霖 江甯人住丹鳳街一一百四十四號	丹鳳街一四四號東至石婆婆巷南至盧姓屋以隣牆公牆為界西至丹鳳街北至李姓地以隣牆為界面積六分九釐三毫二絲	房屋	無	二四年一月廿四日	同上	同上

吳永洛　閩人住大石橋周必由巷底新安里十六號	中山路東至中山路人行道南至官巷西至官巷及劉姓屋以隣牆為界北至杜姓屋以隣牆為界面積三分四厘七毫七絲	無	無	二四年五月三日	同上	同上
陳永澤　廣東人住三牌樓四三號	東門街東至梁姓聯塘南至東門街西至蔣姓地北至高姓地面積五分八厘三毫一絲	無	無	二四年二月二一日	同上	同上
徐仁瑞　南京人住三條營一號	三條營一號後進東至中營南至居姓地以己牆為界西至胡姓屋以己牆為界北至丁姓屋面積五厘六毫二絲	房屋	無	二三年十一月廿日	二四年八月十三日	廿四年十一月十二日止
許戴華英　宜興人住鈔庫街六十號	大石壩街四十號東至水巷以己牆為界南至大石壩街以己牆為界西至方姓屋以各有各牆己牆為界北至秦淮河以板壁為界面積六分二厘七毫八絲	房屋	無	二三年十二月二十日	同上	同上
徐戊珍　南京人住昇州路二三一號	建康路原名驢子市即承恩寺一六二號東至鮑苑黃姓屋以己牆為界南至徐姓屋以隣牆為界西至鄭姓屋以己牆為界北至宦街面積九厘八毫八絲	房屋	無	廿四年一月廿五日	同上	同上
戴伯平　江甯人住建康路五十一號	中正路(原名銅作坊)三八九號東至施姓隣牆仇姓己牆為界南至龔姓屋以己牆為界西至中正路北至汪姓屋以公牆為界面積一分〇一毫八絲	樓房兩進上下四間	無	二四年九月九日	同前	同前
許一航　代理人胡護權安徽合肥人住武定門小心橋東街二十號	石鼓路(原名牌樓街)二七七號東至方姓地以隣牆為界南至方姓地以己牆為界西至周姓屋以己牆為界又近北一區以隣牆為界北至石鼓路面積一畝一分六厘四毫八絲	店屋	無	二十四年三月卅日	同前	同前
許淦泉　本京人住昇州路二九號	中華路原名府東街二三一號東至本姓屋以己牆為界南至蒲姓屋以隣牆為界西至中華路以板門為界北至王姓屋牆以己牆為界面積三厘一毫八絲	房屋	無	廿三年十二月廿二日	廿四年八月十三日	廿四年十一月十二日止
丁根榮　江甯人住中山路黃泥巷二巷	中山東路三〇一號東至中山東路南至胡姓牆西至丁李二姓屋均以隣牆為界北至大隍城面積二畝三分九厘七毫九絲	平房二十九間	地役權人丁日發南京人住中山東路黃泥巷二號	廿四年一月廿一日	二四年八月十三日	廿四年十一月十二日止

鄭江實君 南京人住許家巷十號	中華路一九八號建康路八七號東至中華路于姓屋徐姓屋韓姓屋伍姓屋（以己牆及公牆爲界）南至建康路西至傅姓屋許姓屋（以己牆及公牆爲界）北至伍姓屋（以己牆爲界）面積二分七厘九毫一絲	房屋	無	廿三年十二月廿八日	廿四年八月十三日	廿四年十一月十二日止
邱郭氏 江甯人住信府苑十一號	小百花巷二十六號東至小百花巷南至吳姓屋以隣牆爲界西至朱姓屋以隣牆爲界北至陳姓屋以己牆及隣牆爲界面積二分〇二毫	房屋	地上權人耿光明南京人住南門外金「里七號	廿四年元月廿九日	廿四年八月十三日	廿四年十一月十二日止
楊厚林 江甯人住磊功巷十七號	中華門一九三號東至甘姓屋以公有板壁爲界南至環行路西至王姓屋以公有板壁爲界北至秦淮河面積三厘九毫五絲	房屋	無	廿三年十二月廿七日	廿四年八月十三日	廿四年十一月十二日止
鄭澤民林 鄭易氏 江甯人住評事街二三四號	長樂路（原名蔑街）一九七號面積六分四厘五毫七絲東至長樂街南至馬張二姓屋以公牆己牆及隣牆爲界西至秦河淮北至王姓屋以己牆及隣牆爲界	房屋	無	廿四年三月四日	廿四年八月十日	廿四年十一月十二日
金賢榮華 南京新橋小船板巷一九號	小船板巷一九號面積六分三厘〇三絲東至朱姓屋以公牆爲界南至小船板巷西至李姓屋以公牆爲界北至炳靈宮屋以隣牆爲界	房屋	仝	廿三年十二月廿六日	同	同
楊有闢 六合太倉巷廿五號	建康路（原名黑廊街）二八號面積六厘八毫東至水倉巷以己牆爲界南至水倉巷以己牆爲界西至朱姓屋半以板壁隣牆爲界北至建康路以板門爲界	同	同	廿三年十一月廿二日	同	同
金玉明 南京戶部街八六號	戶部街九五號面積二分九厘七毫六絲東至楊姓屋以己牆爲界南至楊姓屋以己牆爲界西至楊朱二姓屋以己牆爲界北至戶部街	無	同	廿四年三月四日	同	同
金士勳 南京糖坊廊廿七號	糖坊廊廿七號面積三分二厘一毫四絲東至糖坊廊南至蔡姓屋以公鄰己牆及己牆爲界西至秦淮河北至洪姓屋以己牆隣牆直綫及隣牆爲界	房屋	同	廿三年十二月廿九日	同	同
程植齋 安徽車兒巷四號	洪武路「原名盧妃巷」二九四號面積三分二厘四毫九絲東至洪武路南至沈集二姓屋以公牆及隣牆爲界西至官巷北至葉姓屋以隣牆爲界	房屋	無	廿四年三月十九日	同	同

中國銀行 受委託人吳榮曾 住白下路	警廳後街一一五三號面積七畝八分九厘九毫九絲東至官巷南至警廳後街西至江蘇教育經費管理處屋北至曾公祠	同	同	廿四年四月廿四日	同	同
徐世恩公堂 管押人徐萍洲 住許家巷三一九號	邊營三十五號面積五分六厘八毫一絲東至繆姓屋以己牆爲界南至本姓承租營產西至曹姓屋以公牆及己牆爲界北至邊營	同	同	廿三年十二月廿九日	同	同
沈錫齡 南京人住康路益仁巷九號	中華路（原名府東街一）一四號面積一厘五毫二絲東至中華路南至陳姓屋以己牆爲界西至陳姓屋以己牆爲界北至黃姓屋以鄰牆外隙地爲界	同	同	廿三年十二月廿七日	同	同
鄒慶榮 南京長生祠卅八號	長生祠卅八號面積四分九厘七毫二絲東至李姓毛姓以鄰牆爲界南至鄒姓屋西首一段各牆除己牆又長生祠西至毛姓地北至陳姓屋以己牆爲界又毛姓屋以鄰牆爲界	平房七間三厦	抵押權人薛世慶長生祠卅八號	廿四年一月廿九日	同	同
張楚書 祿寶 楚壽寶 南京人住牛市七十八號	牛市第七十六號東至張王氏屋以公牆及己牆爲界南至馬楊姓屋以各有各牆及鄰牆爲界西至牛市以己牆爲界北至張姓屋以各有牆及鄰牆爲界面積六分六厘七毫八絲	房屋	無	廿三年十二月十八日	廿四年八月十四日	廿四年十一月十三日止
倪序森 本京住長樂街小石橋三八五號	長樂路（原名小石橋）三八五號東至李姓地南至李姓地西至李姓地北至官街面積四分一厘〇七絲	無	無	廿三年十二月廿八日	同	
張廷先 治 華 繩伯 南京人 大板巷六四號	中華路第六〇二號 糖坊廊第二號 東至廿姓地迎中華路南至糖坊廊西至謝姓屋以己牆爲界北至徐姓屋以己牆爲界面積六厘八毫止	房屋	無	廿四年元月廿六日	同	同
吳靜如 合肥上海愛文義路聯珠里代理人宮穉達太縣人住本京太倉巷廿六號	堂子街四十一號 禮拜寺巷一二號 東至禮拜寺以己牆爲界南至禮拜寺巷以己牆爲界西至般姓屋以鄰牆爲界北至堂子巷以己牆爲界面積一畝六分二厘八毫五絲	房屋	無	廿四年四月廿二日	同	同
樂敬愛 河北住中華路北平同仁堂號	中華路二三〇號東至中華路南至寶興銀樓以鄰牆及己牆爲界西至李廿姓屋公共走路杜姓屋以己牆爲界北至葛李施姓屋以己牆爲界面積八分一厘七毫九絲	房屋	無	廿三年十二月廿九日	同	同

陶志喜 南京住小仙鶴街十二號	小仙鶴街十四號東至陶姓屋以隣牆己牆及其直綫爲界南至小仙鶴街西至小仙鶴街及陳姓屋以隣牆及己牆外夾弄爲界北至曹陳二姓屋面積四分〇〇九絲	房屋	保存抵押權人張立本江甯人住殷高巷二號	廿四年三月廿三日	同	同
翁懋齊 世勛 友三 儀韞 江甯人住徐家巷四十二號	糖坊廊第十號東至翁姓屋以隣牆爲界南至陳姓屋以公牆爲界西至糖坊廊北至諸姓屋以己牆爲界面積五厘八毫二絲	房屋	無	廿四年四月廿五日	同	同
裴延祥 浙江住中正路四八四號	中正路(原名馬巷)三二三號東至鄧姓屋以己牆爲界南至朱張二姓屋以鄰牆己牆爲界西至中五路北至邱吳兩姓屋以己牆爲界面積三分〇二毫三絲	房屋	無	廿四年四月廿四日	同	同
誠心佛堂 戴錦坤 南京住建康路五四六號	石壩街二八號東至旗地租戶戴姓屋及吳姓屋以己牆及其直線爲界南至吳姓屋以牆外隙地爲界西至西石壩街北至旗地租戶戴姓屋以己牆外隙地爲界面積三分四厘三毫五絲	房屋	無	二三年十二月十三日	同	同
張清榮 南京住來鳳街十九號	來鳳街一九號東至來鳳街南至來鳳街顧姓常三姓屋西至來鳳街北至魯葉二姓屋面積九分八厘三毫七絲	房屋	無	二三年十二月二十六日	同	同
張清山 湖北人住太平巷四號	平江府十三、十一號市府路七東至平江府街以己牆爲界南至平江府街以己牆爲界西至市府路以己牆及鐵柵門爲界北至佘姓屋以己牆爲界面積九分九厘三毫五絲	房屋	無	廿四年五月十四日	二十四年八月十四日	二十四年十一月十三日
鄧陳氏 南京人住舊王府十二號	舊王府一二號東至金姓租旂地以己牆爲界南至舊王府及盧姓屋旂地以己牆爲界西至舊王府以板門爲界北至朱姓屋以公牆爲界面積二分一厘五毫二絲	房屋	無	廿三年十二月卅日	同上	同上
邊金山 浙江人住磊功巷十一號	磊功巷十一號東至潘許林三姓屋以己牆爲界南至林姓屋以己牆外隙地爲界西至曹姓屋以隣牆外隙地爲界北至磊功巷面積四分三厘一毫三絲	房屋	無	廿三年十二月十五日	同上	同上

楊世明洧深根　江蘇人住戶部街九一號	戶部街九一號　洪武路原名紅橋一四五號　東至戴姓屋南至官溝西至金姓地楊樊二姓屋及虹橋北至戶部街面積六分一厘五毫正	房屋	無	廿四年三月四日	同上	同上
李心堯　江甯人住本京門東新路口五號	大石壩街一三四六號　文德橋二　東至葉穆二姓屋以己牆為界南至大石壩街以板門為界西至文德橋江甯縣屋以己牆板門及各有各牆為界北至市產屋以己牆外滴水為界面積三分二厘六毫七絲	房屋	無	廿四年二月廿八日	同上	同上
姜鼎名杰吉榮吉昌　江甯人住太平路二二號	大石壩街一二八六號　東至范姓屋郭姓屋以鄰牆為界南至大石壩街以板門為界西至葉姓屋以各有各牆及公牆為界北至市地為界面積二分七厘九毫一絲	房屋	無	廿三年十二月廿五日	同上	同上
韋文甫　江甯人住門東倉門口五十三號	狀元境五〇號東至孫姓屋以鄰牆為界南至狀元境以板門為界西至包姓屋以鄰牆為界北至艾姓屋以隙地為界面積二厘〇五絲	房屋	無	廿三年十二月廿六日	同上	同上
趙振翼家瑞家瑜　南京人住新姚家巷廿七號船板巷六十三號徐家巷四十五號	中正路原名銅作坊五八二四號東至中正路以板壁為界南至周吳姓屋以各有各鄰牆為界西至詹陳二姓屋以己牆為界北至官巷以己牆為界面積八分二厘四毫六絲	房屋	無	廿四年五月廿三日	同上	同上
馬少芝　南京人住建康路二四六號	大豐富巷一四號東至裕雨記地南至夏姓屋西至大豐富巷北至馬姓地面積三分二厘六毫四絲	平房三間	無	廿四年四月廿六日	同上	同上

鄭華 閩人住十字街三號	十字街東至官溝南至孔姓地蔣姓地西至蔣姓地廖姓地北至林姓地鄭姓地面積四畝一分三厘正內塘一、三五六〇畝	無	無	廿四年四月十五日	同上	同上
李慕耳 江寧人住柳葉街四十三號	望鶴崗東至哈姓地南至望鶴崗西至陳姓地北至李姓屋以己墻爲界面積一分〇三毫三絲	欄柵 木板欄柵	無	廿四年元月十二日	廿四年八月十四日	廿四年十一月十三日止
李春萱 湖北人住本市同仁街八十八號	繡花巷東至周姓地南至李余二姓地西至申家巷北至繡花巷面積一畝五分〇七厘五絲		無	廿四年三月一日	同右	同右
吳惕菴 宜昌人住中山東路五四六號	英威街六〇號東至齊姓屋以己牆及公牆爲界南至英威街西至王姓屋以己牆爲界北至中山東路面積四分〇七毫二絲	房屋	無	廿四年二月廿一日	同右	同右
王兆灝 南京人住長樂路宰猪巷二六六號	染坊巷一號東至染坊巷以己牆爲界南至易姓屋以隣墻爲界西至易姓屋以隣墻爲界北至陶姓屋以己墻及墻外隙地爲界面積八厘九毫四絲	房屋	無	廿三年十二月十七日	同右	同右
汪承恩 南京人住倉巷一六一號	倉巷一六一號東至孫姓屋以己牆爲界西至馬姓地南至金姓屋以隣牆爲界及曹姓屋以己墻爲界又孫姓屋以隣牆爲界至汪孫曹三姓公走巷北至嚴姓屋以隣墻及己牆爲界面積三分四厘四毫一絲	房屋	無	廿四年二月十九日	同右	同右
王玉麟 恆 仲麒 江寧人住九兒巷二四號	中山路原石鐵作坊七〇〇七〇二號東至中正路南至王姓屋以己墻爲界又公牆西至李姓及王姓屋均以己牆爲界北至胡姓屋以己墻爲界面積四分八厘八毫二絲	房屋	無		廿四年八月十四日	廿四年十一月十三日止
宜興周氏宗祠管理人周鉄鳴宜興人住本京五台永慶巷一五號	石觀音街十二號東至端木姓馬姓柯姓地南至劉姓地市地西至陳姓地柳葉巷旗地及市地北至王姓地面積十畝二分一厘八毫九絲	房屋	無	廿三年十二月二十七日	同右	同右
汪月秋 蘇州人住義興巷廿九號	義興巷二九號東至趙姓地王姓屋（以隣牆爲界）南至官巷西至何姓屋以鄰墻爲界北至程姓地陳姓屋以己墻爲界面積二分一毫二絲	房屋	無	廿三年十二月廿四日	同右	同右

吳捷凱準捷軍強 南京人住邊營四八號	膺福街83 85 87 89號東至謝徐二姓屋以己牆爲界南至徐姓屋以己牆爲界西至石姓屋以公牆爲界北至膺福街面積二分四厘七毫三絲	房屋	無	二三年十一月二九日	同右	同右
王光祖 南京人住柳葉街一二九號	中華門一九七號東至鎮淮橋南至環行路西至市產以公牆及公牆直線爲界北至秦淮河面積四厘二毫一絲	房屋	無	二三年十一月三十日	同右	同右
李叔和皖合肥 住蕪湖代理人時萬恆江寧人住東牌樓一〇六號	敎敷營三號東至敎敷營南至陳姓屋公牆西至胡姓牆北至吳姓屋公牆面積六厘六毫二絲	平房二間	無	二四年二月十二日	二四年八月十四日	二四年十一月十二日止
陳春華 廣東人住牛市七十五號	牛市七五號面積三分二厘二毫七絲東至牛市南至胡姓屋以各有各墻及隣墻爲界西至秦淮河北至李姓屋以己牆爲界	平房八間兩廂	無	二三年十二月十八日	二四年八月十四日	二四年十一月十三日
詹才甫 江寧人住牛市六十三號	牛市六十五三號面積七分一〇毫一絲東至牛市南至綢業公所屋以各有各牆爲界天井牆係詹姓所有西至秦淮河北至張姓屋東段己牆西段隣牆爲界	平房九間四披	仝	二四年一月十七日	同	同
楊明遠淇 江甯住望鶴樓三號	望鶴樓二號面積三分七厘三毫二絲東至劉周二姓屋以己墻爲界南至黑廊巷以己墻爲界西至楊姓屋以公墻爲界北至劉楊二姓以隣墻及隙地爲界	平房九間	仝	二三年十二月二十二日	同	同
徐堯軒 南京人昇州路二三一號	建康路（原名黑廊）街二十號面積八厘一毫八絲建康路經過約佔該產北部面積四方丈東至王姓屋以己墻爲界西至張姓屋以公牆爲界南至水倉巷以各有各牆爲界北至建康路	樓房上下四間二廈	仝	二四年一月二四日	同	同
沈錫順 南京人住中正路二〇九號	府西街五十號面積三厘九毫五絲東至甘姓屋以公板牆爲界南至府西街西至王姓屋以己墻鄰牆爲界北至官地（現該戶承租）官巷	平房一間	仝	二四年一月十五日	同	同
韓志旺 江蘇人住龍泉巷二十一號	龍泉巷二一號面積一畝〇一厘一毫一絲東至王姓屋以己牆及鄰墻爲界南至龍泉巷西至龍泉巷北至馬道街	房屋	無	二三年十二月二十日	同	同

謝祖憲 南京人住荷花塘十二號	五福橫首街三十號面積一分七厘七毫東至五福橫首街南至市地西至市產北至李姓屋以隣墻爲界	仝	典權人程光華五福橫首三十號	二三年十二月十八日	同	同
冉長庚 江蘇人住趙家菜園六號	中山路「原名黃泥崗後趙家菜園」六七號面積六分七厘五毫六絲東至章姓地南至暨南大學地西至暨南大學地北至官巷	仝	無	二四年三月	同	同
管麒鑫 浦口鄧府巷八三號	鄧府巷後八一三號面積一畝〇二厘四毫東至鄧府巷南至鄧府巷後七九西至吳姓屋以隣牆爲界及王姓地北至温姓地	仝	無	二四年五月七日	同	同
何書安 江甯人皂冊庫二十號	小府巷二五號面積八厘三毫三絲東至馬甘二姓屋以己牆及隣牆爲界南至田姓屋以鄰墻爲界西至馬姓屋以己牆及公墻爲界北至陳姓屋以隣牆爲界	仝	無	二三年十二月二八日	同	同
陳春山德銘文 漂水人住牛市四十四號	牛市第四十二號東至劉姓牆南至汪姓屋公墻西至牛市北至劉姓公墻面積一分三厘〇七絲	樓房四間披厦二	無	廿三年十二月廿九日	廿四年八月十五日	廿四年十一月十四日止
趙朝俊 江寧人住嘉兆巷二號	鳳遊寺第廿三五號東至鳳遊寺南至丁曹二姓屋以己牆爲界西至丁姓屋及官巷以己墻爲界北至馬姓屋以隣墻爲界面積一分九厘九毫一絲	房屋	無	廿三年十二月三日	同	同
黃昌慶 南京人住釣魚台八十二號	釣魚台第八〇八二號東至秦淮河南至李姓屋以己牆爲界西至釣魚台北至李姓屋面積二分二厘七毫八絲	房屋	無	廿三年十二月十三日	同	同
陸榮濱 南京人住府西街十八號	府西街第一八號東至市立第一中學校地以鄰牆爲界南至府西街西至崇仁善堂屋以隣牆爲界北至市立第一中學校屋以鄰牆爲界面積一分〇〇六絲	房屋	無	廿三年十二月廿八日	同	同
方漢卿 南京人住大石壩街四十二號	大石壩街四十二號東至許姓屋以各有各牆爲界南至大石壩街以己墻爲界西至周姓屋以各有各牆爲界北至秦淮河以板壁爲界面積九分三厘三毫七絲	市房	無	廿三年十二月十日	同	同

陳欽祥 江蘇人住大夫地一九九號	長樂路第一九九號東至市地西至劉姓屋以鄰墻及己牆爲界南至長樂路北至市立救濟院以鄰墻爲界面積八厘四毫九絲	屋二間廈一	無	廿三年十二月廿二日	同	同
自修菴智通 南京人住長生祠十四號	長生祠十四號東至官巷及楊姓屋以己牆爲界南至長生祠官街西至郜姓屋以鄰墻及公牆爲界北至陳姓地以己牆爲界面積六分四厘八毫七絲	房屋	無	廿三年十二月	同	同
王月如 江寧人住牛首巷廿七號	市府路第一五至一一〇 建康路第二六六至二七八號東至徐姓屋以公牆爲界南至市府路西至市府路北至建康路面積一畝七分二厘三毫九絲	房屋	無	廿三年十二月十七日	同	同
馮寶之 江甯人住牛市四十七號	牛市四十七號東至牛市南至王姓屋以隣牆爲界西至秦淮河北至馬姓屋以己牆爲界面積二分七厘五毫二絲	房屋	無	廿三年十二月卅日	同	同
衣業公會 管理人程紹餘住牛市八十四號泰縣人	牛市街八十四號東至顏料坊南至張姓屋及地以己墻爲界西至牛市北至陳姓屋以己牆隣墻爲界面積一畝五分四厘三毫四絲	房屋	無	廿三年十二月五日	同	同
哈孟欣 哈陳淑傑 南京人住楊公井十號	鋼銀巷二，四號東至螺絲轉灣南至鋼銀巷與漢中路西至黃姓地以己墻爲界北至黃張二姓地馬姓屋面積一畝一分八厘七毫九絲以己牆爲界	房屋	無	二四年四月二三日	二四年八月十五日	二四年十一月十四日止
田康喜 江甯人住中華門外西善橋	膺福街三九號東至官巷南至官巷西至王姓屋以己墻爲界北至楊姓屋以己墻及鄰墻爲界面積一分四厘七毫四絲	房屋	無	二三年十二月三十日	二四年八月十五日	二四年十一月十四日止
張春溥 江寧人住剪子巷六五號	剪子巷六十五號東至張姓屋以公板壁公墻鄰牆南至官巷己墻爲界西至公走巷北至剪子巷面積五分一厘七毫七絲	房屋	無	二三年十二月三十日	廿四年八月十五日	廿四年十一月十四日止
張俊卿 江甯人住信府河五五號	牛市五號東至牛市南至吳姓屋以己牆及公牆爲界西至秦淮河北至王姓屋以己牆及鄰牆爲界面積三分〇八毫五絲	房屋	無	二三年十二月二十四日	二四年八月十五日	二四年十一月十四日止

丁曰發 庚安來 江甯人住中山東路黃泥巷十一號	國府西街十八號東至大隍城巷及官地以己牆爲界南至官地東以隣牆西以己牆爲界西至本姓地以隣牆爲界北至成姓地及成姓與江寧縣爭執地以己墻爲界面積一分九厘六毫九絲	房屋	無	二四年一月十五日	二四年八月十五日	二四年十一月十四日止
王春榮 山林 江蘇人住建康路七十五號	黑廊巷二號東至金姓屋以己墻爲界南至金姓屋以巳牆及余姓板壁爲界西至黑廊巷北至蔡姓屋以公墻及己牆爲界面積一分八厘九毫六絲	摟上下四間平房二間披三間	無	二四年元月廿八日	廿四年八月十五日	廿四年十一月十四日止
王慶瑞 江蘇人住門西小門口二十九號	磨盤街五號東至李朱二姓屋以己牆及隣牆爲界南至李姓屋以己牆爲界西至汪楊二姓屋以隣墻爲界北至汪姓屋及汪楊王三姓公走巷以己牆爲界面積一分二厘四毫八絲	房屋	地役權人楊佑之江蘇人住磨盤街五號後	廿四年一月五日	廿四年八月十五日	廿四年十月十四日止
吳起和 康山 安徽人住顏料坊十二號	糖坊廊巷六二號東至官地租戶袁姓屋以鄰墻爲界南至陳姓屋以隣牆爲界西至糖坊廊北至許姓屋以鄰牆爲界面積七厘五毫九絲	房屋	無	廿三年十二月廿九日	二四年八月十五日	二四年十一月十四日止
朱振崗 南京人住糖坊廊四八號	來鳳街柏家苑東至官巷南至明善堂地西至柏家苑北至官巷面積一畝一分六厘二毫五絲	無	無	二四年六月四日	二四年八月十五日	二四年十一月十四日止
秦復元 江寧人住半邊營一號	半邊營一號東至李姓屋南至蔡板橋西至全姓屋北至半邊營面積五分〇〇二絲	房屋	抵押權人張必榮江寧人住半邊營三()號抵押權人劉大成江寧人住大石壩街一四三號	二三年十二月二五日	二四年八月十九日	二四年十一月十四日止

李國華　家驥　安徽人住蕪湖華盛街六十七號代理人李仲華安徽人住南京馬路街十六號	棉鞋營一七至二一號東至棉鞋營南至李姓屋以鄰墻為界西至李姓地及馬路街北至蔣姓屋以己墻為界面積一畝一分七釐八毫九絲	房屋	無	二四年三月二十日	二四年八月十五日	二四年十一月十四日止
江錦章　南京人住鐵作坊七〇六號	中正路原名鐵作坊七〇六號東至中正路南至王姓屋以公牆為界西至王姓屋以己墻為界北至王姓屋以己牆及鄰牆為界面積一分〇〇二絲	房屋	抵押權人王慶祺住上浮橋小府巷一六號	二四年元月二五日	仝右	仝右
王家駒　南京人住鐵作坊七〇四號	中正路原名鐵作坊七〇四號東至中正路南至江姓屋以己牆為界西至王姓屋以己牆為界北至王姓屋以公牆及己牆為界面積一分七釐六毫九絲	房屋	無	廿四年四月一日	仝右	仝右
蔡楷鴻　江蘇人住南京瓦棺寺九號	瓦棺寺十九號東至瓦棺寺南至官巷西至蔣姓屋以已牆公墻及己板壁為界北至官巷面積三分六釐三毫六絲	房屋	無	廿三年十二月廿二日	仝右	仝右
王慕瞻　安徽人住馬府街二號	東八府塘東至馬姓地南至杜姓地西至文正橋北至協興記地面積一畝一分二釐七毫一絲	無	無	廿四年三月廿一日	仝右	仝右
陸曼　江寧人住馬道街六號	四衛頭第八號東至陳姓蔣姓屋及庚款董事會地南至蔣姓屋西至官街北至蔣姓屋面積二畝三分六釐五毫六絲	房屋	無	廿四年六月二十日	廿四年八月十五日	廿四年十月十四日止
陳有洲　江寧人住蘆蓆營一七六號代理人趙玉生本京人住南昌路十八號	蘆蓆營東至官溝南至蘆蓆營西至萬宗祠地北至房姓水塘面積一畝〇七釐七毫九絲	無	無	廿四年三月廿六日	仝右	仝右
徐實臣　南京人住磨盤街三十四號	邊營四三號東至李姓屋以己墻及隣牆為界南至邊營西至蔡姓屋以己牆及鄰牆為界北至蔡姓屋以鄰墻為界面積二分九釐五毫七絲	房屋	無	廿四年元月二十二日	仝右	仝右

徐醴泉 芷薌 江甯人住貢院街二三號	新姚家巷餘慶里廿四至二六號東至趙劉氏屋以己牆為界南至新姚家巷一至四人行道以己牆為界西至柏姓屋以己牆為界北至平江府街以己牆為界面積一畝八分三厘八毫九絲	房屋	無	廿四年元月廿六日	仝右	仝右
王本立 南京人住磨盤街三十號	飲虹園二號東至潘姓屋地以己牆隣墻為界南至飲虹園西至官巷北至潘姓地面積四分九厘九毫七絲	房屋	無	廿三年十二月廿四日	仝右	仝右
火朝富 火朝華 南京人住璇子巷一〇號	璇子巷二一〇號東至阿趙二姓屋以鄰牆為界南至杜集趙三姓屋以鄰牆己牆及公牆為界西至璇子巷北至王郃二姓屋以隣牆公墻已墻及公板墻為界面積一分九厘九毫一絲	房屋	保存抵押權人李富義江甯人住船渡口二八號	廿四年九月十六日	廿四年八月十五日	廿四年十一月十四日止
張梁氏 江甯人住門東中營卅號	大石壩街二六八號東至吳姓屋以鄰牆及己牆為界南至大石壩街以板門為界西至范郭姓屋以己牆及鄰牆為界北至泮宮照壁以板牆為界面積一分八厘正	房屋	無	廿四年二月十四日	同	同
石坤鈞 鈺 坤銳 壽 坤仁 傑 石坤祿 佐 石寅凱 石拯 石寅程 石坤福 南京人住泥馬巷卅號	泥馬巷二十三十八號東至劉姓屋以己墻隣墻觀音菴屋以己牆及公牆為界南至泥馬巷西至己牆外石姓仇姓公走道為界北至己墻外七姓公走道為界面積一畝七分三厘二毫一絲	房屋	無	廿四年六月八日	同	同
岳朱氏 南京人住程閣老巷十二號	來鳳街六二號東至王姓屋南至市地以己牆為界西至來鳳街北至虞姓屋以己墻及鄰牆為界面積一分七厘六毫四絲	房屋	無	廿三年十二月卅日	同	同
柏仲衡 治鉉 南京人住來鳳街一四號	來鳳街一四號東至市地南至曾劉俞三姓屋西至來鳳街北至十姓地及屋以公牆鄰牆及其直線為界面積一畝四分三厘二毫八絲	房屋	無	廿四年元月八日	同	同
清真寺 管理人濮筱松 江蘇人住釣魚台大街九九號	大膠巷一九號東至清真寺鄧周三戶公走巷南至大膠巷西至鄧姓屋以隣牆為界北至清真寺鄧周三戶公走巷面積二分七厘四毫正	房屋	無	廿四年元月四日	廿四年八月十五日	廿四年十一月十四日止

雙松菴住持戒定 江蘇人住漢中路左所巷廿五號	左所巷二五號東至左所巷南至蕭姓地西至營地北至顧姓地塘面積二畝四分八釐二毫一絲	平房	無	廿四年三月六日	同	同
陳新鑑 邵氏 正發 江甯人住謝公祠廿二號	孝順里五，三，一謝公祠原名小門口二二號東至孝順里及吳姓屋以己牆及鄰牆爲界南至謝公祠及財神廟以己牆及大門外空地爲界西至汪陳兩姓屋以己牆爲界北至業費兩姓屋以己牆隣牆及公牆爲界面積一畝五分五厘八毫二絲	房屋	無	廿三年十二月廿八日	同	界
金恆興 江甯人住牛市四八號	牛市四八號東至惠姓牆南至劉何二姓屋各有各墻西至牛市北至金姓屋公牆面積三分五釐三毫七絲	平房六間四廈	無	廿四年元月廿六日	同	同
徐國藩 彬 江甯人住六合代理人唐正乾江甯人住顏料坊四六號	顏料坊四六號東至闕姓牆南至闕姓屋公牆西至顏料坊北至汪姓屋以己牆及公墻爲界面積一分七厘七毫二絲	平房三間二廂	無	廿三年十二月廿六日	同	同
馮炳鑫 江甯人住紅廟村十七號	三牌樓紅廟村面積一畝四分〇六毫五絲東至蕭姓地南至官溝西至本姓溢地補稅地北至官路	無	無	廿四年六月十八日	廿四年八月九日	廿四年十一月十四日
林長崐 南京人住小四福巷三十一號	小四福巷三一號面積二分六厘〇一絲東至馮姓屋以隣牆章姓屋各自各牆爲界南至小四福巷以己牆爲界西至徐王二姓屋以隣牆爲界北至馮沈二姓屋以己牆爲界	房屋	仝	廿三年十二月廿六日	同	同
王道庵 南京人住評事街二十號	集慶路「原名九天祠與倉坡毗鄰」二五〇號面積三分九厘三毫九絲東至王姓屋以隣板壁及公牆鄰墻己墻爲界南至集慶路西至十姓屋以公板壁及公牆隣牆己牆爲界北至楊黃二姓屋以己牆爲界	仝	王庭芳級云有地役權均願放棄	二十三年十二月二十八日	同	同
王庭芬 芳 王宜仁 南京人住水齋菴十號	集慶路「原名九天祠與倉坡毗鄰」五〇號面積六分〇五毫二絲東至倉坡南至集慶路西至王姓屋以板壁及鄰墻公牆己牆爲界北至九天祠及楊姓屋以己牆爲界	仝	王道庵王級云有地役權均願放棄	二十三年十二月二十一日	同	同

吳德齡 江甯人住新廊三二五號	長樂路「原名新廊街」三二五號面積三厘一毫東至吳姓屋以隣牆及板壁爲界南至官街西至稈姓屋以鄰牆爲界北至稈姓屋以鄰牆爲界	白鉄棚房	同	二三年十二月二五日	同	同
張志華 江甯人住釣魚台一三四號	瓦棺寺五號面積二分三厘五毫五絲東至沃姓屋以己牆爲界南至趙姓屋以鄰牆爲界西至瓦棺寺北至瓦棺寺	房屋	無	二三年十二月十九日	同	同
李家和 南京人住丹鳳街一四六號	花家橋八至十一號面積1.八分一厘〇〇八絲 2.八分四厘〇四絲東至21張姓地南至1木姓屋以隣牆爲界2至花家橋西至1賴姓地及易姓屋以隣牆爲界2至易姓屋以鄰牆爲界北至1張姓塘粉姓地2劈賣部份以己牆爲界	同	同	二四年五月卅一日	同	同
邵鴻彬 安徽人住太平路三段三七九號	太平橋南一·五 三·七號面積三分九厘四毫六絲東至鄭姓地南至羅姓地西至蔣姓屋以隣牆公牆及竹籬爲界北至太平橋	平房七間二披	同	二四年五月十四日	同	同
傅星如 湖北人住通濟門內一道巷	一道巷一號面積一畝五分六厘七毫六絲東至一道巷南至裘家灣及旗地租戶王姓屋西至秦淮河北至連浦二姓屋以己牆爲界	房屋	同	二四年四月十五日	同	同
張天魁 南京人住城北鷄鵝巷九十一號	烏衣里一三號面積九厘八毫九絲東至甯姓地「葛姓涼房」一以己牆外滴水爲界南至普安會館屋以己牆爲界西至烏衣里北至普安會館地「賈姓浮房」以己牆爲界	平房二間一披	同	二四年四月二二日	同	同
張錦榮 南京人代理人揚廣永揚州人住岩巷六號	岩巷第六號東至孔姓屋以鄰牆爲界南至王姓屋以公有板壁爲界西至岩巷北至蔡姓屋以公有板壁爲界面積二厘七毫五絲	房屋	無	二四年三月二二日	廿四年八月十六日	廿四年十一月十五日止
高家華芳 江甯人住集慶路九十八號	集慶路「原名梧桐樹」第九十八號東至潘姓屋以鄰牆及公板壁爲界南至沈姓屋以己牆及窗板爲界西至沙田局屋以己牆及隣牆爲界北至潘姓屋以己牆及天井爲界面積七厘八毫五絲	房屋	無	廿四年元月廿二日	同	同

丁仁昌和 南京人住實輝巷十號	實輝巷（原名石灰巷）十一號東至葉姓屋及丁姓地南至丁甯兩姓地西至官產屋及甯姓地北至實輝巷面積二分六厘二毫九絲	房屋	無	廿四年一月四日	同	仝
劉筱竹 首部人住建鄴路一七六號	建康路第二八五號東至李黃兩姓屋以本姓牆及鄰牆爲界南至建康路以板門爲界西至顧姓屋以公牆爲界北至盧姓屋以公牆爲界面積一分五厘八毫五絲	房屋	無	廿三年九月十日	同	仝
夏榮棠 揚中住般高巷三十九號	般高巷（與三步兩橋毗隣）卅九號東至陶姓屋以己牆及己板壁爲界南至般高巷西至袁姓屋以己牆鄰牆及公牆爲界北至陶袁二姓屋以己牆爲界面積一分七厘七毫六絲	房屋	無	廿四年元月十日	同	同
張簡齋 南京人住旋子巷八十八號	鞍轡坊五號旋子巷八十八號東至李郭二姓屋以己牆公牆及鄰牆爲界南至鞍轡坊西至旋子巷及李姓屋及鄰牆己牆及己牆外隙地爲界北至旋子巷面積九分一厘五毫三絲	房屋	無	廿三年十一月十七日	仝	同
曹海波 南京人住蒼頂一八七號	長樂路八十三號東至長樂路南至李姓屋以己牆及公牆爲界西至秦淮河北至丁姓屋以鄰牆及公牆爲界面積一分九厘四毫六絲	房屋	無	廿三年十二月廿六日	同	仝
王寶坤 江甯人住小全福巷十一號	小全福巷十一號東至張姓屋以公牆爲界南至張姓屋以隣牆爲界西至張姓屋以己牆爲界北至小全福巷面積一分四厘一毫五絲	房屋	無	廿四年元月七日	同	同
魏慶明 江蘇人住大石壩街九十一號	大石壩街九十一號東至魏陳兩姓屋以己牆公牆爲界南至陳姓屋以己牆爲界西至小石壩街北至大石壩街面積一分二厘九毫八絲	房屋	無	廿三年十二月廿七日	同	同
李萬源 南京人住高家酒館十五號	中山路國府路口東至卜姓屋以公牆爲界南至新都大戲院以隣牆爲界西至中山路又葉姓地北至國府路面積八分四厘四毫七絲	平房十間	無	廿四年十一月廿三日	同	同
信業堂 住建康路二三三號	鼓樓新村卅三號東至信業堂現賣與蔣姓南至信業堂地現賣與王姓西至信業堂現賣與王姓北至湖南路面積二畝七分八厘二毫五絲	空地	無	廿四年五月十六日	廿四年八月十六日	廿四年十一月十五日止

賈廣義 江寧人住天青街三八二號	內橋灣十二號東至湯姓屋以鄰牆為界南至陳姓屋以鄰牆為界西至戈姓屋以各有各墻為界北至河岸以己牆為界面積四厘壹毫七絲	房屋	無	廿四年三月廿一日	仝上	仝上
焦瑞森 南京人住琵琶巷十二號	琵琶巷一二四號東至仁和巷及劉洪二姓屋以已牆及鄰牆為界南至雷公祖所洪姓屋及官巷以己牆公牆及各有各牆為界西至琵琶巷及胡姓屋以己墻及鄰牆為界北至胡劉本姓屋以己牆公牆及各有各牆為界面積一畝二分九厘〇五絲	房屋	無	廿三年十二月廿七日	仝上	仝上
宋讓俞 廣東人住廣州代理人俞明行江西人住本京大石壩街四十八號	大石壩街四八號東至周姓屋以各有各墻及己牆為界南至大石壩街以己墻為界西至石姓屋以各有各牆及隣墻為界北至秦淮河以板壁為界面積六分七厘二毫四絲	房屋	無	廿四年一月十五日	仝上	仝上
張朗軒 秋岩 榮軒 南京人住老虎橋廿四號	老虎橋二四號東至官溝南至何姓屋地以己墻及直線為界西至老虎橋北至謝姓屋以己墻為界面積一畝一分一厘六毫二絲	平房十六間	無	廿四年四月十七日	仝上	仝上
康占元 河南人住珍珠橋十三號	珠江路原名珍珠橋十一三號東至蔡姓屋以己牆鄰牆為界南至蔡姓屋以己墻為界西至秦姓屋以己牆及己墻直線為界北至珠江路面積二分五厘九毫二絲	房屋	抵押權人陳一倫四川人住大行宮東街十三號	廿四年四月九日	仝上	仝上
楊際春 雲南人住牛市七十四號	牛市街七四號東至馬姓屋以鄰牆為界南至童子巷西至牛市北至張姓屋以己牆隣牆為界面積三分二厘〇九絲	房屋	無	廿三年十二月廿九日	仝上	仝上

袁文厚	南京人住殷高巷廿五號	殷高巷(與蔣家苑毗連)廿五號東至張姓屋以鄰牆爲界南至殷高巷及龐姓屋西至王姓屋以公墻爲界北至張姓屋以滴水及殷高巷以己牆爲界面積二分〇六毫七絲	房屋	無	廿三年十二月卅日	仝上	仝上
呂載之 呂潤之 呂大元	江寧人住馬路街十二號	馬路街十，十二號東至蔣姓屋以己牆爲界南至李吳二姓屋以己牆爲界西至馬路街北至官巷面積四畝四分四厘四毫九絲	房屋	無	廿四年三月廿三日	仝上	仝上
張坊	江甯人住乾河沿一號	太平路(原名門帘橋)四四壹號東至張姓屋南至北首巷西至太平路北至張姓屋面積四厘五毫八絲		無	廿四年五月三日	仝上	同上
萬健候	南京人住平章巷六號	平章巷六號東至沈張二姓屋以隣牆爲界南至平章巷西至本姓屋北至本姓屋面積二分一厘四毫八絲	房屋	無	廿四年四月廿九日	廿四年八月十六日	廿四年十一月十五日止
萬醒農	京市人住高崗里二十六號	高崗里二六 陳家牌坊二四號東至張姓屋以巳牆及公墻爲界南至陳家牌坊西至魏姓屋以己墻及隣墻爲界北至高崗里面積一畝一分八厘四毫五絲	房屋	無	廿三年十二月廿六日	廿四年八月十六日	廿四年十一月十五日止
劉金山 劉金元 劉金懷	本京人住陰陽營二號	陰陽營東至官溝南至本姓屋西至陰陽營北顧姓地面積一畝五分七厘三毫八絲	無	無	廿四年四月廿四日	廿四年八月十六日	廿四年十一月十五日止
劉金山 劉金元 劉金懷	本京人住陰陽營二號	陰陽營東至周姓地南至高姓地西至高姓塘地北至顧姓地面積四分七厘七毫二絲	無	無	廿四年四月廿四日	廿四年八月十六日	廿四年十一月十五日止

劉金山 元懷 本京人住陰陽營二二號	陰陽營東至顧姓地南至徐姓地西至官溝北至德記地面積五分二厘七毫五絲	無	無	廿四年四月四日	廿四年八月十六日	廿四年十一月十五日止
劉金山 元懷 本京人住陰陽營二二號	陰陽營東至陰陽營南至車姓地西至官溝北至毛姓地面積六分八厘七毫八絲	無	無	廿四年四月四日	廿四年八月十六日	廿四年十一月十五日止
張開元等 南京人住內橋灣十八號	大方巷十六，十六—一號，十七，十九，號東至朱姓塘體善堂地塘南至大方巷陳姓屋常姓地西至孔姓塘田姓屋及體善堂地北至李姓地面積八畝二分三厘零七絲	房屋	抵押權人鄭政儲金匯業局代理人何縱炎貴州人住大行宮	廿四年四月十五日	二四年八月十六日	廿四年十一月十五日止
吳金元 王興順 泗陽宿遷人住中山路四二零號大行宮東街十四號	三條巷仁孝里東至柳姓地南至姬姓屋以鄰牆為界西至高姓屋以隣墻為界北至仁孝里面積一分九厘二毫三絲	無	無	廿四年三月二十五日	二十四年八月十六日	廿四年十一月十五日止
王如海 淮 南京人住小紗帽巷八號	小紗帽巷八號東至高姓屋各有各墻為界南至高姓屋以公牆為界西至小紗帽巷以己墻為界北至張姓屋以公牆為界面積八分一厘二毫八絲	房屋	無	廿四年五月廿五日	廿四年八月十六日	廿四年十一月十五日止
張紹棠 本京人住小百花巷十四號	小百花巷一四號東至（一）小百花巷（二）小百花巷南至（一）本姓屋以隣墻為界（二）張姓屋以己牆為界西至（一）官巷（二）官巷北至（一）（二）程姓屋（現賣與冷姓）以鄰牆為界康二姓屋以鄰牆及鄰牆隙地為界面積一二分二二厘四毫八八絲	一房屋二空地	無	廿四年四月	廿四年八月十六日	同

黃國華 廣東人住門雞閘徐府巷九十九號	門雞閘三號徐府巷二之一號東至金陵大學屋何姓屋以鄰墻爲界及陳姓鐵絲網南至徐府巷西至徐姓地及屋以己牆及鄰牆爲界北至易姓地面積七畝陸分七厘陸毫	房屋	無	廿三年十一月十四日	廿四年八月十六日	廿四年十一月十五日止
韓小農 皖人住大行宮東街五十一號	大行宮東街五一號東至謝姓地以鄰墻及己牆爲界南至謝姓上海銀行地以己牆爲界西至上海銀行地以己牆爲界北至大行宮東街以己墻爲界面積陸分伍厘陸毫	房屋	無	廿四年四月廿四日	仝右	合右
徐慶榮 江寧人住昇州路二三一號	建康路二三〇及二二八號東楊姓屋各有各牆南官廨西趙姓屋各有各牆北建康路人行道面積壹分四釐貳毫貳絲	樓房上下九間	無	廿四年元月廿一日	仝右	仝右
湖社南京事務所 代理人楊子鏡浙江吳興人住丁家橋	顏料坊二至十中正路七一〇二號東王姓屋以己牆爲界南中正路西顏料坊北吳姓牆面積捌分壹厘叁毫叁絲	平房十九間	無	廿三年九月十二日	仝右	仝右
楊伯明 南京人住小王府園二一號	大石壩街一〇七號東耿王二姓屋以己牆爲界南眞隆巷西孫姓屋以公牆及鄰牆爲界北大石壩街面積捌分壹厘玖毫貳絲	平房十三間十披	無	廿三年十二月卅日	仝右	仝右
胡廷燮 南京人住琵琶巷十六號	琵琶巷一六號東至焦姓屋以己牆爲界南至焦姓屋各有各牆爲界西段以公牆爲界西至琵琶巷以己牆爲界北至胡姓屋以己牆爲界長生祠以己牆爲界面積四分七厘〇陸絲	市房	無	廿三年十二月廿九日	廿四年八月十六日	廿四年十一月十五日止
蔣蘇鶴 江蘇人住上海代理人唐叔衡江蘇人住內橋灣二八號	中正路三〇一號東至官街以己牆爲界南至王姓屋以鄰墻爲界戴姓屋以己牆爲界西至中正路以板門爲界北至劉姓屋以公墻爲界面積一畝壹分伍厘六毫捌絲	市房	無	廿三年十二月廿七日	同右	同右
張伯烈 合肥人住大王府巷一百號	香舖營東至肚帶營南至官溝西至香舖營北至金姓地面積陸分陸厘玖毫九絲	無	無	廿四年三月廿七日	同右	同右

高志飛　上海人大悲巷雍園一號	東門街一八號東至蔣姓梁姓地南至陳姓地西至東門街北至徐姓地又屋面積壹畝七分貳厘壹毫伍絲	白鐵房三間	無	廿四年二月廿三日	同右	同右
徐少棠　蘇甯人住信府苑一四號	信府苑一四號東至信府苑南至夏姓屋及信府苑以各牆及己牆為界西至路姓屋以公牆為界北至李姓屋及路姓屋以己牆及隣牆為界面積叁分叁厘陸毫壹絲	房屋	抵押權人莊正霖住，華門廿四號	廿四年五月二十日	同右	同右
常元興　江甯六局大方巷十四號	來鳳街十七號面積一分七厘九毫五絲東至來鳳街南至來鳳街西至張姓屋以己牆為界北至張姓屋以公板壁為界	房屋	無	廿九年一月九日	廿四年八月十六日	廿四年十一月十五日
楊相如　南京膺福街三十一號	大膺福街卅一號面積八分五厘二毫四絲東至公走巷「南通官巷北通剪子巷」南至謝田二姓屋以己牆及公牆為界西至大膺福街北至仲李二姓屋以公牆及己牆為界	房屋	同	廿三年十一月十四日	同	同
王靜菴　河南中山東路五三八號	中山東路五三八號面積八分四厘七毫一絲英威街六二東至吳姓屋以己牆為界南至英威街走巷及賈姓屋以己牆為界西至馮姓屋以己牆及鄰牆為界北至中山路	仝	仝	廿四年三月廿五日	同	同
張志賢　六合中華路四三〇號	中華路四三〇號面積二分六厘六毫三絲東至中華路南至柳施二姓屋以己牆為界西至公走巷北至楊李二姓屋以己牆及鄰牆為界	仝	仝	廿三年十二月廿四日	同	同
何英祥　廣東石板橋十六號	石板橋面積一十七畝四分一厘東至官巷及程羅陳王朱孫等姓以鄰牆為界南至國府路人行道西至石板橋及雅花巷又曹申二姓與鍾南學校以鄰牆為界北至籠子巷		同	廿四年三月廿八日	同	同
徐際雲楠　江甯第五局木屐巷十二號	樓子巷面積六分一厘八毫九絲東至王姓地南至京市鐵路地西至蕭姓塘及常姓地北至鍾姓地		無	廿四年四月三日	同	同
何軼民　南京王府園七四號	青海路「原名峨嵋嶺」面積九畝九分零九毫七絲東至普益社私路南至青海路西至官路北至中國鑛冶工程學會	無	無	廿四年四月廿七日	同	同

翁思炘 江甯人住堂子街五十九號	堂子街五九—六七號面積六分四厘零八絲東至蔡姓屋以各有己牆及鄰牆爲界南至翁姓地西至張姓地以己牆爲界北至堂子巷	房屋	屬	廿三年十二月廿五日	屬	同
王光甫 南京東釣魚巷內岩巷四號	岩巷四號面積三厘五毫四絲東至孔姓屋以己牆爲界南至索姓屋以己牆爲界西至岩巷北至張姓屋以公有板壁爲界	同	同	廿四年一月九日	同	同
許念慈 陶孝宗 湖南四維里一號	三條巷四維里一、二、三、四、號面積一畝三分九厘零五絲東至王姓屋以鄰牆爲界南至公走巷西至何姓地北至王葉二姓地	仝	仝	廿四年五月廿二日	同	同
毛錦華 南京人住六度菴二七號	半邊營一七號東至俞姓屋以公牆爲界南至蔡板橋西至喻姓屋以己牆及鄰牆爲界北至半邊營面積叁分叁厘陸毫捌絲	房屋	無	廿三年十二月三十日	廿四年八月十七日	廿四年十一月十六日止
佘作楨 奮庸 江甯人住張都堂巷四號	張都堂巷四號東至陳姓屋以己牆及鄰牆爲界南至陳陳佘三姓公走地西至張都堂巷北至朱姓屋以鄰牆爲界面積一畝九分一厘六毫六絲	房屋	無	廿三年十二月十九日	同右	同右
成祥芝 江甯人住甘露巷七號	小門口六號東至魏姓屋以公牆及公板壁爲界南至韓姓地以鄰牆爲界西至王姓屋北至小門口面積四釐二毫七絲	房屋	無	廿四年五月廿三日	同右	同右
金梓善 本市人住煤灰堆十三號	煤灰堆十三號東至盧張二姓屋以己牆及鄰牆爲界南至李姓屋以公牆及鄰牆爲界西至李姓屋北至盧姓屋及小百花巷以己牆爲界面積一分七厘五毫四絲	房屋	無	廿四年一月八日	同右	同右
王耀廷 南京人住止馬營二十七號	止馬營二七號舊門牌一四三號東至湖南同鄉會屋以己牆及鄰牆爲界南至葉姓屋以鄰牆爲界西至王姓屋以己牆爲界後門在莫愁路北至止馬營俗稱芝蔴營面積陸分七厘貳毫貳絲	房屋	無	廿四年二月九日	同右	同右
綢布業公會 五福善會 黑簪巷十七號綢布業公會辦事處管理人鄭燮珊江甯人住王府園四號	集慶路一五一號東至甘姓屋以鄰牆爲界南至梁姓屋以鄰牆爲界西至粱姓屋以己牆爲界北至集慶路面積五厘貳毫七絲	房屋	無	廿四年四月廿九日	廿四年八月十七日	廿四年十一月十六日止

佘培源 弟婦殷森氏 江蘇人住船板巷九十號	船板巷八六、八八、九〇號東至秦淮河南至李姓屋以己牆及鄰牆為界西至船板巷北至周姓屋以鄰牆為界面積叁分貳厘〇四絲	房屋	無	廿四年三月四日	同右	同右
方江氏 本京人集慶路八四號	集慶路原名梧桐樹七賢坊口八四號東至虞姓屋以公牆為界南至集慶路西至王姓屋以己牆及鄰牆為界北至虞姓屋以鄰牆為界面積壹分〇二毫一絲	房屋	無	廿四年二月廿八日	仝右	同右
馬耀軒 即光明 南京人住打釘巷十八號	中華路南門大街四二號東至中華路南至旌德會館屋以公牆為界西至李姓屋以己牆及鄰牆為界北至李王兩姓屋以鄰牆為界面積陸厘玖毫一絲	房屋	無	廿四年三月廿日	同右	同右
張朝英 江甯人住剪子巷五十三號	亂石堆一、二、三號剪子巷五三號東至唐姓屋及亂石堆以己牆鄰牆及鄰牆地為界南至亂石堆西至李姓屋（現賣與干姓）以己牆及鄰牆為界北至剪子巷面積五分三厘十毫二絲	房屋	無	廿三年十二月廿六日	同右	同右
俞少波 南京邀貴井十九號	朱雀路三七邀貴井一九號面積一畝零六厘六毫七絲東至張姓屋以己牆及鄰牆為界南至官河西至朱雀路及吳江二姓屋以己牆為界北至邀貴井	房屋	無	廿四年四月廿九日	廿四年八月十七日	廿四年十一月十六日
繆長發 南京柳葉街一二五號	來鳳街四六號面積一分一厘四毫六絲東至王姓屋以鄰牆為界南至許姓屋西至來鳳街北至王姓屋以己牆及鄰牆為界	同	同	廿四年三月二日	同	同
盧學禮 江甯庫司坊二十九號	庫司坊二九號面積五厘一毫七絲東至寶霖救火會屋以己牆及鄰牆為界南至庫司坊西至莊張兩姓屋以鄰牆為界北至歐陽巷	同	同	廿三年十二月廿九日	同	同
張咸之 本京城西磨盤街十三號	庫司坊一七—二三號面積七分八厘七毫三絲東至莊馬兩姓屋以己牆為界南至庫司坊西至聶姓屋以己牆及公板壁為界北至甘露巷	同	同	廿三年十二月廿六日	同	同

姓名及住址	坐落及四至	種類	他項權利	日期	日期	日期
張文葆 楊州信府河七八六號 代理人劉祥望鶴樓二十二號	信府河七六八號面積一分六厘九毫九絲東至信府河南至朱姓屋以公牆及鄰牆為界西至官巷北至廚子營	同	同	廿四年二月廿一日	同	同
楊啓森 南京半邊營八號	半邊營八號內面積二分零三毫四絲東至王姓屋以公牆及各有板壁為界南至王李二姓屋以鄰牆為界西至李姓屋以己牆公牆及鄰牆為界北至王周二姓屋以鄰牆為界又至楊王周三姓公走巷	房屋	無	廿三年十二月二十日	同	同
張葆忠 建乾 江甯王府里九號	孝順里十五號面積四分九厘三毫東至孝順里南至吳姓屋以鄰牆為界西至焦姓屋北至市地	同	同	廿四年一月十日	同	同
方仲銘 安徽沙灣五四號	沙灣五十號面積二分五厘四毫六絲東至秦淮河南至徐姓屋以己牆及公牆為界西至沙灣北至程姓屋以公牆為界	同	同	廿四年月四日	同	同
姚萬松 本京高家酒館十七號	中山路一〇七號面積一分三厘三毫二絲東至姚姓屋以己牆為界南至本業主西至陳姓以己牆為界北至公巷	樓房	同	廿四年二月廿七日	仝	同
王叔平 子乾 也愚 耀九 壽武 彭年 南京狀元境十三號	狀元境十三號面積二畝一分三厘三毫九絲東至查姓屋以各有各牆及鄰牆為界南至補釘巷以己牆為界西至王馬兩姓屋以己牆為界北至狀元境以己牆為界	房屋	同	廿三年十二月廿八日	同	同
顏寶琛 祥 定 鴻 江蘇太平路四六一號	太平路「原名門帘橋契載中正街」面積五分一厘二毫七絲東至劉姓屋南至俞陳洪三姓屋西至太平路北至王姓屋及地	房屋	抵押權人南京市民銀行代理人吳求哲昇州路三二號	廿四年四月一日	廿四年八月十八日	廿四年十一月十七日
蕭慶漢 湖南老虎橋西新安里九號之二號	珠江路面積一畝二分一厘八毫二絲東至蕭姓地以己竹籬為界南至官河西至王姓屋以己牆為界北至珠江路	房屋	無	廿四年四月一日	同	同

董其榮 本京廣藝街八號	廣藝街八號面積一分二厘四毫九絲東至舒姓屋以己牆為界南至朱姓屋以己牆及公牆為界西至廣藝街北至董姓屋以公牆為界	同	同	廿四年三月廿八日	同	同
朱炳臣 江甯中正路三四三號	中華路「原名三山街」二七一號面積三厘三毫六絲東至官巷以己牆為界南至哈姓屋以鄰牆為界西至中華路以板門為界北至甘姓屋以鄰牆為界	同	同	廿四年一月十六日	同	同
李懷良 秀英 煤灰堆一三號	煤灰堆一三號面積一分五厘一毫八絲東至金姓屋南至李姓屋以公牆及鄰牆為界西至魏姓屋及官巷以己牆為界北至盧姓屋以己牆及鄰牆為界	同	迪行地役權人金梓善住煤灰堆一三號	廿三年十二月十八日	同	同
韋明生 南京顏料坊九號	顏料坊九號面積二分六厘九毫一絲東至顏料坊以板門為界南至寇葉二姓屋以己牆為界西至尚姓屋以鄰牆為界北至袁姓屋以己牆及鄰牆為界	房屋	抵押權人葉績善評事街一九七號	廿四年四月十六日	同	同
王慰周 江甯小門口四十一號	倉頂面積五分零四毫八絲東至倉頂南至鄧姓屋以鄰牆為界西至梁姓屋以鄰牆為界北至倉頂	無	抵押權人王錦椿顏料坊五十二號	廿四年三月十三日	同	同
杜道生 江西中華路三九四號	長樂路一一零號面積一分六厘零三絲東至龐姓屋以己牆及鄰牆為界南至杜姓屋以己牆為界西至然記室及王姓屋以鄰牆為界北至長樂路	房屋	無	廿四年三月十四日	同	同
韓家棟 璋 興 銘 厚 江甯集慶路八七號	集慶路八七號面積二分六厘三毫九絲東至官巷南至袁姓屋以己牆為界西至王姓屋以鄰牆為界北至集慶路	房屋	同	廿四年四月廿六日	同	同
齊登金 南京英威街四七號	英威街五四—五八號面積四分八厘七毫一絲東至劉姓屋以鄰牆為界南至英威街西至吳姓屋以己牆鄰牆公牆為界北至中山東路	房屋	同	廿四年三月十八日	同	同
程植齋 南京八住東兒巷四號	五馬街三六，三八號東至顧姓屋以己牆為界南至顧姓屋以己牆為界西至五馬街北至孫姓屋以己牆為界面積一分四厘七毫四絲	房屋	無	廿三年十一月廿四日	廿四年八月廿日	廿四年十一月十九日止
賀玉珍 南京八住英威街三號	英威路六六號東至土姓屋以鄰牆為界南至英威街西至王姓屋以己牆為界北至王姓屋以鄰牆為界面積伍釐二毫止	房屋	無	二十四年三月二十日	二十四年八月二十日	廿四年十一月十九日止

王行龍 浙江人住建康路八二號	中華路原名府東街東至承恩寺以己牆爲界南至承恩寺以己牆爲界西至中華路人行道北至呂姓屋以各有各牆爲界面積三分三厘五毫六絲	無	無	廿三年十二月廿一日	廿四年八月二十日	廿四年十一月十九日止
潘良智玉福 安徽人住府東街	中華路原名府東街一四六號東至中華路人行道南至益友社以本姓租借益友社築牆地址及一部份各牆爲界西至益友社以鄰牆爲界北至陳姓屋以鄰牆嚴姓屋以己牆爲界面積一分五厘六毫五絲	房屋	保存抵押權人徐梓卿南京人住昇州路二三一號	廿三年十二月廿八日	廿四年八月廿日	廿四年十一月十九日止
蔡瑞卿 戒三 潤泉 祿芝 晨雲 江甯人住如意里四十號	中華路原名府東街平號東至中華路人行道以板壁前隙地爲界南至靑年會屋以鄰牆爲界西至哈姓地袁姓屋以己牆爲界北至陳姓屋以鄰牆爲界一部份係己牆面積八厘四毫壹絲	房屋	無	廿三年十二月廿八日	廿四年八月二十日	廿四年十一月十九日止
奚紀明 江甯人住止覺寺七號	正覺寺七號東至尙張二姓地南至張姓地性寬地及官地西至官巷北至邾蔡二姓屋己牆鄰牆爲界面積壹畝貳分貳厘四毫四絲	房屋	無	廿三年十二月廿九日	廿四年八月廿日	廿四年十一月十九日止
錢子堅 江蘇人住蘇州代理人文張英江蘇人住大石橋六號	高樓門東至高樓門南至胡姓西至王姓北至高樓門面積叁畝八分六厘壹毫貳絲	無	無	廿四年五月三日	廿四年八月二十日	廿四年十一月十九日止
（宏裕公司）宜保章 無錫人住新橋長樂街老王府十四號	模範馬路東至陶姓地南至梓姓地馬姓塘西至中國國貨銀行地北至模範馬路面積二畝三分三厘四毫九絲	無	無	廿四年六月廿二日	同	右
王承基 江蘇人住新街口興業里十七號轉	東瓜市東至馬姓地及相中紀念堂地南至張姓地西至合羣公司走道北至台羣公司走道面積五畝四分〇二毫七絲	無	無	廿四年五月廿一日	同	右
（胡文會堂）胡敬之 湖南人住高門樓四號	湖南路原名斐家橋東至21官溝南至徐姓 本姓倪賣與李本姓 屋西至熊姓地及京市鐵路地北至21湖南 現賣與陳姓熊姓地湖南 路玖三壹三 路面積壹畝貳分零厘壹毫六絲	無	無	廿四年六月十四日	廿四年八月二十日	廿四年十一月十九日止

孫毓桐 譽韓 印若 抱存 南京人住大全福巷十七號	大全福巷十七號面積九分一釐八毫三絲東至官巷以己牆為界南至官巷以己牆為界又劉姓屋以公牆為界西至劉姓屋以鄰牆為界靠近走廊部份以公牆為界北至大全福巷以己牆為界	房屋	無	廿四年一月十七日	廿四年八月廿一日	廿四年十一月廿日止
陳東修 南京人住李府巷三號	崔妃巷第四號李府巷第三號面積一畝一分六釐八毫八絲東至金姓屋以公牆及己牆又抵袁唐葛三姓屋以己牆為界南至崔妃巷以己牆為界西至秦蔡兩姓屋以隣牆又抵陳張兩姓公有地以己牆及張姓屋以己牆公牆為界北至李府巷以己牆為界	房屋	無	廿三年十二月十三日	同	同
屠之鈞 江寧住小彩霞街卅一號	施家巷五號面積二分零九毫八絲東至施家巷南至楊姓屋以己牆為界西至潮源救火會屋以己牆為界北至善司廟及屠姓屋以己牆及公牆為界	房屋	無	廿三年十二月廿六日	同	同
李錢氏 京住長樂路八十一號	長樂街八十一號面積二分一厘一毫一絲東至長樂街南至史姓屋以公牆為界西至秦淮河北至曹姓屋以公牆及鄰牆為界	房屋	無	廿四年二月十七日	同	同
游竹孫 潤章 煥德 南京住沙灣街四十三號	杏花村十九號面積八分三厘九毫六絲東至杏花村南至葉姓屋以己牆及鄰牆為界西至葉姓屋及地北至杏花村	房屋	無	廿三年十二月廿九日	同	同
楊仁興 江寧住金粟菴六號	金粟菴第六四號面積四分五厘八毫二絲東至金粟菴西至施姓屋以鄰牆及己牆為界南至金粟菴北至周姓屋以己牆及鄰牆為界	房屋	無	廿三年十二月廿九日	同	同
屠之愷 江寧人住施家巷七號	施家巷第七號面積二分二厘二毫二絲東至施家巷南至屠姓屋以公牆為界西至善司廟以己牆為界北至張姓屋以鄰牆為界	房屋	無	廿三年十二月廿七日	同	同
雍家源 南京住花露崗四號	花露崗第四號面積二畝〇一厘〇九絲東至花露崗南至花露崗西至張姓屋地北至花露巷	仝	無	廿四年八月一日	同	同

何容軒 江寧住門東陶家巷十號	府西街七十三號面積一分四厘〇九絲東至龍姓屋以公牆爲界南至劉姓屋以鄰牆爲界西至市產及甘姓屋以己牆爲界北至府西街以板門爲界	仝	無	廿三年十二月廿七日	同	同
陳嘉典 譽 江寧人住一轉龍車十三號二中營五十三號	信府河一三三號面積五分四厘四毫四絲東至湯姓屋以己牆爲界南至秦淮河西至史姓屋以己牆爲界北至信府河	仝	無	廿三年十二月廿八日	同	同
李淑芳 湖南人住宮後山秣稜村廿二號	磨盤街一小門口二三號東至磨盤街南至小門口西至楊趙二姓屋以公牆及鄰墻爲界北至朱王二姓屋以己牆及隣墻爲界面積三分一厘四毫六絲	房屋	無	廿三年十月廿七日	廿四年八月廿一日	廿四年十一月廿日止
蘇鼎漢 光明 光麒 當塗人住南京長樂街卅一號	長樂街卅一號東至長樂街南至金姓屋以鄰牆爲界西至秦淮河北至陳姓屋以鄰牆及鄰板壁爲界面積一分三厘九毫四絲	房屋	抵押權人蔣思五住花市大街三三二號	廿四年四月十二日	廿四年八月廿一日	廿四年十一月廿日止
劉克俊 克定 江寧人住磊功巷一號	磊功巷一號東至王姓屋以滴水爲界南至胡姓屋以滴水爲界西至林姓屋以己墻及鄰牆爲界北至磊功巷面積一分七厘九毫七絲	房屋	無	二三年十二月十八日	廿四年八月廿一日	廿四年十一月廿日止
陳王氏 南京人住孝順里六號	孝順里六號東至周姓屋鄰牆及己牆爲界南至袁姓屋以己墻爲界西至孝順里北至洪姓屋以公墻爲界面積二分二厘五毫二絲	房屋	無	廿四年一月廿二日	廿四年八月廿一日	廿四年十一月廿日止
何金聲 湖南人住義興巷六十二號	義興巷六十二號東至趙梁兩姓屋以己墻外隙地爲界南至楊余李姓屋以己牆外隙地爲界西至義興巷北至劉林趙姓屋以己墻公墻爲界面積二分五厘二毫	房屋	無	廿三年七月七日	廿四年八月廿一日	廿四年十一月廿日止
李春榮 本京人住中華路五六一號	中華路五六三號東至徐姓屋以己牆爲界南至蘇姓屋以隣墻及己墻爲界西至中華路北至李姓屋以鄰牆爲界面積二分四厘一毫四絲	房屋	無	廿四年四月廿五日	廿四年八月廿一日	廿四年十一月廿日止

李壽之 先丙 南京人住門東邊營五十三號	邊營五十三號東至張李二姓屋以公墻及隣牆爲界南至城牆營地西至彭李二姓屋以己墻及鄰牆爲界北至邊營面積二分二厘一毫三絲	房屋	無	廿四年六月四日	廿四年八月廿一日	廿四年十一月廿日止
李先丙 南京人住門東邊營五十三號	邊營九十三號東至史姓屋以公牆爲界南至城墻營地西至李姓屋以己牆爲界北至李張二姓屋以鄰墻爲界面積一分一厘八毫五絲	房屋	無	廿四年六月五日	廿四年八月廿一日	廿四年十一月廿日止
陳任銘 南京人住倉門口五號	倉門口七、八號東至陳姓屋以己牆爲界南至公巷以基地一方至路邊爲界西至空地以己牆爲界北至蔡姓屋以墻外隙地爲界面積一分三厘一毫二絲	房屋	無	廿三年十二月廿一日	廿四年八月廿一日	廿四年十一月廿日止
劉翼如 江寧人住首都長樂路三一七號	管家巷一〇號東至吳姓屋以己牆爲界南至管家巷西至官巷北至管家巷面積六厘一毫	小房二間	無	廿三年十二月廿七日	廿四年八月廿一日	廿四年十一月廿日止
陳瀚波 雨蒼 南京人住烏衣巷五七號	烏衣巷五七號東至吳毛二姓屋公牆南至陳毛二姓公大井及鄒姓屋以鄰牆爲界西至張姓屋以各牆鄰牆及己牆爲界北至烏衣巷面積六分一厘九毫一絲	小房九間四廂四披	保存抵押權人馬端甫南京住箍桶巷三十號	廿三年十二月十九日	廿四年八月廿一日	廿四年十一月廿日止
徐戊祥 南京人住昇州路二三號	膺福街七十七號東至徐姓屋以己牆及鄰墻爲界南至小井巷西至謝吳徐三姓屋北至膺福街面積八分二厘四毫三絲	房屋	無	廿四年二月廿七日	仝	右
林士順 六合人住瓦棺寺十四號	瓦棺寺十四號東至瓦棺寺南至瓦棺寺西至毛姓屋北至張姓屋面積貳分〇七毫四絲	房屋	保存抵押權人周錦泉南京住中華路五六四號	廿四年七月卅一日	仝	右
呂遠毅 振 江寧人住武昌代理人徐宜丞江寧住中華路一三四號	中華路一九九、二〇一、二〇三號東至承恩寺以巳牆爲界南至王姓屋各有各墻西至中華路人行道北至梁姓屋公牆面積四分二厘九毫三絲	樓房四間二進	無	廿三年十二月廿九日	仝	右
孫殿堂 江寧人住甘露巷十三號	中華路原名南門大街五九五號東至謝姓屋以鄰牆爲界南至謝姓屋以鄰墻爲界西至中華路北至張姓屋以己牆爲界面積二厘六毫六絲	房屋	無	廿三年十二月廿五日	廿四年八月廿一日	廿四年十一月廿日止

潘炳元 南京人住蘆蓆營廿一號	蘆蓆營2.1.潘姓水塘南至2.1.本姓地(現賣與陳姓) 東至2.1.潘姓水塘南至2.1.陳姓地 西至2.1.蘆蓆營北至2.1.何姓地 2.1.蘆蓆營北至2.1.本姓地(現賣與錢姓) 面積(一)一畝二分八厘八毫四絲 (二)〇畝六分六厘六毫七絲	無	無	廿四年三月廿八日	廿四年八月廿一日	廿四年十一月廿日止
潘炳元 南京人住蘆蓆營廿一號	蘆蓆營二三號東至觀音巷南至市地李潘二姓地及葉姓塘西至潘姓地北至潘姓地面積五畝六分二厘三毫五絲	草房	無	廿四年五月廿九日	仝	右
潘炳元 南京人住蘆蓆營二一號	蘆蓆營東至潘王二姓地南至潘姓屋以隣牆為界西至蘆蓆營北至潘姓地面積九分三厘一毫五絲	房屋	無	廿四年五月廿九日	仝	右
潘炳元 南京人住蘆蓆營廿一號	蘆蓆營東至潘姓地南至潘姓地及楊姓塘西至邱田二姓地北至陳潘楊三姓及全勝會地面積二畝〇九厘八毫正	無	無	廿四年五月廿九日	仝	右
紀春發 江寧人住石壩街九十三號	大石壩街九三號東至小石壩街南至劉魏氏屋以己牆為界西至王姓屋各有各墻為界北至大石壩街面積一分六厘正	房屋	無	廿三年十二月廿八日	廿四年八月廿一日	廿四年十一月廿日止
中國銀行 經理人吳震修 無錫人住珠寶廊中國銀行內	中山北路薛家巷斜對面面積六分三厘九毫正東至中山路南至胡何二姓公走道西至墓道北至戈姓地	房屋	無	二三年十月一日	廿四年八月廿二日	廿四年十一月廿一止
周有森 江甯人住亂石堆五號	亂石堆五號剪子巷六十一號面積五分八厘三毫四絲東至李王二姓屋以公牆隣墻己牆為界南至仇鄧二姓屋及亂石堆以鄰牆及公墻為界西至張姓屋以己牆隣牆及公牆為界北至剪子巷	仝	同	二三年十二月五日	同	同
陳譚垣 南京人釣魚台卅四號	釣魚台卅四號面積一分二厘二毫四絲東至秦淮河南至周姓屋以公牆及板壁為界西至釣魚台北至周姓屋以己牆及公牆為界	房屋	仝	二三年十二月八日	同	同

李璧如 住胭脂巷廿四號	中華路（原名南門大街）五三三號東至謝姓屋以己牆爲界南至謝姓屋以公牆爲界西至中華路北至楊姓屋以公牆爲界面積二厘一毫一絲	仝	同	二三年十二月十八日	同	同
程春官 江寧住信府河一三二號	長樂路（原名顧樓街一八四號）東至周雷二姓屋以己牆及隣牆爲界南至劉姓屋以隣牆爲界西至劉姓屋及救火會屋以己牆公牆及鄰牆爲界北至長樂路面積一分一厘五毫二絲	同	同	二三年十二月	同	同
陶寶明 南京人住建康路一七七號	建康路（原名奇望街）一八九號東至胡家巷及李張兩姓以己牆暨各有各牆爲界南至建康路以板門爲界西至潘姓屋以己牆及鄰牆爲界北至李潘兩姓屋以己牆及鄰牆各自各牆爲界面積二分二厘二毫正	房屋	保存抵押權人張振華南京人住小彩霞街六號	二三年十二月二八日	同	同
宗之攙 江蘇人住晒布廠二號	晒布廠第二號東至水溝南至湯姓地西至晒布廠北至文昌橋面積一畝三分九厘一毫八絲	半洋房四間氣樓二間下房四間	無	二四年五月七日	同	同
何振華 南京人住柳葉街一二六號	柳葉街第一二四六號東至周姓屋以隣牆爲界南至柳葉街西至馬姓屋以鄰牆爲界北至秦淮河面積四分〇〇二絲	房屋	保存抵押權人俞璧蘭南京人住過街樓廿號	廿四年三月廿一日	同	同
湯善成 南京人住長樂路二六六號	長樂路（原名釣廊）三六六號東至楊王羅二姓屋以己牆公牆及隣牆爲界南至周姓屋以己牆爲界西至陸姓屋以己牆及隣牆爲界北至長樂路面積六分七厘〇二絲	仝	保存抵押權人盛繼昌南京人住大石壩街一八三號	二三年十二月二十日	同	同
劉子鄉　啓　希賢　象 江寧人城西陳家牌坊二號及城西皇冊庫十二號	釣魚台第四四號東至秦淮河南至錢姓屋以公牆爲界西至釣魚台北至魏姓屋以己牆及公牆爲界面積二分〇六毫三絲	仝	保存抵押權人官揚聲浙江人住明瓦廊七十二號	二四年五月二九日	同	同

普園業公會管理人陳維周江寧人住太平路九十四號	牛市四一號東至牛市以己牆爲界南至陳姓屋以己牆爲界西至秦淮河以己牆爲界北至張姓屋以己墻爲界面積六分八厘四毫正	樓平房三十間又樓廂八廈	無	廿四年元月四日	廿四年八月廿二日	廿四年十一月廿一止
江維新安徽人住朱雀路四三號	朱雀路(原名四象橋)四三五號東至俞姓屋以隣牆爲界南至朱雀路西至朱雀路北至吳姓屋以鄰墻爲界面積四厘六毫止	房房	無	廿四年四月十九日	同上	同上
李聖林 陳澤燦 廣東人住英威街四十四號	中山東路五九八——五六六英威街四四——四八號東至周姓屋以己墻爲界南至英威街西至劉姓屋以己牆爲界北至中山東路面積一畝〇六厘六毫二絲	房屋	無	廿四年三月九日	仝上	仝上
陳榮 福喜壽 江寧人住舊土府卅五號	舊土府三十五號東至舊土府街南至土姓屋以鄰墻及己牆爲界西至孫姓屋承恩寺屋以鄰牆及己姓貼墻爲界北至市產以公牆爲界面積四分九厘四毫正	房屋	無	廿三年十二月廿九日	上同	同上
葛永全南京人住大九兒巷一百〇四號	璇子巷一〇四號東至盧姓屋以己墻爲界南至游姓屋以鄰牆及公墻爲界西至璇子巷北至葉姓屋以鄰牆爲界面積一分〇一毫五絲	房屋	無	廿三年十二月廿八日	同上	同上
沈榮森南京人住毛家苑一號	毛家苑一號東至九福街及施張二姓屋以己牆及鄰墻爲界南至張汪二姓屋以隣墻及己墻並圍牆爲界西至劉將二姓屋以隣牆及己牆爲界北至七家苑面積六分八厘八毫五絲	房屋	無	廿三年十二月廿五日	同上	仝上
何春榮南京人住馬道街十三號	馬道街十三號東至龍泉巷南至鄭姓屋以鄰牆爲界西至丁姓屋以己牆及隣牆爲界北至馬道街面積二分三厘六毫三絲	房屋	無	廿三年十二月十九日	同上	同上
蔣良畝南京人住倉巷八十六號	營門口街十號東至方吳二姓公走巷以己墻爲界南至營門口街西至楊姓屋以鄰墻爲界北至吳姓屋以鄰墻己牆及公牆爲界面積二分七厘四毫九絲	房屋	無	廿三年十一月十八日	同上	同上

周明軒 江甯人住中華路四一七號	五馬街三號東至五馬街南至焦姓屋以己牆爲界西至倪姓屋以鄰墻爲界北至倪姓屋以公牆爲界面積八厘六毫八絲	房屋	無	廿四年五月卅一日	仝上	仝上
王昌益 揚州人住東釣魚巷廿號	東釣魚巷廿號東至東釣魚巷南至孔王二姓屋以己牆及鄰牆爲界西至連孔二姓屋以鄰墻及己牆爲界北至張葉趙三姓屋以己牆及鄰牆爲界面積四分九厘八毫八絲	房屋	無	廿三年十二月廿七日	仝上	仝上
劉有緣 江蘇人住飲馬巷內庫司坊九號	庫司坊七，九號東至聶姓屋以己牆爲界南至庫司坊及韋祁二姓屋以板門公有板牆及鄰牆爲界西至馮張二姓屋以己牆爲界北至俞姓屋以己牆外隙地爲界面積二分一厘三毫一絲	房屋	無	廿三年十二月廿九日	廿四年八月廿二日	廿四年十一月廿一日止
劉庚興 庚源 庚林 南京人住小全福巷十四號	小全福巷一四號東至趙姓屋各有各牆爲界南至官巷西至小全福巷北至蘇姓屋以公牆及鄰牆爲界面積一分四厘零九絲	房屋	無	廿三年十二月十五日	仝上	仝上
劉文汝 山東人住承恩寺二九號	小全福巷五號東至官巷南至張姓屋以己牆爲界西至張姓屋以鄰牆爲界北至崔姓屋以己牆爲界面積二分九厘五毫七絲	房屋	無	廿三年十二月廿六日	同上	同上
陳夏琴友 南京人住堂子街二六七號	堂子街二十七號東至堂子街南至張姓屋西至禮拜寺巷北至蕭姓屋面積一畝三分九厘六毫二絲	房屋	無	廿四年七月卅日	同上	仝上
張先丙濤宋一 京市人住敎敷巷一一號	中華路二七五號東至官街以己牆爲界南至宋姓屋以隣牆爲界西至中華路人行道以界線爲界北至孫姓屋以己牆爲界面積二厘八毫九絲	市房	無	二四年三月二日	同上	同上
胡興榮 南京人住本京唱經樓二三號	珠江路原係洪武街九十號東至婁姓屋以公牆南段以鄰牆爲界南至珠江路以板門爲界西至劉姓屋以各有各牆中段以鄰牆北段各有各牆爲界北至塗姓屋以己牆外滴水爲界面積四分四厘三毫五絲	市房	無	廿四年五月十七日	同上	同上

楊世根 明清深 江蘇人 住戶部街九一號	洪武路原名虹橋一三五丨一三九號東至楊姓屋以鄰牆爲界南至樊姓屋以鄰牆及天井爲界西至洪武路北至朱姓屋金姓地以己牆及鄰牆爲界面積三分六厘五毫九絲	房屋	無	二三年三月四日	同上	同上
李楊氏 南京人住大石壩街五八號	太石壩街五八號東至董姓屋以己牆鄰牆爲界南至大石壩街西至貴池會館以己墻及己牆直線爲界北至秦淮河面積七分一厘五毫八絲	房屋	無	二三年十二月十一日	同上	同上
葉竹君 江甯人住大石壩街一三〇號	大石壩街一三〇號東至姜姓屋以各有各牆及公牆爲界南至大石壩街西至穆李姓屋以鄰牆公牆及本房板壁爲界北至市地及市產屋以鄰牆及各有各牆爲界面積一分八厘二毫二絲	房屋	無	廿三年十二月二五日	同上	同上
信業堂 住建康路二三三號	鼓樓新村三十三號東至本姓地南至本姓地西至甯海路北至湖南路面積一畝三分五厘三毫七絲	洋房一座	無	廿四年五月十六日	廿三年八月廿二日	廿四年十一月廿一日止
顧長衡 顧鴻和姓 南京人住紅廟十六號	紅廟東至王姓卌以本產界線爲界南至紅廟以本產界線爲界西至馬姓塘邊隙地及顧姓地以本產界線爲界北至官溝邊土埂隙地以本產界線爲界面積一畝〇二厘三毫四絲	無	無	廿四年四月廿三日	廿四年八月廿二日	廿四年十一月廿一日止
周金和 天長人住西石壩街二十三號	東花園又西石壩街 東至（一）義興善堂地以本產界線爲界（二）王姓走道以本產界線爲界（三）義興善堂及趙姓墳地以本產界線爲界 南至（一）東花園以本產界線爲界（二）陳姓及本姓地以本產界綫爲界（三）本姓及趙姓墳地以本產界線爲界 西至（一）東花園以本產界線爲界（二）本姓地以本產界線爲界（三）趙姓墳地及本姓地本產界線爲界 北至（一）本姓地以本產界線爲界（二）西石壩街以本產界線爲界	農地	無	年月日	同	右

		（三）陳姓地及趙姓墳地以本產界線爲界面積二畝七分五厘七毫八絲內劈一畝七分四厘九毫四絲與高正氏					
虎矯彪　虎逸鷃如犨	南京人住小全福巷	瞻園路九號東至陳姓屋以鄰牆虎姓屋北以鄰牆南以己牆爲界南至河房西至潘姓屋及潘嚴二姓走巷以鄰牆爲界北至瞻園路人行道面積四分八厘三毫正	房屋	無	廿三年十二月廿五日	同	右
施正源　權祿	南京人住洋珠巷十八號	陸府巷原名陸家巷相連柳葉街三號東至劉姓屋以己牆及鄰牆爲界南至陸府巷西至周姓屋以己牆及鄰牆爲界北至馬姓屋以己牆爲界面積三分一厘八毫七絲	房屋	無	廿三年十二月廿五日	同	右
毛德臣	天津人住太平路一七一號	太平路一七一號東至湖南會館屋以鄰牆爲界南至黃姓屋以己牆鄰牆爲界西至太平路北至湖南會館屋以己牆鄰牆爲界面積一分六厘八毫四絲	房屋	無	廿三年十一月八日	同	右
朱家常　朱家寶	南京人住保太街六四號	中山路東至王姓地程姓屋南至熊姓地西至中山路北至陳顧二姓地面積一畝一分六厘二毫五絲	無	無	廿四年五月廿七日	同	右
殷隆遐	六角井四十六號	六角井原名南宮坊四六號東至三汪姓屋以己牆及鄰牆爲界南至六角井西至胡黃兩姓屋以鄰牆爲界北至汪姓屋及桃源巷以己牆爲界面積三分〇二毫六絲	房屋	無	廿三年十二月廿四日	同	右
仲紀山	南京人住大膺福街二九號	大膺福街二九號東至李楊兩姓屋以鄰牆爲界南至楊姓屋以公牆爲界西至大膺福街北至王李兩姓屋以己牆鄰牆及公牆爲界面積九厘九毫八絲	房屋	無	廿三年十二月十三日	同	右
丁生清	南京人住馬道街十五號	馬道街十五號東至何姓屋以己牆及鄰牆爲界南至鄭姓屋以公牆爲界西至劉姓屋以鄰牆爲界北至馬道街面積三分三厘六毫八絲	房屋	無	廿三年十二月廿六日	同	右
陳錫卿	江甯人住黑廊街十六號	小百花巷二四號東至邢姓屋以己牆爲界南至朱姓屋以鄰牆爲界西至馬姓屋以己牆爲界北至小百花巷面積一分三厘二毫三絲	房屋	無	廿三年十二月廿八日	同	右

陳劉氏 江甯人淮清橋建康路三七七號	釣魚巷四十五號面積五厘四毫四絲東至孔姓屋以公牆爲界南至釣魚巷西至孔姓屋以己牆爲界北至孔姓屋以己牆爲界	房屋	無	廿四年二月廿二日	同	右
袁正財 江甯人住菱角市五四號	柳葉街一九八一百號面積二分五厘〇三絲東至達姓屋以己牆及鄰牆爲界南至柳葉街西至李姓屋以己牆及鄰牆爲界北至秦淮河	同	同	廿三年十二月廿六日	同	同
姚寶書乾 江蘇人住中正路鉄作坊三區	中正路六七〇二號面積一畝二分二厘七毫四絲東至中正路南至慧月居以己牆及鄰牆爲界西至官巷北至官巷及賈姓屋以己墻及鄰牆爲界	平房八間樓房上下共六間	同	廿三年十二月廿九日	仝	仝
陳亦秋 江甯人住大九兒巷十五號	九兒巷廿號面積三分六厘三毫三絲東至方姓屋以己墻外隙地爲界南至方姓屋以己牆及鄰牆爲界西至九兒巷北至章姓屋及方王陳章四姓公巷以己牆公牆及鄰牆爲界	房屋	同	廿四年一月廿八日	同	仝
張松年 本京人住常府街四十一號	常府街四一號面積一分七厘三毫八絲東至施姓屋以公牆及鄰牆爲界南至李姓屋以己牆爲界西至張姓屋以公牆及其直綫爲界北至常府街	同	同	廿四年二月廿四日	同	同
張松財年壽 南京人 常府街四十三號四十五號	常府街四三四五號面積三分〇四毫八絲東至張姓屋以公牆及其直線爲界南至李姓屋以鄰牆爲界西至城左營北至常府街	房屋	無	廿四年二月廿五日	同	同
陸雲生 江甯人住建鄴路三十五號	建鄴路(原名珠寶廊)九號面積三分二厘二毫三絲東至郭姓屋以己牆爲界南至秦淮河西至黃姓屋以己牆爲界北至建鄴路	同	無	廿四年四月十一日	同	同
徐乃光 廣東人住鼓樓保泰街九十號李宅內	馬家街面積七分九厘〇一絲東至徐姓地及市地南至姜姓竹籬西至陸姓屋及王姓屋北至徐姓塘		無	廿四年七月九日	仝	同

王兆明 南京人住大膺府街五十號	小膺府四五號面積一分五厘三毫四絲東至張家衙及正覺寺以己牆及鄰板壁為界南至孫姓屋以己牆外隙地為界西至蔣湯二姓屋以鄰牆為界北至小膺府	房屋	無	廿四年一月十一日	同	同
魏棟臣 江甯人住張家衙十四號	九兒巷三二號面積四分四厘九毫九絲東至陳姓屋以鄰牆為界南至李姓屋及陳魏兩姓公地以己牆及鄰牆為界西至九兒巷北至崔陳二姓屋以己牆公墻及鄰牆為界	房屋	陳蒼文住九兒巷三二號後進保存地役權	廿四年三月廿八日	同	同
龍燦臣 江甯人住洪武路第二〇九號	大石壩街一一二號東至朱姓屋以己牆為界南至王姓屋以己牆為界西至吳姓屋以己牆公牆及板壁為界北至市地以己牆為界面積一分七厘七毫七絲	房屋	無	廿三年十二日卅日	廿四年八月廿三日	廿四年十一月廿二日止
陳永槐 江蘇人住鼓樓四條巷一號之一	鼓樓四條巷東至(一)宋姓地(二)陳姓屋南至(一)陳姓屋及本姓地(二)陳姓屋西至(一)劉姓許姓及南晴別墅地(二)四條巷北至(一)欒姓地及官路(二)本姓地(現賣胡姓)及南晴別墅面積(一)四分六厘三毫九絲(二)三分三厘八毫〇絲		同	廿四年五月卅日	同	同
盧眉千 江蘇人住三牌樓校門口廿號	堂子巷十二號東至福壽菴地南至福壽菴地西至許姓地北至盧姓地面積五分〇二毫九絲	房屋	同	廿四年六月廿七日	仝	同
陳有炳 南京人住湖南路四四號	湖南路東至火神會地南至信業堂地西至倪姓屋以鄰牆外虛地為界北至湖南路面積六分二厘三毫六絲	無	同	廿四年五月七日	同	同
葉彌誠 安徽人 代理人程淨卒 安徽人住天印菴一號之一	洪武路(原名盧妃巷)二九二號東至洪武路南至程姓屋以己牆為界西至官巷北至陳姓屋及沙田局地租戶陳姓屋以己牆為界面積五分八厘一毫三絲	房屋		廿四年五月十六	同	仝
金仰之 江蘇住長樂街七十八號	長樂街七二—八〇號東至于姓屋以己牆為界南至洪姓屋以鄰牆為界西至長樂街北至于姓屋以公牆及己牆為界面積三分七厘六毫八絲	房屋	無	廿三年十二月十九日	仝	仝

仝福森 江甯人 代理人秦復元 江甯人住半邊營一號	半邊營第三號東至秦姓屋南至蔡板橋西至錢姓屋北至半邊營面積二分三厘七毫三絲	同	同	廿三年十二月廿七日	同	仝
張壽頤 本京人住謝公祠七號	船板巷第十號東至秦淮河南至朱姓屋以公牆爲界西至船板巷北至劉姓屋以公牆爲界面積七厘八毫八絲	同	同	廿四年二月十一日	同	同
葉乃崇 福建人住小火瓦巷長治里五號	陰陽營東至劉姓屋南至王趙二姓地西至蕭姓屋及陰陽營北至劉梁二姓地面積一畝正	無	同	廿四年七月廿五日	同	同
金元福 江甯人住中華路十號	中華路(原名內橋)十號東至中華路以玻璃門爲界北段丁南段陳姓均以己牆公牆爲界南至陳姓以公牆爲界西至白巷以己牆爲界北至內橋灣以玻璃門及己牆爲界面積三分四厘七毫七絲	樓房上下兩大間平房四間兩披	同	廿四年一月十六日	仝	同
汪鑑鏞 南京人住石板橋楊將軍巷七號	中華路原名府東街九一號東至湯姓屋以鄰牆爲界南至湯姓屋以鄰牆爲界西至中華路人行道以板門爲界北至劉姓屋以鄰牆爲界面積九厘三毫五絲	房屋	無	廿三年十二月六日	廿四年八月廿三日	廿四年十一月廿二日止
楊兆公 湖南人住校尉營十號	漢西門永慶巷東至永慶巷南至洪姓屋西至林姓地北至謝姓屋面積八分二厘八毫正	洋房一座	無	廿四年五月三日	同上	同上
陳有榮 本京人住湖南路四十四號	湖北路新菜市三三(號東至京市鐵路地南至吳姓屋西至湖北路北至孫姓屋及官溝面積五畝三分五厘三毫八絲	房屋	無	廿四年六月十日	同上	同上
常雲湄 四川人 住公園路七十三號現居莫干路一號	綉花巷東至李姓地南至李姓地西至周姓地北至綉花巷面積一畝正		無	廿四年四月廿六日	同上	同上

張履鸞 本京人住北門橋居安里四十四號	四條巷一三三號東至四條巷南至僧意誠屋及地（現賣與阮姓）以己牆爲界西至市鉄路局以己牆爲界北至市鉄路局以己牆爲界面積四分七厘九毫二絲	房屋	抵押權人陳漢如南京人住長樂路九十三	廿四年三月十九日	同上	同上
周和祥 和縣人住長樂路三五八號	長樂路（原名新廊街）三五六八號東至潘姓屋以鄰牆爲界南至官巷西至官巷北至長樂路面積三分二厘五毫正	房屋	抵押權人陸小川南京人住長樂路三六四號	廿三年十二月卅日	同上	同上
吉祥庵 住持慧權江甯人住東釣魚巷吉祥庵二十七號	東釣魚巷二七號東至秦淮河南至王姓屋以鄰牆及其甬線爲界西至東釣魚巷北至蔚穎堂地以己牆鄰牆及其甬線爲界面積五分〇〇五絲	房屋	無	廿四年四月廿六日	同上	同上
熊少卿 旭東 仰山 瑞生 調梅 幼農 安徽人住五馬街十二號	五馬街十二號東至張楊二姓屋以鄰牆爲界南至王侯張三姓屋以己牆及鄰牆爲界西至五馬街北至陸姓屋以公牆爲界面積一畝三分二厘六毫一絲	房屋	無	廿四年二月廿一日	同上	同上
舒道生 本京人住廣藝街四號	白下路七〇號七二號東至張郭馬三姓屋以己牆爲界南至干姓屋以公牆爲界西至中華路北至白下路面積四厘四毫正	房屋	無	廿四年五月一日	同上	同上
杜道生 江西人住中華路三百九十四號	中華路（原名南門大街）三九四號東至中華路南至金何李三姓及石埭會館屋以己牆及鄰牆爲界西至王李陳三姓屋以己牆及鄰牆爲界北至杜哈金三姓屋以己牆及鄰牆爲界面積八分三厘九毫二絲	房屋	無	廿四年十二月二五日	同上	同上
鞠汝雲 霽 霞 霖 江都人住柳葉街四十二號	上浮橋一一〇號東至馬姓屋以鄰牆爲界南至丁姓屋以隣牆爲界西至牛市北至上浮橋面積五厘〇七絲	房屋	無	廿四年七月卅三	廿四年八月廿三日	廿四年十一月二十二日止
張少山 江寧人住本市蔣家苑十一號	邊營五一號東至史姓屋以公牆爲界南至李姓屋以已牆爲界西至李姓屋以公牆及鄰牆爲界北至邊營面積一分八厘一毫四絲	房屋	無	廿三年十二月卅日	廿四年八月廿三日	廿四年十一月廿二日止

鍾文才金　江寧人住瓜圃橋十一號	瓜圃橋一一一五號後門東至段姓地（現賣與瞿姓）南至鍾姓屋西至鍾姓屋以公牆爲界北至瓜圃橋面積五分二厘一毫五絲	房屋	無	廿四年六月十八日	廿四年八月廿三日	廿四年十一月廿二日止
王光祖　本京人住柳葉街一二九號	中華門內沙灣大街毗鄰一九一號東至錫姓屋以公板壁爲界南至環行馬路西至杜姓屋以鄰板壁爲界北至秦淮河面積五厘一毫五絲	房屋	無	廿三年十一月卅日	廿四年八月廿三日	廿四年十一月二十二日止
賈澤之　本京人住嚴家井十號	寧海路東至寧海路南至韋姓地西至李姓屋北至胡姓屋面積一畝三分五厘	無	無	二十四年八月六日	二十四年八月廿三日	二十四年十一月二十二日止
吳捷舒弘　南京人住邊營四八號	膺福街四五號東至馮姓屋以公牆爲界南至李姓屋以己牆及板壁爲界西至盧姓屋以鄰牆爲界北至膺福街面積五厘五毫四絲	房屋	無	二十三年十二月三日	二十四年八月廿三日	廿四年十一月廿二日止
張文榮科註　住殷高巷一五號	牛市三七號東至牛市街南至湖社屋以己牆及隣墻爲界西至秦淮河北至阮姓屋以己墻爲界面積二分三厘四毫五絲	房屋	無	廿三年十一月廿六日	廿四年八月廿三日	廿四年十一月廿二日止
蕭均純　南京人住鈔庫街四十號	鈔庫街四十號東至於姓屋以巳牆爲界南至鈔庫街西至朱姓屋及祝姓地以巳墻爲界北至秦淮河面積四分四厘九毫二絲	房屋	無	廿三年十二月十七日	廿四年八月廿三日	廿四年十一月廿二日止
馬源有　江甯人住中營廿五號	小全福一號東至官巷南至官巷西至陸軍印刷所屋以鄰牆爲界北至張姓地以牆外空地一條爲界面積一分〇〇二絲	房屋	無	廿三年十二月廿六日	廿四年八月廿三日	廿四年十一月廿二日止
彭伯威　代理人冉錫章江甯人住昇州路一六三號	大石壩街三一號東至洪姓屋以隣牆中段以各有各牆南段以己牆爲界南至白塔巷以己牆爲界西至白塔巷以己墻爲界北至大石壩街以巳牆爲界面積九分六厘六毫八絲	市屋	無	廿三年十二月廿九日	廿四年八月廿三日	廿四年十一月廿二日止
龔仲芳　南京人住五間廳廿一號	集慶路第二〇號東至魏姓屋以鄰墻速姓屋以公牆爲界南至集慶路以板壁門爲界西至石姓屋以巳牆牛市以己墻爲界北至馬姓屋以己墻爲界面積二分九厘二毛四絲	市房	無	廿四年元月七日	廿四年八月廿三日公告	廿四年十一月廿二日止

何鐵民 本京人住王府園七四號	大香爐五四號東至王姓屋以隣墻爲界南至蔡王二姓屋以己牆及己板壁爲界西至大香爐官街北至周姓屋以隣牆爲界面積九厘一毫三絲	房屋	無	廿四年四月廿五日	仝	仝
程家般 江蘇人住下浮橋陸府巷九號	陸府巷九號東至顧姓屋以己牆及鄰牆爲界南至陸府巷西至鄭姓屋以己牆及鄰牆爲界北至鄭姓屋以鄰牆爲界面積四分九厘九毫九絲	房屋	無	廿二年十二月十二日	同	同
馮道原 江甯人住大彩霞街廿九號	小膠巷八號東至馮姓屋以己牆及其直線爲界南至黃姓屋以己牆爲界西至小膠巷北至馮姓屋以己墻爲界面積一分二厘四毫六絲	房屋	無	廿三年十二月廿八日	仝	仝
馮道生利 江甯人住貢橋市卽建鄴路一百號 代理人鄧開林住小膠巷四號	小膠巷四號東至西二區救火會屋以鄰牆爲界南至西二區救火會屋以隣牆爲界西至小膠巷北至黃馮二姓屋面積一分二厘一毫一絲	房屋	無	廿三年十二月廿四日	仝	仝
陳啓蘇 安徽人住小火瓦巷	小火瓦巷原名堂子巷一八號東至（一）官巷及蔣姓塘（二）陳姓屋南至（一）兩丁姓及陳姓地（二）小火瓦巷西至（一）陳姓地及塘（二）陳姓屋與三陳姓公走道北至（一）辛牛巷（二）陳姓地面積五畝八分七厘九毫八絲	房屋	無	廿四年四月四日	廿四年八月廿三日公告	廿四年十一月廿二日止
陳啓安 安徽人住小火瓦巷	小火瓦巷二〇號東至（1）陳姓屋（2）陳姓巷（3）丁姓地（4）三陳姓公走道南至（1）三陳姓公走道（2）陳姓地（3）兩陳姓屋及小火瓦巷（4）郭姓地西至（1）三陳姓公走道（2）王陳姓公走道（3）三陳姓公走道（4）公巷北至（1）辛牛巷（2）三陳姓公走道（3）陳姓地（4）陳姓塘面積五畝〇七厘八毫三絲	房屋	無	廿四年三月四日	仝	仝

方叔章 湘人住西華門三條巷三號	水左崗萬壽庵東至2.1.市地4.3.市地擬闢西康路南至2.1.甯海路4.3.市地擬闢甯海路西至2.1.市地擬闢西康路4.3.官路2.1.官路1.3.水左崗水左崗及汪姓地北至2.1.官溝4.3.官溝面積九畝九分六厘七毫一絲	平房	無	廿四年三月十三日	仝	仝
郝欽銘 山西人住金銀街六號	陶谷新街東至杜何姓地南至廣善堂地西至倪姓屋北至官巷面積一畝一分〇二毫九絲	無	無	廿三年十二月十一日	仝	仝
常義容申卿 南京人住三牌樓子巷九十一號	樓子巷東至趙張沈三姓地南至小土路西至常姓地塘及薛姓地北至樓子巷面積二畝六分二厘四毫四絲內北部劈賣一，六九五一畝與張德才剩餘部分在湖北路過經約佔用八，五〇〇〇方丈	空地	無	廿四年三月廿八日	仝	仝
葉明海 大石壩街九十五號湖北人	大石壩街東至白塔巷北段以板壁南段以己牆爲界南至楊姓屋以己牆爲界西至朱姓屋南段以鄰牆中段以界線北段以板壁爲界北至大石壩街以板門爲界面積二厘四毫四絲	房屋	無	二十三年十二月二十四日	廿四年八月二十三日	廿四年十一月廿二日止
殷純保 南京人住轉龍巷二十一號	轉龍巷二十一號東至轉龍巷以板門爲界南至李姓屋以貼牆爲界西至陳姓屋以鄰牆爲界北至陳姓屋以貼牆爲界面積分四厘〇三絲	市房	無	二十三年十一月四日	同	右
湯曉泉 南京人住上海代理人雜傑民南京住鄧府巷四號	鈔庫街五六號東至王姓（以公牆爲界南至鈔庫街西至許姓（以己牆爲界（北至秦淮河岸面積五分〇九毫六絲	房屋	無	二十三年十二月二十一日	仝	右
周廣禾 江甯人住大四福巷二十四號	大四福巷二十四號東至馬姓屋以己牆及公牆爲界南至周沈馮三姓公巷西至張姓屋以隣牆爲界北至大四福巷面積二分〇六毫七絲	房屋	無	廿三年十二月廿七日	同	右
陳祝祺 南京人住龍門西街十號	平江府街一七五號東至談姓屋（以己牆爲界）南至平江府南街西至市府路及馬姓屋（以公牆爲界）北至談姓屋及馬姓屋（以公牆及己牆爲界面積四分五厘七毫三絲	房屋	無	二十四年一月二十一日	二十四年八月二十三日	二十四年十一月二十二日止

張金堂福 南京人住陰陽營六號	陰陽營東至李姓屋以隣牆爲界南至張姓地西至張姓地北至陰陽營面積一畝六分七厘七毫七絲	無	無	廿四年四月廿六日	廿四年八月廿三日	廿四年十一月廿二日止
郭泰禎 鄂人住漢口代理人聞亦有鄂人住考試院藍家莊五號	文昌宮東至軍政部第一被服廠屋南至文昌宮西至程楊熊三姓地及張沈曹張等姓屋北至軍政部第一被服廠屋面積九分二厘一毫三絲	無	無	二十四年三月十三日	仝	右
永興會 南京住虎踞關十五號	虎踞關十五號東至虎踞關南至田姓屋田姓出路及宮姓地西至宮姓地北至警察公園屋面積七分〇三毫四絲	房屋	無	廿四年五月廿五日	同	右
陳有鑫 南京人住湖北路三百十二號	湖北路二〇一號西東至甯姓地及塘南至閻姓塘西至二陳姓地塘及丁姓屋北至陳姓塘面積二畝五分九厘八毫七絲	無	無	廿四年七月廿五日	同	右
顧顧鴻長姓海和 南京人住紅廟十八號	觀音閣東至觀音閣南至周姓屋以鄰牆爲界西至于姓地北至土埂邊隙地面積一畝四分六厘七毫一絲	無	無	廿四年四月廿三日	廿四年八月廿三日	廿四年十一月廿二日止
夏文華濤 南京龍泉巷五號	龍泉巷（原名龍轉巷）五號面積一分一釐九毫二絲東至谷姓屋及谷夏二姓公巷以公板壁爲界南至楊姓屋以己牆及鄰牆爲界西至楊姓屋以己牆爲界北至楊姓地以隣牆爲界	房屋	無	廿三年十二月廿八日	廿四年八月廿三日	廿四年十一月廿二日
邱澤瑞壽民生廷 南京實輝巷五號	實輝巷（原名石灰巷）五號面積二分六厘二毫一絲東至王姓屋以己牆隣牆及公牆爲界南至丁姓屋以己牆爲界西至兩邱姓屋以公牆爲界北至實輝巷	同	同	廿四年一月日	仝	仝
龔沐廷 江都剪子巷七十二號	剪子巷七十二號面積二分〇三毫八絲東至周申兩姓屋以己牆爲界南至剪子巷西至馮張兩姓屋以己牆爲界南至剪子巷西至馮張兩姓屋以己牆爲界北至律師公會屋以己牆爲界	同	同	廿三年十二月廿五日	仝	仝

張性涵南京長樂路三六三號	長樂路原名小石橋三六三號面積一畝二分二釐一毫一絲東至蓮子營以己牆爲界南至長樂路以己牆爲界西至卞姓牆及劉王姓屋以己牆爲界北至蓮子營	仝	仝	廿三年十二月廿六日	同	同
翁健民江寧人螺絲轉灣六號	石鼓路（原名石橋街）一百九號面積四分八厘五毫二絲東至二王姓屋以隣牆己牆公板壁及公牆爲界南至官巷西至石橋街北至石鼓路	房屋	仝	廿四年四月廿九日	同	同
葉香渠安徽針巷十一號	針巷十一號面積七分二厘六毫東至針巷街沿爲界南至蔭善堂與毛姓走巷以己牆爲界西至葉姓屋以隣牆爲界北至朱姓屋以己牆爲界	房屋	無	廿三年十二月廿七日	同	同
林芸圃南京人磨盤街卅二號	磨盤街卅二號面積九分七厘四毫二絲東至官巷王姓屋以己牆爲界南至王姓屋以己牆爲界西至磨盤街北至侍其巷	同	無	廿三年十二月卅日	同	同
楊秋平儀徵中華路新橋九兒巷卅八號	妙鄉二卅九號面積七分四釐八毫四絲東至妙鄉南至金姓屋西至官牆北至莫姓屋	同	同	二四年一月二九日	同	同
謝星一南京中華路五九七號	中華門街二八七—一七五號沙灣巷一五，一七號面積七分二厘東至濮姓屋及中華門南至姓謝屋以己牆爲界西至黃姓屋及響鈴巷以己牆爲界北至沙灣	同	同	廿三年十二月廿二日	同	同
馬長林湖南東牌樓一三七號	東牌樓一三七號面積五分五厘五毫七絲東至朱姓屋以公牆及隣牆爲界朱付二姓屋以公牆及己牆爲界南至秦淮河西至梁姓屋以己牆爲界北至東牌樓	同	同	廿三年十二月廿九日	同	同
性善堂管理人柴品三南京人住張家衖十四號	張家衖十六號東至公走巷南至柴姓屋以隣牆爲界西至張家衖及龔姓屋以己牆爲界北至公走巷面積七分二厘一毫七絲	房屋	無	廿三年十二月廿七日	廿四年八月廿四日	廿四年十一廿三日止
鄭承訓江甯住顏料坊卅一號	建康路原名驢子市一四八號東至宰姓屋以公牆及各有各牆爲界又陳姓屋以隣牆爲界南至陳姓屋以各有各墻及鄰墻爲界西至陳姓屋以公墻爲界北至建康路面積七厘六毫二絲	仝	仝	廿三年十二月廿八日	同	同

包佐輝 江甯住建鄴路一號旁門	中華路（原名府東街）廿五號東至王府園南至閻姓屋以各有各牆爲界西至中華路北至童姓屋以鄰牆爲界面積三分二厘一毫五絲	空地	全	廿三年十二月廿日	同	同
何春華 南京住太平路北段十三號	國府路408 410 412號東至耿姓屋以己牆爲界南至公走巷西至王姓屋以己牆爲界北至國府路面積一分四厘六毫八絲	房屋	全	廿四，二，廿八，	同	同
朱小祺 江甯人住東兒巷八號	建康路原名單廊街又坊門廿六號東至楊姓屋以板壁及己牆爲界南至水倉巷以己牆爲界西至本姓屋以鄰牆及己牆爲界北至建康路以板門爲界面積七厘二毫五絲	全	全	廿四，一，廿三，	同	同
王熾昌 江蘇人住華僑路一號	天竺路甲種住宅區第一區四十三號東至陳姓地南至端木姓余姓屋西至鄭姓屋北至天竺路面積二畝二分九厘七毫四絲	無	無	廿四，六，廿二，	同	同
買慕梅 崇峯 江浦人住興中門內北祖師菴街廿三號	和會街東至官巷南至蔣姓地西至高洪二姓屋北至和會街面積一畝八分九厘二毫四絲	空地	全	廿四，六，十七，	同	同
毛金生 南京人住鹽倉橋二號	花家橋第二號東至毛姓地南至毛姓地北至花家橋西至買姓屋以鄰牆外隙地爲界面積一畝〇五厘四毫正	無	全	廿四，六，廿一，	同	同
施德培 庚貽 南京人住高崗里十一號	府西街四十號東至市立小學地以己牆及鄰牆爲界南至府西街西至石姓屋以己牆爲界北至市立小學地屋以鄰牆爲界面積一分一厘七毫九絲	平房二間三廈	全	廿四，一，十一，	同	同
朱鑑秋 江甯住信府河一百四十號	信府河第一二〇號東至紀許二姓屋以己牆及鄰牆爲界南至信府河西至東姓屋以鄰牆爲界北至陳姓屋以鄰牆爲界面積五厘三毫一絲	房屋	全	廿四，九，七，	同	同
萬徐氏 樂生 本京人住小油坊巷濟節堂內	謝公祠十四六號東至周姓屋以鄰牆爲界南至謝公祠西至袁江兩姓屋以公牆鄰牆及隙地爲界北至周姓屋以鄰牆爲界面積六分五厘一毫正	房屋	抵押權人劉潤棠江甯人住頭條巷四十五號	廿四年九月廿五日	廿四年八月廿四日	廿四年十一月廿三日止

呂光懋亮祺 南京人住轉龍巷十號	轉龍巷一〇號倉門口廿七號東至彭汪靳三姓屋以公牆鄰牆己牆爲界南至靳姓屋以公牆鄰牆己牆爲界西至汪余呂三姓屋以己牆爲界外有呂汪兩姓公走道北至倉門口及呂姓屋以己牆鄰牆爲界面積八分八厘三毫四絲	房屋	無	廿三年十二月廿九日	同上	同上
葉乃昌 南京人住牽牛巷卅號	牽牛巷卅號東至牽牛巷南至牽牛巷西至葉姓屋以己牆爲界北至葉姓屋以己牆爲界面積三分一厘六毫二絲	房屋	無	廿三年十二月七日	同上	同上
倪桂文 安徽人住止馬營一一二號	花露崗東至張姓屋及地南至花露崗西至魏姓屋及地北至陶姓地面積四分三厘三毫九絲		無	廿四年二月十二日	同上	同上
金榮發 本京人住內橋灣七十六號	內橋灣七六號東至馬姓屋以鄰牆及貼牆爲界南至內橋灣西至王姓屋以己牆及其直綫爲界北至秦淮河面積一分六厘七毫九絲	房屋	無	廿四年二月十二日	同上	同上
郭元保 江甯人住木匠營三號	木匠營三號東至木匠營南至蔡家苑西至林姓地北至胡姓地面積三分〇六毫一絲	房屋	無	廿三年九月一日	同上	同上
趙鄭時英趙富有 江寧人住義興巷五號	義興巷一號東至義興巷以己牆爲界南至甘姓屋以己牆爲界西至趙姓屋以己牆各有各牆及鄰牆爲界北至趙姓屋以己牆爲界面積二分九厘四毫三絲	房屋	無	廿三年十二月廿四日	同上	同上
顧鍾全 上海人住中山北路一三八號	王府園一四號東至曾姓屋以公牆爲界南至大門外以空地一方爲界西至林姓屋以各有各牆爲界北至公走公巷面積一分四厘七毫七絲	房屋	無	廿三年十月廿九日	同上	同上
馬明揚 馬中雲 江蘇人住隨園四號	隨園四五號東至杜姓屋以己牆爲界南至隨園西至馬姓地以己牆爲界北至馬姓地以己牆爲界面積七分三厘三毫正	房屋	無	廿四年五月十日	同上	同上
金美孫 本京人住浦口小河南吉慶里卅二號	東關頭三四六號東至吳姓屋以鄰牆爲界南至東關頭西至李姓屋以己牆鄰牆爲界北至秦淮河面積六分〇四毫一絲	房屋	無	廿三年十一月二日	同上	同上

邵炳淇 南京人住老王府巷三號	老王府巷六四號東至老王府巷及范姓屋以己牆及鄰牆為界南至老王府巷西至范邵二姓公走巷北至范姓屋以鄰牆為界面積二分〇一毫六絲	房屋	無	廿三年十一月二十九日	二十四年八月二十四日公告	廿四年十一月廿三日止
成華國 江甯人住銅作坊四二五號	中正路原名銅作坊四二五號東至柏姓屋以己牆為界望鶴樓南至劉氏宗祠屋以己牆為界西至中正路北至程姓屋東西段以鄰牆為界中段以公牆為界面積一分七厘二毫九絲	房屋	無	二十四年九月二十三日	同	同
張惠民 江西人住鼓樓二條巷九十七號	鼓樓二條巷四十七號東至于李姓爭執地南至鼓樓二條巷西至李姓地北至李姓地面積一畝一分七厘二毫二絲	房屋	無	二十四年六月一日	同	同
朱雲生 南京人住石鼓路一七四號	石鼓路一五三號東程姓私路南柏姓屋以鄰牆為界西蔣姓屋以鄰牆及己牆為界北石鼓路面積七分〇九毫二絲	房屋	無	二十四年四月廿四日	同	同
朱勉生 江甯人住東王府園五十九號	陰陽營（陶谷新村）東至陰陽營南周姓西至市地北至市地面積五分六厘六毫六絲	無	無	廿三年十一月廿六日	同	同
王榮祿 江甯人住東牌樓一六七號	東牌樓西段一六七號東至程汪姓屋以公牆己牆為界南至汪及姓屋以己牆為界西至徐姓屋以己牆為界北至東牌樓以本房板門為界面積一分四厘七毫七絲	房屋	無	廿三年十二月廿五日	二十四年八月二十四日公告	二十四年十一月二十三日止
俞鑑泉 江甯人住小石壩街三十五號	小石壩街三五號東至朱姓屋己以牆南首一段以公牆為界南至韓姓屋以鄰牆為界西至韓姓屋以各有各牆為界北至小石壩街以己牆為界面積四分〇二毫七絲	房屋	無	二十三年十二月十五日	同	同
孫世昌 菊農 曾祜 江甯人住同鄉共井五號	陳家牌坊高崗里三〇號同鄉共井五號東至同鄉共井南至陳家牌坊高崗里及陶姓屋以己牆及鄰牆為界西至高崗里及張姓屋以己牆及公牆及鄰牆為界北至財神廟及李二李姓屋以己牆及公墻為界面積一畝一分〇四絲二毫	房屋	無	二十四年一月廿八日	同	同

章宗發 南京人住東釣魚巷十號	東釣魚巷十號東至東釣魚巷南至白姓屋以己牆及公牆爲界西至梁白二姓屋以己牆爲界北至連姓屋以鄰牆爲界面積三分六厘六毫二絲	房屋	無	廿四年元月十七日	同	同
馬昌駿 文昭 南京人住閏奩營二四號	閏奩營二四號東至西方庵南至閏奩營西至劉姓屋以鄰牆爲界北至林李二姓屋以鄰墻及己牆外隙地爲界面積二分三厘七毫五絲	房屋	無	二十四年四月九日	同	同
黃攀卿 四川人住大陽村二十八號	珠江路原名太平橋北東至蕭姓屋以鄰牆爲界南至官河西至京市鐵路地北至珠江路面積四分二厘九毫八絲	草房	無	廿四年元月十六日	二十四年八月廿四日	二十四年十一月二十三日止
吳霖 南京人住湖北路三二二號	山西路傅佐路東至傅佐園南至陳王吳三姓地及王姓塘西至吳王二姓地北至葉姓地及山西路面積六畝二分五厘〇三絲	無	無	二十四年五月十七日	同	右
金永慶 江甯人住城北雙塘巷十五號	二條巷東至小二條巷南至陳姓屋以鄰牆爲界西至葛姓以鄰牆爲界北至二條巷面積三分六厘七毫四絲	無	無	二十四年四月二日	同	同
民衆房產合作社代理人唐景周 住正洪街景賢里一號	正洪街正洪里一一一九三二一三四號東至成孫廖三姓地南至三益里西至正洪街北至正洪街面積十畝九分九厘二毫九絲劈賣八畝八分一厘二毫五絲	房屋	無	二十四年三月三十日	同	同
彭春 玉山 江蘇人住國府西街四一號	大皇城巷四一號東至陳姓屋以鄰牆及己有泥牆爲界南至官街以泥牆爲界西至陳姓及官巷以泥牆爲界北至陳姓以滴水爲界面積一分七厘七毫二絲	房屋	無	二十四年八月九日	廿四年八月廿四日	二十四年十一月二十三日止
胡祥生炎 南京人住木匠營十九號	木匠營十九(二)號東至木匠營(一)南至郭姓屋 木匠營(二)本姓地 (一)林姓地許姓屋(一)本姓地(一) (二)西至林許二姓屋及林姓地(二)北至王劉二姓 (一)基(一)七五一二絲(一) 一)屋(二)宅(二)四分九厘三毫二絲(二)	基地(一) 房屋(二)	無	二十三年十一月二日	廿四年八月廿四日	廿四年十一月廿三日止

何慎一　南京人住五台山村四號杜道生南京人住成賢街五十號	青島新村原名陶谷新村東至陳姓屋以鄰牆爲界及陳姓地南至青島新村及徐姓走道西至徐姓地廣善地女義塚地及徐姓走道北至徐姓塘徐姓地現賣與馮姓及鄭姓地面積十七畝五分三厘四毫五絲	基地	無	廿四年五月八日	同	右
王鴻文　河北人住唱經樓居安里四十四號周亞夫轉交	東八府塘東至馬姓地南至文姓地西至文正橋北至杜姓地面積六分六厘四毫九絲	無	無	廿四年四月三日	同	右
張有喜　江蘇人住石壩街三十二號	東石壩街三十二號東至王孫陳三姓屋以己牆及鄰牆爲界南至左姓屋以鄰牆外隙地爲界西至王姓屋以己牆及鄰牆爲界北至東石壩街面積一分八厘八毫二絲	房屋	保存抵押權人王以和安徽人住小石壩街五十號	廿三年十二月廿六日	同	右
夏梅俊叔孫　江甯人住顏料坊八十六號	文正橋四二〇四東至馬姓塘又市塘以己牆爲界南至市塘及地以己牆爲界西至文正橋北至馬姓地以己牆爲界面積三畝〇五厘四毫一絲	房屋	無	二十三年十二月一日	二十四年八月二十四日	二十四年十一月二十三日止
陳開聚浦　南京龍泉巷三號	龍泉巷三號面積一分三厘一毫二絲東至龍泉巷南至唐姓屋以公牆爲界西至楊姓屋以己牆及鄰牆爲界北至谷夏二姓公走巷以己牆爲界	房屋	無	廿三年十一月廿九日	廿四年八月廿四日	廿四年十一月廿三日
劉爲德　江甯長樂路二三一號	長樂路二三一號面積一分七厘二毫四絲東至劉姓屋以各牆及鄰牆爲界南至沈姓屋以己牆外滴水爲界西至馬姓屋以己牆爲界又官巷北至劉姓屋以己牆爲界	平房四間披間六	同	廿三年十二月廿九日	仝	仝
王本立　磨盤街三十號	建康路二〇一號面積七分四厘二毫四絲東至中央銀行屋各有各牆南至建康路人行道西至章李二姓屋以鄰牆己牆及各牆爲界北至中央銀行屋以己牆爲界	洋樓三層三號兩進舊式樓房三號一進平房一間	同	廿三年十二月廿九日	仝	仝

首都警察廳主管長官陳焯	朝天宮二三號面積一分五厘〇九絲東至朝天宮地租戶于姓屋以蘆園及己牆爲界南至官巷西至朝天宮街北至朝天宮地	房屋	仝	廿四年四月廿日	同	同
中央國術館	鉄湯池面積一畝三分零七毫五絲東至鉄湯池南至中央國術館地（現賣與張姓）西至中央國術館地（現賣與張姓）北至鉄湯池	無	仝	廿四年六月七日	同	同
中央國術館	鉄湯池面積四分五厘九毫六絲東至本戶地（現賣與張姓）南至本戶地（現賣與張姓）西至徐姓屋以土牆內界綫爲界北至鉄湯池	空地	無	廿四年六月七日	同	同
蔡永慶 南京打針巷三十三號	打針巷三三號面積二分五厘四毫東至朱姓屋以公牆爲界南至熊姓屋以鄰牆爲界及熊蔡二姓公走巷以己牆爲界西至沙熊蔡三姓公走巷北至打針巷	房屋	仝	廿四年二月十一日	同	同
徐桂華生 南京徐府巷十二號	金銀街面積十八畝八分六厘一毫三絲東至金銀街南至金銀街西至安唐廟三姓地北至周王二姓地及金陵大學地	無	同	廿四年六月十五日	同	同
金元愷 本京雞鵝巷一三四號	北門橋雞鵝巷面積二分六厘二毫東至馬姓屋以鄰牆爲界南至雞鵝巷西至金姓屋以鄰牆爲界北至官地以己牆爲界	基地并披房兩間	同	廿四年五月十五日	同	同
鄧筱波 江甯建康路二一二號	東關頭四九號面積三分〇二毫三絲東至劉姓屋以公牆鄰牆爲界南至韓劉二姓屋以己牆爲界西至韓姓屋以鄰牆爲界北至東關頭	房屋	同	廿四年七月廿九日	仝	仝
李伯榮 江甯住信府苑四號	信府苑第四號東至信府苑南至夏姓屋以己牆爲界西至蘇姓屋以鄰牆爲界北至林姓屋以鄰牆爲界面積一分四厘九毫正	房屋	無	廿四年五月十三日	廿四年八月廿六日	廿四年十一月廿五日止
王國金 安徽住東石壩街三十六號	東石壩街東至王姓屋以鄰牆外隙地爲界南至東石壩街西至東石壩街北至王姓屋以鄰牆外隙地爲界面積八厘五毫五絲	空地	無	廿四年五月十七日	仝	仝
蔣尚莊 江甯代理人周伯虬 江甯人住高崗里十九號	棉鞋營廿三號東至棉鞋營南至李姓屋以己牆爲界西至李姓地以公牆及其直線爲界北至趙姓地面積九分九厘六毫八絲	房屋	無	廿四年四月廿七日	仝	仝

李玉畫 銘章 班傑 南京住小井巷第三號	小井豆腐巷第三七號東至豆腐巷南至李姓屋以己牆爲界西至小井巷北至沭姓屋以己牆爲界面積三分三厘七毫二絲	同	同	廿三年十二月十八日	同	同
耿恆之 南京住堂子街四十二號	大石壩街第一〇三五號東至郭姓屋以各有各牆及以己牆爲界南至王姓屋以己牆爲界西至楊姓屋以各有各牆南部小段以鄰牆爲界北至大石壩街面積二分三厘二毫八絲	同	同	廿三年十二月廿五日	同	同
張廷樑 江甯住長樂路三〇二號	中營第四十一號東至段姓屋以己牆爲界南至謝姓屋以鄰牆爲界西至徐姓屋以公牆爲界北至中營面積二分〇三毫八絲	房屋	無	廿三年十二月三十日	同	同
孫吉甫 南京住小彩霞街十二號	小門口第十二號東至有孚公局屋以己牆及游姓屋以貼牆爲界南至游姓屋以鄰牆爲界西至吳姓屋以鄰牆爲界及己牆爲界北至小門口面積二分六厘八毫止	同	同	廿四年二月廿八日	同	同
何蔡氏 厚齋 江甯住寶輝巷十八號	胭脂巷十五號東至資家園西至張姓屋以公牆爲界南至胭脂巷北至張姓屋以己牆爲界面積四分五厘三毫三絲	同	保存抵押權人王瑞章南京人住胭脂巷十五號	廿三年十二月廿九日	同	同
周大興 江甯住孝子坊九號	孝子坊第九號東至車姓地以己牆爲界南至卓姓屋以己牆及公牆爲界西至官巷北至黃姓屋以己牆及己板壁爲界面積一分八厘一毫五絲	同	無	廿三年十二月三十日	同	同
李伯庚 雲南住四牌樓七五號	第四十號頤和路二〇號甲種住宅區東至廖姓屋南至頤和路西至耿姓地北至呂姓屋面積一畝九分一厘七毫五絲	樓房	無	廿四年六月廿八日	同	同
王國金 安徽人住東石壩街三十六號	東石壩街三十四六號東至東石壩街南至孫姓屋以公牆爲界西至張姓屋以鄰牆爲界北至東石壩街面積一分四厘七毫八絲	房屋	無	廿三年十二月廿六日	廿四年八月廿六日	廿四年十一月廿五日止

徐少臣	江甯人住大四福巷六號	蔣家苑六號東至路旁餘地南至蔣姓屋以鄰牆爲界西至陸姓屋以鄰牆爲界北至路旁餘地面積五厘九毫六絲	房屋	無	廿四年一月七日	同上	同上
魏慶明	江蘇人住大石壩街九十一號	東石壩街十號東至東石壩街南至周姓以己牆爲界西至歙縣會館以鄰牆爲界北至陳姓屋以己牆爲界面積六厘七毫正	房屋	無	廿三年十二月廿七日	同上	同上
江姚福亞	江甯人住門西資家園十三號	東關頭六十九號東至王姓屋以鄰牆爲界南至錢姓屋以己牆爲界西至錢姓屋以鄰牆爲界北至東關頭面積九厘四毫八絲	平房兩間	無	廿四年一月三十日	同上	同上
朱正煇	江甯人住太平路一六二號	中華路二一五號東至市產屋以鄰牆爲界南至商姓屋以各牆及鄰牆爲界西至中華路人行道北至熊姓及市產屋各有各牆面積五厘五毫九絲	樓房上下兩間樓披上下兩廈	無	廿四年二月二二日	同上	同上
葛有洪	山東人住中山東路四十三號	下浮橋二，四，六，柳葉街一三六，一三八，號東至梁姓屋以鄰牆及己牆爲界南至柳葉街西至下浮橋北至秦淮河及市產以己牆爲界面積三分〇一毫四絲	房屋	無	二三年十二月二九日	同上	同上
張尚貴義	南京人住建康路張長元酒莊	裱書廊十二號東至雲姓屋以各有各牆爲界南至裱書廊以己牆爲界西至陶姓屋以各有各牆爲界北至雲姓屋以己牆陶姓屋以鄰牆爲界面積一分一厘一毫八絲	房屋	無	二三年十二月二六日	同上	同上
哈慶成	南京人住東牌樓一百二十七號	東牌樓八一，八三，六五，六三，號東至大水巷以己牆爲界南至秦淮河沿以己牆及隙地界綫爲界西至水巷以己牆及界綫爲界北至葛姓屋以己牆江姓屋以鄰牆爲界面積三分二厘一毫六絲	房屋一間	無	二三年十二月二七日	同上	同上
夏瑞卿	浙江人住張府園八號	中華路原名府東街一零九號東至章夏邵三姓公走巷以己牆爲界巷牆係章夏二姓所建南至恆善堂及邵姓屋以各牆鄰牆及己牆爲界西至中華路人行道北至西王府園面積二分六厘四毫九絲	平房八間兩披	無	二三年十二月二二日	同上	同上

余尙文 本市人住緯巷十七號	王福巷內小緯巷十七號東至賈姓屋及緯巷以鄰牆己牆爲界南至余姓屋以鄰牆爲界西至汪姓屋以鄰牆己牆爲界北至陳姓屋補釘巷以公牆己牆鄰牆爲界面積五分九厘一毫二絲	房屋自第三進起至第六進共八間三厦	無	廿四年八月三日	同上	同上
畢先籌 江蘇人住本京西華門四條巷良友里九號	堂子街九十三號東至堂子街南至林姓屋以鄰牆及己牆爲界西至南衖巷北至南衖巷面積七分八厘四毫石絲	房屋	無	二四年四月十七日	二四年八月二六日	二四年十一月二五日止
孫隆鈺 巢縣人住鳴羊街三十二號	鳴羊街三十二號東至趙姓屋以己牆及公牆爲界南至王府里西至鳴羊街北至趙姓屋以公板壁爲界面積七厘二毫五絲	房屋	無	二四年二月廿八日	二四年八月二六日	二四年十一月二五日止
李心堯 江甯人住本京門東新路口五號	大石壩街一五七號東至石姓屋以各有各牆爲界南至江甯縣地租戶李姓屋西至江甯縣地租戶李姓屋以己牆爲界北至大石壩街面積九厘六毫	房屋	無	二四年二月二八日	二四年八月二六日	二四年十一月什五日止
王厚甫 王譯之 王靜山 王靜波 江甯人住九兒巷二十一號	九兒巷二一號後進東至吳姓屋以己牆爲界南至石姓屋以己牆爲界西至石姓屋以鄰牆爲界北至李何二姓屋以己牆及鄰牆爲界面積三分五厘七毫	房屋	無	二三年十月十九日	二四年八月二六日	二四年十一月二五日止
李如琦 李現珮 李如璸 李瑞 本京人住胭脂巷二四號	中華路（原名花市）三四三號東至沈姓屋以己牆爲界南至項姓屋以公牆爲界西至以人行道爲界北至張姓屋以公牆爲界面積二厘八毫一絲	一間二厦	無	二四年八月二日	二四年八月二六日	二四年十一月廿五日止
彭義珍 彭瑜 南京人住小仙鶴街四零號	小仙鶴街三號東至陳柳二姓屋以己牆爲界南至柳姓屋及郭柳陳三姓公巷以鄰牆其及直線爲界西至小仙鶴街北至陳姓屋以鄰牆其及直線爲界面積一分二厘五毫六絲	房屋	無	廿三年十二月八日	廿四年八月廿六日	廿四年十一月廿五日止

仇紀氏 江甯人建康路水倉巷三十一號	水倉巷三一號東至施姓屋以己牆公牆爲界南至戴姓屋以己牆鄰牆爲界西至石汗兩姓屋以己牆鄰牆爲界北至水倉巷以板門爲界面積一分零一毫三絲	房屋	無	廿四年一月廿八日	廿四年八月廿六日	廿四年十一月廿五日止
張義斌 義成 澤溥 義雁 鑫仁 義鴻 江甯人住轉龍車十三號	花露崗八，十號東至雍張二姓屋以鄰牆及己土牆爲界南至花露崗西至陶倪二姓地以己牆及其直線爲界北至花露巷及張姓屋以鄰牆及己土牆爲界面積一畝八分六厘六毫五絲	房屋	無	廿三年十月廿六日	廿四年八月廿六日	廿四年十一月廿五日止
謝櫻瑩 南京人住中華路六零七號	中華路（原名南門大街）六零七號東至公走巷南至公走巷西至謝姓屋及中華路以己牆及公牆爲界北至謝姓屋以己牆爲界面積九厘六毫四絲	房屋	無	廿四年一月廿九日	廿四年八月廿六日	廿四年十一月廿五日止
謝櫻瑩 南京人住中華路六零七號	中華路（原名南門大街）五九九號東至謝姓屋以公牆爲界南至謝姓屋以己牆及公牆爲界西至中華路北至謝姓屋以公牆及公板壁爲界面積五厘二毫五絲	房屋	無	廿四年一月廿九日	廿四年八月廿六日	廿四年十一月廿五日止
俞良澤溥治灝 江甯人住殷高巷十八號	殷高巷一四八孝順里四二號東至陶姓屋以己牆及鄰牆爲界南至陶姓屋及陶姓私巷以己牆鄰牆及公牆爲界西至孝順里北至殷高巷面積一畝零八厘七毫六絲	房屋	保存抵押權人姚華亭安徽人住殷高巷四十一號蔡幹臣南京人門西孝順里四十二號	廿三年十二月廿九日	廿四年八月廿六日公告	廿四年十一月廿五日止
劉肇臣 旌德人住下浮橋菱角市三六號	菱角市三六號東至吳管二姓屋以鄰牆爲界南至馬…姓屋以己牆爲界西至菱角市北至吳姓屋以鄰牆爲界面積二分四厘五毫	房屋	抵押權人吳蔚之安徽人住糯米巷三十三號	廿三廿十二月三十日	同	同
魏永林 南京人住船板巷一百號	小門口八號東至吳姓屋以公牆爲界南至饒姓地以鄰牆爲界西至成姓屋以板牆爲界北至小門口面積八厘六毫三絲	房屋	無	廿四年一月廿四日	同	同

沙延坤科 江甯人住迴龍街二號	迴龍街九號東至程姓屋以鄰牆爲界南至何姓屋以己牆爲界西至官街北至楊氏屋以己牆爲界面積九釐一毫七絲	房屋	無	廿三年十二月廿六日	同	同
普安會館 代理人楊福順丹徒人住烏衣巷四七號	長生祠三二號東至葛楊氏屋以己牆爲界南至〡生祠西至烏衣里北至張姓屋以鄰牆爲界面積九釐八毫九絲	房屋	無	廿三年十二月廿四日	同	同
唐苪齋 江蘇人住大光路一九(一)號	建康路原名火星廟太平里五七八至五八二號東至程姓屋以鄰牆及其直線爲界南至程姓屋以己牆爲界西至九兒園北至建康路面積三分五厘二毫四絲	房屋	無	廿四年三月十三日	廿四年八月廿六日公告	廿四年十一月廿五日止
李安懋 江甯人住建康路裱畫廊八號	裱畫廊八號東至水倉公所屋以己牆爲界南至裱畫廊西至徐姓屋以鄰牆爲界北至承恩寺屋以鄰牆及其直線爲界面積二分〇〇一絲	房屋	無	此係審査日 廿四年七月二十日 廿三年十二月廿九日	同	同
劉隨卿 女安徽人住殷高巷一二號	船板巷二二號又名堂子巷東至秦淮河南至馬李二姓屋以己牆鄰牆及公有板壁爲界西至船板巷北至田姓屋以己牆爲界面積二分四厘八毫六絲	房屋	無	廿四年四月三十日	同	同
曹春華富貴茂耕 本京人住大石壩街四九號	金陵閘三三號東至金陵閘水溝南至金陵閘水溝西至本姓及胡姓房以鄰牆爲界北至楊姓屋以公牆及己牆爲界面積一分二厘三毫	平房三間	無	廿四年二月廿三日	同	同
張德鎔 山東人住府西街十三號	府西街一三號東至胡姓屋以鄰牆及己牆爲界南至陳姓屋以己牆爲界西至城皇廟後以己牆爲界北至府西街面積五厘三毫六絲	平房一間一廈	無	廿三年十一月廿四日	同	同

鄭羅氏 江甯人住大油坊巷六號	大油坊巷六號東至謝姓屋以鄰牆及公牆爲界南至大油坊巷西至湯姓屋以鄰牆及公牆爲界北至秦淮河面積一分三厘八毫九絲	房屋	無	廿三年十二月廿九日	廿四年八月廿六日	廿四年十一月廿五日止
胡鑑臣 安徽人住建康路八五號	轉龍巷七號東至官巷以己牆爲界南至張姓屋東段以各有各牆中段以己牆爲界西至侯姓屋以各有各牆南段以己牆爲界北至轉龍巷以己牆爲界面積三分七厘六毫九絲	房屋	無	廿四年元月廿六日	同	右
林鯤如 江甯人住秤它巷	顏料坊五七號東至顏料坊以板門爲界南至馬姓屋以鄰牆爲界西至張姓屋以己牆爲界北至張姓屋以本姓板壁爲界面積六厘二毫五絲	房屋	無	廿三年十二月　日	同	右
楊季年 江甯人住鈔庫街廿五號	利涉橋四六號東至船業公會屋北段以各有各牆南以鄰牆爲界南至同興會屋以板壁爲界西至利涉橋以板門爲界北至官碼頭地以己牆爲界面積五厘八毫五絲	房屋	無	廿三年十二月廿七日	同	右
甯雨禾 安徽人住莫干路八號	莫干路八號東至許姓地以己牆爲界南至莫干路西至陸姓地以己牆爲界北至汪姓屋以己牆爲界面積一畝三分五厘正	洋房一幢	無	廿四年六月十九日	廿四年八月廿六日	廿四年十一月廿五日止
汪榮芝 江甯人住陸府巷二號	菱角市四十四號東至理髮公會屋以鄰牆爲界南至崔姓屋以己牆爲界西至菱角市北至胡姓屋以公竹泥及公牆爲界面積九厘八毫九絲	房屋	保存抵押權人嚴光華江甯人住老府橋三十七號	廿四年元月十六日	廿四年八月廿六日	廿四年十一月廿五日止
尹鑑亭 江蘇人住軍師巷廿三號	軍師巷廿九三號東至竇姓屋以公牆爲界南至軍師巷西至王姓屋及軍師巷以己牆及鄰牆爲界北至軍師巷面積五分四厘六毫五絲	房屋	保存抵押權人王楚湘南京人住長樂路二四九號	廿三年十二月廿八日	同	右
陳啓吉 安徽人住小火瓦巷廿二號	小火瓦巷原名堂子巷十八號 東至（一）三姓共走道爲界南至（一）公巷陳姓屋（二）陳姓地以己牆爲界（二）小火瓦巷 西至（一）馬姓地及官溝公巷以己牆爲界（二）陳姓屋以公牆爲界 北至（一）宰牛巷（二）陳姓地以己牆爲界 面積五畝四分四厘零四絲	房屋	無	廿四年三月八日	同	右

姓名住址	坐落及四至面積					
詹裕如　允寬　容寬　在寬　江蘇人住三眼井廿五號	丹鳳街即前小石橋東至丹鳳街以界線爲界南至都司巷以己牆爲界西至北區救火會地以己牆爲界北至錢姓屋以鄰牆爲界面積二分三厘五毫二絲	空地	無	廿四年六月六日	同	右
邱瑞成　四川人住五福巷十一號	馬家街東至潘姓地蔣姓塘南至張姓地西至中央大學地官路北至朱姓地楊姓塘面積二畝八分七厘四毫九絲	無	無	廿四年六月十二日	廿四年八月廿六日	廿四年十一月廿五日止
宛有壽　宛賢信　江甯下關天保路六二號	小仙鶴街二六號面積一分六厘一毫二絲東至彭姓屋以鄰牆爲界南至小仙鶴街西至彭姓地又官地租戶宛姓地以己牆及公牆爲界北至彭姓地以己牆爲界	房屋	無	廿三年十二月廿五日	廿四年八月廿六日	廿四年十一月廿五日
曾紱初　江甯建康路四一九號	建康路與東文思巷毗連（原名太平里）四一九號面積七分八厘四毫八絲東至戴潘二姓屋以己牆及公牆爲界南至建康路西至楊姓屋以己牆及公牆爲界北至東文思巷以己牆及鄰牆爲界	同	同	廿四年三月廿二日	同	同
趙惟清　江甯鎮江西門外楊家巷十六號	四條巷面積八分三厘二毫三絲東至張姓屋（現賣與周陳二姓）南至官巷西至市鐵路局地北至陳姓地及市鉄路局地	同	同	廿四年四月廿一日	同	同
左漢章　湖南崇恩街三九號	崇恩街三九號面積二分六厘九毫八絲東至崇恩街南至官巷西至管姓地以己牆爲界北至管姓屋以己牆及公牆爲界	同	同	廿三年十二月四日	同	同
吳涵佩　江甯長樂路八十六號	鴨池塘一三號面積二畝五分三厘九毫九絲東至鴨池塘南至鴨池塘及井姓屋以鄰牆爲界西至曹姓屋以鄰牆爲界北至鴨池塘	同	同	廿三年十一月三十日	同	同
周泰森　江甯陸家巷一號	陸府巷（原名陸家巷）一號面積三分一厘三毫六絲東至施姓屋以己牆爲界南至馬姓屋西至菱角市北至馬姓地以己牆爲界	房屋	無	廿三年十二月廿六日	同	同
靳蘭榮　鹽城小心橋五十號	中華門原名大膺府街五號面積三毫一絲東至李姓屋南至環行路西至俞姓屋北至河灘地	同	同	廿三年十二月廿一日	同	同

黃載庭 本京倉巷一一五號	船板巷原名皇冊庫與船板巷相連八七號面積三分七厘二毫六絲東至船板巷南至皇冊庫西至孫姓屋以己牆爲界北至梁姓地以己牆及其直線爲界	同	同	廿四年一月三一日	同	同
黃海清 湖北荳腐巷十五號	荳腐巷十五號面積五厘二毫九絲東至荳腐巷南至荳腐巷西至馬姓屋以己牆爲界北至侯姓屋以己牆爲界	同	同	廿三年十二月廿五日	同	同
余嗣宗 本市緯巷十五號	緯巷十五號面積四分一厘三毫七絲東至路南至路西至沈姓屋及小巷以己牆爲界北至余姓地以己牆爲界	宅地	同	廿三年十二月廿二日	同	同
陳階平 南京人住貴人坊十號	貴人坊十號東至王姓屋以鄰牆及公牆爲界南至貴人坊西至官巷北至貴人坊面積四分八厘八毫一絲	房屋	無	廿三年十二月廿四日	廿四年八月廿七日	廿四年十一月廿六日止
邵榮林 丹徒人住南市樓六號	中華路原名府東街九二四號東至中華路以板門爲界南至艾姓屋以公牆爲界西至憲兵訓練所屋以鄰牆爲界北至阮姓屋以己牆爲界面積七厘〇六絲	房屋	無	廿三年十二月廿六日	同上	同上
袁兆龍 南京人住門西孝順里十四號	集慶路八十五號東至官巷南至張姓屋以己牆爲界西至王朱二姓屋以己牆爲界北至韓姓屋以鄰牆爲界面積三分六厘五毫四絲	房屋	無	廿三年十二月五日	同上	同上
李毓華 南京人住小四福巷廿五號	小四福巷廿五號東至徐姓屋及王姓屋以各有各牆爲界南至小四福巷西至大四福巷北至本姓屋以其鄰牆爲界面積三分九厘六毫六絲	房屋	無	廿三年十二月廿五日	同上	同上
王以和 安徽人住小石壩街五十號	東石壩街三十號東至張姓屋以己牆爲界南至左王二姓屋以鄰牆爲界西至王姓屋以己牆爲界北至東石壩街面積一分九厘三毫九絲	房屋	無	廿三年十二月廿五日	同上	同上
禹王菴 江甯人住磨盤街四十三號	磨盤街三九一四三號東至磨盤街南至侯陶二姓屋以己牆及鄰牆爲界西至水齋菴北至談姓屋以己牆及鄰牆爲界面積九分一厘正	房屋	無	廿三年十一月廿八日	同上	同上

徐慶雲 松 南京人住昇州路二三一號	裱畫廊十號東至李姓屋以己牆爲界南至裱畫廊西至陶張兩姓屋以鄰牆己牆爲界北至承恩寺以己牆爲界面積三分三厘四毫九絲	房屋	無	廿四年二月廿六日	同上	同上
王耀亭 江甯人住顏料坊廿六號	顏料坊廿六號東至公巷以己牆爲界南至官地租戶胡姓屋及張姓屋以己牆爲界西至顏料坊以板門爲界北至杜姓屋以各有各牆及己牆鄰牆公牆爲界面積二分五厘〇八絲	房屋	無	廿三年十二月廿九日	同上	同上
李金樓 江甯人住馬巷四六八號	三條營十三—五號東至金姓屋以公牆及其直線爲界南至金姓地西至金姓屋以公牆爲界北至官街面積四分五厘一毫三絲	房屋	無	廿四年三月廿八日	同上	同上
湯華東 江甯人住中正路五四六號	中正路原名銅作坊四四三號東至張施二姓屋以己牆及外隙地及鄰牆爲界南至施姓屋以己牆爲界西至火夏金三姓屋以己牆及鄰牆爲界北至望鶴樓程姓屋以己牆爲界面積四分八厘五毫五絲	宅地	無	廿三年十一月廿二日	同上	同上
丕榮 沈祥 德龍 亮 南京人住內橋灣七十二號	內橋灣七十二號東至陳姓地及屋以公牆爲界南至內橋灣西至馬姓屋以鄰牆及公牆爲界北至秦淮河面積三分五厘四毫	房屋	無	廿四年二月十三日	廿四年八月廿七日公告	廿四年十一月廿六日止
蔣國楨 開壽 秉泰 衡 南京人住大丁家巷卅四號	大丁家巷三四號東至高姓屋及小丁家巷以己牆爲界南至大丁家巷及高姓屋以鄰牆爲界西至韓姓屋以公牆爲界北至湖南同鄉會以己牆爲界面積五分八厘二毫五絲	房屋	無	廿四年一月廿二日	同	同
黃顯厚婉 子慶福 南京人住牽牛巷十五號	牽牛巷十五號九兒巷（又名三坊）六號東至張萬楊三姓屋以己牆及鄰牆爲界南至陳姓屋及官巷以鄰牆及己牆爲界西至九兒巷及周高汪三姓屋以己牆及鄰牆爲界北至牽牛巷面積一畝三分八厘三毫	房屋	無	廿三年十二月廿九日	同	同

馬志達 南京人住糖坊廊三四號	糖坊廊三四號東至煤灰堆南至陳姓屋以公牆爲界西至糖坊廊北至王談二姓屋以己牆及鄰牆爲界面積一分六厘六毫六絲	房屋	無	廿三年十二月十七日	同	同
葉華甫 江甯人住黃泥巷三號	黃泥巷三號東至王姓屋以己牆鄰牆爲界南至黃泥巷西至黃姓屋以己牆爲界北至鄭姓屋以己牆鄰牆爲界面積四分一厘〇一絲	房屋	無	廿四年三月廿七日	仝	同
白忠麒 江甯人住上海代理人俞賡卿住錦繡坊十三號江甯人	東釣魚巷一二號岩巷一八號東至東釣魚巷南至張陳二姓屋以己牆爲界西至岩巷北至梁章二姓屋以公牆鄰牆己牆爲界面積六分二厘八毫五絲	房屋	無	廿四年四月廿四日	廿四年八月廿七日公告	廿四年十一月廿六日止
侯世純 江甯人住門東八間房十號	八間房八號東至胡姓屋各有各牆張姓屋以鄰牆爲界南至八間房以己牆爲界西至侯姓屋以各有各牆爲界北至轉龍巷以己牆爲界面積一畝二分八厘七毫一絲	房屋	無	廿三年十二月十八日	同	同
何錫嘏 南京人住中華路五六四號	中華路三二三號東至鄭姓屋以己牆爲界南至鄭姓屋以己牆爲界西至中華路以板門爲界北至盧姓屋以鄰牆爲界面積一分七厘	房屋	無	廿三年十二月廿九日	同	同
石靜望 徐隆新 女江甯人住太平路一百十三號第四進	花露崗東至敦誼堂地南至花露崗西至顧姓地北至顧姓地面積五分〇六毫五絲	基地	無	廿三年十二月廿六日	同	同
蔡君錫 閩侯人住南京豆菜橋卅五號	陰陽營五五號東至許姓地南至林姓塘西至許姓地北至陰陽營面積九分五厘三毫八絲	房屋	無	廿四年四月廿六日	同	同
王蓉合 湖北人住徐家巷二十九號	柳葉街八二號面積二分六厘七毫三絲東至程姓地以己牆爲界南至柳葉街西至程姓屋以己牆爲界北至秦淮河	房屋	無	廿四年五月十七日	廿四年八月廿七日	廿四年十一月廿六日
閻敬夫 湖南代理人榮茂勳住珍珠橋聚東社	百子亭面積三畝四分四厘八毫六絲東至張姓地南至魯姓地市地鄭姓地西至百子亭北至沈姓地	無	無	廿四年五月十五日	同	同

張榮興　江甯人住石板橋七號	石婆婆菴面積一畝〇六厘七毫九絲東至陳姓屋南至石婆婆庵西至陳姓屋北至陳姓地	無	無	廿四年三月十八日	同	同
井履陞 蟠權　江蘇人住鳴羊街廿六號	鳴羊街廿六號面積九分九厘八毫四絲東至張姓屋以鄰牆爲界南至張胡胡三姓屋以鄰牆己牆爲界及井張二姓公巷西至鳴羊街北至業井二姓屋以己牆鄰牆爲界	房屋	抵押權人吳少樑代理人施錦堂鳴羊街三四號	廿四年四月廿六日	同	同
李少泉　江甯人住潤德里四號	建康路一四二號面積一分二厘九毫東至官巷以己牆爲界南至李姓屋以各有各牆爲界西至李姓屋以各有各牆爲界北至建康路	房屋	無	廿三年十一月十六日	同	同
交通部江蘇電政管理局朱雀路潤德里主管長官朱一成	楊將軍巷三九號面積三畝〇四厘六毫六絲東至慈慈醫院爲界南至兵工署屋爲界西至官溝外余姓地爲界北至楊將軍巷	房屋	無	廿四年五月二十日	同	同
戴鶴如　江甯人住花露崗七十號	建康路二五九號面積二分四厘〇三絲東至陳姓屋以己牆及鄰牆爲界南至建康路西至白姓屋以己牆及鄰牆爲界北至市地以己牆爲界	房屋	無	廿三年十月廿四日	同	同
陳應春　江甯人住止馬營六號	倉巷一七三號面積一分四厘九毫二絲東至倉巷南至馬姓屋以鄰牆爲界西至馬姓屋以己牆爲界北至秦淮河	房屋	無	廿四年三月六日	同	同
王劉氏 以和　安徽人住小石壩街五十號	東石壩街二十號面積一分七厘一毫三絲東至東石壩街南至官巷西至劉姓屋以己牆爲界北至官巷	房屋	無	廿三年十二月廿五日	同	同
周吉瑞　南京人柳葉街七十五號	柳葉街一五三號面積二分六厘一毫八絲東至宰姓屋以己牆及鄰牆爲界南至走巷西至劉姓屋以鄰牆陳姓地以己牆與牆直綫爲界北至柳葉街	房屋	無	廿三年十二月十八日	同	同
蘇玉琪　江甯人住弓箭坊五號	大全福巷廿四號東至常樂菴以鄰牆爲界南至大全福巷以板門爲界西至王姓屋以公牆爲界北至王姓屋以鄰牆爲界面積一分〇七毫八絲	房屋	無	廿三年十二月廿七日	廿四年八月廿八日	廿四年十一月廿七日止

葉鐸　江甯人住瞻圓路一一〇號	東釣魚巷十六號東至東釣魚巷南至王趙二姓屋以己牆及鄰牆爲界西至張姓屋以己牆爲界北至張陳二姓屋以己牆爲界面積二分三厘七毫三絲	同	無	廿四年四月廿四日	同	同
周慶儀　湖南人住荳菜橋三五號內之三	陰陽營東至陰陽營南至顧姓地西至王姓牆北至朱姓地及市地面積一畝九分一釐二毫七絲	無	保存地上權人許雲堂湖南人住荳菜橋荳號之三	廿四年五月廿四日	同	同
屠寶第　南京人住洪武路二十號	洪武路（原名土街口）東至翁姓屋及官巷以空地外鄰牆爲界南至周姓屋以鄰牆爲界西至洪武路北至屠姓屋及周屠翁屠四姓公地以隣牆外隙地及己牆爲界面積五分一厘一毫二絲	同	無	廿四年六月廿二日	同	同
葉德龍　南京人住止馬營一〇九號	武學園第七六七七七八號東至董姓屋以己牆及鄰牆爲界南至武學園西至武學園北至走巷面積四分四厘三毫正	房屋	仝	廿四年四月廿四日	同	同
徐長金　本京人住馬家街十四號	城北觀音庵東至張姓地南至馬家街西至觀音庵官路北至姜姓地面積一畝零四厘五毫四絲內有陝西路路線經過該產南部約占用二七，〇〇〇〇方丈	無	無	廿四年六月四日	同	同
王鈞如　南京人住長樂街三十七號	長樂街三七號東至長樂街南至曹姓屋以己牆鄰牆及其直線爲界西至秦淮河北至王姓屋以己牆爲界面積三分一釐五毫一絲	房屋	保存抵押權人趙海庭南京人住淮淸橋四八九號	二三年十二月二四日	同	同
陳修南　南京人住洪武路一一五號	洪武路一一五號東至龍馬陳孟鍚五姓公走路以己牆爲界南至胡孟二姓屋以己牆爲界西至洪武路以己牆爲界北至公走路巷及馬盧二姓基以己牆爲界面積三畝四分零八毫五絲	己有建築物現擬添蓋洋房	無	二四年八月十日	同	同
吳仲炎　浙江人代理人傅燕賓京人御史廊24號	獅子橋湖北路第二七四號東至獅子橋南至余姓屋西至湖北路北至儲姓屋及蔣姓地與屋面積二畝八分八釐八毫六絲	房屋	同	二四年八月一日	同	同

周作民	江蘇人代理人戴自牧 白下路二三六號	牯嶺路二段第九號東至曹姓屋南至牯嶺路西至公路北至李周二姓地面積一畝九分一釐六毫三絲	無	仝	二四年八月十四日	同	同
丁崔氏	南京人住本宅後進	顏料坊三六號東至胡姓屋以鄰牆為界南至石藏兩姓屋以己牆又抵戴姓小巷以己牆外隙地為界西至顏料坊以板門為界北至凌姓屋以鄰牆又屬姓屋以己牆及各有各牆為界面積五分六厘三毫三絲	房屋	抵押權人屬德林六合人住顏料坊三六號	二三年十二月二九日	二四年八月二八日	二四年十一月二七日止
崔發開	江甯人住小全福巷七號	小全福巷七號東至劉姓屋以鄰牆為界南至劉姓屋以鄰牆及本房貼牆為界西至張姓屋以鄰牆為界北至小全福巷以己牆為界面積九釐二毫五絲	房屋	抵押權人丁錫炳江蘇人住小黨家巷三號	二四年二月二五日	二四年八月二八日	二四年十一月二七日止
楊黃氏 光裕 伯明 光熾	本京人住小王府園廿一號	建康路一二五號東至官井地及徐姓屋南至建康路西至馬姓屋以己姓貼牆為界北至裱畫廊為界面積四釐五毫八絲	房屋	無	二三年十二月廿八日	二四年八月二八日	廿四年十一月廿七日止
王守剛	江蘇人住六角井十一號	中華路二二七號東至官巷南至王許二姓屋以各牆及己牆為界西至中華路人行道北至羅孫二姓及承恩寺屋以己牆為界面積二分二厘四毫一絲	前進三層後進兩層三進平房計兩號一進	無	廿三年十二月廿六日	廿四年八月廿八日	廿四年十一月廿七日止
賈源永	泗陽人住中正路鉄作坊六六八號	中正路(原名鉄作坊)六六八號東至中正路街邊南至姚姓屋以己牆為界西至己牆並左傍官巷出路北至趙姓屋以鄰牆為界面積三分二厘六毫一絲	房屋	無	廿三年十二月廿六日	廿四年八月廿八日	廿四年十一月廿七日止
盧光綸	南京人住中營46號	教敷營三六三四號東至王姓屋以己牆為界南至潘姓屋以己牆為界西至教敷營北至王李二姓屋以己牆為界面積一分二厘七毫六絲	樓平房六間	無	廿四年三月十二日	廿四年八月廿八日	廿四年十一月廿七日止

徐吳漢珍 江甯人住昇州路二三一號	膺福街七五號東至石卓二姓屋以公牆爲界南至小井巷西至徐姓屋以己牆及鄰牆爲界北至膺福街爲界面積二分五厘三毫六絲	房屋	無	廿四年四月三日	廿四年八月八日	廿四年十一月廿七日止
端木蓮蓀 江甯人住集慶路五十八號	集慶路五八號東至馮袁二姓屋以鄰牆及公牆爲界南至集慶路西至吳姓屋以公牆及隙地爲界北至小船板巷面積一畝一分八厘〇八絲	房屋	無	廿三年十二月廿七日	廿四年八月廿八日	廿四年十一月廿七日止
劉家駒 上海人住中央路童家巷修德里	東至市地南至曾姓地西至莫干路北至汪姓屋面積一畝四分一厘七毫五絲	房屋	無	廿四年六月廿七日	廿四年八月廿八日	廿四年十一月廿七日止
盧韻琴 湖北人住江蘇路二十一號	江蘇路廿一號東至李劉氏地南至康姓地及金城銀行地西至光姓屋北至江蘇路面積一畝五分七厘一毫四絲	房屋	無	廿四年八月八日	廿四年八月廿八日	廿四年十一月廿七日止
謝樞 南京人住中華路五九七號	中華路原名南門大街六〇三號東至謝姓屋以己牆爲界南至謝姓屋以公牆爲界西至華中路北至謝姓屋以公牆爲界面積七厘五毫五絲	房屋	無	廿四年一月廿九日	廿四年七月廿八日公告	廿四年十一月廿七日止
謝馥 樓樾榕楡 江甯人住中華路五三號	中華路原名南門大街六〇五號東至謝姓屋以己牆及公牆爲界南至謝姓屋以鄰牆爲界西至中華路北至謝姓屋以公牆爲界面積五厘九毫八絲	房屋	保存地役權人謝櫻瑩	廿四年一月廿九日	同	同
謝樞 南京人住中華路五九七號	中華路原名南門大街五九七號東至軍師巷南至謝邱二姓屋以己牆公牆公板壁及鄰牆爲界西至中華路北至孫謝二姓屋以己牆及公牆爲界面積一畝三分六厘〇八絲	房屋	無	廿四年一月廿九日	同	同
謝文 渭林華樞樑祖輝 櫻瑩 南京人住中華路六〇七號	中華路原名南門大街六〇七號東至謝姓屋以鄰牆爲界南至謝姓屋以鄰牆爲界西至謝姓屋及中華路北至謝姓屋及地面積二分一厘四毫八絲內有謝櫻瑩樓房面積三厘七毫三絲	房屋	無	廿四年一月廿九日	同	同

謝櫻瑩 女 南京人住中華路六〇七號	中華路原名南門大街六〇七號東至邱姓屋市產及信府苑以己牆及鄰牆爲界南至王李謝羅四姓屋及市產以己牆公牆及鄰牆爲界西至謝嵩二姓屋以己牆爲界北至謝姓屋及謝姓公走巷以己牆及公牆爲界面積一畝六分九厘八毫	房屋	無	廿四年一月廿九日	同	同
謝文林 妹文華 南京人住中華路六〇七號	中華路（原名南門大街）六〇七號東至謝姓屋以己牆爲界南至謝姓屋以己牆及公牆爲界西至公走巷北至謝文渭等八戶公走巷面積四分五五八毫二絲（內有謝文林獨有房屋面積五厘〇六絲）	房屋	無	廿四年一月廿九日	仝	仝
謝文渭 南京人住中華路六〇七號	中華路原名南門大街六〇七號東至謝邱二姓屋以己牆及鄰牆爲界南至謝姓屋以己牆及鄰牆爲界西至謝姓屋及地及謝姓公走道以己牆及鄰牆爲界北至謝姓屋以己牆爲界面積三分六厘七毫九絲	房屋	無	廿四年一月廿九日	仝	仝
謝柯廷梓 櫟祖楝輝 南京人住中華路五九七號	中華路原名南門大街六〇七號東至謝姓屋以鄰牆爲界南至謝姓屋及謝文渭等八戶公走巷西至謝姓屋以己牆及鄰牆爲界北至謝姓屋以鄰牆爲界面積四分〇二毫四絲	房屋	無	廿四年一月廿九日	同	同
謝櫟梓 柯楝 祖輝 南京人住中華路五九七號	中華路原名南門大街軍師巷五九七號東至軍師巷南至謝姓屋以公牆爲界西至徐張孫三姓屋以己牆爲界北至侯趙二姓屋及軍師巷以己牆爲界面積一畝二分二厘〇五絲	房屋	無	廿四年一月廿九日	同	同
徐慶琪 南京人住昇州路二三一號代理人徐子卿住所同	建康路原名黑廊街四六號東至何姓屋以鄰牆爲界南至何姓屋以鄰牆爲界西至臧姓屋以各有各牆爲界北至建康路面積五厘〇六絲	房屋	無	廿四年一月十五日	同	同
南京中國銀行代理人汪叔梅吳縣人住珠寶廊本行	甯夏路九號東至新亭營造廠地南至公用地西至甯夏路北至二梁姓屋面積一畝六分〇三毫五絲	房屋	無	廿四年六月廿七日	廿四年八月廿八日	廿四年十一月廿七日止
同前	江蘇路五十四號東至陳姓地南至徐姓地陸姓屋西至陳姓屋北至人行道面積二畝九分〇二毫五絲	房屋	無	廿四年六月廿七日	同	右

鮑小雲 江甯人住平安巷四號	建康路原名織造署前四四二號東至王陶二姓屋以己牆及鄰牆爲界南至陶王二姓屋以隣牆己牆及鄰牆直綫爲界西至周姓屋以己牆及鄰牆爲界北至建康路面積二分六厘一毫五絲	房屋	無	廿四年五月廿八日	同	右
凌榮春 凌榮傑 凌榮琪 凌榮光 南京人住國府西街一號	國府西街三號東至趙姓屋地以公牆及其直綫爲界南至中山東路人行道西至凌姓屋以公牆己牆鄰牆及鄰牆直線爲界北至小獅子巷面積七分八厘〇三絲	房屋	無	二四年七月二日	同	右
凌喬鑾 凌仲寬 凌叔明 凌季康 南京人住國府西街一號	國府西街一號東至小獅子巷以己牆凌姓屋以公牆南首臨時大門一段以己牆及其直線爲界南至中山東路人行道西至市立大行宮小學以己牆警察局屋以己牆南首小段以鄰牆及空地爲界北至小獅子巷面積一畝一分〇四毫三絲	房屋	保存抵押權人國華銀行代理人錢道住白下路五一〇五號	廿四年七月二日	廿四年八月廿八日	廿四年十一月廿七日止
張金奎 張金福 南京人住陰陽營六號	陰陽營東至仙記地及劉姓屋南至王姓屋西至張姓地北至張姓地面積二畝三分一厘八毫三絲	無	無	廿四年六月廿六日	廿四年八月廿八日	廿四年十一月廿七日
馬玉林 江甯人住柳葉街四三號	上浮橋十二號東至竇陳二姓屋以公牆及己牆爲界南至胡姓屋以鄰牆爲界西至鞠丁兩姓屋及牛市以己牆及鄰牆爲界北至上浮橋面積二分四厘七毫八絲	房屋	無	廿四年六月十四日	同	右
邵仲卿 江甯人住小石壩街廿六號	小石壩街二六八號東至官巷市空地及楊姓屋以己牆鄰牆爲界南姓楊姓屋及小石壩街以鄰牆爲界西至官巷以己牆爲界北至市地面積一畝〇八厘九毫三絲	房屋	無	廿四年 四月 五 十九日 廿七	同	右
孫遠猷 南京人住九兒巷七號	貓魚市廿一號東至貓魚市南至蔣姓屋以公牆及鄰牆爲界西至李姓屋及官巷以己牆爲界北至曹張鳳三姓屋以己牆己牆外天井中線及鄰牆爲界面積九分一厘〇七絲	房屋	無	廿三年十一月廿七日	同	右

葉琢堂 浙江人住上海代理人文叔英住大石橋六號	中央路轉角原名保泰街東至中央路南至中山路西至金城銀行地北至金城銀行地面積一畝二分五厘五毫一絲	空地	無	廿四年五月廿七日	廿四年八月廿八日	廿四年十一月廿七日止
楊鶴籌 江甯人住大輝復巷十五號	建康路(原名黑廊街)十六號東至張姓屋以公牆爲界南至水倉巷以己牆爲界西至方王二姓屋以己牆爲界北至建康路面積九厘八毫七絲	平房二間	無	廿三年十一月十二日	廿四年八月廿九日	廿四年十一月廿八日止
王春榮林山 江蘇人住建康路七十五號	建康路(原名黑廊街)二〇號東至朱姓屋以己牆及各有各牆爲界南至水倉巷以己牆爲界西至徐姓屋以公牆爲界北至建康路面積一分六厘四毫三絲	樓房上下四間	同	廿四年元月廿四日	同	同
唐志明和 江甯人住白塔巷一號	小白塔巷第一號東至施姓屋以己牆爲界及唐施二姓公走巷爲界南至小白塔巷以己牆爲界西至丁秦二姓屋以己牆爲界北至湖南會館以己牆爲界面積三分一厘一毫九絲	房屋	同	廿三年十二月十七日	同	同
劉德福 江甯人住中營第二號	中營第二號東至李姓屋以己牆爲界南至中營以己牆爲界西至張姓屋以公牆爲界北至李姓地以己墻爲界面積三分二厘四毫五絲	同	同	廿三年十二月廿九日	同	同
陶金富 淮城人住謝公祠四號	謝公祠四號東至人壽公會以己牆爲界南至謝公祠西至田鄺二姓公巷以己牆爲界北至田姓屋以己墻外天井中線爲界面積八厘六毫一絲	同	同	廿四年一月十五日	同	同
沈耕耘 浙江人住高樓門四號	高樓門第四六號東至陳姓地以己牆爲界南至官路西至高樓門北至趙姓屋以己牆及鄰牆爲界面積五畝三分〇六毫正	房屋	無	廿四年五月八日	同	同
吳桂琴 南京人住鼓樓二條巷四四號之一	五條巷東至雲南路南至西橋西至五條巷北至王姓地面積一分六厘八毫九絲	空地	同	廿四年四月廿日	同	同
鄧伍瑩 廣東人馬尼刺總領事館代理人孫式甫江蘇人住大方巷傅佐路四號	湖南路東至湖南路南至翁姓屋西至文姓屋北至康姓地面積一畝四分一厘七毫五絲	無	同	廿四年五月卅一日	同	同

張劉氏 江甯人住石觀音卅四號	石觀音寺四號東至胡姓屋以公牆己牆爲界南至石觀音西至錏鐥茶逢屋以己牆爲界北至胡姓屋及錏鐥茶逢屋以己牆鄰牆爲界面積一分九厘六毫四絲	房屋	同	廿三年十二月廿七日	同	同
六朝居 管理人胡啓閥南京人住白下路一六零號	貢院街第一一零 龍門街八—十二號東至李姓屋以己牆外板壁爲界南至貢院街西至龍門街北至市府路面積二畝三分一厘九毫九絲	同	同	廿四年元月九日	同	同
朱陳紹權 江蘇人住高門樓廿七號之一	瑯琊路甲種住宅區第一區東至瑯琊路南至劉姓屋以劉姓牆及竹籬爲界西至趙姓屋北至孔姓屋以孔姓竹籬爲界面積五分四厘正	無	無	廿四年二月廿五日	廿四年八月廿九日	廿四年十一月廿八日止
韓萬松 江甯人住利涉橋十號	利涉橋十二號東至潘姓屋以各有各牆爲界南至公善南堂屋以各有各牆爲界西至利涉橋以牆外子街外爲界北至桃葉渡以牆外子街外爲界面積一分四厘二毫六絲	房屋	無	廿三年十二月廿八日	同上	同上
袁胡氏 陶氏 素玉 興發 江甯人住李府巷一號	李府巷一 弓箭坊廿九—卅一號東至弓箭坊南至唐姓屋以己牆及鄰牆爲界西至陳姓屋以隣牆及己牆爲界北至夏姓屋及李府巷以己牆爲界面積九分四厘六毫四絲	房屋	無	廿三年十二月卅日	同上	同上
劉宗駒 上海人住中央路竈家巷修德里七號	瑯琊路三十一號東至瑯琊路南至陳姓地西至程姓屋北至朱姓地面積五分四厘正	房屋	無	廿四年六月廿七日	同上	同上
王鳴皋 文樞 桂林人住本京門西善司廟撮箕巷十三號	瞻園路原名司署街口一三八號東至周姓屋以各有各牆爲界南至瞻園路西至湯姓屋以各有各牆爲界北至傅姓屋以各有各牆爲界面積三厘零四絲	樓房上下二間	無	廿四年元月八日	同上	同上
張受天 本京人住牛市七十八號	剪子巷七十四號東至龐姓屋以鄰牆爲界南至剪子巷西至馮姓及本姓屋以己牆爲界北至劉姓屋以己牆爲界面積三分六厘三毫五絲	房屋	無	廿三年十二月廿五日	同上	同上

周昌林 周昌玉 周森源 南京人住轉龍巷六號	轉龍巷六號東至轉龍車南至陳姓屋以己牆及公牆爲界西至轉龍巷北至鍾姓屋以公牆爲界面積七分一厘二毫四絲	平房十間	無	二十三年十二月二十七日	同上	同上
林劍麟 江甯人住中華路郭家巷口永安百貨商店	金沙井廿二號東至蔣姓屋以隣牆中段以各有各牆以己牆南段以各有各牆爲界南至金沙井牆外以空地界線爲界西至岳姓屋以公牆以鄰牆以貼牆以鄰牆爲界北至段姓屋以己牆爲界面積一分七厘四毫六絲	房屋	無	廿四年元月十九日	同上	同上
盧冀野 盧東野 盧夢野 盧星野 江甯人住小膺府十四號	小膺府街十四號東至劉姓屋以己牆及鄰牆爲界南至小膺府街西至劉姓屋以公牆爲界北至蔡板橋面積一畝二分〇九毫九絲	房屋	無	廿三年十二月四日	同上	同上
劉榮芝 南京人住門東小膺府街十六號	小膺府街十六號東至盧姓屋以公牆爲界南至小膺府街西至張姓屋以公牆爲界北至蔡板橋面積一畝五分一厘四毫八絲	房屋	抵押權人周炳臣江甯人住倉巷六十五號	廿三年十二月十九日	同上	同上
孫貽穀 南京人住光華路六十號	中正路六七〇號東至姚姓屋以鄰牆爲界南至慧月居屋以各牆及鄰牆爲界西至姚姓屋以己牆爲界北至姚姓屋以公有板壁爲界面積五厘一毫八絲	樓房上下兩間	無	廿三年十二月廿八日	廿四年八月廿九日	廿四年十一月廿八日止
周行祿 周行錢 南京人住堂子巷五十七號	琵琶巷五七號東至琵琶巷南至王姓屋以己牆爲界西至琵琶巷劉姓屋以己牆爲界北至劉姓屋及馮姓屋均以己牆爲界面積三分八厘一毫八絲	房屋	無	廿三年十二月十八日	廿四年八月廿九日	廿四年十一月廿八日止
王恆仲 江甯人住大九兒巷廿四號	中華路一號東至馬郭張三姓屋以鄰牆爲界南至周姓屋以公牆爲界西至中華路北至舒姓屋以公牆爲界面積六厘二毫八絲	房屋	無	廿四年四月十三日	廿四年八月廿九日	廿四年十一月廿八日止
王國楨 儀徵人住建康路四十八號	建康路四四八號東至陶姓屋以公牆爲界南至釣魚巷西至周姓屋以鄰牆爲界北至鮑姓屋面積九厘七毫七絲	房屋	無	二四年三月十八日	二四年八月二九日	二四年十一月二八日止

崇仁善堂住絨莊五號管理人張斌本京人住李府巷五號曾其昌本京人住弓剪坊一六號	中華路八四號東至中華路人行道爲界南至阮姓屋以牆鄰爲界西至憲兵訓練所屋以鄰牆爲界北至汪姓屋以鄰牆爲界面積三厘一毫二絲	門面平房一間上樓閣	無	廿四年八月十六日	廿四年八月廿九日	廿四年十一月廿八日止
孔果淨楊州人釣魚巷廿七號	釣魚巷四三號東至陳姓屋孔姓地均以鄰牆爲界南至釣魚巷西至洪姓屋以鄰牆板壁爲界北至邵姓屋以鄰牆爲界面積四厘八毫六絲	房屋	無	廿四年四月九日	二四年八月廿九日	二四年十一月廿八日止
陶春生南京人住膺府街六四號	膺府街六七號東至洪姓屋以公牆及鄰牆爲界南至小井巷西至周姓屋以公牆又謝姓屋以己牆爲界北至膺福街面積一分七厘六毫八絲	房屋	無	廿四年一月卅三二日	二四年八月二九日	二四年十一月二八日止
楊壽松南京人住小姚家巷四號	西釣魚巷四十九號東至秦淮河南至西釣魚巷西至東釣魚巷北至張姓屋以己牆爲界面積二分六厘六毫一絲	房屋	無	二四年四月二五日	二四年八月二九日	二四年十一月二八日止
蒲熊氏南京人住五馬街十二號	中華路二三三號東至許姓以板壁爲界南至裱畫廊己牆爲界西至中華路北至許姓以己牆爲界面積六厘七毫	樓房兩上兩下	無	二三年十二月二四日	二四年八月二九日	二四年十一月二八日止
普照菴住持妙諦南京人住丁官營十七號	丁官營一七號東至成秦二姓屋以鄰牆己牆公牆各牆爲界南至孫姓地西至劉孔二姓屋以鄰牆爲界北至丁官營面積一畝四分一厘七毫五絲	平房十三間	無	二三年十一月二四日	二四年八月二九日	二四年十一月二八日止
陶吟三木京人住建康路二三三號	珞珈路(甲種住宅區)東至陶姓地(現擬賣與嚴姓)及珞珈路南至惲姓屋以惲姓竹籬爲界西至沈劉姓屋以沈劉姓竹籬爲界北至秦姓屋以秦姓竹籬爲界面積二畝〇〇二毫五絲		無	二四年六月一二日	二四年十一月二九日公告	二四年八月二八日止
趙長春江甯人住韓家橋三號	韓家橋東至柯姓地南至華藏寺地西至趙姓地及塘北至華藏寺地面積一畝一分六厘五毫七絲	無	無	二四年七月二五日	同	同
馬志平南京人住大豐富巷一七七號	大豐富巷東至裕雨記地南至馬姓地西至大豐富巷北至張姓屋面積二分三厘六毫三絲	無	無	二四年七月二五日	同	同

韓漸宜 蘭甫 江甯人由益仁巷七號轉大夫第二百九十四號	中華路原名大功坊二九七號東至博物館鄰牆爲界南至譚姓屋以太平門東己牆西公牆爲界西至中華路以板門爲界北至張姓屋以己牆爲界面積八厘〇四絲	平房兩間	典權人毛桂笙本京益仁巷七號	審查無月日廿三年	同	同
陳錫九 天津人三山街聯陞成號一〇一號	建康路一〇一號東至楊姓屋各有各牆南至建康路人行道西至舒張二姓屋各有各牆北至裱書廊面積一分五厘〇三絲	樓房上下六間	抵押權人李紹白住般高巷六十七號	二四年元月十七日	同	同
王維幹 國柱 國樑 國材 國棟 儀徵人住建康路四四八號	建康路原名淮清橋四六〇號東至陶姓屋以己牆爲界南至李姓屋以己牆爲界西至董姓屋及董王二姓公巷以己牆爲界北至建康路面積二分二厘七毫九絲	房屋	抵押權人張漢亭南京人住升州路三五七號	廿四年五月十七日	廿四年八月廿九日公告	廿四年十一月廿八日止
楊春林 南京人住蓮子營	倉門口十五號東至王姓屋以鄰牆孫姓天井以己牆爲界南至孫姓屋鄰牆爲界西至王姓屋陳姓地以鄰牆爲界北至倉門口以己牆爲界面積一分七厘零四絲	平房一間一廈	內孫姓有地役權面積三厘七毫	審查無年月日聲請二三年十二月二八日	同	同
宗南朝 淮安人住科巷內水巷十號	英威街東至吳姓屋南至官巷西至官巷北至吳姓屋(現曾於本姓)面積七厘四毫四絲	房屋	無	二四年一月二一日	同	同
馮德炳 南京人住三步兩橋六號	三步兩橋東至陳姓地南至陳姓西至金陵寺地北至馮姓地面積三分一厘五毫六絲	無	無	廿四年八月六日	同	同
王翰西 江蘇人住建設委員會設計處	頤和路(甲種住宅區第一區)東至杜姓屋以杜姓竹籬爲界南至王姓屋以公牆爲界西至蔣姓屋以蔣姓竹籬爲界北至頤和路面積一畝三分五厘	無	無	廿四年四月十五日	同	同
王培 南京人住興隆巷八號	興隆巷八號東至郭姓及張姓屋均以己牆爲界南至興隆巷西至楊姓屋以鄰牆爲界北至耿姓屋以鄰牆爲界面積二分一厘零九絲	房屋	保存有典權人徐康齡徐州人住高家巷十號	廿三年十二月三十日	廿四年八月廿九日	二四年十一月二八日止

管理人朱中佛教居士林南京人住中華路三四〇號	石觀音東至市地及戴姓地爲界南至市地西至官巷及市地爲界北至市地及劉姓地爲界面積四畝七分六厘九毫正	房屋	保存抵押權人鹽業銀行代理人方振民淮陽人住白下路二三四號	廿四年元月廿四日	同	右
劉澤來江甯人住大板巷六一號	大砂珠巷二號東至大砂珠巷南至湯遜記屋以鄰牆爲界西至王姓屋以公牆爲界 王世發屋以鄰牆爲界（東段） 北至王梅蓀屋以公牆爲界（西段） 王劉二姓爭執屋以鄰牆爲界（中段） 面積三分一厘零六絲	房屋	無	廿三年十二月廿七日	同	右
金城銀行代理人戴自牧住白下路路二三六號	甯海路東至盧姓屋康姓地南至吳姓地西至甯海路北至金城銀行地面積一畝六分〇零一絲	無	無	廿四年六月十四日	同	同
同前	甯海路東至光姓地南至南京金城銀行地西至甯海路北至程姓屋面積一畝二分一厘九毫正	無	無	廿四年六月十四日	廿四年八月廿九日	二四年十一月二八日止
馮德炳南京人住三步兩橋六號	三步兩橋東至丁姓地南至三步兩橋西至羅姓地高姓地羅姓地北至舊蔣家巷面積七分〇四毫八絲	無	無	二四年六月四日	二四年八月二九日	二四年十一月二八日止
馬仲華安徽人住長生祠七號	中華路二三六號東至中華路人行道以板門爲界 伏魔路二二 南至黃姓屋以各有各牆爲界藏姓屋以鄰牆爲界藏 計王李李姓屋以己牆爲界西至伏魔路以己牆爲界 北至朱姓屋以各有各牆寶興銀樓以鄰牆北段以各 有各牆爲界面積一畝八分六厘零七絲	房屋	無	二三年十二月二六日	同	左
戴瑞芝南京人住胭脂巷十六號 陳曉郁南京人住洋珠巷一號	建康路六十一號東至蔣姓屋以己牆爲界南至建康路西至伍姓屋韋姓屋以己牆爲界北至伍姓屋以己牆爲界面積七分二厘三毫二絲	房屋	抵押權人張慕周南京人住昇州路水西門大街三五七號	二三年十二月二四日	同	左

祀鏤文 山東人住祠堂巷吉祥里十七號	祠堂巷吉祥里一一四，一一六，一一七號東至詹姓屋以公牆爲界韋姓屋以鄰牆爲界南至祠堂巷西至黎姓屋前進以公牆爲界後進以鄰牆爲界又朱姓屋以隣牆爲界北至侯姓屋以鄰牆爲界又方姓地及猪業公所屋以牆外爲界面積三畝六分九厘三毫正	房屋	無	廿四年四月廿二日	同	同
吳瑞華年 江甯人住玉壺坊八號	朱雀路原名五馬街三七九號東至俞姓屋以鄰牆爲界南至江姓屋以己牆爲界西至朱雀路北至邀貴井面積一分七釐零八絲	房屋	無	二四年二月廿六日	二四年八月二九日	二四年十一月二八日止
陸禾豫生 南京人明瓦廊十七號小心橋二十四號	小心橋東街七九號面積八釐七毫五絲東至小心橋南至方姓屋以本姓己倒牆基爲界西至萬姓牆北至小心橋	無	無	二三年十二月二八日	二四年八月廿九日	二四年十一月二八日
彭義瑜珪 南京人住小仙鶴街四十號	小仙鶴街四二號面積一分五釐零六絲東至陳姓屋以鄰牆爲界南至陳姓屋以己牆爲界西至小仙鶴街北至胭脂巷	房屋	同	二三年十二月八日	同	同
蔣含齋 江甯人代理人周柏虬住南京高岡里十九號	金沙井二十號面積九分七釐七毫四絲東至張姓屋以鄰牆南段以各有各牆爲界南至金沙井以己牆爲界西至林姓屋以各有各牆爲界北至段姓屋以己牆爲界	房屋	同	二四年一月十四日	同	同
季詩華 南京白塔巷十號	白塔巷十號白塔巷即前左東花園面積二分二釐八毫五絲東至東區第二救火會屋以己牆爲界南至白塔巷以己牆爲界西至常姓屋以各有各牆北段以公牆爲界北至常姓屋以己牆爲界	房屋	同	二三年十二月十三日	同	同
仇志鈞炘 江甯門東廬上二號	門東上二號面積三分二釐五毫四絲東至馬姓地以己牆爲界南至朱姓屋以己牆外沿牆空地爲界西至朱姓屋以己牆及各有各牆爲界北至仁厚里	四間二廈	無	二四年七月十四日	同	同
戶朝貴 安徽裱畫廊六號	裱畫廊六號面積八厘九毫一絲東至王姓屋以鄰牆爲界南至裱畫廊西至水倉公所屋以己牆爲界北至承恩寺	房屋	無	廿三年十二月廿八日	仝	同

陳儷君 江甯大石壩街二十八號	大石壩街二八號面積六分一厘六毫七絲東至杜姓屋以公牆爲界南至大石壩街西至楊姓屋以己牆爲界北至秦淮河	同	同	廿四年一月十一日	同	同
隆少臣 江甯綾莊巷廿九號	府西街七一號面積八厘一毫三絲東至倪姓屋公牆南至倪姓屋公牆西至何劉二姓屋以公牆及己牆爲界北至府西街	平房一間一披	同	廿四年四月廿四日	同	同
周桂榮 周桂金 江甯小家巷廿七號	小膠巷廿七號面積二分五厘東至小膠巷南至小膠巷西至周桂金天井以中心爲界北至楊姓以己牆爲界 小膠巷廿七號面積二分三厘八毫七絲東至周桂金天井中心爲界南至小膠巷西至小膠巷及莫姓屋與市地租戶曹姓屋以己墻鄰墻爲界北至楊姓莫姓屋以己牆爲界	房屋	同	廿三年十二月廿四日	同	同
陳祝安 江蘇中華西門一三三號同順棧內	中華門一五九七號面積二分七厘九毫三絲東至行人道南至蔣姓屋以己墻及鄰墻與直線爲界西至嚮鈴巷北至謝姓屋以己牆爲界	房屋	同	廿四年四月十三日	同	同
馬明元 本京住南衛巷一號	南衛巷廿五號東至馬姓屋以己牆爲界南至馬姓屋西至馬姓屋以鄰墻爲界北至馬姓走巷面積一分〇六毫四絲	房屋	無	廿三年十二月四日	廿四年八月三十日	廿四年十一月廿九日止
鄭宜章 安徽住竹竿巷十號	裱畫廊第二號東至承恩寺以隣牆爲界南至裱畫廊西至王姓屋以鄰墻及己姓貼牆爲界北至承恩寺以鄰牆爲界面積八厘四毫八絲	同	同	廿四年四月三十日	同	同
魏道天 浙江代理人魏守衡 浙江人傅厚崗十號	傅厚崗東至艾姓地及孫姓屋南至劉姓地北至艾姓地西至王魏屋以鄰牆及其直線爲界面積三分一厘六毫九絲	宅地	同	廿四年五月廿日	同	同
楊璉 琳 璋 南京人住丁家巷三十號	船板巷第三號東至船板巷南至陳姓屋以鄰牆爲界西至陳姓屋以鄰牆爲界北至王姓屋以鄰牆爲界面積四厘四毫九絲	房屋	同	廿四年元月廿一日	同	同

王良 燮卿舉 伯英一榮 五人共有本京人住 鉄作坊四七七號	小彩霞街九號東至小彩霞街以己牆板壁為界南（僧印妙屋以鄰牆及己牆）至宛姓屋以公牆及己牆為界北至朱姓屋以己牆隣牆為界西至玉帶巷面積一畝二分八厘零七絲	平房七間三厦	同	廿四年十二月廿一日	同	同
周山 鰲維 四二 岳陽人住長治里四號	小火瓦巷（原名堂子巷）長治里第七、八、九、號東至湯姓屋南至李姓屋西至官巷北至小火瓦巷面積一畝二分五厘零六絲	房屋	無	廿三年十一月廿六日	同	仝
宋廷鑄 江甯人住四聖堂五號	牛市第三十八號東至官巷南至官巷西至牛市街北至汪姓屋以公牆公板壁為界面積五厘七毫六絲	同	同	廿三年十二月三十日	仝	仝
梁張氏 湖北住太倉巷十三號	中正路（原名絲市口）七一四號東至顏料坊及中正路南至中正路西至徐姓屋以公牆為界北至闞姓屋以己牆為界面積五厘五毫八絲	同	同	廿三年十二月十八日	仝	同
霍志銳 南京人住中正路銅韜 作坊四一三號	中正路第四零九至四一三號東至馬姓屋以公鄰己牆及公板壁為界南至柏姓屋以己牆各有各牆鄰牆北公牆為界西至以霍包兩姓屋鄰牆及己大門為界至毛姓屋以公牆為界面積五分七厘五毫一絲	樓上下一十三間基	同	廿四年八月三日	同	同
劉海清 住針巷九號	針巷第九號東至針巷以己牆為界南至毛姓屋鄰牆己牆各有各牆為界西至毛姓屋及針巷以鄰牆己牆為界北至針巷以己牆為界面積四分二厘五毫一絲	房屋	同	廿三年十二月一日	同	同
協濟堂公所 管理人潘玉芳江都人住中華路三百四十號	糖坊廊（原名篾街）五五號東至楊姓屋以己牆為界南至秦淮河西至張姓屋以己牆為界北至糖坊廊面積四分一厘五毫二絲	房屋	無	廿三年十二月二十一日	廿四年八月三十日公告	廿四年十一月廿九日止
崔文元 山 江蘇人住信府河一零三號	信府河一零三號東至秦淮河南至周姓屋以己牆及鄰牆為界西至信府河北至市立信府河簡易小學屋以鄰牆為界面積五分零九毫四絲	房屋	無	廿三年十二月廿六日	同	同

葛德安 江甯人住葛家菜園五十號	葛家菜園五二一〇號東至傅姓地南至李姓屋西至葛家菜園北至仲姓地面積六分四厘一毫六絲	房屋	無	廿四年一月八日	同	同
洪修昆霖誠 南京人住小膺府三十三號	小膺府街三五三號東至陳張二姓屋南至張姓屋西至夏姓屋北至小膺府街面積三分八厘一毫	房屋	無	廿三年十二月廿七日	同	同
翁芝延福培 南京人住內橋灣五十六號	內橋灣五六號東至呂姓屋以己牆及天井中界線爲界南至內橋灣西至曹姓屋以鄰牆及己牆爲界北至秦淮河面積六分六厘四毫九絲	房屋	無	廿四年三月十日	同	同
田豐立 江甯人船板巷三十一號 代理人田鄧氏 江甯人住所同	集慶路（原名牌樓口）三二號東至石姓屋以鄰牆爲界南至集慶路西至孫姓屋以公牆爲界北至陶姓屋以鄰牆爲界面積八厘三毫九絲	房屋	無	廿四年十二月廿四日	廿四年三月八日公告	廿四年十一月廿九日止
孫步亮 揚州人住大彩霞街三十七號	大彩霞街卅七號東至大彩霞街以己板壁及鄰牆爲界南至王史劉萬四姓屋以己牆及劉姓公牆公有板壁鄰牆爲界西至朱姓屋以己牆及鄰牆公牆爲界北朱姓屋以鄰牆及己牆爲界面積二分九厘四毫九絲	房屋	無	廿三年十二月廿九日	同	同
祝有順 住白塔巷十六號	白塔巷一六號東至蔡常二姓屋及走巷以各牆鄰牆及公牆爲界南至白塔巷西至白塔巷北白塔巷及蔡姓屋以己牆爲界面積二分一厘二毫七絲	二間一披	無	廿三年十二月廿九日	同	同
章貢鑫 儀徵人住集慶路七十五號	庫司坊一三號東至聶姓屋以公牆爲界南至庫司坊西至祈姓屋以公有蘆蓆爲界北至劉姓屋以己牆爲界面積二厘九毫三絲	房屋	無	廿三年十二月三十日	同	同
芮紹森 南京人住教敷營一七號	大石壩街九八號東至吳姓屋以鄰牆爲界南至大石壩街以己牆爲界西至章姓屋以鄰牆及貼牆爲界北至秦淮河岸以己牆爲界面積三分〇〇六絲	房屋	無	廿四年一月十五日	同	同

沙延齡 康 清 南京人住迴龍街六號	迴龍街六號東至袁姓屋以己牆爲界南至迴龍街西至陳姓屋以公牆爲界北至秦淮河面積二分四厘九毫二絲	房屋	無	廿三年十二月十四日	廿四年八月三十日	廿四年十一月廿九日止
梁眞明 祿 江甯人住柳葉街一五三號	柳葉街一五三號東至鄭姓屋以鄰牆爲界南至鄭姓屋及劉姓地以己牆鄰牆爲界西至馬姓屋及劉姓地以己牆鄰牆爲界北至柳葉街面積七分七厘四毫八絲	房屋	無	廿三年十二月三十日	同	同
夏松隆 江寧人住小府巷十七號	小府巷一七號東至小府巷南至宋姓屋以公牆爲界西至宋姓屋以己牆外隙地及鄰牆爲界北至嚴姓屋以公牆爲界面積二分四厘三毫正	房屋	無	廿三年十二月八日	同	同
陶基寶 江甯人住同鄉共井九號	殷高巷五九 六一號東至郗姓屋以己牆及鄰牆爲界南至殷高巷西至李姓屋以公牆及公板壁爲界北至郗姓屋以鄰牆爲界面積一分七厘正	房屋	無	廿三年十二月十八日	同	同
俞煥章 厚田 益吾 君九 句容人住胭脂巷十六號	胭脂巷十六號東至朱姓屋以己牆爲界南至朱姓屋以己牆爲界西至小船板巷及柏端木兩姓屋以己牆及鄰牆爲界北至胭脂巷面積一畝四分〇九毫五絲	房屋	無	廿三年十二月十九日	廿四年八月三十日	廿四年十一月廿九日止
馬松亭 江甯人住老府橋十七號	老府橋十七號東至老府橋南至施姓屋以鄰牆各牆公牆爲界西至毛家苑北至黃姓馬地姓施姓屋以己牆鄰牆公牆爲界面積一畝〇三厘三毫九絲	房屋	無	廿三年十二月廿七日	廿四年八月三十日	廿四年十一月廿九日止
嚴春霖 江甯人住大膺福街十七號	膺福(馬道)街十七號東至楊姓屋以己牆爲界南至膺福街及縣教育局以己牆爲界西至李嚴二姓屋以己牆爲界北至朱張郭三姓屋以己牆爲界面積五分九厘一毫七絲	房屋	無	廿三年十二月廿九日	同	同
興善堂管理人許耀聲 江甯人住箍桶巷四七號	小船板巷原名堂子巷十二號東至馮姓屋以己牆及鄰牆爲界南至馮姓屋以鄰牆爲界西至馮姓屋以公牆爲界北至小船板巷面積二分一厘零四絲	房屋	無	廿四年元月十二日	同	左

劉世榮元 南京人住大全福巷十九號	教敷營八號東至程姓屋以鄰牆爲界南至黃姓屋以己牆爲界西至教敷營北至張姓屋以公牆及公共板壁爲界面積一分二厘六毫四絲	房屋	無	廿四年元月廿六日	同	同
夏秀鑫鏞鐸 南京人住城北唱樓魚市大街九十號	轉龍巷二五號東至轉龍巷以己牆爲界南至陳姓屋以鄰牆西段以己牆爲界西至陳姓屋以鄰牆爲界北至陳姓屋以己牆爲界面積三分一厘二毫六絲	房屋	無	廿三年十二月廿七日	廿四年八月十日	廿四年十一月廿九日止
普照庵住持妙諦住丁管營十七號	金陵閘面積一畝六分一厘五毫東至旗地租戶孔姓南至旗塘西至王姓地北至金陵閘	無	無	廿三年十二月廿四日	廿四年八月十日	廿四年十一月廿九日
張葆建乾忠 南京王府里九號	王府里九號孝子坊二十九號面積一畝六分八厘九毫東至金劉二姓屋南至孝子坊西至張陶二姓屋及張陶二姓公巷北至王府里	房屋	同	廿四年一月九日	同	同
陸學才平忠 本京盧蓆營九四號	許家橋面積二畝一分六厘三毫六絲東至徐姓地南至官溝西至靳姓地北至許家橋	無	同	廿四年六月十七日	姓	同
陸學才平忠 南京許家橋一百十號	許家橋面積四分零零五絲東至靳姓地及屋南至許家橋西至靳姓地北至阮姓塘	仝	仝	廿四年六月十七日	同	同
陸學才平忠 南京許家橋一百十號	許家橋面積七分八厘五毫九絲東至侯姓地南至許家橋西至本姓地(現擬賣與劉姓)北至董姓塘及靳姓塘	仝	仝	廿四年六月十七日	同	同
韓筱安 江蘇止馬營南口一百二十六號	韓家苑七十一號面積三分四厘五毫八絲東至魏姓地及屋以鄰牆爲界南至韓姓屋以鄰牆爲界西至官巷北至郭姓塘	房屋	無	廿四年三月廿一日	同	同

李鉡山 本京太平路二百六十三號	太平路原名花牌樓一四五號面積二分九厘五毫五絲東至陳姓屋以己牆爲界南至丁姓屋以公鄰牆爲界惟前部有極小一段以鄰牆外隙地爲界西至太平路人行道屋北至陳姓屋以己牆及鄰牆爲界地以公牆爲界	同	無	廿四年二月廿八日	同	同
陸學才 忠平 南京許家橋一百十號	許家橋一一〇號面積一畝〇八厘五毫九絲東至本姓地南至許家橋西至靳姓地及屋北至靳姓塘	無	無	廿四年六月十七日	同	同
王介卿 江甯張府園九號	建鄴路原名珠寶廊十七九號面積三分八厘五毫三絲東至己屋南至秦淮河西至王姓北至建鄴路	房屋	無	廿四年四月廿四日	同	同
楊慶榮 南京迴龍巷七號	迴龍街七號面積一分二厘一毫一絲東至程姓屋以鄰牆爲界南至沙姓屋以鄰牆爲界西至官巷北至迴龍街	房屋	無	廿三年十二月廿六日	同	同
曾長海 南京住中華路福興皮鞋店	來鳳街第十二號東至劉姓屋以己牆爲界西至來鳳街南至劉姓屋以公牆爲界北至柏姓屋面積二分一厘一毫二絲	房屋	無	廿三年十一月十九日	廿四年八月三十一日	廿四年十一月三十日止
周鳳生 江蘇住唱經樓東街四十五號	唱經樓後東街四十五號東至唱經樓街爲界南至張姓公有板壁爲界西至北區救火會地址己牆爲界北至北區救火會鄰牆爲界面積一分一厘六毫五絲	平房二間披廈一間天井一座	同	廿四年元月四日	同	同
劉鏡清 墨卿 南京人住許家巷四十六號	建康路中華路轉角東至市地南至傅姓屋以鄰牆及己牆爲界西至中華路北至建康路面積九厘二毫八絲	無	同	廿四年五月廿三日	同	同
顧承炳 江甯住洪武路一三一號	珠江路原名洪武街第一二九一三三號東至王姓以各有各牆爲界又張姓以鄰牆爲界南至官巷西至丁姓鄰牆及己板壁爲界北至珠江路人行道爲界面積七分六厘五毫六絲	房屋	同	廿四年六月廿四日	同	同

程竹君晃 敏菴昌 愛堂乃昆 紹南 公市晨 南京人下浮橋迴龍街第五號	昇州路（原名水西門大街）東至莫愁路人行道南至程姓西至昇州路北至程姓屋面積五厘八毫五絲	同	同	廿四年四月廿七日	同	同
王子馨 南京住浮橋街十九號	珠江路（原名洪武街）第一二五七號東至張姓以各有各牆為界南至顧姓以己牆為界西至顧姓以各有各牆為界北至珠江路行人道為界面積一分八厘四毫四絲	平房四間一廈	無	廿四年五月十六日	同	同
顧澤卿 本市住中華路第五四五號	中華路第五五一號東至公走巷楊徐二姓屋以己牆及鄰牆為界南至徐趙二姓屋以鄰牆及己牆為界西至謝楊謝劉姚陳六姓屋以己牆及鄰牆為界北至唐洋屋以己牆為界面積九分一厘九毫八絲	房屋	同	廿四年三月三十日	同	同
萬詩堂 江蘇住中山東路二五二號	漢府路梅園新邨第三三號東至劈賣謝姓屋以鄰牆為界餘剩洪德堂屋南至劈賣梅沁堂地以己牆為界餘剩謝姓屋及本姓屋以鄰牆為界西至劈賣市地以己牆為界餘剩同右北至劈賣本姓地以己墻為界餘剩梅園新邨公街面積劈賣一分九厘三毫五絲餘剩三分七厘三毫七絲	同	同	廿四年六月十二日	同	同
劉忠浩 南京住建鄴路十八號	轉龍車第九號東至轉龍車以己墻為界南至朱姓屋及隙地以鄰牆及本產界線為界西至朱姓屋以己墻及鄰牆為界北至劉姓屋以公牆為界面積六分五厘三毫六絲	同	同	廿四年元月十九日	同	同
莊繼祥 南京住花露崗十五號	花露崗十五號東至張姓屋以己墻及鄰牆為界南至花露崗西至無主地以己牆為界北至花露崗街面積二畝五分九厘六毫三絲	同	同	廿三年十二月廿四日	同	同

趙永金　江甯人住陰陽營廿四號	陰陽營東至(1)金陵大學池及張姓屋地(2)仝　南至(1)陰陽營(2)趙姓地　西至(1)信德堂地及屋(2)信德堂地　北至(1)金陵大學地及本姓地(2)吳姓地　(現擬賣吳姓)面積一畝九分八厘〇八絲	房屋	無	廿四年六月廿一日	廿四年八月卅一日	廿四年十一月卅日止
馬金興　江甯人住毛家苑四十七號	毛家苑四十七號東至毛家苑南至沙姓屋以鄰牆爲界西至沙姓地爲界（沙牆外隙地）北至許姓屋以鄰牆及公牆爲界面積二分六厘七毫一絲	房屋	無	廿三年十二月廿九日	仝上	仝上
黃國華　廣東人住門鷄閘徐府巷九十九號	陰陽營卅一號東至陰陽營南至朝陽菴地西至廖姓地北至金陵大學農場面積九分八釐一毫一絲	房屋	無	廿三年十一月十三日	仝上	仝上
張文炳　江蘇人住復成倉廿七號	復成倉街廿七號東至饒姓屋以己牆爲界南至官巷西至劉饒二姓屋以己牆公牆及鄰牆爲界北至復成倉大街面積六分四釐八毫三絲	房屋	無	廿四年二月廿六日	仝上	同上
戴姓省寓會　管理人戴經繁旌德人住水西門外上河街四十五號	中華路五三二號東至中華路南至安徽會館以公牆爲界西至安徽會館及楊姓屋以鄰牆爲界北至謝姓屋以公牆爲界面積一釐三毫七絲	房屋	無	廿三年十二月廿六日	同上	同上
張榮興　南京人住石板橋七號	石婆婆巷廿一廿四號東至四維堂以鄰牆爲界南至石婆婆巷以己墻爲界西至張姓屋以隣牆己牆公牆爲界北至黃姓地以竹笆爲界面積九分五釐二毛三絲	房屋	無	廿四年六月三日	同上	同上
王九香　湖北人住倉巷九號	建康路原名黑廊巷五二四號東至潘姓及李姓屋均以己牆爲界南至黑廊巷西至黃姓屋以各有各牆爲界北至建康路面積一分七厘五毫正	房屋	無	廿四年元月七日	同上	同上
王澄　南京人住仁厚里三號	仁厚里東至朱姓地南至官街西至高姓地北至埂內空地爲界面積四分正	菜地	無	廿四年七月十六日	同上	同上
楊梅菴　吳縣人代理人王輔臣南京人住飲虹園卅號	飲虹園卅號東至蕭姓屋以己牆翁姓屋以各有各墻爲界南至飲虹園街西至汪姓屋以己墻外走巷隙地爲界北至陸姓屋以己牆鄰牆及牆外走巷隙地爲界面積四分七厘六毫八絲	平房六間八廈	無	廿三年十二月	同	上

薛楊慈明 無錫人住石鼓路六十三號	義興巷二號東至江姓屋以己墻及隣牆爲界南至李姓屋以己墻爲界西至義興巷以己牆爲界北至袁姓屋以鄰墻爲界面積二分四厘八毫四絲	房屋平房四間三廈	無	廿四年七月二日	同上	同上
張學雙 江寧人住第六局堂子巷六號	堂子巷東至馬姓地南至金姓塘西至馬姓地北至馬姓地面積一畝四分五厘五毫正	無	無	廿四年七月廿五日	廿四年八月三十一日	廿四年十一月三十日止
劉承鰲 湖南人住南京市鐵管巷五十三號	大影壁東至孫姓地南至徐姓地留作公走巷西至李姓地北至官水溝面積六分零七毫七絲	空地	無	廿四年三月廿一日	同上	同上
李性量 江蘇人住大影壁四十一號	成賢街十六號東至官溝南至許載姓屋以鄰牆爲界西至成賢街北至劉姓屋以鄰牆爲界面積五分七厘四毫九絲	房屋	無	廿四年三月十八日	同上	同上
王東曙曦 南京人住鄧府巷四號	紅廟東至顧姓周姓地及王周袁三姓公走巷南至紅廟水溝西至顧姓地北至官溝面積一畝一分六厘三毫四絲	無	無	廿四年五月十六日	同上	同上
程朗欣波木 南京人住建康路二三三號	太平路四九號東至顏姓屋以各有各牆及鄰牆爲界南至鄒姓屋以各有各牆爲界西至太平路以鐵門爲界北至蒲陳兩姓屋及科巷以己牆鄰牆爲界面積四分四厘三毫四絲	房屋并基地	無	廿四年六月十二日	同上	同上
酆桂英 江甯人住大黨家巷十五號王宅內	後所東至後所以溝爲界南至萬姓地以溝爲界西至萬姓地及施姓地北至萬姓地面積一畝三分零三毫	空地	無	廿四年五月三日	同上	同上
王樨香 江甯人住牛首巷廿七號	莫愁路二〇九號東至王姓屋以鄰牆爲界南至王姓屋以己牆爲界西至莫愁路北至止馬營面積三分七厘三毫一絲	房屋	無	廿四年七月廿五日	同上	同上
汪治本 皖省人住閫奮營廿號	閫奮營廿號東至西方庵以己墻爲界南至閫奮營西至周姓屋以己牆及鄰牆爲界北至官巷面積一畝四分四厘正	房屋	無	廿四年三月七日	同上	同上

沈德華 南京人住瞻園路八十一號	大四福巷十八號東至林姓屋以己牆外隙地爲界又馮姓屋以己牆爲界南至徐姓屋以鄰牆爲界西至張姓屋以鄰牆爲界又馮姓屋以己牆爲界又官巷以己墻爲界北至張姓屋以鄰牆爲界面積六釐〇六絲	房屋	無	廿三年十二月廿四日	同上	同上
王本立 本京人住磨盤街三十號	侍其街二號東至李姓屋以己牆爲界南至王姓屋以己牆爲界西至王姓屋與王姓地以自己牆爲界北至侍其街面積三分二厘六毫五絲	房屋	無	廿三年十二月廿九日	同上	同上
張青甫 張年亭 張永信 江甯人住大仙鶴街四五號	大仙鶴街四五號東至大仙鶴街南至王姓屋以鄰牆爲界西至張姓屋及地北至大仙鶴街面積二分一厘七毫六絲	房屋	無	廿三年十一月六日	廿四年八月三一日	廿四年十一月卅日止
閻胡氏 河南襄縣人住昇州路三十一號	中華路27號東至王府園巷以己牆爲界南至於姓夏姓屋以包姓以鄰牆各有各牆各有各牆鄰牆己牆爲界西至人行道以己牆爲界北至牆及己牆爲界面積五分三厘七毫	樓上下共三十間外汽樓三號披一廈	無	廿四年八月三日	廿四年八月三十一日	廿四年十一月卅日止
趙秉卿 趙哲卿 趙掄之 趙涇川 安徽太平縣人住首都中正路六六六號	中正路（原名鐵作坊）六六六號東至中正路街邊以己牆爲界南至賈姓屋及官巷以己牆爲界西至周姓屋及官巷以己牆及各牆爲界北至周姓李姓屋以己牆各牆及鄰牆爲界面積一畝六分八厘二毫	房屋	無	廿三年十二月廿六日	廿四年八月三十一日	廿四年十一月三十日止
張年亨 南京人住蘇州白培寺觀音弄十四號	大仙鶴街四七號東至張姓屋以鄰牆及其直線爲界南至王姓屋以鄰牆爲界西至張姓屋以己牆及其直線爲界北至大仙鶴街面積二分四厘二毫一絲	房屋	地役權人張青甫張永信等江蘇江甯人住大仙鶴街四五號	廿三年十一月五日	廿四年八月三十一日	廿四年十一月三十日止

張青甫 南京人住上海愷自爾路振平里三號代理人劉德鈞南京人住小仙鶴街四五號	大仙鶴街四五號東至張姓地南至王姓屋以鄰牆爲界西至張王兩姓屋以己牆及鄰牆爲界北至大仙鶴街面積二分四厘零一絲	房屋	地役權人張永信張年亨等江甯人住大仙鶴街四五號	廿三年十一月五日	廿四年八月卅一日	廿四年十一月三十日止
張麗雲 張永信 張楊氏 江甯人住大仙鶴街四五號	大仙鶴街四五七號東至(一)張姓屋以己牆及鄰墻爲界(二)張姓屋以鄰牆及其直線爲界南至(一)(二)王姓屋以鄰牆爲界西至(一)張姓屋(二)磨乃巷以己牆及其直線爲界北至(一)(二)大仙鶴街面積四分八厘三毫三絲	房屋	地役權人張年亨張青甫江蘇人住大仙鶴街四五號	廿三年十月三十一日	廿四年八月三十一日	廿四年十一月三十日止
程宗灝 程直愚 程麗孫 皖歙人住大全福巷三十號	長樂路(原名三坊巷)九〇號東至水龍局何姓屋及張都堂巷以己牆隣牆及公牆爲界南至卜姓屋以己牆爲界西至梅姓屋以己牆及鄰牆爲界北至長樂路面積九分零五毫九絲	房屋	抵押權人程桂庭南京人住大全福巷三十號抵押權人許澤椿南京人住中華路三〇號	廿三年十二月二二日	廿四年八月三十一日	廿四年十一月卅日止
葉 可　引 長永華立安書賢 江甯人住璇子巷106號	璇子巷一〇六號東至馮趙二姓屋南至璇子巷及盧葛二姓屋以己牆爲界西至璇子巷北至火杜二姓屋以己牆公牆及鄰牆爲界面積四分五厘七毫一絲	房屋	抵押權人王桂榮江甯人住璇子巷106號	廿三年十二月廿六日	廿四年八月三十一日	廿四年十一月三十日止
徐錦南 江甯人住牛市三十六號	牛市街32—36號東至官巷南至官巷西至惠姓屋以鄰牆爲界北至惠姓屋以鄰牆爲界面積四分一厘二毫三絲	房屋	典權人張長麟南京人住牛市三十六號	廿三年十二月五日	廿四年八月三十一日	廿四年十一月卅日止

王鄭華秀 廣東人住大香爐廿三號	南捕廳廿四號東至胡姓屋以己牆及鄰牆爲界南至南捕廳廿六號大街西至高姓屋以鄰牆爲界北至胡姓屋以公牆爲界面積壹畝零三厘八毫五絲	房屋	無	廿三年十一月十三日	廿四年八月三十一日	廿四年十一月三十日止
羅炳生 江蘇人水齋菴九號	大全福巷七號東至潘姓屋以鄰牆爲界南至錫潘丁羅四姓公走巷以己牆爲界西至丁姓屋以鄰牆爲界北至大全福巷以板門爲界面積一分三厘三毫三絲	房屋	無	廿三年十二月廿日	廿四年八月卅一日公告	廿四年十一月卅日止
聞益三 江甯人住集慶路七〇號	集慶路（原名牌樓口）六八，七〇號東至吳姓屋以鄰牆及己牆公牆爲界南至集慶路西至胡姓屋以公牆己牆及各以己牆爲界北至小船板巷面積一畝七分一厘三毫四絲	房屋	無	廿三年十二月十九日	同	同
蔣國璜 江甯人住門東三條營積善里二號	貢院街七號東至傅姓屋以各有各牆爲界南至秦淮河以石駁岸以板壁爲界西至章姓屋以各有各牆以己牆以各有各牆爲界北至貢院街以己牆爲界面積五分〇七毫三絲	房屋	無	廿四年元月十四日	同	同
劉種全 江甯人住門西營門口二十二號	營門口二十二號東至甘姓屋以己貼牆及鄰牆爲界南至張姓屋西至印姓屋以己牆爲界北至朱家苑面積二分九厘九毫三絲	房屋	無	廿三年十二月廿二日	同	同
施鏡廣霖堂 施二人共有本京住中華門外蘆蒿巷施義和粉坊	建康路奇望街一七四六號東官廊程姓地以己牆爲界南官廊以板壁爲界西黃姓屋以己牆爲界北建康路人行道面積三厘三毫九絲	平房三間	無	廿四年	同	同
崇仁善堂 代理人張斌 魯其昌 張李府巷五號魯弓箭坊一六號	府西街二〇號東至陸姓屋以己牆爲界南至府西街爲界西至卄姓屋以鄰牆爲界北至市立一中以鄰牆爲界面積一分二厘九毛七絲	平房三間二廈		廿四年八月二五日	廿四年八月三十一日公告	廿四年十一月卅日止
陶長清 榮母張氏 江甯人住西釣魚巷五號	鍋底塘七九號東至李姓屋南至本姓地西至市產北至李姓屋面積一厘〇四絲	無	無	廿四年三月二日	同	同

陶長清榮母張氏 江甯人西釣魚巷五號	鍋底塘四四七四九號東至鍋底塘南至官巷西至市產北至李姓屋及本產面積二分六厘〇九絲	房屋	無	二四年三月二日	同	同
周紹頤 湖南人住四根桿子十七號	莫愁路（原名四根桿子）十五七號東莫愁路南官巷官溝西官溝北董姓屋美國長老會地市地王姓地面積三畝八分六厘八毫三絲	房屋	無	廿四年四月十六日	同	同
周蓮卿欣富 順英欣貴 江蘇人住五間廳三號	五間廳三號東至旗地以公牆及牆直線為界南至趙姓屋以鄰牆及己牆為界西至賈姓屋以鄰牆為界北至冷賈二姓屋以己牆為界面積一分九厘六毫三絲	房屋	無	廿四年五月三日	同	同
劉金山 江蘇人住荳菜橋廿一號	豆菜橋二一・二二・二三・號東豆菜橋南王姓屋以己牆為界西蕭梁二姓屋以己牆及鄰牆為界北豆菜橋面積四分〇四毫一絲	房屋	無	廿四年五月廿日	同	同
南京粵話浸信會堂管理人羅守仁廣東人遊府西街五九號	遊府西街五九號東李姓屋以鄰牆鐵絲網外隙地為界南朱姓以鐵絲網為界西李哈二姓以鄰牆為界北遊府西街面積一畝〇六厘七毫七絲	平房六間	無	廿四年五月十五日	廿四年八月卅一日公告	廿四年十一月卅日止
萬昌榮 南京人住集慶路五四號	集慶路五二四號東至杜袁二姓屋以公牆鄰牆及袁姓板壁為界南至集慶路西至袁姓屋以公牆為界北至馮姓屋以鄰牆為界面積一分九厘〇四絲	房屋	無	廿三年十二月廿四日	同	同
袁家順 南京人住大仙鶴街十九號	集慶路五六號東至葛姓屋以公牆為界南至集慶路西至端木姓屋以鄰牆為界北至馮姓屋以二姓隙地中線為界面積一分三厘三毫二絲	房屋	無	廿四年一月十六日	同	同
陳淑芬 南京人住胭脂巷八號	胭脂巷八號東至王鄺二姓屋以己牆及公牆為界南至鴨池塘西至柳郭二姓屋以己牆及鄰牆為界北至胭脂巷面積八分八厘八毫二絲	房屋	無	廿四年一月四日	同	同
李潔安 江甯人住三條巷一百廿三號	教敷營三八四〇號東至王姓屋以己牆為界南至盧姓鄰牆為界西至教敷營北至吳姓鄰牆為界面積二厘九毛七絲	平房兩間	無	廿三年十二月廿四日	同	同

王元齡 江寧人住王家巷三號	王家巷三號東王家巷南王家巷西王姓以鄰牆爲界北王姓以己牆爲界面積二分四厘四毫二絲	房屋	無	廿四年七月三日	廿四年八月卅一日	廿四年十一月卅日止
財政局	轉龍車東市地南市地西轉龍車北官巷面積三分〇九毫一絲	房屋	無	廿四年七月十五日	同	同
旌德會館 管理人任治沅旌德人住門東倉門口五二號	義興巷六號東至江姓屋以己墻爲界南至袁姓屋以己牆及以鄰牆爲界西至義興巷以己牆爲界北至劉姓屋以鄰牆東段以己牆爲界面積一分一厘八毫五絲	房屋	無	廿三年十二月卅日	同	同
楊琳瑋璉 代理人楊馬氏南京人住七家灣丁家巷三〇號	東牌樓一八五號東至劉姓以各有各牆爲界南以秦淮河爲界西至廿姓屋以鄰牆爲界北以東牌樓官街爲界面積一分九厘四毫二絲	房屋	無	廿四年七月二十五日	同	同
馬端財 江寧人代理人馬哲夫江甯人住倉巷一六九號	毛家苑九三五號東毛家苑及張姓屋以己牆爲界南至張姓屋以隣牆及公牆爲界西馬姓屋以己牆爲界北馬姓屋以公牆爲界面積六分一厘六毫六絲	房屋	無	廿三年八月廿四日	同	同
蕭田詠璧 湖南人住網巾市十五號	黃海路玉琳坊(原名漢府街)一至五號東至龍文記屋以己牆爲界南至曾浸勝小房地以己牆爲界西至黃海路以己牆爲界北至黃海路以後門外空地爲界面積五分五厘一毫六絲	一樓一底房屋五幢	無	廿四年五月七日	廿四年八月卅一日	廿四年十一月三十日止
張先立 湖北人住五台山豆菜橋景星里一號	湖北路(原名傅德橋) 東至2.1.京市鐵路地 2.1.許姓地 南至2.1.官巷 西至2.1.許姓地 2.1.市地 北至2.1.盧姓地 面積一畝四分一厘八毫九絲	無	無	廿四年八月一五日	同	同
俞愚溪 句容人住胭脂巷十六號	北平路甲種住宅區第一區第一段東至賀姓屋以鄰牆及賀姓竹籬爲界南至北平路西至王姓地北至王姓地面積九分二厘三毫五絲	無	無	廿四年七月三日	同	同

劉魏氏 和州人住大石壩街九七號	小石壩街五一號東至小石壩街及陳龔氏與官地租戶竇姓屋以己牆爲界南至陳龔氏及沈姓屋以鄰牆爲界西至王姓及官地租戶龔姓屋以己牆又至張姓屋以公牆爲界北至紀姓屋以各有各牆及鄰牆又官地租戶竇姓屋以鄰牆爲界面積一分七厘〇七絲	房屋	無	廿三年十二月二十九日	同	同
趙恩鏞 安徽人住棉鞋營廿七號	復成倉七號東至棉鞋營南至黃姓屋以鄰牆爲界西至周姓屋以己牆爲界北至復成倉面積二分二厘二毫五絲	房屋	無	廿四年四月一五日	廿四年八月三一日	廿四年十一月三十日止
應金貴 安徽人住板井十四號	安徽路東至楊姓地及屋南至安徽路西至王姓地及屋北至楊姓塘面積四分六厘〇四絲	草房	無	二四年四月一三日	二四年八月三一日	二四年十一月三十日止
應金貴 安徽人住安徽路十四號	安徽路東至官巷南至安徽路西至楊姓地北至王姓地面積二分一厘三毫六絲	空地	無	同	同	同
童書迪 南京人住四聖堂二號	四聖堂二號東至王姓屋伍姓地及公地以己牆爲界南至督糧廳小學屋以己牆及板壁爲界西至四聖堂一北至舉吳高三姓屋以己牆及鄰牆爲界面積五分一厘七毫正	房屋	無	二四年三月二八日	同	同
石樹芝 江甯人住建康路三二六號	平江府二|六及後門三二六建康路三一二|三二六號東至姚家巷以己牆爲界南至平江府北街以己牆爲界西至隙姓屋以各有各牆爲界北至建康路人行道以板門爲界面積一畝〇七厘七毫正	房屋	無	二三年一二月二三日	同	同
許淦泉 南京人住昇州路廿九號	裱畫廊四六四八號東至官巷以己牆爲界南至裱畫廊以己牆爲界西至王姓蒲姓以鄰牆板壁爲界北至王姓西段以板壁東段以鄰壁牆爲界面積四分二厘七毫三絲	樓房上下十四間	無	二三年十二月二二日	二四年八月三一日	二四年十一月三〇日止
王月如 江甯牛首巷二七號	長樂路九八號面積一分一厘三毫二絲東至朱姓屋南至張姚兩姓屋西至張姚兩姓屋北至長樂路	房屋	無	廿三年十二月十七日	廿四年八月卅一日	二四年十一月卅日

馮道廣 江甯銅坊苑二六號	銅坊苑與小膠巷相連二六號面積一分四厘二毫東至銅坊苑及馮姓屋以己牆爲界南至銅坊苑及西二區救火會屋以鄰牆爲界西至與馮南姓屋以己牆鄰牆及盧巴爲界北至馮姓屋以鄰牆及與直綫爲界	同	無	廿三年十二月二九日	同	同
梁眞慶 江甯人大禮拜寺巷二十三號後進	鐵窗檔面積一畝一分六厘八毫八絲東至官溝南至官河西至營地北至梁姓地	無	無	二四年七月二五日	同	同
王松華 江甯人依畫廊四號	依畫廊四號面積九厘五毫三絲東至鄭姓以己牆爲界南至依畫廊西至尹姓以己牆爲界北至承恩寺以鄰牆爲界	房屋	無	二三年十二月二六日	同	同
陳榮國清禎 江甯人住五福橫首一六號	金陵閘面積二分六厘三毫三絲東至市地官巷南至王姓地西至王姓屋與市地北至官地	空地	無	廿四年八月三日	同	同
朱良福 江蘇人卞關惠民橋一四五號	倉門口七號面積二分六厘四毫八絲東至陳姓走路以己牆爲界南至陳姓屋以鄰牆及大井爲界北至官街爲界	房屋	無	廿四年七月二五日	同	同
張步青瀛 江甯人長樂路三九四號	長樂路「原名利涉街」三九四號面積二分一厘六毫六絲東至汪姓屋以己牆李姓屋以己牆鄰牆又汪姓屋板壁鄰牆爲界南至吳姓屋鄰牆爲界西至廟姓屋以己牆及公板壁爲界北至長樂路	平房三間一廈	無	二三年十二月二二日	同	同
沈善卿 江甯人長生祠三號	長生祠二四號面積四分六厘三毫一絲東至邵姓屋以各有各牆爲界南至長生祠以己牆爲界西至官街以己牆爲界北至陳姓以己牆爲界	房屋	無	二四年七月二五日	同	同
吳朝財 本京人廣州路四八號	長樂街九一號面積八厘八毫三絲東至長樂街南至吳姓屋以公牆爲界西至秦淮河北至吳姓屋	房屋	無	二四年一月五日	同	同
馮永源和成 南京人老府橋三五號	老府橋二五號面積二分一厘四毫八絲東至老府橋南至馮馬三姓屋以公有板壁爲界西至孫姓屋北至復興菴屋以鄰牆爲界	房屋	無	二四年一月十二日	同	同

黃玉生 繼忠 慎發 立勛 江甯船板巷五四號	船板巷四六號面積二分六厘八毫東至秦淮河南至官巷西至船板巷北至張姓屋以己牆爲界	房屋	無	二三年十二月卅日	二四年八月卅一日	二四年十一月卅日
王介卿 江甯人張府園九號	建鄴路「原名珠寶廊」十三五號面積三分〇五毫東至黃姓屋以己牆爲界南至秦淮河西至王姓屋以公牆爲界北至本姓租用官地	同	同	二四年四月四日	同	同
李幼峻 合肥代理人汪衡如住中華門外西街一一六號	中華路「原名南門大街」三九〇號面積二分二厘四毫八絲東至中華路南至杜姓屋以己牆及鄰牆爲界西至哈姓屋以鄰牆爲界北至方姓屋以公牆爲界	同	同	二四年三月二七日	同	同
余森林 榮興一華 長貴 江甯人住高岡里十六號	小門口一五、一七號面積七厘九毫一絲東至趙姓屋以本姓板壁爲界南至小門口西至施姓屋以鄰牆爲界北至楊姓屋以日鐵披及大井爲界	同	同	二四年七月八日	同	同
徐吾勵 本京人韓家苑六四號	韓家苑六四號面積三分九厘八毫五絲東至馬錢及金三姓屋以鄰牆及己牆爲界南至韓家苑西至韓姓屋及地以鄰土牆及己牆爲界北至韓姓土牆	同	同	二三年十二月二七日	同	同
禮拜寺 管理人馬梓庭住禮拜寺巷十八號	打釘巷二十號面積一畝九分三厘五毫六絲東至禮拜寺巷南至打釘巷西至河沿北至馬姓屋以鄰牆爲界	房屋	無	二四年一月七日	同	同
鈕幼之 南京老府橋十三號	老府橋十三號面積一畝二分四厘五毫六絲東至老府橋南至徐姓屋以己牆爲界地以直線上木樁爲界西至乜家苑北至池姓屋以鄰牆公牆爲界	房屋	同	二三年十二月二九日	同	同
陳光張 南京人住大九兒巷一九號	中正路「原名鐵作坊」五四一號面積五厘四毫三絲東至張姓屋以鄰牆爲界南至張姓屋以鄰牆爲界西至中正路北至劉姓屋以鄰牆爲界	房屋	無	二三年十二月二八日	同	同

甘國榮 本京馬道街卅號	貢院西街二三號面積一分〇〇二絲東至貢院西街南至江甯縣屋及夫子廟屋以己牆及鄰牆爲界西至韓姓屋以鄰牆及己牆爲界北至韓姓屋以鄰牆爲界	同	同	二三年十二月二十日	同	同
龔奉親 丹徒接福巷十號	接福巷十號面積一分〇七毫一絲東至葛姓屋及接福巷以己牆及鄰牆爲界南至普安會館及接福巷以鄰牆及己牆爲界西至虎姓屋以己牆爲界北至江甯縣教育局屋以鄰牆爲界	同	同	二三年十二月二十八日	同	同

南京市政府公報　附錄

收入金額 項	收入金額 目	科目
7483907		上月庫存
	7433907	存市金庫現
53611960		本月新收
527794		契稅
	526294	契稅
	1500	契紙稅
39178		地稅
3910748		營業稅
	2085298	營業稅
	1325450	菸酒牌稅
	22200	營業捐
	293000	牙稅
	184800	屠宰稅
6276439		房捐
9099256		車捐
317210		船捐
1657996		地方財產收入
	225552	房租
	185722	地租
	959578	洲租
	28400	什租
	200183	洲產息
	58561	標賣產價
160041		地方行政收入
	44000	勘丈費
	33206	登記費
	61425	執照費
	20500	測繪費
	910	手續費
500000		地方營業收入
	500000	典當純益
2307981		其他收入
	1970933	雜捐
	24869	雜項收入
	312129	築路攤費
1125000		補助款收入
	1125000	其他補助費
27474651		補收款項
215716		定額收回
18328746		暫記款項收入
11910375		暫記存款
	11910375	存款
6330181		暫記收回
	6330131	貸款
88240		交存保證金
	88240	押租
79874613		合計

科目	支出金額 項	支出金額 目
本月支出		50677096
市政府經費		958990
清潔隊	567400	
鄉區保衛團	95050	
行政費	296540	
財政局經費		4195459
本身	1692600	
財務費土地處	1897792	
財務費營業稅處	200000	
財務費	405067	
工務局經費		18670050
臨時防汎費	5407286	
自來水營業外支出	1797845	
建設費	9293042	
商業支出	2171877	
社會局經費		11920512
各學校	6755192	
其他附屬機關	5165320	
協助費		295937
雜項工程費		9749794
拆遷費	802057	
徵用土地費	8947737	
雜項支出		754900
市公債基金		3300000
賞卹費		5620
路政支出		825884
暫記款項支出		8152799
歸還存款		3152439
存款	3152439	
還付保證金		360
押租	360	
本月庫存		25544718
存市金庫現	25544718	
合計		79874613

局長　秘書　科長　主任　製表員

南京市政府祕書處出版刊物一覽

一、南京市政府公報 定期刊每月出版一期每期定價大洋一角

一、一年來之首都市政 十七年十二月出版定價大洋六角

一、首都市政要覽 本市成立二週紀念特刊十八年五月出版定價大洋三角

一、首都市政 十八年雙十節出版定價大洋四角

一、劉市長之言論 十九年一月出版定價大洋三角

一、劉市長市政報告紀要 十九年一月出版定價大洋四角

一、南京特別市市政府工作總報告 十九年二月出版定價大洋八角

一、NANKING: *The Capital of China—Outline of It's Activities* 十九年二月出版非賣品

一、南京特別市市政法規彙編二集 十九年三月出版定價大洋二元

一、南京市政府民國十九年工作總報告 二十年一月出版定價大洋八角

一、京市建設概況 二十年一月出版非賣品

一、首都勝蹟 二十年五月出版定價大洋一元實售大洋六角各公園內均有出售

一、新南京 二十四年四月再版定價大洋五角代售處太平路共和書局

一、南京市政府二十二年一月至二十三年十月工作概況 二十三年十一月出版非賣品

中華民國二十四年八月

南京市政府公報

第一五六期

編輯者 南京市政府祕書處編譯股

發行者 南京市政府祕書處

印刷者 南京市救濟院印刷廠 南京剪子巷 電話二三三九五號

代售處 南京 開明圖書教育用品社 正中書局

公報定閱價目 每月一期每冊大洋一角 外加郵費本市一分外埠二分

南京市土地局通告

查本市土地登記，原經參照自治區域，劃爲八區，分期舉辦。現除一至六區，業經通告分別辦理外，其餘下關部份之第七區及浦口一帶之第八區，茲定於本年九月一日起，開始舉辦。並爲提前完成本市土地登記要政起見，經將原訂南京市土地登記暫行規則所定聲請期限修正縮短，併經呈奉

南京市政府提交第三六二次市政會議議決通過令飭遵行在案。除檢同修正規則布告外，用特通告，仰各土地權利人務於二十四年九月一日起，兩個月內，攜帶契據親自來局或委人代理聲請登記。如逾上列期限，未經聲請核准者，即予照章處罰，決不姑寬。特此通告。

防空雜誌創刊號目次

每季一冊　全年四冊

定價　零售每冊貳角　全年國內八角國外一元二角

發行所　南京軍事委員會防空委員會編審委員會

分銷處　全國各大書局

中華郵政特准掛號立券之報紙
民國二十四年九月

第一五七期

南京市政府公報

馬超俊

南京市政府祕書處印行

總理遺像

總理遺囑

余致力國民革命，凡四十年，其目的在求中國之自由平等，積四十年之經驗，深知欲達到此目的，必須喚起民衆，及聯合世界上以平等待我之民族，共同奮鬬！

現在革命尚未成功，凡我同志，務須依照余所著：建國方略，建國大綱，三民主義，及第一次全國代表大會宣言，繼續努力，以求貫澈！最近主張開國民會議，及廢除不平等條約，尤須於最短期間，促其實現！是所至囑！

南京市政府公報第一五七期目錄

二十四年九月

會議

法規

南京市政府公報　目錄　二

委令

公牘

社會

財政

工務

土地

衛生

其他

統計

特載

附錄

南京市政府公報　目錄

八

第三六八次市政會議紀錄

時　間　二十四年九月六日上午九時

出席人　馬超俊　陳劍如　陸鋒強　張劍鳴　王人麟　周　湘（趙劍光代）　宋希尙

列席人　王祖祥　潘歌雅　吳衍慈　陳祖平　黃比瀛　孫茂柏　段麟郊　孟廣照　葛曉東　王漱芳　沈時濟

主　席　馬市長

紀　錄　邵鴻猷

開會如儀。

甲、報告事項：

一、紀錄邵鴻猷報告第三六七次市政會議決議案。

二、王秘書長報告秘書處處理重要案件：

1. 本市土地估價委員會呈請修正該會組織規則第二第四第六各條條文一案，已經本府照該會第十八次常會所擬修正案核准，并於本年九月三日公布施行。

2. 鐵路管理處呈送該路急待修整理各項工程清冊，請撥款興修一案，已撥發修理費九千八百四十九元六角，令飭照冊分別趕修。

3.令市二十五年度預算，已奉　行政院訓令飭照預算章程內規定編送期限，切實辦理，業經分令遵照在案，茲將預算章程內所定各級概算編造程序及日期，摘錄如左：

一、本府所屬各機關編造各該機關二十五年度歲入歲出概算書（即第一級概算）各繕具三份，限本年十一月三十日以前，送達財政局，如有一部份未能按期編送者由財政局代爲編造

一、財政局審核第一級概算，應分別加具審核意見，繕具彙編本市歲入歲出概算案二份，連同第一級概算書各一份，限二十五年一月十五日以前，送達本府。

一、本府依據收支適合原則，議定本市概算案，限二十五年一月三十一日以前發還財政局。

一、財政局依據本府議定概算案，編成本市歲入歲出總概算書（即第二級概算）繕具三份，連同第一級概算書各一份，限二十五年二月十五日以前送達國民政府主計處。

4.查建設火葬場一案，前經市政會議議決，交工務局會同社財土三局及衛生事務所從速籌辦，茲據該局等會同簽呈，業經決定進行原則六項：（一）火葬場地點，決附設于大營盤公墓內。（二）火葬場計劃，依照工務局所擬草圖，修正通過。（三）關於火葬場所用屍棺及灰匣，應歸本府辦理，以示一致。（四）由府購置運棺汽車專爲葬喪之家應用，并於公墓計劃內，添建汽車間一項。（五）收費從廉，俾市民樂於採用火葬辦法。（六）關於詳細章則等，俟工務局詳細圖算，呈奉核定後，再行分別擬訂。

三、陳社會局長報告：

1.市立各中等學校招生事宜，均已辦竣，第一中學業已開學，第二中學定於本月十六日開學，師範學校定於本月二十日開學，初級職業學校定於本月二十二日或二十四日開學，本年度原擬增設中等學校四校，本學期已完成四分之三。

2.市立小學，本年度原擬增加二三〇級、本學期已增加市區完全小學五校，（其中有二校係由簡易小學改辦者）市區簡易小學七校，（除原有承恩寺及二條巷兩校改辦完全小學，江東門改爲鄉區小學，花路口改爲鄉區簡易

小學外，實增三校，）鄉區連江東門及沿路口二校共增加二十五校，計舊有新增各小學，共增加一九一級，學生一萬人左右，已完成本年度計劃五分之四，各小學除裴家橋及馬路街兩新設小學外，餘均開學。

3.此次考取之小學校長教師，已全部分發任用，惟以本學期學校增加甚多，全部分發，仍不敷用，現擬先行派代下次再行補試。

4.前此更換一部份小學校長，外界頗多誤會，以爲各校教員亦多隨之更動，玆據調查結果，各校原有教員僅有二十餘人失職，而此二十餘人均係成績過於惡劣，爲各校所不願任用者。

四、財政局潘祕書報告：

1.上新河孝陵衞及燕子磯三鄉區屠宰稅，向由本局營業稅處徵收，玆爲統一事權便於整理起見，特將各鄉區屠宰稅，亦一律劃歸屠宰稅徵收處經徵，已自本年九月一日起實行。

2.准首都各界救濟水災募捐委員會函，以加徵各電影院入場劵附捐救濟水災一案，決定自九月一日起，各影戲院入場劵一律値百加五抽捐，以兩個月爲限，檢同加捐小章，請代爲徵收，當以通知日期過促，關於查驗封存各影戲院舊劵及印發新劵等手續甚繁，經飭主管科加班趕辦，所有城內及下關各影戲院均已如期實行。

3.本年度八月份各項稅捐收入，計洋二二一二四八，九九元，較之二十三年同月份稅捐收入洋二〇三三五〇•二三元，實增收一七八九八•七六元，又本年度八月份市產收入，計洋二六九八九•九六元，較之二十三年同月份市產收入洋二一九八八•三八元，實增收五〇〇一•五八元，計稅捐市產兩項，本年度八月份共收入二四八三八、九五元，二十三年八月份共收入二二五三三八•六一元，本年八月份計共增收二二九〇〇•三四元。

五、宋工務局長報告：

1.放寬中山北路與熱河路交角處路面已開工。

2.計劃城北及下關部分下水道正在積極測量中。

3.開闢勵志社及中央醫院前面小公園，正在積極準備，預算初期整理工程，約需費二萬元，又該處中山路慢車道，擬乘此機會同時興築，附臨時公園計劃圖一張請傳觀。

4.自來水廠之發動機現係借用電廠之電力，昨因首都電廠配電板損壞，電流停止，機器不能發動，以致臨時停止供水，直至上午十一時，電廠修復後，始照常供水。

5.遷移繡球山公園及第四住宅區內無主坟墓，已招工承辦。

六、土地局趙科長報告：

1.土地登記，收聲請所有權登記案一六一件，他項權別登記案六三件，核准公告案件一四一件，發出公告案件三二〇件。

2.勵志社收用西華門至西長安門中山路南旗地一百畝，業經本局派員會同工務局勵志社，於本月四日，前往該管公所，就地發放青苗拆遷等費。

3.金陵兵工廠征收附近土地，以業戶抗拒，發生糾紛・業由軍政部分別函飭警政各機關切實協助辦理，本局亦擬派員前往協助。

4.發放中華路繡球山公園上海路建康路珠江路第四住宅區鄧府巷小學等地價及拆遷費一一六四三・五七元。

5.收契稅地價土地登記費及書狀費地租清丈契紙測繪罰金執照等費徵收地委發地價暨預繳契稅等共一一四八七・三七元。

乙、討論事項：

一、市長交議，王參事等審議，南京市管理中西醫藥新聞廣告傳單規則案。

決議　修正通過。

二、市長交議，參事室審議，南京市救災準備金保管委員會組織章程案。

決議　通過。

三、市長交議，王參事審議，土地局呈請修正南京市鄉區土地移轉陳報戶粮推受規則案。

決議　通過。

四、市長交議，陸財政局長等報告，審查擴充自來水一案意見案。

決議　通過。

五、市長交議，社會局呈擬任黃俊昌鄭勉周大賚三員，爲市立第二中學師範學校及初級職業學校校長案。

決議　通過。

六、陳社會局長提議，擬調派范炘，委派郭英材爲新設裴家橋馬路街小學等校校長案。

決議　通過。

七、王祕書長提議，本府及所屬各機關職員，擬一律穿着制服案。

決議　通過。制服式樣，質料，顏色，交陳孫葛段四專員會同擬訂，提會討論由陳專員召集。

八、周土地局長提議，爲土地登記附帶聲請建築者，擬不適用特殊情形建築案件辦法，以示限制，而免流弊案。

決議　通過。

第三六九次市政會議紀錄

時　間　二十四年九月十三日上午九時

出席人　馬超俊　王人麟　張劍鳴　陳劍如　陸肇強　宋希尚　周　湘

列席人　王漱芳　吳衍慈　黃比瀛　潘歌雅　沈時濟　孟廣照　陳祖平　王祖祚　孫茂柏　葛曉東　段麟郊

主　席　馬市長

紀　錄　邵鴻猷

開會如儀。

甲、報告事項：

一、紀錄邵鴻猷報告第三六八次市政會議決議案。

二、王祕書長報告祕書處處理重要案件：

1.本市公園管理處呈請修正該處組織規則一案，前經三六六次市政會議決議：「交葛專員會同沈科長再加整理、呈請市長核定」在案。茲據該專員等呈報整理情形，並繕具修正規則請核示前來，業經轉陳　市長照案核准，于本月十日分別指令公布施行。

2.本市組織鄉區保衛團一案，前經呈奉　軍事委員會令飭照南昌行營頒布之各省保安制度改進大綱改訂，當經本府第三五四次市政會議將原訂南京市鄉區保衛團組織規則，改訂為南京市政府鄉區保安獨立中隊組織規則，並附具編制表再呈　軍事委員會核准暨分別函呈　內政部及　行政院鑒核備案在案。茲奉　行政院及　內政部先後令函，准予備案。並已奉　國民政府令准備案等因；遂于本月九日檢發修正規則及編制表令飭該保衛團遵照改編，一面將改編鄉區保衛團為保安獨立中隊情形，分函本京各軍警機關轉飭所屬一體知照。

3.首都警察廳函：為本市公廁缺乏，供不應求，請利用商民私廁，使其公衆化，或於商民申請建築較大規模之房屋時，使其義務設置，以便民衆一案，已飭據工務局衛生事務所及清潔總隊會同擬具增加公廁及取締私廁原則六項于本月十日分別函令遵辦。至該原則內容，大致在限制，嗣後建築十幢以上之里衖房屋，必須添建公廁一所，對于大商店建築私廁，並儘量促成其公衆化，其原有私廁，另規定最低改革標準，勸令廁主改善，如過於簡陋或無法改善者，則給價收歸公有，由公家設法改良之，又公建廁所，一律裝置自來水，並派定伕役專司清潔管理之責　維持其清潔云。

三、陳社會局長報告：

1.義務教育委員會，教育部迭催成立，現本局已將組織章程及預算擬定，連同擬聘委員名單，呈府核奪。

2.校舍建築委員會於本月七日舉行第四次會議，其重要決議案如下：

（一）將評事街小學校舍危險及急應修建情形，呈報市府，請早日核准施工。（二）市立師範學校校舍建築圖算，請陸局長張參事秘科長會核，於九月十五日以前核定送會。(三)增設鄉校開辦費，建築部份經費甲乙兩項，共一萬八千六百元，准予通過，呈府備案，其餘各項經費，仍請市府核示。(四)增設中等學校，開辦費，建築部份經費需要時准予按照所列概算分別編造，但以不超過原列經費數爲原則，呈府備案，至設備費仍請市府核示。(五)校舍建築經費，由社工兩局會商決定最近所需建築經費數 函請財政局撥付，按正在建築中之校舍，有淮清橋，武定門，昇平橋，高井，下關，三條巷，五台山，三牌樓，游府西街，漢口路，四所村，承恩寺，銅坊苑，剪子巷，及竺橋等十五校，除竺橋小學係由 蔣委員長捐贈外，計需建築費十八萬零零七十三元四角二分，即將興工之校舍有大行宮，鄧府巷，登隆巷，評事街，寶塔橋幼稚校，及鄉區小學師範學校第一中學學生宿舍，計需總築費二十一萬九千二百五十五元九角二分。

3. 關於籌辦米市事宜，下關商民及區公所銀行界方面，均甚注意，地點尙待商討。

4. 處置難民，已屆實施時期，且本年各地水災奇重，難民當較往年更多，擬請工務局將笆斗山難民收容所從速建築完成，又大夫第殘老所舊址，擬改設婦女簡易工廠，關於處置難民經費方面，預算需二十六萬元。

四 財政局潘秘書報告：

1. 本市公濟協濟兩公典，承當市民衣物，價值甚鉅，爲防意外起見，每年皆保有火險，兩典保額約共九十萬元，保費約四千數百元，惟此項保險，歷來悉由該兩典自行辦理，最近本局派員調查，發覺各承保公司間有資本薄弱，保額過大，以及保費過昂情事，現爲保障當戶利益及鞏固該兩典基礎計，已令飭該兩典嗣後續辦保險，務須於原約期滿一月前，呈報本局，指定資本充實及信譽可靠之保險公司，始得辦理，以期穩固，而節保費，並飭將現有保單繳局保存，又該兩典每年春秋兩季滿貨出售，向例係俟商典出貨得有行市，始行報請本局核示，因此爲期已晚，售價處於不利地位，本年秋季特令飭該兩典提前與衣商接洽，呈報核辦，藉以糾正以往延緩積壓之弊。

2. 本市二十四年度田賦，擬定於十月間開徵，所有地稅徵冊及業照等件，以原辦人員不敷分配，尚未編造齊全，現正添用臨時錄事趕辦，以期早日完成，如期開徵。

五、宋工務局長報告：

1.奉　市府交下　蔣委員長電，飭自本年十一月至明年三月為徵工辦理水利事業，國民勞動服務時期，現擬將本市堤防作一整個計劃，徵工修培之。

2.放寬江邊馬路中山碼頭一段已開工，津浦鐵路管理委員會津貼之工款一萬元，業已如數收領。

3.開闢勵志社前面小公園，初期工程約需費二萬元已函請該社照撥，一俟款項撥到，即行開工，又放寬該處中山路路面，已開工辦理。

4.鼓樓至丁家橋一帶棚戶，原不在第一期遷移之列，茲因警察廳迭催飭遷決提前辦理，計該段棚戶共有一百七十六戶，其中有七十六戶，已領棚戶證，將於本月十六日以前拆遷，其餘一百戶有七戶為警士等所有，業已拆遷，此外九十三戶，亦已分別通知從速拆遷，又下關電燈廠後面一帶棚戶，亦擬遷移，但棚戶區地址亟待早日徵收，關於前經勘定之七處棚戶區，擬請土地局將徵收手續，即日辦竣，以利進行。

5.建築笆斗山難民收容所，日內即可招工。

6.自來水免費及減價期間，明日截止，本月十五日起，恢復原狀。

7.私立濟民職業學校，前往浙江烈士祠後造一天橋，事前並未呈經本局核准，茲據浙江旅京同鄉會及浙江烈士祠請求將該校天橋拆去，當於昨日派工前往拆除，詎該校有學生數十人，齊集橋上，阻止拆卸，並來局請願，經剴切勸導後，已順利執行。

六、周土地局長報告：

1.警察廳收用保泰街土地三十二畝五分零八毫，應發地價七萬五千三百八十五元一角二分，已造表函請警察廳照撥。

2.土地登記，收所有權登記案七二件，他項權利登記案四六件，核准公告案二四四件，發出公告案二九〇件。

3.發放上海路建康路中華路第四住宅區金陵兵工廠收用馬家山四所村平民住宅，中央博物院收用半山園綉球山公園，中央黨部門前停車場等處拆遷費一一二三四・七三元。

4.收土地登記費書狀費圖則費契稅契紙費清丈費旗產地租手續費閱覽抄錄費測繪費罰金旗地地價市地地價執照費抵押登記費預繳契稅暫記存款等二萬四千五百零七元六角四分。

七、王衛生事務所長報告：

1.本年夏季防疫，已於上星期結束，計共注射防疫針十二萬九千四百餘針，井水消毒五萬六千另七十五次，滅蚊噴油洒灰五千零四十六次，滅蠅洒蜻化鈉九萬一千五百七十三次，貧病收容所收容七十二人。

2.統計全市共有牛乳坊九十二處，現擬聯合中大農學院舉辦牛乳坊職工講習班。

3.檢查飯菜館工役糞便，結果有百分之四十三，含有寄生虫。

4.本所現擬會同屠宰場，將該場所宰牛肉，加以檢驗。

乙、討論事項：

一、王秘書長提議，擬改善處理公文手續，以提高辦事效率案。

決議　由秘書處召集府屬各機關主辦文書人員，共同研究，擬訂具體辦法，提會決定。

二、市長交議，衛生事務所呈，擬任姜渭綸代理該所第三課課長，兼市立傳染病醫院院長案。

決議　通過。

三、市長交議，陳專員等簽呈，擬訂本府及所屬各機關職員制服式樣質料顏色，請公決案。

決議　式樣及顏色照陳專員等所簽通過，質料任各職員自行擇定，但限於國貨。

第三七零次市政會議紀錄

時　間　二十四年九月二十日上午九時

出席人　馬超俊　陳劍如　王人麟　周　湘
　　　　張劍鳴　陸翰強　宋希尚

列席人　王漱芳　段鱗郊　葛曉東　孟廣照
　　　　王祖祚　黃比瀛　陳祖平　孫茂柏
　　　　吳衍慈　潘歌雅　沈時濟

主　席　馬市長

紀　錄　邵鴻猷

開會如儀。

甲、報告事項：

一、紀錄邵鴻猷報告第三六九次市政會議決議案。

二、王秘書長報告秘書處處理重要案件：

1.關於第三六八次市政會議通過之本市救災準備金保管委員會，除照章以社會財政兩局局長為當然委員外，應再加聘委　九人，當經呈奉市長核准聘請繼訥齋，周伯敏，呂蒼巖，吳震修，蔣汝正，黃月軒，劉競生，吳求哲，曹葛仙等九人為委員，並於本月十八日開具委員名單，連同組織章程呈請　行政院照章指定常務委員及委員長，以便組織。

2.社會局呈報遵令擬具南京市義務教育委員會組織規程，及該局舉辦一年制短期小學暫行辦法，請鑒核備案一案，已指令照准，並已咨送教育部查核備案。

3.和萬實驗鄉委員會呈：以本鄉山崗起伏森林甚盛，為市郊不可多得之區，惟近來農戶因迫於生計，砍伐甚烈，長此以往，不特有損風景，且與市民健康有關，爰經屬會與中國農民銀行接洽辦理森林押款，以資救濟，附呈森林押款辦法，請鑒核備案一案，查所呈辦法，係為救濟該鄉農村經濟，及保護民有森林起見，尚無不合，當經指令准予備案。

4.本府工作人員儲蓄金保管委員會，除由 市長指派陸局長王參事，及孟科長爲該會委員外，且經社會局推定金科長，財政局推定潘秘書工務局推定林科長，土地局推定趙科長爲該會委員。

三、陳社會局長報告：

1.二屆集團結婚，定於本月二十日開始登記，十月二十日截止登記，十一月一日核准公布，十一月二十日舉行婚禮。

2.義務教育委員會定於今日下午在本府舉行第一次會議。

3.關於收容難民事宜，現正在積極籌備中，擬請工務局將笆斗山難民收容所提前完成以利進行。

四、財政局潘秘書報告：

1.案查本局前奉 市府交辦江勝鳳台柵欄等鄉報請勘災各案，當經依照勘報災款條例第三條之規定，會同社會土地兩局派員前往報災各鄉履勘，業於本月十七日出發，一俟查勘竣事，當再呈請 市府派員復勘。

2.八卦洲地處江心，潮漲時江水滲入，前由本局墊款購置抽水機四架，本年夏汛利用該項抽水機排水，除一小部份過低農田外，其餘均得免於淹沒，現在據報江潮已退，排水工作暫告停止，所有本局前墊油費一千餘元，亦由該洲農會決議在本年秋租項下每畝代徵抽水油費一角，以資歸墊，有餘則留作常年雇用管理工匠之用。

五、宋工務局長報告：

1.譚故院長墓最近由本局略加修葺，又本月二十二日爲譚故院長逝世紀念日，已由本局呈請 市府轉函國民政府典禮局負責籌辦紀念典禮，本局當派員屆時前往招待。

2.關於國民勞動服務征工興辦水利事宜，本局擬將本市堤防作一整個計劃，徵工修培。現正在積極準備中，組織測量隊及添置儀器，約需一萬九千元，擬在和蘭庚款項下撥支，已請董事會批准，至於徵工辦法，尚待從長計議。

3.防汛工作，擬於本月底結束，東西水關均已開放。

4.放寬磨盤街及翻修三十四標常府街至第一公園一段馬路已開工。

5.放寬玄武路及玄武門至環洲盡處一段堤面已開工。

6.建築笆斗山難民收容所工程已開標。

7.第四住宅區內無主棺骸正在遷移中，關於該區內道路，擬先將路基填築完成，俟各業戶房屋建築完成後再行建築正式路面，又該區內所有池塘及高低之處，除池塘概由本局填平外，其餘僅大體上加以整理，擬任各業戶將來自加修飾，以增美觀。

六、周土地局長報告：

1.第一次全國地政會議，本府提有四案(一)請設立土地裁判所案，決議通過，由部呈院轉催從速訂定土地裁判所組織條例，公布實行，(二)請設立土地信用銀行案，決議通過，由內政部會同財政部核議詳細辦法(三)請規定土地法施行日期分區標準案，決議通過，併入內政部提「各省市地政施行程序大綱」，(四)請規定逾限登記處罰辦法案，決議由各省市斟酌地方情形，擬訂辦法，專案咨部核辦，此外關於溢地問題，經大會議決通過原則，由內政部於不抵觸土地法施行法第二十三條範圍內，從速訂定清查公有土地章則呈院核准施行，又關于稅契問題，亦經大會議決，由內政財政兩部共同籌商抵補辦法，如無抵補辦法，仍照舊辦理。

2.測量第四住宅區面積，及計算分配等工作，均已辦理竣事，惟該區馬路中心樁，既多散失，而水塘及馬路路基邊線，亦多未填，寬度不能一致，房屋等亦未遷拆，所有分戶界樁，無法測釘，經函請工務局迅將該區內各馬路邊石建妥，或將馬路路邊用堅固鐵樁釘妥，一俟釘妥，即可按戶分界釘樁。

3.測量各棚戶住宅區石門檻一處已辦理竣事，漢中門草場門一處，准工務局函，與城防有關，擬暫緩辦理，金川門外四所村一處，因蘆蓆未除，未能施測，其餘六處，俟工務局釘定界樁，即可分別進行測量。

4.最近本府辦理各棚戶住宅區徵收土地事宜，計有八處共和門外七里街一處計徵地三百五十三畝九分四厘七毫三絲，地價每方五元，連同拆費，共需洋十萬零一千零六十八元零六分，業經本局於本年八月九日造表呈請市府撥款，旋奉指令，以需款太鉅，飭即分段進行，當以此項分段究竟孰緩孰急經轉函工務局核辦見復，現尚未准函復，無法進行，至其他七處，均在測量製圖中一俟測量完竣，即行辦理徵收手續。

5.土地登記審核所有權登記案二七二件，他項權利登記案三八件，其他一一六件，計共四二六件。

6.發放中華路第四住宅區金陵兵工廠收用馬家山四所村平民住宅區繡球山公園中央黨部門前停車場朱雀路珠江路社會局邊營小學等地價拆遷費五千九百四十九元七角七分。

7.收土地登記費土地權書狀費圖則費契稅契紙清丈費灘地租市鉄路地租手續費閱覽抄錄費測繪費罰金市地價執照費等三千四百三十元另六分。

七、王衞生事務所長報告：

1.秋季種痘已開始。

2.據去年七月至本年六月之統計，全市五歲以下之兒童，其死亡數在全市死亡人數之百分之四十以上，約占全市人口之千分之八。

3.七里洲分所已開幕。

乙、討論事項

一、市長交議，築路攤費審查委員會簽呈，國府路攤費業戶代表要求照八二折實收，地價照實支數核發，可否照准請公決案。

決議 照准，攤費分三期繳納，每期兩個月，逾期不繳者，由參事室擬訂處罰辦法，提會決定。

二、市長交議，王參事等簽呈，擬定自來水管理處組織規則及預算案。

決議 通過

三、陳社會局長提議，請任用市立第一第十二三四等民衆學校校長，及第六民衆學校代理校長案。

決議 通過。

南京市政府公報　會議

一四

法規

修正南京市土地估價委員會組織規則 二十四年九月三日公布

第一條　本會隸屬於市政府，專司評估全市地價，及因公開發之土地增價等事項。

第二條　本會設委員十一人，以左列人員充任；

一、市長；

二、土地局長；

三、財政局長；

四、工務局長；

五、社會局長；

六、專門委員三人；

七、江寧地方法院代表一人；

八、銀行公會及市商會代表各一人。

前項專門委員由市長遴選富有專門學識人員充任。

第三條　本會設委員長一人，由市長兼任。

第四條　本會每月開常會一次，遇必要時得由委員長召集臨時會議。

第五條　本會委員爲無給職，但專門委員不在此限。

第六條　本會設秘書一人，事務員一人至三人，得由土地工務兩局職員中調用。

第七條　本會辦事細則另定之

第八條　本規則自公布之日施行

南京市政府鄉區保安獨立中隊組織規則 二十四年九月九日令發施行

第一條　本府爲增進鄉區人民自衞能力，協助軍警維持地方治安，及推行政令起見，遵照軍事委員會頒布之各省保安制度改進大綱，設立鄉區保安獨立中隊，直隸於本府。

第二條　各區地方原有之保衞團隊，均應歸併鄉區保安獨立中隊編制，並由各區選送壯丁若干名，補充編練，其辦法另定之。

第三條　鄉區保安獨立中隊暫成立三分隊，依照各省保安制度改進大綱附表第三編定，其官佐由市長分別委派，惟自特務長以上，均應呈報軍事委員會備案。

第四條　鄉區保安獨立中隊之旗幟圖記，均由本府另行擬定，呈請軍事委員會核准之。

第五條　鄉區保安獨立中隊應登記各區地方原有保衞團自備之槍枝，如不敷用，由中隊長呈請本府添置之。

第六條　鄉區保安獨立中隊經費，除移用原有之保衞團隊經費外，不足之數概由本府撥給。

第七條　鄉區保安獨立中隊應受軍事及政治之嚴格訓練，其課目及訓練綱要，遵照各省保安制度改進大綱第五章之規定辦理之。

第八條　鄉區保安獨立中隊除平時訓練外值分駐各區時，每月須會操一次，其辦法呈府核定之。

第九條　鄉區保安獨立中隊官兵服務規則，及獎懲規定，應按照陸軍官兵服務規則，及陸海空軍懲罰法，陸海空軍刑法辦理之。

第十條　本規則自呈准之日施行。

修正南京市公園管理處組織規則

二十四年九月十日公布

第一條　本處依據南京市政府組織規則第二條之規定組織之，隸屬於 南京市政府。

第二條　本處管理全市公有公園，廣場，農場，苗圃，暨行道樹，及市府指定與公園有關之名勝區域。

第三條　本處設主任一人，承市長之命，綜理全處事務。

第四條　本處設置左列各股。

一、總務股：

二、園林股。

第五條　總務股掌理事項如左：

一、關於公文之撰擬，收發，保管，監印，校對，及職員園警園工之進退紀錄攷勤事項；

二、關於會計，庶務，及物品購置登記，暨生產收入保管售賣事項；

三、關於園警之訓練指揮，及公園內茶室秩序，與遊人交通之取締監督事項；

四、關於其他事項。

第六條　園林股掌理事項如左；

一、關於各園場苗圃之管理，設計，花木之栽植，展覽，園藝風景之佈置改良等事項；

二、關於優良苗種之搜集，繁殖，病虫害之研究，防除事項；

三、關於行道樹之栽植，保護，撫育，及園工之管理、分配事項；

四、關於各園場苗圃土地之整理，及測繪事項；

五、關於各公園亭臺樓榭橋樑道路等一切建築修繕工程之設計事項；
六、關於堤埂水閘之修建，溝渠湖沼之疏浚，及其他園藝上土木工程之設計及測繪事項；
七、關於土壤試驗及改良事項。

第七條　右列各股各設股長一人，承主任之命，分掌各該股事務。

第八條　本處就所轄各公園設管理員若干人，承主任之命，分掌各該園場苗圃事宜。

第九條　本處因事務之必要，得設技士一人至三人，襄助主任，規劃全市園場苗圃設計事宜。

第十條　本處掌理事項如與市政府所屬各局處有關係者，應會同各主管機關辦理之。

第十一條　本處因事務之必要，得酌用辦事員，錄事，僱員，監工，稽查，及園警等，其人數呈請　市政府核定之。

第十二條　本處辦事細則另定之。

第十三條　本規則如有未盡事宜，得呈請　市政府修正之。

第十四條　本規則經南京市政府核准公布後施行。

修正南京市鄉區土地移轉陳報戶粮推受規則（二十四年九月十二日公布）

第一條　凡本市鄉區土地移轉陳報推受事宜，悉依本規則辦理之。

第二條　凡鄉區土地之賣典，承繼，分析，贈與，交換，均應將戶粮隨同推受。

第三條　戶粮之推受，應由雙方當事人於移轉稅契後，隨即向土地局領取陳報推受單，依式填寫，連同新舊契約，戶摺，粮串，及其他證明文件，送局查核。推受單之格式另定之。

第四條　自領到官契之日起，五日內前來請求推受者，概免繳手續費。

第五條　自領到官契之日起，五日後十日前請求推受者，應依左列各款繳納手續費：

（1）一等各則田地，每畝收銀一角；
（2）二等各則田地，每畝收銀五分；
（3）三等各則田地，每畝收銀二分；
（4）荒地山塘水溝等地，每畝收銀一分。

前項手續費，由受業主負擔繳納，不及一畝者以一畝計算。

第六條　自節到官契之日起，十日後，業戶自請推受者，應照本規則第五條規定之手續費，加倍處罰，如經土地局查出強制推受者，應照本規則第五條規定之手續費加二倍處罰。

第七條　業戶陳報戶糧推受，繳驗契串，應由土地局隨時填給推受收據。交業戶收執，於推受手續辦理完畢後，將契串發還。

第八條　業戶請求推受，應同時遵照本市鄉區土地業主請領戶摺規則之規定，請換新戶摺。

第九條　業戶如有化名朦混，冒估產權，暨其他情弊，經人舉發查明屬實者，得塗銷其推受，並依照地價處以一成以上，一倍以下之罰金。

第十條　戶糧推受，在每年第一期地稅，開徵二個月以前者，歸本年造串徵稅。逾限歸入次年辦理

第十一條　本規則自公布之日施行。

南京市和萬實驗鄉委員會森林押款辦法

廿四年九月十三日核准備案

第一條　本鄉為救濟農村經濟，保護民有森林起見，特訂定本辦法，辦理森林押款事宜。

第二條　農戶欲將森林抵押借款，須先備具實測林地略圖（或目測略圖），詳載林地所在地及四至，林地面積，林木種類及株數，連同山契，交由本鄉委員會辦事處派員實地查明，再行核辦。

第三條　森林押款利息暫定為月息八厘，每六個月結算一次。

第四條　森林自抵押之後，由原業主與本鄉共同保護，不准砍伐，唯山中柴草，得經本鄉委員會之同意，於每年冬季，准由業主割取一次。

第五條　押款年限由業主與本鄉委員會斟酌決定，到期由業主贖回。

第六條　押款期滿後，由業主贖回，逾期不贖，或無力贖回時，由本鄉委員會估價出售，所售之款除歸還押款外，餘款仍交業主收領。

第七條　本辦法經和萬實驗鄉委員會通過施行，並呈報市政府備案。

蘇浙皖京滬五省市公路植樹保護及獎懲統一辦法（廿四年九月十七日公布）

一、總則

第一條　蘇浙皖京滬五省市公路植樹保護及獎懲，除依森林法辦理外，均應遵照本辦法辦理之。

第二條　凡五省市公路除有特殊情形外，均應植樹，在普通路線，由各省市主管機關，責令該管縣政府或市工務局（或公用局）負責辦理，在專營路線，由專營機關負責辦理或依第三條之規定，向專營機關徵收植樹費，代爲種植。

第三條　植樹經費，在專營路線應由專營機關負担，在普通路線，應由各省市，於修築新路時，將植樹費列入預算，凡已成公路尚未植樹者，應即編定預算，以使分期辦理。

二、植樹

第四條　公路樹木，應劃分地段，次第栽植，其已植未足數額者，應增植之。

第五條　樹苗得向就地苗圃或農林機關撥用，或備價購買，其選擇應以左列各項爲原則：

（一）適於當地土性及氣候者，

（二）大苗移植生長安全者，

(三)風害蟲害及其他傷害之抵抗力強者，

(四)生長迅速而壽命較長者，

(五)夏季蔭濃冬季日光透射路面者(卽落葉闊葉樹)，

(六)無惡臭及刺針者，

(七)樹態清潔而果實不易脫落者，

(八)樹根不傷害路基者，

(九)樹幹不過高且樹冠不過度擴張者，

(十)樹葉大而厚適於庇蔭且枝葉堪以剪切者，

(十一)木材及果實俱有利用之價值者。

第六條　苗木高度應在二公尺以上，直徑約三公分。

第七條　株間距離以五公尺爲準，並應植於離路邊六十公分處，但在轉灣處其內側間距得酌量放長，且在一百公尺以內，不得障礙視線。

第八條　種植時所挖土坑深度及直徑至少六十公分。

第九條　種植時期應視樹苗之性質，於春秋兩季適當時日舉行之。

三、保護及獎懲

第十條　行道樹之保養及防護，在普通路線均由各該管市縣政府負責辦理，在專營路線則由專營機關負責保養，其防護之責，仍歸各市縣政府辦理之。

第十一條　普通路線沿路行道樹之保養，應由各該管市縣政府按段分割，責令鄉村鎮長，就其境內，指派鄰出農民分別担任之。

第十二條　行道樹之保護事宜無論在普通或專營路線，除由各該管市縣政府及專營機關辦理外，仍責成公路主管人員協同辦理。

第十三條　各鄉村鎮長負責保護之行道樹，遇有修剪必要時，其剪伐之枝條，概歸直接保護者所有，其果實收穫則由省市主管機關酌量分配之。

第十四條　行道樹如有枯萎損毁者，應由各該路道班路警及鄉村鎮長報告負責機關，以便補植。

第十五條　公路行道樹不可損毁，并禁止拴繫一切牲畜，及掛置衣物。

第十六條　如有發現損毁行道樹者，無論何人均得扭交當地公安局，或鄉村鎮公所，按其輕重，科以一元以上，二十元以下之罰金，其半數留供補植，半數賞給扭報人。

第十七條　負責機關有左列情事之一者，得酌予獎勵：

(一)督飭該管各公路植樹確有勞績者，或捐助經費在一千元以上者；

(二)在規定期限，完成種植其負責路段內之行道樹者；

(三)栽植齊全，其成活數佔百分之七十以上者；

(四)補植齊全，其成活數佔百分之九十以上者。

第十八條　負責機關有左列情形之一者，得酌予懲戒：

(一)對於該管各公路植樹漫不注意，毫無成績者；

(二)在規定期限，未完成種植其負責路段內之行道樹者；

(三)栽植之行道樹，其成活數目不及百分之五十者；

(四)補植行道樹，其成活數目不及百分之七十者。

第十九條　凡沿公路各鄉村鎮長及道班路警等有左列情事之一者，得酌予獎勵：

(一)行道樹栽植後，灌溉得法，未經枯萎者；

(二)行道樹栽植後，保護管理周密，未經損毁者。

第二十條　凡沿公路各鄉村鎮長及道班路警若有左列情事之一者，得酌予懲戒：

(一)行道樹栽植後，保養不力，枯乾數目佔百分之三十以上者；

(二)行道樹栽植後，管理不當，致損毀數目佔百分之三十以上者。

第廿一條　獎勵分左列三種：

(一)傳令嘉獎，

(二)記功，

(三)獎金或獎牌

第廿二條　懲戒分左列四種

(一)申誡，

(二)記過，

(三)罰俸，

(四)斥革。

第廿三條　前項獎懲事項，由各省市主管機關辦理之。

四、附則

第廿四條　本辦法經五省市交通委員會常會議决通過後，函請全國經濟委員會訂期分函五省市政府同時公布施行。

南京市管理中西醫藥新聞廣告傳單規則

廿四年九月廿日公布

第一條　本市中西醫藥之廣告，無論登載新聞紙，或張貼廣告欄或印發傳單者，均依本規則管理之。

第二條　凡關於醫務藥品之文字圖畫，登載新聞紙，張貼廣告欄，或印發傳單，以廣招徠者，應先由本人呈報市政府核准，發給驗許證後，方准揭登張貼或印發，并不得私改名稱，或變更文義，其張貼之廣告，或印務之傳單，并應呈送工務局加蓋戳記。

第三條　不得假借他人名義鳴謝，或保證其效能，而爲虛僞誇大之登載，及印發廣告傳單，如有他人鳴謝或啓事言實不符者，得令各該醫藥執業人自行登報更正或撤銷之。

第四條　在本規則未公布施行前，已經登載新聞紙之醫藥廣告現仍繼續登載者，限一個月內補報查驗。

第五條　凡醫藥廣告含有欺騙誘惑者，除按各該醫藥條規辦理外，所有違犯本規則第二條至第四條之規定者，處以一元以上，五元以下之罰鍰。

第六條　違犯本規則屢誡不悛，其關於醫業者，處以五十元以下之罰鍰，其關於藥業者，處以二百元以下之罰鍰。

第七條　凡登載各項刊物，及無線電廣播之廣告，均適用本規則各條之規定。

第八條　本規則如有未盡事宜，得隨時修正之。

第九條　本規則自公布之日施行。

南京市社會局農村改進委員會組織規則

廿四年九月廿一日公布

第一條　南京市社會局依據南京市政府組織規則第三條之規定，設立農村改進委員會（以下簡稱本會），辦理本市農村改進事宜。

第二條　本會設委員九人至十一人，由局長遴請　市政府聘任或委任之。

第三條　本會設主任委員一人，由社會局長兼任之。

第四條　本會分設總務技術組織三組，其職務之分配如左：

總務組　關於文書撰擬，會議紀錄、及會計，庶務等事項。

技術組　關於農林事業改進設施之計劃，指導，管理等事項。

組織組　關於農村組織改進設施之調查，計劃，指導等事項。

第五條　本會各組每組設主任一人，得由委員互推兼任之。

第六條　本會設總幹事一人，秉承主任委員之命，處理日常事務，由本會遴請社會局委任之。設幹事三人，技士技佐各兩人，由本會遴請社會局委任，秉承主任委員或各組主任及總幹事之命，分掌各組事務。

第七條　本會因事務之繁簡，得酌用僱員一人至三人。

第八條　本會委員會議每兩星期開會一次，遇必要時由主任委員召開臨時會議。

第九條　本會辦事細則另訂之。

第十條　本規則自核准公布之日施行。

南京市自來水管理處組織規則

廿四年九月廿四日公布

第一條　本處依據南京市政府組織規則第二條之規定組織之。

第二條　本處直隸於南京市政府，設主任一人，承市長之命，綜理處務并監督指揮所屬職員。

第三條　本處設營業工程二課，每課設課長一人，承處主任之命，分掌各該課事務。

第四條　營業課設事務會計二股，事務股設課員二人，辦事員三人至七人，稽查員四人至六人，抄表員三人至七人，雇員一人至四人，會計股設課員一人，辦事員二人至五人，收費員四人至十人，雇員一人至三人。

第五條　工程課設計劃機務工務三股，計劃股設工程師一人，幫工程師一人，練習工程師二人，技術員一人，監工員三人，測地伕若干人，機務股設幫工程師一人，練習工程師二人，技術員二人，機匠電匠工徒各若干人，工務股設幫工程師一人，練習工程師二人，監工員三人，辦事員二人課員一人，雇員一人，裝接隊，修理隊，工程隊，職工各若干人。

第六條　營業課之職掌如左：

一、關於文書撰擬，收發，繕校，監印，管卷，契約擬訂，工作報告，員工進退考績等事項；

二、關於本處預算決算之編製，及經費出納保管事項；

三、關於統計編纂，及圖書儀記之保管事項；

四、關於業務之調查，計劃，推廣事項；

五、關於用戶聲請註册，登記，編號事項；

六、關於水管商及水管工匠工徒聲請登記，註册，給照事項；

七、關於申請承包代售處之審核，及訂約事項；

八、關於用戶排號，及接水停水事項；

九、關於用水度數，抄表紀錄，及核算水費，塡單收取事項；

十、關於通知繳納水費及押表金事項；

十一、關於本處庶務，及其他一切營業事項。

第七條　工程課之職掌如左：

一、關於自來水各項工程之測量，繪圖，及計劃，預算事項；

二、關於各種儀器機件水管之保管，及運用事項；

三、關於檢驗水表，及紀錄氣候雨量事項。

四、關於安置供水網事項；

五、關於裝接用戶水管，及修理各路水管事項；

六、關於水表及零星工具之修理事項；

七、關於裝接工料之核算，及接洽事項；

八、關於裝接及修理工程隊之督率指揮事項；

九、關於水廠之管理，及機匠之指揮事項；

十、關於檢驗水源，水量，水質，及水廠之清潔，衛生等事項；

十一、關於水廠所用各種材料物品之請購，及保管，登記，檢驗事項；

十二、關於自來水工程招標事項；

十三、關於其他工程事項。

第八條　本處辦事細則另定之。

第九條　本規則如有未盡事宜，得隨時呈請修改之。

第十條　本規則自公布之日施行。

南京市義務教育委員會組織規程

二十四年九月二十五日核准施行

第一條　南京市社會局爲實施本市義務教育，遵照教育部頒發實施義務教育暫行辦法大綱施行細則第七章之規定，組織南京市義務教育委員會（以下簡稱本委員會）。

第二條　本委員會設委員十一人至十五人，社會局局長爲委員長，委員由委員長就左列人員分別聘請或指派：（一）社會局主管科科長，及初等教育股主任，（二）社會局督學，（三）市黨部代表，（四）市政府代表，（五）財政局代表，（六）首都警察廳代表，（七）富有教育經驗之人士。

第三條　本委員會舉行會議時，以委員長爲主席，委員長缺席時，指定委員一人爲代理主席。

第四條　本委員會任務如左：

（一）擬具全市義務教育推行計劃，

（二）監督本市義務教育經費，及中央給予本市義務教育之補助費之保管與用途，

(三)擬具分年訓練師資辦法，

(四)考核所屬辦理義務教育成績，

(五)其他關於實施義務教育事項。

第五條　本委員會委員概爲名譽職，但聘任委員視來往路途之遠近，得酌給旅費。

第五條　本委員會設總幹事一人，幹事若干人，由委員長就社會局職員中調用之，幷得酌用辦事員若干人。

第七條　本委員會辦事細則另訂之。

第八條　本規程自呈奉教育部市政府准核施行。

南京市社會局舉辦一年制短期小學暫行辦法

二十四年九月二十五日核准施行

第一條　本辦法依照教育部頒一年制短期小學暫行規程各條之規定訂定之。

第二條　此項一年制短期小學先辦五十所。

第三條　每一短期小學以同時招收學生兩班爲原則，每班學生以五十人爲限。

第四條　短期小學經費支配辦法如下：(一)每兩班設置教員一人，月支薪三十元，書籍文具費五元，由局統辦，雜支五元，校舍租金約月支二十元。(二)開辦時期，修葺購置等費，核實計算。

第五條　短期小學教員由本局任用之。

第六條　本辦法自呈奉教育部市政府核准施行。

南京市政府衛生事務所國立中央大學農學院畜牧獸醫系合辦乳業講習班簡章

二十四年九月二十六日核准備案

一、宗旨　訓練南京市現有乳業工作人員，以期改善養牛方法，提高牛乳清潔標準，而重市民之公共衛生，並提倡乳業，以增進農民經濟。

二、組織　本班由南京市政府衛生事務所與國立中央大學農學院畜牧獸醫系合辦。

三、職權　(一)衛生事務所之職權爲(甲)招生，(乙)管理學員(攷核勤惰包括在內)，(丙)其他關於管理及事務者。

(二)畜牧獸醫系之職權爲(甲)厘訂課程，(乙)担任教習，(丙)評訂成績，(丁)担任講義及教課用具費等，

(戊)其他關於教務者

四、學員　學員分二種，一爲當然學員，一爲志願學員。當然學員由南京市各乳牛場指派，每場至少須派一人，志願學員由個人自願加入，年齡不得過二十歲，曾在完全小學畢業，具有妥保者，志願學員人數過多時，則舉行試驗，以資甄別。

五、學額　不定，惟當然學員每場指派不得過三人，志願學員以十八人爲限。

六、期限　以三個月爲限，自十月一日，至十二月三十一日止，計授課十二星期。

七、課程　每星期上課或實習三次，每次二小時，課程大綱如左：

綱	目	時間
乳牛	育種，飼養，管理，	八次
乳業	牛乳，製造，銷售，合作	八次
獸醫	疾病，衛生	十次
參觀	參觀討論	十次
法規	管理法規	一次

八、學費　當然學員與志願學員均免繳，

九、報名　自即日起至九月三十日截止。

十、獎懲　平素聽講用心，畢業成績優良，工作努力（志願學員）者，頒給獎狀。

平素常缺席，或聽講時行爲不端，或工作懈怠（志願學員），或考試成績不良者，不給修業證書，其情節重大者，令其退學。

十一、附則　本簡章自公佈日施行

南京市旅民具領旅民住屋規則

二十四年九月二十八日核准備案

第一條　南京市旅民具領旅民住屋，均應遵守本規則之規定。

第二條　領住旅民住屋，以祗居現有之本市區域確係無屋居住者爲限。

第三條　領住旅民住屋，由具領人覓具保人，塡寫保單，幷繳呈二寸半身照片三張，由社會局製發准許居住證後，方得居住。

第四條　凡以前領住旅民住屋，自本規則公布施行後，領住人均須補繳二寸半身照片三張，由社會局製發准許居住證居住。

第五條　領住旅民住屋，均須本人居住，不得有轉租及借給他人居住情事。

第六條　領住旅民住屋，具領人如轉徙他處，應將該屋繳還社會局，不得私自授受。

第七條　領住旅民住屋，具領人如若死亡，其直系親屬得繼續居住，原給准許居住證繳銷，另行依照第三條之規定製發。

第八條　違反五，六，七，三條之規定者，得由社會局參酌情形，撤銷准許居住證，將屋收回

第九條　本規則自呈奉　市政府核准之日施行。

令羅劍聲

茲委該員爲本府專員派在市長室辦事。此令。

南京市政府令 廿四年九月四日

市長馬超俊

令陳景輝

茲委任陳景輝爲本市屠宰場獸醫。此令。

南京市政府令 廿四年九月十一日

市長馬超俊

令李雋

查鄉區保衛團，業經本府於本月十日令飭遵照改編爲南京市政府鄉區保安獨立中隊在案。該中隊隊長一職，茲委該員充任，月支少校薪水銀一百三十五元，除鈐記另行刊發外，仰將改編情形，具報查核。此令。

南京市政府令 廿四年九月十七日

市長馬超俊

南京市政府令　廿四年九月十八日

令瞿興周

茲委任該員爲南京市燕子磯區八卦鄉鄉長。此令

市長馬超俊

南京市政府令　二十四年九月十九日

令姜渭綸

茲派該員暫代本市衛生事務所第三課課長，兼代市立傳染病醫院院長。此令。

市長馬超俊

南京市政府令　廿四年九月廿一日

令鄭公立

茲派該員暫代本市自來水管理處主任。此令。

市長馬超俊

南京市政府令　廿四年九月廿六日

令黃連慶

茲派該員充本市清潔總隊事務員。此令。

市長馬超俊

南京市政府令　廿四年九月廿八日

令稽致遠

茲委任該員為南京市鄉區保安獨立中隊中尉分隊長，仰即開具詳細履歷，送由中隊長彙呈本府，以便轉呈軍事委員會備案。此令。

市長馬超俊

南京市政府令　廿四年九月廿八日

令楊雄飛

茲委任該員為南京市鄉區保安獨立中隊少尉分隊長，仰即開具詳細履歷，送由中隊長彙呈本府以便轉呈軍事委員會備案。此令。

市長馬超俊

南京市政府令　廿四年九月廿八日

令陶　新

茲委任該員為南京市鄉區保安獨立中隊少尉分隊長，仰即開具詳細履歷，送由中隊長彙呈本府，以便轉呈軍事委員會備案。此令。

市長馬超俊

南京市政府令

廿四年九月廿八日

令閻建國

茲委任該員為南京市鄉區保安獨立中隊少尉國術教官，仰即開具詳細履歷，送由中隊長彙呈本府，以便轉呈軍事委員會備案，此令。

市長馬超俊

南京市政府令

廿四年九月廿八日

令趙貫三

茲委任該員為南京市鄉區保安獨立中隊准尉特務長，仰即開具詳細履歷，送由中隊長彙呈本府，以便轉呈軍事委員會備案。此令。

市長馬超俊

公牘

社會

□添置救濟院印刷廠設備案

▲指令社會局：爲據轉呈救濟院呈報添置印刷廠鑄字爐等類，已由滬購齊運到，請派員驗收等情，經派員往驗相符，仰轉飭知照由。

指令第四八〇一號 廿四年九月二日

呈一件：爲據救濟院呈報添置印刷廠鑄字爐等類，已由滬購齊運到等情，檢同清單，轉請鑒核派員驗收由。

呈單均悉。案經派員赴院查驗相符，應准驗收，仰即轉飭知照。單存。此令。

市長馬超俊

附原呈

案查前據救濟院呈請添辦印刷廠鑄字爐等類生財，擬動支工藝基金餘款一案，業經檢同原估單，呈奉

石前市長批以核案不符，令飭查復等因下局，復經飭據查明，轉奉

鈞府第二四九五號指令，以此案既據該局查復，擬請仍在上年核准續撥該院之二千元工藝基金內動支，不再變更前案等情，原則應予照准，原呈估單經派員復估，照和豐涌公司單價，除高脚刨床及點曲線刨，暫可不辦外，其餘各項，共洋一千五百九十五元，准交該公司定購。仰卽轉飭遵照購辦，一俟前項生財物件添置齊全，應卽報由該局轉請本府派員驗收等因，並經先後令飭遵辦各在案。茲據該院呈報，是項鑄字爐等現已購齊運到，抄具清單，請予派員驗收前來，理合檢同原件，備文轉祈

鑒核，派員驗收，以昭覈實，實爲公便。謹呈

市長馬

附呈救濟院購置印刷機件及鑄字銅模等清單一件。

社會局局長陳劍如　廿四年八月

□添設各鄉鎮小學案

▲指令社會局：爲如呈刊頒江東門鄉區小學校等鈐記共二十五顆，仰查收轉發領用具報由。

指令第五〇四一號　廿四年九月十日

呈一件：爲請刊發改辦及增設各鄉校鈐記，祈鑒核由。

呈暨各校名單均悉。准予照刊，隨文頒發，仰卽查收，分別轉發祗領啓用具報。所有江東門等館校舊鈐記，幷飭卽日截角繳局銷燬，此令。名單存。

計刊發江東門鄉區小學校等鈐記共二十五顆。

市長馬超俊

附原呈

竊查市立江東門岔路口兩館校，所占地點實屬鄉區，已自本年度起，將江東門簡易小學改爲鄉區小學，岔路口簡

校改爲鄉區簡易小學，以歸一致，并將岔路口原校長陳訓另予調用。

又迭據各鄉鎮呈請增設小學，以資附近兒童，得有就學之機會，當據派員查復，劃歸市區二十三鄉鎮，均有各設一校之必要，復經商由各鄉鎮長代爲覓定校址，遴派本屆校長考試及格人員充任校長，其不足者，令調鄉校成績較優之教員升任，并以開學期屆，已分飭前往辦理。

關於各該校鈐記，自應彙案請發，俾昭信守，除因城鄉間隔，俟取齊各校長資格表件，呈請核定外，理合將改辦及增設各鄉校校名，列單呈送，仰祈

鑒核刊頒各該鄉校鈐記，俾便分發啓用，實爲公便。

謹呈

市長馬

計呈鄉校名單一份。

社會局局長陳劍如　廿四年九月

計開

南京市立江東門鄉區小學校

南京市立岔路口鄉區簡易小學校

南京市立臨江鄉區簡易小學校

南京市立萬壽庵鄉區簡易小學校

南京市立管家廟鄉區簡易小學校

南京市立鄉磨丁村鄉區簡易小學校

南京市立興武營鄉區簡易小學校

南京市立魚唐村鄉區簡易小學校

南京市立蓮花村鄉區簡易小學校

南京市立寶塔橋鄉區簡易小學校

南京市立獅子壩鄉區簡易小學校

南京市立雙　塘鄉區簡易小學校

南京市立中街村鄉區簡易小學校

南京市立篠子村鄉區簡易小學校

南京市立柴廠村鄉區簡易小學校

南京市立江心洲鄉區簡易小學校

南京市立小水關鄉區簡易小學校

南京市立新民村鄉區簡易小學校

南京市立灣營村鄉區簡易小學校

南京市立朱家邊鄉區簡易小學校

南京市立上元門鄉區簡易小學校

南京市立乾　路鄉區簡易小學校

南京市立梁塘村鄉區簡易小學校

南京市立草鞋夾鄉區簡易小學校

南京市立桐橋村鄉區簡易小學校

◻組織救災準備金保管委員會案

▲訓令社會、財政局：為令發南京市救災準備金保管委員會組織章程，及委員名單，仰遵照由。

訓令第五二七四號　廿四年九月十八日

案查本年九月六日，本府第三六八次市政會議，本市長交議，參事室審議南京市救災準備金保管委員會組織章程案，當經決議：「通過」在案。除照章以該局長及財政社會局長為當然委員，並聘任羅訥齋等為委員，開單呈請　行政院鑒核，並請指定常務委員及委員長外，合行檢發章程暨委員名單，令仰該局長即便遵照。此令。

計發南京市救災準備金保管委員會組織章程一份，又委員名單一紙。

市長馬超俊

◀呈行政院：為呈送南京市救災準備金保管委員會組織章程，及委員名單，請鑒賜核准，並指定常務委員及委員長由。

呈第五二七四號　廿四年九月十八日

案奉

鈞院魚電以本年災況劇重，飭於文到日遵照實施救災準備金暫行辦法，及救災準備金保管委員會組織條例，將救災準備金酌列預算，並將市救災準備金保管委員會剋期組織具報等因，奉此。查本市救災準備金，已在廿四年度概算內遵列二萬元，至本市應組織之保管委員會，前奉

鈞院廿四年六月十五日第三三八二號訓令，頒發組織條例到府，當經轉飭本市社會財政兩局會同遵擬在案。茲奉前因，正核辦間，適據該社會財政兩局會擬南京市救災準備金保管委員會組織章程草案，呈請核示前來，經於本年九月六日提出本府第三六八次市政會議，通過。除照章以市社會財政兩局局長為當然委員，並聘任羅訥齋等為委員外，理合繕具組織章程，及委員名單，呈請

鈞院鑒賜核准，即祈就委員中，指定常務委員三人，並指定其中一人為委員長，以便照章組織，實為公便。謹呈

行政院院長汪

計呈送南京市救災準備金保管委員會組織章程一份，又委員名單一紙。

南京市市長馬超俊

▲箋函羅訥齋等：爲函聘台端爲本市救災準備金保管委員會委員，希允予担任由。

公函第五二七四號 廿四年九月十八日

案奉

行政院本年八月魚日通電，以本年災況劇重，飭於文到日遵照已頒布之實施救災準備金暫行辦法，及救災準備金組織條例，將救災準備金酌列預算，並尅期組織救災準備金保管委員會具報等因；奉此，當經在本市廿四年度概算內遵列救災準備金三萬元，並制定南京市救災準備金保管委員會組織章程，提交本年九月六日本府第三六八次市政會議通過在案。茲依照該章程第四條規定，聘任台端等十一人爲南京市救災準備金保管委員會委員，除分函幷呈請 行政院照章指定常務委員暨委員長外，相應檢同章程，及委員名單，函請

查照，務希

允予担任爲荷！此致

羅訥齋先生

周伯敏先生

呂蒼巖先生

吳震修先生

蔣 正先生

黃月軒先生

劉競生先生

吳求哲先生

曹葛仙先生

計附送南京市救災準備金保管委員會組織章程一份，又委員名單一紙。

南京市政府啓　九月十八日

□職業補習學校改組爲初級職業學校案

▲指令社會局：爲據呈送初級職業學校，暨附設職業補習班計劃書及預算，祈核示一案，應予照准，已令財政局遵照，仰知照由。

呈一件：爲據職業補習學校呈送初級職業學校暨附設職業補習班計劃書及預算書，轉呈核示由。

指令第五三四二號　廿四年九月廿日

呈件均悉。審核所呈計劃及預算書等件，尚屬可行，應予照准。已令財政局自八月份起，照數撥發，仰卽轉飭遵照，按月編製預算書，由該局逕往具領轉給，幷遵章核實造報。件存。此令。

市長馬超

▲訓令財政局：爲據社會局呈送初級職業學校暨附設職業補習班計劃書及預算，祈核示一案，應予照准，令仰遵照按月撥發由。

訓令第五三四二號　廿四年九月廿日

（原呈見訓令第五三四二號）

案據社會局呈稱：

「案查市立職業補習學校，改辦市立初級職業學校一案，前經令派職業補習學校校長周大賚，爲籌設員，並呈報鈞府，奉令准予備案，嗣該員呈送計劃書到局，當卽指令先設初級土木一科，附設補習班，辦理打字速記科，女子職業科，保嬰科，及商科四科，建築校舍後，再圖擴充，着卽重擬計劃書，連仝預算，一併呈核，均經呈報鈞府鑒核各在案。玆據該員遵令重擬計劃書，及預算書，復請察核前來，查核所擬計劃書，大致尚無不合，但該校旣附設補習班，則二十四年度經常費預算書，應利用兩校本年度之概算，合併計算，是所呈預算書，總數及各項數目，尚不超出概算，支配職員薪俸，及教員按照授課時間，每小時一元計算，亦爲事實不可少，即將此項預算書，分月計算，應為一千六百六十元，比較職業補習學校七月份實領經費數，僅增六十五元，並應自本年八月份動支，則職業補習學校，每月應領經常一千五百九十五元，即以七月份截止；所有該校自八月份起，應領經費之數，擬請鈞府轉飭財政局按月撥發。除指令外，理合檢同該校原計劃書，及預算書，具文呈送，仰祈鑒核示遵。」

等情，幷附件，據此。除指令照准，幷飭按月編製預算書，由社會局逕往具領轉給應用外，合行令仰該局，即便遵照，自本年八月份起照數撥發。

此令。

市長馬超俊

□擴充城區小學案

▲指令社會局：為據呈報市立小學廿四年度第一學期增校及增級情形，及實需應增經費數目，祈飭撥一案，應予照准，已令財政局遵照，仰知照由。

指令第五三五〇號　廿四年九月廿日

呈一件：為呈報市立小學廿四年度第一學期增校增級情形，及實需應增經費數目，仰祈鑒核飭撥由。

呈表均悉。應予照准。所有蓮花橋等十一校超過概算共銀一千六百七十二元，應在本市二級預備金項下開支。着即轉飭該十一校將超過數目，按月另編預算隨同各校經常費一併具領。幷為顧全事實，救濟學校困難起見，准其併入經常費內造報，仍於計算書內詳加說明，以免部詰。除令財政局自八月份起分別照數撥發外，仰即遵照。表存。此令。

市長馬超俊

（原呈見訓令第五三五〇號）

▲訓令財政局：為據社會局呈報市立小學廿四年度第一學期增校增級情形，及實需應增經費數目，祈飭撥一案，應予照准，令仰遵照按月分別撥發由。

訓令第五三五〇號　廿四年九月廿日

案據社會局呈稱：

「案查本局前奉鈞令編製二十四年度中心工作計劃，當以本市為首都所在，人口激增，失學兒童衆多，自應廣增學校，儘量增級，俾可充分收錄，藉資補救。現本年度學期開始，市立各小學報名學生異常踴躍，各校增級之請求公文紛至沓來，業經本局詳加核定，除原有各校增加八十三級外，最近添設竺橋，二條巷，承恩寺，裴家橋，馬路街等五校，凡三十三級，即本年度第一學期共增五校，增加一百十六級。按照前經核准公布施行之小學教職員待遇服務及懲獎規則與預算標準計算，本年度第一學期實需經費，連仝原有租金，及本學期因增級有臨時或長期增租校舍之租金，合計月須國幣五萬四千六百零九元，較廿三年度下學期七月份實領經費四萬二千八百四十三元，實增一萬一千七百六十六元正。除各校租屋押租，應另案彙請飭撥歸墊外，所有本年度上學期添校增級情形，及實需經費額數，爰特造具小學級數比較表，及經費明細表，具文呈送，仰祈鑒核，轉飭財政局自本年八月份起，按月照數撥發，俾便具領轉給。再其中有因事實上增加學級，或新校舉辦級數，超出原概算級數，如蓮花橋等十一校，擬請鈞府准予在各該校預算分別加註說明，全數編列預算內，以便造報有所依據，理合一併陳明，呈請鑒核示遵。」

等情，幷附表到府，據此。除指令：

「呈表均悉。應予照准，所有蓮花橋等十一校超過概算共銀一千六百七十二元，應在本市二級預備金項下開支，着即轉飭該十一校將超過數目，按月另編預算，隨仝各校經常費一併具領，幷為顧全事實，救濟學校困難起見，准其併入經常費內造報，仍於計算書內詳加說明，以免部詰。除令財政局自八月份起分別照數撥發外，仰即遵照。表存。此令。」

印發外，合行抄發原表二份，令仰該局，即便遵照。

此令。

計抄發各校每月實需經費明細表一份，又蓮花橋等十一校超出概算實際數目表一份。

市長馬超俊

□購置遊民習藝所運貨卡車案

▲指令社會局：爲據呈救濟院遊民習藝所磚窰出品，請購置運磚卡車，應准照辦由。

指令第五三五七號　廿四年九月廿日

呈一件：爲據救濟院呈爲游民習藝所磚窰出品，擬請准購卡車一輛，以利運輸一案，轉請鑒核示遵由。

呈單均悉。案經發交購料審核委員會招商估價，據復合衆汽車公司原估總價三千三百元價格相宜，塡具審定價格通知單，請予核示等情，應准照辦。玆將原單檢發，仰即查收轉飭遵照。至該院廿三年度經費餘款，應着掃數繳解市庫，以淸年款。所需購置卡車即三千三百元，并准由財政局於該院報解上項節餘款內轉賬借墊，將來即自汽車購到之次月起按月由院繳還五百元，呈局轉解，俾資歸墊。仍於卡車購到後，呈請本府派員驗收，以符規定。除令財政局遵照外，併飭遵辦。單存。此令。

計令發審定價格通知單一紙。

市長馬超俊

▲訓令財政局：爲據社會局呈救濟院游民習藝所磚窰出品，擬購卡車，准在該院報解廿三年度餘款轉賬借墊，仰遵照由。

訓令第五三五七號　廿四年九月廿日

案據社會局呈稱：

「案據救濟院院長傅巖呈稱：『竊查本院游民習藝所磚窰出品，向來僱用汽車運輸，按月結算費用，在千元左右，長此以往，不予設法挽回，未免坐失其利。職通盤籌劃，亟擬購備卡車一輛，俾運輸便利。月需車夫工食及汽油修理，共需不過五百五十元，每月運費項下，即可撙節五百元左右，數月以後，車即爲院所有。但計劃如此，款無從挪，擬懇鈞長俯賜准在本年度經費節餘項下借墊三千三百元，一俟購得運輸，將來卽就盈利項下掃數分期繳還。玆取具南京合衆汽車公司估價單二紙，備文呈送，仰祈鑒核指令祗遵。』等情，附估價單二紙，據此。查該院爲游民習藝所磚窰出品運輸便利起見，擬購備卡車一輛，所需之款，先由廿三年度經費節餘款內墊付，將來就盈餘項下償還。此種計劃，似屬可行。但經費餘款，須解還市庫，玆欲挪用，本局未敢擅專。理合檢仝報價單，備文呈請鑒核示遵。」

等情，並附原報價單到府。當經發交購料審核委員會核復，以合衆汽車公司原估總價三千三百元，價值尙屬相宜，除指令：「呈單均悉。案經發交購料審委員會招商估價，據復合衆汽車公司原估總價三千三百元價值相宜，塡具審定價格通知單，請予核示等情。應予照辦。玆將原單檢發，卽查收轉飭遵辦。至該院二十三年度經費餘款，應着掃數繳解市庫，以淸年款。所需購置卡車三十三百元，並准由財政局於該院報解上項節餘款內，轉賬，借墊，將來卽自汽車購到之次月起，按月由院繳還五百元，呈局轉解，俾資歸墊。仍於該卡車購到後，呈請本府派員驗收，以符規定。除令財政局遵照外，並飭遵辦。單存。此令。」印發外，合行令仰該局卽便遵照辦理。

此令。

市長馬超俊

■制定農村改進委員會組織規則案

▲指令社會局：爲據呈擬具農村改進委員會組織規則，應准備案，令仰遵照施行由。

指令第五四〇四號　廿四年九月廿一日

呈一件：爲擬具農村改進委員會組織規則，呈請鑒核施行，指令祗遵由。

呈件均悉。查所擬規則，尙無不合，應准備案。除公布外，仰卽遵照施行。此令。件存。

市長馬超俊

附原呈

南京市政府公報　公牘　四六

案查本府廿四年度中心工作，定有設立農村改進委員會一項，良以本市各郷鎭經濟凋敝，民生困難，亟應專設機關，延攬技術人員，從事復興農村工作，茲經本局依照中心工作規定，擬具農村改進委員會組織規則一份，是否有當，理合抄同規則草案具文呈請，仰祈

鑒核施行，指令祇遵，實爲公便。謹呈

市長馬

附呈農村改進委員會組織規則草案一份。

社會局局長陳劍如　廿四年九月

▲南京市政府令　廿四年九月廿一日

茲制定南京市社會局農村改進委員會組織規則，公布之。此令。

市長馬超俊

□轉知小報管理與取締疑義解釋案

▲訓令社會局：爲准內政部咨送小報管理與取締，由地方政府辦理後疑義案，令仰知照由。

訓令第五四二一號　廿四年九月廿三日

案准

內政部警廿四2廿四年九月十八日發一三五三五號咨開：

「案准中央宣傳委員會廿四年九月十一日第一〇二七號公函內開：「案准漢口特別市黨務整理委員會函，爲小報之管理與取締事宜由地方政府辦理後之疑問數點，請速予核復等由到會，當經函復，以(一)各省市黨部仍應繼續審查小報。(二)如發現小報有紀載失實或言論反動時，應一面函同級政府依照出版法及取締不良小報暫行辦法予以取締，一面呈報本會備查。(三)出版法尙未修正公布以前，取締不良小報暫行辦法之執行，應由政府機關單獨辦理，惟變更登記事項，仍應依照出版法之規定辦理等語印發，並分函各省市黨部查照外，相應

函達查照。」等由，准此，除函復外，相應咨請查照。」等由，准此。合行令仰該局即便知照。

此令。

市長馬超俊

◻盲啞學校添辦啞科職業班案

▲指令社會局：爲據呈送盲啞學校添辦啞科職業班，應購各種機件估單，祈核示一案，應予照准，仰知照由。

指令第五四六六號　廿四年九月廿四日

呈一件．爲據盲啞學校呈送添辦啞科職業班，應購各種機件商店估單，檢同原件轉呈核示由。

呈件均悉。察核所呈估單等件，尚屬可行，應予照准，仰即轉飭知照。件存。此令。

市長馬超俊

附原呈

案據市立盲啞學校校長陳光煦呈稱：

「案奉鈞局第四八八八號令開：「案奉市政府第三五九九號指令本局呈一件，爲據盲啞學校呈請增撥經費，添辦啞科職業班、轉呈核示由，內開：「呈件均悉。案經派員核覆去後，玆據簽稱：『遵核所擬啞科職業班經常費內各項尚無不實之處，開辦費業經列入本年度預算，原則上似亦無大問題，惟各機件擬請另飭開具店家原有之估單，交購料委員會審核再定，當否尚乞示遵。』等情前來，應准如簽辦理，仰即遵照，將各種機件切實核估，取具商店估價單呈送，以便飭交購料委員會核覆再奪。原件暫存。此令」。等因，奉此。合行轉飭遵照，仰即將各種機件估單，迅速呈候核轉爲要。此令。」等因，奉此。屬校現已遵令赴各商店將各種機件分別取具估單，惟英文打字機及縫級機兩項，係購自外商，因金鎊漲落，時價不同，與屬校編造計劃時所估價目預算，超出二百三十五元二角五分，理合將該估單送呈核轉，批示祇遵。」

等情，幷附呈估單粘存簿一本，前來。查此案前經呈奉

鈞府指令下局，當即轉飭遵辦在案。玆據前情，業將原呈估單，逐項復估，除英文打字机一項，因原估價格稍昂，已招商另估外，理合檢同原件，並老晉隆公司另估單樣本等件，一併備文呈送，仰祈

鈞府鑒核示遵。

謹呈

市長馬

附呈送盲啞學校估單粘存簿一本，又老晉隆估單樣本各一份

社會局局長陳劍如

廿四年九月

■制定義務教育委員會組織規程及舉辦一年制短期小學暫行辦法案

▲訓令社會局：爲准教育部咨復，南京市義務教育委員會組織規程及南京市社會局舉辦一年制短期小學暫行辦法，均予備案，令仰知照由。

訓令第五四九八號　廿四年九月廿五日

案查前據該局呈送南京市義務教育委員會組織規程及南京市社會局舉辦一年制短期小學暫行辦法，請鑒核咨部備案等情；當經轉咨備案，並指令知照在案。玆准

教育部本年九月十五日普義貳31第一二九二九號咨復開：

「案准貴市政府第五一〇號咨開，以咨送南京市義務教育委員會組織規程及南京市社會局舉辦一年制短期小學暫行辦法，希查核備案等由；准此，查核尚無不合，自應准予備案。相應咨復，即希查照令知。」

等由；准此，合行令仰知照。

此令。

市長馬超俊

□轉知縣參議員選舉法第四條被選舉人資格疑義解釋案

▲訓令社會局 各區公所：為奉行政院令，縣參議員選舉法第四條被選舉人之資格疑義一案，令仰遵照由。

訓令第五五七〇號　廿四年九月廿七日

案奉

行政院本年九月二十一日第四九七八號訓令開；

「案奉

國民政府二十四年九月十六日第六八七號訓令開：『案准中央政治會議廿四年九月十二日函開：「前准中央執行委員會祕書處移送山東省執行委員會函稱：『查縣參議員選舉法第四條關於被選舉人之資格第二項有「經自治訓練及格領有證書者」之規定，查訓練人材，辦理自治，在國民政府未成立以前，北京政府時代，歷有舉辦，此等受訓人員，如有證書，是否合於該項之規定，謹函請核示。』等情，經飭由祕書處函准內政部議復略稱；「查關於縣參議員選舉法第四條第二項疑義，本部前准山東省政府咨請解釋，經以查條文上既無時效之限制，北伐成功以前，經自治訓練及格者，如無其他原因，自應有被選舉之權，咨復在案。」等由。一併交付法制組審查去後。茲據報告稱，查縣參議員選舉法第四條第二項施行時，不免發生疑義，擬為下列之解釋，縣參議員選舉法第四條所稱「經自治訓練及格領有證書者」指在國民政府成立以後經自治訓練及格領有證書者而言。如蒙核准，擬請交國民政府轉令遵照等語。復經本會議第四七四次會議決議。照審查意見通過。除函中央執行委員會祕書處外，相應錄案函達，即希查照通飭遵照。」等由，准此，自應照辦。除飭處函復外，合行令仰該院通飭遵照。此令。』等因，奉此，除分令外，合行令仰遵照。此令。」

等因；奉此。除分令外。合行令仰遵照。

此令。

市長馬超俊

◻制定旗民具領旗民住屋規則案

▲指令社會局：爲據呈送南京市旗民具領旗民住屋規則，令准備案由。

指令第五六三四號　廿四年九月廿八日

呈一件：爲制定南京市旗民具領旗民住屋規則，呈請鑒核備案由。

呈暨規則均悉。准予備案。仰即遵照施行。此令。規則存。

市長馬超俊

附原呈

查本市尙書里一帶旗民住屋，均由前旗民生計處建築，由旗民具領居住。該處裁撤，由本局接管後，是項具領住屋居住規則，未經制定。歷時已久，或原具領人業經物故，由他人繼續居住，或貪圖微利，轉租他人，遇有旗民呈控來局，核辦時每感無所依據。玆經制定南京市旗民具領旗民住屋規則九條，並經本局第十次局務會議修正通過在案。理合連同該項規則一份，備文呈請，仰祈鑒核備案，實爲公便。謹呈

市長馬

計附呈南京市旗民具領旗民住屋規則一份。

社會局局長陳劍如

廿四年九月

□添建江東門鄉區小學校舍案

▲指令社會局：爲據呈江東門鄉區小學添建校舍一案，已派員覆估簽復、令仰遵照由。

指令第五六四九號　廿四年九月廿八日

呈一件：爲據江東門簡校呈請添築校舍，檢同估單，祈核示由。

呈件均悉。案經派員前往覆估，玆據簽稱：

「遵經另行招商復估，以夏永盛營造廠開價爲低廉，復經核減計洋四千二百廿元正，該商亦允承做，較原呈蔡春記估單價格減低二百元二角四分。是項工程，可否交由夏永盛營造廠承做，理合檢同復估估單，簽請鑒核。」

等情前來。應准交由夏永盛營造廠承辦，玆將該廠估單隨令附發，仰卽遵照。原件存。

此令。

計檢發夏永盛估單一份。

市長馬超俊

附原呈

竊查前據江東門簡易小學來呈，略以該校改爲鄉區完全小學，急應添築校舍，並征收基地，擴充操場，請派員察勘一案，當已派員察勘，該校原有學生四級，祇有教室三間，本屬不敷分配，而附近一帶尚有多數學齡兒童，無法容納，勢非增級不可，所請添築校舍，自屬可行，惟所擬添築之方位與間數，未臻妥適，曾經另爲規劃，指令該校遵照估價呈核。至所請購買操場一節，並經令飭上新河鎮鎮長，會同該校校長，向業主接洽各在案。嗣據會同呈報接洽經過，計基地一畝七分有零，每畝價格，最低須一百七十元，總共約值二百九十餘元。並據該校校長呈送估單四份，請鑒核各等情。業經派員詳加復估，旋據簽報：

「查原有估價單四份，參差離譜，高低兩較，遠超千元之外，以最低價爲大廈，考其價目未有分門別類，頗涉含混。再查其營業狀況，在磨盤街租一小屋掛一招牌，於大宗建築，似欠經驗。現召蔡春記攜圖到校，逐項說明，估價四千五百二十元二角四分，價格適中，頗爲核實，理合檢同估單五份，簽請鑒核。」等情，當以估價仍嫌稍高，又經飭向該商磋商減去後，茲據報稱，已商得該商同意，減去一百元，實價四千四百二十元二角四分，請核示前來，據此。除關於地基部份，已函請土地局代爲收買外，至關於建築部份，應否即交該商承辦，或應如何辦理之處，理合檢同原呈估單共五份，呈請

鈞府鑒核示遵。

謹呈

市長馬

附呈估價單五份。

社會局局長陳劍如

廿四年九月

財政

□續撥疏浚朱家山河工款案

▲訓令財政局：爲准江浦縣及工務局請撥疏浚朱家山河工款六千元，以資結束一案，仰即照撥具報由。

訓令第四七八二號　廿四年九月二日

案查疏浚朱家山河自三汊河至老江口一段工程一案，業經本府令飭該局在二級協助費內撥發一萬四千元，交江浦縣政府具領應用在案。茲據工務局呈報，該工程業已完竣，並已由江蘇建設廳派員會同工務局監工員驗收完畢，估計約共需工款二萬元，除已撥一萬四千元外，請續撥六千元，以資結束等情，正辦理間，復准江浦縣來函，對於工務局所提續撥六千元結束一節，表示同意，自應准予照辦。除指令暨分函外，合行令仰該局即在二級協助費內續撥六千元

，交江浦縣政府具領，幷呈報備查。此令。

市長馬超俊

▲公函江浦縣政府：爲准函請續撥疏浚朱家山河工款六千元，以資結束一案，已飭本市財政局籌撥，復請查照由。

公函第四七八二號　廿四年九月二日

案准

貴縣政府第一二七號公函，以疏浚朱家山河工程一案，業經派員與本市工務局商洽，除已撥工款一萬四千元外，由本市續撥六千元，請准予撥發，以資結束。

查此案已據工務局呈同前由到府，自應准予照辦。除分令財政局續撥六千元，幷指令外，相應函請

貴府派員攜據前往財政局接洽收領，以資結束爲荷。

此致

江浦縣政府

市長馬超俊

▲公函江蘇省政府：爲准函請續撥朱家山河工款一案，已續撥六千元結束，復請查照由。

公函第四七八二號　廿四年九月二日

案准

貴府財建字第一一五九／二三五號咨開：

「案據江浦縣縣長呈，爲遵令呈復工賑浚疏朱家山河三汊河至老江口一段工程費實支情形，祈轉呈等情，除指令該縣長逕向貴政府洽商辦理外，相應抄送原呈及附件咨請查照如數撥付，並希見復爲荷。」

查此案工程已由江浦縣政府派員與本市工務局商洽，按照實做工程估計，約共需工款二萬元，除本府已撥一千元外，擬由本府續撥六千元，以資結束。幷准江浦縣政府及工務局先後函呈請撥前來，除令飭財政局續撥六千元，

交江浦縣政府具領應用，暨分別函令外，相應復請貴府查照爲荷。

此致

江蘇省政府

市長馬超俊

▲指令工務局：爲撥呈請續撥疏浚朱家山河工款六千元，以資結束一案，已飭財局照撥由。

指令第四七八二號　廿四年九月二日

呈一件：爲呈復疏浚朱家山河工程竣工驗收情形及約估工價二萬元，除前撥一萬四千元外，請批交財政局續撥六千元，交江浦縣收領由。

呈件均悉。此案已准江浦縣政府函知派員與該局接洽情形到府，幷對於該局所提續撥六千元，以資結束一節，表示同意。自應准予照辦，除令財政局在二級協助費項下續撥六千元，取據報核，幷分函外仰即知照。件存。此令。

市長馬超俊

附原呈

案奉

鈞府先後交下江浦縣政府六月八日，六月廿八日兩函，爲送疏浚朱家山河工程決算書，請撥款歸墊一案，仰切實核議復奪。又奉

交下江蘇省政府咨，據江浦縣長呈請清撥朱家山河工程費一案，仰併案核復各等因。奉此，查疏浚朱家山河工程，係江浦縣政府主持辦理，幷由職局派員會同督促施工，曾經列表呈報

鑒核各在案，茲查該項工程，業已全部竣工，經建設廳派技師徐鳴鶴會同職局在工監工朱敬五就近驗收，並列有土方驗收土方表（附表）按據該縣府先後交來請領之款總數爲二萬六千八百七十三元七角五分四厘，幷敍明除已領一萬四千

元外，再除去辦公費，什費等項四千三百二十四元五角七分九厘，由該縣府呈請省府負担外，應請續撥八千六百四十九元一角七分五厘之數云云。核與省府來咨總數相符，惟咨文中未將辦公費，什費等四千二百餘元除去，故其請撥之數爲一萬二千八百七十三元七角五分四厘，職局查核該縣政府所開土方單價，及築壩戽水各工費，與前呈約估之數一萬六千餘元，相差甚巨，據稱此次工程，係屬工賑性質，致工作效率較之尋常工人爲差，而雨天津貼工食及其他特別情形在所難免，查核尚屬實在，玆照實收數量成績，按諸實地情形核估土方，每立方以一角三分計算，總價爲一萬四千七百五十七元四角八分，連同挖土包價三千四百八十一元二角，築堤費約估爲七百元，戽水費約估爲一千一百元，總共該項工程費爲二萬零三十八元六角八分，擬卽以二萬元爲

鈞府担任該項工程費之總額，除已由

鈞府担任該項工程費之總額，除已由鈞府兩次撥發該縣一萬四元外，其餘六千元，擬請

批飭財局核撥，交由該縣政府具領，以清手續，而資結束。是否有當，理合檢同浚河草圖一紙，土方工程驗收表一份，一併具文呈請

鑒核。謹呈

市長馬

附呈繳江浦縣府函二件，蘇省府咨一件，浚河草圖及土方驗收表各一份。

工務局局長宋希尚

廿四年八月

□撥發職業學校及社教機關基地地價案

▲訓令財政局：爲據社會局呈請撥發職業學校，及社教機關地價一案，應予照准，令仰遵照撥發具報由。

訓令第五〇三三號 廿四年九月九日

案據社會局呈稱：

「案查本局請撥中央政治區內保留土地一百畝、建築市立職業學校及社教機關一案，業已提經市政會議決議

「照撥」，並奉鈞府令飭遵照，逕向財政局接收具報等因，奉此，遵經函請財政局繪圖函送：以便計劃建築在案。茲准土地局函開：『案查接管卷內，准貴局第三九五號公函，以奉市政府令，爲請撥中央政治區內保留土地一百畝，建築市立職業學校及社教機關一案，經市政會議決議照撥，函請繪圖送局，以便計劃建築等由。准此，當經派員查勘在中央政治區內中山路北，除各機關已收用者外，僅餘水晶台地方旂地一處，計實測得面積四十九畝六分四厘四毫，惟以資源委員會地質調查所等地形略有變更，其界址犬牙交錯，地上棚戶拆遷費有已爲資源委員會等務放者，非詳爲清理不可，經於七月廿九日由貴局偕同資源委員會代表，在本局協商妥洽，紀錄有案，除分函資源委員會查照辦理外，相應檢同測圖一幅，協議紀錄抄件一份，函請查照會同辦理。至該處地價，每畝三百六十元，應須地價銀一萬七千八百七十一元八角四分，仍請貴局撥送過局，以憑分發爲荷。』等由，並附圖一幅，協議紀錄一件、准此。除收用土地範圍內棚戶遷讓問題，已函請工務局查照南京市遷移棚戶辦法代爲辦理，需款若干，另由本局請款照付外，所有地價銀一萬七千八百七十一元八角四分，理合編造支付預算書三份，備文呈請，仰祈鈞府鑒核，轉飭財政局在徵收地借款項下撥付，俾得轉送土地局分發。」等情，并附件到府，據此。除指令照准外，合行檢同支付預算書二份，令仰該局，即便遵照撥發，并查照前與上海銀行，訂立本市中小學征地借款計劃接洽辦理具報。

此令。

計發支付預算書二份。

市長馬超俊

▲指令社會局：爲據呈請撥發職業學校，及社教機關地價一案，應予照准，由財政局撥發，仰知照由。

指令第五〇三三號　廿四年九月九日

呈一件：爲建築職業學校及社教機關一案編造預算書，請飭撥發地價由。

呈件均悉。應予照准。已令財政局如數撥發，并查照前與上海銀行訂立本市中小學徵地借款計劃，接洽辦理。仰即前往具領轉給，并遵章造報。附件分別存發。此令。

市長馬超俊

□撥發大營盤公墓第二期工程工款案

（原呈見訓令第五〇三三號）

▲訓令財政局：為據工務局呈請飭撥大營盤公墓第二期工程工款一案，仰卽分期籌撥具報由。

訓令第五二六七號廿四年九月十八日

案據工務局呈請飭撥建築大營盤公墓第二期工程工款一萬二千七百三十九元六角應用等情，附呈合同支付預算等件到府，據此，查該項工程及工款，均經本府核定，應准照撥，以利進行，除指令外，合行檢發原預算二份并抄發原合同第十二條條文一紙，令仰該局分期籌撥具報，并將預算存轉。此令。

檢發預算二份，抄同合同第十二條條文一紙。

市長馬超俊

▲指令工務局：為據呈請飭撥大營盤公墓第二期工程工款一案，已飭財政局分期籌撥由。

指令第二五六七號　廿四年九月十八日

會呈一件：為呈送建築大營盤公墓第二期工程工款合同等件，仰祈鑒核飭撥工款由。

呈件均悉。據呈合同等件，察核尚無不合，准予照辦。所需工款，已飭財政局分期籌撥，仰卽前往接洽具領應用，事竣，呈請驗收，并遵章造報。賬單發還，餘件存轉。此令。

檢發賬單七份。

市長馬超俊

附原呈

查建築大營盤公墓第二期工程，已於本月一日上午十時，在本局會議室開標，職鏡清奉派出席監視，計是日到義興，萬順，福興記，品光，張湧泰，復華，馮祥興等七家，所開標賬經職希尙指派本局梅科長成章，唐主任瀚章，會同審查，幷由職鏡清在場監視，審查結果，以馬祥興總價一萬二千七百三十九元六角爲最低，尙在預算範圍以內，義興一萬二千七百八十七元五角爲次低，經核定馬祥興爲中標人，幷以義興爲候補人，業於本月五日公布在案。茲查該項工程已與馬祥興營造廠簽訂合同，分別存執，理合檢同賬單七份，合同二份，支付預算書三份，會銜呈祈

鑒准備案，並乞俯賜令飭財政局簽撥工款，

指令祇遵，以備支付。謹呈

市長馬

附呈賬單七份，合同二份，支付預算書三份。

監視委員馬鏡清

工務局局長宋希尙　廿四年八月

□撥發馬路街小學收買民地地價案

▲訓令財政局：爲據社會局呈請撥發馬路街小學收買民地地價一案，應予照准，令仰遵照撥發具報由。

訓令第五三九四號　廿四年九月廿一日

案據社會局呈稱：

「案查收買馬路街民地，增設市立完全小學一案，經於本年四月，呈奉鈞府第三五六九號指令，准予進行，並先後由財政局及土地局會同本局召集業主談話，最後於八月十九日，以本案收用土地每方三十九元成立協議各在案。茲准土地局函送本案地價拆費計算表一份，計需一萬七千五百三十五元九角，囑查照撥送，以便轉發等由。查馬路街附近一帶，人煙稠密，學童衆多，就地增設完全小學，實屬迫不容緩，節經提請市政會議通過委派校長，以便籌備剋期成立。前以使用土地在卽，幷准業主之請，已由本局墊發一部份地價，各在案。茲准前由理合編造支付預算書，抄同地價拆費計算表，備文呈明經過，懇祈鑒核飭令財政局迅將本案地價拆費銀

一萬七千五百三十五元九角，在征地借款內，提前撥付，以便轉送核發。一等情，並附件到府，據此。除指令外，合行檢同支付預算書二份，令仰該局，即便遵照如數撥發，並查照前與上海銀行訂立本市中小學征地借款計劃，接洽辦理具報。

此令。

計發支付預算書二份。

市長馬超俊

▲指令社會局：為據呈請撥發馬路街小學收買民地地價一案，應予照准，已令財政局撥發仰知照由。

指令第五三四九號　廿四年九月廿一日

呈一件：為馬路街收買民地，增設完全小學一案，檢呈地價拆費計算表，及支付預算書，祈鑒核飭撥由。

呈件均悉。應予照准，已令財政局如數撥發，幷查照前與上海銀行訂立本市中小學征地借款計劃接洽辦理，仰即前往具領轉給，幷遵章造報。附件分別存發。此令。

市長馬超俊

（原呈見訓令第五三九四號）

◻撥發香舖營小學收買徐姓塘地地價案

▲訓令財政局：為據社會局呈請撥發香舖營小學收買徐姓塘地地價拆費一案，應予照准，令仰遵照撥發具報由。

訓令第五三九五號　廿四年九月廿一日

案據社會局呈稱：

「案查香舖營小學收買徐其壽塘地一案，前於本年六月十四日呈奉鈞府第二一七八號指令，略以該業主要求填平低地，照地給價一節，應予接受，仰會呈商決，幷速辦收買手續，等因，奉此。遵經函請財政局查照辦理，函請工務局撤銷停止該戶建築命令，幷准許塡平塘南低地各在案。玆准土地局科一字第一四一六號公函開：「案查香舖營小學收買徐其壽塘地一案，所有收買價格，業以地每方五十元，塘每方三十元，協議成立，該地北首亦經留讓三公尺寬之天井一方，塘之南首，又經業戶塡平四十二方丈（原許塡平五十方丈，照地給價，該民僅塡四十二方，其餘不願再塡），均已先後解決在案，相應造具該戶地價拆費計算表一份，計需銀六千一百七十八元六角三分，函請查照，希將該款撥送過局，以憑轉發爲荷。」等由，准此。查塡平低地五十方丈一節，原出自該民要求，現該民僅塡四十二方丈，其餘旣不願再塡，似可允准，所有本案地價拆費計需銀六千一百七十八元六角三分，理合編造支付預算書，抄同分戶面積，拆讓費地價計算表，備文呈送，仰祈鑒核，飭財局在征地借款項下，迅予撥付，以便轉送核發。」

等情，幷附件到府，據此。除指令照准外，合行檢同支付預算書二份，令仰該局，卽便遵照如數撥發，幷查照前與上海銀行訂立本市中小學征地借款計劃，接洽辦理具報。

此令。

計發支付預算書二份。

市長馬超俊

▲指令社會局：爲據呈請撥發香舖營小學收買徐姓塘地地價拆費一案，應予照准，已令財政局撥發，仰知照由。

指令第五三九五號　廿四年九月廿一日

呈一件：爲香舖營小學收買徐姓塘地一案，檢同地價拆費表，編造支付預算書，仰祈鑒核飭撥由。

呈件均悉。應予照准，已令財政局如數撥發，幷查照前與上海銀行訂立本市中小學征地借款計劃，接洽辦理，仰卽前往具領轉給，幷遵章造報。附件分別存發。此令。

市長馬超俊

（原呈見訓令第五三九五號）

□訂立牙行補保及換保辦法案

▲指令財政局：爲據呈爲營業稅處所擬牙行補保及換保辦法，准予備案由。

指令第五五二一號 廿四年九月廿五日

簽呈一件：爲據營業稅處簽擬牙行補保及換保辦法，除准予照辦外，簽請備案由。

簽呈悉。准予備案。此令。

市長馬超俊

附原呈

案據營業稅處簽稱：「查請領牙行牌照，照章應具保結，本局上年牙稅收回自辦時，原辦機關，未將舊照保結移交，當以收回自辦伊始，爲便利行商起見，除新申請者外，凡持舊照來局換領時，即根據換發，其長期之登錄憑證，亦係根據原證收稅，未飭另具保結，惟辦理以來，凡遇有逾期甚久，遷移他處，尙未換照，及閉歇欠稅牙行，行主逃匿無蹤者，均無從追繳，殊礙稅收，玆爲維持章則稅收起見，規定辦法三項如左：

一、凡屬舊有牙行，未向本局具有保結者，應於一個月內具保繳局，以憑核辦。

二、凡向本局具有保結之牙行，爲免除各担保者有中途失效情事，及被保行戶匿不呈報起見，各戶應於每年換照前十日將原保單換具一次，此項換具保單，概不收費，原保認爲殷實者，幷准仍用原保。

三、凡領有長期登錄憑證者，除另案限於本年繳稅時具保換照外，以後每年繳稅前十日，幷應將原保單繳局換具一次。

上擬辦法，是否有當，理合簽請核示」等情，據此。查所擬辦法，尙屬可行，除准予照辦外，理合具文呈請

鑒核備案。

謹呈

市長馬

財政局局長陸肇強　廿四年九月

□撥發裴家橋小學收用民地地價案

▲訓令財政局：為據社會局呈送裴家橋小學征收地價拆遷費支付預算書，祈飭撥一案，應予照准，令仰遵照撥發具報由。

訓令第五五二五號　廿四年九月廿五日

案據社會局呈稱：

「案奉鈞府第四六九一號訓令，以准內政部咨轉行政法院對於余陳氏不服征收裴家橋議定地價訴訟判決，令飭知照，等因，奉此。查原判決主文為「原告之訴駁回」等語，當以本案既經行政法院判決，原告余陳氏業已敗訴，節經函請土地局速將本案地價拆費等項，造表送局，以便請款。茲准土地局科一字第一四八八號公函，附送本案地價拆費計算表一份，計銀一萬零一百六十七元二角五分，囑將該款撥送，以憑分發等由，准此。理合抄同地價拆費計算表，編造支付預算書，備文呈請鑒核賜准飭令財局迅將此項地價拆費銀如數在徵地借款項下撥付過局，以便轉送分發。」

等情，並附件到府，據此。除指令照准外，合行檢同支付預算書二份，令仰該局，即便遵照撥發。並查照前與上海銀行訂立本市中小學徵地借款計劃，接洽辦理具報。

此令。

計發支付預算書二份。

市長馬超俊

▲指令社會局：為據呈送裴家橋小學征收地價拆遷費支付預算書，祈飭撥一案，應予照准，已令財政局撥發，仰知照由。

指令第五五二五號　廿四年九月廿五日

呈一件：爲呈送裴家橋小學征收地價拆費計算表暨支付預算書，仰祈鑒核飭撥由。

呈件均悉。應予照准，已令財政局如數核發，并查照前與上海銀行訂立本市中小學征地借款計劃接洽辦理，仰即前往具領轉給，并遵章造報，附件分別存發。此令。

市長馬超俊

（原呈見訓令第五五二五號）

撥發放寬中山北路江邊一段路面工款案

▲訓令財政局：爲據工務局呈請飭撥放寬中山北路江邊一段馬路工款一案，仰即轉賬核撥具報由。

訓令五六四三號　廿四年九月廿八日

案據工務局呈請飭撥放寬中山北路江邊一段馬路工款銀二萬零七百十五元應用，等情，附合同及支付預算等件到府，據此，查此項工程，前准津浦鐵路管理委員會函請辦理，并允照工務局預算担認半數工款，當經復准并飭工務局轉函繳款辦理各在案。茲據前情，除指令：

「呈件均悉。據呈合同等件，察核尚無不合，應准照辦。惟查此項工款，據該局本年六月一日呈報，津浦鐵路管理委員會承認按照該局預算，担認半數工款銀一萬零八百八十八元九角，并言明專款存儲，以備該局應用，當指令該局轉函繳款辦理在案。現爲時已久，該款已否繳到，來呈未據聲敍，現在本府財政困難，已達極點，該款如已繳到，應即填單向財政局解領轉賬，并將每期付款約數，及付款日期，通知財局，以便統籌，而免倉卒。除檢同原預算二份，令飭財政局遵照外，仰卽遵照。賬單發還，餘件存。此令。」

印發外，合行檢發原預算二份，令仰該局遵照轉賬核撥具報，并將預算存轉。

此令。

檢發預算二份。

市長馬超俊

▲指令工務局：爲據呈轉飭撥放寬中山北路江邊一段馬路工款一案，已令財局轉賬核撥由。

指令第五六四三號　廿四年九月廿八日

會呈一件；爲呈送放寬中山北路江邊一段馬路工程合同等件，仰祈鑒核備案，并飭撥工款由。

呈件均悉。據呈合同等件，察核尚無不合，應准照辦。惟查此項工程，據該局本年六月一日呈報，津浦鐵路管理委員會承認按照該局預算，担認半數工款銀一萬零八百八十八元九角，并言明專款存儲，以備該局應用，當指令該局轉函繳款辦理在案。現爲時已久，該款已否繳到，來呈未據聲敘，現在本府財政困難，已達極點，該款如已繳到，應即塡單向財政局解領轉賬，并將每期付款約數及付款日期，通知財局，以便統籌，而免倉卒。除檢同原預算二份，令飭財政局遵照外，仰即遵照，賬單發還，餘件存。此令。

發還賬單四份。

市長馬超俊

（原呈略）

工務

□建築火葬場案

▲指令各局 衛生事務所：爲據會報商定籌設本市火葬場進行原則六項，令准備查由。

指令第五〇〇四號　廿四年九月七日

會呈一件；爲會報商定籌設本市火葬場進行原則六項，祈鑒核由。

會簽悉。查核所擬原則六項，尚屬可行，應准備查。仰即知照。此令。

市長馬超俊

附原呈

案查本市籌設火葬場一案，前經　局長希尚於本年八月三日，召集財政社會土地三局及衛生事務所在本工務局會商，決定地點擬附設在大營盤公墓，其餘關於建築管理事項，先行派員赴滬調查，再行規劃，業經呈報
鑒核，並派員赴滬調查各在案。茲據調查所得，復經　局長希尚於本月二十四日，召集社會財政土地三局及衛生事務所在本局作第二次討論，依據赴滬調查實際狀況，並參酌本市目前情形，經會商結果，決定進行原則六項如下：

一、火葬場地點決定附設大營盤公墓內。

二、火葬場計劃依照工務局所擬草圖修正通過。

三、關於火葬所用屍棺及灰匣，應歸本府辦理，以示一致。

四、由府購置運棺汽車，專為喪葬之家應用，並於公墓計劃內，添設汽車間一項。

五、收費從廉，俾市民樂於採用火葬辦法。

六、關於詳細管理章則等，俟工務局詳細圖算呈奉核定後，再行分別擬訂。

除火葬場詳細圖算，一俟本工務局擬製完成，另文呈送
核示外，理合先將奉令辦理本案經過情形，會銜簽報，仰祈
鈞長鑒核。謹呈
市長馬

社會局局長陳劍如
財政局局長陸綞強
土地局局長周　湘
衛生事務所所長王祖祥
工務局局長宋希尚　廿四年八月

□建築登隆巷小學校舍案

▲指令工務局：爲據會銜呈送登隆巷小學校舍工程合同等件，祈核示一案，仰補具分期付款辦法，并報明開工日期，列表呈核由。

指令第五〇二五號　廿四年九月九日

會呈一件：爲呈送登隆巷小學建築校舍工程合同賬單等件，仰祈鑒核，幷飭請領工款，轉撥過局由。

會呈暨附件均悉。據呈合同等件，察核尚無不合，准予照辦。惟所需工款，在市庫方面，目前能否照籌，經飭財政局簽復：「尚可勉籌，但合同內未將分期付款辦法，及需款日期訂定，似應轉飭補訂，以便通盤籌劃。」等語，據此，查工程在未經實施以前，其分期付款數目及日期，固難預定，然爲兼顧籌款困難起見，着由該局將本工程開工日期，及每期應付款項數目，按照工程進行程序，分別約略估計，開具詳單，以憑核辦。賬單發還，餘件暫存。此令。

發還賬單五份。

市長馬超俊

附原呈

查登隆巷小學建築校舍工程，已於七月五日上午十時重行開標，職鏡清奉派出席監視。是日計到黃秀記，趙順記，大中華，吳萬順，大廈等五家，所開標賬，經職希尚指交本局朱技正紳康，唐主任瀚章，並由職鏡清監視會同審查結果，以黃秀記核實後，總價二萬〇一百二十二元八角一分爲最低，尚在預算範圍以內，完工期限原開一百三十五晴天，經核改爲一百晴天，當經決定黃秀記爲中標人，趙順記，爲候補人，並於同月九日公布在案　正核辦間，據黃秀記呈稱：「以運輸材料困難，要求完工期限爲一百三十晴天」。據查尚屬實情

」，姑准改爲一百十晴天，茲與簽訂合同，分別存執，理合檢同合同二分，賬單五分，更正單價表一份，會銜呈祈
察核，俯賜令飭社會局請領工款，轉撥過局，以備支付，並乞
指令祇遵。再所有單價，爲編造決算時增減數量，便於計算起見，均照核實總價更正，飭由該商另抄單附呈，至合同內各項單價，亦已按照更正單價列入，合併陳明。謹呈
市長馬

附呈賬單五分，改正單價一份，合同二份。

監視委員馬鏡清
工務局局長宋希尙　廿四年八月

□建築止馬營平民住宅區售水站及沿河碼頭案

▲指令工務局：爲據呈送止馬營平民住宅區建設售水站及建築沿河碼頭工事預算請核示一案，准予照辦由。

指令第五〇五七號　廿四年九月十日

呈一件：爲呈復止馬營平民住宅區擬建設售水站並建築沿河碼頭檢同工事預算，祈核示由。

呈件均悉。據呈預算等件，察核尙無不合，准予照辦，仰即遵照，件存。此令。

市長馬超俊

（原呈略）

□公布蘇浙皖京滬五省市公路植樹保護及獎懲統一辦法案

▲訓令工務局、各鄉區公所：爲令發蘇浙皖京滬五省市公路植樹保護及獎懲統一辦法由。

訓令第五二三〇號　廿四年九月十七日

案准
全國經濟委員會祕書處本年九月九日路字第九二二七號公函開：

「案准蘇浙皖京滬五省市交通委員會九月四日交字第一六三四號函略開：「查本會第十一次常會討論第三十案為公路植樹保護及獎懲統一辦法草案，先後由本會第九第十兩次常會議決修正通過，幷經蘇浙皖京滬各省市函復贊同，惟閩省擬將原辦法之十六十八十九三條條文酌加修正，特再提請討論案，經議決：「原案無庸修改，由交委會函請經委會轉函五省市政府公布，定於十月一日起施行，幷函閩贛兩省府查照。」等語，紀錄在卷。正擬照案函請查照，復准貴處函轉江西省政府函，以五省市公路植樹辦法，與該省現行章則不符，擬請將該辦法第三條删除或修改，希核復，等由，過會，事與閩省相同，既經議決有案，自無須再行提會討論，相應檢同原辦法，函請轉函五省市政府查照辦理；幷閩贛兩省府查照。」等由，附送辦法三十份到處。除分函外，相應檢同原件四份，隨函送達，即希查照，將該項辦法公布，定於十月一日起施行。」等由，附辦法四份，准此，除以府令公布，幷分令知照，暨將辦法抄存一份外，合行檢發原辦法一份，令仰知照。幷轉飭所屬各鄉鎮公所一體知照。

此令。

市長馬超俊

◆南京市政府令　廿四年九月十七日

玆准

全國經濟委員會祕書處函送蘇浙皖京滬五省市公路植樹保護及獎懲統一辦法，囑為公布，幷定於十月一日起施行等由，特將該辦法全文公布之。此令。

市長馬超俊

◘添建武定門小學校舍案

◆指令工務局：為據呈送武定門小學添修課室工程賬單等件，祈鑒核備案等情，仰遵照由。

指令第五三三三號　廿四年九月十九日

呈一件：爲武定門小學添修課室工程，已招商開賬交辦，檢同賬單，呈請鑒核轉飭領款應用由。

呈件均悉。准予備案。所需工款，仰逕函社會局編造支付預算，呈候核撥。賬單發還，餘件存。此令。

發還賬單一份。

市長馬超俊

附原呈

案准社會局函開：

「案查武定門小學呈請修理課室一案，前准貴局二七四六號公函，並附送修理圖算過局，當經轉呈市府，請准予連同新建課室併案施工各在案。茲奉市府第四三七九號指令開：『呈件均悉。察核所呈圖算，尚屬可行，准予照辦，仰卽知照。件存。此令。』等因，奉此，相應函請查照，迅予併案施行爲荷。」

等由，准此，經飭原包商袁錦記營造廠開賬前來，計總價爲一千二百七十八元三角，當商得該商同意，減爲一千一百八十八元三角，核與原預算一千二百零四元三角，並未超過，除已飭該商遵照辦理，於九月五日開工，幷函復社會局外，理合塡具價格增減表，連同賬單，具文呈請

鑒准備案，並飭社會局請領增加工款，轉撥過局，以便支付，實爲公便。

謹呈

市長馬

附呈工程更改計劃價格增減表二份，賬單一份。

工務局局長宋希尚　廿四年九月

土地

□修正鄉區土地移轉陳報戶粮推受規則案

▲訓令土地局、各鄉區區公所為令發修正南京市鄉區土地移轉陳報戶粮推受規則，仰遵知照由。

訓令第五〇八六號　廿四年九月十二日

案查本年九月六日，本府第三六八次市政會議，本市長交議，王參事審議，土地局呈請修正南京市鄉區土地移轉陳報戶粮推受規則案，當經決議通過在案。除公布幷分令外，合行檢發修正規則，令仰遵知照辦理。此令。

計發修正南京市鄉區土地移轉陳報戶粮推受規則一份。

市長馬超俊

▲南京市政府令　廿四年九月十二日

茲修正南京市鄉區土地轉移陳報戶粮推受規則公布之。此令。

市長馬超俊

□核定土地登記附帶聲請建築者不適用特殊情形建築案件辦法案

▲訓令土地局、工務局：為該局周局長提議為土地登記，附帶聲請建築者擬不適用特殊情形建築案件辦法案，已議決通過令仰遵照由。

訓令第五〇八八號　廿四年九月十二日

案查本年九月六日，本府第三六八次市政會議，該局周局長提議：為土地登記附帶聲請建築者、擬不適用特殊情形建築案件辦法，以示限制，而免流弊案，當經決議：通過在案。除令工務局、土地局外，合行檢發原提案，令仰該局即便遵照。此令。

計發原提案一件。

市長馬超俊

附原提案

查財政局提議：關於建築案件，如有緊急情形，得由業戶繪圖具結，逕呈工務局核辦，以期便利一案，經職與宋局長陳專員等會同審查報告奉

鈞府第四五三三號訓令，以提經第三六五次市政會議決議：「照審查意見修正通過，飭遵照辦理，會同佈告週知等因，本應遵辦，惟關於土地登記附帶聲請建築者，列在本案特殊情形之內一節，終覺尚有未便，經督飭員司，再三研究，並與宋局長會商僉以本市土地，現正舉辦第一次所有權登記，其無主荒地，希圖冒認及無契請補或僅憑僞契管業與侵佔紛爭情事，所在多有，今欲於附帶聲請建築者，一律認爲特殊情形，准其僅持登記收據，逕向工務局請准建築，均不先領勘圖，則業戶在產權未確定前之持有登記收據及建築執照者，極易利用機會藉作私圖，雖事前取具切結，然事後糾紛更多，必致礙及有關各登記案件之進行，且與原提案所稱通常建築案件，仍照向章辦理之旨，亦有未符，擬將該案原審查意見第四項第三款所列「土地登記附帶聲請建築者，」一節再予刪除修正，以示限制而防流弊。是否可行敬請

公決

附抄原審查報告及決議案各一份。

提案人土地局局長周　湘　九月四日

◻征收土地開闢中山東路至國府路間一段東海路案

訓令第五五三二號　廿四年九月廿六日

令土地局、工務局

爲准內政部咨復開闢中山東路至國府路間一段東海路計劃書圖，已依法核准公告等由，令仰依法審慎辦理／知照由。

案准

內政部廿十五—廿四年九月廿一日發一三七〇九號咨開：

「案准貴市政府二十四年九月十七日第五二三六號咨送開闢中山東路至國府路間一段東海路計劃書圖，請核准公告見復等由，准此，核與土地徵收法第二條第二款之規定相符，除依法核准公告外，相應檢同公告一張，咨復查照，飭貼徵收地點，俾衆咸知，仍希依法審慎辦理。」

等由，幷附公告一張，准此，查此案前據工務局呈送計劃書圖到府，當經轉咨幷指令在案。茲准前由，除令知該工務局遵照飭貼徵收地點，幷依法審慎辦理。除將公告令發土地局飭貼徵收地點，幷依法審慎辦理外，合行檢發公告令仰該局即便知照。

此令。

計發公告一張。

市長馬超俊

衛生

增設公廁及取締私廁案

▲指令衛生事務所、工務局、清潔總隊：為據呈復核議設置市內公共廁所辦法由。

指令第五〇五〇號　廿四年九月十日

簽呈一件：為呈復奉交首都警察廳貢獻設置市內公共廁所意見由。

會呈已悉。應准如擬辦理，幷將辦理情形，隨時具報查攷。除函復首都警察廳外，仰各知照。此令。

市長馬超俊

（原呈見公函第五〇五〇號）

▲公函首都警察廳：爲准函知設置市內公共廁所意見，已轉令工務局等核議辦理由。

公函第五〇五〇號　廿四年九月十日

案准

貴廳安字第一六號函達設置市內公共廁所意見，等由，准經轉飭工務局，衛生事務所，淸潔總隊會同核議去後，玆據會銜復稱：

「遵查關於添建本市公廁及取締私廁等問題，雖前由本工務局會同本淸潔總隊先後調查勘察，擬定分期實施辦法，呈奉鈞府核准施行。但以市區遼闊，人口增加，需要孔殷，而經費有限，急切難見成效，奉交前因，除擬將從前核准之分期實施辦法，仍積極促其實現外，復經本局隊所等參照本市目前狀況，擬定設法增加及取締等原則數項如下：（一）嗣後里弄房屋建築在十幢以上，限令業主添建公廁一所。（二）大商店之私廁，應設法使其公衆化。（三）擬規定私有廁所最低改革標準式樣，勸令業主迅速改善。（四）私有廁所其設備過於簡陋或無力改善者，擬給價收歸公有，設法改良之。（五）公建廁所擬一律裝置自來水，以爲私廁之倡導。（六）公廁應派專任伕役司淸潔管理之責。以上各項，能分別實施進行，則公廁數量旣日漸增加，而不良私廁，亦得同時改善。至進行步驟，仍當隨時審查實情，參酌辦理。是否有當，理合將核議情形，會銜簽復，仰祈鑒核示遵。」

等情，據此。除指令照辦外，相應函復，卽希

查照，爲荷。

此致

首都警察廳

市長馬超俊

◻制定管理中西醫藥新聞廣告傳單規則案

▲訓令工務局、衛生事務所、社會局：爲令發南京市管理中西醫藥新聞廣告傳單規則，仰知照由。

訓令第五三三六號　廿四年九月廿日

案准衛生署醫字第三九四號咨開；

「案據上海市醫師公會呈稱，醫藥與民族健康關係至鉅，故醫藥之發展，不宜聽其藉報章雜誌之廣告，與醫藥刊物之文字，濫行宣傳廣佈。查歐西各國，對於是項醫藥文字，均訂有一定規則，亦恐為不正當之徒所假借，而貽害社會也。我國科學落伍，對于此等廣告，于理更應從嚴制裁，以杜流弊。乃年來報章雜誌所刊醫藥廣告，大半係利用機會，誇大宣傳，欺矇誘惑，無所不用其極，近更變本加厲，爭相收買報章重要篇幅，假宣傳醫藥常識之美名，作吸引誘惑病家之工具，不獨貽譏中外，抑且為國家之隱憂。若將醫師暫行條例第十八條引而伸之，專訂取締醫師廣告條例，飭令地方官廳切實辦理，實為萬幸等情。據此，查醫師藥商對于所業醫藥不得為虛偽誇大之宣傳，於醫師暫行條例，暨管理成藥規則中，各有專條之規定，並各訂定罰則，以便地方官署之執行管理，原係為保障正當醫師業務，注重民衆健康之意，而近日各地報章關于醫藥事項之登載，不獨醫師藥商對于所業或所製之藥作過分宣傳，更有藉宣傳衛生醫藥常識等美名，或以為本業廣告之變相，或以為推銷他人藥品之宣傳，其用意所在，顯然暴露於文字之間，似此情形，較諸虛偽之廣告，尤足以危害社會，凡此均屬有違法令之規定，亟應從嚴取締，以杜流弊。前查北平市政府咨送備案之北平市管理中西醫藥新聞廣告規則，所訂各條尚屬切合實規，可為規定取締前項情事法令之參考。據呈前情，除分行並批示外，相應抄同北平市管理中西醫藥新聞廣告規則，咨請查照辦理為荷。」

等因，附抄北平市管理中西醫藥新聞廣告規則一份，准此。茲經參酌訂定南京市管理中西醫藥新聞廣告傳單規則一份，除公布并分行外，合行抄附規則一份，令仰該局所即便知照。

此令。

附抄發南京市管理中西醫藥新聞廣告傳單規則一份。

市長馬超俊

▲南京市政府令　廿四年九月二十日

茲訂定南京市管理中西醫藥新聞廣告傳單規則，公布之。此令。

市長馬超俊

□劃撥八卦洲乾路商場基地建築診療所案

▲訓令衞生事務所：爲據財政局呈復，指撥八卦洲乾路商場，建築診療所情形，仰知照由。

訓令第五四一五號　廿四年九月三日

案據財政局廿四年九月十二日總字第二零四號呈稱：

「案查鈞府本年七月卅一日第三九六八號訓令，爲據衞生事務所呈請劃撥八卦洲乾路商場基地一塊，建築診療所，並留寬敞隙地，以備各項衞生集會之用，飭卽遵照酌量辦理具報，等因，並附發草圖一紙，奉此。當經令飭八卦洲管理處查明去後，茲據呈報乾路商場基地有限，因須留待出租，繁榮市面；僅能劃撥基地三間，以爲建築診療所之用，如須寬闊地段，可在農民教育館近旁未用之地劃撥建築等情，前來。理合照錄八卦洲管理處核復原呈一件，暨檢繳原發草圖一紙，具文呈報，仰祈鑒核。」

等情，附抄呈八卦洲管理處原呈一件，暨繳還原發草圖一紙，據此。令行抄同八卦洲管理處原呈一件，令仰該所，卽便知照。

此令。

計抄發八卦洲管理處原呈一件。

市長馬超俊

□試辦免費助產代辦收付車費辦法案

▲指令衞生事務所：爲接生擬收車費，應准試辦由。

指令第五五四五號　廿四年九月廿六日

呈一件：爲呈爲接生擬收車費祈鑒核由。

呈悉。准予試辦。仰卽知照。此令。

市長馬超俊

附原呈

查本所辦理免費助產事務，日見發達，接生嬰孩，每月在二百五十名左右，而產後訪視，按照向例，每家至少須有七次，因之助產士不間晝夜，工作頻繁，往來需車之多，可以想見，車費一項，向係本所支付，不許另給分文，曾經通知孕婦，布告週知，在案。詎車夫無知好利，輒向產家需索，而民俗喜慶添兒，亦多不吝給與。本所現月耗車費，數達二百餘元，公家徒受損失，產家仍須開支，獨利車夫，無補實際，遇有貧苦產家，尤常發生糾紛，本所祇有自備車三輛，接生訪視，多僱用街車，頗難管理，於公於私，兩非所宜，自應統籌兼顧，妥訂辦法，杜絕弊端，便利工作，經於八月廿八日下午，召集臨時所務會議，詳加討論，當議決辦法四項：（一）代辦收付車費，每人一元八角（計每車一次二角，接生兩人一次，訪視七次，共九次）於孕婦第一次檢查時收取，給予編號車費券一本，告知自接生始，每用車一次，給車夫券一張，此外不許授受分文，並於券背特別註明。如超過九次，則於第十次起不再收車費所有超過次數，由助產士用空紙簽示證明，此券按日由車夫繳交四課點收，月終結算，得按券提出每券實洋一分獎給各該車夫平均分配。車夫薪資，暫定每月十六元。（二）車費券如因特別事故，不獲用完，准予按券照值退還，但已經扯破，離開原本者，不在此例。倘退券時，查明紀錄，所付車券與助產士往訪次數不符，有給車夫現金情事，除嚴懲該車夫外，並沒收其所存留之券。（三）赤貧孕婦免收車費，另設掛號處，以資識別，每人於第一次檢查時由曹醫師簽字給與車券一本，並於券面加蓋赤貧免付車費戳記。其使用手續，及車夫收繳辦法，與前第一項同。（四）車費券收得之款，專爲添置自備車及支付車薪資，以便將來車輛統由本所管制。其每次接生第十次以後之用車，及赤貧免收車費者，仍在本所旅費下支付等語，紀錄在案。查此項辦法，既可杜絕車夫之需索，在不貧產家，所費無幾，當無

不便，卽本所亦得免受虛耗，統一管制，一舉數得，似屬可行，擬於十月份起，開始實施。是否有當，理合呈報，仰
祈
鑒核俯准備案。並懇
指令祇遵。謹呈
市長馬

計呈接生車費樣券一份。

衛生事務所所長王祖祥
廿四年九月

□創辦乳業講習班案

▲指令衛生事務所：為據呈乳業講習班簡章課程，應准備案由。

指令第五五四六號　廿四年九月廿六日

呈一件；爲呈爲商准中央大學農學院合辦乳業講習班，檢同擬就簡章及課程，祈鑒核備案由。

呈暨簡章課程均悉。應准備案，仰卽知照。此令。簡章課程存。

市長馬超俊

附原呈

查本市乳業，日漸發達，其品質是否清潔衛生，於市民健康所關甚鉅，本所早經按月取樣化驗，督飭改善，並塡表報核在案。茲爲根本改善計，特商准中央大學農學院，合辦乳業講習班，業經雙方磋商妥洽，將合辦乳業講習班之簡章及課程，分別擬就，並擬卽日着手進行。理合檢同簡章課程各一份，備文呈送，仰祈
示遵。謹呈

計呈乳業講習班簡章及課程各一份。

衛生事務所所長王祖祥

廿四年九月

市長馬

繼續辦理下關貧病收容所案

▲指令衛生事務所：爲據核議維持下關貧病收容所情形應准照辦由。

指令第五五九四號　廿四年九月廿七日

呈一件；爲呈復奉交核議社會局呈請轉飭接辦下關貧病收容所一案情形，祈鑒核由。

呈悉。應准自本年十月份起，由本府在二級協助費內，按月撥付洋一百五十元，發交社會局轉發應用，以三個月爲限。除分令外，仰即知照。此令。

市長馬超俊

▲訓令財政局：爲令發協助下關貧病收容所經費由。

（原呈見訓令第五五九四號）

訓令第五五九四號　廿四年九月廿七日

案據社會局第五九八八號呈稱；

「案據李應南等呈稱：『竊查下關貧病收容所自去年十一月開辦以來，今已時逾八月，對於整飭市容，救濟貧病，雖未敢自詡已盡能事，然亦不無成績可言。惟成立該所之初，原以五個月爲期，蓋以私人組合，財力自屬有限，後因時艱年荒，日進不已，下關一帶，又當水陸要衝，貧而病者終不能絕跡，倘一旦停辦，不獨一般貧病同胞，失其救護，而下關市容，又將從此齷齪不堪矣。故又竭力設法維持，一面呈請補助，以待市府建築新所之實現，雖已蒙鈞局令飭首都冬賑會撥發接濟費二百元，然終覺爲數有限，何能維持一月，且側聞建築地址尙未覓定，新所之成功，恐非短時間所能實現，此後如何維持下去及能否由冬賑會繼續撥款補助，應南等未便擅專，理合呈請鈞座鑒核，指示祇遵。再查該所病人現值酷暑時期，有增無已，似未便因經費問題而中輟，合併陳明。』等情，據此。經飭據下關辦事處余主任簽稱：『查該所自經本處會同下關各界創設以來，貧病者存歿得所，成績頗有可觀，事實上確有繼續維持之必要，爰於本月十五日，在第七區公所召集衞生事務所王所長，第七區蔣區長，樂善堂劉蓋侯等，商討統籌辦法，首由王所長報告貧病收容所經費，前經市府批准撥款七千元，業奉准照撥，并擬定以四所村隨家倉及挹江門外貧病收容所現有地址，計共三處，擇一興工建築，儘三個月內完成，繼由蔣區長報告前所指定由市民協籌三千元，亦經李應南等向各界募足，貯款以待，惟建築竣工前，最近三個月經費，約需款六百元，實在無法措籌，擬懇鈞局令飭在冬賑會存款項下，每月指撥一百五十元，以三個月爲期，共撥洋四百五十元，以維現狀。』等情前來。查該貧病收容所事實上既確有繼續辦理之必要，自應予以維持。惟在新所址尙未建築完成以前，尙需經費約六百元，原呈請在冬賑會存款項下每月指撥一百五十元，以三個月爲限一節，現冬賑會早經結束，本局實無從撥付，茲爲設法維持該所現狀起見，擬請鈞府轉飭衞生事務所尅日接收，籌劃辦理，以免中輟。一俟新所址建築完成，再行合併。是否有當，理合備文呈請，仰祈鑒核飭遵。」

等情，據經飭據衞生事務所復稱：

「遴經派員前往該所視察，據稱八月份共收容五十一人，現在留所者尙有三十一人，設有管理員一人，不支薪，由特約國醫担任診治，并有女勤務三人，每月給養費約計六十元，雜支十五元，掩埋費四五十元，連同薪資約計二百元左右等語。查該貧病收容所在事實上確有繼續辦理之必要，惟該所設備房屋，備極簡陋，本所接辦，諸多不便，且本所籌設之貧病收容所，即將實現，在此過度時期，可否由鈞府按月撥給一百五十元，藉免工作中輟，將來新所成立，再行接收，歸併辦理。理合檢同交件呈復，仰祈鑒核示遵。」

等情，據此。除以：「呈悉。應准自本年十月份起，由本府在二級協助費內，按月撥付洋一百五十元，發交社會局，轉發應用，以三個月爲限。除分令外，仰即知照。此令。」等語指令印發，并分令社會局外，仰該局即便遵照辦理。

此令。

市長馬超俊

▲指令社會局：爲據呈請維持下關貧病收容所，仰遵令辦理由。

指令第五五九四號　廿四年九月廿七日

呈一件：爲呈請轉飭衛生事務所接辦下關貧病收容所由。

呈悉。業經飭據衛生事務所呈稱：

「遵經派員前往該所視察，據稱八月份共收容五十一人，現在留所者尚有三十一人，設有管理員一人，不支薪，由特約國醫担任診治，並有男女勤務三人，每月給養費約計六十元，雜支十五元，抬埋費四五十元，連同薪費約計二百元左右等語。查該貧病收容所，在事實上確有繼續辦理之必要，惟該所設備房屋，備極簡陋，本所接辦，諸多不便。且本所籌設之貧病收容所，即將實現，在此過度時期，可否由鈞府按月撥給一百五十元，藉免工作中輟，將來新所成立，再行接收，歸併辦理，理合檢同交件呈復，仰祈察核示遵。」

等情，據此。除以：「呈悉。應准自本年十月份起，由本府在二級協助費內，按月撥付洋一百五十元，發交社會局，轉發應用，以三個月爲限。除分令外，仰即知照。此令。」等語，指令印發，并分令財政局遵照外，仰即知照。

此令。

市長馬超俊

■設立浦口診所案

▲指令衛生事務所：爲准在浦口設立診所由。

指令第五六七零號　廿四年九月三十日

呈一件：爲呈請照七里洲診所辦法，在浦口設立診所由呈暨附件均悉。應准在浦口添設診所一處。准支開辦費一百六十元，每月經常費一百七十元，在二級預備金項下支付。仰即編造正式預算，呈候飭撥。此令。附件存。

市長馬超俊

（原呈見訓令第五六七〇號）

▲訓令第八區公所：爲令知在浦口設立診所由。

訓令第五六七〇號　廿四年九月卅日

案據衞生事務所第一二八號呈稱：

「案奉鈞府發下第八區區長劉香午提議，浦口診所，聞將遷往七里鄉，爲應環境需要起見，擬請轉飭衞生事務所，繼續在浦口設立診所；以利貧苦病人，原案一件，奉批，交本所查照辦理，等因，奉此。查浦口除津浦鉄路局設有診療所，專供診療員工外，尚無正式開業醫師及醫院，該處且多勞工與棚戶，人口尚稱稠密，確有設置免費診所之必要。惟七里洲分所業經遵令遷回開始工作，若浦口繼續設立，雖人口較七里洲多至數倍，際此市庫支絀，所有開辦經常各費，撙節開支，仍擬請照七里洲分所原案，准予增撥，是否有當，理合檢同原提案暨計劃草案，備文呈復，仰祈鑒核示遵。」

等情，據此。除以：「呈暨附件均悉。應准在浦口添設診所一處，准支開辦費一百六十元，每月經常費一百七十元，在二級預備金項下支付，仰即編造正式預算，呈候飭撥。此令。附件存轉。」等語，指令印發外，仰即知照。

此令。

市長馬超俊

其他

◻修正土地估價委員會組織規則案

▲指令土地估價委員會：爲據呈送修正該會組織規則，准予修正公佈由。

指令第四八一九號　廿四年九月三日

呈一件：爲呈送修正組織規則，祈鑒核示遵由。

呈暨規則均悉。准予修正公布，仰即知照。此令。

市長馬超俊

附原呈

竊查本會組織規則第二四六條之規定，因與實際情形，不盡適合，業經提由第十八次常會決議修正，紀錄在案。是否有當，理合抄錄修正規則，簽請

鈞府鑒核示遵。謹呈

市長馬

計抄呈修正土地估價委員會組織規則一份。

土地估價委員會委員會馬超俊　廿四年八月

▲南京市政府令　廿四年九月三日

玆修正南京市土地估價委員會組織規則第二第四第六各條條文，公布之。此令。

市長馬超俊

□鄉區保衛團改組爲鄉區保安獨立中隊案

▲訓令鄉區各區公所、鄉區保衛團：爲令發鄉區保安獨立中隊組織規則及附表由。

訓令第五〇三四號　廿四年九月九日

案查本府前以省市劃界，接收鄉區地面遼闊，爲增進鄉區人民自衛能力，協助軍警維持地方治安，及推行政令起見，特設立鄉區保衛團，以資衛護。惟該團之編制，係採用軍隊式，并非採用徵集制。且該團直隸於本府，其經費

亦由本府撥給，并非就地籌集，核與內政部縣保衞團法頗有出入。嗣呈奉
軍事委員會指令，飭按照　軍事委員會南昌行營所頒布之各省保安制度改進大綱修正等因。遵卽依據該大綱，并參酌本市鄉區情形，將原訂南京市政府鄉區保衞團組織規則，改訂爲南京市政府鄉區保安獨立中隊組織規則，并加具編制表一份，於本年五月廿九日呈復
軍事委員會核示。旋奉廿四年六月八日公一字第二一五號指令開：

「呈暨規則均悉。查該規則業經逐條修正發還，至該隊編制，仍應遵照各省保安制度改進附表第三切實編組，以歸一律，而免紛歧。仰卽遵照。此令。」

等因，計發修正規則，并附表各一份，奉此。當經分別呈咨
行政院及內政部鑒核備案，并先後准奉內政部廿四年六月廿二日警廿一廿二發九九一二號咨復，暨
行政院廿四年七月八日第二一二零號指令，准予備案。旋又續奉
行政院廿四年七月廿二日第三九六五號訓令行知，已轉奉
國民政府第一七八四號指令：「呈件均悉。准予備案。附件存。」等因，各在案。除令飭鄉區保衞團遵照改分別函達首都警察廳，各機關，
編，并分別函達首都軍警各機關，及令知鄉區各區公所外，合行令仰知照。
及令知鄉區各區公所外，合將前項修正規則及附表，抄發該團，卽便遵照改編，并將改編情形，具報備查。
此令。

計發修正規則及附表各一份。

市長馬超俊

▲公函南京警備司令部、憲兵司令部、首都警察廳：爲本府鄉區保衞團改編爲鄉區保安獨立中隊，函達查照，并希飭屬知照由。

公函第五〇三四號　廿四年九月九日

案查本府前以省市劃界，接收鄉區地面遼闊，爲增進鄉區人民自衞能力，協助軍警維持地方治安，及推行政令起見，特設立鄉區保衞團，以資衞護。惟該團之編制，係採用軍隊式，并非採用徵集制，且該團直隸於本府，其經費亦

由本府撥給，并非就地籌集，核與內政部縣保衛團法頗有出入。嗣呈奉
軍事委員會指令，飭按照　軍事委員會南昌行營所頒之各省保安制度改進大綱修正等因。遵即依照該大綱，并參酌本市鄉區情形，將原訂南京市政府鄉區保衛團組織規則，改訂為南京市政府鄉區保安獨立中隊組織規則，并加具編制表一份，於本年五月廿九日，呈復
軍事委員會核示。旋奉廿四年六月八日公一字第二一五號指令開：「呈暨規則均悉。查該規則業經逐條修正發還，至該隊編制，仍應遵照各省保安制度改進附表第三切實編組，以歸一律，而免紛歧。仰即遵照。此令。」等因，計發修正規則幷附表各一份，奉此。當經分別呈咨
行政院及內政部鑒核備案，并先後准奉內政部廿四年六月廿二日警廿—廿二發九九一二號咨復，暨
行政院廿四年七月八日第二一二〇號指令，准予備案。旋又續奉
行政院廿四年七月廿二日第三九六五訓令行知，已轉奉
國民政府第一七八四號指令：「呈件均悉。准予備案。附件存。」等因，各在案。除令飭鄉區保衛團遵照改編，并分別函令知照外，相應抄同前項修正規則及附表，函達
貴部（部／廳），請煩
查照，并希轉飭所屬知照，為荷。此致
南京警備司令部
憲兵司令部
首都警察廳

計附送修正規則及附表各一份。

市長馬超俊

□修正公園管理處組織規則案

▲指令公園管理處：爲據呈送修正南京市公園管理處組織規則，准予修正公布由。

指令第五〇四三號 廿四年九月十日

呈一件：爲呈送修正本處組織規則，祈鑒核示遵由。

呈暨規則均悉。查核規則條文，尚有未盡妥善之處，業經分別修正。除以府令公布外，玆抄發修正規則一份，仰卽遵照施行。此令。

計抄發修正南京市公園管理處組織規則一份。

市長馬超俊

▲南京市政府令 廿四年九月十日

玆修正南京市公園管理處組織規則，公布之。此令。

市長馬超俊

（原呈略）

□和萬實驗鄉委員會舉辦森林押款案

▲指令和萬實驗鄉委員會：爲據呈送森林押款辦法准予備案由。

指令第五一〇六號 廿四年九月十三日

呈一件：爲呈送森林押款辦法，祈鑒核備案由。

呈件均悉。准予備案。此令。件存。

市長馬超俊

附原呈

查本鄉山崗起伏森林甚盛，實爲市郊不可多得之勝境。唯近來農戶因逼於生計，砍伐甚烈，不特有損風景，且與市民健康有關，屬會有鑒於此，爰與中國農民銀行接洽辦理森林押款，以資救濟。現經擬就森林押款辦法，理合檢同鑒該項辦法一份，具文呈請

鑒核備案。謹呈

南京市政府

計呈送森林押款辦法一份。

南京市和高實驗鄉委員會常務委員許耀卿　廿四年八月

□制定自來水管理處組織規則案

▲訓令自來水管理處：為令發南京市自來水管理處組織規則，仰知照由。

訓令第五四六四號　廿四年九月廿四日

案查本年九月廿日，本府第三七〇次市政會議，本市長交議，王參事等簽呈，擬訂南京市自來水管理處組織規則及預算案，常經決議，「通過」在案。除分令，並公布施行，一面令派鄺公立暫代該管理處主任外，合行檢發原議案令仰該管理處即便知照。此令。

計發原議案一件。

市長馬超俊

▲訓令各局處所：為令發南京市自來水管理處組織規則，仰知照由。

訓令第五四六四號　廿四年九月廿四日

案查本年九月廿日，本府第三七〇次市政會議，本市長交議，王參事等簽呈，擬訂南京市自來水管理處組織規則及預算案，常經決議，「通過」在案。除分令並公布施行外，合行檢發規則，令仰該　即便知照。此令。

計發南京市自來水管理處組織規則一份。

市長馬超俊

▲南京市政府令　廿四年九月廿四日

茲制定南京市自來水管理處組織規則公布之。此令。

市長馬超俊

南京市(城區)二十四年五月份死亡人數按性別年齡及死因分類統計表

死亡原因 性別 年齡	(1)傷寒或類傷寒		(2)斑疹傷寒		(3)赤痢		(4)天花		(5)鼠疫		(6)霍亂		(7)白喉		(8)流行性腦脊髓膜炎		(9)猩紅熱		(10)痲疹		(11)梅毒		(12)其他發疹及發熱病		(13)狂犬病		(14)抽風症	
	男	女	男	女	男	女	男	女	男	女	男	女	男	女	男	女	男	女	男	女	男	女	男	女	男	女	男	女
未滿1週歲														1	2	1			22	17	8	11	27	13			35	25
1週歲至5歲															2				60	56	8	4	15	16	1		9	13
6——10	1																		1	7			3					1
11——15															1	1					1	2	3	5	1			
16——20	1																				2		2	1				
21——25	2	1																			1	3	2	3				
26——30	2																					1	4	3				
31——35	3															1							2	2				
36——40	1																				2		1					
41——45															1							1	2	2				
46——50					1																2		1					
51——55																					3	1	1					
56——60																						2						
61——65		1			1																1		1	1				
66——70																							2					
71——76																							1					
76——80																							1					
81——85																												
86——90																												
91——95																												
96 以上																												
年齡不明																												
合計	10	2			2									1	6	3			88	80	28	25	64	46	2		44	39

死亡原因 性別 年齡	(15)產褥病		(16)肺癆		(17)其他癆病		(18)呼吸系病		(19)腹瀉及腸炎		(20)胃及其他腸病		(21)心腎病		(22)老衰及中風		(23)初生虛弱及早產		(24)自殺及中毒		(25)外傷		(26)其他原因		(27)死因不明		總計	備考
		女	男	女	男	女	男	女	男	女	男	女	男	女	男	女	男	女	男	女	男	女	男	女	男	女		
未滿1週歲							32	20	10	20	6	4					6	9				1			1		267	
1週歲至5歲			2				32	26	8	10	4	4	2								3						270	
6——10			1	1			4	2	1	1		7				1						1					32	
11——15			3	1			1	4			3	3			1				1								31	
16——20			5	2			2	3			3	2	2	2	1					2		1					31	
21——25		4	8	8	1							2	1	1	1						3	1			1		48	
26——30		5	10	7			1	2			2	3		1	2				1		2		1				47	
31——35		6	7	6			6	2			2	4	2	1	3	1			1		5	1	1				56	
36——40		7	8	1			4	1			4	3			4	1					1						35	
41——45		1	6	5			13	3			4	3	5		2					1	2	1	1				53	
46——50		1	7			1	14	2			7	1	2	1	7	2					1		1				53	
51——55			3	5			11	6			3	9	1		5	2			1		3				1		52	
56——60			2	1			14	9			4	4		1	4	6											47	
61——65			2				12	17			3	2	2	3	6	7			1				2				56	
66——70				2			11	5			1		1		2	4					1						29	
71——76							1	1			1	1	1		3	6											15	
76——80							1	2							1												5	
81——85																												
86——90																												
91——95																												
96 以上																												
年齡不明																												
合計		21	64	39	1	1	159	99	19	31	47	49	19	10	14	30	6	9	5	3	21	9	6		3		1122	

統計

南京市(鄉區)二十四年五月份死亡人數按性別年齡及死因分類統計表

死亡原因 / 性別 / 年齡	(1)傷寒或類傷寒		(2)斑疹傷寒		(3)赤痢		(4)天花		(5)鼠疫		(6)霍亂		(7)白喉		(8)流行性腦脊髓膜炎		(9)猩紅熱	
	男	女	男	女	男	女	男	女	男	女	男	女	男	女	男	女	男	女
未滿1週歲																		
1週滿至5歲																		
6——10																		
11——15																		
16——20																		
21——25																		
26——30																		
31——35																		
36——40																		
41——45																		
46——50																		
51——55																		
56——60																		
61——65																		
66——70																		
71——75																		
76——80																		
81——85																		
86——90																		
91——95																		
96 以上																		
年齡不明																		
合計																		

死亡原因 / 性別 / 年齡	(10)痲疹		(11)梅毒		(12)其他發疹及發熱病		(13)狂犬病		(14)抽風症		(15)產褥病		(16)肺癆		(17)其他癆病		(18)呼吸系病	
	男	女	男	女	男	女	男	女	男	女		女	男	女	男	女	男	女
未滿1週歲									3									1
1週滿至5歲	1	1			2	4			6	8								
6——10																		
11——15						3							2	1				
16——20					2	1												
21——25												2					1	
26——30						1							3	1				1
31——35					2									1			1	1
36——40					1													
41——45																	1	2
46——50																	2	
51——55													5					
56——60													4					
61——65																	2	
66——70														2			1	
71——75																		
76——80																		
81——85																		
86——90																		
91——95																		
96 以上																		
年齡不明																		
合計	1	1			7	9			9	8		2	14	5			8	5

死亡原因 / 性別 / 年齡	(19)腹瀉及腸炎		(20)其他胃腸病		(21)心腎病		(22)老衰及中風		(23)初生及早產虛弱		(24)自殺及中毒		(25)外傷		(26)其他原因		(27)死因不明		總計	備考
	男	女	男	女	男	女	男	女	男	女	男	女	男	女	男	女	男	女		
未滿1週歲									2				1	1					8	
1週滿至5歲																			22	
6——10																				
11——15																	1		7	
16——20																			3	
21——25																			3	
26——30				1															7	
31——35				1															6	
36——40																			1	
41——45								1											4	
46——50								2											4	
51——55								1											6	
56——60							1	1												
61——65							1	1											4	
66——70							3	2					1						9	
71——75							2												2	
76——80																				
81——85																				
86——90																				
91——95																				
96 以上																				
年齡不明																				
合計				2			7	8	2				2	1			1		92	

南京市立(城區)二十四年五月份死亡人數按性別職業及死因分類統計表

死亡原因 性別 職業		(1)傷寒或類傷寒		(2)斑疹傷寒		(3)赤痢		(4)天花		(5)鼠疫		(6)霍亂		(7)白喉		(8)流行性脊髓膜腦炎		(9)猩紅熱		(10)麻疹		(11)瘍毒		(12)其他發疹及發熱病		(13)狂犬病		(14)抽風症		(15)產褥病		(16)肺癆		(17)其他癆病		(18)呼吸系病		(19)腹瀉及腸炎		(20)胃腸其他病		(21)心腎病		(22)中風及老衰		(23)早產及初生虛弱		(24)自殺及中毒		(25)外傷		(26)其他原因		(27)死因不明		總計	備攷
		男	女	男	女	男	女	男	女	男	女	男	女	男	女	男	女	男	女	男	女	男	女	男	女	男	女	男	女		女	男	女	男	女	男	女	男	女	男	女	男	女	男	女	男	女	男	女	男	女	男	女	男	女	計	
有業	農業																							1								5				3				4										2						15	
	鑛業																																																								
	工業	2																						9								14				23				12		5		5				2		7						81	
	商業																					1		4								9				17				3		2		8				1		2						42	
	交通運輸業	1																				2		2								5				7						1		1						2		2				23	
	公務	2														1						2				1						4				3				2				7						1						23	
	自由職業	1																																		1				1																3	
	人事服務		2			2											2				2	3	9	1	8						21	10	36		1	9	48			2	25	1	10	1	27			1	3	1	4					229	
	其他																																																								
失業		1																						1								6				12				3		1		1								1				26	
無業		3												1		5	1			83	78	15	16	46	38	1		44	39			11	3	1		84	51	19	31	20	24	9		26	3	6	9	1		4	2	3		3		680	
未詳																																																									
合計		10	2			2								1		6	3			88	80	23	25	64	46	2		44	39		21	64	39	1	1	159	99	19	31	47	49	19	10	44	30	6	9	5	3	21	6	6		3		1122	

南京市(鄉區)二十四年五月份死亡人數按性別職業及死因分類統計表

職業＼性別＼死亡原因	(1)傷寒或類傷寒		(2)斑疹傷寒		(3)赤痢		(4)天花		(5)鼠疫		(6)霍亂		(7)白喉		(8)流行性腦脊髓炎		(9)猩紅熱		(10)麻疹		(11)[illegible]		(12)其他發熱及發疹病		(13)狂犬病		(14)抽風症		(15)產褥病	(16)肺癆		(17)其他癆病		(18)呼吸系病		(19)腹瀉及腸炎		(20)其他胃腸病		(21)心腎病		(22)老衰及中風		(23)初生虛弱及早產		(24)中毒及自殺		(25)外傷		(26)其他原因		(27)死因不明		總計	備攷
	男	女	男	女	男	女	男	女	男	女	男	女	男	女	男	女	男	女	男	女	男	女	男	女	男	女	男	女	女	男	女	男	女	男	女	男	女	男	女	男	女	男	女	男	女	男	女	男	女	男	女	男	女	計	
有業 農業																						3	1						8				5								5						1						23	
有業 鑛業																																																							
有業 工業																													2				1																				3	
有業 商業																													1				1																				2	
有業 交通運輸業																																																							
有業 公務																																																							
有業 自由職業																																																							
有業 人事服務																												2		5				3				2				8										20	
有業 其他																																																							
失業																													1																								1	
無業																		1	1			4	8			9	8		2				1	2							2		2				1	1			1		43	
未詳																																																							
合計																		1	1			7	9			9	8	2	14	5			8	5				2			7	8	2				2	1			1		92	

南京市(城區)二十四年五月份死亡人數按性別年齡婚姻狀況分類統計表

年齡 \ 婚姻狀況 \ 性別	男				女				總數	備考
	未婚	有配偶	鰥夫	離婚	未婚	有配偶	寡婦	離婚		
0——10	304				259				503	
11——15	14				9				21	
16——20	8	6			6	3			23	
21——25		23				28			51	
26——30		36				27			63	
31——35		30				27			57	
36——40		25				26			51	
41——45		29				26			55	
46——50		35				14			49	
51——55		27				17			44	
56——60		25				10			35	
61——65		20	3			2	22		47	
66——70		9	9				8		26	
71——75			18				8		26	
76——80			6				4		10	
81——85			1						1	
86——90										
91——95										
96 以上										
年齡未詳										
總計	326	265	37		272	180	42		1122	

南京市鄉區二十四年五月份死亡人數按性別年齡及婚姻收況分類統計表

性別 婚姻狀況 年齡	男				女				總計	備考
	未婚	有配偶	鰥夫	離婚	未婚	有配偶	寡婦	離婚		
0——10	19				21				40	
11——15	1				2				3	
16——20	2				2				4	
21——25		2				2			4	
26——30		5				1			6	
31——35		4				1			5	
36——40		4							4	
41——45		1				1			2	
46——50		1				1			2	
51——55		2				1			3	
56——60		2				4			6	
61——65		2				1			3	
65——70		2	2			2	2		8	
71——75			2						2	
76——80										
81——85										
86——90										
91——95										
96 以上										
年齡未詳										
總計	22	25	4		25	14			92	

南京市(城區)二十四年五月份出生嬰孩數按父之職業分類統計表

嬰孩性別 \ 產別 \ 父之職業		有業 農業 (1)	鑛業 (2)	工業 (3)	商業 (4)	交通運輸業 (5)	公務 (6)	自由職業 (7)	人事服務 (8)	其他 (9)	失業 (10)	無業 (11)	未詳 (12)	總數 (13)	備考
男孩	出生	25	0	141	197	53	92	28	39	1	11	14	10	611	
	死產	0	0	1	7	2	3	1	0	0	0	1	0	15	
女孩	出生	2[illegible]	0	137	151	57	65	27	44	0	7	13	26	553	
	死產	0	0	0	2	3	1	1	1	0	0	4	0	12	
總計	出生	51	0	278	348	110	157	55	83	1	18	27	36	1164	
	死產	0	0	1	9	5	4	2	1	0	0	5	0	27	

南京市(城區)二十四年五月份出生嬰孩數按母之年齡分類統計表

嬰孩性別 \ 產別 \ 母之年齡		11-15 (1)	16-20 (2)	21-25 (3)	26-30 (4)	31-35 (5)	36-40 (6)	41-45 (7)	46-50 (8)	51以上 (9)	不明 (10)	總計 (11)	備考
男孩	出生	1	67	157	156	124	73	26	6	0	1	611	
	死產	0	2	5	4	2	2	0	0	0	0	15	
女孩	出生	0	64	140	152	96	62	19	0	0	20	553	
	死產	0	0	4	3	2	3	0	0	0	0	12	
總計	出生	1	131	277	308	220	135	45	6	0	21	1164	
	死產	0	2	9	7	4	5	0	0	0	0	27	

南京市鄉區二十四年五月份出生嬰孩數按父之職業分類統計表

嬰孩性別	產別	有業 農業 (1)	礦業 (2)	工業 (3)	商業 (4)	交通運輸業 (5)	公務 (6)	自由職業 (7)	人事服務 (8)	其他 (9)	失業 (10)	無業 (11)	未詳 (12)	總數 (13)	備考
男孩	出生	51	0	9	15	0	0	1	5	0	0	1	0	82	
	死產														
女孩	出生	49	0	3	14	0	3	2	0	0	0	0	0	71	
	死產						1							1	
總計	出生	100	0	12	29	0	3	3	5	0	0	1	0	153	
	死產						1							1	

南京市鄉區二十四年五月份出生嬰孩數按母之年齡分類統計表

嬰孩性別	產別 \ 母之年齡	11-15 (1)	16-20 (2)	21-25 (3)	26-30 (4)	31-35 (5)	36-40 (6)	41-45 (7)	46-50 (8)	51以上 (9)	不明 (10)	總計 (11)	備考
男孩	出生	0	3	15	27	14	16	7	0	0	0	82	
	死產												
女孩	出生	0	3	16	17	16	12	5	1	0	1	71	
	死產				1							1	
總計	出生	0	6	31	44	80	28	12	1	0	1	153	
	死產				1							1	

南京市(城區)二十四年五月份戶口及生死人數統計表

項目	數目
戶數	163682
人口數	846432
出生數	1164
死亡數	1122
死產數	27

南京市鄉區二十四年五月份戶口及生死人數統計表

項目	數目
戶數	22429
人口數	120373
出生數	153
死亡數	92
死產數	1

南京市二十四年五月份城區與鄉區人口數及出生死亡率比較表

項別／區別	人口數	出生數	出生率	死亡數	死亡率
城區	846432	1164	1.4 ‰	1122	1.3 ‰
鄉區	120373	153	1.3 ‰	92	0.8 ‰
總計	966305	1317	1.4 ‰	1214	1.3 ‰
備考					

特載

募捐賑災與救亡圖存

——二十四年九月二日馬市長在本府紀念週報告——

本年鄂豫魯皖贛等省水災奇重，據賑務委員會許委員長報告，災民有三千萬人之多，損失達三萬萬元之鉅，實爲數百年來所僅見。本市原擬早日募捐，救濟此嗷嗷待哺之災民，無奈本市亦在洪水區域之內，近兩月來，自顧不暇，何有餘力，救濟他省災民。今幸防護得法，市民得以安居樂業，吾人於享受安全幸福之餘，自當本救災卹隣之精神，各盡所能，解囊相助。本府有鑒於斯，爰經聯合各關係機關，組織救災募捐委員會，業於上月十五日正式成立，積極進行。現在秋季已臨，不久寒冬即屆，災區人民，貧無所告，飢寒交迫，可想而知。故吾人對於此罹受災同胞，亟應早日設法，籌款救濟。果能捐助一元，即可救人一命。吾國自古即有守望相助，疾病相扶之美德，尚望全體市民，本此美德，盡量捐助，集腋成裘，必有可觀。現國外僑胞，無不踴躍輸將募捐匯回祖國。即異國人民，亦能本人類互助之精神，爲吾國災民募捐。吾人誼屬一國之同胞，豈容坐視。抑吾人於募捐救災之餘，又聯想及於國難之嚴重。孟子曰：「當堯之時天下猶未平，洪水橫流，氾濫于天下，草木暢茂，禽獸繁殖，五穀不登，禽獸偪人，獸蹄鳥跡之道，交於中國。」以視今日一方面受敵人武力之壓迫，一方面受世界經濟之侵略，加之天災人禍，相迫而來，其危險實千百倍於洪水猛獸。吾人處此生死存亡關頭，惟有憑藉自己之力量，以救亡圖存。吾國自庚子以後，至今已有三十六年，在此三十六年之中，可分爲三個時期。第一期自庚子至民元，在此十二年中，列強高唱瓜分中國，幸賴 總理在海牙列強會議席上一言之反對，未成事實。第二期自民元至民十二，在此十二年中，袁氏稱帝，軍閥相殘，國家元氣，斲喪殆盡，而中華民國之終未夭亡者，仍賴　總理之策勵奮鬥。第三期，自民十三　總理改組國民黨以來，迄於今日，在此十二年中，共產黨徒無日不在挑撥本黨同志互相離間，近年來經蔣委員長努力剷除後，共匪始漸告肅清。總之中國今日危殆之局面，其由來已久，本黨革命之目的，正欲打破此種危殆之局面，而建設強有力之國家。在民國十三年以前，中國在國際間處處受列強之支配，毫無發言之餘地。惟自十三年本黨改組以後，經全體同志之努力，人民知識，逐漸增高，青年學子，無不富有民族意識及國家觀念、而民族國家，至今仍未見復興強盛者，實因缺乏組織之故。是以本己兩次執掌首都市政，除努力從事物質建設外、特別注重心理建設。蓋物質建設無論如何進步，如人民心理不能改革，則革命仍難成功。故吾人應抱定宗旨，以勞教民富，以死教民強。全國人民果能在此原則之下，接受政府之訓練，嚴密組織起來，則三五年後，民族國家不難復興強盛之望。今因報告募捐救災之事，聯想及於救亡圖存之間不容髮，尚望各位三致意焉！

對於今後施行識字運動的意見

——二十四年九月九日馬市長在中央廣播無線電台演講——

大家都知道「提倡識字運動」不是現在才叫出來的新口號，而是具有七八年的歷史了。當民國十七年六月，中央常會曾經通過一個中央民衆運動指導委員會所提民衆訓練大綱。在這大綱中第三項第八款曾規定「厲行平民識字運動」提倡識字運動口號，可說就從那個大綱裏來的。嗣後在十七年十二月裏，中央常會又通過一種「下層工作綱領」在這綱領裏，把下層工作列爲七項，而識字運動更列爲七項之首，於此足見中央對於人民識字運動這一工作如何注重了！到了民國十八年，教育部曾頒佈識字運動宣傳計劃大綱，通令各省市一律於最短期內舉行大規模的識字宣傳，以期喚起民衆對於識字讀書求知的興趣和熱烈。從此以後，約在民國十八九年間，提倡識字運動的呼聲，一天擴大一天，可說全國各地都響應起來了。

提倡識字運動，已經有了七八年的歷史，但是到今日爲甚麼還在講識字運動呢？這是因爲識字運動工作成了有始無終，而未收得效果就完結了。考其中最主要的原因，(一)是受了政治軍事經濟的影響。(二)是作識字運動者奉行不力，未能持之以恆，七八年來中國因內憂外患交相煎迫，以致政治未能臻於軌道，政治機構亦未達到健全的組織，上自中央，下至地方，組織非常鬆懈，故中央的力量不能完全控制地方，而地方的意見亦不能盡量的陳達中央，中央和地方，既成了扞隔不入的情形，故中央凡有政令，到地方便如石沉大海，毫無回聲了。其次自國府奠都以來，地方的內戰，共匪的騷擾，以及九一八和一二八空前的國難，在在使本黨建國的程序不能如期進展，在實際上國家仍未脫離軍政時期。反觀全國各地，因受軍事的影響，皆不能安全秩序，以作各種建設上的工作。近數年來中國國民經濟外受世界經濟恐慌的影響，內受旱災水災打擊，共匪的猖獗，土匪的騷擾，一般人民終日皇皇，求生不得，那有閑心顧到知識能力之增進。以上三者，是一切建設的根本前提，三者如未臻於安定，一切事業均無從說起。因此識字運動工作，在全國各地方皆無形的中斷。此外地方智識份子，以及本黨黨員，尤未能積極努力以熱心從事此項工作，亦為識字運動失敗之大原因。

識字運動的重要，已經許多人講過了，我們單就現代國家民族立場來看，就知道這個運動的急迫而需要。孫中山先生在民族主義中曾經說過：「世界只有兩種人，一種是十二萬五千萬人，一種是二萬五千萬人。」這二萬五千萬人是世界上進化的民族，如條頓族，斯拉夫族，拉丁族，太和族等屬之，這十二萬五千萬人是不進化的民族，如印度，安南，朝鮮，猶太，埃及，阿賴伯，及中國等屬之。他們何以進化了，我們何以不進化呢？這便是由於一個有知識，一個沒有知識。然而知識的來源全靠識字，故識字人數的多少，便是一個民族進化與不進化的分野。因此凡是不進化的民族，即是識字未能普遍的民族，就不能組成一個現代的國家，與先進國家並駕齊驅。

再就我們中國來說，現在我們的國家，已經不是從前的國家了，從前的國家，政治權是操在一個皇帝或幾個特殊階級的人的手中，現在國家的政治權是完全操在人民的手中。中國號稱四萬萬人，便是有四萬萬皇帝來執行他們的政治權。政治權既在全體人民手中，那就非全國人民都具有很好的政治能力去處理政治不可。故國民黨秉政以來，依總理建國大綱規定，把建國的程序分為軍政訓政憲政三時期。現在是本黨的訓政時期，故本黨的政策即着重於培植人民的政治能力，訓練人民懂得四權運用。但是我國人民幾乎在百分之八十以上還不識字，試問將來如何能運用四權呢？

所以本黨積極倡導的識字運動，意在力求迅速達到建設憲政的國家，以躋于世界強國之林。故識字運動如不成功，則中國人民便不能運用政權，行使政權，而本黨的憲政時期，亦無由完成，更不能與先進國家並立。

從識字運動的政策上說，過去數年間，識字運動之歸于失敗，還有一個原因，就是中央對于識字運動所採的政策是放任的，而不是強制的，是聽其自動的，而不是被動的。總而言之，中央是就一種善意的勸導地方去辦理，而地方對于不識字的人民，也是用一種善意的去勸導他們識字，因此中央方面儘管理論和辦法規定如何詳盡，而在地方究竟是不是熱心努力去辦理，中央似未曾加以注意。至于在不識字人民方面，亦以地方辦理不力，視爲不甚重要，而不必踴躍參加，因此數年來不識字的人數，在統計上仍未見大大的減少。所以今後的識字運動，要一反從來的政策，即是要積極採用強制政策，要把識字運動當作國家教育建設中的一項事業，由中央來計劃統制，與其他事業互相聯貫，嚴厲推行，並由中央督促各地方切實遵辦，更由各地方督促知識份子和黨員努力施行，再由各識字機關先爲調查統計，強制不識字的人民概須受教，蓋非如此實不足以收速效。此外由中央訂定識字運動工作獎懲辦法，凡辦理有成績者獎勵之，奉行不力而無成績者懲罰之，賞罰嚴明，毫不寬貸，則識字運動定必速見成效。

復次在提倡識字運動中，有一個最基本的要素，是不能忽略的，這就是與人民最切身的民生問題，倘若人民的生活不能獲得相當的改善和解決，則所謂強制的識字運動，仍不能迅速見效。古語云：「國以民爲本，民以食爲天」。假使一般人民連最低限度的生活都不能維持，縱欲強制他們識字，又如何能行呢？所以發展國民經濟，與提倡識字運動，是建設國家的兩大要素，二者相並相立，互爲因果，在現階段的中國，無論外在的原因，或內在的原因，都使中國國民經濟陷于極度的困境了，故今後要國民經濟有舒生的希望，而識字運動才有成功的可能。不久以前，蔣委員長曾提出「國民經濟建設」的口號；國民經濟建設就是我們救亡圖存中的唯一要道，希望各地方皆能本此意義，趕快去做生產的建設，一方面使人民的生活，政府的財政，漸得安裕，一方面又採用強制的識字運動，督促各地方識字運動機關，施行識字教育，則識字運動工作之成績，定必先後表現于各地。

廿四年度第一學期市教育行政狀況

——廿四年九月九日陳社會局長在本府紀念週報告——

主席！各位同志！今天本人所要報告的是本年度（廿四年度）第一學期教育行政的狀況，也就是社會局方面對於最近教育工作的報告。本來社會局在本年度工作中心當中，對於教育工作是認爲最重要的一件事情，因爲本市的學齡兒童逐漸增多，各方面需要學校更見迫切，所以七八兩個月以來，社會局秉承市長的意思，把南京市的教育設施，盡力的擴增，事務上因之比較繁忙。現在第一個學期差不多都已開始，爰將今年度教育方面的狀況簡單報告一下。

南京市的教育大概是可以分成四部份，第一是中等教育，第二是初等教育，第三是民衆教育，第四是最近奉教育部部令舉辦的義務教育。

中等教育　南京市市立的中等學校過去只有第一中學，爲了要適應社會上的需要，所以擬另增設中等學校四所，但結果爲經費關係，只增加三校，這增設的三校就是第二中學，師範學校初級職業學校，因此現在共有中等學校四所。第一中學現有的班次是初中九班，高中普通科三班，師範科三班，後將師範科改普通科，現有普通科四班，師範科二班。第二中學原有的校址還沒有完成，現在只租了一所房屋暫爲校址，所以學生容納不多，現有的班次是高中一班，初中兩班，學生約一百四五十人。師範學校撥用江甯中學舊校舍，現尚未接收，先搭蘆棚應用，現預備收容男女師範班各一班，簡易男女師範班各一班，共四班，可容學生約共兩百人。初級職業學校就是把原有職業補習學校改組，我們擬暫設初級土木科一班，學生約五十人。另原有各科補習班，照舊附設辦理，總計本學期中等學校共增設三所，計八班，學生約四百人，年增經費約六萬四千餘元，與原有第一中學合計一千一百餘人，經費增爲十二萬七千餘元，去年度中等教育經費爲六萬二千一百七十二元，所以本年度在經費方面講，較去年度已約增一倍。

初等教育　初等是分二種，一是完全小學，一是簡易小學。什麽叫完全小學？什麽叫做簡易小學呢？就是完全有六年級，以六學年畢業，簡易小學只有四年級，以四學年完了義務教育，這個制度就是恐怕一般貧苦學生沒有機會受足六學年的教育，所以有簡易小學，減爲四學年。(甲)市立完全小學，本市廿三年度原有完全小學是一共有四十一校，今年我們新增五校，共計四十六校，原有學級數爲四百三十四級，本學期新增一百十六級，共計五百五十級，原有學生數二萬一千二百另三人，本學期新增五千人，共二萬七千〇〇三人，原有每年經費五十一萬四千一百十六元，本學期增加十四萬〇一百二十四元，共計六十五萬四千二百四十元。(乙)市立簡易小學，本市廿三年度原有市立簡易小學共計爲三十四校，本學期改爲完全小學者二校，但同時另外新增設七校，所以除改辦完小及鄉小共四校外，實增三校，共計爲卅七校，原有學級一百六十三級，本學期新增廿七級，共計一百九十級，原有學生數爲八千〇七十人，本學期增一千四百廿一人，共計九十五人，原有教職員數爲一百六十六人，本學期增二十九人，共計一百九十五人，原有每月經費九千四百廿五元，本學期增一千八百四十九元，共計一萬一千二百七十四元。(丙)市立鄉區完全小學及鄉區簡易小學，廿三年度原有市立鄉區完全小學及鄉區簡易小學共四十校、本學期增廿五校，共計爲六十五校，原有學級九十四級，本學期增五十七級，共一百五十一級，原有學生數四千八百人，本學期增二千八百五十人，共計七千五百五十八人，原有教職員數一百另三人，本學期增六十三人，共計一百六十六人原有每月經費數四千四百九十六元，本學期增一千五百四十六元，共計六千〇四十二元。總計全市市立完全小學，簡易小學，鄉區完小及簡小等，廿三年度有一百十五校，本學期增三十三校，共計一百四十八校，廿三年度有學級六百九十一級，本學期約增二百級，共計八百九十一級，廿三年度有學生三萬三千九百八十二人，本學期增一萬〇〇七十一人，共計四萬四千〇五十三人，廿三年度每年經費六十八萬一千一百六十八元，本學期現在推算年約增經費十八萬〇八百六十四元，至年度計算，須俟下學期開始後，方能確定，約需九十萬元。

民衆教育　民衆教育已辦至十三屆，本屆爲第十四屆，但此等教育在中國比較是創舉，所以各省市來考察京市教育的，必參觀民衆學校，本市實施民衆教育，廿三年度計有民衆學校十一所，計三十三級，附設民衆夜校二十九所，計卅三級，合共六十六級，學生數共計爲三千二百六十一人，每月經費計三千九百元，這是關于上屆(十三屆)情形，廿四年度本屆辦理稍有變更，就是照原有民衆學校外，於新民村止馬營和平村等平民住宅區內各添設一所，計十四所附設民衆夜校四十八所，共計學級數有八十五級，預計約可收容文盲四千餘人。

義務教育　關於義務教育方面是按照教育部部訂一年制短期小學暫行規程先辦一年制短期小學五十所，照二部編制，每所招生兩班，分上下午上課，約可收容失學兒童五千人，以後當再繼續擴充，現附設於民衆學校之十四班，已先後開課，就學者甚衆。

此外還有幾點報告的就是：(一)校舍建築，現在正在建築中的校舍，計市立完全小學十一所，市立簡易小學三所，鄉區小學一所，均由工務局經辦，約需建築費廿一萬餘元，已計劃完竣而即將開工的校舍，有大行宮等四小學，及第一中學宿舍，市立師範校舍，約需建築費十五萬六千餘元，其他正在積極計劃中的中小學校舍，約需十萬元，鄉區舊校擴充修葺為市立新校，約需六萬餘元。(二)小學教職員考試，本局為愼選師資起見，市立各小學教職員之任用，一律採取考試遴選制，此次報考之教職員，共約九百餘名，錄取二百六十餘名，現已由本局分發任用完竣，惟尚不敷分配，各校尚有請求派委者，刻正設法就檢定合格人員中選充，惟為數有限。(三)小學教員暑期講習會，本局為顧及小學教員進修起見，特辦理小學教職員暑期講習會。對于小學各主要科目。均聘請專家名流担任講師，各校，這一點我全體教員均一律參加聽講，約計有一千二百餘人，大家興緻蓬勃，其成績良可概見。(四)小學校長及教員更動的理由們特別要聲明，就是前日外界有些誤會，以為換一個人做市長或局長，就要大批的更動小學校長及教職員，而去任用他的私人，廿四年度學期開始，我們雖然是更調了幾個校長，和撤除了幾個教職員，但是都是根據客觀的事實，有非換不可的理由，說到任用私人。那眞是不明事實的話，就以南京市各小學最近所更調的一般校長教職員講，根本沒有一個姓陳的，也沒有一個姓馬的，就以十四位新任的小學校長講，他們與市長和本人事前都未認識的，就以籍貫講，他們也都是江蘇江西安徽浙江湖北福建等省，沒有一個是廣東人我們講到客觀方面和事實上去，就是這十幾位新更的校長，或新添學校校長。有幾個是中大師範科出身的，有幾個是中央政治學校出來的。有的是金大研究教育的，有的是上海大夏大學出來的，有東京高師畢業的，因之他們也不是我們的私人，多半各方介紹來的，且他們學術經驗都相當豐富，至被調的幾位校長，他們當然也有原因，就是有的是成績太差，有的是處理公款不當，查明屬實，有的徒掛了校長之名，而不幹校長事的，有的被人控告有據，就以一件事實來證明，在更調校長當中，有一位被免職的校長，在交代時，叫他拿一本移交四柱清冊，和教職員的名冊，都拿不出的，甚至有將校具任意破坏的，將學校作他私產一樣，各位想這種校長，如果教他辦學校下去，會有成績嗎?!這就是拿事實證明這次小學教職員及校長有非更動不可的理由。最後歸結，以京市人口總數計算本京有學齡兒童約九萬餘人，除市立小學校在學人數四萬四千餘人，私立小學在學人數約七千餘人，私塾在學人數約一萬三千餘外，當有二萬餘學齡兒童，無求學機會，當與諸君秉承市長指示，努力負責設法補救之。

本市衛生工作近況及計劃

——二十四年九月十六日王衛生事務所長在本府紀念週報告——

吾人辦理衛生事業，其最重要之目的有三：(一)促進健康，蓋吾人辦理任何事業，均須有健全之身體，始克勝任。以前英國首相陸易喬治有言，三等身體之國民，絕不能造成一等之國家。故吾人欲使國家躋於強盛之域，必須先從講求衛生着手。(二)增加服務年齡，蓋身體之健全與否，關係服務年齡之久長與短促，國人之服務年齡，平均每人僅有十五年，而日本平均則每人有廿八年，相差幾及一倍，抑吾人如時常患病，於經濟上亦有極大之損失，故衛生事業實係生產的事業。(三)減少死亡率，增加平均壽數，中國全國之死亡率為千分之三十，而世界各國之死亡率，大致千分之十二左右，每千人中之國人多死約廿人，本可以極經濟之方法避免死亡，故衛生事業必須如日光之普照，力求普遍，庶幾可以達到上述之目的。至於吾人辦理衛生事業所採取之方法，不出下列兩大原則：(一)科學方法，非一人一家一地一國之方法，而係世界的方法，例如傷寒，其問題并非在患者之能治與不能治，而在防患於未然，使其不發生。(二)以極誠懇的態度，不厭麻煩，指導市民，務求達到改善的目的，絕對不用挑剔的手段，使市民發生不良的觀念。以言本市衛生工作之近況，計本所現有城區分所六處，鄉區分所七處，傳染病及戒煙醫院各一，此外又有與蒙藏學校社會局等機關分別合辦之分診所三處。關於醫藥救濟方面，在本市堪稱最為發達，八月份診療人數達五萬一千三百餘人，造成過去未有之紀錄，統計去年全市診病次數有一百二十四萬，在本所醫藥救濟之下者，占有半數。全市醫師據去年調查有一三四人，全市人口全年平均有八十三萬七十人，平均每六千二百人中有醫師一人。全市國醫有四〇八人，平均每二千另五十人中有國醫一人。全市醫院有廿九處，共設床位七八三張，平均每一千另六十九人中有病床一張。全市每年消耗于醫藥者，有三百另四萬另五百七十六元，以一百廿萬診病次數計算，平均每人診病一次，須負担二元四角四分，以全市人口計算，平均每人須負担三元六角，于此可見私家診所，大都係由資產階級問津，而本所各分所所經診之病人，大多係貧苦人民，統計每一病人僅須負担一角三分。此外對于藥房管理，最近曾將各藥房成藥加以化驗，僅取最普通之阿司匹靈及金雞納霜二藥，結果有百分之五十不合標準，現已切實取締。關于工作方面：(一)傳染病管理，有傳染病報告，調查，教育，隔離，治療等項工作。(二)預防注射及接種，逐年均有增加。其最大之收獲。即三年之內，絕未發生霍亂。(三)滅蠅，滅蚊，滅蠅工作例于每年四月至九月辦理，滅蚊工作在中國尚係初創，現先由市之中區試辦，以大行宮爲中心，其直徑三里之內爲安全區，其外圍一里半爲護全區。關于婦嬰衛生方面，辦有免費助產事業，上月接生人數有三五五人，已達全市出生人數之四分之一。此外又辦有兒童會及母親會，灌輸婦嬰衛生常識。並協助救濟院育嬰所工作，現該所收容嬰兒，已由三百餘人增至七百餘人。關于生命統計方面，全國各地衛生機關辦理生命統計，實以本市爲創始。去年本市出生率爲千分之二二·四，死亡率爲千分之一五·四，較全國死亡率約低一倍，與世界各國之死亡率比較，則較法國爲猶低，按法國之死亡率爲千分之一五·六，較本市高千分之〇·二〇又全市死亡人數中，因缺乏醫藥救治而死亡者，約有三分之一。故醫藥救濟，仍應設法擴展，以減少死亡。關于社會衛生教育方面：(一)公共衛生護士之工作(1)灌輸衛生及護理疾病常識，(2)候診教育，(3)家庭訪視，(4)傳染病隨訪，(5)社會服務，(6)定期刊物。(二)衛生教育：(1)按月通訊辦法，(2)集團演講，(3)定期廣告，關于學校衛生方面，爲本市重要事業之一，全市學生將近四萬人，均受本所醫師護士之指導，養成其衛生習慣，並預防疾病之發生。關于環境衛生方面：(一)本年一月至八月，調查各業商店三五七五九次。(二)嚴厲監督水灶茶社飲水衛生。(三)牛乳每兩星期檢查一次，最近擬聯絡中央大學農學院舉辦牛乳坊職工講習班。關于戒煙工作方面，自戒烟醫院成立迄今（至本年八月底止），先後收容煙民一〇九一二人，戒除出院者，一〇五四五人。關于化驗工作方面，每月化驗件數，達三千七百件以上。關于經費方面：除戒烟經費不計外，全年共計十七萬五千元，平均每人負担二角另九厘，除去醫療費平均每人一角三分外，衛生事業費每人僅担負八分。綜上所述，本市衛生事業，有數點可爲全國之模範：(一)每月診病人數已超過五萬人。(二)免費助產，生命統計，學校衛生，以及滅蚊，滅蠅戒烟等工作，均爲全國首創，而成績又爲全國第一。最後關于本所將來之計劃方面，擬(一)添設分所，(二)創辦肺病療養院，(三)設立砂眼診療所，(四)設置永久貧民收容所，(五)改良環境衛生，如改善理髮店剃頭担等衛生設備，(六)減少傷寒痢疾白喉等各種傳染病，(七)減少花柳病，(八)修改衛生法規，以期完密，而免市民無所適從。

本府六個月來工作之檢討

——二十四年九月二十三日馬市長在本府紀念週報告——

各位同志，今天紀念週要向各位報告的，就是我們市府同人六個月來工作的情形，并希望各位自己檢查一下自己過去這六個月當中所工作的得失，如果有應該補救的地方，我們就要格外努力，以求完善。關於過去六個月當中工作的情形，雖然還沒有詳細的統計，但是我覺得各方面都有相當的努力。因爲我們市府的工作很繁夥，所以現在只將幾點重要部份來說一說。

一、社會局　關於這一部份的事業，是最與市民接觸的一方面，同時也就是與市民最容易發生衝突的事情，在過去幾個月當中，能夠很平穩的過去，足證社會局辦事人員的謹愼從公，一方面又實賴社會人士大家的合作。這幾個月來社會局最主要的工作就是教育方面，增設小學中學職業學校以及師範學校等等，工作非常繁重。過去南京市失學的兒童約有三萬多，今年我們是費了很大的財力和人力，還只收了一萬餘兒童，其餘二萬多失學兒童，仍是欲學無門，這是最不安甯的一點。所以我們現在又從義務教育方面去發展，冀能再收容若干失學兒童，這是從沒有辦法當中去找辦法。下學期當再繼續增加學校，總要使在南京市的兒童，都有書讀，都有學校進。我們今年所增加的教育經費爲數很可觀，計經常費增加廿八萬之多，臨時費增加九十餘萬，全年的教育經費占全市收入之三分之一強，爲什麼事實上還是不夠呢？這就是一方面我們南京市近來人口驟加，一方面要辦一個學校太困難，南京市的辦學校，師資倒還不成問題，首都究竟是人才薈萃之所，校址實在太成問題，這就是我們南京市沒有什麼公地也沒有什麼公屋可利用，因此要辦一個學校，第一步必須要征收土地，土地買好了又必須籌建築費，加之市財政支絀，更以一所學校的完成，必須經過很久的時間，和很大的財力人力，但是唯其是辦學校有這樣的困難，所以社會局同人更要格外努力，以不負市民期望。

二、財政局　關於財政收入方面，近四月來，是每一部份都有增加，本來在現在的不景氣當中，人家只有減收，爲什麼我們南京市倒反能增加呢？這原因一方面就是財政局各位負責任同志各位工作人員大家努力，一方面就是我們加以整頓，剷除許多毛病。各位曉得南京市一個月要增加幾萬元的收入，確是一件艱難的事情，因爲我們南京市一不是工業區，二又不是商業區，各位看到南京市的棚戶，是比任何都市裏要多，所以每月的財政收入增加二三萬元，實是罕見的成績。不過我們話又說回來，就是我們知道管理財政是最難辦的一件事，是任何那一國都覺得是困難的事，同時又是最容易發生流弊的事情，因此我希望財局同人大家要切實的掃除一切積弊，以裕市府財政、造成一個廉潔的政府。

三、工務局　工務這一方面成績，是值得獎勵，尤其是防水工程，當長江黃河高漲的時候，我們南京能夠不被水災，大家能夠渡過這個水患的難關，實是工務局同人大家有犧牲勇敢的精神去防水的結果。我們現在看到中國的水患，黃河長江流域，差不多都成澤國，災民流離失所有幾千萬，我們聽到了也是可怕，我們南京市今年固然幸而不被水災，但是我們覺得防水的工程還是要加倍努力去準備，因爲我們在沒有實施防水根本辦法以前，黃河長江流域的水患總是很危險的，所以我們對於南京市全市的防水應當找一個好方法來解決，爲未雨綢繆計，我們現在就應當準備防水的工程，我們應當照着　蔣委員長最近規定的國民勞動服務的辦法，來征工修築京市各防水工程。如果不然，那末明年的水患，是與民二十年的水患一樣，還是要超過民二十年的水患，那就不可逆料，這是關於防水方面應該準備的，其他如各種建築方面也有相當的成績，一切建築進展完成非常迅速，不過關於工務方面，最困難的就是技術的人才之缺乏，或者是有了技術人員，只有技術而沒有豐富的經驗，我們拿一個外國市政府來比較，那就差得遠了，外國任何都市的市政府，對于技術人員差不多總在三分之一以上，所以我們以後要想多方搜羅有經驗的技術人員，以利工務。至於我們要積極進行的工程就是下水道工程，和秦淮河根本整理的計劃，不過整個下水道的工程和根本整理秦淮河恐非一二年所能完成，至少須在三年以上。

四、土地局　關于這一部份工作，是新由財政局劃出而成立，成立期間不久，所以無從言成績如何，不過本人希望該局同人，應該要下一個決心，來實施預定的各項土地問題的計劃。關于測量登記事項，其效率較差，其原因雖然由于測量方面，因爲不是普通平面的測量，有的是要在人家房屋內去測量，比較上手續稍煩，同時審查的時間又很久，但是我們今後還是要研究如何能增進其效率，以解決京市之土地問題。

五、衛生事務所　關於近來京市的衛生方面，比去年前年也是有了相當的進步，這不是我們市府人員講，就是各方面都有此感觸。現在衛生事務所的就診病人，每日有二千多人，由這二千餘就診病人當中，却表現了一種現象，就是我們京市的病人還如此之多，所以我們還要竭力想辦法，治本使得病者減少，治標方面擬再多設診所，使貧苦病人不致於沒有醫藥救濟的機會。其次關於預防方面，京市的疫病是比較少得多了，不過據最近統計，兒童的死亡很多，我們應想方法來防止。京市每月的出生不過一千三百餘人，但是死亡的最多月有一千五百餘人，這是一個很值得注意的問題。我們知道現在的日本東京市，他們每年的出生人口有十三萬多，而死亡的每年只七八萬人，我們拿人口來講，那末中日的人口這樣相背而馳，豈不是很危險嗎?!因此我們對於衛生事業，應該特別注意。

六、其他附屬機關　(1)市鐵路管理處，市鐵路大家知道自創辦以來，每年均虧本，近來自加以整理後，比較上已好得多，就是收入方面，每月可盈餘二千餘元，我們以後的計劃，就是要想把市有鐵路展築到中華門外，同時改良車輛，一方面冀利京市交通運輸，一方面使市府得增加收入。(2)市屠宰場近來亦積極從事改進，對於市上病牛，羊，等均嚴加取締，以重衛生。(3)清潔方面，我們除各街巷溝渠之打掃外，又注意於市內的茅棚，現在京市的清潔，已比從前路有進步、在每一條街巷馬路上可以看得出來，而關於市內茅棚，我們也積極想辦法，使棚戶在短期間能夠遷移，得到適合衛生的生活。

以上所報告的幾點，雖然都有相當的成績，但是我希望各位不但不要躊躇滿意，切勿有功相爭，有過推諉，並且更要加倍的努力，要一天比一天更進步，要一天打破一天的紀錄，這樣才不辜負市民之期望，才不負政府委託之殷。我們中國人最壞的就是容易滿足，苟且偷安，沒有進取奮鬥的精神，所以中國人有豪富不保三代之諺。我們看到現在的汽車大王福特，他在歐戰時是怎麽樣？那時候他不過是個窮苦的工人，但是他有奮鬥的精神，乘這歐戰的機會，因此就造成這樣偉大的事業。我們又看到發明電氣的愛迪生，他到了八十多歲臨死的時候，還不斷研究，還有新奇的東西發明，裨益人類甚多。所以我希望各位以後也應當這樣的奮鬥，要繼續不斷爲市民謀福利！

最後附帶要報告的，就是本府職員必須一律穿制服的一件事，關於這一件事情，並不是我們獨出心裁，實在是根據 蔣委員長去年在南昌提倡新生活運動，生活要軍事化藝術化生產化的意義，以表示劃一的精神，並且我們制服質料，是以國貨爲限，所以穿着制服同時含有提倡國貨的意義。關於女職員雖尚未規定何種制服，但以後也得規定，沒有規定以前，應一律穿着國貨旂袍。並望這種整齊劃一的精神，能夠逐漸推廣，使造成社會上一種風氣。

辦理土地登記情形

——二十四年九月三十日土地局徐科長在本府紀念週報告——

土地問題，在歐美各國，無不認爲都市行政中最重大之問題，而有精密完美之計劃。吾國自井田制度廢棄以來，土地行政卽雜亂無章， 總理有鑒於此，遂創平均地權之說。本黨自建都南京以來，卽遵照 總理遺教，努力推行平均地權之政策。本市於十六年成立之時，亦卽設立土地局，以辦理土地行政事宜，嗣因市庫支絀，暫將土地局歸併財政局設科辦理，旋又擴充爲土地處，最近復恢復爲土地局。本市因土地行政機關之迭有變更，土地問題遂不能整個解決。且南京自經明末之亂，及洪楊之役，民間契據，散失零亂，是以整理土地，較其他各省市爲尤難。過去數年，因辦理測量，及人才經費關係，土地行政，僅限於買賣，建築，征收，勘丈，及旗地等各種局部登記。迄於去年四月，市府爲謀整個解決起見，始籌議舉辦土地登記，並因土地法尚未正式施行，經制定土地登記暫行規則，呈奉　行政院核准施行。當於去年七月一日，開始辦理三四兩區土地登記。舉辦之始，因一般民衆不能了解土地登記之意義，聲請登記者爲數甚少，十月以後，稍見踴躍，故於十一月一日起。繼續辦理二五兩區土地登記。本年一月一日起。又繼辦五六兩區土地登記。現一二三四五六各區，聲請登記期限，早已屆滿，本年九月一日起，特續辦七八兩區土地登記，以竟全功。最近市府，因奉　蔣委員長令飭，提前完成土地登記，除恢復土地局，以專責成，而利進行外，特規定於廿四年度內將全市土地登記辦理完竣，并將七八兩區申請登記期限，縮短爲四十日，於本年十月十日，即將滿期。統計全市業戶，共三萬二三千戶，已收登記案件，有二萬一千七百餘件，經核准公告者，先後共有四千二百餘件，發給所有權圖狀者，有五百四十餘件。惟吾人於辦理土地登記案中，種種困難，不一而足。蓋民間所執之契據，其發行機關，非常複雜，有所謂善後局，勸農局，督軍署，江甯府江甯縣，及市土地局市財政局等等。契據有所謂印契，驗契，白契，執照，圖單等等。又本市市民有一惡劣習慣，每於分析或分賣地產時，將原契隨意分割，故吾人審查契據，頗費時日。例如最近有一登記案其各種契據多至一百九十五件，審查手續之麻煩，可想而知。此外各業戶所執之契據，其戶名往往與聲請人姓名不符，有用堂名者，有用別名者，且頗多未將四至面積註寫明白，以是審查時更覺萬分困難。或遇有傳詢業戶之必要時，各業戶往往不依時而至，因此躭誤審查時間甚多。再者南京自洪楊之後，民間殊少確實契據，人民所執產業，多與契載面積不符，例如虎踞關宮某，其契載面積僅有二十畝，而實際上所執之地產有一百餘畝之多。又有契載三十餘畝，而實際上執有九十餘畝者。至於溢出數畝或數分者，則更舉不勝舉。吾人在此種種困難情形之下，辦理手續自不無遲緩之處，今後吾人惟有一方面希望業戶能明瞭土地登記之意義，踴躍聲請登記，一方面希望土地局同人格外努力，并望市府全體同人予以協助，將種種困難完全消除，以期於二十四年度內，能將全市土地登記辦理完成，然後逐步實現　總理平均地權之主張。

附錄

土地局土地登記核准公告案件一覽表 二十四年九月份

聲請人姓名籍貫及住址	土地坐落及四至面積	定着物情形	地項權利關係及關係人姓名	聲請登記年月日	公告年月日	公告期滿年月日
程敏庵功甫 愛棠乃昆 紹南乃昌 竹君乃晃 乃晨 南京人住下浮橋迴龍街五號	迴龍街三五號東至何王何三姓公走巷王何劉丁及仁育醫院屋以己墻外隙地爲界南至官巷西至楊沙何何四姓屋以己牆爲界北至迴龍街面積一畝三分六釐七毫七絲	房屋	無	廿四年元月十六日	廿四年九月二日	廿四年十二月一日止
黃少琴 南京人住顏料坊七十二號	玉帶巷十一號東至玉帶巷南至丁姓屋以公牆公板壁及鄰牆爲界西至秦淮河北至馬姓屋以己鄰牆各有各牆爲界面積三分〇八毫六絲	平房六間兩廂	無	廿三年十二月一日	同上	同上
石樹之 江蘇人住建康路三百廿六號	水倉巷廿三號東至李姓以鄰牆爲界南至李姓以鄰牆爲界西至于姓以己牆爲界北至水倉巷以己牆爲界面積五釐七毫七絲	平房二間	無	廿三年十二月廿八日	仝上	同上
彭少剛 廣東人住廣東代理人陳海籌住富民坊會文里十號	小黨家巷十三號東至小黨家巷以己牆爲界南至何姓屋前進以公牆後進以鄰牆中進以己牆爲界西至李姓屋以己牆爲界北至小黨家巷以己牆爲界面積四分六釐四毫二絲	房屋	無	廿三年十一月廿日	仝上	仝上

蔡典五 南京人住門西小門口卅號	般高巷原名三鋪兩橋四十七號東至張姓屋以己牆及公牆爲界南至般高巷西至韋姓屋以鄰牆及己牆爲界北至張姓屋以鄰牆及己牆爲界面積一分九厘四毫正	房屋	無	廿三年十二月廿八日	仝上	同上
黃祖蔭昌 南京人住中山路一二三號	中山東路一二一•二二五•一二三•二二七•一二九號東至吳陳二姓屋以己牆爲界南至中山東路人行道西至解姓屋以己牆爲界北至鄧府巷面積一畝四分五厘四毫六絲	房十四間	抵押權郵政儲金匯業局代理人何縱炎住大行宮	廿四年五月廿一日	同上	仝上
徐兆榮 南京人住邀貴井十號	邀貴井十號東至吳姓屋以己牆及鄰牆爲界南至邀貴井西至吳姓屋以鄰牆及公牆爲界北至吳姓屋以己牆爲界面積一分三厘一毫正	房屋	抵押權人周秋生南京人住慧圓街卅九號	廿三年十二月廿九日	同上	同上
謝耘圃 廣西人住本京門東仁厚里十五號	太平路原名門帘橋東至市地(現由張姓承領)南至張姓地及水溝西至太平路北至沙塘灣面積三分四厘三毫七絲		無	廿四年五月廿八日	同上	同上
何慎一 貴州人住五台山邨四號	大樹根東至大樹根官溝南至官溝及童姓地西至江南汽車公司及陳童二姓地北至官巷面積八畝九分七厘九毫三絲	房屋	無	廿四年七月廿五日	同上	同上
陳懿生 代理人張咸之 本京人住城西磨盤街十三號	水齋菴六號東至葉陳二姓公巷以己牆爲界南至葉陳二姓公巷以己牆爲界西至水齋菴北至本姓屋以己墻爲界面積一分八厘三毫正	房屋	無	廿四年四月九日	同上	同上
王端卿 江甯人住長樂路四百一十號	小石壩街四四號東至官巷以己牆爲界南至小石壩街以己牆爲界西至干姓屋以己牆以隣牆爲界北至陳姓地以界綫爲界面積三分六厘二毫一絲	房屋	無	廿三年十二月廿六日	廿四年九月二日公告	廿四年十二月一日止
俞新正 江甯人香舖營一號	國府路一七三號香舖營一號東至香舖營以己牆爲界南至國府路以板門爲界西至程姓屋以公牆爲界北至程姓屋以鄰牆以己牆爲界面積二分三厘一毫	房屋	無	廿四年七月二日	同	同
周明軒 江甯人玉帶巷五號	玉帶巷五號東至玉帶巷南至易姓屋以公牆及各有各牆爲界西至秦淮河北至李姓屋以各有各牆爲界面積九分一厘一毫九絲	平房十四間樓房八間	無	廿三年十二月卅日	同	同

夏瑞興 南京人代理人母夏項氏均南京人同住北灣子五五號	北灣子一六四號東至官巷及褚姓屋南至北灣子西至北灣子北至官巷面積五分一厘八毫	房屋	無	廿四年四月十一日	同	同
汪光國 禮 遠 江甯人長樂路三九六號	長樂路新廊三九六號東至司徒姓屋以己牆爲界南至吳姓屋以鄰牆爲界西至張姓屋以本姓板壁爲界北至李姓屋以己牆爲界面積六厘八毫九絲	房屋	無	廿三年十二月廿二日	同	同
劉桂芳 本京人張府園廿一號	弓箭坊四號東至徐饒二姓屋以己牆爲界南至王姓屋以己牆及鄰牆爲界西至弓箭坊北至饒姓屋以己牆爲界面積二分八厘四毫四絲	房屋	無	廿四年二月廿六日	廿四年九月二日公告	廿四年十二月一日止
侯銘三 煦春 世純 南京人住門東八間房十號	八間房十號東至侯姓屋以己牆及公板壁爲界南至八間房西至雙塘北至雙塘面積一畝八厘六毫五絲	房屋	無	廿三年十二月十九日	同	同
施孫氏 江甯人住大全福巷二六號	中正路四四五號東至施姓屋以鄰牆爲界南至湯姓屋以公牆及己牆爲界西至中正路北至湯姓屋以己牆及鄰牆爲界面積二分七厘九毫五絲	房屋	無	廿三年十二月十二日	同	同
崇善堂 管理人甘仲琴周匯均南京人均住金沙井三二號	小姚家巷一一號東至葛姓屋以己牆爲界南至葛姓屋以鄰牆爲界西至小姚家巷北至小姚家巷面積一分四厘四毫九絲	房屋	無	廿四年一月十二日	同	同
楊壽松 黃永奎 南京人住小姚家巷九號	桃葉渡三號東至李姓屋以鄰牆爲界南至桃葉渡西至劉姓屋以己牆爲界北至金姓屋（現賣與朱姓）以鄰牆爲界面積五厘三毫五絲	房屋	無	廿三年十二月廿五日	同	同
梁錫侯 陶氏 南京人住安品街二十二號	安品街二十二號東至陳姓屋以鄰牆及己牆爲界南至安品街西至梁姓屋以公牆爲界北至陳姓屋以己牆爲界面積二分二厘五毫四絲	房屋	無	廿四年三月廿五日	廿四年九月二日	廿四年十二月一日止

鮑松樹 南京人住馬台街十四號	馬台街東至鮑姓屋南至二鮑姓屋西至鮑姓屋北至黃姓屋及地面積三分五厘六毫七絲	草房	無	廿四年六月廿二日	廿四年九月二日	廿四年十二月一日止
錢乙黎 本京人住陰陽營卅九號	拉薩路（原名琅琊嶺）東至拉薩路南至普益社地西至蔣姓地北至普益社私路面積一畝零五釐五毫四絲	無	無	廿四年四月廿七日	廿四年九月二日	廿四年十一月一日止
舒慰萱 皖人住白下路廿四號	大石壩街二〇號東至舒姓屋以己牆爲界南至大石壩街以己牆爲界西至劉姓屋以各有各牆爲界北至秦淮河以己牆爲界面積二畝零零四毫九絲	樓房上下連平房披廈計三十間	無	廿四年七月廿五日	廿四年九月二日	廿四年十二月一日止
楊耀卿 南京人住中正路大青街二十九號	中正路原名天青街二十九號東至府西街小學校屋以鄰牆爲界南至官地及王姓屋以公墻爲界西至陳胡二姓屋及中正路以己牆及鄰牆爲界北至陳姓屋以鄰牆及己牆爲界面積三分七厘五毫七絲	房屋	抵押權人李紹白南京人住殷高巷六七號	廿四年六月廿六日	廿四年九月二日	廿四年十二月一日止
鄭烈 福建人住天竺路十七號	天竺路十號東至王姓地南至吳姓地西至何姓地北至天竺路面積一畝一分四厘八毫七絲	房屋	抵押權人郵政儲金局住大行宮代理人何縱炎貴州人住大行宮	廿四年四月廿五日	廿四年九月二日	廿四年十二月一日止
蔡典五 江甯人代理黃月軒江甯人住庫司坊四號	中華門廿二至卅四號東至中華門南至楊姓屋以己牆爲界西至貴人坊舊路及李姓以己牆爲界北至甘李兩姓屋以己牆爲界面積三分四厘零一絲	房屋	抵押權人王秀鸞代理人黃月軒江甯人住庫司坊四號	廿三年十一月十九日	廿四年九月二日	廿四年十二月一日止
蔡典五 代理人黃月軒江甯人住庫司坊四號	膺福街一一七中華門二九號東至楊姓屋以己牆爲界南至楊姓屋以己牆爲界西至中華門北至膺祜街面積二厘九毫四絲	房屋	無	廿四年元月十二日	廿四年九月二日	廿四年十二月一日止

蔡典五 代理人黃月軒 江甯人住庫司坊四號	中華門三三丨三五號東至楊姓屋以公牆爲界南至楊姓屋以己牆爲界西至中華門北至楊姓屋以己牆爲界面積二厘一毫五絲	房屋	無	廿四年元月十二日	廿四年九月二日	廿四年十二月一日止
黃世澤 廣東人住丹鳳街一四〇號	珠江路原名珍珠橋東至顧姓屋以鄰牆爲界南至珠江路西至盧姓地北至官巷面積一分二厘二毫四絲	草房及其地	無	廿四年五月十一日	廿四年九月二日	廿四年十二月一日止
王德炳 南京人住東牌樓大甍家巷一號	烏衣巷第十一糟坊巷第四〇號東至江甯法院屋外空地爲界南至市地及錢姓地爲界西至官巷爲界北至烏衣巷爲界面積四畝六分八厘九毫一絲	草房	無	廿三年十二月廿一日	廿四年九月二日	廿四年十二月一日止
夏萬年 住信府河一一二號	信府河第一一九·一二一·號東至蔣姓屋以鄰牆爲界南至秦淮河西至張姓屋以己牆爲界北至信府河面積三分〇三毫五絲	房屋	同	廿三年十二月廿九日	同	同
地藏庵 住持僧永祥南京人住軍師巷三號	軍師巷第三號東至彭姓屋以己牆及鄰牆爲界南至信府苑西至錢姓屋以己牆爲界北至軍師巷面積二分六厘二毫六絲	同	同	廿三年十二月十三日	同	同
鄭懷仁 浙江人住百子亭五十二號	中山北路原名黃泥崗東至鼓樓醫院地及鄰牆爲界南至黃泥崗西至中山北路北至中山北路面積四分六厘六毫一絲	同	同	廿四年五月廿九日	同	同
徐鍾英 江甯住小油坊巷廿八號	生姜巷第二號東至黃倪陳三姓屋以己牆爲界南至生姜巷西至胡姓屋以鄰牆爲界北至劉姓屋以鄰牆及己牆爲界面積一分一厘〇三絲	同	同	廿四年七月廿五日	同	同
賈宗瀛 江甯人住中華路旋子巷一〇二號	黑簪巷十三號東至盧姓屋以鄰牆爲界南至官巷以己墻爲界西至官巷以已牆爲界北至黑簪巷以己牆爲界面積四分九厘六毫四絲	房屋	無	廿四年元月十九日	同	同
朱朝怡 南京人住緯巷四號	緯巷第四·六·號東至緯巷以己板界線爲界南至陳姓屋以鄰墻爲界西至緯巷以己板壁爲界北至緯巷以己牆及己界綫爲界面積一分五釐三毫二絲	房地	同	廿三年十二月廿二日	同	同

水齋菴 代理人關忠徐州人 住水齋菴	水齋菴第三五•七•號 東至水齋菴街南至桃棋巷西至陶姓屋以隣墻爲界北至蘇姓屋以隣墻及己牆爲界面積一畝三分四厘六毫七絲	房屋	同	廿四年元月十六日	同	同
孔果淨 揚州人住釣魚巷廿七號	至釣魚巷四十七號東至王姓屋以以牆及己牆爲界南至釣魚巷西至蔡陳王束四姓屋鄰己牆及公牆爲界北至連姓屋以鄰墻爲界面積四分六厘六毫三絲	同	同	廿四年四月九日	同	同
梁眞慶 江甯住禮拜巷廿三號後進	鉄衙欄東至官溝南至梁姓地西至營地北至官溝及梁姓地面積一畝四分七厘七毫一絲	無	同	廿四年七月廿五日	同	同
李雲欽 陳典賡 廣東人住中山路務本社五五六號	遊府西街卅一號東至林姓地爲界南至李姓屋地爲界西至黃姓公走巷北至遊府西街面積一分三厘一毫一絲	樓房一座	無	二四年三月二二日	二四年九月二日	二四年十二月一日止
林維勝 廣東人住中山路務本社五五八號	遊府西街廿九號東至張姓地南至陳姓地西至李陳二姓以隣墻爲界北至遊府西街面積一分三厘一毫一絲	洋樓房一幢	無	二四年三月二二日	仝	同
龐邱氏 南京人住張家衙廿號	張家衙廿號東至張姓屋又張姓地以己牆爲界南至張姓地以己牆爲界西至張家衙北至張姓屋以己墻爲界面積二分〇七毫一絲	房屋	無	二三年一一月二九日	同	同
孫藻卿 昌裕 南京人住北灣子卅六號	莫愁路北灣子十二•十四號東至馬姓屋以己牆爲界南至周姓屋以鄰牆爲界西至北灣子北至官巷面積二分三厘三毫四絲	房屋	無	二四年二月十一日	同	同
王長貴 南京人住小府巷五號	小府巷五號東至小府巷以己墻爲界南至宋姓屋以己牆爲界西至銅坊苑及宋姓屋以鄰牆爲界北至顧姓屋以己牆及鄰牆爲界面積四分一厘三毫九絲	房屋	無	二三年一二月一五日	二四年九月二日	二四年一二月一日止
伍正文 明 亮 南京人住瞻園路八六號	瞻園路八六號東至伍哈姓公巷以己牆爲界南至瞻園路人行道西至陳姓屋以公牆爲界北至憲兵司令部以各有各牆爲界面積八厘五毫六絲	房屋一間	無	二三年七月卅日	二四年九月二日	二四年一二月一日止

陳永財　江甯人住杏花村十號	杏花村一〇（鳳遊寺四）號東至孫姓地及鳳遊寺屋以己墻爲界南至鳳遊寺屋以己牆爲界西至宗施二姓屋鄰蘇二姓地及鳳遊寺街北至杏花村面積一畝二分七厘三毫四絲	房屋	無	二四年一月二六日	仝	仝
陳行鈺　江甯人住小門口四十號	小門口四十號東至陶姓屋以鄰牆己墻爲界南至陶姓屋以己墻爲界西至胡項兩姓以隣牆貼牆及己牆爲界北至小門口及胡姓屋以滴水爲界面積四分九厘五毫四絲	房屋	無	二四年一月八日	同	同
李友梅　江西人住城左營六號	城左營四號東至吳姓屋南至大悲菴屋以鄰牆爲界西至城左營北至李姓屋以鄰墻爲界面積九分二厘七毫二絲	房屋	無	二四年二月一二日	仝	仝
李胡氏　南京人住玉帶巷七號	玉帶巷七號東至玉帶巷南至周姓屋以各有各墻爲界西至秦淮河北至丁姓屋以鄰牆爲界面積五分六厘七毫六絲	平房	無	二三年一二月二六日	二四年九月二日	二四年一二月一日止
陳松茂　本京代理人張咸之住磨盤街十三號	磨盤街十五號面積六分八厘八毫東至磨盤街南至陳姓屋以公墻爲界西至水齋菴北至李姓屋以己牆及公牆爲界	房屋	無	廿四年四月九日	廿四年九月二日	廿四年十二月一日
施正源權祿　本京洋珠巷十八號	水倉巷二九號（黑廊坊口）面積一分九厘三毫九絲東至張姓前段以鄰牆後段以各有各牆爲界南至竇姓以公牆毛姓以各有各牆爲界西至仇姓前段以鄰牆後段以公牆爲界臧姓以己墻北至水倉巷以己牆爲界	平房四間一廈	同	廿三年十二月廿五日	同	同
金士林興海　江甯止馬營四號	止馬營四號面積二分〇五毫九絲東至曹王二姓屋以己牆及鄰墻爲界南至止馬營西至馬姓以隣牆爲界北至汪姓屋以己牆爲界	房屋	同	廿四年三月十八日	同	同

李何惠麟　廣東人遊府西街五十七號	遊府西街五七號面積五分三厘三毫五絲東至李姓屋爲界以鄰牆爲界南至朱姓地以己牆爲界西至粵語浸信會堂屋北至遊府西街	洋房一座	仝	廿四年三月五日	同	同
馬實卿　南京人住中華路四九二號	中華路四九二號面積二厘八毫四絲東至中華路南至舒姓屋以隣牆爲界西至舒姓屋以己牆爲界北至石姓屋以鄰牆爲界	房屋	同	廿四年一月廿六日	同	同
王啓鳳　江甯人住漢西門外八三號	迴龍街十八號面積二分五厘〇三絲東至楊姓屋以隣牆爲界南至迴龍街西至劉姓屋以公墻爲界北至秦淮河	房屋	無	廿三年九月五日	同	同
張長泰　南京人住緯巷十號	緯巷十號面積一分七厘八毫八絲東至緯巷以己牆爲界南至錢及端木二姓屋以鄰牆爲界西至緯巷以己牆爲界北至陳姓屋以己牆及鄰牆爲界	房屋	仝	廿三年十二月廿八日	仝	仝
劉甫臣　江寧人住中華門外簪灣四八號	牛市二〇號面積一分二厘二毫六絲東至北段以丁姓屋隣牆爲界南段以趙姓屋公牆爲界南至管姓屋以鄰墻爲界西至管姓屋以各有各墻爲界北至官巷爲界	房三間二厦	同	廿四年八月二日	同	同
毛芝福　江甯人住長樂路二六二號	長樂路「原名大夫第」二六二號面積三分三厘五毫二絲東至劉姓屋以己牆及隣墻爲界南至走巷西至走巷及劉馮趙三姓屋以己牆爲界北至長樂路	房屋	仝	廿四年一月十日	同	同
周雲甫　合肥人住磊功巷廿一號	飲虹園小心橋面積一畝三分四厘〇四絲東至陳徐姓屋南至小路西至馮姓地馬姓地北至飲虹園	無	仝	廿四年二月廿六日	同	同
王德林　江寧人住小門口三四號	小門口街三四號東至胡姓屋以己牆爲界南至項姓屋以己墻己板爲界西至李姓屋以己牆爲界北至小門口街面積三分〇一毫五絲	房屋	無	廿三年十二月十八日	廿四年九月二日	廿四年十二月一日止
蔣尚莊代理人周柏虬　江甯人住南京高岡里十九號	貢院西街六一號東至貢院西街南至侯姓屋以各有各牆爲界西至沈姓屋及公巷以己墻爲界北至公巷以己牆爲界面積二分二厘三毫九絲	平房六間一厦	無	廿三年十二月廿九日	同	同
朱鑑秋棻國樑家華　江甯人住信府河一〇四號	信府河一〇四號東至信府河南至夏時二姓屋以己牆及鄰牆爲界西至信府河苑及官巷北至王姓屋以公牆爲界面積三分一厘五毫	房屋	無	廿四年元月七日	廿四年九月三日	廿四年十二月二日止

馮培基	江寧人住信府河一二五號	信府河街一二五號東至張姓屋以己牆爲界南至秦淮河西至市有屋以己牆爲界北至信府河面積四分二厘四毫九絲	房屋	無	廿四年元月十日	同	同
樂家林	本京人住金凌閘十號	金凌閘一〇號東至江陰會館以隣牆爲界南至金凌閘以板壁爲界西至李姓屋以己牆北段以鄰牆爲界北至江陰會館以鄰牆爲界面積一分一厘	房屋	無	廿三年十二月十九日	同	同
袁大同	江甯人住張府園二十九號	大四福巷二十號東至張姓屋以公牆爲界南至官巷西至大四福巷北至大四福巷面積二分〇四毫七絲	房屋	無	廿四年四月十五日	同	同
劉松壽 劉則杜	江甯人住馬巷二九七·二九九號第四進	中正路二九號東至官巷以己牆爲界（劉則杜）官巷以己牆爲界（劉松壽）南至劉姓屋以界綫爲界（劉則杜）蔣姓屋以公牆爲界（劉松壽）西至中正路以板門爲界（劉則杜）中正路以板門爲界（劉松壽）北至張姓屋以公牆爲界（劉則杜）劉姓屋以界線爲界（劉松壽）面積二分六厘二毫三絲 二分六厘二毫三絲	房屋	無	廿四年三月廿二日	同	同
鼎陞洲	江都人住中華路一七號	中華路一四四號東至中華路南至潘姓屋以己牆爲界西至陳姓屋以鄰牆爲界北至陳姓屋以各有各牆爲界面積二厘九毫六絲	房屋	無	廿四年元月十五日	仝	仝
陳林	江寧人住甘露巷十一號	下浮橋五號東至李姓屋以李姓及本姓板壁爲界南至下浮橋西至何姓屋以鄰牆爲界北至劉李二姓屋以隣牆爲界面積五厘五毫一絲	房屋	無	廿四年二月廿一日	仝	仝
楊文仕 楊樹生	湖南人住上浮橋二號	上浮橋四六號東至劉姓屋西至金姓屋以己牆爲界南至諸姓屋各有各墻北至上浮橋面積二分二厘七毫七絲	樓房八間八披	無	廿四年二月廿五日	仝	仝
吳超和	丹徒人住顏料坊十二號	顏料坊十二號東至湖社以己牆後段以各有各牆爲界南至顏料坊板門外以界線爲界西至戴姓屋以各有各牆中段以己牆北段以各有各牆爲界北至王姓屋以鄰牆爲界面積二分一厘二毫八絲	房屋	無	廿四年二月廿二日	廿四年九月三日公告	仝

金洲濤 南京人住白果園十號	白果園東至白果園南至白果園西至胡姓屋地及塘北至縣教育局地面積一畝二分〇〇六絲	無	無	廿四年六月十八日	同	同
徐慶琛 江甯人住昇州路二三一號	建康路三〇號（黑廊街）東至劉姓以公墻爲界南至劉姓以己牆爲界西至水倉巷以己牆爲界北至建康路面積八厘〇一絲	平房二進二間	無	廿四年一月十五日	仝	仝
闞永有 南京人住柳葉街一三五號	柳葉街一三五號東至施家巷南至紙箔業公會屋以鄰牆爲界西至紙箔業公會屋以隣牆爲界北至柳葉街面積一分四厘四毫	房屋	無	廿三年十一月九日	仝	仝
任華氏 南京人住軍師巷九號戶名原係任兆鑾現更正	軍師巷九號東至汪姓屋及信府苑以牆己及鄰牆爲界南至曹姓屋以己墻爲界西至朱周二姓屋以己牆及鄰牆爲界北至軍師巷面積一分二厘二毫八絲	房屋	無	廿三年十一月十五日	仝	同
梁體樹 本京人住十街口鄧府巷小學內	船板巷（與皇冊庫相連）八七號東至船板巷南至黃姓屋西至孫姓屋及旗地租戶金姓屋北至高成氏屋面積一分七厘八毫	房屋	無	二三年十一月廿二日	廿四年九月三日公告	仝
陳鶴舟 弟特孫本京人住九兒巷四號	九兒巷四號東至楊陶二姓屋以己牆及鄰牆爲界南至趙火王劉四姓屋及蘢子巷以己牆及隣牆爲界西至官巷北至黃姓屋以己牆及隣牆爲界面積六分七厘三毫四絲	房屋	抵押權人高品三南京人住下關升和里四八號	廿三年十二月廿五日	仝	仝
佘全壽 坤山 江甯人住十間房十號	十間房十號與鳳遊寺豆腐巷毗鄰東至十間房街南至十間房街及吳姓屋以己牆界界西至吳姓屋以己牆爲界北至吳姓屋以己墻爲爲面積一分〇八毫一絲	房屋	抵押權人葉宗仁宿遷人住杏花村三號	廿三年十二月廿五日	仝	仝
談臨源 江甯住上海代理人凌談氏住鳴羊街四號	磨盤街二三號東至磨盤街南至李姓屋以己牆及鄰牆爲界西至李姓屋以隣牆爲界北至公益巷面積二分三厘一毫三絲	房屋	抵押權人常家明南京人住螺螄轉灣卅四號	廿三年十二月廿四日	仝	仝
王悟梅 浙江人住湖北路一八一之一號	高門樓（傅厚崗）東劉姓地南李姓地西高門樓北劉姓地面積一畝〇五厘四毫五絲	洋房	抵押權人中國農工銀行	廿四年四月十七日	仝	仝

萬雨岑 安徽住戶部街九十六號	大彩霞街卅一號東至大彩霞街南至史姓屋以己牆鄰牆及公牆爲界西至史姓屋以己墻爲界北至劉姓屋以己牆爲界面積二分〇〇一絲	房屋	無	廿三年十二月	廿四年九月三日	同
蔣孝山 河南住昇州路進和號一〇三號	黑廊巷第一號東至黑廊巷南至段姓屋以己牆爲界西至胡段二姓屋以己墻及隣墻爲界北至胡姓屋以己牆爲界面積一分四厘一毫一絲	仝	仝	廿四年元月卅一日	仝	仝
魏之 爵頤禎 江甯人住高崗里廿四號	信府河一一五號東至秦淮河南至蔣姓屋以己牆爲界西至信府河北至許姓屋以己墻爲界面積三分四厘三毫四絲	仝	仝	廿三年十二月廿四日	仝	仝
徐頌平 家聰 江蘇人住明瓦廊一百號	建康路十號東至王姓以走巷本姓板壁爲界南至王姓以己牆爲界西至周姓以公牆爲界北至建康路面積三厘五毫二絲	樓房上下二間	仝	廿四年四月十九日	仝	仝
王嘉賓 南京住收兵橋一號	虎踞關十三號東至虎踞關南至警察公園屋以己牆及其直綫爲界西至宮姓屋以己牆爲界北至宮姓屋以鄰牆爲界面積五分七厘四毫三絲	房屋	仝	廿四年七月二日	仝	仝
徐正祥 江甯住陡門橋一九四號	渡船口卅一號東至渡船口以己板門爲界南至饒姓屋以公板壁爲界西至秦淮河以己板壁爲界北至饒姓屋以公牆及鄰牆爲界面積三厘九毫七絲	房屋	無	廿四年三月十日	仝	仝
董其蔭 南京人住長生祠九號	長生祠九號東至馬姓以各有各牆爲界南至東段至西張姓以公牆爲界西至仁和巷以己牆爲界北至長仁和巷以己生祠以己牆爲界面積四分三厘二毫九絲	房屋九間三廈	仝	廿三年十二月卅日	仝	仝
郭梁氏 山西人住程善坊八號	玉帶巷四・六・號渡船口十號東至徐姓屋以己牆爲界南至玉帶巷西至渡船口北至周姓屋以己牆爲界面積一分八厘〇六絲	平房五間一披	仝	廿三年十二月十四日	仝	仝
劉氏宗祠 管理人劉鏡清黑卿南京人住許家巷四十六號	中正路一三六八號東至高姓屋以己牆爲界南至中正路西至管姓屋陳姓屋以隣牆己牆又鄰牆爲界北至高姓屋管姓屋以鄰牆爲界面積六分五厘二毫四絲	房屋	仝	廿三年十一月廿三日	仝	仝

周必昌 首都住止馬營一四〇號	止馬營東至郭姓地南至姚姓地西至止馬營北至市地面積三分〇五毫正		仝	廿四年五月十三日	仝	仝
謝維良 南京人住楊門口五號	韓家橋東至韓家橋南至郝姓地西至柯姓地北至趙姓地(現賣與金姓)面積二畝〇五厘〇七絲	無	無	二四年八月五日	二四年九月三日	二四年十二月二日止
仝前	場門口東至吳張二姓地南至本姓塘本姓地西至謝姓地北至公共水溝及本姓地面積十畝〇九厘三毫八絲	無	無	二四年三月二八日	仝	
陶秉鈞 江蘇人住上海代理人陳楚翹湖南人住下關綏遠路一七七九號	湖北路原名鼓樓大街東至湖北路南至陳姓屋以鄰牆及地為界西至陳姓塘及地為界北至唐姓地及白鐵房為界面積四畝八分〇二毫二絲內水塘面積一分二厘正	基地	無	二四年六月一五日	仝	仝
聞鈞天 湖北人住鎮江代理人聞亦有湖北人住蔣家莊五號	大樹根二七〇號東至官路南至王姓地及蔣姓塘西至趙姓地及大樹根北至蔣姓塘面積一畝六分八厘一毫八絲	房屋	無	二四年七月三日	仝	仝
許道九 安徽人住湖北路三〇四號	湖北路三〇四獅子橋四九・五一號東至獅子橋南至王姓屋及地西至湖北路北至張姓屋西積二畝六分一厘六毫二絲	房屋	無	二四年六月二四日	仝	仝
顧星三 江寧人住張府園七十四號	建康路東至羅姓牆及書記巷以己牆及鄰牆為界南至建康路人行道西至電報局牆及中央銀行空地以己牆及鄰牆為界北至電報局牆以鄰牆為界面積三分三厘六毫四絲	舊屋預備拆卸	無	二三年一二月三〇日	同	同
劉先民 江西人住廊後街廿一號	高門樓東至左姓屋南至張姓地西至張李鄒三姓地北至劉姓屋面積一畝〇五厘正	無	無	二四年八月二三日	同	同
馮德炳 南京人住三步兩橋六號	三步兩橋六號東至丁姓屋南至陳姓地本姓地西至金陵寺地北至三步兩橋面積一畝五分七厘五毫七絲	房屋	無	二四年六月四日	同	同

李春鴻生光輝 洪武路二七五號	洪武路二七五號東至西方庵休姓屋以己墻爲界南至馬姓屋劉姓屋以己牆爲界西至洪武路北至袁姓屋齋姓屋以鄰牆公牆爲界面積一畝〇〇八毫三絲	房屋	保存抵押權人高張氏江甯人住洪武路二七五號	二四年四月二七日	同	仝
孫光燦秀宕桂棠 南京人住四牌樓廿號	四牌樓廿號東至王章二姓屋以己墻爲界南至四牌樓以己牆爲界西至周姓屋以鄰牆及己牆爲界北至過姓屋面積九分八厘三毫一絲	房屋	保存地役權人南京人住四牌樓廿號 秀宕 係桂棠 孫桂棠	二四年五月二一日	同	同
江蘇銀行經理人顧伯言建康路二四八號	建康路二四八號面積二畝三分三厘六毫一絲東至梁姓屋以各有各墻爲界南至市府路西至貢院西街北至建康路	房屋	無	廿四年元月十六日	廿四年九月三日	廿四年十二月二日
馬厚榮 江甯人住牛市街四號	牛市街四號面積八厘八毫二絲東至魏姓屋以鄰牆爲界南至龍姓屋以鄰牆爲界西至牛市北至丁姓屋以己牆爲界	同	同	廿三年十一月廿六日	同	同
趙式如 安徽住棉鞋營二七號	箍桶巷三一號面積一分一釐九毫七絲東至箍桶巷南至金姓屋以鄰牆爲界西至馬姓屋以己牆爲界北至阮姓屋以己牆爲界	同	同	廿三年十二月廿七日	同	同
齊怡秋 南京人住王府里二號	王府里二號面積六分五厘七毫八絲東至劉姓屋以己牆及鄰牆爲界南至王府里西至齊姓屋以己牆及公牆爲界北至劉姓屋以鄰牆爲界	同	同	廿四年一月十六日	同	同
何李長芳 京住倉巷一五五號林宅	集慶路三九號面積二分四厘五毫九絲東至湯曹二姓屋以己墻及鄰牆爲界南至朱姓屋以鄰牆爲界西至孫朱二姓屋以己墻隣牆及公墻爲界北至集慶路	同	同	廿三年十二月七日	同	同
陳瑞亭 揚州人住手帕巷三號	手帕巷三號面積二厘九毫三絲東至手帕巷南至劉姓屋以鄰牆爲界西至劉姓屋以鄰墻爲界北至卞姓屋以公木板爲界	房屋	無	廿四年四月廿四日	仝	同

文如　發、貴 王紹南　文才、富 德福榮、祥 江甯人住絨莊街八 四號	絨莊街八四六號面積三分九厘〇二絲東至易姓屋以 隣牆爲界南至王易二姓屋以鄰牆及己牆爲界西至 絨莊街北至汪姓屋以公牆爲界	同	同	廿四年四月十八日	同	同
段李氏 南京人住金沙井二 六號	金沙井二六號面積六分九厘二毫四絲東至岳姓屋 以公牆及己牆爲界南至金沙井西至翁姓屋以鄰牆 爲界北至翁姓屋以鄰墻爲界	同	同	廿三年十二月廿九日	仝	仝
沈治卿 南京人住中正路二 〇九號	內橋灣三三 二〇九號面積四分八厘五毫四絲東至王姓 中正路二一一 屋以己墻爲界南至市立第一中學校屋以隣牆爲界 西至中正路北至內橋灣	同	同	廿四年二月十五日	同	同
戴余氏　朝華 江甯人住長樂路三 三五號	長樂路三三一|三三七號面積一畝五分二厘六毫 東至官巷南至長樂路西至吳姓屋以鄰墻爲界北至 槽坊巷	仝	同	廿三年十二月十日	仝	同
陳慶滋 南京人住迴龍街八 號	迴龍街八號東至沙姓屋以公墻爲界南至迴龍街西 至官巷以己牆爲界北至秦淮河面積三分一厘五毫 二絲	房屋	無	廿三年十一月廿四日	廿四年九月三日	廿四年十二月二日止
陳世銘　宗昌 江甯人住邊營四號	集慶路原名牌樓口三八、四〇號東至何姓屋以鄰 牆爲界南至集慶路西至馮姓屋與與善堂屋以鄰牆 己牆爲界北至何姓屋以己之破牆基及己牆鄰牆爲 界面積一分二厘二毫一絲	房屋	無	廿三年十二月廿二日	同	同
仲登山 淮城人代理人管生 富淮城人住鈔庫街 廿七號	鈔庫街廿七號東至楊姓屋以鄰牆爲界南至楊姓屋 以鄰牆爲界西至琵琶巷以己牆爲界北至鈔庫街以 板門爲界面積一分一厘四毫一絲	房屋	無	廿三年十二月廿日	同	同
韓紫泉 本京人住慧圓街紫 芝里廿五號	貢院西街廿五廿七廿九號東至貢院西街南至廿姓 及夫子廟屋以己牆及鄰牆爲界西至夫子廟屋以鄰 牆爲界北至張姓屋及夫子廟地以公牆及己牆爲界 面積四分五厘二毫九絲	房屋	無	廿三年十二月廿五日	同	同

沈連第 連奎 胡氏 連璧 江甯人住牛市廿六號	牛市街廿六號東至陳高二姓屋以己牆爲界南至管姓屋以鄰牆爲界西至牛市官巷及趙姓屋以己牆及鄰牆爲界北至管姓屋以鄰牆爲界面積二分五厘〇二絲	房屋	無	廿三年十二月廿八日	仝	同
陳潤甫 江甯人住南京昇州路四十一號	長樂路二二九號東至官巷南至長樂路西至梁姓屋以鄰牆及己牆爲界北至羅姓屋以己牆爲界面積九厘五毫六絲	平房二間一廈	無	廿三年十二月廿八日	同	同
王小雲 本京人住邊營廿一號	白下路大中橋三五五七號東至秦淮河南至白下路西至王姓屋以鄰牆爲界北至顧姓屋以隣牆爲界面積八厘七毫一絲	房屋	無	廿四年四月廿二日	同	上
劉席森 安徽人住復成倉卅三號	復成倉卅三馬路街七十二號東至張姓屋以公牆及鄰牆爲界南至饒姓屋以己牆爲界西至馬路街及陳姓屋以己牆爲界北至復成倉面積三分八厘二毫二絲	房屋	無	廿四年二月十八日	同	上
韓耀庭 江蘇人住大全福巷十八號	大全福巷十一號東至丁姓屋以己牆爲界南至孫姓屋以鄰牆爲界西至孫姓屋以鄰牆爲界北至大全福巷面積三厘五毫六絲	房屋	無	廿三年十二月廿日	同	上
陳在元 在炳 在全 在林 在意 在龍 江甯人住廚子營十六號	廚子營十二號東至廚子營南至高姓屋以鄰墻爲界西至公巷北至周姓屋以鄰牆爲界面積三厘一毫九絲	房屋	無	廿三年十二月廿七日	同	上
張王鴻生 王氏 江甯人住廣藝街一號	顏料坊五七號東至林姓屋及顏料坊以鄰牆爲界南至馬姓屋以己墻隣牆爲界西至張姓屋以鄰牆爲界北至李姓屋以己牆鄰牆爲界面積二分八厘四毫二絲	房屋	無	廿三年十二月三十日	廿四年九月三日	廿四年十二月二日止
許國樑 國棟 湖北人住漢西門軍械局後街五號	軍械局後街五號東至華藏寺以鄰牆爲界南至官巷西至軍械局地北至軍械局後街面積二畝八分六厘五毫二絲	房屋	無	廿四年一月二十五日	廿四年九月三日	廿四年十二月二日止

王元生 王元杰 江甯人住顏料坊十五號	顏料坊一三號東至謝姓以己牆爲界南至袁姓屋以己牆爲界西至天井北與戴姓西與袁姓接界北至官巷以板壁爲界面積七厘三毫四絲	平房一間	無	廿四年三月廿五日	廿四年九月四日	廿四年十二月三日止
顧炳鈞 南京人住秦狀元巷二號	秦狀元巷二一許家巷廿四號東至黃姓屋以公牆爲界南至太平巷及許家巷西至秦狀元巷及劉姓屋以己墻及公牆爲界北至顧姓屋以公牆及己牆爲界面積二分八釐二毫八絲	房屋	無	廿三年十二月五日	廿四年九月四日	廿四年十二月三日止
王庚記 南京人住柳葉街一百十八號	柳葉街一一八二〇號東至紙業公所地以己牆爲界南至柳葉街西至周姓屋以己牆及鄰牆爲界北至秦淮河面積一畝五厘九毫七絲	房屋	地役權人周盛華南京人住柳葉街一二二號	廿三年十一月廿九日	廿四年九月四日	廿四年十二月三日止
嚴陞洲 江都人住中華路一七三號	中華路府東街一三八(一四)號東至中華路南至陳姓屋以各有各牆爲界西至呂姓屋以己牆爲界北至朱姓屋以己牆爲界面積四厘零四絲	房屋	無	廿四年元月十五日	廿四年九月四日	廿四年十二月三日止
汪鑑鏞 南京人住石板橋楊將軍巷七號	中正路(原名銅作坊)三八七號東至仇姓屋以己牆爲界南至戴姓屋以公牆爲界西至中正路北至石郭二姓屋以己牆馬姓屋以公牆爲界面積七厘六毫二絲	平樓房上下四間	無	廿三年十二月六日	廿四年九月四日	廿四年十二月三日止
易家麒 南京人住玉帶巷三號	玉帶巷三號東至玉帶巷南至馮談二姓屋空地以己牆各有各牆爲界西至秦淮河北至周姓屋以公牆及各有各牆鄰牆爲界面積四分四厘二毫六絲	平房六間廈四披二	無	廿三年十二月卅日	廿四年九月四日	廿四年十二月三日止
張薰南 張華英 南京人住大四福巷七號	東牌樓一四一號東至梁姓屋以公墻爲界南至秦淮河以己板壁爲界西至何姓屋以公牆爲界北至東牌樓以己板門爲界面積二分一厘二毫一絲	房屋	無	廿四年元月十五日	廿四年九月四日	廿四年十二月三日止

洪德鐘德模德禎成瑞仁煮 江蘇江甯人住大石橋十八號	大石橋十八號東至李姓屋以公牆爲界南至大石橋西至公走路及孫姓鄰牆又公墻爲界北至公走巷面積一畝六分六厘三毫一絲	房屋	地役權人 洪德鐘成瑞德模仁煮 洪德鐘成瑞德禎仁煮 洪德鐘德禎德模仁煮 洪德鐘德禎德模成瑞 洪德模成瑞德禎仁煮	廿四年五月十一日	廿四年九月四日	廿四年十二月三日止
仟鑑南 安徽人住箍桶巷廿九號	箍桶巷廿九號後東至金姓屋以鄰牆爲界南至鄧姓屋以己牆及鄰牆爲界西至小西湖北至馬陳二姓屋以己牆及隣牆爲界面積四分四厘〇九絲	房屋	保存典權人梁柯林南京人住長樂路八〇號	廿四年十一月七日	廿四年九月四日公告	廿四年十二月三日止
陳思恭 江甯人住剪子巷七號	剪子巷三一九號東至陳姓曹姓張姓屋以公牆己牆鄰牆爲界南至同眞會屋及五板橋以己牆爲界西至許姓屋徐姓地以隣牆及牆直線並己牆爲界北至剪子巷面積八分一厘〇八絲	房屋	無	廿三年十一月廿二日	同	同
魏永林 南京人住九兒巷五七三號	九兒巷東至卞馮二姓屋以己牆及鄰牆爲界南至九兒巷西至湖社及黃陳二姓屋以己牆及公牆爲界北至陳姓屋以公牆爲界面積六厘四毫六絲	房屋	無	廿四年元月廿一日	同	同
李仲霞 江蘇人住保泰街七六號	高門樓東至劉姓屋及地南至鄒姓地西至高門樓北至王姓屋面積一畝三分七厘九毫二絲	無	無	廿四年八月廿三日	同	同
鄒秉文 江蘇人住上海代理人李仲霞江蘇住保太街七六號	高門樓東至劉姓地南至張姓地西至高門樓北至李姓地面積一畝五分〇七毫二絲		（原與李仲霞合購現已分析）	廿四年八月廿三日	同	同

戴永齡 江甯人住戶部街八十九號	戶部街八九號東至裴姓屋以己牆及鄰牆爲界南至水溝西至楊姓屋以己牆及公牆爲界北至戶部街面積四分六厘四毫六絲	房屋	無	廿四年三月四日	廿四年九月四日公告	廿四年十二月三日止
鄭必成萬 南京人住清涼古道二號	清涼古道二三四號東至白許二姓地南至清涼古道西至楊姓屋北至王姓塘面積二畝三分四釐七毫六絲	房屋	無	廿四年六月廿四日	同	同
潘孝清 江甯人農住東鄉寶村通信處中華路三五七號	中華路二五二號東至蔣姓屋以鄰牆爲界南至李姓屋以公牆爲界西至中華路北至張姓屋以鄰牆爲界面積四厘〇九絲	板房	無	廿三年十二月廿八日	同	同
程鶴亭耀庭炎培德林燧等 安徽人住柳葉街七十六號	長樂路（新廊）三八〇號東至傅姓屋以鄰牆及己牆爲界南至漆姓屋以鄰牆爲界西至千佛庵以己牆及貼牆鄰壁爲界北至長樂路以己板壁及鄰牆爲界面積四分二厘三毫五絲	房屋	無	廿四年元月十三日	同	同
汪鎰甫 本京人住城內富民坊廿二號	中華路花市四二三號東至雷姓屋以鄰牆及公有板壁爲界南至長樂路以本產界綫爲界西至中華路以板門爲界北至濮姓屋以鄰牆爲界面積三厘七毫一絲	白鐵房屋	無	廿三年十二月卅日	同	同
速筱鈞 南京住中華路四八八號	集慶路十八號東至魏姓屋以鄰牆爲界南至集慶路以板門爲界西至龔姓屋以公牆爲界北至龔姓屋以己牆爲界面積四厘三毫七絲	房屋	無	廿四年四月廿七日	廿四年九月四日	廿四年十二月三日止
徐少臣 江甯住大四福巷六號	大四福巷第六號東至鄭姓屋以鄰牆爲界南至汪姓屋以己牆爲界西至大四福巷及程姓屋以隣牆及官巷爲界北至程姓屋以鄰牆外天井中心爲界面積二分四厘九毫二絲	同	同	廿四年元月七日	同	同
石仲銘 南京住長樂路六十四號	建康路六十二號東至石姓及侯姓屋以公牆及鄰牆爲界南至官產（租戶劉姓）及侯姓屋以己牆及鄰牆爲界西至崇仁堂屋周劉二姓屋以己牆及鄰墻爲界北至建康路面積三分四厘八毫五絲	同	同	廿四年元月廿三日	同	同

謝振國	江甯住內橋灣四十號	內橋灣四十號東至謝姓屋以己牆為界南至內橋灣以己墻為界西至河岸及官巷以己牆為界北至秦淮河以己墻為界面積五分二厘六毫五絲	平房一九間一廈	同	廿四年七月廿五日	同	同
陶有財 陶丙南 陶鳴九	江甯人住東關頭七十三號	建康路（卽文思巷）四二五七號東至劉姓屋以己牆及鄰牆為界南至建康路西至建康北四巷北至劉姓屋以鄰墻為界面積三分三厘六毫五絲	房屋	同	廿四年二月廿一日	同	同
陶基國	江甯住殷高巷卅五號	小船板巷（原名堂子巷）東至石姓屋以鄰墻及其直線為界南至田孫兩姓屋以己墻為界西至何姓屋以己牆及鄰牆為界北至小船板巷面積二分八厘九毫三絲	房屋	仝	廿三年十二月廿四日	同	同
傅丘平	南京住大油坊巷七十五號	建康路一四五號東至李姓屋北首以己墻南首各有各牆中間以己墻外隙地為界南至建康路人行道以板門為界西至劉姓屋以各有各牆為界北至劉姓屋以各有各牆為界面積一分七厘五毫七絲	同	同	廿四年元月七日	同	同
戈本業	南京住毛家苑廿七號	毛家苑東至藍姓屋及地南至毛家苑西至毛家苑北至公走巷面積八分〇一毫三絲	無	同	廿三年十一月卅日	同	同
李巨源	江甯住小門口卅二號	小門口卅二號東至王姓屋以己貼牆鄰牆及各有板壁為界南至項姓屋以鄰牆為界西至項姓屋以己貼牆及鄰牆為界北至小門口面積一分七厘三毫七絲	房屋	同	廿四年元月廿九日	同	同
章震蔭	常州住狀元境廿四號	貢院街三八、四〇、四二、姚平巷第二號東至高姓屋以己牆為界南至貢院街以本房板門為界西至姚平巷以己墻為界北至平江府南街以己墻為界面積八分五厘六毫一絲	同	同	廿四年二月廿五日	同	仝
陳耀庭	江甯人住金陵閘十八號	金陵閘一八號東至楊姓屋以公牆為界南至金陵閘白塔巷四西至官地（租戶畢姓屋）以己牆為界北至白塔巷面積一分七釐八毫二絲	房屋	保存抵押權人何敬之江甯人住貢院街卅一號	廿四年一月十日	廿四年九月四日	廿四年十二月三日止
鄧尉梅	江蘇人住居安里廿二號	石婆婆巷九七號東至石婆婆巷南至李姓走道西至李姓塘北至李姓屋面積五分七厘九毫八絲	房屋	無	廿四年六月廿五日	同	同

劉爾霖 安徽人住石觀音十五號	中營四〇積善里二九號東至劉姓屋以己牆爲界南至中營西至方姓屋以己牆爲界北至積善里面積七分七厘九毫六絲	房屋	抵押權人周國鑫南京人住中營四十號	廿三年十二月廿六日	廿四年九月四日	廿四年十二月三日止
車綸禹 雨人 茀生 慰農 錫九 南京人住柳葉街一四五號	柳葉街一四五號東至張姓屋以公牆爲界南至陸府巷西至何姓屋以己牆及鄰牆爲界北至柳葉街面積一畝六分四厘七毫三絲	房屋	無	廿三年十二月廿六日	同	同
李椿森 江甯人住小大仙鶴街二八三號	小仙鶴街三號東至小仙鶴街南至宗姓屋以公牆爲界西至大仙鶴街北至鄧姓屋以公牆爲界面積四分五厘〇毫九絲	房屋	無	廿三年十二月十七日	同	同
李同春 淮安人住中正路五九八號	集慶路二〇四號東至倉頂及胡姓屋以鄰牆及己天井爲界南至集慶路西至鄧姓屋以鄰牆爲界北至倉頂面積二分一厘八毫六絲	房屋	無	廿四年二月卅日	同	同
歐明昇 江甯人住王府里六號	王府里六號東至齊姓屋以公牆己牆爲界南至王府里西至魏吳二姓屋以公墻爲界北至殷高巷面積一畝二分七厘四毫六絲	房屋	無	廿三年十二月三日	廿四年九月四日	廿四年十二月三日止
劉烱公 安徽人住石觀音十五號	中營三八積善里二七號東至張姓屋與張姓屋皆以公墻及天井中心直線爲界南至中營西至劉姓屋以鄰牆爲界北至積善里面積五分八厘五毫四絲	房屋	無	廿二年十二月六日	廿四年九月四日	廿四年十二月三日止
王春松 南京人住沈舉人巷四十六號	沈舉人巷四六號東至儲業堂屋及陳姓塘南至蔣姓塘及地與王姓屋西至周姓地北至儲業堂地面積二畝八分三厘六毫五絲	房屋	抵押權人中南銀行代理人王雲輔南京人住白下路一七三號	廿四年五月廿九日	同	同
朱賢諭 南京人住籌市口四號	籌市口東至楊姓地南至楊姓地西至籌市口北至朱畫等姓地及塘面積一畝五分三厘〇毫七絲	無	無	廿四年六月廿八日	同	同

周耀山 本京西華門二條巷五一號	西華門二條巷五己號後門面積（一）一分六厘一毫八絲（二）五分八厘七毫七絲 東至（一）周姓屋以鄰牆爲界（二）胡姓屋及杜姓地以己牆鄰牆及其直線爲界 南至（一）周姓屋以己牆爲界（二）杜姓地以己牆爲界 西至（一）小二條巷（二）小二條巷及本姓屋（現賣與樓姓）以己墻及鄰牆爲界 北至（一）梁姓屋以己牆爲界（二）梁姓屋以己牆爲界	房屋（一）（二）	無	廿四年三月十二日	廿四年九月四日	廿四年十二月三日
陳永銘 本京湖南路一四五號	湖南路一四五號面積七厘〇四絲東至陳姓地南至裴姓地西至裴姓地北至中央黨部地	同	同	廿四年八月十日	同	同
張汝立成 江甯程閣老巷九號	程閣老巷九號面積一畝一分五厘八毫六絲東至馬姓地南至何姓地西至張姓地（楊姓建屋）北至程閣老巷	同	同	廿四年四月廿九日	同	同
李給聖 廣東遊府西街六十一號	遊府西街六三一號面積一畝四分二厘五毫七絲東至南京粵語浸信會地址以己牆爲界南至哈姓牆脚爲界西至抄紙巷北至遊府西街	同	同	廿四年五月廿三日	同	同
盧世柏 廣東丹鳳街一四〇號	珠江路（原名珍珠橋）面積一分二厘三毫三絲東至黃姓地南至珠江路西至李姓地北至官巷	空地	同	廿四年五月六日	同	同
杭郁卿 本京唱經樓廿五號	中山東路二七八號面積四分四厘八毫六絲東至王姓屋以公牆賈姓屋以鄰牆李姓屋前以公牆後以隣牆爲界南至洪姓屋以己墻爲界西至洪姓屋以各有各墻爲界北至本姓領市地以板門爲界	房屋	無	廿四年五月廿八日	同	同
石榮生 廣東浦口江邊十一號美孚洋油棧	挹江門內龍池庵街面積一畝〇六厘五毫東至劉姓屋南至官街西至龍池菴北至林姓地及屋	無	無	廿四年四月十三日	同	同

倪春生 南京人石觀音三五號	石觀音三五號面積一分八厘一毫三絲東至王姓地為界南至石觀音西至石觀音北至張姓地	房屋	無	廿三年十二月廿一日	同	同
王家才 本京門東石觀音卅三號	石觀音面積三分八厘八毫五絲東至官巷南至石觀音西至倪姓北至李胡張三姓地	無	無	廿三年十一月十三日	同	同
郭學楠 江甯人大全福巷八號	大全福巷八號面積四分五厘一毫一絲東至顧姓屋以鄰牆及己牆為界南至李姓屋以公牆為界西至李姓屋以己牆為界北至大全福巷	房屋	無	廿三年十二月廿五日	同	同
許星午 南京人住大石壩街一七一號	大石壩街一七一號東至盧姓屋以鄰牆徐姓屋以己牆黃姓屋以鄰牆已牆為界南至官巷西至郭姓屋以公牆己牆鄰牆為界北至大石壩街面積四分二厘一毛正	房屋	無	廿三年十二月四日	廿四年九月四日	廿四年十二月三日止
王壽康 南京人住丹鳳街廿九號	丹鳳街一·五八、一·六〇號東至（一）走巷以己牆為界（二）青年會以鄰牆為界南至一、李姓以己牆為界二、魏姓以鄰牆為界西至一、丹鳳街以己墻為界二、走巷北至一、孫姓二、孫姓面積一畝三分三厘九毫九絲	房屋	無	廿四年三月卅日	仝	上
金士衡 江甯人住上浮橋九號	柳葉街八十八號東至譚姓屋以己牆公牆及已板壁為界南至柳葉街西至王姓屋以己牆及鄰牆為界北至秦淮河面積二分五厘六毫一絲	房屋	無	廿四年一月廿六日	仝	上
張鈞甫 江甯人住半邊營四號	四條巷一一九、七號東至2.1.四條巷南至2.1.本姓以公牆及其直線為界西至2.1.趙姓地以己牆為界北至2.1.本陳姓地以己牆及其直線為界面積二、四分五厘八毛一、四分六厘〇三絲正	房屋	無	廿四年五月廿七日	仝	上
韓宗年 江蘇人住利涉橋三號	利涉橋三二、五三號東至利涉橋南至朱王邦淑及陳吳朱氏張爭執地以公板牆為界西至王朱二姓屋以公牆為界北至王姓屋以公牆為界面積一分〇八毛四絲	房屋	無	廿三年十二月廿五日	同	上

姓名住址	坐落四至面積	種類	他項權利	收件日期	公告日期	截止日期
張植博　南京人住烏衣巷五十九號	貢院西街四十九號東至諶姓屋以鄰牆爲界南至孫姓屋以公牆及己牆爲界西至緯巷北至貢院西街面積五分三厘四毫一絲	房屋	無	廿三年十二月廿九日	同	上
王耀堂　南京人住土橋四號	土橋四號東至戈姓地以己牆爲界南至江姓地以己牆爲界西至土橋北至戈姓地以己牆爲界面積四分八厘三毫四絲	房屋	無	廿三年十二月十七日	同	上
黃涵天　福建人住四條巷雙青園	四條巷卅四號東至沈姓地南至黃黃陳三姓公走道西至黃姓屋北至余姓地面積六分八厘六毫一絲	房屋	無	廿三年十二月廿五日	同	上
黃浩南　福建人住四條巷雙青園	四條巷卅四號東至黃姓屋南至黃黃陳三姓公走道西至四條巷北至余姓地面積六分八厘六毫一絲	房屋	無	廿三年十二月廿五日	同	上
金潮義　江甯人住鼎新橋一號	建業路一七七號東至鼎新橋官街南至彭姓屋以己牆爲界西至彭姓屋以己牆爲界北至紅紙廊官街面積三分二厘五毫一絲	房屋	無	廿四年三月九日	同	上
殷國慶　江蘇人住西石壩街第六號	西石壩街六號東至西石壩街以己牆爲界南至韓姓以己牆爲界西至後門外空地爲界北至邵姓前以貼牆後以鄰牆爲界韓姓以貼牆爲界面積三分五厘五毫三絲	樓房上下四間平房五間廂一披一	抵押權人呂家祿江蘇住戶部街六十六號	廿三年十二月廿六日	廿四年九月四日	廿四年十二月三日止
陳吳氏　江寧人住建康路奇望街二五六號	建康路二四六號東至貢院西街南至官廊以己牆爲界西至金東會館以己牆爲界北至建康路面積七厘八毫五絲	平房兩間	抵押權人馬少芝江甯人住建康路二四六號	廿三年十二月廿九日	廿四年九月四日	廿四年十二月三日止
高振鸞　江寧人住八間房廿號	中營二十號東至蔣姓屋以公牆及公板壁爲界南至中營街以己牆爲界西至官巷以己牆爲界北至八間房以己牆爲界面積三分七厘三毫七絲	房屋	無	廿三年十二月廿日	廿四年九月五日	廿四年十二月四日

周啓華 啓貴 啓榮 江寧人住馬巷四六二號	中正路二五七、二五九、二六一號東至府西街小學校屋以鄰牆爲界南至陳姓屋以己牆爲界西至中正路爲界北至王姓屋以己牆爲界面積二分八厘七毫八絲	平房七間一厦	無	廿四年七月廿五日	廿四年九月五日	廿四年十二月四日止
毛余氏 同子慶生 南京人住烏衣里六號	烏衣里六號東至烏衣里南至李姓屋以己牆爲界西至陳鄒二姓屋以公牆及己牆爲界北至吳姓屋以己牆及公牆爲界面積八分八厘一毫一絲	平房十五間三披	無	廿三年十二月廿日	廿四年九月五日	廿四年十二月四日止
查敬修 安徽人住鈔庫街卅六號	鈔庫街卅六號東至市地以己牆汪姓屋以各有各牆爲界南至鈔庫街以己牆爲界西至於姓屋以各有各牆爲界北至秦淮河以己牆爲界面積四分六厘三毫七絲	房屋	無	廿四年元月九日	廿四年九月五日	廿四年十二月四日止
馬亮雲 江甯人住倉巷一三二號	弓箭坊一一號卽崔妃巷東至弓箭坊以板門爲界南至崔妃巷以己牆爲界西至沈姓屋以己牆爲界北至沈姓屋以公牆以己牆爲界面積一分零六毫	房屋	無	廿四年四月廿六日	廿四年九月五日	廿四年十二月四日止
張鄭氏 南京人住糯米巷廿八號	徐家巷東至常姓陳姓屋均以鄰牆爲界南至徐家巷西至胡姓屋以隣牆爲界北至楊姓呂姓屋以鄰牆爲界光華路經過佔用全部面積四厘三毫六絲	廁所	無	廿四年四月廿四日	廿四年九月五日	廿四年十二月四日止
劉世榮 元 本京人住大全福巷十九號	大全福巷一九號東至孫姓屋及官巷以己牆及公牆爲界南至官巷以己墻爲界西至孫姓屋以鄰牆及己牆爲界北至大全福巷面積六分七厘九毫九絲	房屋	無	廿三年十二月二十六日	廿四年九月五日	廿四年十二月四日止
聞鈞天 代理人聞亦有湖北人住本京藍家莊五號	藍家莊一五號之二號東至蒯姓塘以鉛絲網爲界南至九一村公路以鉛網爲界西至九一村公路北至趙姓地以鉛絲網爲界面積九分	房屋	無	廿四年七月三日	廿四年九月五日	廿四年十二月四日止
蔣兆有 安徽含山人住中華西門一五三號	中華門一五三號東至陳姓屋以己牆人行道以直線爲界南至謝姓屋以鄰牆及己牆爲界西至響鈴巷北至陳姓屋以鄰牆及己牆爲界面積一分七厘三毫七絲	房屋	無	廿四年四月十九日	廿四年九月五日公告	廿四年十二月四日止
施棟材 鈞 江甯人住老府橋十五號	老府橋十五號東至老府橋南至鈕姓屋及地以己牆及公牆爲界西至毛家苑北至馬姓屋以己牆及公牆爲界面積一畝三分四厘四毫	房屋	無	廿三年十二月廿日	同	同

潘少南 什沙灣卅二號	沙灣三二號東至蕭姓屋（現賣與韓姓）以己牆爲界南至沙灣西至李姓屋以鄰牆及己牆爲界北至秦淮河面積一分一厘六毫四絲	房屋	無	廿三年十二月二十日	同	同
趙福有 本京人住義興巷三號	堆草巷（翔鸞廟）一一號東至李姓屋以己牆及公牆爲界南至堆草巷西至柳姓翔鸞廟屋及悟根地以己牆爲界北至官巷面積四分三釐九毫八絲	房屋	無	廿四年一月十一日	同	同
張鶴堂 江甯人住軍師巷一二號	軍師巷一二號東至張馬二姓屋及官巷以己牆及鄰牆爲界南至軍師巷西至陳王二姓屋以鄰牆及公牆爲界北至王部二姓屋及官巷以己牆及己牆外隙地爲界面積六分六厘二毫	房屋	無	廿三年十二月廿五日	同	同
陶起嵋 江甯住小牛首巷一號	小牛首巷一號東至小牛首巷南至沈姓屋以己牆爲界西至張姓屋以鄰牆及己牆爲界北至官巷面積九分一厘六毫二絲	房屋	無	廿四年四月廿一日	同	同
趙王氏同子趙家寶 南京人住致和街九六號	致和街九十六號東至致和街南至致和街及趙姓屋以己牆公牆及己墻外隙地爲界西至王周二姓屋以隣牆己牆及公牆爲界北至王楊洪三姓屋以己牆外隙地爲界面積七分九厘六毫二絲	房屋	無	廿三年十二月十日	同	同
石仲銘 南京人住長樂街六四號	集慶路新橋大街絲市口一二號東至劉姓屋盧姓屋以己牆爲界南至集慶路以己墻爲界西至魏姓屋以各有各牆爲界北至劉姓屋以己牆爲界面積三分三厘七毫五絲	房屋	無	廿四年一月廿一日	同	同
婁德富 南京人住金陵閘廿四號	金陵閘二四號東至白塔巷以板門爲界南至畢姓屋以鄰牆爲界西至金陵閘以板門爲界北至朱姓屋曹姓屋以鄰牆爲界面積八厘三毫二絲	房屋	無	廿三年十二月廿六日	同	同
周作杜 江蘇住中正路三三一號代理人黃文奎江甯住中正路馬巷三百三十一號	內橋灣六〇號東至曹姓屋以己墻及鄰墻爲界南至內橋灣西至哈姓屋以鄰牆爲界北至秦淮河面積三分六厘七毫二絲	房屋	抵押權人周文彬住水西門倉巷六十五號	廿四年四月廿四日	同	同
馬虎臣 江甯住朝天宮西街六十號	校門口第二，四，六，號東至軍政部屋以隣墻爲界南至校門口西至馬姓屋以公牆及其直線爲界北至軍政部屋以隣牆爲界面積三分〇七毫正	房屋	無	廿四年四月十八日	廿四年九月五日	廿四年十二月四日止

吳寄園 南京住全福巷四號	大全福巷第四號東至李姓屋以鄰牆及各有各牆為界南至胡姓屋以鄰牆為界西至吳姓屋以公牆為界北至人全福巷以己牆為界面積三分二厘五毫八絲	同	同	廿四年二月廿七日	同	同
劉仲華 本京住長樂路二三五號	中華路三四二號東至中華路人行道南至朱辞二姓公走巷以己牆為界西至王姓屋以己牆為界北至路姓屋以鄰牆為界面積六釐八毫三絲	樓房三間	仝	廿四年一月十四日	同	同
交通部郵政總局 住薩家灣	市府路廿一號（原名衛鑑堂街）東至市府路南至市府路西至馬姓以己牆為界北至建康路面積一畝五分一厘六毫八絲	郵局公用房屋	同	廿四年八月卅一日	同	同
李澤林 南京住陶家巷六號	東牌樓一一五號東至秦淮河南至馬李二姓公巷以己牆為界西至東牌樓及馬李二姓公巷北至王李二姓屋以己墻為界面積三分九厘五毫九絲	房屋	保存典權人劉明潤江甯人住奇望街郵局劉錫斌轉	廿四年一月廿九日	同	同
謝厚庵 廣東住白下路中南銀行王雲輔轉	遊府西街東至黃姓公街南至沈姓地西至李姓地北至遊府西街面積三分九厘四毫九絲	樓房一幢又小樓房八間	保存抵押權人中南銀行住白下路一七三號	廿四年四月十八日	仝	同
張桂聯 青浦住蔡家園二號	白菜園東至 3.1.白菜園 2.本姓屋 南至 3.2.1.本姓地又李 彭姓屋半己 曹姓屋以鄰 譚二姓屋以鄰墻為界 牆半鄰墻 墻及牆外隙地為界 西至 3.1.公路走巷 本姓屋 2.李姓墻 北至 3.2.本姓屋 1.李姓牆外隙地 面積 3.2.1.○○五畝 ○○八分 五二五釐 四○八毫 一九九絲	住房八宅	保存抵押權人江蘇省農民銀行南京分行代理人孫伯顏青浦人住戶部街農民銀行	廿四年四月廿三日	同	同
王學發 南京後所週龍橋十一號	後所東至王姓水塘南至施姓地西至官街北至官溝面積一畝四分○○六絲內水塘面積七厘○五絲	無	無	廿四年六月廿五日	同	同

胡國棟 南京華僑路九號	中山北路東中山北路胡姓地以己墻爲界西榮姓 中山北路南黃姓地榮黃 塘北梁姓地以己牆爲界面積二分二厘九毫〇 二姓塘胡姓屋以隣牆爲界二五五九 絲	房屋	保存抵押權人王紹齋南京人住一枝園四五號	廿四年六月廿二日	同	同
李梁味經 四川代理人梁木子 四川人住裴家橋廿三號	裴家橋余家巷東至黃張二姓地南至張姓地西至梁姓地北至市地面積一畝二分〇四毫六絲	園地	無	廿四年六月廿五日	同	同
石仲銘 南京人住長樂街六四號	建康路六四號東至石姓屋以公牆爲界南至石姓及侯姓屋以己牆爲界西至石姓屋以公牆爲界北至建康路面積六厘六毫二絲	房屋	無	廿四年一月二三日	廿四年九月五日	廿四年一二月四日止
同前	建康路六六號東至石姓屋以隣牆爲界南至侯姓屋以隣牆爲界西至石姓屋以公牆爲界北至建康路面積七厘八毫	房屋	無	廿四年一月二三日	同	同
金玉明 南京人住戶部街八六號	宰牛巷七號東至沈姓屋以己牆爲界南至宰牛巷西至蔣姓地以己牆爲界北至官溝面積二分二厘七毫九絲	房屋	無	二四年三月四日	同	同
金同慶 江甯人住七家灣五〇號	上浮橋二一號東至秦姓屋以隣牆爲界南至上浮橋以本房板門爲界西至仁育醫院以公墻及公板壁爲界北至崇善堂屋以鄰牆爲界面積三厘八毫五絲	房屋	無	廿四年四月廿四日	同	仝
袁昌渝 江寧住張府園二九號	洪武路原名盧妃巷二七一號東至走巷南至藍李二姓屋以己牆爲界西至洪武路北至高淳同鄉會以己牆爲界面積一畝一分二厘二毫六絲	房屋	無	廿四年四月廿三日	廿四年九月五日	二四年一二月四日止
徐廷秀生仝興 江甯人住金粟菴十二號	金粟菴一二號東至李姓屋以己牆及鄰牆爲界南至金粟菴西至王姓屋以公牆及鄰墻爲界北至五福街面積三分六厘三毫三絲	房屋	無	廿三年一二月二五日	二四年九月五日	二四年一二月四日止

陳懿生 南京人住上海代理人張咸之南京人住城西磨盤街十三號	磨盤街十三號東至磨盤街南至業姓屋本姓屋及業陳二姓公巷以己牆爲界西至水齋菴北至陳姓屋以公牆爲界面積六分一厘〇毫六絲	房屋	無	廿四年五月九日	同	同
張寶林金 江蘇人住門西毛家苑八九號	毛家苑八九號東至沙秦兩姓屋以隣墻爲界南至周姓地市地盧江縣教育局屋及秦姓屋以己牆鄰牆及己竹籬爲界西至張姓屋以鄰牆爲界北至毛家苑及馬沙兩姓屋以公牆己牆鄰牆並沙姓竹籬爲界面積四分八厘六毫一絲	房房	無	二三年一二月一五日	同	
朱家和孫元 江蘇人住東牌樓	東牌樓一三三一五號東至朱馬姓屋以鄰己墻爲界南至馬姓屋以公牆爲界西至東牌樓以板門爲界北至顧姓屋以己牆爲界內任鑑卿朱長華地役權面積一厘〇九絲面積一分四釐七毫九絲	房屋	無	二三年一二月三〇日	二四年九月五日	二四年一二月四日止
張榮興 南京人住十間房六號	十間房瓦棺寺東至十間房瓦棺寺南至林毛二姓屋以鄰牆及官路爲界西至佘鄧二姓地北至十間房面積二畝二分四厘九毫四絲	菜蔬	無	二三年一二月二八日	廿四年九月五日	二四年一二月四日止
董紀綱 南京人石鼓路一三七號	石鼓路一三七號面積六分六厘六毫二絲東至長老會租地南至周姓地西至王姓屋北至石鼓路	房屋	抵押權人庾振聲石鼓路三三六號	廿四年七月廿五日	廿四年九月五日	廿四年十二月四日
吳樹櫟 南京吉兆營十二號	吉兆營十二號面積一畝一分八釐一毫三絲內補契面積三分九厘五毫七絲東至胡陳二姓屋以己墻鄰牆及公牆爲界南至吉兆營西至胡姓走道及屋以鄰牆及公墻爲界北至張家菜園	北部瓦房一間南部平房九間四披	押租權人黃裕豐住北門橋魚市街九九號	廿四年四月廿六日五月卅日	同	同
如來菴 管理人妙修小心橋二號	小心橋東街二號面積一畝九分五厘一毫八絲東至趙姓屋及地南至大樹城西至小心橋東街北至自修菴屋及地無主空地及陳姓地	房屋	地役權人陳國鈞住石觀音二六號	廿三年十一月廿七日	同	同

饒文德錄　南京復成倉三二號	馬路街七十號面積四分八厘三毫一絲東至張姓屋以己牆爲界南至官巷西至馬路街北至劉姓屋以己牆爲界	同	抵押權人程馥秋住大全福巷三十號	廿四年一月廿三日	同	同
田烈生　山東國府路青石街二號	傅厚崗面積六分八厘五毫四絲東至周姓屋南至倪姓私有公路西至市鉄路地北至史姓地	基地	無	廿四年四月廿二日	同	同
楊寶關　徐州青石街廿號	青石街廿號面積五分六厘三毫八絲東至雲開會館以各有各牆爲界南至青石街以大門外空地爲界西至本姓屋北至劉姓塘以後門外隙地界線爲界	平房三間	無	廿四年五月廿三日	同	同
陳文炳　本京城北觀音巷七四號	馬家街十號面積二畝三分七厘七毫八絲內陝西路經過該產北部約佔用三十七方丈東至徐姓屋徐姓塘南至徐姓地熊姓塘西至何姓地熊姓塘（何姓蓋章於文單上）北至馬家街	房屋	仝	廿四年六月一日	同	同
李華維　江蘇中山東路祠堂巷口三六號	遊府西街面積四分七厘〇二絲東至謝姓貼牆爲界西至朱姓地址以己線爲界南至黃陸鄧三姓地址以己線爲界北至遊府西街以己線爲界	空地	仝	廿四年五月十六日	同	同
馬立鑫　江甯針巷十號	朱雀路八五—八七號針巷—一〇號面積一分六厘七毫三絲東至旗地鄭姓屋以公牆及己牆爲界南至針巷西至朱雀路北至朱姓屋以己牆爲界	房屋	仝	廿四年二月廿二日	同	同
胡德厚華　安徽建鄴路一八五號	建鄴路「原名紅紙廊一一八五號面積一畝二分九厘五毫四絲東至倪姓屋以公牆爲界南至秦淮河西至倪姓屋以公牆爲界北至紅紙廊	同	同	廿四年三月廿八日	同	同
鄭庚　閩人住鼓樓五條巷西橋十九號	鼓樓五條巷西橋十九號東至五條巷南至李姓屋林姓地西至林姓地北至西橋面積一畝一分三厘八毫二絲	房屋	無	廿四年三月廿一日	廿四年九月五日	廿四年十二月四日止
徐金洪　安徽人住陰陽營卅五號	陰陽營卅五號東至2°1.顧姓地2°1.吳姓地南至2°1.官路2°1.吳姓地西至.2.)官溝北至2.1.官溝2.1.劉姓地官路面積四畝七分六厘三毫三絲	房屋	無	廿四年六月十七日	同	同

蔣嘉榮 江蘇人住大香爐卅五號	太平閭十七號東至雷姓四戶屋以隣牆爲界南至市地以己墻爲界西至胡姓屋以己墻及公牆爲界北至太平閭面積四分〇八毫四絲	房屋	無	廿三年十二月廿八日	同	同
王本立 南京人住磨盤街卅號	磨盤街三十號東至李姓屋及王姓己產以己牆鄰牆爲界南至張姓屋以己牆鄰牆爲界西姓磨盤街北至林姓屋及官巷與王姓己產以己牆鄰牆爲界面積一畝〇八厘五毫四絲	房屋	無	廿三年十二月廿八日	同	同
張簡齋 本京人住鞍轡坊五號	白下路四一六號東至九兒園南至九兒園西至李姓屋以公墻及己牆爲界北至白下路面積三分四厘三毫八絲	房屋	無	廿四年三月四日	同	同
潘王氏 姚氏 丙 住庫司坊一號	庫司坊〻一 甘露巷丨廿六號 東至王姓屋以鄰墻爲界南至庫司坊西至甘露巷北至甘露巷面積五分六厘〇五絲	房屋	無	廿四年九月十五日	同	同
符階 廿京市人住南捕廳十五號	中正路三七九 七之二號 東至蒲姓以己牆爲界南至水倉巷以己墻爲界西至中正路北至馬姓以己牆爲界面積二厘〇五絲	樓房一間	無	廿四年十一月七日	同	同
蕭子春 霖 永保 亭全 南京人住長樂路三九二號	長樂路原名新廊街三九二〇號東至張姓鄰牆及公板壁吳姓隣牆爲界南至翁姓屋隣牆爲界西至吳姓屋以己牆陸姓屋以己牆鄰牆湯姓鄰牆爲界北至長樂路面積六分一厘八毫六絲	平房九間四廈	無	廿三年十二月廿二日	同	同
段李氏 南京人住金沙井廿六號	臯鶴岡十九號東至張姓及太平水缸地均以鄰牆爲界南至岳以隣牆爲界 林姓以隣牆爲界 蔣以鄰牆爲界中一小段爲己牆 西至翁 段 胡 姓以鄰墻爲界 北至蔣姓前段天井接界中一小段爲己牆 後段以貼牆爲界 以鄰牆爲界後橫牆爲己牆 面積四分九厘八毫一絲	平房九間四廈	無	廿三年十二月廿九日	同	同

桑茂財 南京人住啞叭巷十八號	啞叭巷十八號東至韓姓屋以界線爲界南至花張兩姓地以界線爲界西至啞叭巷以界線爲界北至孔姓屋以界線爲界面積二分七厘九毫二絲	草房	無	廿三年十二月廿四日	同	同
張駿武 南京人住瞻園路五號	瞻園路五號東至高陳姓屋及市產屋以己姓貼牆及隣牆爲界南至張姓屋以己牆爲界西至溤姓屋虎姓屋以隣墻公牆及己牆爲界北至瞻園路面積一分一厘二毫七絲	房屋	無	廿三年十二月卅日	廿四年九月五日	廿四年十二月四日止
王嘉儀仁倫俊一 南京人住白下路百〇六號旁門	長樂街三九號東至長樂街南至王姓屋以鄰牆爲界西至秦淮河北至涇縣會館以己牆鄰牆爲界面積三分八厘八毫七絲	房屋	無	廿四年三月八日	廿四年九月五日	廿四年十二月四日止
田品三 江甯人住建康路三八九號	珠江路原坐落珍珠橋東至張姓以鄰牆爲界南至珠江路西至顧姓以鄰牆爲界北至顧姓以隣牆爲界面積八厘一毫七絲	無	無	廿四年七月三日	廿四年九月六日	廿四年十二月五日止
商懋先季權伯勳廪叔 南京人住張府園十四號	中華路原名府東街一一〇號東至中華路南至黃姓屋以鄰牆爲界西至鄭姓屋以公牆爲界北至官街口面積二分四毫六絲	房屋	無	廿四年元月五日	廿四年九月六日	廿四年十二月五日止
王芷湘 南京人住大石壩街六十九號	井子巷二號東至程金二姓屋以隣牆及金姓板壁外隙地爲界南至井子巷西至井子巷北至陳姓地屋以己牆外滴水爲界面積一分三厘〇六絲	房屋三間二廂	無	廿三年十二月廿八日	廿四年九月六日	廿四年十二月五日止
黎讌塵 湖南湘潭人住大石壩街一〇八號	大石壩街一〇八號東至朱姓屋以隣牆及公墻爲界南至大石壩街西至朱姓屋以己牆爲界北至市地面積三分九厘五毫七絲	房屋	無	廿三年十一月廿四日	廿四年九月六日	廿四年十二月五日止
程則蕃 江甯人住建鄴路十八號	義興巷東至義興巷南至汪姓走巷及何姓屋以鄰墻爲界西至何姓屋以隣牆爲界北至朱姓屋以己牆隣墻爲界面積二分八厘〇六絲	無	無	廿四年三月十一日	廿四年九月六日	廿四年十二月五日止
胡本福 南京人住長生祠廿六號	小四福巷廿號東至胡姓屋以鄰牆爲界南至小四福巷西至吳姓屋以公牆及己牆爲界北至胡姓屋以隣牆爲界面積三分一厘八毫九絲	房屋	無	廿四年二月廿二日	同上	同上

魏長發 南京人住韓家苑九號	韓家苑九號東至單姓屋以己牆爲界南至單姓屋以己牆爲界西至張姓孫姓屋北端己牆餘以鄰墻爲界北至大門外空地一方以韓家苑官巷爲界環城路經過其南部約估用三方丈面積一分八厘一毫五絲	房屋	無	廿四年二月廿五日	同前	仝前
陳廣鑫明 南京人住西家大塘廿九號	西家大塘東至李姓地及市地南至沈姓地西至鄭姓地及塘北至國立編譯館地面積一畝一分四釐五毫八絲	無	無	廿四年一月十六日	同前	同前
戈本馬 艾裕祥 江甯人住止馬營一六七號	敎敷營五八號東至孫姓屋以己牆鄰墻及各有各牆爲界南至馬夏韋孫四姓屋以隣牆各有各牆爲界西至敎敷營以板門爲界北至官廊以己牆爲界面積一分三厘四毫五絲	房屋	無	廿四年一月十五日	廿四年九月水日公告	廿四年十二月五日止
蔣靜姝 女江甯人住滬代理人周柏虬江甯人住南京高岡里十九號	中華路(花市)三六〇號東至中華路以板門界南至義渡局屋以己牆鄰牆公牆爲界西至潘姓屋以己牆爲界北至許姓屋及基督敎堂以己牆各有各牆及牆外滴水爲界面積二分三厘七毫九絲	房屋	無	廿四年一月十四日	同	同上
余培殿 江甯人住下關虹門口四十三號	歸雲堂(在挹江門內)東至外僑慕向榮永租山地南至余姓地西至余姓地北至慕姓永租山地面積四畝八分三厘八毫三絲	荒草山及竹林墳墓	無	廿四年一月廿八日	同	仝
安李氏 江寧人住水西門內生姜巷六十五號代理人李世福	大石壩街八八號東至喬姓以公牆爲界南至大石壩街以己牆爲界西至胡姓前以各有各牆爲界後以己牆爲界北至秦淮河面積三分九厘六毫六絲	樓房上下共六間平房六間披屋五間	無	廿三年十二月十八日	同	同
靳嘉桃 江甯人住石鼓路三二八號	漢西門大街廿八號東至王姓屋以己牆爲界南至臧姓屋以臧姓板壁爲界西至漢西門太街北至盛姓屋以板壁爲界面積三厘〇九絲	房屋	無	廿四年二月十三日	同	同

陳順臣　江甯住唱經樓東街五十二號坤大廣貨店內代理人黃翼明	丹鳳街卅號東至伍姓屋以鄰牆爲界南至伍姓走巷以己墻爲界西至丹鳳街北至伍姓屋以己牆爲界面積八厘六毫	房屋	無	廿四年三月廿七日	廿四年九月六日公告	廿四年十二月五日止
倪則樵興　南京人住紅紙廊一八五號	建鄴路(紅紙廊)一八三號東至程姓屋以鄰牆爲界南至秦淮河西至胡姓屋以公牆爲界北至建鄴路面積一畝二分四厘七毫七絲	房屋	無	廿四年四月十七日	同	同
徐氏　高宗德云明朋興喜七人共有　南京人住花露崗一〇九號	綠竹園二七—三一號東至俞姓地南至官巷西至官巷北至官巷面積四分六厘九毫六絲	草房數間係承租人臨時搭蓋	無	廿四年一月廿一日	同	同
孫譽印毓抱韓若桐存　南京人住大全福巷十七號	中華西門一八一—一八三號　東至石姓屋以己牆爲界南至環行馬路西至洪姓屋以己牆爲界北至秦淮河面積一分七厘九毫	房屋	無	廿四年一月十七日	同	仝
甘符階　南京人住南捕廳15號	桃葉渡六號東至秦淮河以石駁岸爲界南至連姓屋以己牆爲界西至水巷以己牆爲界北至河岸以己牆爲界面積二分四厘〇一絲	樓房六間四廂平房三間	無	廿四年元月十七日	仝	同
陳漢章　南京住土街口鄧府巷十號	貴人坊東至官巷南至貴人坊西至貴人坊及官土堆與朱李二姓地以直綫爲界北至官巷面積一畝一分〇六毫一絲	無	無	廿三年十月十八日	廿四年九月六日	廿四年十二月五日止
楊伯端　江蘇住鈔庫街廿五號	鈔庫街廿五號東至余姓屋以隣牆爲界烏衣巷南至王姓屋及張姓屋均以鄰牆爲界西至王姓屋以公牆爲昄琵琶巷北至鈔庫街面積五分九厘六毫	房屋	同	廿三年十二月廿七日	同	同

劉王氏 本地住陳家牌坊十一號	陳家牌坊十一號東至王姓屋以己牆及公牆爲界南至本姓租營地爲界西至單姓屋以己牆及鄰牆爲界北至陳家牌坊面積三分六厘六毫止	同	同	廿三年十二月廿九日	同	同
魏永林 南京人住船板巷一百號	邊營廿九號東至奚姓屋及官巷以公墻鄰牆己牆爲界南至本姓租用營地西至徐姓屋及市地以公牆己牆爲界北至邊營面積七分二厘三毫二絲	同	同	廿四年元月廿九日	同	同
陳德生 江蘇住東石壩街四十號	東石壩街四十號東至孫姓屋以己牆又東石壩街以板門爲界南至小石壩街以己牆爲界西至張姓屋以己牆又左姓屋各有各牆爲界北至孫張兩姓屋以己牆及公牆爲界面積二分八厘一毫九絲	同	同	廿三年十二月廿六日	同	同
三新池 代理人劉海如江甯人住中華門外窯灣四十八號	中華路(原名三山街)二六五號東至胡姓屋以己牆各有各牆陳姓屋以己牆爲界南至陳計二姓屋以己牆徐姓屋鄰牆各有各牆己牆爲界西至張姓屋以己牆貝姓屋以鄰牆各有各牆界北至蔣王喻三姓屋以己牆天福莊以己牆及各有各牆爲界面積二畝五分○七毫八絲	房屋上下卒四間拔三十四廈	無	廿三年十二月廿九日	同	同
韓車慕貞 本地住鳴羊街廿三號	中華路(原名南門大街)六二五號東至史楊尤盧劉五姓公走巷南至市產及苑史兩姓屋以己牆爲界西至中華路北至王謝兩姓屋以己牆爲界面積六分五厘二毫五絲	房屋	同	廿三年十二月廿六日	同	同
惜字局 管理人萬玉堂南京人住終所巷三十六號	終所巷與金粟菴毗隣卅六號東至李姓屋以己牆爲界南至施姓屋以己牆及鄰牆爲界西至終所巷北至韋姓屋以鄰牆及己牆爲界面積三分二厘四毫二絲	同	同	廿三年十二月廿九日	同	仝
舒德卿 江蘇人住牽牛巷九號	建康路一○六號中華路二一二號東至商姓屋商姓地爲界南至蔣姓屋以各有各墻爲界西至張姓屋以各有各牆及己牆爲界北至建康路爲界面積一分○八毫五絲	樓房四間平房一間後披一廈	同	廿四年七月廿五日	同	仝

魏倫翰 安徽住中華路一八七號	中華路一八七號東至承恩寺屋以鄰牆爲界南至本姓屋以隣墻爲界西至中華路人行道爲界北至宰姓屋以各有各牆及鄰牆爲界面積一分〇一毫一絲	樓上下兩間後進平房一間	同	廿四年七月廿五日	同	同
馬永清 江寧人住朝天宮六十號	校門口八號東至馬姓屋以公牆及直線爲界南至校門口西至莫姓屋以己牆爲界北至軍政部屋以鄰牆爲界面積二分九厘五毫六絲	房屋	無	廿四年八月十九日	廿四年九月六日	廿四年十二月五日止
石樹之 江蘇人住建康路三二六號	水倉三三號東至仇紀氏屋以鄰牆爲界南至汪姓屋以隣牆爲界西至郭姓屋以公牆爲界北至水倉巷面積五厘五毫五絲	房屋	無	廿三年十二月廿九日	同	同
梁渭川 江甯人住王府園五三號之一	建康路東至楊姓屋及天福綢莊屋以己牆爲界南至以己牆爲界西至孫姓屋以己牆爲界北至王姓屋及市地以己牆爲界面積一分四厘二毫二絲	房屋	無	廿三年十二月廿七日	同	同
金潮義 江甯人住鼎新橋一	鼎新橋一號東至鼎新橋官街南至小牛首巷西至李姓屋以己牆爲界北至李姓屋以己牆爲界面積三分二厘〇三絲	房屋	無	廿四年三月九日	同	同
黃頌平 南京人住倉巷一·一五號	倉巷二五三號東至倉巷街南至程姓屋以己牆爲界西至止馬營北至程姓屋以鄰牆爲界面積四厘七毫三絲	房屋	無	廿四年九月二日	廿四年九月六日	廿四年十二月五日止
同興會 管理人張朝英六合人住剪子巷五三號	五板橋一五·一七·九號東至五板橋南至五板橋西至徐姓屋以鄰牆及己牆爲界北至陳姓屋及徐姓地面積七分四厘八毫一絲	房屋	無	廿四年一月八日	廿四年九月六日	廿四年二二月五日止
笪榮富 江甯人住小門口五六號	小門口五四·五六號東至吳姓丁姓屋以己牆隣牆爲界南至陶姓屋以己牆爲界西至陳姓屋以公墻鄰牆己牆爲界北至小門口面積二分四厘二毫七絲	房屋	無	廿三年十二月廿五日	同	同
何長有生 江寧人住迴龍街聶家巷十一號	迴龍街一一—一三號東至程姓屋以隣牆爲界南至何姓屋以鄰墻及己牆爲界西至官巷（迴龍街官巷）北至沙程二姓屋以鄰牆爲界面積九厘九毫八絲	房屋	無	廿三年十二月廿六日	同	同
嚴陞洲 江都人住中華路一七三號	中華路原名府東街一二八號東至中華路南至楊姓屋以鄰牆己牆爲界西至路姓屋以鄰牆爲界北至路姓屋以鄰牆己墻爲界面積五厘六毫五絲	房屋	無	廿四年一月十五日	同	同

沈壽　湖北人住鼓樓三條巷十三號	鼓樓五條巷一三號東至鼓樓五條巷南至胡姓屋以己墻爲界西至胡姓屋以己墻爲界北至市地面積八分一厘九毫一絲	房屋	無	廿四年四月廿三日	廿四年九月六日	廿四年十二月五日止
魏倫翰　安徽人住中華路一八九號	中華路一八九號面積二分五厘〇九絲東至承恩寺及魏姓屋以鄰墻爲界南至魏姓屋以公牆爲界西以中華路人行道爲界北至本姓屋以己牆爲界	前進平房三間後進樓房三間另天井蓋披兩間	無	廿四年七月廿五日	廿四年九月六日	廿四年十二月五日
韓春奎　江甯人住啞叭巷十五號	啞叭巷十五號面積二分七厘五毫六絲東至孫姓地以本產界線爲界南至花姓地以本產界綫爲界西至桑姓屋以本產界線爲界北至普照庵及孔姓屋以本產界線爲界	草房	同	廿三年十二月廿九日	同	同
徐代璋　竹達　慶松　南京人住昇州路二三一號	中正路(原名絲市口)七一六・七一八・七二〇號面積三分〇三毫七絲東至冠梁關三姓屋以己牆及鄰墻公牆曲直爲界南至中正路以己板門爲界西至高姓屋以鄰牆及各有各牆爲界北至冠姓屋以己牆爲界	房屋	同	廿四年元月廿一日	同	仝
張恆魁　南京人住相府營四號	建康路(原名黑廊街)一八號面積九厘六毫五絲東至徐姓屋各有各牆爲界南至水倉巷以己牆爲界西至楊姓屋以公牆爲界北至建康路以己板門爲界	房屋	同	廿三年十二月廿七日	同	同
沈治卿　本京人住天青街二一一號	中華路八一三號(府東街)面積八厘八毫東至旗地以己牆爲界(租戶張姓)南至劉姓以各有各牆爲界西至中華路北至王府園以己牆爲界	樓房二間	同	廿三年十二月廿四日	同	同
張永椿　江甯人住張家菜園六號	張家菜園六號面積二分四釐一毫五絲東至金姓屋以公牆爲界南至金張張三姓公走巷西至張家菜園北至張姓屋以鄰牆及鄰牆外隙地爲界	房屋	無	廿四年四月十二日	同	仝

馬錦發 江寧人住中華路三四七號	如意里一一三號面積一畝三分四厘五毫七絲東至胡姓屋以鄰牆為界南至孫姓屋以鄰牆為界西至馬姓地以鄰牆為界北至如意里以己牆為界	房屋	同	廿四年三月十六日	同	同
李善徽 江甯人住程閣老巷二二號	程閣老巷二二號面積一畝五分七厘八毫三絲東至馬吳二姓及吳李二姓公走巷以己牆為界南至程閣老巷西至王姓屋以己墻及公牆為界北至李家巷	仝	同	廿四年五月廿二日	同	同
張明樵 江甯人住洪武路二川六號	洪武路二三六號面積一分五厘七毫三絲東至洪武路南至王姓屋以公牆為界西至馬姓屋以己墻及鄰墻外隙地為界北至馬姓屋以己牆為界	同	同	廿四年二月十八日	同	同
郭允文 江蘇代理人胡小秋 鉄作坊五三七號	柳葉街九四號面積二分四厘六毫東至市地南至柳葉街西至達姓屋以公板壁為界北至秦淮河	同	同	廿四年元月廿八日	同	同
余介侯人翰 安徽人住程閣老巷四號	程閣老巷四號東至郭姓屋以己牆及公牆為界南至程閣老巷西至劉姓屋以己牆外隙地及公牆為界北至李家巷面積七分九厘〇三絲	房屋	無	廿四年四月廿五日	廿四年九月六日	廿四年十二月五日止
郝國泰 江蘇人住馬路街五十三號	馬路街四九・五一・五三・五五・五七・五九・號東至馬路街為界南至繡花巷以己牆為界西至葉姓屋以鄰牆為界北至申家苑以空地為界面積二畝五分五厘九毫八絲	房屋	無	廿四年二月十一日	同上	同上
李士楨 南京人住本京門西小門口陳家牌坊廿四號	緯巷廿二號東至孫姓屋墻外空巷以鄰牆為界南至夫子廟以鄰牆為界西至葉姓屋以鄰牆為界北至緯巷以己墻為界面積四分一厘五毫八絲	房屋	無	廿四年元月卅一日	同上	同上
陳金源 江蘇人住中營三號	中營三號東至奚姓屋以公牆為界南至朱姓屋以鄰牆為界西至朱姓屋各有各牆及鄰牆為界北至中營以己牆為界面積二分三厘四毫八絲	房屋	無	廿三年十二月廿四日	同上	同上
甘符階 京市人住南捕廳	中華路二六九號原名三山街東至周姓屋以隣牆為界南至朱陳周三姓屋以己墻為界西至中華路人行道以己牆為界北至徐姓屋各有各牆為界面積二分六厘六毫正	房屋	無	廿三年十二月卅日	同上	同上

胡雲龍 南京人住西華門二條巷四十九號	西華門二條巷東至二條巷南至杜姓屋以己墻為界西至周姓屋以己牆及其直線為界北至梁姓屋以己牆為界面積五分九厘三毫九絲	房屋	無	廿四年四月廿九日	同上	同上
斯卓然 浙江人住碑亭巷四十六號	大悲巷雍熙二號東至王姓屋以鄰戶竹籬為界南至朱姓屋以鄰牆為界西至王姓以本姓竹籬為界北至錢治記以鄰牆為界面積八分三厘五毫正	樓房上下大小廿間	無	廿四年八月廿一日	仝上	同上
黃長松 南京人住青石街四號	青石街四號東至林姓屋以公牆為界迤南部隙地林姓有地役權南至劉姓塘西至青石街北至范熊兩姓公地面積四分七厘〇四絲	房屋及空地	無	廿四年六月十七日	同上	同上
杭郁卿 本京人住唱經樓二五號	唱經樓七號吉兆營六號東至唱經樓後吉兆營南至前張姓以公牆為界後王姓以己牆為界西至官巷北至沙姓前以公牆後以隣牆為界面積七分四厘二毫五絲	房屋	無	廿四年七月三日	同上	同上
張得祥 廣漢 華 江蘇人住黃泥崗八十八號	黃泥崗（原名鼓樓南大街旱字舖）八十八號現擬劈出西部地產一分二厘六毫九絲與馮起盛興住高樓門二十五號東至2.1.呂姓屋張姓屋南至2.1.李姓屋李姓屋西至2.1.黃泥崗黃泥崗北至2.1.查姓屋公走巷面積八分〇六毫二絲	房屋	無	廿四年六月十七日	同上	仝上
賀三漢波 甘仲琴壽之 筱波符階 江寧人住南捕廳十五號大板巷五十號	南捕廳一五號東至劉姓屋以己牆為界大板巷五十號東至黃巴兩姓屋以隣牆及己牆為界南小張李兩姓屋及無主地為界西至大板巷及吳廖兩姓屋以己牆及公牆為界北至南捕廳面積八畝一分八厘三毫七絲	房屋	無	廿四年四月廿九日	廿四年九月六日	廿四年十二月五日止
陳廣明鑫 本京人住西家大塘廿九號	西家大塘東至周張姓地南至呂張及章三姓地西至章姓地北至魏姓地面積五分六厘一毫	無	無	廿四年六月六日	廿四年九月六日	廿四年十二月五日止

徐炳生 本京人住漢口路三十號	漢口路三〇號東至丘姓屋以隣牆爲界南至漢口路西至徐姓地以己牆及其直線爲界北至王姓地以己牆爲界面積二分一厘三毫	房屋	無	廿四年二月廿七日	廿四年九月七日公告	廿四年十二月六日止
哈子清 江寧人住過街樓十六號	過街樓十六號東至周姓屋前後段以隣牆爲界中段以己牆及公牆爲界南至陳姓屋以鄰牆爲界西至陳姓屋以隣牆爲界北至過街樓街爲界面積一分八厘四毫八絲	房屋	抵押權人蔡學禮江寧人住璇子巷五號	廿四年一月廿三日	同	同
王壽益彭齡 江甯人住玉振街十五號	大小膠巷二一號東至小膠巷南至劉姓屋以己牆爲界西至大膠巷北至吳姓屋以公牆爲界面積六分七厘二毫二絲	房屋	抵押權人陸廣陵江蘇人住中華路二六七號	廿三年十二月廿四日	同	同
劉仲華 本京人住長樂路二三五號	半邊營四十八號東至馬姓地以公牆爲界牆係馬姓砌南至半邊營西至箍桶巷北至市地及張姓屋與地以己牆鄰牆及公牆爲界面積二分七厘六毫八絲	房屋	典權人彭光華湖北人住半邊營四十八號彭又出押與嚴士浚甯井家苑六號	廿四年元月十四日	同	同
王繼祖榮 本京人住集慶路八八號	集慶路(梧桐樹)八六八八號東至虞方兩姓屋以己牆及鄰牆爲界南至集慶路西至周胡兩姓屋以己牆爲界北至官巷面積四分四厘六毫四絲	房屋	抵押權人金麗生安徽人住竹竿里廿號	廿三年十二月廿八日	同	同
吳靜安明榮 江甯人住門西孝順里第三十八號	孝順里三八號東至陶姓屋以鄰牆爲界南至王姓屋以己牆公牆及鄰牆爲界西至孝順里北至陶姓屋以己牆公牆及鄰牆爲界面積一分九厘〇五絲	房屋	抵押權人查志堂南京人住高崗里廿五號	廿三年十二月廿九日	廿四年九月七日公告	廿四年十二月六日止
靳乾益和鐸乾慶發財 南京人住轉龍車三二號	倉門口東至官巷及彭姓屋以己牆鄰牆爲界南至轉龍車西至呂靳兩姓屋以己墻鄰牆爲界北至呂彭兩姓屋以己牆爲界面積一畝〇四厘〇四絲	房屋	抵押權人陳光華南京人住門西五福橫首三十號	廿四年四月三十日五月四日	同	同

馬鳴岐龍	本京人住船板巷九四號	船板巷九四號東至秦淮河南至周姓屋以己牆爲界西至船板巷北至胡姓屋以隣墻爲界面積一分一厘三毫六絲	房屋	抵押權人葛恩培儀徵人住集慶路十號	廿四年二月十五日	同	同
王級雲宜忠	江甯人住營門口三號	高崗里三五號東至高崗里南至有孚水龍局地以己牆爲界西至王姓屋以鄰牆爲界北至謝公祠面積六厘九毫一絲	房屋	抵押權人魏永林江甯人住船板巷一〇〇號	廿四年五月十四日	仝	仝
陳蘭軒	南京人住小門口五二號	小門口街五二號東至管姓屋以公牆及己牆鄰牆爲界南至陶姓屋以己牆爲界西至王陶兩姓屋以公牆及隣牆爲界北至小門口街面積三分八厘一毫五絲	房屋	無	廿三年十二月廿八日	同	同
曹守理守秣 曹守道美恩	南京人住秣陵路秣陵村二八號 南京人住新住宅區山西路小學	傅厚崗東至2.1.應曹姓地3.市鐵路地南至2.1.傅厚崗市鐵路地西至2.1.市鐵路地3.公善北堂地北至2.1.陳姓地及信業地2.1.傅厚崗3.水溝內溢地一畝一分二厘八毫八絲面積六畝〇二厘八毫八絲	種菜	無	二四年五月一六日	二四年九月七日	二四年一二月六日止
路步洲	南京人住信府苑十六號	中華路原名府東街一二六號東至中華路嚴姓屋以本房板門及鄰牆爲界南至嚴錫姓屋以隣己牆及各有各牆爲界西至本姓屋以己墻爲界北至繆姓屋以鄰己牆爲界面積五分一厘四毫一絲	無	無	二三年十二月十九日	仝	仝
袁胡氏	江寧人住李府巷一號	中正路原名銅作坊四五九號東至張姓屋以鄰牆爲界南至沈姓屋以公鄰牆爲界西至中正路以本房板門爲界北至張姓屋以公鄰墻爲界面積九厘五四絲	房屋	無	二四年一月廿一日	同	同

馬厚榮　江甯人住牛市街四號	毛家苑十八號東至官巷馬姓屋雷姓地以鄰墻及界綫爲界南至毛家苑西至毛家苑北至徐姓地以界綫爲界面積一畝一分〇五毫八絲	無	無	二三年十一月二十六日	同	仝
譚陳璧　鎮遠人住申家巷十二號之一	中華路二九九三〇一號東至博物館以鄰牆爲界南至周姓屋以鄰牆爲界西至中華路北至韓姓屋前段以公墻後段以鄰墻爲界面積一分三厘一毫正	樓房二間披屋二間	無	二四年三月一四日	廿四年九月七日	廿四年十二月六日止
海會庵　管理人住持僧海庵江蘇人住海會庵	貓魚市二號東至官巷南至朱家苑西至貓魚市北至旗地租戶葉姓屋以己牆及鄰牆爲界面積一畝五分四厘七毫三絲	房屋	無	二四年三月二八日	同	同
劉耀棠　江甯人住洪武路二七七號	洪武路（原名盧妃巷與閻奩營毗連二七七號東至馬姓屋以己牆爲界南至閻奩營西至洪武路北至李姓屋以鄰牆及己牆爲界面積七分八厘二毫正	房屋	無	廿四年四月六日	同	同
馬梓卿　南京住大彩霞街陰惜里卅六號	六度菴十二號東至王姓屋以鄰牆己牆爲界南至六度庵西至租戶于姓屋以己牆爲界北至銅坊苑面積三分四厘七毫一絲	房屋	無	二四年三月十一日	同	同
饒快生　江西人住昇州路一八〇號	渡船口二一號東至渡船口南至馬姓屋以公有板壁爲界西至秦淮河沿石岸北至王姓屋以己牆爲界面積三厘九毫四絲	房屋	無	廿四年四月十九日	二四年九月九日公告	廿四年十二月八日止
興善堂　管理人許耀聲江甯人住箍桶巷四七號	貢院西街三五三七號東至貢院西街南至張姓屋以公牆及己墻爲界西至夫子廟以鄰牆爲界北至洪姓屋以公牆爲界面積六分三厘九毫八絲	房屋	無	廿四年一月十二日	同	同
黃金榮　江甯人住船板巷五四號	鞍轡坊九號東至鞍轡坊南至郭姓屋以鄰牆爲界西至唐姓屋以己墻爲界北至唐姓屋以鄰牆爲界面積九厘三毫一絲	房屋	無	廿四年元月廿八日	同	同

王庭如 南京人住荷花塘四號	小門口二四號東至成姓屋以公牆又公板壁爲界南至韓姓地以鄰牆爲界西至徐姓吳姓地以己牆爲界北至小門口面積八厘五毫九絲	房屋	無	廿三年十二月廿四日	同	同
焦瑞森 南京人住琵琶巷十二號	長生祠（琵琶巷）一七號東至仁和巷以己牆爲界南至本劉姓屋以鄰牆爲界西至胡姓屋以鄰牆及己牆外焦胡兩姓公有天井爲界北至長生祠以己牆爲界至胡姓屋以己牆外焦胡兩姓公有天井爲界面積三分六厘三毫三絲	房屋	無	廿三年十二月廿七日	同	同
姚景福壽喜 江甯人住蕭公廟二號	蕭公廟（金粟庵）二號東至俞姓屋及陳姓地以己牆及公牆爲界南至馬姓屋以己牆爲界西至蕭公廟北至葉姓屋以公牆爲界面積一分五厘三毫五絲	房屋	抵押權人李春亭江甯人住南灣子八一號	廿三年十二月廿四日	廿四年九月九日公告	廿四年十二月八日止
劉崇高潤寬 南京人住長樂路一五六號	長樂路（顧樓街）一五二—一六〇號東至劉杜二姓屋以己牆及鄰牆爲界南至考棚小學校及路姓屋及地以鄰牆爲界西至蔣春輝堂屋以己牆及鄰墻爲界北至長樂路面積一畝六分三厘七毫六絲	房屋	抵押權人于寶善江都人住長樂街五六號夏篤臣東台人代理人黃耕雲住長樂路一五六號又高命初安徽人住長樂路一五六號黃耕雲傳	廿四年一月八日	同	同
周長進 江寧人住集營路八十三號	集營路（梧桐樹）八三號東至二周姓屋以鄰墻爲界南至官巷西至官巷北至集營路面積一畝〇六厘一毫四絲	平房十間兩廈	抵押權人鄧嘉壽江寧人住欄漏街十四號熊小溪江甯人住中華門外北山門六十八號	廿三年十二月三十日	同	同

周恩浩 澄初	江寧人住船板巷三三號	船板巷卅三號東至船板巷南至田姓屋以己牆鄰牆公牆爲界西至賴朱二姓公走巷以隣牆爲界北至馬姓屋以己牆鄰牆公牆爲界面積四分二厘三毫	房屋	抵押權人張少山江甯人住蔣家苑十一號	廿四年五月廿七日	同	同
黃祖蔭 昌	南京人住中山東路一二三號	太平路王家巷一九二號東至太平路人行道以己牆爲界南至王家巷以己牆爲界西至王家巷以己牆爲界北至顧姓屋以己牆爲界面積三分三厘三毫七絲	房屋	抵押權人郵政儲金匯業局代理人何縱炎貴州人住大行宮中山東路	廿四年五月十一日	同	同
張一鷗	江蘇人住鼓樓頭條巷六號	鼓樓頭條巷第六號東至陳姓屋南至胡姓屋地西至金陵大學租地北至頭條巷面積四畝八分八厘一毫八絲	房屋	無	廿四年六月廿日	廿四年九月九日	廿四年十二月八日止
徐伯孚 仲逸	南京人住新橋釣魚台口鼎豫酒店一號	毛家苑東至復興庵屋及馬姓天井南至黃姓地及馬姓天井西至毛家苑北至毛家苑面積一畝〇一厘七毫三絲	無	無	廿四年五月卅一日	同	同
施殿鈞 錦堂	江甯人住鳴羊街卅四號	小門口第九十一十三號東至楊余二姓屋以鄰牆及己牆暨余姓板壁爲界南至小門口西至崇善堂屋以己牆爲界北至崇善堂及楊姓屋以己牆爲界面積一分七厘五毫四絲	房屋	無	廿四年二月廿六日	同	同
張鏡秋	本京人住牛市七十八號	剪子巷七十六號東至本姓屋以鄰牆爲界南至剪子巷西至馮劉氏屋以己牆爲界北至馮劉氏屋以己牆爲界面積四厘一毫正	同	無	廿三年十二月廿四日	仝	仝
魏之爵 頤禎	江甯人住高崗里廿四號	陳家牌坊廿七號東至官巷與陳姓屋以鄰墻及己牆爲界南至本戶租營地西至官巷與劉姓屋以公墻及己墻爲界北至陳家牌坊面積一畝六分六厘六毫七絲	同	無	廿三年十二月廿一日	同	同

劉文才　南京人住東牌樓晏樂春菜館	長樂路（原名顧樓街）二〇二號東至吳姓屋以隣牆為界張姓屋以己牆為界南至張姓屋以己牆為界西至趙姓屋以鄰牆及公牆為界北至長樂路面積九厘四毫三絲	房屋	無	廿四年五月七日	同	同
張家鸞　南京人銅坊苑四二號	銅坊苑四十二號東至陸姓屋以己牆及鄰牆為界南至銅坊苑西至旂地租戶潘姓王姓屋以隣牆己墻為界北至西二救火會以己牆為界面積一分六厘二毫八絲	同	同	廿三年十二月廿六日	同	同
耿涂氏則許　江甯人住長樂路二九〇號	中華路四一六號東至中華路南至章張二姓屋以己牆及鄰牆為界西至張姓屋以鄰牆為界北至旗德會館以公牆為界面積二分五厘五毫正	仝	同	廿四年元月十六日	同	同
湖南會館　管理人葉開鑫　湖南人　住太平橋廿四號	止馬營（原名芝蔴營）第廿三五號東至小丁家巷南至蔣韓二姓屋以鄰牆為界西至王葉二姓屋以己牆為界北至止馬營官街面積二畝〇七厘五毫七絲	仝	同	廿三年十二月廿八日	同	同
王良弼　南京人住長樂路一五五號	庫司坊第三號東至湯姓以己牆為界南至庫司坊西至潘姓以己牆為界北至甘露巷面積三分五厘八毫五絲	同	同	廿三年十二月廿八日	同	同
劉文才　本京東牌樓晏樂春	東牌樓一〇二號面積九厘八毫三絲東至陸姓屋鍾姓屋以己牆為界南至東牌樓以板門為界西至小黨家巷以己牆為界北至陸姓屋以己牆外滴水為界	房屋	無	廿四年五月七日	廿四年九月九日	廿四年十二月八日
陳長鑫　本京焦狀元巷十三號	焦狀元巷十三號面積二分〇五毫東至金姓前以己墻為界後以公牆為界南至官河西至陳姓以公牆為界北至官街	仝	仝	廿四年七月一日	仝	同
陸長生　上海代理人任文鴻　船板巷王府巷十一號	銅坊苑四十號面積三分三厘〇四絲東至喻姓屋以公牆為界南至銅坊苑西至救火會地及張姓屋以己牆為界北至西二救火會以己牆為界	同	同	廿三年十一月廿八日	同	同
丁鎔甫　南京小府巷廿六號	小府巷廿六號面積一分五厘〇三絲東至馬姓屋以己牆為界南至旗地及張何梁金四姓公有天井以己牆及公牆為界西至梁姓屋以公牆為界北至小府巷	同	同	廿四年三月二日	同	同

李源鑫 南京軍師巷十五號	信府苑十三號面積三分一厘九毫七絲東至信府苑南至徐姓屋以鄰牆爲界西至信府苑及路姓屋以己牆爲界北至信府苑	同	同	廿三年十二月八日	同	同
甘逸琴 南京營門口廿號	營門口十九號面積一分五厘八毫八絲東至崇仁堂屋以隣牆爲界南至井姓地以己牆爲界西至九層坡北至營門口	房屋	無	廿四年一月廿八日	仝	仝
陳培銓 鏡明 經田 南京周必由巷十四號	孝順里廿六號面積五分一厘七毫二絲東至劉姓屋以己牆爲界南至劉姓屋以公牆及房中分界綫爲界西至孝順里北至施周二姓屋以鄰牆己牆爲界	仝	仝	廿三年十一月卅日	仝	仝
袁天保 江甯廚子營三號	廚子營三號面積一分六厘一毫五絲東至謝姓屋以己牆爲界南至廚子營西至廚子營北至朱姓屋以隣牆爲界	仝	仝	廿四年一月廿六日	同	仝
俞長勳 喜 江甯綠竹園十二號	綠竹園一六七號面積七分〇六毫六絲東至俞姓屋及地以己牆及其直綫爲界南至官巷西至俞姓地北至綠竹園	房屋兩間	仝	廿三年十二月卅日	仝	仝
劉明源 南京東牌樓晏樂春	東牌樓一五三號面積四厘六毫九絲東至沙姓屋以公牆爲界南至沙姓屋以己牆爲界西至清眞寺屋以己牆爲界北至東牌樓街以己板門爲界	房屋	仝	廿四年五月七日	仝	仝
易益銓 本京人住陳家牌坊十二號	陳家牌坊十二號東至常姓屋以公板壁爲界南至陳家牌坊西至艾姓屋以公牆爲界北至陶艾兩姓屋以己牆及鄰牆爲界面積四分四厘一毫正	房屋	無	廿三年十二月廿三日	廿四年九月九日	廿四年十二月八日止
胡錦章 丹徒人代理人蔣惟琴六合人住金沙井五號	菱角市四十六號東至理髮公會屋南至汪姓屋以公竹泥牆爲界西至菱角市北至汪姓屋以己牆爲界面積三分四厘四毫七絲	房屋	無	廿四年一月七日	同	同
陳作舟 恭 南京人住上江考棚十八號	集慶路一三三號東至劉姓屋以公墻爲界南至劉姓屋以鄰牆爲界西至劉姓屋以鄰牆及公板壁爲界北至集慶路面積一分二厘五毫四絲	房屋	無	廿四年二月七日	仝	同

周盛華 南京人住柳葉街一二二號	柳葉街一二二號東至王姓屋以己牆公牆鄰牆爲界南至柳葉街西至何姓屋以己牆爲界北至秦淮河面積三分七厘一毫二絲	房屋	無	廿三年十二月廿七日	仝	同
周于氏 南京人住柳葉街一一二號	柳葉街一一二號東至田姓地以己牆爲界南至柳葉街西至何姓屋以己牆及鄰牆爲界北至秦淮河面積三分八厘六毫八絲	房屋	無	廿四年三月六日	仝	同
觀音菴 主持定禪六合人住東井巷廿八號	致和街四十八號東至葉姓屋以隣牆爲界南至致和街西至文正橋公路北至卞姓屋以己牆爲界面積二分〇一毫六絲	房屋	無	廿四年二月廿七日	仝	仝
葉松壽 江蘇人住繡花巷敦厚里二號	敦厚里二、四、六、八號東至郝姓以己牆爲界南至繡花巷西至與黃羅二姓公巷中心爲界北至申家巷面積二畝二分六厘二厘七絲	房屋平房廿六間披八間	無	廿四年二月十九日	仝	仝
胡瑞麟 琛書 南京人住大石壩街九十號	大石壩街九十號東至安姓前段以各有各牆後段以鄰牆爲界南至大石壩街以己牆爲界西至陳姓以鄰牆爲界中一小段爲各有各牆北至秦淮河面積三分八厘四毫六絲	樓房二間平房六間披二間	無	廿四年元月十四日	同	同
吳子純 本京人住小彩霞街廿六號	牛市三號東至牛市以板門爲界南至金姓屋張姓屋以公牆隣牆爲界西至水閣北至張姓屋以各有各牆鄰牆爲界面積二分三釐七毫九絲	兩進樓上下十二間兩廂三小披	無	廿四年八月十三日	同	仝
左文龍 安徽人住小石壩街五十號	小石壩街五十號東至陳姓屋以各有各牆爲界南至小石壩街西至王姓屋以鄰牆爲界北至張王兩姓屋以己牆及己牆外滴水爲界面積壹分七厘〇一絲	房屋	無	廿三年十二月廿六日	仝	同

蔣長華 南京人住石鼓路一五五號	石鼓路五五號東至朱陳二姓屋以己牆爲界南至長老會屋以鄰牆爲界西至王姓屋以公墻爲界北至石鼓路面積一畝〇四厘二毫二絲	房屋	地役權人陳子見江寧人住南京石鼓路一五一號	廿四年四月一日	廿四年九月十日	廿四年十二月九日止
胡際禮 江甯人住小門口三六號	小門口街三六八號東至陳姓屋以己牆爲界南至陳姓屋西至王項二姓屋以鄰牆爲界北至小門口街面積三分一厘四毫六絲	房屋	地役權人陳行鈺江甯人住小門口四十號	廿四年元月八日	同前	同前
房松義 首都人住中央門籌市口十二號	籌市口一二號東至王姓地及屋南至籌市口西至官巷北至房姓地面積五分九釐七毫三絲	房屋	無	廿四年六月廿四日	同前	仝前
金國權 常州人張家菜園十號	張家菜園十號東至張姓屋以公牆又抵馬州塘以己牆爲界南至金姓屋以隣牆爲界西至張姓屋以公牆又抵公走巷以己牆爲界北至張家菜園以己牆爲界面積五分八厘三毫八絲	房屋	無	廿四年五月十日	同前	同前
甘仲琴 江甯人住大板巷五十號	中華路五號東至張郭馬三姓屋以己牆爲界南至張郭馬三姓屋及地以公牆及己牆爲界西至中華路北至周姓屋以己牆爲界面積七厘三毫一絲	房屋	無	廿四年四月廿九日	同前	同前
劉維銀 住三條巷六六號	三條巷六十六號東至孫姓屋以己牆爲界南至仁孝里西至三條巷北至孫戴二姓屋以己牆及各有各牆爲界面積二分四厘五毫一絲	房屋	無	廿四年二月廿八日	同前	仝前
胡子訏 南京人住洪武路一一七號	珠江路原名洪武街三四號東至姚姓隣牆爲界南至珠江路以板門爲界西至黃姓鄰牆公墻爲界北至姚姓鄰牆爲界面積五厘二毫八絲	舊房一間兩披	無	廿四年六月十八日	同前	同前
高貽謀恕愬鑒謙惟 南京人住新橋絲市口中正路727 730 734號	中正路728 730 734號 東至袁姓屋以隣牆及己牆爲界 南至中正路 至韋姓屋以己牆爲界 至葉姓屋以己牆及各有各牆並公牆爲界 陳姓屋以鄰牆及己牆爲界 沈姓屋以鄰牆爲界 西至管姓屋以鄰墻及己牆爲界 北至官巷 劉姓屋以鄰牆爲界面積一畝五分四厘七毫七絲	房屋	無	廿三年十二月廿四日	同前	同前

李文魁 南京人住瞻園路一百〇三號	瞻園路四六號東至龔鄭二姓屋以鄰牆及己牆爲界南至哈姓屋以板壁及公牆爲界西至哈姓屋（以已牆爲界）及瞻園路北至龔姓屋以鄰牆爲界面積一分八厘〇二絲	房屋	無	廿四年三月十一日	廿四年九月十日公告	廿四年十二月九日止
孫文彬 安徽人住東石壩街卅八號	東石壩街三八號東至東石壩街南至陳姓屋以公牆及鄰牆爲界西至張姓屋以鄰牆爲界北至王姓屋以公牆爲界面積八厘七毫八絲	房屋	無	廿三年十二月廿六日	同	同
程耀庭 培林 鶴高 德炎 燧 安徽人住柳葉街七十六號	柳葉街七四七六號東至葦篷屋以鄰牆爲界南至柳葉街西至鞠姓屋以己牆爲界北至秦淮河面積六厘一毫三絲 光華路線經過東部	房屋	無	廿四年一月一七日	同	仝
耿仲理 恆之 季和 姪耿銳等 合肥人住漢西門堂子街四二號	建康路奇望街二〇六二〇八號東至王姓屋以鄰牆爲界南至吳姓地爲界西至李姓屋以鄰牆爲界北至建康路面積九厘六毫八絲	房屋	無	廿四年一月廿四日	同	同
李祥趾 江蘇人住堂子街七四號代理蔡少南琥珀巷七十號	建鄴路紅紙廊七、九、十一、十三、號東至陳姓地以貼牆已牆及其直線爲界南至秦淮河西至陳鄭姓屋以己牆爲界北至建鄴路面積六分〇二毫一絲	房屋	無	廿四年三月廿三日	同	同
王大富 江甯人住顏料坊二十一號	顏料坊二一號東至顏料坊南至宋姓以各有各牆爲界西至宋姓以己牆爲界北至司徒姓以己牆爲界面積一分七厘二毫六絲	房屋	無	廿四年八月卅一日	廿四年九月十日公告	廿四年十二月九日止
楊希明 江甯人住許事街五十六號	昇州路行口街一一三號東至楊姓屋以己牆爲界南至鄒姓屋以己牆爲界西至朱姓屋以己牆爲界北至昇州路面積五厘八毫九絲	房屋	無	廿四年二月廿二日	同	同
華藏寺下院觀音庵 住持復機東台人住華藏寺	中正路五〇五號東孔姓屋以鄰牆爲界南許家巷西中正路北孔劉二姓屋以己牆及鄰牆爲界面積一分九厘一毫	房六間廂二	無	廿三年十二月廿一日	同	同

陳植生 紫綬 虎逸攀 三人共有 本京人住小四福巷十號	貢院西街二〇號東至火巷及陳姓屋南至龍門街東以己牆西以板門爲界西至貢院西街以板門爲界北至余姓屋東以己墻西以各有各牆爲界面積八分九厘〇一絲	房屋	無	廿四年一月廿九日	同	同
金健傑 南京人住舊王府卅八號	龍門街九一二七市府路四八一四九號東至龍門街以板門爲界南至龍門西街東以板壁西以己牆爲界西至鄒姓屋南各有各北以己牆爲界北至市府路以板門爲界面積七分八厘三毫九絲	房屋	無	廿三年十二月十日	同	同
韓昌堯 性成 本京人住華僑路五十五號	華僑路五十五號東至慈悲社屋以鄰牆爲界南至陳姓鄰牆外及韓洪公走巷爲界西至公走路北至華僑路 面積(1)三分二厘八毫五絲 (2)二分九厘七毫二絲 經過該產用九方丈半 華僑路北部約佔九方丈	房屋	韓性成分受地產南部計地八厘二毫六絲韓昌堯有地上權保存地上權人韓昌堯本京人住華僑路五十五號	廿四年五月廿九日	廿四年九月十日	廿四年十二月九日止
蔣孝山 河南住老坊巷一號	李府巷十四號東至馬姓屋以己牆及天井爲界南至李府巷西至鄭姓屋以鄰牆爲界北至馬姓屋以鄰牆爲界面積三分七厘七毫四絲	房屋	保存抵押權人唐受之南京人住中正路鐵作坊五二四號	廿四年五月卅日	同	同
印啓華 江甯住營門口二號	營門口第二號東至玉振街及彭姓地南至印姓屋及李印柏三姓爭執地以鄰牆己牆及其直綫爲界西至李姓屋以鄰牆爲界北至印姓屋及滄淇救火會地面積三分九厘一毫四絲	同	保存抵押權人李晏章江甯人住營門口六號	廿三年三月卅日	同	同
盧慧 江蘇住致和街七十六號	致和街七十六號東至己牆外隙地爲界南至致和街西至黃姓屋以公牆爲界北至周姓屋以己牆爲界面積三分〇七毫五絲	仝	無	廿四年三月十九日	同	仝

王承鈞　江甯住秤它巷十六號	昇州路一〇九號東至丁姓屋以貼牆爲界南至周湯江三姓屋以鄰牆爲界西至楊金姓屋以己牆爲界北至昇州路以板門爲界面積二分三厘三毫一絲	同	同	廿三年十二月廿二日	同	同
周永保　本京住湖南路一二七號	湖南路一二九號東至1高門樓2周姓屋3密姓屋南至1周姓屋2周姓屋3裴姓塘西至31∴周姓屋2中央黨部北至31∴周姓屋2中央黨部及周姓屋 面積1一〇三三 2〇分三厘一毫九絲 3一七六〇	房屋	無	廿四年五月九日	同	同
康昌賢　代理人袁濰江寗人住柳葉街四十三號	渡船口十三號東至渡船口南至沈姓屋以公牆爲界西至秦淮河沿北至汪姓屋以己牆鄰牆爲界面積陸厘六毫八絲	同	同	廿四年二月廿三日	仝	同
周世林　江蘇住致和街七八號	致和街七十八號東至南京中學操場圍墻外以己產隙地爲界南至盧姓屋以鄰牆爲界西至黃姓屋以公牆爲界北至李姓屋以己牆外界石爲界面積一分四厘八毫九絲	同	同	廿四年三月十九日	同	同
郭余氏　江都人住信府苑二號	大石壩街一九〇一九號東至劉姓屋以各有各牆爲界南至官地龔姓屋以己墻鄰牆又張姓屋以鄰墻爲界西至耿干二姓屋以各有各牆及鄰墻爲界北至大石壩街以板門爲界面積一分四厘三毫六絲外租用官地一分四厘一毫四絲由該戶另報他字三四一四號案內辦理	平房三間一披	同	廿三年十二月廿六日	同	同
連壽鏡金全湖祿　江甯人住新姚家巷餘慶里三號	接福巷第一號瞻圓路第八號東至接福巷以己牆爲界南至瞻圓路人行道以界綫爲界西至接福巷以己牆爲界北至張姓屋以己墻爲界面積二分四厘三毫四絲	房屋	同	廿三年十二月廿四日	同	同
陳開濤　江甯人住昇州路四十一號陳順興	中正路三九五號東至陳姓以己牆爲界南至陳姓以各有各牆爲界後段爲己牆西至中正路北至陳姓以公牆爲界面積六厘六毫二絲	平房一間一廈	無	廿三年一二月二八日	二四年九月十日	二四年十二月九日止

閻永波　江甯人住積善里廿三號	積善里廿三號東至王姓屋以公牆爲界南至張姓屋以巳牆爲界西至張姓屋以公牆爲界北至積善里面積二分五厘〇六絲	房屋	無	二三年十二月廿七日	同	同
聶祥富永瑞　江甯人住銅芳苑卅號	銅坊苑卅號東至何姓地以己牆爲界南至夏喻二姓屋以己牆滴水爲界西至駱姓屋以己牆及鄰牆爲界北至銅坊苑面積三分五厘八毫七絲	房屋	無	二三年十二月二九日	同	同
石文德孝海龍　南京人住六角井廿八號	六角井廿八號東至石胡二姓屋南至六角井西至官巷北至王姓屋以己牆爲界面積二分四厘九毫二絲	房屋	無	二四年十月二六日	同	同
馬長福　南京人住中正路一四九號	中正路壹四九號東至信德堂地以鄰牆爲界南至唐姓屋及地以鄰牆及己牆爲界西至中正路北至八條巷面積四分八厘〇六絲	空地及，房屋	無	二四年四月六日	同	同
張駿武　江甯人住東牌樓五號	鈔庫街卅九號東至吳姓屋以公牆及己牆鄰牆爲界南至龍姓屋以己牆爲界西至汪姓屋以己牆及鄰牆爲界北至鈔庫街以己牆爲界面積三分六厘九毫八絲	房屋	無	二三年一二月卅日	同	同
丁行年　安徽人住中營四十四號	中營四十四號東至方姓屋以公牆爲界南至中營西至盧姓屋以己牆及鄰牆爲界北至積善里面積六分六厘零三絲	住宅	無	二三年十二月十三日	同	同
范鑑源　南京人住膺福街廿九號	上江考棚一號東至上江考棚南至荷花巷西至李姓屋以鄰牆爲界北至陳姓屋以鄰牆爲界面積一分六厘三毫二絲	房屋	無	二三年十二月十二日	同	同
張致富榮華祿　南京人住建鄴路一〇四號	來鳳街卅號東至得姓地南至得姓地西至來鳳街北至劉姓屋以己牆及公牆爲界面積三分三厘正	房屋	無	廿四年一月廿九日	同	同

虎矯如 逸犖 彰 熊 江蘇人住小四福巷	小四福巷一〇號東至龔姓及普安會館屋以鄰牆爲界南至衞姓屋以己牆爲界西至小四福巷北至江甯縣教育局地以己牆爲界面積三分六厘三毫六絲	房屋	無	廿三年十二月廿五日	同	同
王世才 江甯打針巷十九號	北灣子廿二號面積二分一厘四毫二絲東至陳姓屋以己牆爲界南至陳姓楊姓屋以己牆鄰牆公牆爲界西至北灣子北至馬姓屋以公牆爲界及已牆爲界	房屋	無	廿四年五月七日	廿四年九月十日	廿四年十二月九日
易延年 本京大油坊巷廿七號	內橋灣七八號面積二分七厘五毫三絲東至汪周二姓屋以鄰牆爲界南至內橋灣西至二王姓屋以己牆爲界北至汪姓屋以鄰牆爲界	同	同	廿四年四月十九日	同	同
清眞女校 管理人喻德茂狀元境一號	大禮拜寺街一一號面積六分四厘東至陳姓屋以己牆及鄰牆爲界南至李姓地張姓以己牆爲界西至馬姓屋以己牆爲界北至禮拜寺巷	同	同	廿四年五月十一日	同	同
王洪全 昇 江甯堂子街八九號	堂子街八九號面積四分零五毫一絲東至馬姓屋以公牆及己牆爲界南至南衞巷西至林姓屋南以公板壁北以公牆及鄰牆爲界北至堂子街	同	同	廿四年四月十二日	同	同
沈淑勤 湖北鼓樓三條巷十三號	鼓樓三條巷面積一畝九分一厘二毫八絲東至市地南至胡三姓屋以鄰牆爲界西至李姓塘北至李姓地	同	同	廿四年八月廿二日	同	同
巴汝琦 汝鈞 南京馬巷四七六號	中正路原名馬巷四七四｜四七八號面積四分一厘二毫六絲東至中正路南至黃姓屋以公牆爲界西至本姓屋以隣牆爲界北至楊劉巴甘公安局甘六姓公走巷以己牆爲界	房屋	無	廿三年十二月十八日	同	同
巴汝琦 汝鈞 南京馬巷四七六號	中正路原名馬巷四七四・｜四七八西積面一畝零零九毫六絲東至本姓屋以己牆爲界南至黃姓屋以公牆爲界西至甘姓屋以鄰牆及己牆爲界北至甘姓及劉姓屋並楊劉巴甘公安局六姓公共走巷以鄰牆與公牆及己牆爲界	同	同	廿三年十二月十八日	同	同

曹小午 安徽大石橋十四號	大橋石一二四號面積一畝九分四厘七毫八絲東至文姓與陸姓屋以己墻及隣牆爲界南至大石橋西至李姓屋以公牆爲界北至曹姓走巷	同	同	廿四年四月十五日	同	同
江尚聲 江西成賢街成賢村五號	觀音巷面積一畝一分五厘二毫三絲東至孫姓地南至觀音巷西至儲陳兩姓地北至樊姓地	無	同	廿四年八月卅日	同	同
蕭松安 本京洪武路一五一號	洪武路(虹橋)一五一號面積九分三厘〇七絲東至蔣姓屋以己牆及馬姓屋以馬姓蕭壁爲界南至公走巷及何姓屋東以何姓牆西以己牆中以各牆爲界西至洪武路北至蔣姓屋東以公牆西以各牆爲界惟頭進天井以己牆爲界	房屋	同	廿四年一月廿五日	同	同
嚴聯鑫品 安徽人住羅廊巷四號	羅廊巷四號東至羅廊巷南至安徽會館以己牆爲界西至安徽會館以鄰牆爲界北至甯周孫三姓屋以己牆爲界面積二分九釐九毫正	房屋	無	廿四年三月五日	廿四年九月十日	廿四年十二月九日止
蔣含齋 代理人周柏虬江甯人住南京高崗里十九號	建康路原名黑廊街六十七號東至王稈二姓屋以己墻及隣墻爲界南至何姓屋以鄰牆爲界西至本姓屋牆及各以牆爲界鄰北至談姓屋以己牆爲界面積二分八厘八毫六絲	樓房	無	廿三年十二月卅日	同上	同
王滄 南京人住邊營仁厚里三號	仁厚里三庫上六號東至庫上及朱姓屋以己牆及公牆爲界南至馬姓屋及庫上以己墻及隣牆曲直爲界西至高姓屋以公牆及鄰牆曲直爲界北至仁厚里及馬姓地朱姓屋以公牆及己牆及己墻外滴水爲界面積三畝三分九厘四毫七絲	房屋	無	廿三年十二月四日	同上	同
沈九香 南京人住建康路益仁巷九號	渡船口十一號東至渡船口南至王姓屋以鄰牆爲界西至秦淮河沿石岸北至康姓屋以公牆爲界面積六厘六毫六絲	房屋	無	廿三年十二月廿七日	同	同
萬國鼎 武進人住陶谷新村四之三號	陶谷新村四之三東至汪姓地及汪邱萬三姓公走道南至朱徐二姓地西至和記公司地及市地北至中山堂及徐姓地面積二畝三分九厘七毫八絲	房屋	無	廿四年一月十一日	同	同

何書安 江甯人住皇冊庫廿一號	皇冊庫廿一號東至皇冊庫南至皇冊庫及馬姓屋以己牆爲界西至張姓屋北至張姓屋及張何梁金四姓公有天井面積九厘〇八絲	房屋	無	廿三年十二月廿八日	同	同
伍鳳章 湖南人住申家巷十二號	申家巷十二號之一東至曹姓屋以公牆爲界南至繡花巷十二號花巷西至李姓屋以己牆爲界北至申家巷面積二畝二分一厘六毫三絲	房屋	無	廿四年四月廿二日	同	同
鄧樹棠 江蘇人住下關商埠街一一六號	箍桶巷廿五七號東箍桶巷南至箍桶巷西至小西湖北至任金二姓屋以己牆爲界面積二畝四分五厘四毫六絲	房屋	無	廿四年一月十九日	同	同
同上	箍桶巷二十八號東至陳姓屋以己牆爲界南至陳姓屋以鄰牆爲界西至箍桶巷北至馬姓屋以鄰牆爲界面積九厘三毫一絲	房屋	無	廿四年一月十九日	同	同
王正明 南京人住邀貴井九號	邀貴井九號東至集雲堂旅業公所以己牆及其直線爲界南至秦淮河西至蒯姓屋以鄰牆外隙地及其直線爲界北至邀貴井面積四分二厘五毫九絲	房屋	無	廿四年三月卅日	同	同
楊嘉興 南京人住膺府街剪子巷口三十號	大樹城五號東至營地以本產界線爲界南至劉姓屋以公牆爲界西至大樹城以己牆爲界北至蘇姓屋以公牆爲界面積四分〇八毫六絲	屋房	無	廿三年十二月廿七日	廿四年九月十日	同前
盧淑清 廣東人住黑簪巷十一號	黑簪巷一一號東至（房屋）周姓屋（土堆）官巷以鄰牆爲界南至（房屋）官巷（土堆）官巷以己牆爲界西至（房屋）賈姓屋（土堆）官巷以己牆爲界北至（房屋）黑簪巷（土堆）官巷面積二畝二分六厘五毫九絲	房屋	無	廿四年元月十八日	同前	同前
趙勝生 丹徒人住中華路五百七十九號	（軍師巷內）桂家巷五七九號東至軍師巷南至謝姓屋以鄰牆爲界西至侯李金陳各姓屋以鄰牆爲界北至蔣姓屋以鄰牆爲界面積四分六厘八毫二絲	房屋	無	廿四年一月十六日	二四年九月十一日	廿四年十二月十日止
馬光明 南京人住打釘巷十八號	信府河一四九號東至謝姓屋以己牆及公牆之線爲界南至秦淮河西至鄭姓屋以隣牆及公牆爲界北至信府河面積三分六厘一毫	房屋	無	廿四年四月十二日	同前	同前

陶松齡 江蘇人住雙塘九號	雙塘街九號東至楊姓屋以鄰墻爲界南至雙塘街西至聶姓屋以公牆及隣牆爲界北至官巷面積二分二厘二毫九絲	房屋	無	廿三年十二月廿七日	同前	仝前
俞少波 南京人住邀貴井十九號	信府河四十號東至信府河南至徐姓屋以己牆及鄰牆爲界西至包姓屋郭姓屋（典戶楊姓）己牆爲界北至包姓屋以己牆爲界面積五厘六毫六絲	房屋	無	廿四年四月卅日	同前	同前
程崇官 京人住信府河一三二號	沙灣原名引馬巷口五二號東至方姓屋以公墻爲界南至沙灣西至朱姓屋以隣牆爲界北至秦淮河面積二分	房屋	無	廿四年五月一日	同前	同前
馬士浩 南京人住七家灣廿七號	七家灣二十七號東至金姓及清真走巷清真寺及沙姓屋以己牆及鄰墻爲界南至馬姓屋西至張姓屋以己牆及隣牆爲界北至七家灣面積五分九厘六毫二絲	房屋	無	廿四年四月廿六日	同前	仝前
徐芷薌醴泉 江寧人住貢院街二三號	古鉢營十六八號東至白衣巷南至古鉢營及如意菴屋以己牆爲界西至王姓及如意菴屋以己牆爲界北至王姓屋以己牆爲界面積六分七厘	房屋	無	廿四年一月廿六日	同前	同前
李厚明 本京人住鼎新橋（留守巷）十號	牛首巷一〇號東至金姓屋以己牆爲界南至李姓地以己牆李姓屋以公牆及己有空地外牛首巷爲界西至小牛首巷北至官巷曲直爲界面積一畝四分五厘九毫	房屋	無	廿四年二月廿二日	仝前	同前
黃金波 江甯人住中正路五三六號	小砂硃巷二號東至吳姓屋以己牆爲界南陳吳兩姓屋以鄰牆爲界西至馬姓屋以己牆爲界北至小砂硃巷面積九厘五毫六絲	房屋	抵押權人李錦章江寧人住中正路五二六號	廿四年五月廿七日	廿四年九月十一日公告	廿四年十二月十日止
沈錫專齡馨鑾 本京人住緯巷廿三號	緯巷二三號東至蔣侯傳三姓屋以己牆及隣牆爲界南至朱姓屋（己牆爲界）及緯巷西至朱查二姓屋以己牆及鄰牆爲界北至查陳劉三姓屋（以隣牆及己牆爲界）及公巷面積一畝二分四釐七毫三絲	房屋	抵押權人馬伯賢江寧住估衣廊一〇六號	廿四年一月十日	同	同

龔洪榮 江甯人手帕巷一號代理馬錫侯江甯住保太街五十五號	手帕巷(八府巷洪字舖)一號東至手帕巷南至張姓屋以與張姓所共之天井為界西至劉姓屋以己牆為界北至劉姓屋以己牆為界面積二分八厘七毫六絲	房屋	抵押權人張鏡秋湖北人住手帕巷一號	廿四年三月十五日	仝	同
周廣樹 世楹 住中營三六號南京人致和街九八號	致和街九八號東與趙姓屋以公牆為界南至致和街西至王姓屋以己牆為界北至王姓屋以己牆為界面積二分一厘二毫二絲	房屋	抵押權人范樹成南京人住李家苑廿一號	廿四年五月十六日	同	同
王馨蘭女 鄭懷仁 均浙江人均住百子亭五二號	傅厚崗八號東陳姓地及市地南王高二姓地西何姓地北傅厚崗面積二畝一分四厘六毫五絲	房屋	無	廿四年五月廿九日	同	同
黃光裕 本京人住下關鮮魚巷八二號後進	于家巷四二一號東中華女中屋南于家巷西王姓屋北安徽中學屋面積六分七厘八毫二絲	房屋	無	廿四年八月廿三日	仝	仝
徐肇福 厚卿 子洪 楊州人住鈔庫街廿九號	程善坊一五號東程善坊南張姓屋以公牆為界及張姓私走巷為界西王姓屋江西郝昌仝鄉會屋以己牆為界北黃姓屋以己牆為界面積八分五厘一毫	房屋	無	廿三年十月廿三日	同	仝
王洪富 江甯人住傅佐園三號	山西路三號東至(一)傅佐路(二)山西路南至(一)福壽記地(二)山西路西至(一)同德堂地(二)惠農記水塘北至(一)山西路(二)谷姓地面積二畝四分一厘五毫三絲	房屋	無	廿四年三月卅日	仝	仝
楊大慶 江蘇人住小輝復巷三號	中華路南門大街口寶輝巷口四四四號東至中華路南至劉姓屋西至馬姓屋北至王姓屋面積六毫現擬賣與馬潤泉住中華路四四四號		無	廿四年六月廿一日	同	同
陳蘇生 浙江金華人住本京三條巷六合里三號	傅厚崗東張姓地南陳姓地西王王姓地及倪姓私有公路北郭姓地及王姓地面積七分三厘〇九絲現擬賣與陳太民住傅厚崗六十一號	無	無	廿四年七月廿九日	同	同

王加懷 南京人住洪武路三二二號	洪武路卽盧妃巷三二二號東至洪武路南至賓姓屋以貼牆爲界西至王姓屋以鄰牆爲界北至章姓屋以己牆爲界面積二厘四毫八絲	房屋	無	廿四年四月十一日	廿四年九月十一日	廿四年十二月十日止
朱益三 江蘇人住中正路六三〇六號	船板巷八號東至秦淮河南至新橋碼頭及吳姓屋以公牆隣牆爲界西至船板巷北至張姓屋以公牆爲界面積一分〇六毫七絲	房屋	無	廿四年五月廿八日	同	同
瞿金奎 南京人住柳葉街一三一號	柳葉街一三一號東至王姓屋以己牆及隣墻爲界南至蔣姓屋以己牆及鄰牆爲界西至陸冀蔣三姓屋以己牆己板及鄰牆爲界北至柳葉街面積三分三厘七毫六絲	房屋	無	廿三年十二月廿七日	同	同
徐少炳 南京人住昇州路二三一號	仝鄉共井七號東至同鄉共井南至李姓屋己墻爲界西至李姓屋公牆爲界北至李姓屋隣牆爲界面積二分六厘八毫八絲	房屋	無	廿四年二月十日	同	同
林廣裕元 淮安人住義興巷五五十七號	義興巷五五號東至義興巷及陳姓屋以己牆爲界南至陳姓屋以鄰牆爲界西至章李姓屋以己鄰牆爲界北至滕姓屋以鄰牆爲界面積一分二厘七毫三絲	房屋	無	廿三年十二月廿一日	仝	同
汪耀庭 宋如春 安徽人住石鼓路二八五七號	石鼓路二八五七號東至吳姓屋前段以己牆後一小段以鄰牆爲界南至胡姓屋以隣牆爲界西至胡姓屋前段以公牆後一小段以鄰牆爲界北至官街（石鼓路）面積二畝一分七厘八毫一絲	房屋	無	廿四年四月廿六日	同	同
曹祖蕃 愼清 曹厚清 和滄 江西人住白下路一五一號	內橋灣五八號東至翁姓屋以己牆爲界南至內橋灣西至黃姓屋以鄰墻及己墻爲界北至秦淮河面積六分八厘四毫五絲	房屋	無	廿三年十二月廿九日	同	同
趙永森 南京人住朱家苑三號	朱家苑三號東至張姓屋以鄰牆爲界南至朱家苑西至朱家苑北至甘姓屋以公牆及直線爲界面積二分〇四毫九絲	房屋	無	廿三年十二月廿九日	仝	同

甘逸琴 江甯人住營門口廿號	朱家苑四號東至張姓屋以鄰牆及直線為界南至趙姓屋以公牆及直線為界西至朱家苑北至朱家苑面積一分七厘五毫六絲	房屋	無	二三年十二月十九日	仝	同
劉炳榮權 南京人住中華路一一六號	中華路一二二號東至中華路南至繆姓以各有各牆為界西至陳劉姓以己牆為界北至楊姓以各有各牆為界面積二釐二毫三絲	樓上下兩小間	無	廿三年十一月三日	同	同
闕廣源 本京雲台地四號	顏料坊一號面積五厘一毫東至顏料坊南至梁姓屋以貼牆為界西至徐姓屋以鄰牆為界北至奉直會館屋以鄰牆為界	商店	無	廿四年八月卅一日	廿四年九月十一日	廿四年十二月十日
外交部主管長管汪兆銘	傅厚崗面積六畝三分九厘八毫三絲東至慎餘堂地南至童姓地及信業堂水塘西至市鐵路地北至傅厚崗	無	無	廿四年八月	同	同
王桂芳 本京張府園廿一號	內橋灣五一號面積二分二厘七毫四絲東至方姓屋以己牆為界南至方姓屋以己墻為界西至王姓屋以公墻為界北至內橋灣	房屋	同	廿四年一月廿六日	仝	仝
何有捷 江蘇白下路三一七號	建康路二〇九號面積二厘二毫三絲東至建康北巷南至建康路人行道西至顧姓屋以己牆為界北至顧姓屋以己牆為界	房一間	同	廿三年十二月廿七日	同	同
張承祚 六合小四福巷十六號	八甲房六號面積四分九厘〇一絲東至陳李兩姓屋以鄰牆為界南侯姓屋以己牆為界西至侯姓屋以己牆為界北至胡姓屋以鄰牆為界	房屋	同	廿四年三月十三日	同	同
梁兆純 廣東傅厚崗十八號	厚載里四二〇號面積八分三厘三毫三絲東至何姓屋南至厚載里西至傅厚崗北至何姓地	房屋	無	廿四年五月廿二日	同	同
施汪氏 江甯申家巷十三號	申家巷一三五號面積八分七厘九毫一絲東至申家巷南至沈姓屋西至大悲菴屋以鄰牆為界北至沈姓屋以鄰牆為界	房屋	地役權人沈永福住申家巷十七號沈而致住七家灣七六號	廿四年元月廿五日	同	同
伍正坤生 南京人 止馬營一一三號	止馬營一一三號面積一分一厘六毫東東止馬營南至梁姓屋以己牆為界西至伍姓屋北至馬姓屋以公牆為界	同	地役權人伍斌如住爵棚營十三號	廿四年四月二日	同	同

興善堂 管理人許耀聲住箍桶巷四七號	敎敷營二二〇號面積七厘二毫五絲東至程姓屋以鄰牆爲界南至楊姓屋以己牆爲界西至敎敷營以板門爲界北至陳姓屋鄰牆爲界	樓房六間（係由朱姓租地蓋屋）	地上權人朱壽義住敎敷營廿號	廿四年一月十二日	同	同
何麟生 本京傅厚崗十八號	厚戴里三八三九號面積二畝〇一厘三毫二絲東至（一）中央路（二）應姓地南至（一）厚戴里（二）應姓地西至（一）梁姓屋何姓地（二）中央路北至（一）羅姓地（二）應姓地	房屋	抵押權人南京郵政局住址大行宮	廿四年五月廿二日	同	同
呂海珊 安徽人住內橋灣五十四號	內橋灣五十四號東至鄭姓屋以己牆爲界南至內橋灣西至翁姓屋以鄰牆及北段牆外天井中間直線爲界北至秦淮河面積六分五厘六毫二絲	房屋	無	廿四年四月三日	廿四年九月十一日	同前
賈長華 本京人住府西街二六號	致和街十八號東至張姓屋以己牆爲界南至致和街西至黃姓屋以鄰牆爲界北至張姓屋以己牆爲界面積壹分二厘六毫六絲	房屋	無	廿四年一月十一日	同	同前
王翰洲 南京人住上海代理人劉錦坤南京人住建鄴路	致和街一〇〇號東至趙周二姓屋以己牆及鄰牆爲界南至致和街西至崔陳周一姓屋以己墻及鄰牆爲界北至洪姓屋以己牆外滴水線爲界（牆外滴水地己借典洪姓蓋屋）面積九分二厘四毫九絲	房屋	無	廿四年一月八日	廿四年九月十二日	廿四年十二月十一日止
楊季年 江蘇人住鈔庫街二五號	鈔庫街二五號東至李姓屋以己牆爲界南至張姓屋以己牆爲界西至烏衣巷以己牆爲界北至鈔庫街以板門爲界面積一分四厘一毫一絲	房屋	無	廿三年十二月十九日	同	同前
甘松坤 南京人住門東半邊營二十八號	老虎頭石觀音（卽四方城）東至段姓屋以界線爲界南至馬姓屋以界綫爲界西至柯姓屋以界綫爲界北至段姓屋以界綫爲界面積一分七厘三毫二絲	農地	無	廿四年一月卅一日	同	同前
何明通 江寧人住小英府二十七號	牛市八號東至劉姓屋以鄰牆己墻各有各牆爲界南至丁姓屋以鄰牆以公墻爲界西至牛市以板門爲界北至劉管二姓公走巷以己牆爲界面積二分五厘七毫	房屋	無	廿三年十二月廿四日	同	仝前

羅致君 江西人住白子亭八號	中正路39 41號東至破布營南至吳姓地西至中正路北至朱姓屋以己牆爲界面積四分六厘三毫四絲	房屋	抵押權人徐慶松南京住昇州路二三一號	廿四年五月廿九日	同	同前
劉德溥德潤 德新舜如 德宏德寶 南京人住建康路三十一號	望鶴樓一號東至黑廊巷以己牆爲界南至周姓屋以鄰牆爲界西至楊姓屋以公墻鄰墻爲界北至望鶴樓以己牆爲界面積一畝〇五厘八毫八絲	平房大小廿一間	抵押權人徐筱軒南京人住昇洲路二三一號	廿四年元月廿四日	同	同上
邱郭氏 江甯人住信府苑十一號	璇子巷六八七〇號東至李姓走巷南至璇子巷西至李姓屋以鄰牆爲界北至兩李姓屋以己牆爲界面積一分一釐一毫九絲	無	地上權人(1)唐畲三含山人(2)湯定福南京人(1)住璇子巷七十六號(2)住牛市八號	廿四年元月廿九日	同上	同上
繆永興 永壽 永才 南京人住柳葉街一零八號	柳葉街一零八號東至吳姓屋以鄰牆及己牆爲界南至柳葉街西至田姓地以己牆爲界北至秦淮河面積二分五厘五毫一絲	房屋一間	典權人王世明本京人住大常巷十八號	廿四年四月廿四日	同上	同上
尙佑斯 其廣 江蘇人住門西老府橋六號八號	老府橋五號內東至本姓及金姓屋以鄰牆爲界南至毛家苑西至官巷北至潮源水龍局及本姓屋面積二分七厘六毫六絲	無	無	廿三年十二月廿六日	廿四年九月二日公告	廿四年十二月十一日止
吳秉洸 江甯人住程閣老巷十八號	程閣老巷十八號東至黃姓屋以鄰牆爲界南至程閣老巷及馬姓屋以隣牆爲界西至吳李二姓公走巷及李姓屋以鄰墻及己牆爲界北至李家巷面積七分六厘五毫四絲	房屋	無	廿四年三月十一日	同	同
馬培德 江甯人住估衣廊一零六號	太平路二零二號東以太平路人行道爲界南至哈姓屋以鄰牆及各有各墻爲界又以丁姓樓下無牆樓上各有各墻爲界北至黃姓屋以鄰牆及各有各牆爲界面積一分六厘五毫五絲	三間一廈	無	廿四年九月九日	仝	仝

陶永海 安徽人住戶部街九十八號	戶部街九十八號東至萬姓以公牆爲界南至戶部街以本姓牆爲界西至孫姓後以孫牆前以各有各牆爲界北至萬姓及胡姓以鄰牆及己牆爲界面積四分五厘零一絲	平房四間兩廂兩披廈	無	廿四年九月六日	同	同
邵金桂 淮安人住國府西街五十一號母邵金氏住所同	國府西街五一號東至國府西街以板門爲界南至洪姓屋以公牆及公板壁爲界西至彭姓屋以鄰牆爲界北至彭姓屋以公牆及公板壁爲界面積六厘九毫五絲	房屋	無	廿四年五月十五日	同	同
丁養吾 江蘇人住馬道街三號	昇州路一零七號東至吳姓屋以己墻爲界南江湯周三姓屋以鄰墻爲界西至王姓屋以貼牆爲界北至昇州路以板門爲界面積二分二厘三毫一絲	房屋	無	廿三年十二月五日	廿四年九月二日公告	廿四年十二月十一日止
許佑之 江寧人住井家苑二十一號	井家苑二十一號東至井家苑南至施姓屋以各有各牆爲界西至旗地以鄰墻爲界北至旗地以己牆及隣牆爲界面積二分一厘六毫	房屋	無	廿三年十二月廿八日	同	同
金昌 駱炳昌駱繼祿 啓冒 江甯人住銅坊苑廿八號	銅坊苑廿八號東聶姓屋以己墻爲界南哈姓屋以鄰牆爲界西西二救火會以鄰牆及己墻爲界北銅坊苑面積六分二厘壹毫六絲	房屋	無	廿三年十二月廿五日	同	同
馬鳴源 住小彩霞街雞鵝巷口十二號代理馬茂之住太常巷六號均本京人	下浮橋南一號東下浮橋南南迴龍街西李劉二姓屋以鄰牆爲界北袁姓屋以公牆爲界面積五厘七毫四絲	房屋	無	廿四年四月五日	同	同
李遐恩 南京人住陶李王巷十八號	陶李王巷十八號東馬姓屋以己牆爲界南陶李王巷西馬姓屋以鄰牆爲界及本姓屋北李姓屋以己牆爲界面積壹分六厘八毫四絲地役權面積三毫八絲	房屋	地役權人李炳榮南京人住陶李王巷十八號	廿四年四月卅日	同	同

興業公司生記 代理人吳太初上海人住新街口興業里十七號	中山北路東至中山北路南至電話局屋西至三條巷北至實南路面積二畝二分零五毫五絲	無	無	廿四年七月十二日	廿四年九月十二日	廿四年十二月十一日止
張永怡 仲良 本京人住丹鳳街四十二號	板井東至居姓地南居姓屋西至居姓地及板井北至居姓地面積三畝五分八厘零一絲	同	同	廿四年四月十三日	同	同
馬明元 本京人住南衛巷一號	南衛巷第一三・五・七・號東至南衛巷南至官巷西至王姓業地及營地爲界北至王姓地以己牆爲界面積四畝零六厘六毫九絲	房屋	同	廿三年十二月四日	同	同
安徽會館 管理人李祝成合肥人住龍倉巷九號	貢院東街一五・一七・一九・號東至王姓屋以各有各牆及己牆爲界南至秦淮河西至李姓晁以隣牆爲界北至貢院街以己墻及板門爲界面積二畝一分八厘八毫九絲	同	同	廿三年十二月廿七日	仝	同
馬永洲 南京住老府橋三十三號	老府橋廿一號東至老府橋南至施姓屋以鄰牆爲界西至馬姓屋以己墻爲界北至二家馬姓屋以公牆及公板壁爲界面積一分二厘五毫七絲	住宅	同	廿三年十二月廿八日	同	同
程則蕃 南京建鄴路十八號	中華路三零九號東至博物館以鄰牆爲界南至趙姓以各有各牆爲界後段爲隣牆西至中華路北至石姓以公牆爲界面積六厘六毫五絲	樓房上下兩間披廈一個	無	廿四年元月十四日	同	匯
袁昌賢 江甯人住柳葉街四十三號	瞻園路十六號東至馬姓以隣墻爲界宗姓以空巷中心爲界南至瞻園路西至陳姓以己墻爲界北至朱姓以鄰牆爲界面積六厘三毫四絲	樓房上下二間平房一廈	同	廿四年元月十五日	同	同
張炳森 南京住謝公祠七號	大彩霞街三十號東至李姓以己牆爲界南至居姓以己牆爲界後一小段有居姓貼牆西至大彩霞街北至李姓走巷以己墻爲界面積三分三厘零九絲	平房九間三廈	同	廿四年元月八日	仝	同

葉鑫源淦 上海人住舊王府廿五號	緯巷十八二零號東至李姓屋以己牆爲界南至李姓屋以鄰牆爲界西至夫子廟以鄰牆爲界北至緯巷以己牆爲界面積六分三厘五毫七絲	房屋	同	廿四年三月廿二日	同	同
馬學知 江甯住程閣老巷廿號	程閣老巷廿號東至吳姓屋以己墻爲界南至程閣老巷西至李姓屋以己牆及北端隣牆爲界北至吳姓屋以己牆爲界面積一分二厘七毫三絲	同	同	廿四年四月廿一日	同	同
王順發有 江寧住演武廳四四號	演武廳（蘭園）四四號東至沈姓屋地以己線爲界南至楊韓二姓並軍政部地址以己線爲界西至劉李二姓以己線爲界北至劉彭朱三姓以己線爲界面積三畝八分六厘零四絲內水塘面積二分六厘八毫八絲	草房	無	廿四年七月廿二日	廿四年九月十二日	廿四年十二月十一日止
鄒克亮 江西住石板橋五十號	雙石鼓十八二十號東至張姓地南至雙石鼓西至張姓屋以鄰墻爲界北至張姓地面積一分二厘壹毫四絲	房屋	無	廿四年四月十二日	同	同
馬玉彬 南京住北灣子廿四號	北灣子廿四號東至王姓屋以鄰牆及公牆爲界南至北灣子西至何蔣二姓爭執屋以己牆及鄰墻爲界北至王馬蔣陳四姓公走巷以己牆爲界面積壹分九厘九毫九絲	房屋	無	廿四年三月二日	同	同
蔣尚莊 江甯住上海代理人周伯虬江甯住高崗里十九號	五馬街二四六八號東至王姓屋以鄰牆爲界南至顧姓屋及王姓屋以各有各牆爲界西至五馬街北至顧姓屋以各有各墻及己牆爲界面積五分五厘五毫四絲	房屋	無	廿四年四月廿九日	同	同
湯士賢 江蘇住甘露巷廿八號	甘露巷廿八號東至俞姓劉姓屋以己牆鄰牆爲界南至庫司坊西至王姓屋以己牆爲界北至甘露巷面積三分七厘六毫正	房屋	無	廿三年十二月廿四日	同	同
饒潤生 江西人住渡船口廿九號	渡船口廿九號東至徐姓屋以公板壁爲界南至渡船口以己板門爲界西至綢布業公會以公牆爲界北至秦淮河以板壁爲界面積三厘九毫正	房屋	無	廿四年四月廿二日	同	同
仲宏年 南京住謝公祠十九號	施家巷卅號東至楊程仲仲四姓公走巷以己牆爲界南至地藏菴巷西至施家巷北至程姓屋及楊程仲仲四姓公走巷面積一分七厘七毫一絲	房屋	無	廿四年元月二五日	同	同

哈成慶 南京人住東牌樓一二七號	瞻園路原名道署街四二號東至鄭姓屋以鄰牆爲界南至胡李吳三姓屋以己牆及本產界線爲界西至瞻園路以板門爲界北至李姓屋以本產界線及公牆又抵哈姓屋以己牆爲界面積八厘九毫二絲	房屋	無	廿三年十二月廿七日	同	同
秦鍾海 江甯人住大石壩街卅九號	大石壩街三九至四一號東至汪丁二姓屋以公牆鄰牆及己牆爲界南至唐姓以鄰牆爲界西至白塔巷北至大石壩街面積六分四厘七毫六絲	房屋	無	廿四年九月三日	仝	仝
尤在祿 南京人住門東倉門口廿五號	飲虹園三十八號東至尤姓屋以隣牆界線及公牆爲界南至飲虹園以板門外隙地爲界西至千佛菴以己牆及板壁爲界北至羅姓屋以己牆爲界面積七厘七毫九絲	平房	無	廿三年十二月十日	同	同
閔毅森 江蘇水西門北灣子	水西門北灣子五十號面積三分一厘七毫五絲東至戴姓屋以己牆及鄰牆爲界南至北灣子西至苗姓屋以隣牆及殷姓屋以己牆外平房爲界北至戴姓	房屋	無	廿四年三月	廿四年九月十二日	廿四年十二月十一日
陳長華 江蘇黃鸝巷二七號	黃鸝巷面積三厘六毫五絲東至史姓地南至童姓地西至莫愁路北至官巷	荒	仝	廿四年七月五日	仝	
胡詒甫 江甯小四福巷十六號	小四福巷一八號二分三厘一毫四絲東至胡姓地以己牆爲界南至小四福巷以己牆爲界西至小四福巷以鄰牆爲界北至胡姓屋以己墻東北角突出屋以鄰牆爲界	房屋	無	廿四年一月廿六日	同	同
周業勤 合肥廳後街十號	警廳後街一二〇號面積五畝八分四厘九毫七絲東至警廳後街南至江蘇教育經費管理處屋以己牆爲界西至孫姓屋以己牆爲界北至曾公祠街	仝	同	廿三年十二月廿九日	仝	仝
合肥旅京同鄉會 管理人張宗良住七家灣三四號	馬道街面積一分二厘五毫五絲東至龍泉巷南至張姓地以己牆及隣牆爲界西至蕭姓老巷北至馬道街	空地	仝	廿三年十二月十二日	同	同
李周歐氏 南京代理人歐育松住毛家苑十七號	毛家苑十九號面積五分三厘八毫九絲東至毛家苑南至毛家苑西至歐姓屋以空地綫界爲界北至歐龍二姓地及龍姓屋以己牆及界綫爲界	房屋	無	廿四年五月廿七日	仝	仝

徐鳴皋 首都亂石堆十二號	亂石堆十二號面積五分八厘六毫七絲東至蔡姓屋以己牆及公牆爲界南至亂石堆西至陳張鄭三姓屋以公牆己牆鄰牆爲界北至黃姓屋以天井斷截之線爲界	仝	仝	廿三年十二月十八日	同	仝
業 文修 心齋 文儒 文偉 江寧中正路七二六號	中正路七二六號（絲市口）面積六分一厘二毫二絲東至寇高姓以己牆爲界外有高姓貼牆後橫墻爲隣牆以己墻爲界南至中正路西至高姓前以公墻爲界後以隣牆爲界中爲各有各牆北至韋姓以鄰牆爲界	樓房上下六間平房七間披五	同	廿四年二月八日	同	同
李秉榮 亮 軒 南京造幣廠南首土橋十號	土橋十號面積一畝九分〇七毫五絲東至官溝界線西至土橋南至金姓地以己牆爲界及戈姓地界線北至官溝界線	房屋	仝	廿三年十一月廿四日	同	同
矯如熊 逸羣彪 虎 江蘇人住小四福巷十號	小四福巷四號面積八厘五毫二絲東至朱姓屋以鄰牆爲界南至聖澤水龍會屋以己牆爲界西至小四福巷北至小四福巷	仝	仝	廿三年十二月廿五日	同	同
李明文 江蘇人住釣魚巷二十五號	釣魚巷二十五號東至趙姓屋以鄰牆爲界南至釣魚巷西至王姓屋以己牆爲界北至趙姓屋己墻爲界面積一分一厘六毫四絲	房屋	無	廿四年四月十九日	廿四年九月十二日	廿四年十二月十一日
首都警察廳主管長官陳焯	東釣魚巷六號東至東釣魚巷南至連姓屋以己牆爲界西至連姓及市地租戶劉曹二姓屋以己牆爲界北至金姓屋以鄰牆爲界面積六分五厘六毫一絲	房屋	無	廿四年四月廿一日	仝	上
余井塘 代理人聞亦有 湖北人住齋家莊五號	齋家莊東至九一村公走道南至吳姓西至接姓北至公走道面積八分六厘一毫止	無	無	廿四年七月三日	仝	上
桂蓿柏 湖北人住寧海路五十八號	齋家莊東至公走道南至黃姓西至湯姓北至公走道面積一畝六分二厘九毫一絲	無	無	廿四年一月廿二日	同	上

司徒遠惠 江甯人住顏料坊廿五號	顏料坊二十五三號東至顏料坊南至王宋二姓屋以鄰牆及己牆爲界西至惠姓屋以己牆及鄰牆爲界又官巷北至鄺姓屋以己牆爲界面積九分九厘四毫八絲	房十一間四廈	無	廿三年十二月廿五日	仝	上
陸仲宜 南京人住本市平江府北街十二號	平江府北八—一二、建康路二九六—三一〇號東至石姓屋以各有各牆爲界南至平江府北街以己牆爲界西至平江府街以己牆爲界北至人行道面積二畝〇二厘二毫五絲	房屋	無	廿三年十二月廿七日	仝	上
單慶森 南京人住北灣子卅二號	北灣子卅二號東至市地及何姓屋以鄰牆又蔣何爭執地以鄰牆己牆爲界南至北灣子官巷西至魏姓屋以鄰牆己牆又孫姓屋以公牆鄰牆及孫姓板壁爲界北至韓家苑官巷面積三分九厘八毫七絲環城路經其中部約佔用一一、〇〇〇〇方丈	房屋	無	廿四年二月十一日	仝	上
王錦寶槐 本京人住建鄴路八十六號	內橋灣五十三號東至王姓屋以公牆爲界方姓屋以己牆爲界南至天井外葉姓劉以鄰牆爲界西至石章爭執地與石姓地張姓屋以己牆爲界北至內橋灣面積二分五厘三毫四絲	房屋	無	廿四年二月十四日	仝	上
萬華光焱駿 江甯人住建鄴路四十五號	建鄴路原名鴨子橋羊市橋四三九七號東至李姓屋以己牆及公牆爲界南至秦淮河西至鴿子橋及袁姓屋以己牆爲界北至建鄴路面積四分九厘四毫八絲	房屋	無	二十四年三月十八日	同上	同上
劉志遠 河南人住西石壩街廿二號	東石壩街廿二號東至王姓屋以鄰墻爲界南至官巷以己墻爲界西至王姓屋周姓地以己牆及鄰牆爲界北至周姓以牆外空地爲界面積一分二厘一毫九絲	平房四間小披一	無	廿四年七月廿九日	同上	同上
首都北區第一救火會住估衣廊一二五號 代理人李秀東 江寧人住魚市街四六號	唱經樓西街六號東至周姓屋張姓屋南至本會基地西至唱經樓西街北至王姓屋面積六分五厘七毫八絲	房屋	無	廿四年六月二十六日	同前	同前

汪興柏宗 旌德人住獅子橋二九號	獅子橋二十九號東至獅子橋南至儲姓屋西至蔣姓地北至市有菜場面積四分九釐三毫一絲	房屋	抵押權人程則蕃南京人住建鄴路十八號	廿四年八月廿九日	仝前	仝前
郭仁倫文 安徽人住丁官營一號	丁官營三一號東至徐姓屋以各有各牆爲界南至丁官營以己牆爲界西至丁官營以己墻爲界北林夏二姓屋以鄰牆爲界面積四分四釐五毫四絲	房屋	地役權人林粹甫福建人住東開頭十七號	廿三十一月十九日	廿四年九月三日公告	廿四年十二月二日止
侯維海洲 江蘇人亂石堆七號	亂石埋七號東至鄧姓屋以鄰墻爲界南至王范二姓屋以鄰牆及公牆爲界西至官巷及王姓屋以鄰牆爲界北至官巷面積一分六釐九毫	房屋	地役權人范應山江甯人住剪子巷七號	廿三年十二月廿四日	同	同
王兆金 江寧人住陳家牌坊九號	陳家牌坊九號東至端木姓屋以己墻爲界南至本姓承祖營地西至劉姓屋以己牆及公墻爲界北至陳家牌坊面積二分一釐四毫	房屋	抵押權人李椿源南京人住大石橋五八號	廿四年四月十日	同	同
謝祖廷輝梓棟樑柯 京市人住中華路五九七號	信府河一四七五號東至史姓屋以公牆爲界南至秦淮河西至馬姓屋以公牆之線及隣墻爲界北至信府河面積三分七釐四毫八絲	房屋	抵押權人潘鑑屏住柳葉街一四七號江甯人	廿四年一月卅一日	同	仝
黃錦華 江甯人集慶路九十號	集慶路九二〇號東至王姓屋以己牆及鄰牆爲界南至集慶路西至潘姓屋以公牆爲界又周姓屋以己牆爲界北至周姓屋以己牆爲界面積三分一釐七毫一絲	房屋	抵押權人馬義升江甯代理人袁權江甯柳葉街四三號	廿四年一月廿九日	仝	仝
沈桂林 江甯中央門內安徽路十四號	安徽路（板井）十四號東至陸姓地南至安徽路西至楊姓地北至陸姓塘趙姓地面積二畝二分六釐七毫九絲	草房	無	廿四年六月廿七日	廿四年九月三日公告	廿四年十二月二日止

蘇裕清 南京住莫愁路三十六號	文津橋一五七號東至容姓屋以己牆爲界南至蘇魏兩姓公共滴水西至宛姓屋以己牆及其直線爲界北至文津橋面積六分四厘	房屋	無	廿四年六月廿九日	同	同
王國杜樑楨棟材 儀徵人住建康四四八號	建康路四四八號東至陶姓屋以各有各牆爲界南至陶姓屋以己牆爲界西至鮑姓屋以公牆爲界北至建康路面積一分二厘四毫五絲	房屋	抵押權人周紹庭南京住平章巷十四號	廿四年三月十九日	同	同
鄭秀記 凌揖民 廣東人住上海代理人齊海帆住中國農工銀行	鼓樓五條巷東至王姓地南至王姓塘及朱姓地西五條巷北趙魯周三姓地及張姓屋面積五畝五分五厘八毫九絲	無		廿四年六月廿七日	同	同
趙潤田 受買張錫庭均江甯人住廣東南洋代理人喬維洲江寧人住水西門外大街四十號	崇恩街五號東至崇恩街南至陳姓屋以己牆鄰牆爲界西至江姓屋以己牆爲界北至蔡姓及實業部地以己牆及鄰爲界面積五分六厘六毫	房屋	無	廿四年六月廿九日	同	同
楊君少 南京住漢中路校尉營十一號	峨嵋嶺東至公走道南至裕寧堂地西至方姓地北至顧姓地面積五畝七分〇六毫九絲	無	無	廿四年五月三日	廿四年九月十三日	廿四年十二月十二日止
屠福貴 南京住致和街四號	建康路三九五、致和街二，四號東至國貨陳列館及盛張二姓屋以鄰牆及己牆爲界南至建康路西至致和街北至國貨陳列館及王姓巷以鄰墻及己牆爲界面積一畝〇二厘五毫三絲	房屋	無	廿四年二月十二日	同	同
蔣棟臣 南京住焦狀元巷八號	珠江路原名焦狀元巷東至江姓屋以各有各牆爲界南至珠江路以板門爲界西至呂姓屋以各有各牆爲界北至王姓屋以鄰牆爲界面積二厘八毫六絲	平房二間	無	廿四年七月四日	同	同

劉紹先　南京住大彩霞街三十三號	大彩霞街三十三號東至大彩霞街南至萬姓屋以己牆鄰牆爲界西至史姓屋以己牆爲界北至孫姓屋以公有板壁及公牆萬姓屋以本姓板壁爲界面積一分〇〇二絲	房屋	無	廿三年十二月廿九日	同	同
孫衡甫　孫孝嵩　澄　榮　鈞　南京住下關熱河路五豐米號	集慶路一四二號東至蕭李二姓屋以己牆及鄰牆爲界南至集慶路西至徐李二姓及交通銀行地以己牆及鄰牆爲界北至蕭姓屋以鄰牆爲界面積一分五厘四毫一絲	房屋	無	廿三年十二月十五日	同	同
陸東平　南京住大全福巷廿一號	小心橋東街十號東至學校屋以隣牆爲界南至學校屋以鄰牆爲界西至小心橋東街以己界線爲界北至孫王二姓地及王姓屋以隣牆及己界綫爲界面積一畝〇一厘九毫九絲	基地	無	廿三年十一月廿六日	同	同
王忠政　江蘇住小心橋東十二號	小心橋東街一二號東至陸姓屋以己牆爲界南至陸姓屋以己牆爲界西至小心橋東街以己板門爲界北至官地租戶王姓屋以己牆爲界面積九厘六毫正	房屋	無	廿三年十二月廿二日	同	同
桑兆年　杭縣住水倉巷十三號	水倉巷十三號東至桑姓屋以己牆及隣牆爲界南至馬姓屋以鄰牆爲界西至毛姓屋以己墻鄰牆及公牆爲界北至水倉巷以己牆爲界面積四分九厘九毫四絲	房屋	地役權人桑夢漁馬則桑佔面積五厘一毫三絲馬佔面積四厘〇五絲	廿四年九月六日	同	同
張志純　住黃狀元巷號八	小全福巷九號東至崔劉兩姓屋以己牆爲界南至本姓屋以鄰牆爲界西至王姓屋以公牆爲界北至小全福巷以己墻爲界面積一分三厘八毫二絲	房屋	無	廿三年十二月廿九日	同	同
許貫鑫　南京住鳴羊街十八號	鳴羊街十八號東至劉姓屋以鄰牆己墻爲界南至劉姓屋以鄰牆及公墻爲界西至鳴羊街北至劉姓屋以己牆爲界面積二分二厘二毫六絲	房屋	無	廿四年四月一日	同	同

蔡良杰 江甯住糖坊廊十九號	三條營廿二東至周姓汪姓屋以己墻爲界南至三條營西至救濟院屋及安徽會館屋以鄰己牆爲界北至救濟院以己牆爲界面積一畝〇三厘五毫七絲	房屋	無	廿三年十二月十九日	廿四年九月十四日	廿四年十二月十三日止
柏斯文惠信 江甯人住信府河一六三號	信府河東至本姓屋以公牆及公牆直線爲界南至秦淮河西至柏姓屋以公板壁爲界北至信府河面積七厘四毫正	房屋	無	廿三年十二月廿九日	同	上
孫哈氏韓 本京人住莫愁路家苑六十一號	莫愁路原名木屐巷東至謝姓屋以己牆鄰牆及謝姓木板爲界南至莫愁路西至莫愁路北至木屐巷面積一分四厘三毫四絲	房屋	無	廿四年五月十七日	同	上
劉榮昌欽若 南京人住烏衣巷四十四號	大彩霞街三號東至大彩霞街以本房板門爲界南至劉秦二姓屋以公牆爲界西至劉姓屋以鄰牆及板壁爲界北至崇善堂屋以隣牆爲界面積七厘三毫一絲	房屋	無	廿三年十二月廿九日	同	上
王盛隆雲富虎 南京人住三條營十六號	三條營十六號東至宇姓屋以己墻及隣牆爲界南至張宗二姓屋以己牆及竹籬爲界西至市立救濟院屋以已牆及鄰牆爲界北至五板橋巷及曾姓地以己牆爲界面積二分八厘八毫七絲	房屋	無	廿三年十一月十六日	同	上
張明德 本京人住太平橋北五十三號	花紅園三十二三號東至官溝以己有土埂爲界南至劉王姓地西至楊姓地以張楊兩姓公讓走道爲界北至徐姓地以張徐兩姓公讓走道爲界面積二畝一分八厘一毫正	無	無	廿四年六月十五日	同	上
馬明亮春 南京人住小府巷廿二號	小府巷十四號東至小府巷南至小府巷及旗地租戶蔡姓屋以己墻各有己牆及鄰牆爲界西至徐姓屋以公牆爲界北至小府巷面積二分七厘〇八絲	房屋	典權人馮壽田江甯人住小府巷十四號	廿四年三月八日	同	上

林紹蓭 亞粹 南京人住廚子營二十八號	磊功巷三號東至劉胡許三姓屋以鄰牆爲界南至蔡 五號東至胡郭二姓地以界線 家苑以界線爲界西至許邊曹三姓地屋以界綫鄰牆爲界北至磊力巷以界線爲界面積一畝九分四厘四毫七絲	空基	無	廿三年十二月	仝	上
程厚慈 廣東人住中山東路廣東醫院	朝天宮西東至馬姓地南至馬姓屋以鄰墻及其直線爲界西至朝天宮西街北至哈姓屋以鄰墻及其直線爲界面積七分二厘〇二絲	農地	無	廿四年六月廿九日	同	上
夏友柏 本省人住中山東路三三四號	中山東路三三四號東至水巷以己墻又丁陳二姓屋以己牆外隙地爲界南至水巷以己牆爲界西至李姓屋以隣墻又唐姓屋前各有各牆後以公牆爲界北至中山東路人行道面積一畝一分五厘四毫正	房屋	抵押權人市民銀行代理人吳求哲昇州路行口街	廿四年五月十七日	仝	上
李宣 江西人住繡花巷十四號	申家巷十二號繡花巷十四號東至伍姓屋以鄰牆爲界南至繡花巷西至申家巷北至申家巷面積五畝六分二厘七毫	房屋	無	廿三年十二月十二日	廿四年九月廿六日公告	廿四年十二月十五日止
顧壽仁 南京人住望鶴岡四號代理人王植馨甯金沙井三十八號	秦狀元巷四號東黃姓屋以公牆爲界南顧姓屋以公牆鄰墻及己牆爲界西秦狀元巷以己牆爲界北至畢姓屋以各有各墻爲界面積一分二厘七毫三絲	房屋	該產東首廁所爲顧壽仁昌公用現准賣與陳棣之南京人住九兒十一號	廿三年十一月廿九日	同	同
韋晴文 安徽太湖科巷和平里十號樓上李德明先生轉	鼓樓四條巷五號東至鼓樓四條巷南至陳姓屋及河姓地西至殷趙二姓地北至趙姓屋及地面積三畝四分〇九毫五絲	房屋	現擬賣與孫多祥四川人住上海代理人李浩正浙江首都警察第一局交大行宮	廿四年八月一日	同	同
周友端 紹興二道高井三新里四號現擬賣與朱陳紹權上海人住高門樓廿七號	瑯琊路甲種住宅第一區四段八十一號東至吳姓屋及周姓地南至盧姓地西至瑯牙路北至趙姓屋面積一畝〇八厘	無	無	廿四年八月廿日	同	同

丁泰霞 南京人住太平路二〇四號	太平路二〇四號東至太平路南至劉姓以各有各牆為界西至哈姓以各有各牆為界北至馬姓樓上各有各牆標下馬姓牆面積三厘九毫九絲	樓房	無	廿四年三月卅日	同	同
王馭之 南京人釣魚台五九號	釣魚台五九號東至王姓以己牆為界南至歐陽巷西至歐陽巷北至釣魚台面積五分一厘七毫八絲	房屋	無	廿三年十二月廿七日	廿四年九月十六日公告	廿四年十二月十五日止
張瑤圃 國林 江蘇人住安品街七九號	上江考棚十二號東至上江考棚南至吳姓屋以鄰牆為界西至吳姓屋以己牆為界北至吳姓屋以己牆為界面積一分五厘二毫一絲	房屋	無	廿三年十二月廿二日	同	同
蔡鑑清 江甯人住亂石堆十三號	亂石堆十三號東至周姓屋以鄰牆及己牆為界南至陳姓屋以己牆為界西至亂石堆及徐姓屋北至黃姓屋以鄰牆及己牆為界面積四分八厘一毫五絲	房屋及空地	無	廿三年十二月廿七日	同	同
達香九 江甯人住明瓦廊廿九號	柳葉街九六號東至郭姓屋以同樑具柱公板壁為界南至柳葉街西袁姓屋以己牆為界北至秦淮河面積二分七厘〇八絲	房屋	無	廿四年五月廿八日	同	同
陳宗濤 永貞 南京人住昇州路一二九號	中華路南門大街四三四號東至中華路南至水龍局屋以公牆為界西至柳姓屋以鄰牆為界北至施姓屋以公牆為界面積三厘四毫	房屋	無	廿四年十二月卅日	同	同
蔡文麟 住江甯邊營廿九號	西家大塘東至魏姓地南至西家大塘西至佘姓地北至鄭姓塘面積七分六厘九毫止	無	無	廿四年五月卅日	廿四年九月十六日	廿四年十二月十五日止
毛祖耀 浙紹人住益仁巷七號	釘巷第七號益仁巷十四號東至釘巷以己墻為界又劉姓屋亦以己牆為界南至李姓屋以各有各牆及鄰牆又張姓牆外天井以己牆及陳姓屋以各有各牆為界西至蔣氏宗祠以己牆外滴水及各有各牆為界北至劉姓屋以鄰牆及各有各牆又抵毛姓所建屋及益仁巷以己墻為界面積六分二釐五毫五絲	同	同	廿三年十二月廿六日	同	仝
石松雲 江都住庫上一號	轉龍車庫上東至轉龍車南至庫上西至楊姓塘北至楊姓地面積一畝〇〇七毫二絲	草房二間	仝	廿四年三月卅日	同	同

周朵山 直侯 頌臙 君器 合肥人代理人楊德仝合肥人住大石壩街四十四號	大石壩街四十二四號東至方姓屋以鄰牆及各有各牆爲界（走巷）南至大石壩街以己牆爲界西至宋姓屋以各有各牆以鄰牆爲界北至秦淮河以板壁爲界（內方姓有地役權面積一厘五毫二絲）面積一畝四分一厘六毫一絲	房屋	仝	廿三年十二月廿八日	仝	同
李炳榮 南京住陶李王巷十八號	陶李王巷十八號東至馬姓屋及李姓屋以己牆及其直線爲界南至陶李王巷西至馬姓屋以鄰牆爲界北至馬姓屋以己牆爲界面積三分四厘七毫六絲	同	同	廿四年五月十六日	同	仝
紀汝霖 江甯住祠堂巷二號	太平路（原名花牌樓）一八四號東至太平路人行道南至顧姓以各有各牆爲界西至王姓以鄰牆爲界北至吳姓以己鄰牆爲界面積三分二厘八毫五絲	房屋	無	廿四年六月十八日	仝	同
王敏時 南京住長樂路二一九號	致和街十四號東至張姓屋南至張姓屋以鄰板壁及己牆爲界西至致和街北至張姓屋以己牆爲界面積五厘三毫九絲	同	無	廿四年四月十三日	同	同
史秭氏 南京住信府河一三五號	信府河一三五號東至陳姓屋以鄰墻及本姓板壁爲界南至秦淮河西至史姓屋以隣墻爲界北至信府河面積二分〇一毫正	仝	仝	廿四年五月卅一日	同	仝
黃允忠孝悌 江甯人住程閣老巷十六號	程閣老巷十六號東至陳姓屋以隣牆己牆及公牆爲界南至程閣老巷西至吳姓屋以己牆爲界北至李家巷面積一畝一分八厘六毫八絲	同	仝	廿四年四月十九日	同	仝
孔繁滋 亮生 本京 代理人王秉炎江甯人住和致街八二號	致和街第八二—八八號東至政和街南至致和街及張姓屋以鄰牆爲界西至王姓屋以鄰牆爲界北至胡姓屋以己牆爲界面積三分四厘一毫三絲	仝	仝	廿四年五月廿八日	仝	仝
金得順 山東人住致和街卅九號	致和街三九、四一、四三、四五、號東至致和街南至官水巷西至秦淮河北至胡姓屋面積三分四厘二毫一絲	草房	無	廿四年三月廿五日	廿四年九月十六日	廿四年十二月十五日止

鄭家材樑權　江寧人住柳葉街廿五號	柳葉街廿五號東至柳葉街南至僕姓屋及天井以己牆爲界西至王姓屋及天井以己牆爲界北至銅坊巷面積四分三厘三毫正	房屋	無	廿四年五月廿八日	同	仝
王宏安　南京人住土橋四號	菱角市卅三號東至菱角市南至何姓屋以己墻爲界西至何王何三姓公走巷北至何姓屋以己牆爲界面積一分二厘五毫一絲	房屋	無	廿三年十二月廿八日	同	同
李晏章　江甯人住門西營門口六號	營門口卅一號東至九層坡南至官地租戶金姓西至陳姓屋及地以鄰牆及己牆爲界北至營門口面積二分九厘三毫一絲	房屋及空地	無	廿三年十二月廿五日	仝	同
蕭國森　大英福街一號	馬道膺福街三九一號東至合肥會館屋及地以己牆鄰墻及其直線爲界南至胡張二姓屋以己牆及各有各己牆爲界西至膺福街北至馬道街面積八分六毫四絲	房屋	無	廿四年二月廿六日	同	同
王鶴巢　南京人住安轡坊十七號	昇州路八十一三號東至程姓屋以公牆及鄰牆爲界南至吳姓屋以己牆爲界西至吳姓屋以各有各墻及己牆爲界北至昇州路面積三分三厘一毫二絲	房屋	無	廿四年九月六日	二四年九月十六日	廿四年十二月十五日止
涂曉徵　南京人住小姚家巷十九號	建康路原名小姚家巷三五四六八號東至張姓屋以隣墻爲界南至喻姓屋以鄰牆及己牆爲界西至喻姓屋以鄰牆爲界北至建康路行人道界線爲界面積一分八厘八毫正	房屋	無	廿四年元月廿二日	仝	仝
周錫麒　江甯人住敎敷巷廿號	敎敷巷二〇、二二號東至計姓屋以己牆爲界惟內有一小段以各有各牆爲界南至敎敷巷甘姓屋及姓屋以己牆及鄰墻爲界西至官巷殷汪氏屋以鄰牆及己牆爲界北至徐姓屋以鄰牆爲界面積八分五厘七毫七絲	房屋	無	廿三年十二月廿日	仝	仝

莊長松 南京人住長樂路二七四號	長樂路原名大夫第二七四號東至宰猪巷南至莊姓地以己墻爲界西至董姓屋以鄰牆爲界北至長樂路面積一分三厘一毫四絲	房屋	無	廿四年一月廿八日	同	仝
莊陳氏 南京人住上浮橋九號	長樂路原名大夫第二七四號東至宰猪巷南至董姓屋以鄰牆爲界西至董姓屋以鄰牆爲界北至莊姓屋以鄰墻爲界面積四厘七毫正	空地	無	廿四年一月廿八日	同	同
盧光綸 江甯人住中營四十六號	中營四六號東至丁姓屋以己牆及鄰牆爲界南至中營西至中營北至積善里面積八分二厘一毫二絲	房屋	無	廿三年十二月廿五日	廿四年九月十六日	廿四年十二月十五日止
劉競生 南京人住洪武路十四號	洪武路（原名蘆妃巷）二六八號東至洪武路南至馬姓地租與胡姓建築之屋以鄰牆爲界西至馬姓屋以己牆爲界北至楊姓屋以鄰牆及己牆爲界面積六厘七毫五絲	房屋	無	廿三年十二月十日	同	同
郭立茂 丁闌芬 浙江人住三山里四號	申家巷東至林姓地南至楊姓屋西至城左營北至申家巷面積一畝八分四厘五毫三絲	房屋	無	廿三年十一月十九日	同	同
顧懷清 錫濱 鏡秋 城志 寶榮 京市人住大全福巷十號張都堂巷七號	大全福巷十號東至夫子廟及周王兩姓屋以鄰牆及公牆爲界南至夫子廟及李姓屋以隣牆爲界西至大全福巷及郭姓以己牆及鄰牆爲界北至緯巷及周姓屋以己牆及鄰牆爲界面積一畝四分九厘四毫三絲	房屋	無	廿三年十二月八日	同	仝
馬樹亭 安徽人住浦口四十一號	玉帶巷十三五號東至玉帶巷南至黃姓屋西至秦淮河北至鄭朱氏屋以己牆爲界北至己牆外中間隙地抵鄰牆面積六分九厘七毫七絲	房屋十二間披六間	無	廿三年十二月廿五日	仝	仝
張培 宜錦 江甯八住白下路一五九號	朱雀路廿一號五馬街七號東至五馬街南至倪姓屋以己牆及公墻爲界西至朱雀路北至熊姓屋以己牆爲界面積一分三厘六毫八絲	房屋	無	廿四年三月廿日	同	同
宗元發 南京人住三條營街一六號	三條營十六八號東至張姓屋以已墻及地界爲界南至三條營西至市產以鄰墻爲界北至王姓屋以隣牆及隔板爲界面積二分二厘六毫	房屋	地役權人王盛富南京人住三條營十六號	廿三年十二月廿五日	仝	同

孫長年 江甯人住小彩霞街三號	顏料坊九十七號東至顏料坊南至陳姓屋以各有各墻爲界西至陳姓屋以己牆爲界北至陳姓屋以已墻爲界面積七厘一毫六絲	房屋	抵押權人王恆仲江甯人住九兒巷廿四號	廿四年二月廿二日	同	同
普安會館 管理人龔奉親丹徒人住東牌樓接福巷十號	接福巷十一號東至接福巷南至衛姓屋以己牆爲界西至虎姓衛姓屋均以己牆爲界北至龔姓屋以己牆爲界面積九厘四毫八絲	房屋	無	廿三年十二月廿八日	同	同
胡少華 江甯人住太平井五號	船板巷九六號東至秦淮河南至馬姓屋以己墻爲界西至船板巷北至崇善堂屋以己牆爲界面積二分零五毫七絲	房屋	無	廿三年十二月廿四日	仝	同
李欽德 安徽人住牛市街六十號	牛市街六十號東至李姓屋以己牆爲界南至李姓屋以己牆及其直線爲界西至牛市北至方姓屋以己墻爲界面積八分一厘五毫九絲	房屋	無	廿三年十一月廿二日	廿四年九月十七日	廿四年十二月十六日止
李欽德 安徽人住牛市六十號	顏料坊三十七號東至顏料坊南至李姓屋以己牆爲界西至李姓屋以己牆爲界北至方姓屋以己牆爲界面積三分四厘八劃一絲	房屋	無	廿三年十二月廿二日	同	同
李欽佩 安徽人住牛市六十號	牛市街五八 顏料坊三五七號東至顏料坊南至鄺姓屋以隣牆己墻及鄰牆直線爲界西至牛市北至李方二姓屋以鄰牆己墻及鄰牆直線爲界面積一畝四分四厘八毫七絲	房屋	無	廿三年十二月廿二日	仝	仝
程家修 家祥 家慶 家吉 南京人住長樂路八十五號	中華路二九一號東至博物館各有各牆爲界南至于姓屋以公墻爲界西至中華路人行道北至陶姓屋以己牆爲界面積一分四厘九毫八絲	樓房上下四大間	無	廿三年十二月廿二日	仝	同
王鶴巢 南京人住鞍轡坊十七號	渡船口九號東至渡船口南至張姓屋以鄰牆爲界西至秦淮河沿石岸北至沈姓屋以己墻爲界面積六厘七毫四絲	房屋	無	廿三年十二月十一日	同	同
本局市地 主管長官陸肇強住市府路	百子亭東至閻姓地南至鄭姓地西至閻姓地北至閻姓地面積二分六厘五毫五絲	無	無	廿四年七月一日	同	同

余東源 江蘇人住油坊巷六十號	緯巷五號東至巷緯以己牆爲界南至市地徐姓屋田姓屋以鄰牆爲界西至蘇姓屋以鄰牆及趙姓地爲界北至梁姓屋以鄰牆爲界面積一分二厘三毫四絲	平房一間一廈	無	廿四年七月廿五日	仝	同
李寬武 代理人袁權江甯人 住柳葉街四三號	渡船口三十號東至郭姓以鄰牆爲界南至江姓前以公板壁爲界後以鄰牆爲界中橫板壁爲本姓所有西至渡船口以板門爲界北至郭姓以己墻爲界面積六厘一毫二絲	平房一間一披廈	無	廿四年一月廿六日	同	同
夏榮生根 江甯人住建康路四一一號	建康路(太平里)四一一號東至朱姓屋公牆爲界南至建康路爲界西至東文思巷爲界北至東文思巷爲界面積一分〇一毫一絲	房屋	無	廿四年三月廿日	廿四年九月十七日公告	廿四年十二月十六日止
王文卿 江甯住評事街二〇五號王同興烟號	白下路四三號東至公善南至堂章姓王姓賓姓等屋以己牆爲界南至白下路爲界西至中國銀行以己牆爲界北至常姓屋以鄰牆爲界(西北)一小部以己牆爲界面積四分三厘九毫一絲	房屋	無	廿四年二月十一日	同	同
張立本 江蘇人住殷高巷二號	殷高巷二號東至吳張二姓屋以己墻及鄰牆爲界南至任姓屋以鄰牆外隙地及公牆爲界西至鴨羊街北至殷高巷面積一分九厘一毫	房屋	無	廿四年五月十八日	同	同
董漢傑其華 本京人住廣藝街十號	廣藝街十號東至舒姓屋以己牆爲界南至董姓屋以公牆爲界西至廣藝街北至舒姓屋以己牆爲界面積一分三厘三毫八絲	房屋	無	廿四年二月十五日	仝	同
莫春林祥生 法定代理人母親莫王氏均住柳葉街五十九號	小膠巷二五號東至楊周二姓屋以己牆及鄰牆爲界南至市產租戶曹姓屋以天井爲界西至馬姓屋及官巷以己牆及己板爲界北至張姓屋以天井中線爲界面積一厘八厘三毫二絲	房屋	地役權人曹有福本京人住小膠巷二五號	廿四年十二月廿七日	同	仝
馬祖蔚 南京人花露岡一一九號	花露岡一一九號東至花露岡南至時姓屋以己牆及公牆爲界西至時姓走巷以己牆爲界北至花露岡面積一畝一分。四毫四絲	房屋	抵押權人張元林江甯人北門橋雞鵝巷一百〇二號	廿三年十二月三十日	廿四年九月七日公告	廿四年十二月十六日止

邱金壽 南京人住甘雨巷一百〇三號法定代理人邱王氏籍貫住址同	大彩霞街廿四號東至鄭姓屋以鄰墻爲界南至李府巷西至大彩霞街北至洪姓屋以己牆及各有各牆爲界面積二分七厘七毫三絲	房屋	抵押權人徐脊華南京人水食巷十一號胡鈺生代簽	廿三年十二月廿六日	同	同
程寶壽 南京人住黑簪巷十一號	集慶路四六號東至馮姓屋及官產屋以己牆爲界南至集慶路西至杜姓屋以鄰墻爲界北至馮姓屋以隣牆爲界面積一分三厘三毫四絲	房屋	抵押權人施廣霖本京人住中華門外蘆蕭巷施義和粉坊	廿三年十二月三十日	同	同
劉吳氏 南京人住貴人坊十六號	貴人坊十六號東至楊姓屋以鄰牆爲界南至貴人坊西至劉姓走巷以己牆爲界北至劉姓屋以鄰牆爲界面積七厘四毫八絲	房屋	抵押權人劉楊氏南人住貴人坊十六號	廿三年十二月廿二日	仝	同
伍振芳 南京人住濟南代理人馬迪先本京住下街口一四八號	中華路一九六號東至中華路八行道南至鄭姓屋以鄰墻爲界西至鄭姓屋以隣牆爲界北至陳姓屋各有各墻爲界面積四厘	房屋	抵押權人吳志榮南京住中華路一二五號	廿四年一月七日	同	同
朱大寅 南京人住堂子街七十三號	堂子街七十三號東至堂子街南至張姓屋以己墻爲界西至南衛巷北至朱姓屋以公牆爲界面積二分七厘八毫四絲	房屋	無	廿四年四月廿六日	廿四年九月十七日	廿四年十二月十六日止
王光祖 南京人住柳葉街一二九號	柳葉街一二九號東至市地以己牆爲界南至市地及丁姓屋程姓屋以己牆與鄰牆爲界西至瞿姓屋及蔣姓屋以己牆爲界北至柳葉街面積五分九厘七毫八絲	同	同	廿三年十一月三十日	同	同
施棟材　鈞 住老府橋十五號	老府橋十五號東至老府橋南至馬姓屋以鄰墻及公牆爲界西至馬馬二姓屋以己墻爲界北至馬馬二姓屋以公牆及己牆爲界面積二分三厘三毫四絲	同	同	廿三年十二月廿日	同	同
錢文壽 華章 清順 松 本京人住大彩霞街五十二號	大彩霞街五十二號東至章姓屋以天井中界線爲界南至蔭惜善堂屋以公牆爲界西至蔭惜善堂屋以公牆及己墻爲界北至陳姓屋以鄰牆爲界面積一分六厘九毫三絲	同	地役權人章榮齊雨材合佔〇・〇〇三〇畝	廿四年七月三日	同	同

吳春 京人住馬道街廿二號	大全福巷甬二號東至吳姓屋以公牆爲界南至吳姓屋以鄰牆爲界西至小全福巷以己牆爲界北至大全福巷以己牆爲界面積二分五厘一毫八絲	同	同	廿四年四月十三日	同	同
吳有才 長生 南京人住井家苑廿三號	井家苑廿三號東至井家苑北至雙塘官溝以己牆爲界西至楊姓屋及官巷均以己牆爲界南至王姓屋以己牆及公牆爲界面積二分七厘四毫五絲	房屋	無	廿三年十二月卅日	同	同
郭氏 盧杰 讓濂 南京人住長樂路二二七號姚毓麟收轉	實輝牽牛巷第廿六九十一號東至趙姓屋以公牆爲界南至實及李姓屋以己牆及隣牆爲界西至牽牛巷北至張都堂巷蘇宋王三姓及地藏菴屋以己牆及鄰牆爲界面積二畝一分六厘九毫二絲	房屋	無	廿四三年十二二月卅四一日	同	同
張鳴盛 江陰人住胭脂巷廿三號	脂胭巷廿三號東至陳姓以己牆鄰牆爲界南至胭脂巷西至張姓以己墻爲界北至王府巷面積一畝五分九厘七毫五絲	同	同	廿三年十二月廿二日	同	同
李逢春儀 江寧人住大彩霞街卅二號	大霞彩街卅二號東至馬姓屋以己牆蔣姓屋以己牆爲界南至蔣姓鄭姓屋以己牆居姓張姓屋以鄰牆爲界西至大彩霞街以板門爲界北至洪姓屋以板壁爲界馬姓屋以鄰牆及己牆爲界面積二分四厘九毫六絲內有馬地姓地役權面積四厘八毫正	同	同一	廿四年四月九日	同	同
盧其昌 南京人住大膺府一〇九號	膺福街五九號東至盧姓屋地以鄰墻己牆及地界爲界南至大井巷西至豆腐巷北至膺福街面積一分七厘六毫八絲	同	同	廿三年十二月十五日	同	同
禹耀庭 季良 金華 挹秋 忠智 南京人住瞻園路二號	接福巷五六號東至接福巷以己牆爲界南至葛張兩姓屋以己牆及鄰牆爲界西至何姓屋以己牆爲界北至接福巷以己牆爲界面積一分六厘三毫三絲	房屋	無	廿四年九月六日	廿四年九月十七日	廿四年十二月十六日止
李炳榮 江甯人住破布營十號	破布營十五六號東至官溝以己之竹籬爲界南至華中公司地址以竹籬爲界西至官街北至馬姓屋地以己界綫爲界面積一畝二分六厘七毫一絲	屋房	無	廿四年六月廿六日	同	同

王金香　浙江人住吉兆營五一號	馬家街東至江姓塘王姓地南至楊姓塘姓王姓屋西至梁姓屋北至項姓地李姓地面積九分八厘九毫七絲	種菜	無	廿四年二月十七日	同	同
孫毓麒　浙江代理人周肖石安徽南京三元巷二號	峨嵋嶺東至李姓屋地南至陶姓地西至楊李孫顧錢陶六姓公共走巷北至孫姓地面積一畝八分二厘六毫六絲	無	無	廿四年六月廿四日	同	同
孫翼庭　浙江代理人周肖石安徽三元巷二號	峨嵋嶺東至李姓地南至孫姓地西至楊李孫錢顧陶六姓公共走巷北至楊李孫錢顧陶六姓公共走巷面積一畝九分七厘三毫四絲	無	無	廿四年六月廿四日	廿四年九月十七日	廿四年十二月一六日止
寶善菴僧意成　湖北人住四條巷一二五號	四條巷一三二一九 七五號東至(1)(2)四條巷南至(1)本姓屋(2)高姓屋西至(1)(2)市鐵路局地北至(1)張姓屋(2)本姓地（現賣與阮姓）面積(1)〇畝五分八厘七毫四絲(2)一畝一分〇厘九毫七絲	房屋	保存典權人唐捷三江蘇人住四條巷一二九號	廿四年三月廿六日	廿四年九月十七日	廿四年十二月十六日止
土地祠　住持濟安東台人住中正路四六七號	中正路四六五三號東至都土地祠屋以隣牆爲界南土至都地祠屋以鄰牆爲界西至中正路以己牆爲界北至沈姓屋以公牆及鄰牆爲界面積一分四厘五毫三絲	平房四間	無	廿四年八月二日	同	同
王馭之　南京住釣魚台五九號	孝順里三六號東至陶姓屋以己牆及鄰牆爲界南至陳姓屋以己牆爲界西至孝順里北至吳姓屋以己牆公墻及鄰牆爲界面積六分一厘五毫三絲	房屋	無	廿三年十二月廿七日	同	同
王馭之　南京人住釣魚台五九號	桃棋巷四號東至陶姓屋以公牆爲界南至桃棋巷西至陳姓屋以鄰牆爲界北至陶姓屋以己牆爲界面積一分一厘七毫八絲	房屋	無	廿三年十二月廿七日	同	同

段勤璋 理壁 江蘇人住漢西門堂子街四三號	堂子街四五三號東至堂子街南至走巷外吳姓屋西至禮拜寺巷北至馬姓屋以己牆爲界面積一畝九分九厘二毫三絲	房屋	無	廿四年四月十七日	廿四年九月十七日	廿四年十二月十六日止
劉詩仲 叔 江蘇人住膺福街八號	膺福街八號東至膺福街南至劉姓屋以己牆爲界西至秦淮河北至朱姓屋以隣墻與己墻爲界面積一分二厘十毫二絲	平房二間一廂	無	廿四年元月廿四日	廿四年九月十七日	廿四年十二月十六日止
蔡茂森 南京人住邊營三十五號	邊營四十五號東至徐李二姓屋以己牆爲界南至營地西至張姓屋以己墻隣墻及公牆爲界北至邊營面積一畝六分一厘二毫五絲	房屋	無	廿四年一月十七日	同	同
楊壽松 南京人住小姚家巷九號	金陵閘三五號東至金陵閘官溝以己牆爲界南至曹姓屋以公牆爲界西至張姓屋以己牆爲界北至張姓屋以各有各墻爲界面積八厘九毫二絲	房屋	無	廿三年十二月廿四日	仝	同
仇立甫 南京人住馬路街十八號	馬路街卅六號東至趙姓屋以鄰墻爲界南至趙姓屋以鄰牆爲界西至馬路街北至雲姓屋以鄰牆爲界面積八分九厘一毫一絲	房屋	無	廿三年十二月十七日	同	同
劉澤亭 江甯人住大板巷六十一號	黑廊巷廿八號東至石姓屋以己牆及界綫爲界界綫東邊官產亦屬該戶永租建屋南至夏姓屋以己墻爲界並開太平門周姓屋以各有各牆爲界西至黑廊巷北至周姓屋以東邊己牆西邊公牆爲界面積二分四厘五毫八絲	平房六間一天井	無	廿三年十二月廿八日	同	同
朱炳章 鈞 本京人住望鶴樓十四號	望鶴樓十四號東至王姓屋以鄰牆爲界南至望鶴樓西至桑姓屋以己牆爲界北至桑姓屋以己牆爲界面積一分五厘五毫三絲	房屋	無	廿四年四月三日	同	同
陳應春 江蘇人住下馬巷一五四號	建鄴路原名紅紙廊廿一號東至蔡姓屋以鄰牆爲界南至鄧姓屋以隣牆爲界西至倉巷北至紅紙廊面積七厘一毫一絲	房屋	無	廿四年三月十九日	同	同
文明清 湖北人住太平橋北七十二號	太平橋北七十二號東至太平橋北南至何姓屋以鄰牆爲界西至金姓屋以各牆及鄰牆爲界北至張姓屋地以小溝爲界面積二分二厘九毫一絲	房屋	無	廿四年五月七日	同	同

楊同壎 江蘇人住慧圓街十三號	慧圓街十三號東至楊姓屋以公牆爲界南至楊姓屋以己牆隣牆爲界西至楊姓屋以各有各牆爲界北至慧圓街面積三分三厘五毫三絲	房屋	無	廿三年十二月廿四日	同	同
王家榮銘 江甯人住大板巷十六號	牛市街七號東至牛市以己牆爲界南至張姓屋以己墻空地以鄰牆爲界西至秦淮河以界綫爲界北至李姓屋以鄰牆爲界面積三分〇一毫正	平房	無	二三年十二月二十七日	同	同
王春生 南京人住小彩霞街二十七號	建康路八三號東至許姓屋以公牆及板牆爲界南至建康路以板壁爲界西至傅姓屋以鄰牆爲界北至傅姓屋以隣牆爲界面積九厘六毫八絲	房屋	無	二三年元月三十一日	同	同
馮永源 南京人住白衣菴十三號	白衣菴十三號東至崇仁善堂屋以隣牆爲界南至崇仁善堂屋以鄰牆爲界西至白衣菴北至胡姓屋以己牆爲界面積二分〇九毫一絲	房屋	無	二四年三月九日	同	仝
史善之 江甯人住玉帶巷二七號	玉常巷二七號東至劉姓屋以隣牆己牆及各有各墻爲界南至以秦淮河爲界西至姓胡屋以己牆及公牆爲界北以玉常巷爲界 面積（一）三分四厘三毫八絲（二）四厘七毫三絲	平房七間二廢空基地一間	抵押權人汪捷三	二四年七月二五日	同	同
周玉成 南京人住金陵閘一四號	瞻園路四三號東至王姓屋以公牆爲界南至李姓屋以己牆及鄰牆爲界西至李姓屋以隣牆爲界北至瞻園路以板門爲界面積二厘〇四絲	房屋	抵押權人王佐朝住羊皮巷八號	二四年三月八日	同	仝
王德福 江寧人住明瓦廊六十八號	明瓦廊六八號北吳馬二姓屋以隣牆及己牆爲界東至馬姓屋以鄰牆爲界南至梅袁二姓屋以己牆隣牆及其直綫爲界西至王姓屋以天井爲界面積三分五厘五毫	房屋	地役權人王德金德壽吳均本市人均住明瓦廊六十八號	廿四年三月六日	同	同
朱明椿 南京人住剪子巷亂石堆十號	貴人坊東至陳姓地以直線爲界綫南至貴人坊西至市地北至李姓屋及地以鄰墻及直綫爲界面積八分八厘〇四絲	空地	抵押權人惠亮高南京人住牛市五十二號	二四年二月十四日	廿四年九月十八日公告	二四年十二月十七日止
沈士明 上海人住成賢街成賢里五號	老荣市西橋東至顧姓地南至聞博記地西至官溝北至合記地面積二畝〇九毫六絲	無	無	廿四年二月廿八日	廿四年九月十八日公告	廿四年十二月十七日止

葉紹華河南人住漢府街十二號代理人傅燕賓南京御史廊二十號	甲種住宅區靈隱路東至靈隱路南至周姓地西至蔣姓屋北至王姓屋以竹籬爲界面積三分五厘	無	無	廿四年二月二十日	仝	仝
陳文錦學林華江蘇三步兩橋一號	童家山東至吳姓地南童家山西至陳姓地北至陳姓地面積五分〇二毫四絲	空地	無	二四年二月二七日	同	同
陶李氏步雲淞石江甯人住通濟門外杜桂村一二〇號	磨乃巷東至磨乃巷南官地租戶孫姓屋西至公巷及磨乃巷北至王姓屋面積四分〇五毫九絲	無	無	二四年五月七日	同	同
姚康浩南京人住洪武路十三號	中山東路一二二號東至周姓屋以己牆爲界南至唐姓屋以鄰牆及己牆爲界西至洪武路施姓屋以鄰牆及板壁并己牆爲界倪童二姓屋以鄰牆及己牆爲界北至中山東路面積六分八釐七毫五絲	樓房八間平房七間	權利關係人江蘇銀行建康路二四八號	二四年七月八日	同	
雷幼鈞鐸南京人門西老門橋九號	老府橋九號東至老府橋南至馬姓屋以己牆及鄰牆又馬姓地爲界西至馬姓地北至徐姓屋以公牆及鄰牆又以己牆爲界面積六分二厘七毫二絲	房屋	無	二三年十二月二四日	同	同
伍于柏廣東住高門樓二十六號	高門樓東至隙地南至王閣二姓屋西至張姓地北至周姓地面積一畝三分三釐三毫三絲	房屋	無	廿四年五月十三日	廿四年九月十八日	廿四年十二月十七日止
首都北區第一救火會代理人李秀東江甯人魚市街四十六號	唱經樓西街第八・十・十二・號東至本會地南至走巷西至唱經樓西街北至北一區救火會屋面積一分五厘二毫三絲	平房	仝	廿四年六月廿六日	仝	仝
范永霖江蘇住高家巷二號	大石壩街一二〇號東至張梁氏屋以己牆爲界南至張梁氏屋及郭姓屋以己牆爲界西至姜姓屋以己牆爲界北至市地面積二分二厘三毫一絲	房屋	仝	廿三年十二月	同	同

張華 河北住王府園九十八號	小王府園廿六九八號東至旗地南以己牆爲界中爲各有各牆南至小王府園以己墻爲界西至王府園以己墻爲界北至東王府園以己牆外餘地爲界面積一畝〇四厘七毫正	平房十間四厦	仝	廿四年四月廿二日	同	仝
劉鑑秋 江甯住柳葉街七十七號	柳葉街七十七號東至周姓屋以己牆爲界南至陳姓屋以鄰墻爲界西至陳姓屋以各有各牆爲界北至柳葉街面積一分四厘四毫五絲	房屋	仝	廿三年十二月廿五日	仝	同
綢布業公會 代表人朱熾侯鎮江人住建康路天福綢布莊	黑簪巷十七號東至官巷以己牆爲界南至徐姓以己牆爲界右角一小段爲鄰牆西至成衣業工會以己牆爲界北至黑簪巷以己墻爲界面積八分〇八毫一絲	樓房四間平房十六間披厦六間	無	廿四年四月廿九日	仝	仝
首都警察廳 主管長官陳焯	貢院東街卅九號東至何姓以各有各牆爲界後一小段爲鄰牆南至秦淮河以己牆爲界西至秦淮小公園以己牆爲界北至貢院東街以己牆爲界面積二畝〇四厘八毫一絲	瓦平房廿六間	仝	廿四年元月四日	仝	仝
梁崇斌才 南京人廚子營二號	廚子營第二號東至廚子營南至王姓屋以己牆及公板壁爲界西至張姓屋以鄰牆爲界北至張姓屋以鄰牆及鄰板壁爲界面積五厘〇五絲	房屋	同	廿三年十一月九日	同	同
張廣明 南京人住心復橋五號	心復橋第五號東至沈姓屋以鄰牆爲界南至沈姓屋以鄰牆爲界西至程姓屋以公牆及己牆爲界北至衖姓屋以己牆爲界面積一分一厘八毫六絲	平房二間	同	廿四年元月廿九日	同	同
嚴小甫 南京住瞻園路廿一號	瞻園路廿一•三二•一七•東至潘嚴兩姓走巷以己牆爲界南至潘姓屋以鄰牆爲界西至李姓屋以鄰牆及各有各牆爲界北至瞻園路以板門爲界面積三分一厘七毫六絲	房屋	同	廿四年元月四日	同	同
梁秉衡昆仲 江蘇人住東門街十六號	東門街十六號東至黃姓塘蔣姓地及中山北路南至蔣姓地林姓塘及黃姓地西至陳蔣二姓地及林姓塘北至王姓地塘以及梁姓地四三八五面積一畝二分四厘三毫八絲	空地	無	二四年三月二十七日	二四年九月十八日	二四年十二月十七日止

申長霖 劉萬春 江甯人住中山東路三〇六	國府西街一七、一九、二一、二七、二九、三一、三三、號東至國府西街南至夏蔣二姓屋官巷趙姓地劉姓屋以鄰牆公牆及己牆爲界西至周邊二姓屋以己牆及己牆外隙地抵鄰牆爲界沈姓屋以己牆及鄰牆爲界北至官產旗地江甯縣屋以各牆爲界面積一畝六分三厘八毫六絲	平房十四間披房十二廈	無	二四年四月十六日	同	同
黃春林生南 江蘇住宮後山二號	宮後山天妃巷二號東至中華慈幼協濟會地南至陳姓屋(以鄰牆滴水爲界)及戴姓地西至天妃巷北至樹姓塘地面積四畝一分一厘五毫八絲	平房三間	無	二四年三月三〇日	同	同
金慶生 南京住許事街一一四七號	大彩霞街七六、八號東至王姓屋以鄰牆爲界南至湯江周三姓屋以己牆及鄰牆爲界西至大彩霞街北至鄒楊二姓屋以公牆及己墻爲界面積一分六厘一毫一絲	房屋	無	二四年一月十四日	同	同
鄒敬孚 江甯住洪武街八四號	大彩霞街八〇號東至楊姓屋以己牆爲界南至金姓屋以公墻爲界西至大彩霞街北至韋朱楊三姓屋以己牆及鄰牆爲界面積四厘〇一絲	房屋	無	二四年一月五日	同	同
鄭厚康 南京住太平路一五七號	內橋灣東至沙姓屋以己牆爲界南至內橋灣西至呂姓屋鄰牆爲界北至秦淮河面積五分七厘〇八絲	房屋	無	二四年五月二九日	同	同
韓長清 南京住丁官營十二號	東關頭五一、五三、丁官營一八、號東至鄭姓屋以己牆鄰牆爲界劉姓屋以公牆爲界南至丁官營西至丁官營北至東關頭板壁面積五分四厘〇八絲	房屋	無	二三年十二月二五日	仝	同
金宏林 南京住七家灣廿五號	大恢復巷三五、七家灣二五號東至大恢復巷南至清眞寺屋以鄰牆及公墻爲界西至己姓及清眞寺公走巷以己牆爲界北至七家灣街以鄰牆及己牆爲界面積七分九厘九毫三絲	房屋	無	二四年二月二三日	同	仝
李大榮明 江蘇住貴人坊	貴人坊一號東至市地南至貴人坊西至市地北至貴人坊面積三分九厘九毫五絲	草屋一間	無	二三年十二月二四日	同	同

王嘉仁 儀 倫 俊 江甯住白下路水巷三號	李府巷六號東至蘇姓屋以鄰牆公牆及己牆爲界南至李府巷西至楊章陳馬四姓屋以鄰牆及己墻爲界北至韓吳二姓屋以己牆爲界面積三畝二分六厘二毫一絲	房屋	無	二三年十二月二九日	同	同
錢長裕 李氏 馮氏 南京人住城北第六局望粮橋一號	朝天宮西街四十九五十一號東至朝天宮西街南至鄭姓屋西至秦淮河北至錢姓屋面積二分八厘六毫正	房屋	無	廿四年四月十六日	廿四年九月十八日	廿四年十二月十七日止
大悲菴 主持尼妙空滁州人 住城左營七號	城左營二七號東至沈姓屋及施姓屋以己牆爲界南至城左營西至城左營北至吳姓屋及李姓屋以己墻及其直線爲界面積二畝三分六厘二毫	房屋	無	廿四年三月七日	同	上
史濟才 濟鴻 濟新 元 住太平路一六一號	太平路花牌樓一七六號東至太平路南至馬吳兩姓屋以各牆及公牆爲界西至吳姓屋以己牆爲界北至淮海路面積八厘二毫八絲	樓房一幢	無	廿四年六月十日	同	上
阮道新 南京人住狀元境二十四號	狀元境卅一號東至雷姓屋以鄰牆爲界南至沈姓屋以己牆公牆爲界西至金東會館屋以己牆公牆爲界北至狀元境面積四分〇九毫二絲	房屋	無	廿三年十二月十九日	同	上
馬志和 慎錄 江甯人住洪武路二三二號	洪武路二三二號東至洪武路南至馬姓屋以己牆爲界西至全蜀會館以鄰墻爲界北至公巷面積三分六厘六毫三絲	房屋	無	廿四年四月廿九日	同	上
葛勝開 江甯人住烏衣里七號	烏衣里七號東至靜月菴屋以鄰牆爲界南至普安會館地趙姓屋以己牆爲界西至烏衣里以己牆爲界北至鄭姓屋以己牆及各有各墻爲界面積一分五厘九毫六絲	平房四間一披	無	廿四年七月廿七日	同	上

孫昌裕 南京人住北灣子三十六號	北灣子三四—三八 韓家苑三—四 東至魏姓屋單姓屋以己牆公牆本姓板壁爲界南至北灣子西至韓家苑及楊姓屋以鄰牆己牆爲界北至張姓屋以鄰牆及孫宗公走路爲界面積一畝一分一厘九毫九絲環城路經其中部約佔用四〇・〇〇〇〇方丈	房屋	無	廿四年二月十一日	同	上
仇源銓 江甯人住烏衣里五號	白塔巷廿號東至白塔巷南至白塔巷西至王姓屋以公牆爲界北至官地（租戶仇姓）以己牆爲界面積四分〇一毫九絲	房屋	無	廿三年十二月廿日	同	上
施鑑之 江甯人住鳴羊街四十一號	老府橋十六號東至井家苑南至旗地楊姓租戶屋以己牆爲界西至老府橋北至潮源水龍局及許姓屋以己墻公牆爲界面積五分五厘八毫六絲	房屋	無	廿四年一月廿五日	同	上
張仲廷焬重 經理人張少軒合肥人住白下路二八七號	立法院街二號東至斛斗巷南至立法院街西至復興街北至五福里面積二十六畝二分三厘七毫八絲	房屋	無	廿四年三月十六日	同	上
祁蘭榮 嚩城住小心橋五〇號	雙塘廿七號東至吳姓地以己牆爲界南至轉龍巷以己牆爲界西至陳姓屋及雙塘巷以己牆爲界北至吳姓屋以鄰牆爲界面積四分二厘五毫八絲	房屋	無	二三年一二月二〇日	二四年九月一九日	二四年十二月一八日止
貴池會館 大石壩街六四號管理人許澄之安徽住城北鵝眉路七號	大石壩街六二（〇四）號東至本姓屋以各牆爲界南至大石壩街以己牆爲界西至市產以小路及鄰牆爲界此小路永遠不准建築房屋北至秦淮河以己界綫爲界面積二畝二分二厘五毫二絲	房屋	無	二三年十二月二九日	同	同
王積禮 南京住綾莊巷廿四號	長樂路三一三號東至何姓屋以鄰牆以各有各牆爲界南至長樂路以己牆爲界西至吳姓屋以公牆爲界北至吳朱姓屋以己牆爲界面積一分三厘三毫六絲	房屋	無	二三年十二月二三日	同	同
吳屠氏 浦口住貢院東街五號徐先生收	東關頭卅二號東至徐姓屋以各有各牆爲界南至東關頭以己牆爲界西至金姓屋以己牆爲界北至秦淮河己牆外以空地界綫爲界面積四分四厘六毫正	房屋	無	二三年十月一二日	同	同

岳稱峯 河南住馬家街十七號	中央門東至中央路南至蔣冬愛堂地西至房姓地北至軍政部營地面積一畝〇四厘〇八絲	無	無	二四年七月六日	同	同
宋耀雲 宋友樑 繼輝煌 銅坊苑廿七號	顏料坊十九號東至顏料坊南至常姓戴姓袁姓屋以各有各牆爲界西至袁姓屋及官地以己牆爲界北至王姓司徙姓屋以己牆及鄰牆爲界面積八分九厘四毫一絲	房屋	無	二三年十二月十二日	二四年九月十九日	二四年十二月十八日止
馬則桑 杭縣住水倉巷十三號	水倉巷十三號東至桑姓屋以己牆爲界南至桑姓伯姓屋以己牆爲界西至霍姓屋以公牆己牆及鄰牆爲界北至桑屋以己墻爲界面積三分九厘七毫六絲	房屋	無	二三年十二月二二日	同	同
蔣靜妹 江甯住上海代理人周柏虬江甯人住高岡里十九號	中華路二八九號東至博物館屋以各有各牆及鄰牆爲界南至陶姓屋以本產界綫爲界西至中華路以板門爲界北至王姓屋以各有各牆爲界面積一分六厘一毫止	房屋	無	二四年元月十四日	同	同
周伯球 江甯住門西高岡里十九號	張公橋東至張公橋南至王姓屋以己墻爲界西至張王二姓屋以己墻爲界北至禮拜寺巷面積三分五厘一毫七絲	房屋	無	廿四年五月十一日	同	同
朱道炘 宏生 江寧住仁厚里八號	仁厚里八號東至朱姓屋以本產貼牆及己牆爲界南至仁厚里以己墻爲界西至陳臧兩姓屋以己牆爲界北至陳姓屋以己墻爲界面積六分四厘四毫三絲	房屋	無	二四年四月十一日	同	同
莊慶禧•榮•祿•喜• 江蘇人住五福橫首二十六號	陳家牌坊八號東至易姓屋以鄰牆爲界南至陳家牌坊西至常姓屋以鄰牆公牆爲界北至陶姓屋以己牆爲界面積一分一厘四毫二絲	房屋	無	廿四年三月廿三日	廿四年九月十九日	廿四年十二月十八日止
吳捷凱 軍 準 強 南京人住邊營四十八號	三條營八號東至鄭姓屋以己墻爲界南至三條營西至德秦永屋北至陳姓屋及五板橋巷以牆外隙地爲界面積五厘九毫七絲	房屋	無	廿四年二日二十七日	同	同

濟戩寺 南京住持沙達之菱角市清眞寺	菱角市十五號東至梁梁二姓屋梁姓地及警察所以己牆為界南至菱角市西至工業試驗所屋以己牆及天井中綫為界北至實業部以巳牆為界面積一畝七分六厘七毫六絲	房屋	無	廿三年十二月廿八日	同	同
馬培德 江甯人住估衣廊一零六號	太平路一七八號東至太平路以人行道為界南至顧姓以公牆為界西至吳姓以鄰牆為界北至史姓以公牆為界面積三厘九毫七絲	樓上下房屋二間	無	廿四年九月一日	同	同
胡江雲 江都人住奉賢南橋代理人王秉炎江甯人住致和街八十二號	致和街八十號東至致和街南至孔姓屋以鄰牆為界西至王姓屋以鄰牆為界北至致和街面積二分四厘二毫	房屋	無	廿四年六月八日	同	同
劉金山 元懷 本京人住陰陽營二二號	陰陽營東至官溝南至顧姓地西至陰陽營北至本姓地現擬賣韓姓面積三畝六分零六毫五絲	房屋	無	廿四年四月四日	同	
余昭來 祖仁 本京人住建鄴路卅二號	致和街二十三一號東至致和街南至官地租戶朱姓屋以己牆為界西至秦淮河磚駁岸北至李姓屋以自己及李姓板壁為界面積一分一厘三毫四絲	房屋	無	廿四年三月十三日	同	同
曹頌虞 安徽人住中正街甯台旅館	繡花巷八，一零號東至羅黃二姓屋以巳牆外走巷中綫為界南至繡花巷西至伍姓屋以公牆為界北至申家巷面積一畝五分三厘七毫	房屋	無	廿三年十二月卅一日	同	同
柳思福 江甯人住大樹城二號	小心橋二號東至大樹城以界綫為界南至小心橋以界綫為界西至李姓地以土埂為界北至李姓地以土埂為界柳思福現擬將該產全部出賣與劉文明施廣華面積四分九厘四毫四絲	草房二間典主施姓所蓋	典權人施廣華住大樹城棚戶二號	廿三年十二月卅日	同	同

余鑫發　江甯人住廣藝巷三號	閭奩營(與廣藝街毗連)東至斗姥宮屋以鄰牆及己牆爲界南至本姓屋及地以己墻及己牆外隙地爲界西至房姓屋以鄰墻外隙地爲界北至閭奩營面積一畝一分三厘八毫二絲	房屋	地上權人何家俊安徽人住閭奩營七號	廿四年四月八日	仝	同
任殿安　淮安人住小抽坊巷十九號	小油坊巷六至二〇號東至(一)趙姓地(二)官地(一本姓承租)(三)小油坊巷南至(一)市產小西湖小學屋(二)官巷及孔姓(三)小油坊巷西至(一)小油坊巷(二)孔姓屋(三)孔姓屋北至(一)小油坊巷(二)朱姓屋(三)官巷面積六分五厘二毫七絲	房屋	抵押權人田健安江寧人住船板巷抵押權人劉大成江寧人住大石壩街一四三號	廿三年十二月十日	廿四年九月二十日	廿四年十二月十九日止
李原裕　京人住小牛首巷二號	牛首巷二號東至金姓以鄰墻爲界南至牛首巷西至李姓屋以己墻爲界北至李姓屋東端以公牆爲界西端以己牆爲界面積二分八厘二毫	房屋	典權人金朝義南京人住鼎新橋一號	廿四年五月十三日	同	同
梁泰康　仝瑞麒　江甯人住迴龍街三七號	迴龍街33 35 37號東至迴龍街及梁姓屋南至清眞寺屋以鄰牆爲界西至梁姓地及實業部工業試驗所屋北至迴龍街面積六分六厘六毫	房屋	地上權人蘇少德南京人住迴龍街三十五號地上權人楊良友南京人住迴龍街三十三號	廿三年十二月廿八日	同	同
陶匯生　本京人住建康路二三三號現擬劈賣二分四厘一毫五絲與嚴惇予住珞珈路七號	珞珈路東至(一)本姓地(二)公用地南至(一)珞珈路(二)珞珈路西至(一)陶姓地(二)本姓地擬賣與嚴姓北至(一)鄒姓屋(二)鄒姓屋朱姓地面積一畝七分一厘八毫六絲	無	無	廿四年六月廿一日	同	同
劉發義　釣魚台六十四號	釣魚台六四號東至魏黃二姓屋以隣墻鄰板壁及己牆爲界南至釣魚台西至李姓屋以鄰牆己牆及公板壁爲界北至秦淮河面積一分二厘三毫六絲	房屋	無	廿四年六月十八日	同	同

孫仁俊 南京人住洪武路門牌九八號	許府巷東至許岳二姓地界線南至許府巷西至許姓地界線北至一德潤堂地界樁二傅姓地界線面積七畝三分四厘七毫四絲	無	無	廿四年四月廿三日	同	同
羅海樓 羅次若 廣東人住三步二橋五號之一號現擬分賣與樓翼蓀等五人 住本市郵政總局	模範馬路東至(一)羅姓地塘(二)劉張翁樓四姓公走道(三)本姓地賣與翁姓(四)本姓地現賣與樓姓(五)羅姓地南至(一)程姓地(二)程姓地(三)程姓屋(四)程姓地(五)本姓地賣與劉姓西至(一)本姓地留與張劉翁樓四姓公走道(二)本姓地賣與樓姓(三)本姓地現賣與梅姓(四)陶姓地(五)張劉翁樓四姓公走道北至(一)(二)(三)(四)(五)模範馬路面積三畝四分七厘零七絲	菜地	無	廿四年八月十日	同	同
陳延貴 本京人住大石橋七十七號	大石橋七七號東至梁姓屋以鄰牆公牆爲界南至魏姓屋以鄰牆爲界西至救火會及金姓艾姓周姓屋均以鄰牆爲界北至大石橋面積九分九厘四毫五絲	房屋	抵押權人錢介三住大石橋七十五號(錢介三即錢榮壽)	廿四年五月廿五日	仝	仝
董芳愼 廣西人住花牌樓白菜園四七號	馬家街五號之一東至張姓地南至熊姓地及塘西至張姓地北至王姓屋面積六分七厘〇一絲	新式樓房	無	二四年六月十一日	二四年九月二十日	二四年一二月一九日止
衛生署 南京黃浦路主管長官劉瑞恆	宮後山天主堂後東至王姓及馬姓地南至市地西至石姓屋黃姓塘及馬姓地北至天主堂地僧世毓塘僧法慧屋面積十一畝四分三厘一毫六絲	基地	無	二四年六月一八日	仝	仝
楊棟樑 江甯住珍珠橋卅一號	紅花園三八七九號東至徐楊二姓公留走巷南至朱楊二姓地西至官巷及市鉄路局地北至官溝及李姓地塘面積六畝六分三厘九毫二絲	空地水塘小房屋	抵押權人市民銀行昇州路	二四年一月七日	同	同
晉樞丞 安徽人住新姚家巷四號	建康路四號東至龎姓屋以己牆爲界南至新姚家巷西至姚家巷北至建康路面積二畝〇一厘七毫九絲	房屋	抵押權人中南銀行	二三年一二月二〇日	同	同

陳艾塘 南京住中正路五二八號	中華路十四六八號東至以中華路人行道爲界南至蔡姓屋以己墻及各有各墻爲界又袁姓屋以己墻爲界西至官巷以己牆爲界北至金姓屋以各有各牆及本姓屋以己牆爲界面積一分八厘二毫三絲	樓房三層三號門面	無	二四年七月二五日	同	同
韓有剛 江蘇人住大樹根四三號高宅	高樓門東至李姓地南至官路西至嚴姓地北至張姓地面積九分三厘正	無	無	二四年六月二八日	二四年九月二〇日	二四年一二月一九日止
梁全祿 眞興 江寧人住大禮拜寺巷後廿八號	鉄衙欓東至官水溝南至梁姓地西至營地北至馬姓面積八分三厘六毫三絲	無	無	二四年四月二五日	同	同
楊墨鳳 林有才 宿遷住致和街七十號	致和街六四七〇號東至王姓屋南至趙姓屋西至洪姓屋以鄰牆爲界北至致和街面積一分三釐二毫七絲	房屋	無	二四年三月二五日	仝	仝
楊慶生 江甯人住門東大樹城七號	大樹城七號東至營地以本產界線爲界南至蘇姓屋以公牆爲界西至大樹城以己牆爲界北至史姓屋以公墻及隣牆又本產界線爲界面積四分三厘一毫二絲	房屋	無	二三年一二月一六日	同	同
廖榮祥 南京人住和平門內廖家巷九號	廖家巷東至軍政部營台地南至廖姓地西至廖家巷北至廖姓地面積九分五厘九毫四絲	竹園	無	二四年六月二五日	同	同
宗榕生 宜興中華路二七六號	柳葉街一三二號面積四分九厘六毫六絲東至梁姓以隣牆己牆爲界南至柳葉街西至梁姓以公墻爲界北至秦淮河	房屋	無	廿四年元月廿五日	廿四年九月二十日	廿四年十二月十九日
田鈺興 南京國府路四六八號	金鑾巷三六七號面積七分八厘二毫八絲東至成姓屋李家巷二〇及市地以己牆爲界南至李家巷西至金鑾巷北至成姓屋及地以己牆隣牆及竹籬爲界	房屋	同	廿四年三月十八日	同	仝

洪汝煥 江甯大彩霞街三十二號	大彩霞街三十四號面積五厘九毫東至馬姓屋以鄰牆爲界南至李姓屋以己牆及本姓板壁爲界西至大彩霞街以板門爲界北至蔭惜善堂屋以鄰牆爲界	同	同	廿四年四月三日	同	仝
李如琨 琦 瑞 珮 璸 本京住胭脂巷廿四號	中華路(三山街)二五七號面積四厘零四絲東至蔣姓屋以隣牆爲界南至市產以公牆爲界西至官街及人行道以己板門爲界北至潘姓屋以公牆爲界	樓房	同	廿三年十二月十八日	同	同
張永福興 本京來鳳街六二號	毛家苑面積四分零六毫六絲東至毛家苑南至馬姓地(現賣與朱姓)西至戈姓地北至王姓地	無	無	廿四年七月十二日	同	同
張永福興 本京毛家苑六二號	毛家苑面積三分九厘七毫東至馬虞二姓地南至官巷西至江趙二姓地北至馬姓地	無	無	廿三年十二月三日	同	同
張永福興 南京來鳳街六二號	毛家苑面積二分八厘一毫東至毛家苑南至虞姓地西至馬姓地北至馬姓地	同	同	廿四年七月十二日	同	同
王海如 王春壽 南京漢西門堂子街七十號	石鼓路三一九號面積六厘六毫六絲東至俞姓屋北首以鄰牆爲界南首以貼牆爲界李姓屋以己有院牆爲界南至臧姓屋以鄰牆爲界西至何盛蘄三姓屋以鄰牆爲界北至石鼓路	房屋	同	廿四年三月九日	同	同
曹春富 江蘇大石壩街四九號	大石壩街四九號面積一分零六毫四絲東至朱姓屋以公牆隣牆己牆爲界南至婁姓屋以己牆爲界西至金陵閘以板壁爲界北至迎大石壩街板門	同	同	廿三年十二月十七日	同	同
印邦傑 江甯代理人印啓華 住門西營門口二號	營門口四號面積九厘三毫六絲東至印姓屋及印李柏三姓爭執地以己牆爲界南至營門口西至李姓屋以隣牆爲界北至印姓屋以己牆及隣牆爲界	同	同	廿四年三月三十日	仝	仝
陳家桂 南京人住義興巷四十九號	義興巷四九號面積一分七厘零四絲東至劉姓屋各有各牆爲界南至黃姓屋以隣牆爲界又後門外官巷西至余姓屋(典與林姓)以己牆爲界北至義興巷	房屋	無	廿三年十二月三十日	廿四年九月廿日	廿四年十二月十九日止

高振鑾 鷺 江甯人住門東八間房廿號	八間房二號面積二分六厘九毫四絲東至官巷以己牆爲界南至八間房以己牆爲界西至雙塘以己牆爲界北至戴姓屋以己牆外滴水爲界	房屋	無	廿三年十二月十八日	同	上
陳鴻鈞 陳仲子 楊氏 叔和 南琴 江甯人住五間廳三十二號	建康路二二五號面積四分五厘九毫七絲東至張姓及郭何氏屋以鄰牆及己牆爲界南至建康路西至蔣姓屋(現賣與金姓)以鄰牆及己牆爲界北至毛姓屋以己牆爲界	房屋	無	廿三年十二月三十日	同	上
周晉生 卿宏涂 宏有 江甯人住倉巷九號	中華路(原名花市街)三一六號面積九厘六毫五絲東至王姓屋以己牆爲界南至滕姓屋以各有各牆及鄰牆爲界西至人行道北至李姓屋以鄰牆各有各牆及公牆爲界	房屋	無	廿四年六月七日	同	上
秦銘勳 六合人住箍桶巷四一號	中華路(原名花市街)三六一號面積八厘正東至李姓屋以鄰牆爲界南至童姓屋以己牆爲界西至人行道北至李姓屋以各有各牆爲界	房屋	無	廿三年十二月七日	同	上
汪德隆 江寧人住門東庫上七號	庫上(門東)五號面積一分九厘二毫九絲東至馬姓屋以己牆爲界南至庫上西至王姓屋以己牆爲界北至王姓屋以鄰牆爲界	房屋	無	廿三年十二月廿五日	同	上
臧鳳之 江蘇人住漢西門柏菓樹三十一號	漢西門大街廿六號面積五厘七毫二絲東至李姓屋以己牆爲界南至郭姓屋以己板壁及鄰牆爲界西至漢西門大街北至靳王二姓屋以己板壁及己牆爲界	房屋	無	廿四年四月廿日	仝	上
袁永安 袁永孝 袁永忠 南京人住殷高巷三十七號	殷高巷三十七號面積五分四厘九毫六絲東至陶夏二姓屋以己牆公牆及鄰牆爲界南至殷高巷西至陶姓屋以己牆及鄰牆爲界北至陶姓屋以己牆爲界	房屋	抵押權人陳祝三南京人住殷高巷三十七號抵押權人劉古衡江寧人住十間房三十三號抵押權人馬子和丹徒人住殷高巷四十九號	廿四年四月三日	同	上

李小綠 南京人住漢西門城灣街八號	石鼓路三一三(一五)號面積一畝零八厘九毫九絲東至俞姓屋以己牆爲界南至黃姓屋以鄰牆爲界西至俞臧郭馬黃五姓屋以公牆己牆及鄰牆爲界北至石鼓路	房屋	抵押權人董仲祥南京人住卜關正豈街里二街八號	廿四年五月廿八日	仝	上
閻玉和 安徽人住渡船口三十七號	渡船口三十七號面積九厘零二絲東至渡船口以板門爲界南至徐姓屋以公有板壁爲界西至秦淮河以板壁爲界北至昇州路以牆及界綫爲界	房屋	抵押權人郭梁氏山西人住程善坊八號	廿三年十二月十四日	同	上
王承基 球 江甯人住城北後所三號	華岩岡東至程楊三姓地南至王姓地西至軍政部及歸雲堂地北至華農岡面積七畝六分五厘二毫七絲	無	無	廿四年八月八日	同前	同前
王承基 寶龍 承球 江蘇人住迴龍橋十號	華岩岡東至楊姓地南至楊姓地西至歸雲堂及楊姓地北至干姓地面積七畝六分五釐二毫七絲	無	無	廿四年八月八日	同前	同前
呂炳元 泉 南京人住西家大塘二十四號	西家大塘東至章姓地南至西家大塘西至雲南同學會地北至陳姓塘及章姓地面積一畝三分七厘四毫二絲	房屋	無	廿四年元月十一日	廿四年九月廿一日	廿四年十二月廿日止
張奇瑞、奇瑜 奇琨、奇珍 戴氏、奇瑛 華圃、奇玨 南京人住七家灣廿四號	大彩霞街五八、六〇號東至楊姓屋以己墻爲界南至四鶴春合記屋及陳姓屋以隣牆及己牆爲界西至大彩霞街北至田周二姓屋及公走巷以己牆爲界面積五分三厘五毫二絲	房屋	無		同前	同前
陳艾塘 本京人住中正路五二八號	中華路一二號東至中華路人行道爲界南至本姓屋以隣牆爲界西至金姓屋以鄰墻爲界北至金姓屋以己牆爲界面積一厘七毫二絲	門面樓房二小間	無	廿四年七月廿五日	同前	同前

張祖春 江甯人住張公橋	張公橋禮拜寺巷口東至周姓屋以隣牆爲界南至王姓屋以己牆及己板壁爲界西至王姓屋以己牆爲界北至禮拜寺巷面積一分六厘七毫七絲	房屋	無	廿四年五月三十一日	同前	同前
許翰 江甯人住犂頭尖二十二號	犂頭尖二九號東至犂頭尖南至周姓屋以己牆爲界西至馬姓屋以己墻爲界北至遠鎮庵以己牆爲界面積八厘七毫三絲	房屋	無	二十四年三月十三日	同前	同前
金蕭氏 金蕙芳 江甯人住城北雞鵝巷一三四號	北門橋二四號東至金姓屋以己牆爲界南至雞鵝巷及趙姓屋以板門及己牆公牆鄰牆爲界西至北門橋北至鄭朱廿三姓屋以己牆爲界面積四分三厘四毫	平房九間二廈	抵押權人徐昌孫住昇州路二三一號	廿四年七月十一日	同前	同前
陳幹臣 代理人朱紹甫江甯人住狀元境五號	狀元境五號東至阮姓以鄰牆爲界劉姓以己墻及各有各牆爲界南至沈姓以鄰牆爲界西至查俞二姓以公鄰牆各有各牆爲界北至狀元境面積五分二厘〇九絲	房屋	抵押權人馬立財南京人住狀元境貫院西街口馬復興炒貨店	廿四年一月十八日	仝前	同前
市有旗地	吉祥街十九號東至旗地租戶陳姓屋以公墻及公板壁爲界南至李彭兩姓屋以己牆爲界西至吉祥街北至吉祥街面積一分八厘八毫一絲	房屋（租戶所有）	地上權人紀楊寅江甯人住吉祥街十九號	廿三年十二月卅一日	同前	同前
黃劍華 南京太平路一九八號	太平路一九六、一九八二〇〇號面積四分五厘九毫二絲東至太平路南至馬姓屋以己牆爲界西至哈姓屋以己牆爲界北至哈姓屋以己牆爲界	房屋	無	廿四年六月廿五日	廿四年九月廿一日	廿四年十二月廿日
杜有德 儀徵望鶴崗伏魔菴四號	伏魔菴四號面積二分〇八毫八絲東至樂姓屋以鄰墻己墻爲界南至寶興銀樓以鄰牆爲界西至走巷以己牆爲界北至公共走巷以己牆爲界	屋四間二廈	同	廿四年八月三日	同	同
俞益之 江甯金粟菴二八號	金粟菴廿八號面積九分五釐三毫八絲東至劉姓屋以鄰牆爲界南至金粟菴西至俞姓屋以公牆爲界北至俞姓屋以己牆及鄰牆爲界	房屋	仝	廿三年十二月十七日	同	同
金福田 紹興通濟門外九龍冰廠金文美轉	中華路原名南門大街三八六號面積一分二厘五毫四絲東至中華路南至方姓屋以公板壁爲界西至哈姓屋以鄰牆爲界北至常哈兩姓屋以己牆爲界	同	同	廿三年十二月十日	仝	仝

李廖氏 江甯望鶴崗一號	中華路原名花市大街與南門大街相連四〇六號面積八分五厘五毫九絲東至中華路及王姓屋以己墻及鄰牆為界南至旌德會館及季馬兩姓屋以己墻為界西至陳季二姓屋以鄰牆為界北至石埭會館及杜姓屋以己牆及其直線為界	同	同	廿三年十二月廿一日	同	同
洪汝煥 江甯大彩霞街卅二號	大彩霞街二六號面積一分四厘八毫九絲東至鄭姓屋以鄰牆為界南至邱鄭二姓屋以隣牆貼牆及各有各牆為界西至大彩霞街北至居姓屋以板壁及隣牆公牆為界	房屋	無	廿四年四月三日	同	同
阮道新 江甯狀元境廿四號	中華路原名府東街八六，八八，卆號面積九厘四毫九絲東至中華路南至邵姓屋以隣牆為界西至憲兵訓練所屋以鄰牆為界北至崇仁善堂屋以己牆為界	同	同	廿三年十二月廿五日	同	同
胡潤德 廣東代理人王梅孫住新街口忠林坊廿四號	碑亭巷四八號面積二畝六分二厘六毫四絲東至趙姓屋以鄰牆為界南至辛姓屋以己牆為界西至碑亭巷官街北至國府路人行道	同	同	廿四年五月卅一日	同	同
朱傅忠 合肥大四福巷十號	大四福巷十號面積一分三厘四毫三絲東至程姓屋以隣牆為界大四福巷南至大四福巷西至傅姓屋以己牆為界北至程姓屋以鄰牆為界傅姓屋以己牆為界	同	同	廿三年十二月卅一日	同	同
朱祥孫 江甯東牌樓接福巷十二號	接福巷十二號面積五分九厘七毫七絲東至接福巷以己牆為界南至宗姓以己牆為界後為鄰牆陳袁姓以己牆為界西至虎聖澤水龍會姓以己牆為界北至衛姓以己牆為界中橫牆為各有各牆官地（租戶時姓）以各有各牆為界橫牆為己牆	平房十間披房六廈	同	廿三年十二月廿九日	同	同
周燮三 雲翔 江甯人住大石壩街廿三號	大石壩街廿三一號東至徐丁二姓屋以各牆及己牆為界南至丁王二姓屋及官地以隣牆各牆公牆為界西至朱姓屋以己墻為界北至大石壩街以己牆為界面積一畝〇八厘二毫一絲	房屋	無	廿四年元月廿四日	廿四年九月廿一日	廿四年十二月廿日止

朱國忠 南京人住雙樂園十一號	雙樂園十一號東至張姓屋以己牆爲界南至公走巷西至杭姓屋以己牆爲界北至柯姓屋以己牆爲界面積一分七厘三毫九絲	房屋	無	廿三年十二月廿五日	同上
王家龍 本京人住老府橋四十一號	老府橋四十壹號東至老府橋南至張姓屋以己牆公牆爲界西至毛家苑北至汪姓地及孫姓屋以己牆爲界面積一畝一分六厘〇七絲	房屋	無	廿三年十一月十九日	同上
張雲俊 儀 仍 南京人住沙塘園卅號	沙塘園卅號東至官路以界石爲界南至沙塘園以界石爲界西至張姓以公牆及己牆爲界北至協昌公司以鄰牆及己牆爲界面積二畝七分三厘五毫正	計有平房七架樑九間五架樑二間三架樑六間	無	廿四年八月廿二日	同同
馬煜華 堃 春 南京人住來鳳街四號	來鳳街四號東至俞姓屋以鄰牆爲界南至張姓屋以隣牆公牆爲界西至來鳳街北至朱姓俞姓屋以己牆鄰牆爲界面積四分八厘二毫八絲	房屋	無	廿四年四月廿七日	同上
俞錫之 鳴之 益之 岱雲 江甯人住金粟菴廿八號	金粟菴二八號東至俞姓屋及市地以己牆鄰牆及公墻爲界南至金粟菴朱馬張三姓屋以己牆及鄰牆爲界西至來鳳街北至姚劉柏三姓屋及柏姓地面積二畝一分三厘七毫九絲	房屋	無	廿三年十二月廿七日	同上
劉鶴年 江甯人住長樂路三五七號	長樂路三五七號東至卞姓地劉姓屋及蓮子營(原名小石橋)三七地以己牆鄰牆爲界南至長樂路西至李姓張姓屋以己牆鄰牆及各有各墻爲界北至蓮子營面積一畝六分八厘六毫正	房屋	無	廿三年十二月十九日	同上

胥萬年 浙江人住鴿子橋八十號	絨莊街八十號東至王姓屋以己牆及公牆為界南至王姓屋以己墻為界西至內橋灣北至絨莊街面積一分五厘一毫六絲	房屋	無	廿四年二月十九日	同	上
萬錦源 淑玉 少泉 江甯人住建鄴路三十三號	建鄴路（原名羊市橋）三一三（五）號東至萬姓屋以天井中間直綫為界南至秦淮河北至余姓屋以隣牆及己牆為界北至建鄴路面積一畝〇八釐二毫八絲	房屋	無	廿四年四月廿九日	同	上
呂炳元 南京人住西家大塘廿四號	西家大塘東至張姓地南至西家大塘西至章姓地北至陳姓地面積三分二厘七毫四絲	基地	無	廿四年元月十一日	同	上
夏松長 盛茂彩崐 玄武湖亞州四二號	玄武湖亞州東至人行道南至夏姓地界線西至馬路北至汪姓劉姓夏姓地界線面積二畝二分〇九毫一絲	基地	無	廿四年六月十四日	同前	同前
三聖庵住持道純 鎮江人住花露崗五十號	花露崗街五十二、五十四號東至胡姓屋以己牆為界南至馬胡二姓屋以己牆及鄰牆為界西至花露崗街北至胡姓屋以鄰墻為界面積一畝一分七厘九毫	房屋	無	廿三年十二月廿八日	同前	同前
王啓坤 代理人張瑞俠江甯人住廚子營廿二號	長樂街三十四號瓦匠巷二號東至戴姓屋以己牆為界南至張姓屋以鄰牆為界西至長樂街北至瓦匠巷面積一分四厘一毫三絲	房屋	抵押權人汪誠江寧人住攏桶巷三號 抵押權人許天福江寧人住中華路四一三號	廿四年三月卅日	廿四年九月二三日	廿四年十二月廿二日止
錢崇澍 浙江人住成賢街文德里十一號	成賢街文昌橋東至官路以界石為界南至秉姓以鄰牆為界西至官河以界石為界北至九華山廟產以界石為界面積三畝五分九厘九毫八絲	草房二間	無	廿四年九月一日	同前	同前

蔣心澄 江西人住蘆蓆營一三七號	許家橋東至林姓南至許家橋西至林姓北至蔣姓塘面積一畝二分〇六毫三絲	無	無	廿四年二月十八日	同前	同前
汪韓氏 本京人住羅絲轉灣四四號	糖坊橋七二號東至青石街沿南至毛周姓以己墻及公墻為界西至糖坊橋沿北至趙姓以己牆為界面積六分〇八毫八絲	房屋	無	廿四年七月十六日	同前	同前
成榮森 江寧人住大紗帽巷二十二號	大紗帽巷二八六號東至成姓屋以隣牆為界南至大紗帽巷西至蕭姓屋以鄰己牆及成蕭兩姓公共走巷為界北至教育部以己牆為界面積三分一厘八毫四絲	房屋	無	廿四年五月二十日	同前	同前
蕭樹森 南京人住模範馬路一二一號	三牌樓紅廟村東至馮姓地南至官溝西至馮姓地北至官路面積三畝六分一厘六毫二絲（內水塘面積八分八厘八毫）	無	無	廿三年五月卅日	同前	同前
劉祥生 江甯人住徐家巷三二號	長樂路三五九號東至張王兩姓屋以鄰牆己牆為界南至長樂路西至劉姓屋以己墻鄰牆及各有各牆為界北至劉張二姓屋以鄰牆為界面積五分六厘二毫一絲	房屋	無	廿四年元月廿一日	同前	同前
馬紀喜 陳氏 江蘇人住泥馬巷三十五號後進	泥馬巷三五號東至劉姓屋及官巷以己牆及鄰牆為界南至官巷西至陳姓屋及山東旅京同鄉會屋以己牆及鄰牆為界北至泥馬巷面積二分五厘八毫五絲	房屋	無	廿四年三月七日	同前	同前
宗有義 南京住鼎新橋十二號	施家巷廿六號東至市地南至毛姓屋以公板牆為界西至施家巷北至吳姓屋及市地以己牆及鄰牆為界面積一分二厘八毫五絲	房屋	無	廿四年二月廿一日	廿四年九月廿三日	廿四年十二月廿二日止
魏永林 南京住船板巷一百號	小門口一八六號東至顧姓屋以公牆及其直線為界南至蔣姓屋以鄰牆為界西至有孚公局屋以公牆為界北至小門口面積一分三厘二毫三絲	房屋	無	廿四年一月廿四日	廿四年九月廿三日	同
張家華 南京人住望鶴街十三號	望鶴崗十三號東至望鶴崗南至季姓屋以己牆為界西至段姓蔣姓屋均以己牆為界北至張姓屋以貼牆隣牆己牆為界面積三分三厘四毫四絲	房屋	無	廿三年十二月卅日	同	同

郭梁氏 山西人住程善坊八號	昇州路一七九號東至唐姓屋以公牆爲界南至小彩霞街西至邱郭李江四姓屋以己牆爲界北至昇州路面積六分三厘壹毫三絲	房屋	無	廿三年十二月十四日	同	同
吳澿春龍 南京住砂珠巷	大砂珠巷壹六號東至大砂珠巷南至徐姓屋以鄰牆公牆爲界西至徐姓屋以鄰牆爲界北至劉姓屋以己牆爲界面積三分一厘一毫五絲	房屋	無	廿三年十二月廿八日	同	同
楊本劉 江蘇人住慧圓街十三號	慧圓街原名王府園十一號東至劉姓屋(旗地)以己 杜姓屋以鄰 牆爲界南至楊杜姓屋以鄰牆爲界西至楊姓屋以公牆爲界北至慧圓街以己牆爲界面積五分四厘四毫七絲	房屋	無	廿三年十二月廿四日	廿四年九月廿三日	廿四年十二月廿二日止
李馬相華 南京住秤宅巷十四號	煤灰堆一五號東至官地(租戶王姓屋)以己牆及沿牆直線爲界南至煤灰堆西至金邢二姓屋以己墻及公墻爲界北至張姓屋以己牆爲界面積一分七厘五毫一絲	房屋	無	廿三年十二月廿日	同	同
章嵩耀山堂 儀徵住般高巷四十五號	集慶路原名倉門口一六三號東至李姓屋以鄰牆爲界南至朱姓屋以鄰牆爲界西至張朱二姓屋以鄰牆及己牆爲界北至集慶路面積九厘〇七絲	房屋	無	廿四年一月廿一日	同	同
陳文炳 南京住觀音巷七四號	觀音巷東至觀音巷及公井南至公走巷西至劉姓屋北至王姓地面積八分九厘三毫三絲	無	無	廿四年九月廿日	同	同
成子祥 南京住建康路五九八號	建康路原名太平里六〇〇號東至王姓屋以己牆爲界南至王姚二姓爭執地以己牆爲界西至李姓屋以己墻爲界前半進與李姓各有各墻北至建康路面積一分〇三毫三絲	房屋	無	廿三年十一月廿七日	同	同
周廣順 太京湖南路一二七號	湖南路面積九釐〇九絲東至周姓屋南至周姓屋西至周姓屋及中央黨部收用地北至湖南路	房屋	無	廿四年五月九日	廿四年九月廿三日	廿四年十二月廿二日
高春如 山東大樹根四十三號	大樹根四三號面積五分東至崔姓屋以隣牆及竹籬爲界南至大樹根及市地西至楊姓北至吳姓地以己牆爲界	仝	仝	廿四年六月廿八日	同	仝

王錦榮 揚州致和街七二號	致和街七二號面積二分〇二毫一絲東至致和街爲界南至趙姓屋以鄰牆滴水爲界西至楊姓屋以己產餘地爲界北至孫姓地以己產餘地爲界	草屏	同	廿四年三月廿五日	同	同
冷幹華 南京瓦匠巷廿一號	瓦匠巷廿一號面積四分〇二毫九絲東至鄧田二姓屋及走巷以己牆及鄰牆爲界南至瓦匠巷西至老王府巷及孫姓屋以己墻及隣牆爲界北至孫姓屋以鄰牆爲界	房屋	同	廿三年十二月廿日	同	同
史良卿 南京止馬營三八號	止馬營三八號面積八分三厘五毫七絲東至毛姓屋以己牆及其直線爲界南至止馬營西至席姓屋以鄰牆爲界北至朝天宮	同	同	廿四年三月八日	同	同
沙永森 南京中正路五段四一七號	毛家苑四五、六一號面積三分六厘二毫東至毛家苑南至秦姓屋以己牆及鄰牆爲界西至張姓屋以己牆爲界北至沙馬二姓屋以己牆及鄰牆爲界	房屋	無	廿四年元月九日	同	同
顧家森 江寧代理人貝月波 住門西庫司坊二號	小門口十八號面積六厘三毫八絲東至周姓屋以公墻爲界南至游姓屋以鄰牆爲界西至魏姓屋以公牆及直線爲界北至小門口	同	仝	廿四年二月廿一日	同	同
陳長源 福榮 南京醬棚營四號	七家灣醬棚營四號面積三分七厘一毫八絲東至二沈姓屋以鄰牆及己牆爲界南至醬棚營西至李姓屋以隣牆及己牆爲界北至沈姓以己牆爲界	同	同	廿四年三月八日	同	同
杜張氏 賓夫 南京顏料坊廿八號	顏料坊廿八號面積四分〇四毫東至姜姓屋及公巷以己牆爲界南至王姓屋及公巷以己牆各墻公牆曲直爲界西至顏料坊以己板門爲界北至姜姓屋以己牆及公墻鄰牆爲界	同	同	廿四年元月廿二日	同	同
姚聲逵、齊、定奎 達、思振、思誠 通、崇、姘瑗 邁、聲德 南京安品街牙檀巷十號	仁厚里十九一號面積二畝四分九厘〇七絲東至高姓屋馬姓地以公牆及己界線爲界南至上庫以己空地界綫爲界西至蔡姓屋及市地以公走巷及己牆爲界北至仁厚里以己牆爲界	同	同	廿三年十二月廿一日	同	同
仲朝君 江蘇人住止馬營九十八號	止馬營九八號東至官巷南至耿姓屋以己牆爲界東端以隣牆爲界西至止馬營北至王姓屋以己墻爲界東端以磚牆爲界面積四分八厘二毫六絲	房屋	無	廿四年三月四日	廿四年九月廿三日	廿四年十二月廿二日止

王應山 江寧人住大王府巷一五九號	三茅宮街十七號東至三茅宮街以己牆爲界南至盧姓屋以己牆爲界西至張姓屋以己墻爲界北至張姓屋以隣牆爲界面積六厘五毫六絲	房屋	無	廿四年三月廿八日	同	上
張慶壽 恆豐康 江寧人住漢西門大街十二號	漢西門大街一二四號東至馬姓屋以鄰墻爲界南至李姓王姓賀姓等屋及陶李王巷以己牆與鄰牆爲界西至漢西門大街北至黃姓屋以隣牆爲界面積一畝二分二厘九毫四絲	房屋	無	廿四年四月廿九日	同	上
陳應春 南京人住中正路五一四號	中正路原名天青街四一六號東至中正路南至楊姓屋以公牆爲界西至吳姓屋以己牆爲界北至王姓屋以公牆爲界面積一分六厘三毫一絲	房屋	無	廿四年四月廿日	同	上
楊同壎 江蘇住慧圓街十三號	慧圓街一三號東至楊姓屋以己牆及各有各牆爲界南至潤德里四至潤德里及馬黃兩姓屋以己牆鄰墻爲界北至慧圓街面積一畝三分八厘六毫六絲	房屋	無	廿三年十二月廿四日	同	上
同上	潤德里四號東至杜姓屋以隣牆爲界南至潤德里西至楊姓屋以鄰牆爲界北至楊姓屋以己牆鄰墻爲界面積七分九厘七毫二絲	房屋	無	同上	同	上
潘萬年 江甯人住建鄴路二號	建鄴路八七號東至馬姓屋以鄰牆爲界南至市地西至黃姓屋北以鄰牆爲界南以己牆爲界北至建鄴路面積一分二厘八毫三絲	房屋	無	廿三年三月廿三日	同	上
吳谷宜 代理人楊春生淮安人住姚家巷七號	新姚家巷八號東至姚平巷以己墻爲界南至新姚家巷以己牆爲界西至趙姓屋以各有各墻爲界北至平江府街以己牆爲界面積八分四厘四毫三絲	房屋	無	廿三年十二月廿八日	同	上
吳益三 江寧人住本京玉壺坊八號	西玉壺坊(原名玉河坊)八號東至西玉壺坊南至吳姓屋以鄰牆爲界西至吳姓屋以鄰牆及其有綫爲界北至吳姓屋以己牆及鄰牆爲界面積一分九釐一毫正	房屋	地役權入吳端年江寧人住西玉壺坊八號	廿三年十二月廿七日	仝	上

楊錦雲 江西人住下浮橋北廿五號	鄺後街廿一號東至鄺後街以大門外空地界綫爲界南至黃姓屋以己牆及各有各牆爲界西至陳姓地以己牆爲界北至熊姓屋地以各有各牆及己牆爲界面積八分二厘三毫七絲	洋樓房兩座四層又平房十一間	抵押權人胡德臣湖北人住下浮橋北廿五號	廿四年三月廿二日	同	上
劉文光 文餘 文麟 文翰 南京人住走馬巷五號	長樂路一六一號東至潘姓屋以己牆爲界南至顧樓街西至甘姓屋以鄰墻及各有各牆爲界北至邵姓屋以鄰牆爲界面積七厘一毫八絲	房屋	無	廿四年五月七日	同前	同前
吳霖 江甯人住湖北路三百廿二號	中山北路東至中山路南至司法院地西至司法院地北至蔣姓地及塘面積二畝六分三厘三毫六絲	無	無	廿四年七月廿五日	同前	同前
劉永福 南京住許事街一七〇號	七家灣東至市地以己牆爲界及周姓屋以直線爲界南至醬柵營西至王周二姓屋以鄰牆己牆及其直線爲界北至七家灣面積五分六厘六毫一絲	房屋	無	廿四年二月十四日	廿四年九月廿四日	廿四年十二月廿三日止
卞興鈺 南京住長樂路四一八號	長樂路三〇三—五號東至潘姓以己牆爲界南至長樂路西至鄭姓前段各有各牆後段己牆爲界北至潘姓地以鄰牆屋以己牆爲界面積四分一厘六毫九絲	平房九間五披	無	廿三年十二月廿一日	同	同
連鏡湖 壽泉 金祿 江甯住新姚家巷餘慶里三號	貢院東街四號東至陳姓以己墻爲界牆外間有陳姓貼牆張姓以鄰牆爲界南至貢院東街空地西至葛姓以鄰牆爲界中段爲各有各牆北至崇善堂基地接界面積七分二厘九毫正	樓房上下共十二間平房五間披上下共一間共十八間	無	廿三年十二月廿四日	同	同

章爾村 榮齋 南京住大彩霞街五二號	大彩霞街五二號東至王姓以隣牆爲界南至馬姓以隣牆爲界中爲各有各牆西至錢姓以天井中心木椿爲界仵錢姓地內有地役權陰惜善堂以鄰牆爲界北至陳姓以鄰牆爲界東角曲牆爲己牆面積三分一厘八毫七絲	平房四間披廂三廈	無	廿四年一月廿二日	同	同
周啓榮華貴 江寧住馬巷四六二號	中正路四一二號東至中正路南至王姓屋以鄰墻爲界西至楊姓屋以隣墻爲界北至楊王二姓屋以鄰牆及己牆爲界面積二分八厘五毫一絲	房屋	無	廿四年二月十五日	同	同
汪鑑鍾 汪仁寬裕厚山 南京住糖坊橋十九號	昇州路六七號東至吳姓屋以鄰牆貼牆及己牆爲界南至救火會屋以鄰牆爲界西至舒姓屋以己牆爲界北至昇州路面積三分三厘九毫四絲	房屋	無	廿四年九月六日	廿四年九月廿四日	廿四年十二月廿三日止
于培德 江寧住柳葉街三三號	地藏菴廿六號東至地藏菴南至袁姓屋以己牆爲界西至地藏菴北至官巷面積三分二厘七毫四絲	房屋	無	廿四年三月廿一日	同	同
張承燮 承忠基堯 江甯住陳家牌坊廿二號	陳家牌坊高岡里二八二號東至孫姓屋以公墻己牆及鄰牆爲界南至陳家牌坊西至葛姓屋以隣牆公牆及己貼牆爲界北至高岡里面積一畝二分六厘七毫九絲	房屋	無	廿三年十二月廿七日	同	同
劉廣久 采 南京住雙塘一號	雙塘一號東至小膠巷南至雙塘西至大膠巷北至王姓屋鄰牆爲界面積一畝七分八厘〇六絲	房屋	無	廿三年十二月卅日	同	同
楞嚴寺 管理人僧印妙江蘇 住楞嚴寺	小彩霞街一三號東至小彩霞街以己牆及板門爲界南至王姓屋以己牆及各牆爲界西至朱王二姓屋以己牆爲界北至朱姓屋以鄰牆爲界面積三分六厘一毫一絲	房屋	無	廿三年十一月廿三日	同	同

饒明遠 六合弓箭坊六號	弓箭坊六號面積九分六厘一毫三絲東至成衣業公會屋以己牆及隣牆為界南至劉徐二姓屋以己牆及鄰牆為界西至弓箭坊以己牆為界北至黑簪巷以己牆為界	房屋	無	廿三年十二月廿二日	廿四年九月廿四日	廿四年十二月廿三日
馬洪舒 洪慶 世玉 江甯豐富路二五五號	東牌樓一四九號面積三厘六毫一絲東至張姓屋以己牆為界南至張姓屋以鄰牆為界西至沙姓屋以鄰牆為界北至東牌樓以板為界	同	同	廿四年二月廿五日	同	同
東一救火會 管理人許愼泉 楊公井	楊公井面積一畝〇〇五毫東至李姓屋以鄰牆為界南至楊公井以木柵為界西至小松濤巷北至王家巷	同	同	廿四年四月廿二日	同	同
萬華光 江甯建鄴路四五號	建鄴路原名羊市橋二九號面積五分六厘五毫六絲東至方姓屋以己牆為界南至秦淮河西至萬姓以天井中之界線為界北至建鄴路	同	同	廿四年三月十八日	同	同
朱俊之 雨生 良鈞 子善 良成 安徽中華路四六七號	中華路四六七五號面積四分八厘東至考棚小學屋以各有各牆及鄰牆為界南至陳姓屋以公牆為界及陳施朱三姓公走巷西至中華路北至市產以公牆為界	同	同	廿四年一月廿三日	同	同
金珍發 財 南京鼎新橋七五號	鼎新橋七五號面積二分九厘八毫九絲東至鼎新橋南至李姓屋以隣牆及己之貼牆為界西至李姓屋以鄰牆為界北至金姓屋以鄰牆及界綫與己牆為界	房屋	無	廿四年四月一日	同	同
金相文 章 南京鼎新橋九號	鼎新橋九號面積二分八厘七毫九絲東至鼎新橋及金姓屋以己牆為界南至金姓屋以己牆為界西至李姓屋以隣牆為界北至官巷	同	同	廿四年四月十九日	同	同
孫大海 西 本京倉巷三七號	建鄴路原名紅紙廊面積四畝九分四厘三毫九絲東至中央政治學校屋以隣牆為界南至秦淮河西至袁姓屋以隣牆為界北至建鄴路	無	同	廿四年四月十八日	同	同

陳朝杙	江甯小砂珠巷二〇號	小砂珠巷二〇號面積五厘〇六絲東至公巷及吳姓屋南至伊覺寺屋以鄰牆爲界西至趙姓屋以鄰牆爲界北至馬姓屋以鄰牆爲界	房屋	同	廿四年元月廿九日	同	同
周端庭	安徽倉巷一二六號	倉巷一二六號面積四分〇二毫一絲東至牛首巷南至張姓屋以公牆爲界西至周敵敵屋以直線及鄰牆爲界北至牛首巷	同	同	廿四年四月廿六日	同	同
甘符階	京市人住南捕廳十五號	倉巷橋東至倉巷橋南至于姓屋以己墻爲界西至于姓屋以己牆爲界北至于姓屋以己牆爲界面積二分二厘二毫止	房屋	無	廿四年四月廿九日	廿四年九月廿四日	廿四年十二月廿三日
關義銀	南京人住建康路仰望街二四九號	建康路三一一號東至祠神宮官巷以己墻爲界南至建康路西至陶姓以鄰牆爲界前一小段爲各有各牆北至祠神宮以己牆爲界面積六厘四毫三絲	樓房二間	無	廿三年十二月廿九日	同	上
吳子純	本京人住小彩霞街二十六號	昇州路一〇五號東至辛姓屋以公牆及己牆爲界南至周江湯三姓屋以鄰墻爲界西至丁姓屋以鄰牆爲界北至昇州路面積壹分〇四毫止	房屋	無	廿四年三月廿一日	同	上
桑夢漁	杭縣人住水倉巷十三號	水倉巷十三號東至陳徐王朱四姓屋以己牆鄰牆公牆及各有各牆爲界南至望鶴樓及朱姓屋以己牆及鄰牆爲界西至桑馬柏三姓屋以鄰牆及己牆爲界北至水倉巷面積一畝五分一厘六毫止	房屋	無	廿三年十二月廿二日	同	上
李毓華	南京人住瞻園路壹三五號	瞻園路一三五號東至慧炤庵以鄰牆爲界南至小蕭家巷以己牆爲界西至大蕭家巷以界線爲界北至人行道以界線爲界面積二厘三毫三絲	房屋	無	廿三年十二月廿五日	同	上
端木仲武 陰軒 伯英 仲傑	江蘇人住大全福巷十二號	大全福巷一二號東至緯巷以己牆爲界南至大全福巷以己牆爲界西至錢姓屋以公牆爲界北至張姓屋以己牆爲界面積九分一厘四毫五絲	房屋	無	廿三年十二月廿四日	同	上
楊明遠 洪	江甯人住望鶴樓三號	望鶴樓三號東至劉姓楊姓屋以公牆己牆爲界南至徐姓屋以鄰墻爲界西至徐姓屋以公牆隣牆爲界北至望鶴樓面積四分七厘〇二絲	房屋	無	廿三年十二月廿二日	同	上

吳蔚之　安徽人　樂山　住糯米巷三三號	施家巷廿八號東至市地租戶張姓屋己牆為界南至宗姓屋己牆及鄰牆為界西至施家巷北至地藏菴街面積二分四厘〇六絲	房屋	無	廿三年十二月廿九日	同	上
吳宗源　泗陽人住小砂珠巷廿號	小砂珠巷東至邵姓屋以蘆壁為界南至淨覺寺屋以鄰牆為界西至陳姓屋以蘆壁為界北至陳高等十二姓公巷面積二厘五毫止	房屋	無	廿四年一月廿九日	同	上
夏瑞卿　浙江人住張府園八號	中華路廿九號東至閻姓屋以己牆為界南至於姓屋以鄰墻為界西至中華路人行道以板門為界北至閻姓屋以己牆各墻及鄰牆為界面積一分九厘四毫八絲	房屋	無	廿三年十二月廿二日	同	上
周鉄庵　江甯人住大彩霞街六八號	集慶路一三九號東至鳴羊街南至劉姓屋以鄰牆為界西至周姓屋以公板壁為界北至集慶路面積九厘四毫四絲	房屋	無	廿四年五月二十日	廿四年九月廿五日	廿四年十二月廿四日
吳沛然　安徽人住馬路街上埤村二號	昇州路八五號東至程韓王三姓屋以己牆及鄰牆為界南至王楊兩姓屋以鄰牆為界西至陳朱楊二姓屋以己牆及鄰牆為界北至昇州路以路綫為界面積畝〇四厘五毫四絲	房屋	無	廿三年十一月廿一日	同上	同上
汪錫麟　南京人住鈔庫街卅號	鈔庫街三四號東至郭姓屋以己牆為界南至鈔庫街以己牆為界西至倉姓屋以己牆為界北至河邊地本姓所盖白鐵房以己牆為界面積一分九厘七毫一絲	房屋	無	廿三年十二月廿一日	同上	同上
丁昌旭　南京人住中華路四五五號	大石壩街三五號東至湖南會館屋以己牆及鄰墻為界南至唐姓屋以鄰牆為界西至汪姓屋以公牆鄰牆又秦姓屋以鄰牆為界北至大石壩街以己牆為界面積四分一厘〇九絲	房屋	無	廿三年十二月廿日	同上	同上
連　金祿　鏡湖　壽泉　江寧住新姚家巷徐慶里三號	東釣魚巷八號岩巷二十二號東至東釣魚巷南至梁張二姓屋以己牆為界西至岩巷北至連姓及警察廳屋以己牆及鄰牆為界面積五分八厘六毫四絲	房屋	無	廿四年四月廿五日	同上	同上
連　金祿　壽泉　鏡湖　江甯人住門東小心橋卅三號	岩巷二四號東至首都警察廳屋以鄰牆為界南至連姓屋以鄰牆為界西至岩巷北至官產租戶江姓以各自各牆為界面積一分二厘四毫二絲	房屋	無	廿四年四月廿九日	仝上	同上

楊寄桴 江甯人住白酒坊十二號	白酒坊十二號東至郗姓屋以己牆公牆及鄰牆爲界南至白酒坊西至朱姓屋以公牆爲界北至下江考棚面積一畝二分二厘七毫九絲	房屋	無	廿三年十二月廿八日	同上	同上
丁德元 江甯人住白菓樹四一號	白菓樹四一號東至白菓樹南至三聖庵屋以己牆爲界伙姓屋以己牆及公牆爲界西至徐姓屋以鄰牆爲界北至丁徐二姓公走巷面積七分三厘〇九絲	房屋	無	廿四年二月十九日	同上	同上
金艾氏 江甯人住七家灣五四號	七家灣五六四號東至金姓屋以隣牆爲界南至七家灣西至金姓一屋以界綫爲界北至金姓四公有地直達牛首巷面積一分五厘四毫六絲	房屋	無	廿四年四月六日	同上	同上
金沙氏宏林 南京人住七家灣廿五號	七家灣五六四號東至金姓屋南至七家灣西至金姓屋北至金姓屋以磚牆爲界及至金姓四房公走地直達牛首巷面積一分五厘六毫三絲	房屋	無	廿四年二月廿三日	同上	同上
王炳春祥 南京住天主堂後街五十號	天主堂後一七九號東至徐姓屋南至官巷西至容姓地北至馬姓塘面積五分五厘六毫二絲	房屋 孫廣臣建築	地上權人孫廣臣江蘇人住三茅宮一七九號	二四年七月二五日	二四年九月二五日	二四年一二月二四日止
王德才 南京人住天主堂後街五號	天主堂後街十三號東至王馬二姓地南至王姓屋西至王姓屋及走巷北至天主堂後街面積三分四厘八毫四絲	房屋 曹樹森建築	地上權人曹樹森江蘇人住天主堂後街十三號	二四年七月二五日	同上	同上
陳同才亮 南京人住朱雀路六二號	禮拜寺後巷九號東至禮拜寺巷南至李明德屋以公牆又墻外己有空地借馬姓建屋邊界爲界西至市地及李姓地北至清眞女學屋以鄰牆爲界面積六分二厘二毫九絲	房屋	地上權人馬明德南京人住禮拜寺巷七號	二四年二月廿日	仝	同
王炳祥德才家懷 南京人住天主堂後街四號	天主堂後街東至王姓地南至馬姓地及塘西至馬姓塘北至王姓地及馬姓塘面積一畝六分一厘三毫七絲	房屋	無	二四年七月二五日	仝	仝

李金鳳 本京人住五台山荳菜橋景星里一號	東門街十一號東至烏姓地塘南至市地梁姓地西至東門街北至東門街面積十畝四分四厘八毫二絲	無	無	二四年九月二日	同	同
市土地局旗地	後宰門東至租戶韓姓南至租戶祁姓及官路西至租戶高姓北至租戶楊高兩姓面積四畝八分四釐一毫二絲	空地	保存承租權并附帶聲請建築人顧貞祥上海人住中央軍校電燈廠	二四年九月一七日	二四年九月二五日	二四年一二月二四日止
林七模 浙江人住建設委員會	小倉山永慶巷東至謝姓屋以竹籬爲界又至楊姓屋南至楊姓屋以己牆爲界西至唐姓地以已牆爲界北至孫姓地以己牆爲界面積九分〇九毫正	基地	無	二四年四月二六日	同	同
謝董氏 會森 江甯人住積善里卅一號	小荷花巷十號東至張姓屋南至小荷花巷西至王姓屋以己牆爲界北至李姓屋以鄰牆爲界面積三分七厘五毫正	房屋	無	二四年四月二三日	仝	同
南京浙江興業銀行代理人馬久甫杭州人住白下路九九號	中山路新街口北東至中山路南至徐姓屋以鄰牆爲界西至美以美會租地以鄰牆爲界北至中國國貨銀行地面積六分四釐二毫二絲	無	無	二四年七月四日	同	同
陳兆麟 江西住貢院東街二號	貢院東街二號東至張金劉三姓屋以己牆爲界南至貢院街西至連姓屋以隣牆及己牆爲界北至張姓屋以公牆爲界面積一分四厘〇九絲	房屋	抵押權人孫佐宇安徽人住中正街孟淵旅館	二三年一二月二七日	同	同
范發全 江甯人住小砂珠巷十三號	小砂珠巷東至黃姓屋以己牆及與黃姓公有披爲界南至十二姓公地以己牆爲界西至馬姓屋以公牆及公板壁爲一界北至本姓板墻及與黃姓公有天井爲界面積八厘一毫八絲	房屋	無	廿四年一月廿九日	廿四年九月廿五日	廿四年十二月廿四日止
邵壽林 江寧人住小砂珠巷廿號	小砂珠巷廿號東至張姓公地南至淨覺寺屋以鄰牆爲界西至吳姓屋以蘆壁爲界北至高陳畢十二姓公巷面積四厘八毫正	草房	無	廿四年一月廿九日	仝	上

葉爾觀 江甯人住小砂珠巷十五號	小砂珠巷東至葉姓屋以鄰牆爲界南至淨覺寺屋以鄰牆爲界西至黃馬等十二姓公巷以己墻爲界北至馬黃等十二姓公巷以己牆爲界面積五厘四毫三絲	房屋	無	廿四年一月廿九日	同	上
張文貴 江甯人住小砂珠巷十二號	小砂珠巷東至高馬等十二姓公地及包姓屋均以蘆墻爲界南至包邵等十二姓公地爲界西至高馬等十二姓公巷及邵壽林空地爲界北至馬姓屋以板壁爲界面積五厘二毫正	草房	無	廿四年一月廿九日	同	上
馬德安 江甯人住中華路府東大街一五八號	小砂珠巷二二號東至張范等十二姓空地以板門爲界南至張姓屋以木板爲界西至高馬等十二姓空巷北至范馬等十二姓公走巷面積二厘九毫正	草房	無	廿四年一月廿九日	同	上
崇善堂 管理人甘仲琴南京人住金沙井卅二號	桃葉渡十九號東至桃葉渡以板門爲界南至連張姓以鄰牆爲界中與連姓屋接界西至葛姓以鄰墻爲界北至石葛姓以己牆爲界中爲各有各牆後橫牆爲鄰牆後爲各有各牆面積五分一厘四毫二絲	平房七間二披又廢基地二間（即租與秦淮池地）	無	廿四年一月十二日	同	上
張家駿 江甯人住大石壩街一零二號	大石壩街一零二號東至章姓屋以鄰牆爲界南至大石壩街西至朱姓屋以鄰牆爲界北至秦淮河面積三分二厘二毫一絲	房屋	無	廿四年九月六日	同	上
劉長庚 麟興 江寧人住瞻園路一九五號	義興巷六十一號東至義興巷南至大新池屋以己牆爲界西至大新池屋以己墻爲界北至縣教育局及劉姓屋以己牆爲界面積三分二厘九毫三絲	房屋	無	廿四年九月六日	仝	上
麻華庭 江甯人住柏果樹六十七號	漢西門一號東至漢西門街南至徐麻二姓公走巷及張姓屋以隣牆爲界西至徐姓屋以鄰牆爲界北至丁李兩姓屋以己墻及鄰牆爲界面積二分一厘九毫七絲	房屋	無	廿四年二月六日	同	上

王德炳 有才祥春 南京人住天主堂後街四號	三茅宮後一五九號東至張姓地及市地南至俞姓地西至俞馬二姓地及塘北至周姓屋面積九分五厘八毫七絲	房屋	無	廿四年七月廿五日	同	上
宋旭初 裕忠 尹氏 元忠 潤忠 江甯人住中華路三七八號	中華路原名花市街三七八號面積二分三厘二毫一絲東至劉氏祠鄰牆馬姓屋公牆及中華路人行道爲界南至本姓屋以己牆爲界西至端木姓屋南段公牆北段己牆爲界北至潘許公巷以己牆爲界	樓房上下六間白鐵披房四間	抵押權人施正權住羊珠巷十八號	廿三年十月十二日	廿四年九月廿五日	廿四年十二月廿四日
朱陳氏 南京針巷十五號	朱雀路九一三 針巷一五號面積五分二厘五毫東至市地以己牆爲界南至葉姓屋各有各牆爲界西至朱雀路人行道北至針巷及孫姓屋地以己各有各牆爲界	房屋	無	廿三年十一月廿一日	同	同
楊伯明 光裕 光熾 本京小王府園廿一號	建康路原名騙子市一二五號面積一分二厘六毫三絲東至天福屋南一大部以己牆爲界北一小部以各有各牆爲界南至官廨以己牆爲界西至王梁二姓屋以公牆爲界北至建康路人行道公板門爲界	同	同	廿三年十二月廿八日	同	同
傅敏 克 南京人張府園六四號	貢院街一號面積一分三厘八毫七絲東至利涉橋南至傅姓屋以鄰牆爲界西至馬傅二姓屋以己牆鄰牆爲界北至貢院街	同	同	廿三年十二月十六日	同	同
市土地局保管機關土地第一科	吉兆營七三號前面積五厘五毫九絲東至盧姓屋以鄰牆爲界南至陳姓地以竹籬爲界西至杭姓地北至空地水溝及杭姓地	無	無	廿四年九月廿日	同	同
集雲堂旅業公所管理人夏榮堂住白下路七一號大成旅社	邀貴井三十號面積四分六厘〇四絲東至邀貴井南至秦淮河西至王姓屋以己牆鄰牆及其直線爲界北至邀貴井	房屋	無	廿四年五月七日	同	同

王啓泰 南京人住狀元境十七號	狀元境十九・十七號面積一分六厘〇三絲東至王姓屋以鄰牆爲界南至王姓屋以鄰墻爲界西至馬姓屋以各有各牆爲界北至狀元境以板門爲界	同	同	廿三年十二月三十日	同	同
徐怡德 江甯望仙橋豆府巷二二九號	望仙橋二一九 二二一 二二三號面積九分二厘八毫四絲東至止馬營南至張姓屋以隣墻及己牆爲界西至官巷北至官巷	同	同	廿四年二月十四日	同	同
居炳生 住大彩霞街廿八號	大彩霞街廿八號面積二分九厘三毫八絲東至李姓屋以己牆又至鄭姓屋以鄰牆爲界南至洪姓屋以己牆又本姓板壁及公墻爲界西至大彩霞街以板門爲界北至張姓屋以隣牆及各有各牆爲界	同	同	廿三年十二月十九日	同	同
周尚祺 山東人英威街四二號	英威街四〇—四二號面積七分五厘四毫五絲東至陳金二姓屋以己墻隣牆公牆及己墻外隙地爲界南至英威街西至李陳二姓屋以己牆爲界北至中山東路	同	同	廿四年二月十五日	同	同
戴正文英豪 江甯人住貓魚市十號	中正路原名馬巷三〇七號東至王姓屋以鄰牆爲界南至王姓屋以己牆爲界西至中正路以板門爲界北至蔣姓屋以己貼牆及鄰牆爲界面積八厘九毫三絲	房屋	無	二三年一二月二八日	二四年九月二六日	二四年一二月二五日止
周小鈞洞庭 代理人劉仕明南京人住評事街七二號	小船板巷壹號東至端木姓屋以隣墻爲界南至小船板巷西至小船板巷北至胭脂巷面積一分二厘二毫九絲外空地七厘正	房屋	無	二三年一二月二五日	仝	同
諸明達 武進住徐家巷	中華路五九二號東至中華路及查翁二姓屋以己牆及隣牆爲界南至糖坊廊西至王姓屋以己牆爲界北至顧姓屋以鄰牆爲界面積四分八厘七毫九絲	房屋	無	二三年一二月一八日	同	同
李春榮 南京住中華路五六一號	中華路原名南門大街五五九 五六一號東至徐姓屋以己牆爲界南至本姓屋以己墻爲界西至中華路及官地租戶高姓屋北至鄺趙二姓屋以己墻爲界面積五分〇七毫八絲	房屋	無	二三年一二月二五日	同	同

蔡典五 江蘇住門西小門口卅號	同鄉共井十一號東至同鄉共井南至李姓屋以公墻爲界西至游姓屋以己牆爲界北至游姓屋以己墻爲界面積二分一釐九毫一絲	房屋	無	二三年一二月七日	同	同
王敏時 南京暫住長樂路三五二號	信府河十號東至信府河南至趙戴二姓屋以己牆及鄰牆爲界西至趙姓屋以己牆爲界北至趙張王三姓屋以己牆及公牆爲界面積九分二厘七毫九絲	房屋	無	二三年一二月二六日	二四年九月二六日	二四年一二月二五日止
白汪氏 南京人住毛家苑二號	毛家苑二號東至馬姓屋以鄰牆爲界南至毛家苑西至毛家苑北至蔣姓屋以各有各牆鄰及牆爲界面積二分三厘〇四絲	房屋	無	二三年一二月一七日	同	同
陶實生 貝潤生 貝先榮 江寧人住孝順里九號	孝順里十八荷花塘二號東至王姓屋以隣牆爲界南至鄧王二姓屋以己墻及鄰牆爲界西至孝順里北至荷花塘面積二分七厘八毫七絲	房屋	無	二三年一二月二九日	同	同
湯子和 安徽人住釣魚台一四〇號	釣魚台一四〇號東至秦淮河南至朱姓至以己墻爲界西至釣魚台北至市產屋以己牆爲界面積四分六厘二毫六絲	房屋	無	二三年一二月三〇日	同	同
尙佑其 斯廣 江蘇人住老府橋六八號	奋子巷三四號東至劉姓屋以鄰墻爲界南至奋子巷西至奋子巷北至尙姓地陳姓屋以己牆爲界面積一分一厘六毫二絲	房屋	無	二四年四月二九日	同	同
胡成玉 南京中正路二七七號	白衣菴十一號面積一分九厘六毫東至崇仁善堂屋以隣牆爲界南至馮姓屋以鄰牆爲界西至白衣菴北至白衣菴	房屋	無	二四年元月七日	二四年九月二六日	二四年十二月二五日
劉自發 江蘇止馬營一〇四號	止馬營一〇四號面積五分二厘六毫三絲東至錢姓地南至耿姓屋以鄰牆及己墻外直綫爲界西至止馬營北至公走道	同	仝	二四年三月五日	同	同
張文華 湖北人建康路三一九號	建康路(原名淮清橋致和街口)三九七，三九九號四〇一面積五分零六毫六絲東至趙盛姓二屋以己墻爲界南至建康路西至屠姓屋以己牆爲界北至屠姓屋以己牆及鄰牆爲界	同	同	二三年十二月一日	同	同

周則先 南京人釣魚台三八號	釣魚台三六八號面積二分二厘二毫三絲東至秦淮河南至陳姓屋以公牆及鄰牆爲界西至釣魚台北至錢姓屋以公墻及鄰牆爲界	同	同	廿三年十二月廿六日	同	同
蕭韶成 湖南西華門三條巷	三條巷六合里五號面積四分四厘五毫東至趙姓屋以鄰牆爲界南至熊姓屋以公牆爲界西至與李姓公有巷十一英寸爲界北至陳姓地以己墻爲界	洋式樓房大小共三十間	同	廿四年九月廿日	同	同
胡承張 江寧人中營卅號	中營卅號面積四分一厘八毫八絲東至陳姓屋以鄰牆爲界南至中營西至何姓屋以己牆爲界北至馮姓屋以隣墻王姓屋以己牆及己牆外隙地爲界	房屋	無	廿四年九月二十日	同	同
楊月波 江蘇小石壩街二〇號	金陵閘一六號面積四厘五毫九絲東至金陵閘南至陸李氏屋以鄰墻爲界西至市地北至官巷以己牆爲界	同	同	二三年十二月卅日	同	同
常延年齡 江甯洪武路三一六〇號	洪武路三一六〇號面積五分一厘三毫五絲東至本姓租官產局地所蓋房屋以己牆及甬綫爲界南至王姓屋以己牆及隣牆爲界西至｜國銀行屋以各有各墻爲界北至中國銀行以己牆爲界	同	同	二四年二月十五日	同	同
秦冠卿 南京箍桶巷四一號	小西湖原名小油坊巷一號面積一分五厘〇九絲東至王劉二姓屋以己牆爲界南至阮馬二姓屋以己牆及隣墻爲界西至馬姓屋以公木板爲界北至小西湖	同	同	廿三年十二月廿二日	同	同
江蘇教育經費管理處 主管長官鈕永建 住聽後街八號	督廳後街八號面積四畝六分六厘二毫六絲東至中國銀行屋以己牆爲界南至督廳後街西至周姓屋以己牆及隣牆爲界北至曾公祠	同	同	二三年十一月廿八日	同	仝
馬明才 江甯人住洪武路二三四號	洪武路（原名盧妃巷）二三四八條巷二號東至洪武路南至張王金三姓屋及八條巷以鄰墻及己牆爲界西至全蜀會館以鄰牆爲界北至馬姓屋以鄰牆爲界面積四分二厘九毫一絲	房屋	無	廿四年二月十八日	廿四年九月廿六日	廿四年十二月廿五日止

于耀匯 源 坤 才 江都人住長樂街八二號	長樂街八二號東至汪何洪三姓屋以己牆及隣牆爲界南至洪金二姓屋以己墻公墻及鄰牆爲界西至長樂街北至己產及汪姓屋以己牆及鄰牆爲界面積一畝〇一厘八毫九絲	房屋	無	廿三年十二月廿五日	同	同上
周聽公 江寧人住大彩霞街六十八號	集慶路一四一號東至周姓屋以公板壁爲界南至劉姓屋以己牆爲界西至施姓屋以公牆爲界北至集慶路面積四厘六毫二絲	房屋	無	廿四年五月廿日	同	同上
王東英 東俊 東杰 東彥 東瀛 西炘 南京人住中正路四〇四號	中正路二三九七號東至市立一中及市立小學屋以隣牆爲界南至杜姓屋以鄰牆爲界西至中正路爲界北至李姓屋以己墻爲界面積二分九厘三毫六絲		無	廿四年七月廿五日	同	同上
蔣舍齋 代理人周柏虬江甯人住南京高崗里十九號	中華路二五一號東至孫姓屋天福屋以鄰牆及各有各牆爲界南至三新池屋以己牆爲界西至李姓潘姓張姓屋以己牆爲界及中華路人行道以板門爲界北至夏姓屋以各有各墻爲界面積三分五厘四毫九絲	樓房上下十間平房二間	無	廿四年七月廿五日	同	同上
趙翰綸 南京人住東關頭廿七號	狀元境七三號東至王姓以己牆爲界南至吳姓王姓屋以己牆爲界西至敫敷營以己墻爲界北至狀元境面積七厘四毫七絲	樓上下房屋六小間	無	廿四年七月廿五日	同	同上
范隲賢 臣 忠 良 本京人住丁官營廿三號	丁官營二三號東至李姓屋以鄰牆爲界南至楊姓屋以鄰牆己牆爲界西至官地租戶范姓屋以己牆爲界北至范姓屋以木板爲界面積二分二厘九毫一絲	房屋	無	廿四年七月廿五日	同	同上
首都電廠 經理人潘銘新吳興人住中山東路四一五號	中華路實輝巷口四四二號後身東至官巷南至馬姓屋以各牆爲界西至丁姓屋以各墻爲界北至官巷面積二厘八毫一絲	房屋	無	廿四年九月十九日	同	同上

朱其淦　南京人住戶部街十一號	戶部街十一號東至袁姓屋以鄰牆爲界南至汪姓屋以己牆及隣牆爲界西至應姓屋以鄰牆及公走巷以己墻爲界北至戶部街面積一畝二分六厘六毫一絲	房屋	無	廿四年三月廿日	仝	同上
伍貽植　江蘇人住紅土橋十四號	中正路原名天青街二二三一九號東至市立第一中學校屋以隣牆爲界南至李姓屋以己牆爲界西至中正路以板門爲界北至王姓屋地以己牆爲界面積一分三厘九毫止	空地租借給人蓋有房屋	約定地上權人方椿庭什內橋灣四九號余得水中正路三二號	廿四年三月十四日	同	同上
劉茂如　江甯人住小彩霞街八號	糖坊廊七四號東至煤灰堆南至高葛二姓屋以己牆煤灰堆六鄰牆及公牆爲界西至糖坊廊北至袁姓屋以各有各牆及鄰牆爲界面積三分八厘一毫七絲	房屋	無	廿四年五月卅日	廿四年九月廿六日	廿四年十二月廿五日止
徐鳴球　江甯人住集慶路一一二號	毛家苑六號東至井姓屋以鄰墻爲界南至蔣姓屋以己墻及鄰牆爲界西至毛家苑北至井姓屋以己牆爲界面積三分〇八毫七絲	房屋	無	廿三年十二月廿七日	同	同
吳德財　江都人住玉振街十三號	玉振街一三號東至方姓屋南至方吳兩姓公走巷（通營門口）西至吳張蔣三姓屋北至吳姓屋面積四分五厘二毫四絲	房屋	無	廿四年元月七日	同	同上
吳桂淦　桂芳　濟良　南京人住集慶路六四號	集慶路六二　六四　六六號東至端木姓屋以己牆公牆及天井中綫爲界南至集慶路西至閔姓屋以己墻公墻爲界北至小船板巷面積二畝二分五厘一毫七絲	房屋	無	廿三年十二月十八日	同	同上
徐廷熙　南京人住剪子巷五二號	剪子巷五二四八號東至甯仁菴及任姓屋以己牆公共板壁爲界南至剪子巷西至龍泉巷及艾姓屋以己牆爲界北至甯姓屋以己牆鄰牆爲界面積六分二厘七毫三絲	房屋	無	廿三年十二月廿九日	同	同上
何金榮　南京人住和會街一〇一號	和會街一〇一號東至何姓地及本姓屋南至何姓地西至趙姓屋及公巷北至和會街面積一畝〇四厘三毫一絲	房屋	無	廿四年三月三十日	同	同上
石恭慶　南京人代理人楊子煦南京人住大板巷九九號	牛市二號東至龔姓屋以鄰牆爲界南至集慶路西至牛市北至龔姓屋以鄰牆爲界面積三厘〇七絲	房屋	抵押權人蔣伍氏南京人住門東積善里二號	廿四年元月十七日	同	同上

姓名住址	坐落四至面積	種類	抵押權	日期		
劉馬氏 江甯人住下浮橋迴龍街十二號	迴龍街二二六八號東至余姓屋以己牆爲界南至迴龍街西至實業部屋以己牆爲界北至秦淮河面積二分九厘一毫四絲	房屋	抵押權人朱品三江甯人住昇州路三九三號	廿三年八月七日	同	同上
周恩浩 澄初 江甯人住船板巷三三號	船板巷七〇號東至秦淮河南至陳姓屋以公牆爲界西至船板巷北至張姓屋以己牆公牆爲界面積三分〇四毫五絲	房屋	抵押權人蔡奠成江寧人住石灰巷二十四號	二三年十二月廿八日	同	同上
陶悅慎 南京人住長樂街三十八號	長樂街三八六號東至葛姓屋以鄰牆爲界南至瓦匠巷西至長樂街北至金姓屋以公牆爲界黃姓地以己牆爲界面積一分四厘八毫七絲	房屋	抵押權人葉季善南京人住許事街一九七號	廿四年六月廿五日	同	同上
蔣桂森 江寧人住韓家橋五號	場門口東至官溝南至吳姓地西至張吳二姓地北至官溝面積八分一厘八毫七絲	竹園	無	廿四年四月二一日	廿四年九月廿七日	廿四年十二月二六日止
華藏寺 住持僧復機東台人住軍械所後街	軍械局後街四號東至官巷南至官巷西至許姓屋以己牆及界綫爲界北至軍械局後街面積五畝七分二厘一毫一絲	房屋	無	廿四年四月二五日	同	同上
陶心茂 南京人住毛魚市一七號	貎魚市一七號東至貎魚市南至盛姓屋以隣牆爲界西至官地北至蔣姓屋以鄰牆及己牆爲界面積五分二厘八毫七絲	房屋	無	廿四年九月廿日	同	同上
張正南 鋊 南京人住黃泥崗七四六號	黃泥崗七十四六號東至官巷南至周姓屋以公牆爲界西至黃泥崗北至高姓屋以公牆爲界面積四分四厘七毫一絲	房屋	無	廿四年九月五日	同	同上
戴學璜 江甯人住建康路五十一號	建康路九六號東至徐姓屋以各牆爲界南至官廊以己牆爲界西至孫姓屋以己鄰牆爲界北至建康路以板門爲界面積一分〇一毫三絲	房屋	無	廿四年五月九日	同	同上

沈增德 增義 增太 增歧 增餘 江甯人住醬棚營二號	醬棚營二號東至小常巷及沈姓屋以隣牆爲界南至沈姓屋以己牆爲界西至沈陳姓屋以己牆及鄰牆爲界北至沈姓屋以己牆及其直線爲界面積四分三厘七毫四絲	房屋	無	二四年四月二九日	同	同上
金世生 伍氏 世傑 江甯人住牛首巷一五號	七家灣六二號東至陳韓二姓屋以公牆及鄰牆爲界南至七家灣西至牛首巷北至金姓地以己墻及其直綫爲界面積六分四厘九毫九絲	房屋	無	廿四年四月廿九日	同	同上
陳徐氏 本京人住嚴家桿子七十號	堂子街東至馬姓地南至程姓及哈姓地西至相姓地北至馬姓與鄭姓地面積五分五厘〇六絲	無	無	廿四年二月廿九日	同	同上
王少梅 南京人住殷高巷四六號	淮海路原名松濤(王家)巷一六四號東至稽(王)姓屋以公(隣)牆爲界南至王姓(家巷)屋以鄰(己)牆爲界西至王姓屋以公(己)牆爲界北至淮海路以己牆爲界面積八分〇二毫九絲	房屋	無	二四年六月廿七日	二四年九月二七日	二四年一二月廿六日止
王培源 南京住湖北路三百號	湖北路原名新菜市一九七號東至湖北路南至張姓地西至吳姓塘北至王姓地現賣與張姓面積一畝五分一厘〇一絲	無	無	廿四年九月六日	同	同上
王培基 金 江寧住湖北路三〇四號	湖北路三〇四號東至王姓地南至王姓地西至湖北路北至許姓地面積一畝一分五厘七毫三絲	房屋	無	二四年五月二九日	同	同上
孫毓桐 謦韓 抱存 印若 南京住大全福巷十七號	集慶路原名牌樓口三四號東至田姓屋公牆爲界南至集慶路西至何姓屋鄰牆爲界北至陶姓屋隣牆爲界面積八厘九毫正	房屋	無	廿四年元月一七日	同	同上

耿厚 仁德祥 江甯人住止馬營一〇二號	止馬營九六號東至官巷南至丁姓屋以己牆及公牆爲界西至止馬營北至仲姓屋以己牆爲界面積二分八厘八毫三絲	房屋	無	廿四年四月二四日	同	同上
火正 福文德 松德有成 南京住堂子街十一號	堂子街十一九號東至馬火李三姓屋陳火火李四姓公巷及張公檔南至禮拜寺巷西至王姓屋以隣牆爲界北至堂子街面積二畝〇八厘八毫五絲	房屋	無	二四年四月六日廿三年二月一日	二四年九月廿七日	廿四年一二月廿六日止
王 石生 鑒超 仲調 積之 揚伯 南京人	堂子街十三—十九號東至火姓屋以己牆爲界南至禮拜寺巷西至張姓屋以公牆爲界北至堂子街面積三畝一分一厘五毫三絲	房屋	無	二四年五月九日	同	同上
中央政治學校 主管官長 蔣中正 該校住地建鄴路一十四號	建鄴路一九一號東至官巷南至秦淮河西至孫姓地以己牆爲界（現租爲該校操場）北至紅紙廊面積四畝一分一厘一毫七絲	房屋	無	二四年四月二七日	同	同上
沈 雲龢 欽甫 叔龍 南京住白衣庵七號	白衣庵七號東至汪姓屋以鄰牆及己牆爲界南至綢布業公會屋以鄰牆爲界西至崇仁善堂屋以鄰牆及己牆爲界北至白衣庵街面積四分五厘三毫五絲	房屋	無	廿三年一二月二五日	同	同上
吳咸斌 亮 南京人 羊市橋六五號	建鄴路原名羊市橋六五號東至蕭姓屋以蕭姓板壁及己牆爲界南至秦淮河西至長興村局屋以長興材局板壁及鄰牆爲界北至建鄴路面積三分〇七毫三絲	房屋	無	二四年五月二三日	仝	仝上
朱小棋 江甯人辛興巷八號	建康路原名黑廊二四號面積九厘四毫九絲東至本姓屋以鄰牆及己牆爲界南至水倉巷以板壁爲界西至王姓屋以鄰牆及各有各牆又板壁爲界北至建康路以板門爲界	房屋	抵押權人林子秋住徐家巷六二號	二四年二月二八日	廿四年九月廿七日	二四年十二月廿六日

王彬如 天津人住娃娃橋十八號	娃娃橋十八・二十火瓦巷二・四・六・八・十號面積二畝〇三厘〇八絲東至陳沈二姓屋以各有各牆爲界南至娃娃橋西至火瓦巷北至陳姓屋以已牆爲界	同	抵押權人楊劍虹住和會街廿五號	廿四年五月四日	同	同
王家達 江甯人住長樂路三六一號	長樂路原名小石橋三六一號面積三分六厘三毫七絲東至張姓屋以鄰牆爲界南至長樂路以己牆爲界西至劉姓地屋以己隣牆爲界北至劉姓屋以鄰牆爲界	同	抵押權人王良善住長樂路四一四號	二四年一月七日	同	同
黃定杜 湖南人代邱人張坤榮住水西門木屐巷二十號	沙灣街十九號面積四分七厘二毫二絲東至謝姓以己墻隣牆爲界南至謝姓以鄰牆爲界西至響鈴巷北至沙灣	同	抵押權人王福記住西玉壺坊六號	二三年一二月二七日	同	仝
何軼民 本京人住王府園七四號	珠江路面積一分〇七毫三絲東至黃姓屋以鄰牆爲界吳姓屋以己牆爲界南至珠江路西至金姓屋以隣牆爲界北至陳姓屋以鄰墻及己牆爲界	平房六間	無	廿四年四月廿五日	同	同
馬馬氏 江寧人住甘露巷七六號	光華路七六號面積三分七厘二毫四絲東至光華路南至商業公會屋以己墻及鄰牆爲界西至安徽太平會館屋以隣墻爲界北至馬姓以鄰牆及公牆爲界	房屋	無	二三年十一月一九日	同	同
程相如 叔龍 通甫 江甯人住估衣廊六六號	估衣廊六四六號面積五分一厘〇八絲東至廊後街南至桿姓屋以公墻爲界西至估衣廊街北至咼姓屋以公牆爲界	同	同	二四年五月九日	同	同
王宏鰲 南京人住平章巷（走馬巷五號後門）	太平路四四七—四五七號面積一畝一分一厘五毫二絲東至周劉二姓屋南至顏姓屋西至顏姓地及太平路北至周姓屋及北首巷	同	同	二四年四月二九日	同	同
李廷鈞 浙江人住大悲巷十一號	馬家街面積七分五厘九毫東至項姓地南至王姓地及沙姓屋西至馬姓和有公路北至馬家街	無	同	廿四年一月七日	同	同

朱光貴　南京人住中華路一八八號	中華路一八八號面積三分七厘五毫二絲東至中華路南至呂井姓以隣牆爲界伍姓前後以各有各牆鄰墻爲界唐姓以貼牆爲界張姓以公牆爲界西至于姓以己牆爲界北至陳張姓以己牆爲界	房屋	同	廿三年十一月廿六日	同	同
盛鎔生　南京人住中正路五二九號	漢西門大街卅號東至王姓屋以己牆爲界南至靳姓屋以靳姓板壁爲界西至漢西門大街北至何姓屋以己牆爲界面積三厘一毫一絲	房屋	無	廿三年十二月廿四日	廿四年九月廿七日	廿四年十二月廿六日
姚恆泰　本京人住高家酒館十七號	珠江路(原名洪武街)卅號東至李姓屋以公牆爲界南至珠江路以板門爲界西至王黃胡三姓屋以公牆己牆各有各牆及鄰墻爲界北至大紗帽巷以己牆爲界面積一畝五分四厘九毫八絲	房屋	無	廿四年六月廿四日	同	同
高震龍　湖北人住止馬營一一二號	止馬營五二號東至與倪姓屋接界南至宛姓地以鐵絲網爲界西至止馬營北至與倪姓屋接界面積四分二厘五毫八絲	房屋	無	廿四年二月十二日	同	同
黃培泉　南京人住下浮橋凌角市四六號	柳葉街一二一號東至普安公所以各有各墻爲界南至汪姓屋以己牆爲界西至汪姓屋隣墻爲界北至柳葉街面積八厘二毫五絲	房屋	無	廿四年九月廿一日	同	同
王瑞麟 祁氏　江寧人住中正路四一四號	中正路(內橋灣)四一四號東至中正路南至王姓以己牆爲界西至王姓屋以鄰牆爲界北至周姓屋以己牆爲界面積三分〇七毫五絲	房屋	無	廿四年三月廿二日	同	同
清眞女學校　管理人左鳳英住大輝復巷卅三號	大輝復巷卅三號東至大輝復巷南至沙姓屋以公牆爲界西至馬姓屋以己牆爲界北至金姓屋以鄰牆及公牆爲界面積七分四厘九毫九絲	房屋	無	廿四年四月廿一日	仝	同
任兆華　本京人住牌樓巷二號	羅廊巷二六三號東至羅[illegible]廊巷南至龔王兩姓屋以己牆爲界西至朱姓屋[illegible]牆爲界北至石鼓路面積二分二厘三毫正	房屋	無	廿四年二月廿三日	同	同
何士霖　代理人施子郁浙江人住肚帶營六號	中央路東至劉王兩[illegible]南至陳姓屋西至潘姓地北至俞姓地面積六分[illegible]〇一絲	空地	無	廿四年三月廿七日	同	仝

俞遇期 代理人施子郁 浙江人住肚帶營六號	中央路東至劉姓[illegible]至何姓地西至潘姓地北至徐姓地面積三分一[illegible]一絲	空地	無	廿四年三月廿七日	同	仝
蔣桂森 江甯人住韓家橋五號	場門口東至謝蔣姓[illegible]以八[illegible]至官溝西至謝姓地北至謝姓地面積二畝七分[illegible]八毫八絲	竹園	無	廿四年四月廿一日	同	同
徐竹達 南京人住昇州路二三一號	建康路即承恩寺原名驢子市三一號東至石姓屋以各有各墻爲界南至建康路以板門爲界西至張姓屋以公墻爲界北至裱書廊以己牆爲界面積一分四厘六毫九絲	擬建樓房	無	廿四年元月廿八日	廿四年九月廿七日	廿四年十二月廿六日
張壽銘 江甯人住柳葉街四十七號	柳葉街四五七號東至楊姓屋以公墻及鄰牆爲界南至莫馬金三姓屋以己墻鄰墻及天井中線爲界西至曹二姓屋以己牆公牆及鄰牆爲界北至柳葉街面積一畝零零六毫六絲	房屋	無	廿四年一月五日	同	上
鄭琯華 佐孫 本京人住糖坊廊十六號	糖坊廊十六號東至傅姓屋張姓屋顧姓屋及王姓屋以己墻公牆及鄰墻並江翁鄭傅四姓公走巷爲界南至糖坊廊西至汪姓屋以己牆及公牆爲界北至江姓屋以鄰墻爲界面積六分二厘五毫七絲	房屋	無	廿三年十二月二十八日	仝	上
綢布業公會 法定代理人朱熾侯 鎮江人住建康路天福綢布店	古鉢營十四號東至綢布業公會以己牆及鄰牆爲界南至古鉢營西至白衣菴北至綢布業公會以己牆爲界面積一畝一分二厘九毫一絲	房屋	無	廿四年四月廿九日	同	上
仝上	白衣菴東至綢布業公會屋以鄰牆爲界南至綢布業公會屋以鄰牆爲界西至白衣菴官街北至崇善堂屋面積二分零三毫六絲	無	無	同上	同	上
程元龍 江甯人住北灣子十一號	止馬營八十號東至伍姓屋以己牆爲界南至止馬營西至周姓屋以公牆爲界北至陳姓屋以己牆及鄰牆爲界面積四厘九毫六絲	房屋	無	廿三年十二月廿五日	同	上
王熙 治平 南京人住絨莊街卅四號	絨莊街卅四號東至徐姓屋以鄰牆爲界南至如意菴屋以己牆及鄰牆爲界西至絨莊街北至王姓屋以鄰墻爲界面積四分零零七絲	房屋	無	廿三年十二月五日	仝	上

朱鑫三 江寧人住中正路六零六號	昇州路(行街口)八九號東至陳吳二姓屋以各牆爲界南至楊姓屋以鄰牆爲界西至艾楊二姓屋以己牆及公牆鄰牆爲界北至昇州路面積四分三厘五毫正	房屋	無	廿四年四月廿九日	同	上
盧凱 京市人住中營廿四號	中營廿八號東至姚姓屋以公墻爲界南至中營西至侯姓屋以公牆爲界北至積善里面積四分零四毫六絲	房屋	無	廿三年十二月十五日	仝	上
王許氏 江寧人住全沙井二號	龍泉巷三五號東至韓姓屋以鄰牆爲界南至龍泉巷西至韓姓屋以己牆爲界北至馬道街面積一畝零七厘三毫四絲	房屋	無	廿四年一月廿三日	仝	上
湯義貴 山東人住止馬營廿二號	止馬營廿二號東至官巷南至止馬營西至彭姓屋以己牆及公墻爲界北至朝天宮地面積三分八厘七毫三絲	房屋	抵押權人羅顯眞安徽人住止馬營二號	廿四年四月一六日	廿四年九月廿七日	廿四年十二月廿六日止
王海洲 南京住許府巷十號	許府巷原名王家巷東至王姓屋及地南至許府巷西至官溝北至王姓塘及地面積一畝一分一厘一毫正	無	無	廿四年六月廿一日	同	同
王培其源金 南京人住湖北路三百號	獅子橋東至官塘南至首都衛戍司令部巡查隊屋西至獅子橋北至張姓屋面積四畝八分一厘三毫二絲	無	無	廿四年五月廿九日	同	同
陳長貴 江蘇人住和平門廖家巷八號	中央路廖家巷東至陳姓地南至陳姓地西至陳姓地北至廖姓地面積六分四厘七毫七絲	無	無	廿四年七月十日	同	同
沙金氏 江寧人住東牌樓一五一號	東牌樓一五一號東至馬姓屋以己牆張姓屋以公牆爲界南至秦淮川以板壁爲界西至顧姓屋以鄰牆劉姓屋以公牆爲界北至東牌樓以板門爲界面積二分九厘九毫八絲	房屋	無	廿三年十二月一九日	同	仝
姜朝榮 江甯人住烏衣巷四十號	烏衣巷四十號東至普安會館及吳姓屋以鄰牆爲界南至普安會館屋以公牆及鄰牆爲界西至烏衣巷以己牆爲界北至吳姓屋以公牆及鄰牆爲界面積二分五厘零二絲	房屋	無	廿三年十二月一九日	廿四年九月廿七日	廿四年十二月廿六日止

凌淑記南京人 代理人劉春生 南京人住錦綉坊十二號	錦綉坊十號東至鄭姓屋以己牆又謝姓屋以各有各牆為界南至錦綉坊以己墻為界西至劉姓屋以公牆為界北至王府園及劉姓屋以己牆為界面積五分四厘九毫三絲	房屋	無	廿三年十一月三十日	同	同
楊谷九 四川人住馬家街四一號劉伯龍轉	觀音巷東至劉姓屋南至潘姓塘西至董姓屋北至王姓地面積九分六厘零三絲	無	無	廿四年六月三日	仝	仝
倪春生 南京人住門東倉門口三十二號	倉門口三十二號東至徐姓屋以鄰牆為界南至倉門口以己板門為界西至將軍廟屋以己墻及界線為界北至徐姓屋及無主地以己墻界線為界面積六分四厘七毫五絲	房屋及空地	無	廿三年十一月廿一日	同	同
吳樹臣 江甯人住上江考棚廿號	上江考棚廿號東至陳姓屋以己牆及各有各牆為界南至上江考棚西至亂石堆北至亂石堆面積三分三厘三毫一絲	房屋	無	廿四年一月七日	同	同
周振聲 江耀堂 湯幼新 江甯人住大彩霞街四九號	大彩霞街七四號東至周姓以己牆為界南至周姓以己牆為界中為各有各墻後為隣牆外有金姓貼牆西至大彩霞街以板門為界北至金王丁吳四姓以己牆為界面積三分零四毫九絲	樓房上下共十三間披一廈	無	廿四年一月四日	同前	同前
葛仁卿 葛少衡 江寧人住貢院東街十號	貢院街六一一二號姚家巷四號建康路三七二四號 東至劉姓以己牆為界 石姓以各有各牆後為鄰牆 崇善堂橫牆為鄰牆後牆為己墻 連姓以己牆為界中一小段為各有各牆 南至貢院街以空地為界 西至楊姓以各有各牆為界 崇善堂前為各有各牆中為鄰牆後橫牆為己牆 小姚家巷以己牆為界 李姓前為己墻後為隣牆 北至建康路以板門為界面積一畝五分九厘七毫七絲	市房一間 樓房上下共六間 平房十九間 披七間	無	廿三年十二月廿日	仝前	同前

王元興 江甯人住絨莊街八十二號	內橋灣八十號絨莊街八十二號東至易姓屋以鄰牆爲界南至汚姓屋以鄰牆及公牆爲界又至內橋灣西至絨莊街北至王姓屋以己牆及鄰牆爲界面積二分九厘七毫三絲	房屋	無	廿四年五月廿一日	廿四年九月廿八日	廿四年十二月廿七日
周鴻壽 南京人住石鼓路二八一號	石鼓路二七九二八一號東至許姓屋以鄰牆及己牆爲界南至胡姓地以己牆爲界西至吳姓屋以鄰牆及己牆爲界北至石鼓路面積四分二釐一毫正	房屋	無	廿四年三月一九日	同	同
隆筱龍 安徽人住中正路六四四號	黃泥巷五一二號東至官巷以己牆爲界南至官巷以己牆爲界西至官巷以己牆爲界北至吳姓屋及地以己牆及其直線爲界面積二分二厘八毫四絲	房屋	無	廿四年四月十七日	同	同
丁德元 江寧人住柏菓樹四一號	漢西門大街三號東至漢西門大街南至麻姓屋以己牆爲界西至麻姓屋以己牆爲界北至李姓屋以己牆爲界面積一分四厘二毫八絲	房屋	無	廿四年二月十九日	同	同
干耀光 江甯住上浮橋銅坊苑六號徐修齡轉交	黃鸝巷東至官溝南至徐姓地西至朱姓屋及地以鄰牆及其直線爲界北至黃鸝巷面積七分四厘一毫七絲	基地	無	廿四年二月九日	同	同
張李輝 湖南人住中央路三八八號	中央路三八八號東(甲)劉姜二姓屋以竹籬爲界、(乙)中央路南(甲)信業堂地(乙)童家巷西(甲)中央路(乙)袁姓地北楊姓地以竹籬爲界面積二畝六分〇八毫七絲	房屋	無	廿四年五月廿七日	同	同
王子栩 南京人住柳葉街十九號	柳葉街十九號東至何姓屋及楊姓屋以己牆爲界南至王姓屋以己墻及鄰牆爲界西至銅坊苑及濮鄭二姓屋以己牆及隣牆爲界北至柳葉街面積一畝九分三厘九毫	房屋	無	廿三年十二月三十日	同	同
清眞寺管理人哈臣美 江甯人住內橋灣六十二號	內橋灣一一｜二十號東至官地以己牆爲界南至第一中學及青年會均以鄰牆爲界西至袁姓屋以公牆爲界北至內橋灣面積三分七厘九毫正	房屋	無	廿四年五月十七日	同	仝
韓金鏞 南京人住閨奩營二四號	洪武路(原名虹橋)一六二號東至張姓地南至馬姓屋以鄰牆及直線爲界西至郭姓屋以郭姓竹籬及直線爲界北至李家巷面積三分六厘三毫三絲	草房一間	無	二四年四月九日	同	同

馬漢臣江甯人住小沙硃巷十一號	小砂硃巷東至黃姓屋及范姓屋以黃姓板壁及公牆公板壁爲界南至公巷西至徐姓屋以鄰牆爲界高馬等十二姓公巷北至徐姓屋以鄰牆爲界面積八厘六毫	房屋	無	廿四年一月卅一日	同	同
吳蔚樂安徽人住糯米巷三三之十三號	小門口十號東至孫游兩姓屋以己牆公牆爲界南至李姓屋以隣牆爲界西至魏韓韓徐張五姓屋以公墻己牆爲界北至小門口面積一分八厘七毫五絲	房屋	無	廿三年十二月二九日	廿四年九月廿八日	廿四年十二月廿七日
徐堯軒江甯人住昇州路二三一號	老府橋十一號東至老府橋南至｜雷姓屋以己牆公墻鄰牆爲界 馬姓地以實測地界爲界 西至毛家苑北至鈕姓屋以己牆鄰牆及地界爲界面積一畝一分四厘六毫五絲	房屋及菜地	無	廿三年一二月廿四日	廿四年九月廿八日	廿四年十二月廿七日
奚定變南京人住毛家苑十一號	毛家苑十一號東至毛家苑南至市地西至汪姓屋公牆及其直線爲界北至毛家苑面積五分四厘一毫四絲	房屋	無	廿三年十二月十二日	仝	同
程耀庭鶴亭德培炎德林燦安徽人住柳葉街七六號	施家巷三四二號東至楊姓屋及公走巷以各牆鄰牆爲界南至仲姓屋以己牆爲界西至施家巷北至蔣王兩姓屋以己牆爲界面積四分二厘七毫九絲	房屋	無	廿四年一月一五日	同	同
王國金安徽人住東石壩街三六號	東石壩街東至市地南至王姓地西至東石壩街北至市地面積一分七釐	無	無	廿三年十二月	同	仝
馬潤泉南京中華路四四四號	中華路四四四號東至楊姓屋南至丁劉二姓屋及市地租戶劉姓屋西至丁姓屋以鄰牆爲界北至丁王二姓屋首都電廠屋官巷以己牆爲界面積五厘四毫九絲	房屋	無	廿三年十月廿七日	廿四年九月廿八日	廿四年十二月廿七日
何長貴南京人住迴龍街十七號	迴龍街一五•一七•三九號東至程姓屋以隣牆爲界南至官巷西至官巷北至何姓屋以己牆爲界面積一分二厘八毫七絲	宅地	無	廿三年十二月廿九日	同	同
社會局主管長官李德新代理人救濟院王獻芬	剪子巷二〇｜二八號東至劉姓屋以鄰墻爲界南至剪子巷西至王姓屋及市產租戶劉陶賈范四姓以隣牆及己牆爲界北至游民習藝所屋以公墻爲界面積三畝八分七厘七毫七絲	房屋	無	廿四年一月八日	同	同

袁淑青	江寧人住柳葉街四三號	地藏庵二五。二七號東至官巷南至地藏菴街陳姓屋以己牆鄰牆爲界西至地藏菴街北至余姓屋官巷以隣牆己牆爲界面積二分六厘四毫五絲	房屋	無	廿四年一月十一日	仝	同
周大安	皖人住小荷花巷三號	小荷花巷三。五。七號東至陳姓屋以己牆爲界南至小荷花巷西至小荷花巷北至小荷花巷及曹姓屋以隣牆爲界面積一畝五分八厘七毫五絲	房屋	無	廿三年十二月二十七日	同	同
端木蓮蓀	江甯人住集慶路五八號	瓦棺寺二三號東至丁姓屋以己牆爲界南至瓦棺寺西至朱姓屋以公墻爲界北至官巷面積六分四厘七毫三絲	房屋	無	廿四年四月廿三日	廿四年九月廿八日	廿四年十二月廿七日止
秦開 開 義仁元智甲	江甯人住毛家苑四三號	毛家苑四三號東至毛家苑南至市地西至張姓地及市地以己牆爲界北至沙姓屋以己牆爲界面積八分〇三毫五絲	房屋	無	廿三年十二月一四日	廿四年九月廿八日	廿四年十二月廿七日止
龔仲芳	江甯人住五間廳廿一號	五間廳十九廿一號東至賈姓屋及嚴家井以隣牆己牆爲界南至嚴家井西至旗地租戶談姓屋以己牆隣牆爲界北至五間廳面積一畝四分一厘六毫正	房屋	無	廿四年一月七日	仝	同
王寶琳璿	江甯人住大九兒巷廿四號	宰猪巷九號東至黃姓屋以鄰牆爲界南至宰猪巷西至宰猪巷及蔡姓屋以己牆爲界北至王姓屋以己牆爲界面積二分四厘九毫七絲	房屋	無	廿四年一月三一日	仝	仝
易潤鴻	江蘇人住糖坊廊五六號	糖坊廊五六號東至張姓屋以隣牆爲界南至劉姓屋以公牆爲界西至糖坊廊北至黎姓屋以隣牆爲界面積一分四厘四毫五絲	房屋	無	廿三年十二月廿四日	同	同
王炳南	南京人住積善里七號	積善里七號東至馮胡兩姓屋以己牆鄰牆及牆外隙地爲界南至胡何兩姓屋以牆內外隙地及鄰牆爲界西至王何兩姓屋以己牆隣牆爲界北至積善里面積三分二厘七毫九絲	房屋	無	二三年一二月二五日	廿四年九月廿八日	廿四年十二月廿七日止

翁儀錙 友三 懋齊 世勛 江寧人住徐家巷四二號	中華路(原名大功坊)二九四號東至中華路人行道以板門爲界南至施姓屋東部各有各牆爲界西部公西至何陋居巷以己牆爲界北至何陋居巷以己墻爲界面積八厘三毫七絲	房屋	無	二四年一月十五日	同	同
吳捷凱 軍 強 準 南京人住邊營四八號	馬芳苑二，四，六號東至馬芳苑南至馬芳苑西至唐姓屋以鄰墻爲界北至葛姓屋及地以己牆爲界面積三分八厘一毫五絲	房屋	無	二三年十一月廿九日	同	同
潘銘燮 江甯人住門西雙塘街六號	雙塘街六號東至雙塘街南至雙塘街西至楊姓屋以鄰牆及己牆爲界北至楊姓屋以鄰牆及各有各牆爲界面積三分六厘三毫一絲	房屋	無	廿三年十二月廿四日	同	同
王國銘 清 王國勳 汝 南京人住建鄴路七七九號	建鄴路七七九號東至長興材局屋北首以己牆爲界南首以公牆爲界南至秦淮河西至性善堂屋以己牆爲界北至建鄴路面積六分八厘七毫二絲	房屋	無	廿四年三月十二日	同	同
金紹周 江蘇人住城北吉兆營張家菜園四號	黃鸝巷三二號面積八分二厘三毫五絲東至王姓屋以己牆爲界南至劉姓屋以鄰牆爲界西至黃鸝巷北至王郁季三宗祠以己墻爲界	房屋	無	廿四年四月廿九日	廿四年九月廿八日	廿四年十二月廿七日
朱茂如 菊 江甯人住大石壩街一〇四號	大石壩街一〇四號面積六分二厘九毫六絲東至張姓以己牆爲界南至大石壩街以己牆爲界西至本姓天井中心爲界後爲己牆北至秦淮河以己墻爲界	樓房上下共六間平房十二間水閣半間	同	廿四年一月十九日	同	同

朱升如 松壽 登 江甯人住大石壩街一〇四號	大石壩街一〇六號面積六分八厘三毫九絲東至本姓天井中心爲界後爲鄰牆南至大石壩街以己墻爲公界西至黎姓以公共大門中心爲界中爲己牆後爲公牆北至秦淮河與照壁前市地接界水閣爲己墻	平房共十二間	同	廿四年一月十九日	仝	同
汪衡三 南京門西磨盤街四九號	渡船口十五號面積一分二厘三毫八絲東至渡船口南至康姓屋以各有各牆及己牆爲界西至秦淮河沿石岸北至李姓屋以隣牆爲界	房屋	仝	廿四年一月廿五日	同	同
張吳氏 江蘇人中華門外干長巷三三〇號	集慶路一六六號面積四厘東至顏姓屋以隣牆爲界南至集慶路西至張姓屋以板壁爲界北至顧姓屋以鄰牆爲界	同	同	廿四年五月三十一日	同	同
朱恩燮 南京人住大樹城十二號	大樹城十二號面積一分九厘九毫七絲東至賈姓地以己牆爲界南至大樹城西至朱黃兩姓公走巷北至賈姓地以己牆爲界	房屋	無	廿三年十二月六日	同	同
萬家良 合肥人住肚帶營九號	大彩霞街七號面積六厘〇七絲東至大彩霞街板門南至小彩霞街板門及己牆爲界西至洪姓屋以己牆爲界北至金姓屋以公牆爲界	同	同	廿四年二月廿一日	仝	仝
惠賀夫 亮齋 景齋 江甯人牛市五二號	牛市街五二號面積二畝一分四厘一毫一絲東至司徒姓屋鄰牆及己牆爲界鄺姓屋以己牆爲界南至徐姓屋及宮街以己牆爲界西至牛市街以己牆爲界劉姓屋以鄰牆爲界金姓屋以己牆爲界又金姓屋以公牆及己牆爲界北至鄺姓屋以各有各墻及鄰牆己牆爲界	同	同	廿三年十二月廿四日	同	同
劉長華 江蘇人住止馬營八八號	止馬營卽芝蔴營八八號面積四分一厘二毫一絲東至官巷南至沉姓屋以直線爲界及馬姓屋以公牆及鄰牆爲界西至止馬營北至李姓屋以直線及公牆爲界	同	抵押權人周文彬住水西門倉巷六五號	廿四年九月廿四日	同	同
丁維厚 安徽人住大石壩街十一號	大石壩街一七號面積八分九厘四毫五絲東至鍾姓屋以公墻及各有各墻並己牆爲界南至白塔巷（租官地戶仇姓屋）以各有各牆及鄰牆爲界西至徐姓屋及周姓屋以各有各牆鄰牆及己牆爲界北至大石壩街	同	抵押權人韓宗聯住利涉橋三號	廿三年十二月三十日	同	同

翁世勳 世劭 世勤 世嫻 世婧 江甯人住徐家巷十二號	中華路五九四號東至中華路南至翁馬二姓屋以己牆及鄰牆為界西至諸姓屋以鄰牆為界北至諸姓屋以己墻及鄰牆為界面積二分四厘九毫一絲	房屋	無	廿四年元月十五日	同	同
蘇修禔 安徽人住軍師巷十二號	馬芳苑十號東至唐姓屋以己牆鄰牆及直線為界南至馬芳苑西至李姓屋以己牆及隣牆為界北至小荷花巷面積一畝〇六厘二毫正	同	無	廿三年十二月廿二日	同	同
高榮耀 南京人住小西湖廿二號	小西湖一八、廿二、廿四、廿、號東至小西湖南至官巷西至彭姓地以己牆為界北至吳姓地以隣牆及本姓土牆吳姓中隙滴水為界面積四分六厘五毫五絲	同	無	廿三年十二月廿四日	同	同
濮啓富 啓貴 啓和 啓旺 業鑫 業先 江甯人住中華門內六角井四七號	糖坊廊廿四號東至徐姓屋以己牆為界南至糖坊廊西至徐姓屋以鄰牆為界北至徐姓屋以鄰牆為界面積四厘二毫八絲	同	無	廿四年四月廿九日	同	同
夏成鈺 江甯人住馬芳苑十四號	馬芳苑十四號東至李姓屋以公牆為界南至夏姓屋以己牆為界西至孫姓屋以己牆為界北至小荷花巷面積三分六厘〇五絲	同	無	廿三年十二月廿二日	同	同
一葦菴主持印妙 江蘇人住楞嚴寺	柳葉街七十七二號東至沈姓屋以鄰牆己牆為界南至柳葉街西至甯姓屋以己牆為界北至秦淮河面積八分一厘〇三絲	房屋	無	廿三年十一月廿三日	同	同
周德發 安徽人住昇州路十六號	小門口廿號東至有孚公局屋以隣牆為界南至游姓屋以己牆為界西至顧姓屋以公牆游姓屋以鄰牆為界北至小門口面積一分〇七毫一絲	同	無	廿三年十二月三十日	同	同
尚佑斯 江蘇人住門西老府橋六號	老府橋六號東至井家苑南至旗地（租戶謝姓）以己牆為界西至老府橋北至尚姓以公牆為界面積四分九厘七毫三絲	同	無	廿三年十二月廿七日	同	同

張仲炤 廷重 河北人住上海代理人張少軒合肥人住白下路二八七號	立法院街十二號對面東至王姓屋以隣牆爲界南至王姓及邱姓屋以隣牆及己牆并直線爲界西至張姓屋以鄰牆爲界北至立法院街面積五分七厘七毫五絲	照壁一座白鐵披廈一	無	廿四年六月廿日	同	同
王紹南 德福 文如 江甯人住絨莊街八十四號	內橋灣東至金王兩姓屋以鄰牆及其直綫爲界南至內橋灣西至汪姓屋以鄰牆爲界北至秦淮河面積三分三厘〇一絲	房屋	地上權人金榮發江甯人住下關河街七十號金元盛魚行轉	廿四年四月十八日	同	同
張龍章 安徽合肥人邀貴井十四號	邀貴井一八號東至張姓屋以鄰牆爲界南至邀貴井西至熊侯兩姓屋以己牆爲界北至楊姓屋以己牆爲界面積六分二厘七毫六絲	房屋	無	廿四年一月十七日	廿四年九月廿九日	廿四年九月廿八日
張龍 文炎章 安徽合肥人邀貴井十四號	邀貴井十六號東至張姓屋以己牆爲界南至邀貴井西至張姓屋以己牆爲界北至楊張兩姓屋以己牆及天井爲界面積一畝二分三厘四毫二絲	房屋	無	廿四年一月十七日	仝	同
陳方棟 松桃 南京胭脂巷二五號	胭脂巷二五號東至陳王盧三姓公走巷及張姓屋以己牆爲界南至胭脂巷西至張姓屋以己牆爲界北至王府巷面積一畝二分六厘〇七絲	房屋	無	廿三年十二月廿七日	同	同
謝樞 南京中華路五九七號	中華路（原名南門大街）五〇九至五一七號東至公走巷及朱馬二濮姓屋以己牆隣牆及己牆直線爲界南至唐陳楊三姓屋以己牆及鄰牆爲界西至中華路北至水龍局及徐姓屋以己墻爲界面積一畝二分六厘	房屋	無	廿三年十二月廿九日	同	同
余仕斌 代理人文叔英江蘇人大石橋六號	臨倉橋西街東至臨倉橋西街南至黃呂二姓地西至凌雲堂地北至董姓及凌雲堂地面積三畝六分六厘七毫二絲	無	無	廿四年九月廿一日	同	同
李金春 南京童家巷十六號	中央路（原名童家巷）東至（一）樊姓塘（二）中央路南（一）市地（二）市塘西（一）中央路（二）王姓地北（一）官路（二）官路面積二分九厘六毫	無	無	廿四年五月十五日	廿四年九月廿九日	廿四年十二月廿八日

董佩瑛 江蘇石鼓路一一三號	觀音巷東至王姓地南至潘姓地西至潘姓塘北至綠筠豐潤兩鄉農民協會地面積四分三厘六毫四絲	無	無	廿四年四月三十日	同	同
張龍炎 安徽合肥人邀貴井十四號	邀貴井一四號東至張姓屋以公墻及其直線爲界南至邀貴井西至張姓屋以公牆及其直綫爲界北至牙巷及舒姓屋以己墻及鄰牆爲界面積一畝七分八厘六毫三絲	房屋	無	廿四年一月十七日	同	仝
張龍章 同前	邀貴井十四號東至張姓屋以公牆及其直線爲界南至邀貴井西至楊張兩姓屋以己牆及鄰牆爲界北至牙巷面積三畝三分三厘五毫九絲	房屋	無	廿四年一月十七日	同	同
張龍文 同前	邀貴井十四號東至兩吳姓屋及劉姓地與塘以己墻爲界南至邀貴井西至張姓屋以公墻及其直線爲界北至郭姓地及舒姓屋以己牆爲界面積三畝一分六厘五毫二絲	房屋	無	廿四年一月十七日	同	同
張金源 南京住三牌樓新門口九號	瓜圃橋二號東至莫姓地南至方姓塘西至陳姓地北至瓜圃橋面積四分〇五毫六絲	無	無	二四年六月二二日	二四年九月三〇日	二四年一二月二九日止
徐寶榮 湖北住門東倉門口四二號	倉門口四二號東至李姓屋以己墻及公牆爲界南至倉門口以己板門爲界西至空地官巷及仁育堂屋以己牆爲界北至官巷以己牆爲界面積一分五厘五毫五絲	房屋	無	廿三年一二月一八日	同	同
吳瑞年華 江蘇住玉壺坊八號	小砂珠巷六四號東至賈姓屋以己牆爲界鄧姓屋以隣牆爲界南至裴姓屋以隣牆爲界西至黃陳二姓屋以隣牆爲界北至小砂珠巷面積一分八厘五毫一絲	三大間一披	無	二四年四月一五日	同	同
陳雲孫靜貞 南京住小松濤巷二號	太平路二〇九號東至趙姓以各有各牆爲界南至陳椿森受分地西至太平路北至王姓以各有各牆爲界面積二分三厘七毫五絲	樓房	無	廿四年三月二日	同	同
饒順生 江西住渡船口卅三號	渡船口卅三號東至渡船口以己板門爲界南至徐姓屋以己牆及板壁爲界西至秦淮河以水閣內界線爲界北至徐姓屋以隣牆及板壁爲界面積四厘七毫四絲	房屋	無	二四年四月二十日	同	同

金宏亮 南京住柳葉街卅號	柳葉街卅號東至秦淮河南至秦姓屋以鄰牆爲界西至柳葉街北至欒姓屋以隣墻己牆及竹籬爲界面積一分三厘二毫八絲	房屋	無	二三年一二月三十日	二四年九月三十日	二四年一二月二九日止
馬文蘭 江甯住大香爐四三號	程閣老巷卅號東至金鑾巷己墻爲界南至程閣老巷有己牆爲界西至華嚴菴屋己牆爲界北至軍法司地有己牆爲界面積九分零九毫六絲	平房六間披六間	無	二四年九月	同	同
王德洲 南京住新門口十五號之一	新門口十五號之一東至王姓地南至陸姓地西至新門口北至王姓地面積三分三厘二毫二絲	房屋	無	二四年七月三日	同	同
秦景陽 朱繼菴 陳孝思 江蘇住鄧府巷六八號	新門口東至新門口南至許姓地塘西至新門口北至陸姓地塘及王姓地面積四畝八分九厘五毫一絲	無	無	二四年六月二四日	同	同
陳椿森 南京住小松濤巷一六二號	太平路二一一號東至趙姓以各有各牆爲界南至郭姓以各有各牆爲界西至太平路北至陳雲孫受分地面積一分一厘一毫正	樓房	無	二四年一一月一日	同	同
魏增才 六合湖南路五〇號	龍倉巷二二號之一面積一畝三分八厘〇五絲東至李姓地南至市鐵路地西至市鉄路地北至龍倉巷	房屋	無	廿四年三月廿八日	廿四年九月三十日	廿四年十二月廿九日
陶寶華 大明 大福 林 南京人住大石壩街二六號	建康路三〇九號面積三分五厘七毫四絲東至洞神宮及闞姓屋以己牆爲界南至建康路西至孫姓屋以公牆及己墻爲界北至孫姓屋以己牆爲界	同	抵押權人金陳氏及張子富均住建康路三二七號陶源義住建康路三一一號宋金坤住建康路奇望街洞神宮三號	廿三年十二月廿八日	同	同

王酌平 安徽焦狀元巷四四號	尖角營六七號面積五分六厘六毫二絲東至李姓屋南至楊王李三姓公走巷西至尖角營北至吳姓地	同	抵押權人市民銀行昇州路	廿四年七月五日	同	同
黃禔樑 江西代理人黃正民住唱經樓廿七號	建業路十一號面積四分六厘五毫一絲東至陸姓屋以己牆及鄰牆為界南至秦淮河西至王姓屋以己牆及鄰牆為界北至建業路	同	抵押權人熊瑞住大香爐五號	廿四年一月十二日	仝	同
余玉樞 揚州下關中國實業銀行	龍池巷久安里一一十一號面積四畝一分八厘六毫五絲東至馬路旁餘地南至鍾姓地西至龍池巷地北至龍池巷地	同	抵押權人謝雨林通訊處本京緯巷十五號陳姓轉	廿四年四月四日	同	同
丁少蓀 浙江代理人尤遜伯住白下路四行儲蓄會	小火瓦巷一一八號面積一畝七分四厘一毫三絲東至蔣姓大水塘以鐵絲柵為界南至小火瓦巷為界西至陳丁兩姓屋以己牆及鄰墻并走巷為界北至蔣姓大水塘以鐵絲柵為界	房屋	抵押權人四行儲蓄會南京分會	廿四年二月十九日	同	同
金世生 伍氏 世傑 江寧牛首巷十五號	牛首巷十五號面積四分七厘八毫八絲東至牛首巷南至沙姓屋以己牆為界西至韓姓屋以己牆為界北至牛首巷	仝	無	二四年四月二九日	同	同
翁竹波 江陵大輝復巷二七號	大輝復巷二七號面積三分六厘九毫一絲東至大輝復巷南至小常巷西至沙姓屋以己牆為界北至沙姓屋以己牆為界	仝	同	二四年三月八日	同	同
張金源 本京新門口九號	新門口九號面積四分八厘八毫五絲東至新門口南至莫姓地西至莫姓地北至張姓地	無	仝	二四年六月廿二日	同	同
同右	新門口面積八分七厘〇八絲東至新門口南至陸姓屋以己之界綫為界西至陸姓地北至陸姓地	仝	同	同	同	同
徐海嵐 江蘇貢院西街四五號	安品街十九號面積四厘八毫東至孫姓巷以己牆為界南至孫姓屋以己牆為界西至糯米巷北至安品街	房屋	無	二四年十二月二五日	二四年九月卅日	二四年十二月二九日

李耀東 本京鼓樓南五號	二條巷三號面積四分五厘五毫一絲東至基督教會地以己牆爲界南至基督教會地以己墻爲界西至王姓屋以王姓竹籬爲界北至二條巷	同	同	二四年五月二九日	同	同
馮廣仁發 江寧烏衣巷三八號	小四福巷三五三號面積二分三厘八毫東至小四福巷以己牆爲界南至章姓屋以鄰牆及磚牆爲界西至沈姓林姓以隣墻及己牆爲界北至周沈馮三姓公巷以己牆爲界		同	廿四年	仝	仝
馬士雍祿 南京大彩霞街三六號	李府巷十，十二號面積二分七厘三毫東至本姓屋以己牆爲界南至李府巷以己牆爲界西至蔣姓屋以鄰牆爲界北至本姓屋以鄰牆爲界	房屋	同	二三年十一月二七日	同	同
同右	李府巷八號面積一畝〇六厘六毫六絲東至王姓屋以己牆鄰牆及各有各墻爲界南至李姓走巷蔣姓及本姓屋暨李府巷以己牆鄰牆及公天井爲界西至洪姓屋以己牆爲界北至蔭惜善堂及章姓屋以鄰牆及各有各墻爲界	同	同	廿三年十一月	仝	同
盧源 江甯望鶴崗九號	望鶴崗一九號面積八分八厘九毫二絲東至黃姓屋金沙井一四以各有各牆以己牆以公牆爲界丁姓屋以公墻爲界南至金沙井以己牆爲界西至文昌閣以己墻望鶴崗以己牆爲界朱姓屋以各有各牆以己牆爲界北至望鶴岡以己牆爲界	房屋	無	二三年十二月十五日	同	同
徐幹卿 江甯昇州路二六二號	牙巷五號面積八厘五毫二絲東至舒姓屋以鄰牆爲界南至舒姓屋以隣牆爲界西至徐舒二姓公走巷北至舒姓屋以鄰牆爲界	同	同	二四年四月二九日	同	同
石仲銘 江寧長樂路六四號	建康路原名黑廊街三四號面積一分四厘六毫一絲東至石姓屋以鄰牆及己牆爲界南至石姓屋及陳姓屋以隣牆爲界西至劉姓屋以己牆爲界北至建康路	同	同	二四年一月廿三日	同	同
李恩益 江蘇銅坊苑二三號	銅坊苑二三號面積一分七厘一毫二絲東至王姓屋以己牆爲界南至銅坊苑西至銅坊苑北至陳姓屋以公牆爲界	同	同	二三年十二月十五日	同	同

王際唐 南京望鶴樓十號	望鶴樓十號面積九厘四毫五絲東至徐姓屋以鄰牆己牆爲界南至望鶴樓西至王姓屋以隣牆爲界北至徐姓屋以鄰牆爲界	同	同	二四年二月十四日	同	同
何竹賢序東欣甫選青云卿 京市人住柳葉街五十二號	柳葉街五十二號東至秦淮河南至鍾姓屋以己牆及公牆爲界西至柳葉街北至李姓屋以己牆爲界面積五分八釐七毫四絲	房屋	無	廿四年元月十五日	廿四年九月卅日	廿四年十二月廿九日止
張永怡仲良 南京人住丹鳳街四十三號	丹鳳街東至丹鳳街南至王姓屋以公牆爲界西至公走巷北至羅姓屋以己牆爲界面積七分二厘〇二絲	房屋	無	廿三年五月廿八日	同	同
鄧開財 南京人住亂石堆十一號	亂石堆五六號東至仇姓屋以鄰牆爲界南至亂石堆及范姓屋以己牆隣牆爲界西至官巷及侯姓屋以己牆爲界北至周張兩姓屋以己牆公牆鄰牆爲界面積四分五厘一毫一絲內周姓有地役權二厘二毫一絲	房屋	地役權人周玉崐江甯人住亂石堆五號	廿四年二月廿三日	同	同
張少山 江甯人住本市蔣家巷十一號	中華路一八六一九〇號東至中華路南至朱姓西至朱姓北至陳姓前後以公己牆爲界面積五厘二毫九絲	房屋	無	廿四年四月	同	同
金玉貴 本京人住戶部街八十四號	戶部街八十四六號東至天印庵南至戶部街西至金姓北至金姓面積七厘〇四絲	房屋	無	廿四年五月十七日	同	同
金玉明 本京人住戶部街八十六號	戶部街八十四六號東至金姓南至戶部街西至金姓以己牆爲界北至金姓面積六厘一毫一絲	房屋	金玉陞金玉庚金遇坤有地役權一厘八毫四絲金玉貴有地役權一厘九毫一絲	廿四年五月十七日	同	同

綢布業公會代表人朱熾候鎭江人住建康路天福綢布店	牛市五九號東至牛市南至市產以鄰牆爲界西至秦淮河北至詹姓屋以己牆及各有各牆爲界面積三分四厘八毫一絲	房屋	無	二四年四月廿九日	同	同
蔡良杰江甯人住中華路糖坊廊十九號	瞻園路二號東至禹姓屋以隣牆及公牆爲界南至瞻園路西至接福巷北至禹姓屋及接福巷以鄰牆及己牆爲界面積二分七厘六毫六絲	房屋	無	二三年十二月廿二日	同	同
楊彩仁彩信彩義鳳崗彩禮江蘇人住中正路四一八號	中正路原名天青街四一八號東至中正路南至楊夏王三姓屋以己牆爲界西至吳李二姓屋以公牆爲界北至陳姓屋以公牆爲界面積三分二厘五毫正	房屋	無	二十四年四月廿七日	同	同
丁國樞安徽人住止馬營二一五號	望仙橋二一五號東至止馬營南至市地西至官巷及錢姓屋以己牆爲界北至張姓屋以己牆爲界面積八分八厘二毫四絲	房屋	無	廿四年二月十四日	同	同
陳必泰南京人住花露崗七三號	花露崗七三號後東至施姓屋以隣牆爲界南至陳姓屋（爲己產）西至花露崗北至張姓屋以鄰牆爲界面積二分六厘六毫六絲	房屋	地役權人施雨根江蘇人住花露崗七三號	廿三年十二月三日	廿四年九月卅日	廿四年十二月廿九日
劉金山江甯人住下浮橋菱角市二十九號	菱角市二九號東至菱角市南至仁育醫院屋以己牆爲界西至程姓屋以己牆外隙地爲界北至何姓屋以己牆爲界面積一分五厘四毫九絲	房屋	抵押權人周文彬江甯人倉巷六十五號	廿四年一月十八日	同前	同前
張伯戶廣東人住鼓樓二條巷二號本宅	鼓樓二條巷二號東至畢姓地周姓屋以己牆爲界南至鼓樓二條巷西至陳姓地以己牆爲界北至陳姓地以己牆爲界面積二畝一分零二毫一絲	房屋	無	二四年五月十一日	同	同前
慧月居住持雲清住中華路	中華路（原名南大門街）一六一三號東至謝姓屋以鄰牆爲界南至李姓屋以鄰牆爲界西至中華路北至藍姓屋謝姓屋以公牆爲界面積一分七厘三毫三絲	拆餘屋	無	廿四年二月一日	同	同前
余玉生南京人住南昌路十八號	南昌路（原名板井）東至張姓地南至信仁堂地西至信仁堂地北至南昌路面積四分九厘四毫六絲	無	無	廿四年五月卅一日	同	同前

余玉生 南京人南昌路十八號	南昌路（原名板井）東至信仁堂地南至趙姓地西至趙姓地北至趙姓地及官衙面積四畝八分五厘二毫九絲	無	無	廿四年五月卅一日	同	同前
余玉生 南京人住南昌路十八號	中央路（原名板井）東至部任蔣三姓地南至官巷西至中央路北至誠久堂地面積一畝九分〇二毫五絲	無	無	廿四年五月卅一日	同	同前
余玉生 南京人住南昌路十八號	南昌路（原名板井）東至張姓牆張姓屋趙陸二姓地南至南昌路西至趙姓屋方趙二姓地北至趙張趙三姓地面積三畝九分〇一毫四絲	無	無	廿四年五月卅一日	同	同前
徐子龍 蔭餘 子炎 本京人住馬家街十二號	中央路（原名觀音庵）徐子龍擬出賣與童楚江住花家橋一號東至市地及水溝南至長生會塘及王姓地西至中央路北至愼遠堂地及陳姓地十畝一分三厘五毫七絲內有被征徐子龍地八三，三七六〇方丈合一畝三分八厘九毫六絲	無	無	廿四年四月廿八日	同	同前
唐景周 正洪街景賢里一號	正洪街一－九號（唐景周擬將該產全部出賣與劉張喆君）東至李姓屋以己牆及界線為界南至正洪街以己牆外界線為界西至合祥記戴姓屋以己牆外界綫為界北至黃姓屋鄰牆及界綫為界面積二畝五分零八毫一絲	洋房大小六十四間	無	廿四年三月卅日	同	同前

南京市政府公報　附錄

二五〇

收入金額

科目	項	目
上月庫存	25544718	
存市金庫現		25544718
本月新收	50902978	
契税	1563106	
契税		1559106
契紙		4000
……税	26979	
營業税	3146186	
營業税		2606583
菸酒牌照税		119300
茶館捐		33400
牙税		170600
屠宰税		216303
……捐	7030744	
車捐	9541324	
船捐	302140	
地方財產收入	2491675	
房租		531439
地租		122494
洲租		725547
什租		556507
標賣產		555688
地方事業收入	6005878	
水費		4347370
自來水管費		1658508
地方行政收入	1181483	
勘丈費		79100
登記費		51290
執照費		20200
測繪費		828600
檢驗費		186010
手續費		16283
地方營業純益	700000	
典當純益		700000
其他收入	6978791	
什		3186982
什項收入		2296325
築路攤費		1495534
補助款收入	11774002	
鐵道附捐		6800000
其他補助費		4974002
定額收回	160670	
暫記款項收入	13020517	
暫記存款	12902817	
存款		12902817
交存保證金	117700	
押租		26700
其他保證金		91000
合計	89468213	

支出金額

科目	項	目
本月支出		77367479
市政府經費		11772564
本身	4840000	
農場經費	32700	
音樂隊	149080	
集團結婚	200000	
鄉區保衛團	285150	
公園管理處	774094	
旗民管理所	646400	
衛生事務所	5845140	
財政局經費		2450629
本身	1829329	
營業税處	200000	
大小黃洲管理處	119400	
八卦洲管理處	301900	
土地局經費		5268008
本身	4295008	
臨時開辦費	973000	
工務局經費		14591415
本身	4643600	
道路修理費	9947815	
社會局經費		21022265
本身	2309900	
救濟院	3077400	
各學校	14981605	
其他附屬機關	653360	
實業費		77472
度量衡檢定所	77472	
協助費		2065440
什項工程費		7517835
拆遷費	934361	
徵用土地費	5683474	
債務費		378000
撫卹費		5304
商業支出		6000
什項支出		12001
補發舊欠		12200546
暫記款項支出		6602999
歸還存款		2118439
存款	2118439	
暫記支出		4800000
貸款	300000	
還付保證金		184560
押租	4560	
其他保證金	180000	
本月庫存		5497735
存市金庫現	5497735	
合計		89468213

局長　祕書　科長　主任　製表員

南京市政府祕書處出版刊物一覽

一、南京市政府公報 定期刊每月出版一期每期定價大洋一角

一、一年來之首都市政 十七年十二月出版定價大洋六角

一、首都市政要覽 本市成立二週紀念特刊十八年五月出版定價大洋三角

一、首都市政 十八年雙十節出版定價大洋四角

一、劉市長之言論 十九年一月出版定價大洋三角

一、劉市長市政報告紀要 十九年一月出版定價大洋四角

一、南京特別市政府工作總報告 十九年二月出版定價大洋八角

一、NANKING: *The Capital of China—Outline of It's Activities* 十九年二月出版非賣品

一、南京特別市市政法規彙編二集 十九年三月出版定價大洋二元

一、南京市政府民國十九年工作總報告 二十年一月出版定價大洋八角

一、京市建設概況 二十年一月出版非賣品

一、首都勝蹟 二十年五月出版定價大洋一元實售大洋六角各公園內均有出售

一、新南京 二十四年四月再版定價大洋五角代售處太平路共和書局

一、南京市政府二十二年一月至二十三年十月工作概況 二十三年十一月出版非賣品

中華民國二十四年九月

南京市政府公報 第一五七期

編輯者 南京市政府祕書處編譯股

發行者 南京市政府祕書處

印刷者 南京市救濟院印刷廠 南京剪子巷 電話二三三九五號

代售處 南京開明圖書教育用品社 正中書局

公報定閱價目

每月一期每冊大洋一角

外加郵費本市一分外埠二分

南京市土地局通告

查本市土地登記，原經參照自治區域，劃爲八區，分期舉辦。現除一至六區，業經通告分別辦理外，其餘下關部份之第七區及浦口一帶之第八區，茲定於本年九月一日起，開始舉辦。並爲提前完成本市土地登記要政起見，經將原訂南京市土地登記暫行規則所定聲請期限修正縮短，併經呈奉南京市政府提交第三六二次市政會議議決通過令飭遵行在案。除檢同修正規則布告外，用特通告，仰各土地權利人務於二十四年九月一日起，兩個月內，攜帶契據親自來局或委人代理聲請登記。如逾上列期限，未經聲請核准者，即予照章處罰，決不姑寬。特此通告。